Robert Prößler

Das Erzstift Köln
1238–1261

Kölner Schriften

zu Geschichte und

Kultur

Herausgegeben von

Georg Mölich

Bd. 23

Robert Prößler

Das Erzstift Köln in der Zeit des Erzbischofs Konrad von Hochstaden

Organisatorische und wirtschaftliche Grundlagen in den Jahren 1238–1261

Janus

Die Deutsche Bibliothek – CIP-Einheitsaufnahme
Prößler, Robert:
Das Erzstift Köln in der Zeit des
Erzbischofs Konrad von Hochstaden :
organisatorische und wirtschaftliche Grundlagen
in den Jahren 1238–1261 / Robert Prößler. –
1. Aufl. – Köln : Janus, 1997
(Kölner Schriften zu Geschichte und Kultur ; Bd. 23)
Zugl.: Köln, Univ., Diss., 1993
ISBN 3–922977–49–9

Erste Auflage 1997
© 1997 by Janus Verlagsgesellschaft, Köln
Alle Rechte vorbehalten
Umschlaggestaltung: Guido Klütsch
Satz: Janus Verlagsgesellschaft
Belichtung, Druck und Verarbeitung:
Druckhaus Köthen GmbH
ISBN 3–922977–49–9
Printed in Germany

Inhalt

Vorwort   11

Einleitung   12

Teil A: Die Territorialpolitik Konrads von Hochstaden   21

I.   *»Friedliche« Erwerbspolitik*   23

1. Behauptung gegen den rheinischen Adel 1239/42   23
2. Erbschaftserwerbungen   25
2.1 Das Hochstadensche Erbe   25
2.2 Das Sayn-Wiedische Erbe   27
3. Erwerb von Vogteien   29
4. Machtausbau im kölnischen Kerngebiet   30
5. Territoriale Zugewinne im Westerwald und strategische Positionen an der Mosel, im Hunsrück und am Rhein   34
6. Aufrichtung einer Landesherrschaft an der Ruhr und im Herzogtum Westfalen   38

II.   *Kriegsgewinne und -verluste für das Erzstift*   42

1. Der Krieg mit dem Grafen Wilhelm von Jülich (1239–1255)   42
2. Der Widerstand des Bischofs Simon von Paderborn gegen die Territorialpolitik Konrads von Hochstaden (1248–1257)   43
3. Der Krieg um die pfalzgräfliche Burg Thurant   45

III.   *Burgenbau und Befestigungswesen unter Konrad von Hochstaden*   48

IV.   *Fazit*   52

V.	**Städtepolitik**	**55**
1.	Rheinland	55
1.1	Städte (*Rees, Xanten, Rheinberg, Uerdingen, Neuss, Bonn, Andernach, Zülpich, Deutz, Siegen, Ahrweiler*)	56
1.2	Die Entwicklung von Lechenich und Brühl zur jeweiligen Stadt	69
2.	Stadt Köln	71
3.	Westfalen und andere Gebiete des Erzstifts	77
3.1	Stadtgründungen (*Dorsten, Hallenberg, Schmallenberg, Vreden, Winterberg*)	79
3.2	Stadtherrliche Politik (*Attendorn, Brilon, Helmarshausen, Medebach, Padberg, Recklinghausen, Rüthen, Soest, Werl*)	84
3.3	Anteilsmäßiger Stadtbesitz (*Geseke, Marsberg, Herford, Lügde, Salzkotten, Wiedenbrück*)	93
4.	Fazit	97

Teil B: Die Verwaltung des Erzstifts		**103**
Exkurs		**104**
1.	Die Entwicklung der kölnischen Ministerialität im 13. Jahrhundert	104
2.	Das Deutsche Dienstrecht von ca. 1248/1260	106
I.	**Zentralverwaltung**	**112**
1.	Hof: Versuch einer Definition	112
1.1	Selbstdarstellung am Hof	113
1.2	Versorgung des erzbischöflichen Hofes	115
2.	Zahl der Personen am erzbischöflichen Hof	117
3.	Die Hofämter	119
3.1	Der Marschall	120
3.2	Der Kölner Vogt	124
3.3	Der Kämmerer	127
3.4	Der Mundschenk	133
3.5	Der Truchseß	137
3.6	Der Panetarius	140
3.7	Der Küchenmeister	143

3.8	Die zeitliche Dauer des Hofdienstes der kölnischen Ministerialität im 13. Jahrhundert	146
4.	Herrschaftszentren und ihre materiellen Leistungen für das Kölner Erzstift	148
4.1	Itinerar und Herrschaftszentren Konrads von Hochstaden	148
4.2	Die materiellen Leistungen der Herrschaftszentren bei Reisen und Aufenthalten des Erzbischofs	154
5.	Kanzlei	159
5.1	Der Cancellarius / Keppler	159
5.2	Die Schreiber	161
5.3	Der Offizial	165
6.	Rat des Erzbischofs	165
7.	Der Rang der kölnischen Ministerialität am Hof	170
8.	Der Adel am Hof (*Limburg, Brabant, Jülich, Sayn, Geldern, Nassau, Kleve, Mark, Berg, Arnsberg*)	172
9.	Fazit	179

II. Lokalverwaltung 186

1.	Erweiterter Hof: Ansätze einer nach Ämtern strukturierten Verwaltung	186
1.1	Die Amtmänner	189
1.2	Der Marschall von Westfalen	190
1.3	Die Truchsessen	195
1.4	Die Burggrafen	199
1.5	Die Burgmannen	208
1.5.1	Erzstift Köln	208
1.5.2	Herzogtum Westfalen	220
1.5.3	Fazit	226
1.6	Die Schultheißen und ihre Aufgabenbereiche	229
1.6.1	Stadtschultheißen	230
1.6.2	Hofschultheißen	237
1.6.3	Fazit	243
1.7	Die Zöllner	246
1.7.1	Zoll in Köln	246
1.7.2	Die Zöllner zu Neuss	248
1.7.3	Die Zöllner zu Rheinberg	248
1.8.	Die Boten	250
1.8.1	Kölner Erzstift	250

1.8.2	Are	251
1.8.3	Trierer Erzstift	252
1.8.4	Tecklenburg (Kreis Steinfurt)	252
1.9	Forst und Jagd	253
1.10	Sonstiges Dienstpersonal	256
1.11	Ministerialen ohne nachweisbaren Aufgabenbereich	257
2.	Fazit	261
III.	*Gesamtresümee*	**267**

Teil C: Die wirtschaftlichen Grundlagen des Erzstifts Köln   **269**

I.	*Allgemeine Einnahmen*	**270**
1.	Stadt Köln	272
2.	Zoll	279
2.1	Rheinzölle (*Neuss, Andernach, Bonn, Xanten, Bacharach*)	279
2.1.1	Fazit	283
2.2	Sonstige Zölle (*Herford, Siegen, Ahrweiler, Helmarshausen, Vreden, Rüthen, Rees, Werl, Soest, Medebach*)	285
2.3	Zollgeleit	288
3.	Münzwesen und Münzstätten	290
3.1	Der Kölner Pfennig	291
3.2	Münzpolitik	291
3.3	Münzstätten im kölnischen Kerngebiet (*Andernach, Rees, Xanten, Bielstein, Wildberg, Siegen*)	293
3.4	Herzogtum Westfalen (*Recklinghausen, Brilon, Medebach, Schmallenberg, Soest, Attendorn, Werl*)	296
3.5	Münzbeteiligungen (*Rüthen, Arnsberg, Berleburg, Marsberg, Korbach, Helmarshausen, Volkmarsen, Paderborn, Herford, Lügde, Salzkotten*)	302
3.6.	Fazit	307
4.	Bede	309
4.1	Vogtbede	313
4.2	Fazit	314
5.	Judenschutz (*Köln, Soest, Siegen, Vreden*)	316
6.	Gerichtseinnahmen	321
6.1	Kölnisches Kerngebiet	321

6.2	Herzogtum Westfalen	322
7.	Kleinere Einnahmen	323
7.1	Mühleneinnahmen	323
7.2	Fährgelder	325
8.	Einnahmen aus Grundherrschaften	326
9.	Wahlgelder	329
10.	Legationsgelder und päpstliche Sondersteuern	331
11.	Fazit	334

II. Ausgaben 338

1.	Erwerbspolitik	338
2.	Kriegskosten	341
3.	Hofhaltung	346
4.	Versorgung der Ministerialität	348
4.1	Burglehen	349
4.2	Vasallenlehen	352
4.3	Dienstlehen	354
5.	Außergewöhnliche Belastungen: Die Verschuldung Konrads von Hochstaden	355
5.1	Der Monetarisierungsprozeß im Hochmittelalter	355
5.2	Verbindlichkeiten bei italienischen Bankenkonsortien	357
5.3	Die Schuldenkrise nach dem Amtsantritt Konrads von Hochstaden	357
5.4	Neuverschuldung in den Jahren 1247 bis 1261	360
5.5	Schulden im Kölner Erzbistum	364
6.	Fazit	368
7.	Gesamtresümee	370
8.	Zusammenfassung	371

Anhang 379

I.	Quellen- und Literaturverzeichnis	380
II.	Register	420
	Bildnachweis	437
	Karte (Innenseite der vorderen Umschlagklappe)	

*Meinen Eltern
und Karen*

Vorwort

Die vorliegende Arbeit wurde im Sommersemester 1993 unter dem Titel »Untersuchungen zu den organisatorischen und wirtschaftlichen Grundlagen des Erzstifts Köln in der Zeit des Erzbischofs Konrad von Hochstaden (1238–1261)« von der Philosophischen Fakultät der Universität zu Köln als Dissertation angenommen. Das Rigorosum fand am 10. Juli 1993 statt. Zum Druck wurde der Text überarbeitet. Dabei wurde seitdem erschienene Literatur — soweit dies möglich war — eingearbeitet.

Mein erster Dank an diejenigen Personen, die entscheidenden Anteil am Gelingen dieser Arbeit hatten, gilt Herrn Prof. Dr. Matthias Werner, der die Untersuchung in allen Stadien mit konstruktiver Kritik begleitete und in seinen Seminaren im Kreise kompetenter Mediävisten die Möglichkeit bot, Teilergebnisse dieser Arbeit zur Diskussion zu stellen.

Zu Dank verpflichtet bin ich gleichfalls Herrn Prof. Dr. Odilo Engels, der das zweite Gutachten erstellte.

Herrn Georg Mölich danke ich für die Aufnahme der Arbeit in diese Schriftenreihe und für die Beratung bei allen die Drucklegung betreffenden Fragen.

Darüber hinaus möchte ich dem Landschaftsverband Rheinland und besonders Herrn Professor Dr. Toni Diederich für das Erzbistum Köln für die großzügige finanzielle Unterstützung dieser Arbeit herzlich danken.

Mein Dank gilt auch Herrn Bernd Frick und Frau Dorothee Rheker-Wunsch vom Janus Verlag, die bei der Drucklegung der Arbeit und beim Korrekturlesen eine unverzichtbare Hilfe waren.

In allen Abschnitten der Arbeit ein kompetenter Gesprächspartner war mein Freund Herr Dr. Ulrich Ritzerfeld, der als Kenner der Geschichte des Kölner Erzstifts im 12. Jahrhundert immer wieder wertvolle Denkanstöße geben konnte.

Waldesch, im Mai 1997   *Robert Prößler*

Einleitung

Konrad von Hochstaden (1238–1261) stieg in seiner kämpferischen Regierungszeit[1] zum mächtigsten Landesherrn des Deutschen Reiches auf. Dabei zeichneten ihn Willensstärke und diplomatisches Geschick[2] bei seinem Machtanspruch gegenüber den rivalisierenden Territorialherren aus. Die Selbstzeugnisse Konrads, in denen er seinen Vorrang vor anderen Fürsten betonte,[3] unterstreichen sein Machtbewußtsein.

Als er am 18. September 1261 in Köln starb,[4] hatte er sämtliche Gegner, die sich seiner expansiven Territorialpolitik entgegenstellten, niedergerungen. Die Grafen von Jülich[5] und Isenberg[6] und der Bischof von Paderborn[7] erkannten nach langen Kriegen seine Oberhoheit an. Daneben gelang es Konrad, den Pfalzgrafen[8] weiter nach Süden zurückzudrängen, selbst das machtbewußte Köln[9] unterwarf er als Stadtherr. Mit dem Herzog von Brabant[10] gelang ihm ein dauerhafter Ausgleich über die gegenseitigen Einflußbereiche im Maasgebiet. Durch diese politischen und militärischen Erfolge herrschte Konrad von Hochstaden über einen Machtbereich, der sich in seiner West-Ost-Ausdehnung von der Maas bis an die Weser erstreckte und teilweise mit Stützpunkten wie Vreden und Wiedenbrück nördlich über die Linie Lippe-Weser hinausging. Dieses Territorium übertraf an Städten mit blühender Wirtschaft wie Köln, Neuss und Soest und der Zahl seiner Landesburgen mit Dienstmannschaft alle anderen Territorien. Allerdings konnte Konrad von Hochstaden diese Vormachtstellung im nordwestdeut-

---

1 Vgl. Kettering, Territorialpolitik, S. 84.
2 Zu den Motivationen seiner Politik siehe STEHKÄMPER, Reichsbischof, S. 97–99.
3 Vgl. STEHKÄMPER, Reichsbischof, S. 97.
4 Vgl. REK III 2180.
5 Vgl. REK III 1808.
6 Vgl. REK III 1152.
7 Vgl. REK III 1917.
8 Vgl. REK III 1416.
9 Vgl. GROTEN, Wandel, S. 213ff.
10 Vgl. REK III 1122.

schen Raum nur durch eine äußerste Anspannung der finanziellen und wirtschaftlichen Kräfte des Erzstifts behaupten.

Daß er durch diese Politik bereits an die Grenzen der Leistungsfähigkeit seines Einflußbereiches gestoßen war, zeigt die Entwicklung unter seinen beiden Nachfolgern Engelbert II. von Falkenburg (1261–1274) und Siegfried von Westerburg (1274–1297), denen es nicht gelang, dieses Machtgebilde zu erhalten. Die 1288 verlorene Schlacht bei Worringen leitete eine Wende und den Niedergang des Erzstifts ein.[11]

In der Reichspolitik löste Konrad sich in seinem spektakulären Parteiwechsel vom Frühjahr 1239 von den Staufern[12] und trat zur Partei des Papstes über.[13] Um das staufische Königtum in seinen Stammlanden zu bekämpfen, unterstützte er die päpstlichen Bemühungen, im Reich ein Gegenkönigtum aufzubauen. Nicht zuletzt wegen Konrads besonderer Rolle als »Königsmacher« konnte dieses Ziel 1246 erreicht werden.[14] Dabei war er einflußreich genug, die päpstlichen Prätendenten bei den Reichsfürsten durchzusetzen. Nach der kurzen Regierungszeit Heinrichs Raspe von Thüringen (1246/47)[15] gelang es ihm, seine Kandidaten Graf Wilhelm von Holland (1247–1256)[16] und Richard von Cornwall (1257–1272)[17] wählen zu lassen.

Wie aus den Wahlvorgängen ersichtlich wird, fiel in die Endzeit der Regierung Konrads die Entwicklung, daß die Königswahl von einem engen Kreis von Fürsten ausgeübt wurde, in dem der Kölner Erzbischof eine zentrale Rolle spielte. Er schuf damit eine wichtige Voraussetzung für die Bildung des Kurfürstenkollegs.[18]

Konrad hat auch den Anstoß zu anderen entscheidenden verfassungspolitischen Umwälzungen im Reich gegeben. Beim Reichstag vor Frankfurt im Juli 1252 setzte er seine Auffassung durch, daß »nur der vom Kölner zu Aachen Gekrönte zur Ausübung der Königsherrschaft befugt sei.«[19] Als sich Wilhelm von Holland der Meinung Konrads von Hochstaden in dieser Frage widersetzte, steigerte sich das labile Verhältnis zwischen Konrad von Hochstaden und Wilhelm von Holland zu offener Gegnerschaft, in der Konrad seine politische Dominanz über Wilhelm offen ausübte.[20]

---

11 Vgl. JANSSEN, Worringen, S. 407ff.
12 Vgl. ENGELS, Stauferzeit; DERS., Staufer.
13 Vgl. REK III 936/37.
14 Vgl. LEYING, Niederrhein, S. 219.
15 Vgl. REK III 1257.
16 Vgl. REK III 1335; LEYING, Niederrhein, S. 219.
17 Vgl. REK III 1936.
18 Vgl. dazu etwa ERKENS, Erzbischof, S. 36ff., dazu künftig Taraneh SHAYEGAN, Untersuchungen zur Rolle des Kölner Erzbischofs bei der Entwicklung und Umbildung des deutschen Königswahlrechts im 13. Jahrhundert.
19 Vgl. LEYING, Niederrhein, S. 239.
20 Vgl. LEYING, Niederrhein, S. 233ff.

Seine königsgleiche Stellung im Reich veranlaßte ihn, einen Bündnisvertrag mit Flandern (1254)[21] gegen König Wilhelm von Holland und Verhandlungen um die deutsche Königskrone mit dem König von Böhmen (1256)[22] zu führen. Dabei überging er die Autorität des Papstes, dessen Zustimmung er nicht einholte. Von Richard von Cornwall ließ er sich seine Vormachtstellung in Nordwestdeutschland sanktionieren. Bevor Konrad von Hochstaden den englischen Fürsten zum deutschen König erhob, mußte dieser dem Kölner Erzbischof zusichern, im Bereich zwischen der Mosel und den Städten Aachen und Dortmund keine Amtleute oder Richter einzusetzen.[23]

Konrad von Hochstaden war eine der herausragendsten Gestalten unter den deutschen Fürsten des 13. Jahrhunderts. Schon bei seinem Amtsantritt nahm er bei Kaiser Friedrich II. die erste Stelle unter den Reichsfürsten ein.[24] Im nordwestdeutschen Raum beherrschte er mit seinem Erzstift das politische Geschehen seiner Zeit, und in Fragen des Reiches war ohne sein Mitwirken und seine Zustimmung kaum politisches Handeln möglich. Als 1249 ein Kandidat für die Nachfolge des verstorbenen Erzbischof Siegfried von Mainz gesucht wurde, forderten Klerus und Volk des Erzbistums Konrad von Hochstaden als Nachfolger.[25] Zu diesem Zeitpunkt hatte er dem Mainzer Erzbischof bereits den ersten Rang unter den Kirchenfürsten im Reich abgelaufen.[26] Vom Papst am 10. April 1249 zum päpstlichen Legaten bestimmt, erlebte Konrad 1249/50 den Höhepunkt seiner Macht in Deutschland.[27]

In der Forschung liegt eine Fülle von Arbeiten zu verschiedenen Aspekten seiner Territorial- und Reichspolitik vor. 1880 untersuchte Hermann CARDAUNS die Territorialpolitik Konrads und hob die Auswirkungen dieser Politik für die kölnischen Finanzen hervor, ohne jedoch klar die Interdependenzen zwischen Territorial- und Finanzpolitik herauszuarbeiten.[28] Dennoch ist dieses grundlegende Werk auch heute noch in Einzelfragen sehr ergiebig. Die Grundlagen dieser Territorialpolitik und die geographischen Schwerpunkte der kölnischen Expansion behandelte 1951 Marianne KETTERING, die die Forschungsergebnisse von Cardauns einarbeitete.[29]

---

21 Vgl. REK III 1795.
22 Vgl. REK III 1903.
23 Vgl. REK III 1925.
24 Vgl. LEYING, Niederrhein, S. 191.
25 Vgl. REK III 1453.
26 Vgl. ERKENS, Erzbischof, S. 46; STEHKÄMPER, Reichsbischof, S. 97, 150f.; LEYING, Niederrhein, S. 191.
27 Vgl. REK III 1459.
28 Vgl. CARDAUNS, Konrad von Hochstaden.
29 Vgl. KETTERING, Territorialpolitik.

Einleitung 15

Eine stärkere Verknüpfung von Konrads territorialen und reichspolitischen Zielen stellten 1962 Hugo STEHKÄMPER[30] und 1966 Erich WISPLINGHOFF[31] her.

Bruno LEYING konzentrierte 1970 seine Arbeit auf die Frage »nach dem Verhältnis der Königspolitik Konrads zu Niederrhein und Reich — und umgekehrt«.[32] Er konnte herausarbeiten, daß Konrads Reichs- und Territorialpolitik miteinander vernetzt waren und den Aufbau einer nordwestdeutschen Vormachtstellung zum Ziel hatte.[33] Daneben rückten immer mehr verfassungsgeschichtliche Fragen in den Blickpunkt der Forschung, die sich mit dem Aufbau des Kölner Erzstifts beschäftigten. Während Georg DROEGE[34] 1960 die land- und lehnrechtlichen Grundlagen der Kölner Landesherrschaft untersuchte, befaßten sich die Arbeiten von Odilo ENGELS,[35] Manfred GROTEN[36] und Wilhelm JANSSEN[37] mit dem Problem, daß der kölnische Lehnshof allmählich auseinanderbrach und nicht mehr die Basis für den Kölner Erzbischof in Fragen der Territorialverwaltung bildete. Die Gründe hierfür lagen in einem zunehmenden Verfall der lehnsrechtlichen Bindungen, welcher den Kölner Erzbischöfen im 13. Jahrhundert die Führungs- und Schutzgewalt über den Lehnshof zunehmend entzog.[38]

Für die Zeit Konrads von Hochstaden fehlen wissenschaftliche Untersuchungen über die organisatorischen und wirtschaftlichen Grundlagen des Kölner Erzstifts, die ihn in die Lage versetzten, seine hohe Stellung im Reich zu erreichen und zu behaupten. Unbeantwortet bleibt ferner, wie es Konrad von Hochstaden gelang, im Gegensatz zu seinen Nachfolgern, diesen flächenmäßig großen Herrschaftskomplex zu verwalten, zu vereinheitlichen und zu festigen. Mit welchen Mitteln finanzierte er diese aufwendige Politik? Bei dieser Fragestellung kann der Verfasser lediglich auf Arbeiten zurückgreifen, die bestimmte Detailfragen dieses Komplexes behandeln. Besonders ist auf die Untersuchungen von Wilhelm JANSSEN[39] aufmerksam zu machen, der die Bedeutung der Verwaltung bei der Ausbildung der verschiedenen niederrheinischen Territorien herausstellte. Ferner verwies Janssen auf das Auftreten amtsrechtlicher Verwaltungsstrukturen unter Konrad von Hochstaden,[40] aber nicht systematisch und vollständig, so daß

---

30 Vgl. STEHKÄMPER, Konrad von Hochstaden, S. 95–117.
31 Vgl. WISPLINGHOFF, Konrad von Hochstaden, S. 7–25.
32 Vgl. LEYING, Niederrhein, S. 183–248.
33 Vgl. LEYING, Niederrhein, S. 185.
34 Vgl. DROEGE, Lehnrecht.
35 Vgl. ENGELS, Stauferzeit, S. 217ff.; DERS., Staufer.
36 Vgl. GROTEN, Lehnshof, S. 1–51.
37 Vgl. JANSSEN, Worringen, S. 407–455.
38 Vgl. JANSSEN, Worringen, S. 412.
39 Vgl. JANSSEN, Erzstift, S. 1–40; DERS., Verwaltung, S. 85–123.
40 Vgl. JANSSEN, Verwaltung, S. 89.

weiterführende Untersuchungen erforderlich sind. Die innere Organisation des Erzstifts unter Konrad von Hochstaden herauszuarbeiten, stellt deshalb eine der zentralen Aufgaben dieser Arbeit dar.

Die entscheidende Rolle der Ministerialität für die Verwaltung des Erzstifts Köln ist bereits angedeutet worden. Die Entwicklung der Ministerialen insgesamt, ihre Bedeutung als Funktionsträger am Hof und ihre Kompetenzen in der Zentralverwaltung behandelte die 1908 erschienene Arbeit von Jakob AHRENS,[41] ohne jedoch die Dienstmannen in der Lokalverwaltung und neue amtsrechtliche Elemente der kölnischen Verwaltung zu untersuchen. Darüber hinaus liegen kaum Arbeiten vor, die den rechtlichen Aufstieg der Ministerialen im 13. Jahrhundert im Hinblick auf ihre Rolle in der erzbischöflichen Verwaltung untersuchen.[42] Ist tatsächlich mit Wilhelm Janssen in diesem Zusammenhang von einer »Korrumpierung der Hofämter«[43] zu sprechen, die seit dem Ende des 12. Jahrhunderts von bestimmten Ministerialenfamilien durch ihren Aufstieg in die Sphäre des Lehnswesens erblich ausgeübt wurden? Für die Verwaltung des Erzstifts in der Zeit Konrads von Hochstaden ergeben sich daraus weiterhin offene Fragen. Wie war das Verhältnis von Ministerialenrecht und Amtsrecht? Wo konnte Konrad einen Verwaltungsumbau nach Amtsrecht vornehmen?

In der jüngeren Forschung nimmt die Untersuchung einzelner Verwaltungsinstitutionen im Erzstift Köln zunehmend breiteren Raum ein. Den administrativen Aufbau des Hofes als Verwaltungsmittelpunkt des Kölner Erzstifts beleuchtet die Arbeit von Klaus SCHREINER, bezieht aber ihre Ergebnisse nicht auf die Verwaltungstätigkeit der Erzbischöfe.[44]

Zuletzt hat Werner Rösener 1989 in einer Untersuchung über »Hofämter an mittelalterlichen Fürstenhöfen« einen Überblick über die mit Ministerialen besetzten Hofämter gegeben.[45] Für die Zeit Konrads von Hochstaden ergeben sich folgende Fragen: Mit welchen Funktionsträgern besetzte Konrad von Hochstaden die Hofämter und welches waren ihre Verwaltungsgebiete? Welche Änderungen nahm Konrad in den Kompetenzen, in der Besetzung und in der Dienstorganisation der Hofämter vor? Ein Problem stellte dabei die Einbindung derjenigen Ministerialen dar, die im 13. Jahrhundert die Hofämter erblich ausübten. Zu Konrads Regierungstätigkeit zählte auch, daß er bei seinen

---

41 Vgl. AHRENS, Ministerialität.
42 Die Verwaltung des Erzstifts im 12. Jahrhundert untersucht die Dissertation von RITZERFELD, Erzstift, besonders S. 24–265.
43 Vgl. JANSSEN, Erzstift, S. 6.
44 Vgl. SCHREINER, Hof, S. 67–183.
45 Vgl. RÖSENER, Hofämter, S. 485–550.

Zügen durch das Doppelherzogtum bestimmte Orte besonders oft aufsuchte und damit Regierungsschwerpunkte setzte. Der Ausbau der Verwaltung setzte voraus, daß Konrad das Doppelherzogtum Köln-Westfalen auf Reisen kennenlernte und wichtige Entscheidungen nur in Kenntnis der örtlichen Gegebenheiten und Verhältnisse treffen konnte. Es mußte hierfür ein Itinerar erstellt werden, das neue Hinweise brachte. Es zeigt die Häufigkeit seiner Aufenthalte und Besuche in entfernter gelegenen Landesteilen und sein Bemühen, sie enger an die alten kölnischen Stammlande anzubinden.

Die personelle Zusammensetzung und Tätigkeit der Kanzlei im Verhältnis zur Hofkapelle wird von Wilhelm JANSSEN, »Die Kanzlei der Erzbischöfe von Köln im Spätmittelalter« beleuchtet, der in diesem Zusammenhang auf die Neuorganisation der Kanzlei durch Konrad von Hochstaden hingewiesen hat.[46] Die Frage nach der Strukturierung des Gerichtswesens unter Konrad stellt dagegen ein Forschungsdesiderat dar. Auch für weitere Bereiche seiner Verwaltung fehlen weiterführende Arbeiten: Welche Rolle spielten etwa der Rat des Erzbischofs und der Dynastenadel bei wichtigen Entscheidungen Konrads von Hochstaden zur Territorialverwaltung?

Daneben ist die zweite Ebene unterhalb der Zentralverwaltung, die Lokalverwaltung, zu untersuchen. Konrad von Hochstaden besetzte die Burgen, Städte und Höfe des Doppelherzogtums mit Ministerialen, die größtenteils namentlich nicht bekannt sind und über deren Funktionen und Pflichten im Verwaltungsaufbau Unklarheit besteht. Die Arbeit von Wilhelm PÖTTER,[47] der 1966 diese Fragestellungen aufgriff, konzentrierte sich vornehmlich auf das 12. Jahrhundert und war überdies wegen großer Mängel nur bedingt zu benutzen. Weitere Fragen blieben unbeantwortet: Gelang es Konrad von Hochstaden amtsrechtliche Strukturen auf dieser Verwaltungsebene aufzubauen? In welchen Bereichen mußte er die alte Ministerialenverwaltung übernehmen?

Die expansive Machtpolitik und der stetig wachsende Verwaltungsapparat, der für eine herrschaftliche Durchdringung des kölnischen Machtgebildes notwendig war, werfen die Frage nach den wirtschaftlichen Grundlagen des Erzstifts auf, die es erst ermöglichten, eine solche Politik zu führen. Es handelt sich dabei um einen Fragenkomplex, der zentrale Aspekte der Wirtschafts- und Finanzgeschichte berührt und bisher für das Kölner Erzstift im 12. Jahrhundert lediglich von Ulrich RITZERFELD 1992 behandelt wurde.[48] Aus der Zeit Konrads von Hochstaden gibt es keine hinreichenden Untersuchungen zu die-

---

46 Vgl. JANSSEN, Kanzlei, S. 147–171.
47 Vgl. PÖTTER, Ministerialität. Zu den kritischen Rezensionen dieser Arbeit siehe RITZERFELD, Erzstift, S. 71f.
48 Vgl. RITZERFELD, Erzstift, besonders S. 271–392.

sem Thema. Die bereits besprochene Arbeit von Kettering behandelt in einem Anhang nur unvollständig die wichtigsten Einnahmen des Kölner Erzstifts unter Konrad von Hochstaden.[49] Darüber hinaus sind in der Forschung einzelne Aspekte der wirtschaftlichen Grundlagen Konrads von Hochstaden bearbeitet worden. 1935 legte Walter HÄVERNICK in seiner quellenreichen Arbeit »Die Münzen von Köln«[50] eine Liste der kölnischen Münzstätten bis 1304 vor, in der er auf der Grundlage der bis damals bekannten Münzfunde die Prägetätigkeit und Bedeutung der einzelnen Münzstätten herausarbeitete. Peter BERGHAUS überarbeitete die Ergebnisse von Hävernick und legte in seiner Untersuchung »Kölner und Paderborner Münzstätten«[51] das Schwergewicht auf das Herzogtum Westfalen. Dabei berücksichtigte er in seinen zahlreichen Publikationen zu einzelnen westfälischen Münzstätten die jeweiligen neuen Ergebnisse der Numismatik. Die jüngere Arbeit von Manfred VAN REY »Einführung in die rheinische Münzgeschichte des Mittelalters«[52] griff die Fragestellung nach den rechtlichen Befugnissen der Münzherren und den Einzeleinnahmen an dieser Einnahmequelle auf. Allen drei Arbeiten über die Münze, wie auch den wenigen anderen Einzeluntersuchungen über den Zoll, auf die in diesem Zusammenhang nicht näher eingegangen werden soll, ist gemeinsam, daß sie weder den Versuch unternehmen, die Einkünfte aus der Münze zu errechnen und insgesamt zu bewerten, noch Fragen nach der kölnischen »Finanzverwaltung« beleuchten.

Aus dieser gegenwärtigen Forschungslage ergeben sich wichtige Desiderata. Welche Einnahmen standen Konrad von Hochstaden insgesamt zur Verfügung und mit welchen Erträgen konnte er jährlich rechnen? Diese Ergebnisse sind durch einen Vergleich mit den Ausgaben des Erzstifts zu relativieren, die bei intensiver Territorialpolitik und kostspieligem Verwaltungsaufwand gewiß beträchtlich waren. Wie sah der »Jahresetat« Konrads von Hochstaden aus, sofern es überhaupt eine klare Finanzplanung gab? Die Frage nach der »Finanzierbarkeit« der kölnischen Expansionspolitik ist dabei von besonderer Bedeutung. Gelang es Konrad, der als reichster Fürst seiner Zeit galt,[53] mit den zur Verfügung stehenden finanziellen Mitteln diese Politik zu finanzieren, oder wurden die Möglichkeiten schlichtweg überfordert? Anhand der wenigen Quellen über erzstiftische Einkünfte soll in dieser Arbeit versucht werden, diese Ergebnisse auf andere Bereiche zu übertragen. Ohne eine systematische Erfassung der Finanzen des Erzstifts

---

49 Vgl. KETTERING, Territorialpolitik, S. 77–83.
50 Vgl. HÄVERNICK, Münzen.
51 Vgl. BERGHAUS, Münzstätten.
52 Vgl. VAN REY, Münzgeschichte, S. 58ff.
53 Vgl. MGH SS, Bd. XVII, S. 238.

Einleitung 19

war eine Finanzplanung kaum denkbar. Wie konnte Konrad einen Überblick über die unzähligen Geldeinnahmen und -verpflichtungen erhalten, gab es Ansätze einer Finanzverwaltung, auf welchen personellen und administrativen Grundlagen basierte sie?

Der Teilaspekt der Verschuldung Konrads bei italienischen Bankiers ist von SCHULTE, SCHAUBE[54] und zuletzt WERNER[55] behandelt worden. Welche Rolle spielen Kreditaufnahme und Verschuldung in der Finanzpolitik Konrads? Wie hoch waren die Belastungen für das Kölner Erzstift und wie wurden sie von Konrad getragen?

Das Vorhaben der Arbeit ist es, die Verwaltungsstrukturen und die wirtschaftlichen Grundlagen des kölnischen Doppelherzogtums am Rhein und in Westfalen zu beleuchten, die Konrad von Hochstaden in die Lage versetzten, einen Einflußbereich von beträchtlicher Ausdehnung zu beherrschen und auszubauen. Es wird zu klären sein, ob es bei dieser Machtpolitik nicht zu einer Überforderung der kölnischen Mittel gekommen ist.

Damit möchte die vorliegende Arbeit versuchen, einen Forschungsbeitrag zur Entstehung einer hochmittelalterlichen Landesherrschaft in der Übergangsphase vom Hoch- zum Spätmittelalter zu leisten. Sind erste Ansätze einer amtsrechtlichen Verwaltungsstruktur faßbar, die auf die Entstehung des institutionellen Flächenstaates der Neuzeit hinweisen, wie WILLOWEIT in seinem Beitrag andeutet?[56] Im Rahmen dieser Untersuchung ist es daher von Bedeutung, wo Konrad von Hochstaden alte Verwaltungsstrukturen beibehielt und wo er neue amtsrechtliche Elemente einführte.

---

54 Vgl. SCHULTE, Geschichte, S. 231–272; SCHAUBE, Handelsgeschichte, S. 421–433.
55 Vgl. WERNER, Prälatenschulden, o.S.
56 Vgl. WILLOWEIT, Landesherrschaft, S. 66–142.

TEIL A

Die Territorialpolitik Konrads von Hochstaden

In diesem Kapitel steht die Frage im Vordergrund, wie Konrad von Hochstaden, anknüpfend an die Territorialpolitik Heinrichs von Müllenark,[1] das Erzstift zu einem Höhepunkt seiner Machtentfaltung geführt hat, obwohl zunächst eine aggressive Opposition unter den Grafengeschlechtern des kölnischen Lehnshofes bestanden hatte. Konrad von Hochstaden gelangen im Norden seines Territoriums Gebietsgewinne über Lippe und Weser hinaus und Arrondierungen an der West- und Ostgrenze. Die Behandlung dieses Themas führt zwangsläufig zu der Frage, welche Ziele Konrad mit seiner Territorialpolitik verfolgte und welche Mittel er einsetzte.

Diese Expansionspolitik an den Grenzen, verbunden mit intensiver Burgen- und Städtepolitik im Innern des Territoriums, bedeutete eine außerordentliche Anspannung aller wirtschaftlichen und finanziellen Kräfte seines Landes. Fragen nach der wirtschaftlichen Leistungsfähigkeit und den finanziellen Einnahmequellen des Erzstifts werden in Teil C »Wirtschaftliche Grundlagen« gesondert behandelt.

---

1 Zur Territorialpolitik Heinrichs von Müllenark siehe zuletzt MATSCHA, Heinrich I., S. 185ff.

I.
»Friedliche« Erwerbspolitik

1.
Behauptung gegen den rheinischen Adel 1239/42

Der anfangs auf staufischer Seite stehende Erzbischof Konrad von Hochstaden hatte nach den Umschuldungsverhandlungen mit der Kurie die Finanzen des Kölner Erzstifts vorläufig konsolidieren können und den Parteiwechsel zum Papst vollzogen. Doch die Grundlage zur Finanzierung seiner Territorialpolitik, der Kölner Lehnshof, geriet nun in eine existentielle Krise, und zwar insbesondere durch die 1239 gegebene Zusage des Kölner Erzbischofs, den päpstlichen Prätendenten Wilhelm von Savoyen nach seiner Rückkehr aus Rom als Nachfolger für den Lütticher Bischofsstuhl zu verkünden und durchzusetzen. Er hatte damit seine Unterstützung für den ursprünglichen Bewerber Otto von Eberstein zurückgezogen.[2] Brabant war aus territorialen Gründen an der Einsetzung Ottos interessiert und betrachtete die Neuorientierung Konrads als Kriegsgrund.[3] Die übrigen großen Adelsfamilien sahen nun eine Gelegenheit, zusammen mit Brabant die kölnische Vormachtstellung abzuschütteln. Das Vorgehen dieser Adligen hatte rein territoriale Hintergründe, die mühsam durch reichspolitische Gründe, den Abfall von Friedrich II., überdeckt wurden. Als Herzog Heinrich von Brabant zu den Waffen griff,[4] konnte er auf die tatkräftige Unterstützung der wichtigsten niederrheinischen Dynasten, vor allem des Herzogs von Limburg, des Grafen von Berg und des Grafen von Sayn, rechnen. Zunächst hatte Konrad in den Monaten vor dem Parteiwechsel mit einer Reihe kurzer und erfolgreicher Fehden

---
2 Vgl. PRÖSSLER, Reichs- und Territorialpolitik, S. 16f.
3 Vgl. LEYING, Niederrhein, S. 194f.; REESE, Niederlande, S. 271.
4 Vgl. REK III 948.

seinen Anspruch auf die Durchsetzung seiner Vormachtstellung demonstrieren können.[5] Er konnte sich zunächst auch der weiteren Attacken erwehren, in die mittlerweile auch Graf Wilhelm IV. von Jülich eingegriffen hatte, nicht zuletzt dank der massiven Unterstützung durch die Stadt Köln und des Mainzer Erzbischofs.[6] Eine von König Konrad IV. (1237–1254) eingeleitete Friedensinitiative schlug im Jahre 1240 fehl.[7] Konrad von Hochstaden verhielt sich noch abwartend, denn zu diesem Zeitpunkt war es ihm unmöglich, in eine offene Gegnerschaft zur Reichsgewalt zu treten.[8] Konrad IV. versuchte, mit seinen Vermittlungsbemühungen den Einfluß auf die niederrheinischen Dynasten auszubauen.[9] Zu einem nach Frankfurt anberaumten Schiedsgericht schickte der Kölner Erzbischof bezeichnenderweise nur Boten, die vom König nicht als Bevollmächtigte anerkannt wurden.[10] Im weiteren Verlauf des Jahres 1240 gelang Konrad von Hochstaden die Sprengung der territorialen Umklammerung, denn mit Brabant und Limburg konnte er einen Frieden erzielen.[11] Der Kölner Erzbischof mußte beim Ausgleich mit Brabant aber hinnehmen, daß der in den vorhergehenden Kampfhandlungen verlorene Familienbesitz Schloß Dalheim an der Maas im vorläufigen Besitz Brabants verblieb. Um den Frieden mit Brabant abschließen zu können, das eine tödliche Flankenbedrohung für den schmalen Streifen des erzstiftischen Kerngebietes darstellte, mußte Konrad von Hochstaden dieses schwere Opfer bringen. Nach diesen Friedensschlüssen wartete Konrad von Hochstaden noch fast ein Jahr, bis er seine Zurückhaltung in der Reichspolitik am 10. September 1241 endgültig aufgab. An diesem Tag verbündete er sich im Vertrag von Bodenfeld mit dem Erzbischof von Mainz offensiv gegen die Staufer. Anschließend plünderten beide staufisches Kernland in der Wetterau.[12] Doch Konrad von Hochstaden hatte die militärische Lage falsch eingeschätzt. Im Februar 1242 wurde er bei Lechenich von Graf Wilhelm von Jülich gefangengenommen und in

---

5 Vgl. REK III 924, 934, 947. Vgl. Will II, Nr. 329.
6 Vgl. REK III 949, 959, 960, 964.
7 Vgl. LEYING Niederrhein, S. 198. Konrad von Hochstaden unterstützte die vom König initiierten Vermittlungsbemühungen aber nur halbherzig. Vgl. REK III 978.
8 Konrad war zu diesem Zeitpunkt noch zu geschwächt.
9 Vgl. LEYING, Niederrhein, S. 200.
10 Vgl. LEYING, Niederrhein, S. 201.
11 Vgl. REK III 984. Der Friedensschluß mit Limburg und Brabant wurde durch eine Doppelhochzeit bekräftigt: Adolf von Limburg (der Sohn Heinrichs von Limburg) heiratete Konrads Schwester Margarete von Hochstaden; Graf Dietrich von Hochstaden (ein Neffe Konrads) ehelichte die Tochter Walrams von Brabant, der ein Bruder Heinrichs II. von Limburg war. Vgl. CARDAUNS, Regesten Nr. 11; REK III 984. Konrad von Hochstaden war dadurch ein diplomatisches Meisterstück gelungen, daß er in klassischer Art und Weise Familienpolitik betrieb und politische Heiraten vermittelte.
12 Vgl. STEHKÄMPER, Konrad von Hochstaden, S. 98. Zum Zug in die Wetterau vgl. REK III 1034.

Nideggen (Kreis Euskirchen) festgesetzt.[13] König Konrad IV. gelang es jedoch in dieser entscheidenden Phase nicht, den Kölner Erzbischof in seine Gewalt zu bringen, da Wilhelm von Jülich eine Auslieferung verweigerte.[14] Lediglich für seine anfängliche Zusage, den Kölner Erzbischof als Reichsfeind zu betrachten, ließ sich der Jülicher vom König die Reichsstadt Düren verpfänden.[15] Währenddessen setzten die Kölner Anhänger des Erzbischofs die Kämpfe fort; ein Versuch Konrads IV., in Köln die erzbischöflichen Einkünfte an sich zu bringen, wurde von den dortigen Prioren und Magnaten vereitelt.[16] In dieser Phase, als Konrad von Hochstaden durch die Dynasten und den König bereits niedergerungen schien, zerbrach diese labile Koalition. Wilhelm von Jülich schloß im November 1242 einen Vertrag über die Freilassung Konrads ab, der auch mit hohen Geldforderungen für die Kriegskosten verbunden war.[17] Arnold von Diest soll in diesem Fall zwischen beiden Parteien vermittelt haben.[18] Konrad von Hochstaden hatte damit die gefährliche Anfangsphase nach seinem Parteiwechsel und der offenen Kriegserklärung gegen die Staufer im Vertrag von Bodenfeld ohne eine entscheidende Schwächung seiner Macht überstanden. Nur Schloß Dalheim war an Brabant abgetreten worden.

2.
Erbschaftserwerbungen

2.1
Das Hochstadensche Erbe

Konrad von Hochstaden gelang es während seiner Herrschaft, den Familienbesitz der von Are-Hochstaden dem Kölner Erzstift einzuverleiben. Große zusammenhängende Gebiete an der Erft und in der Eifel um die Zentren Altenahr, Burg Hart, Hochstaden, Wichterich, Nürburg, Bad Münstereifel und Ahrweiler wurden auf diese Weise für das Kölner Erzstift gewonnen.[19] 1246 war Konrads Neffe Dietrich von Hochstaden gestorben. Um eine Zersplitterung der Grafschaft Hochstaden in der nächsten Generation zu verhindern, bewegte der Kölner

---

13 Vgl. REK III 1047.
14 Vgl. REK III 1050.
15 Vgl. LEYING, Niederrhein, S. 204.
16 Vgl. REK III 1051.
17 ... *ipso anno in crastino omnium sanctorum post longam deliberationem ad bonorum persuasionem non tamen sine multa pecunia pro sumptibus belli ab archiepiscopo captivato accepta, comes Iuliacensis consultius agens ipsum absolvit.* Vgl. LACOMBLET II 270.
18 Vgl. LACOMBLET, Bruchstücke, S. 352.
19 BADER, Geschichte, S. 348ff.

Erzbischof den Erben, seinen Bruder Friedrich, Propst von Mariengraden in Köln, dazu, gegen eine Jahresrente am 16. April auf die Grafschaft Hochstaden zu verzichten und sie dem Kölner Erzstift zu schenken.[20] Territorialpolitisch war damit der Schutz des altkölnischen Südens verbessert worden. Das der Grafschaft gehörende Prümer Lehen besaß als Landbrücke zwischen Ahr und Erft eine besondere Bedeutung.[21] Konrad von Hochstaden konnte diesen Besitz am 23. April 1246 erwerben.[22] Zum neu hinzugewonnenen Besitzkomplex zählte auch die Burg Wichterich, die 1247 vom Grafen von Jülich erobert worden war, im Jahre 1254 aber wieder an den kölnischen Ministerialen Arnold von Wichterich zurückerstattet wurde.[23] Die Güter zu Ahrweiler, Münstereifel und Rheinbach wurden kölnischer Besitz. Auch in Adenau (Kreis Euskirchen) wurde Konrad von Hochstaden Grund- und Gerichtsherr.[24]

Damit waren aber die Erbansprüche von Konrads weiblichen Verwandten und deren Ehemännern übergangen worden, die Abfindungen bzw. territoriale Zugeständnisse forderten. Konrads Nichte Mechthild von Müllenark war die Braut Walrams von Jülich,[25] der finanzielle Forderungen an Konrad von Hochstaden stellte. Nach einer Fehde konnten sich Walram von Jülich und Konrad von Hochstaden vergleichen.[26]

Im Friedensdiktat von Blatzheim vom 15. Oktober 1254 gelang es Konrad von Hochstaden letztlich, den Jülicher zur Anerkennung der Grafschaft als kölnischen Besitz zu zwingen.[27] Acht Jahre nach Übernahme der Grafschaft Hochstaden zahlte Konrad von Hochstaden den Jülicher Erben aus und erhielt die Anerkennung des kölnischen Machtzuwachses an der Westflanke des Erzstifts. Bereits kurz nach der Erwerbung der Grafschaft hatte Konrad in Separatverträgen weitere Ansprüche befriedigt. Am 11. Januar 1246 einigte er sich mit Berta von Hochstaden, der Witwe des Grafen Dietrich von Hochstaden. Die Burg Hart wurde als Wittum Bertas anerkannt und die dazugehörigen Güter als Mitgift vergeben. Sie erhielt den Status eines kölnischen Offenhau-

---

20 *Comitiam ... hostadensem, castra quoque Are, Hart et Hostaden, cum omnibus vasallis, ministerialibus, allodiis, feudis, ac aliis bonis* ... Vgl. LACOMBLET II 297; REK III 1239. Nach dem Verzicht auf das Hochstadensche Erbe erscheint Friedrich von Hochstaden 1247 als Propst von Xanten. Die Vermutung liegt nahe, daß Konrad ihm diese Pfründe als Entschädigung verschafft hat. Siehe auch HOFFMANN, Grafschaften, S. 411–413.
21 Vgl. REK III 1229; GUGAT, Verfassung, S. 48. Die Probleme Konrads bei der Übernahme des Prümer Lehens schildert KETTERING, Territorialpolitik, S. 27.
22 Vgl. REK III 1248.
23 Vgl. REK III 1808; SIMONS, Wichterich, S. 13. Vgl. Teil B II 1.5 »Die Burgmannen«
24 Vgl. Teil B II 1.6 »Schultheißen«. Vgl. FLINK, Rheinbach, S. 85f. Zu Prüm siehe NEU, Prüm, S. 255–285; NIKOLAY-PANTER, Grundherrschaft, S. 99–119.
25 Walram war der Bruder des Grafen Wilhelm von Jülich.
26 Vgl. REK III 1446.
27 Vgl. REK III 1808.

ses, die Burgmannen, Turmhüter und Wächter schworen sowohl Konrad wie Berta Treue. Schadensansprüche sollten einvernehmlich geregelt werden.[28] Daneben versprach Konrad am 10. November 1246 Heinrich von Isenburg und seiner Frau Mechthild Geld für den Verzicht auf bestehende Erbansprüche.[29] Was das Hochstadensche Erbe anbelangt, so hat Konrad von Hochstaden für das Kölner Erzstift ein strategisch wertvolles Gebiet erworben, das die Amtmänner von Sinzig im Rücken bedrohte und eine elementare Flankensicherung gegen Jülich darstellte, das sich im Grunde genommen von 1239 bis 1255 mit dem Erzstift in einem Dauerkriegszustand befand. Die Anerkennung dieser Erwerbung durch den Grafen von Jülich im Lager bei Blatzheim hat Jülich für die restliche Amtszeit von Konrad von Hochstaden dem Erzstift Köln gegenüber gefügig gemacht und so eine große Gefahr für das erzstiftische Kerngebiet beseitigt.

2.2
Das Sayn-Wiedische
Erbe

In der Silvesternacht 1246/47 war Heinrich von Sayn, einer der bedeutendsten Lehnsmänner der Kölner Kirche, kinderlos gestorben. Testamentarisch hatte er seine Frau Mechthild von Sayn zu seiner Alleinerbin gemacht. Nach ihrem Ableben sollten die Sayn-Wiedischen Besitzungen an die Neffen Heinrich und Johann von Sponheim sowie Heinrich von Heinsberg fallen. Die Bestimmungen waren eindeutig: Heinrich von Sayn hatte unter allen Umständen einen Lehnsheimfall eines Großteils seiner Besitzungen an die Kölner Kirche verhindern wollen.[30] Für Konrad von Hochstaden hatten Heinrichs Güter, die großenteils Kölner Lehen waren, als Verbindung des Kölner Erzstifts mit dem Herzogtum Westfalen eine überragende Bedeutung. Schon am 21. Januar 1247 versprach der Kölner Erzbischof der Gräfin seine Unterstützung gegen eventuelle Bedrängnisse.[31] Konrad von Hochstaden wurde von Mechthild als Testamentsvollstrecker gegenüber den erbberechtigten Neffen eingesetzt und belehnte sie mit den kölnischen Lehen Heinrichs von Sayn, die ihm die Gräfin von Sayn resigniert hatte.

---

28 Vgl. REK III 1229.
29 *De questione quam nos Walramus et uxor nostra Mechteldis contra predictum d. Cunradum archiepiscopum Coloniensem movimus hactenus super hereditate bonorum, que olim erant comitis Honstadensis, submisimus nos simpliciter et absolute gratie d. archiepiscopi memorati ...* Vgl. LACOMBLET II 404; vgl. REK III 1295.
30 Vgl. KETTERING, Territorialpolitik, S. 33.
31 Vgl. REK III 1304, BECKER, Neuwied, S. 73. Zur Vorgehensweise Konrads siehe KETTERING, Territorialpolitik, S. 32ff.

Dagegen verzichteten diese auf die Vogteigefälle in Bonn, nämlich den dritten Pfennig vom Gericht und acht Mark von der Bede, auf die Burg Neu-Sayn (Bendorf, bei Koblenz) und auf die Vogtei Essen.[32] Am 19. Januar 1248 kaufte Konrad von Hochstaden von der Gräfin von Sayn deren Schloß Waldenburg, die Güter zu Drolshagen mit allem Zubehör, die Güter zu Meinerzhagen und den Ebbewald.[33] Durch den Erwerb der Waldenburg konnte der Kölner Erzbischof 1248 die kölnische Position im Biggegebiet um das Zentrum Attendorn weiter ausbauen. Im Kaufvertrag wurde festgelegt, daß während der Zahlungsfrist das Schloß dem Kölner Burggrafen Heinrich von Arberg zur Burghut übertragen werde.[34] Bis 1251 hat Konrad von Hochstaden die Kaufsumme entrichtet, denn in diesem Jahr wurde mit dem Ministerialen Johannes von Hörde der erste Drost auf der Waldenburg eingesetzt.[35] Mit dem Erwerb dieser Burg konnte Konrad von Hochstaden eine wichtige Nahtstelle zwischen dem rheinischen Kerngebiet und dem westfälischen Herzogtum sichern.[36] Die Verhandlungen zwischen Konrad und Mechthild von Sayn zogen sich über mehrere Jahre hin und wurden am 1. Mai 1250 mit folgendem Ergebnis beendet. Die Burgen Wied, Windeck, Rennenberg, die Güter zu Linz am Rhein, Leubsdorf, Roßbach, Neustadt/Wied, Asbach, Windhagen, Gielsdorf und Sechtem jeweils mit Ministerialen, Vasallen, Eigenleuten und sonstigem Zubehör, zusätzlich die Burgen Neuerburg, Wald- und Niederbreitbach fielen an das Erzstift.[37] Für diese Übereignungen sollte die Gräfin neben dem lebenslänglichen Nießbrauch der genannten Güter eine einmalige Fixsumme und eine Jahresrente erhalten. Die ersten sechs Jahre sollte die Rente aus Einkünften der Kölner Kirche, danach vom Kölner Erzbischof bezahlt werden. Die territorialpolitische Bedeutung dieses umfangreichen Erbes kann für das Erzstift nicht hoch genug eingeschätzt werden. Die territorialen Stützpunkte waren in erster Linie die Burgen, von denen auch die Verwaltung teilweise geführt wurde (Altenwied), sowie werdende Städte wie Linz und Märkte. Die Ausdehnung des Erzstifts Köln im Westerwald und im Sieg-Wied-Kreis bedeutete eine enorme Verstärkung des erzstiftischen Gewichts in diesem Gebiet.

---

32 Vgl. REK III 1331.
33 Vgl. REK III 1372. Höhn, Fährte, versucht in ihrer Arbeit nachzuweisen, daß die Waldenburg alter Erbbesitz Mechthilds war. Hömberg, Sauerland, S. 256, tritt dieser These entgegen.
34 ... *Heinrico Coloniensi fideli nostro custodiendum* ... Vgl. REK III 1372.
35 Vgl. Lacomblet II 376.
36 Zur Bedeutung der Waldenburg siehe Kettering, Territorialpolitik, S. 34.
37 Vgl. REK III 1586; Gensicke, Ministerialität, S. 93. Es gab Schwierigkeiten bei den Zahlungsmodalitäten zwischen Mechthild von Sayn und den Kölner Erzbischöfen, vgl. auch Kapitel II.1, S. 340. Auf der Karte (vordere Umschlagklappe) sind nur die Besitzungen aus dem Sayn-Wiedischen Erbe verzeichnet, die unter Konrad tatsächlich nachweisbar sind.

3.
Erwerb von Vogteien

Für Konrad von Hochstaden boten sich besonders Klostervogteien als Erwerbsmöglichkeit an, da er als zuständiger Landesherr den Schutz von Klöstern beanspruchen konnte. Hierfür ließ er sich auch vom Papst unterstützen.

Im Dezember 1238 übergab Ritter Gottfried von Tomburg (bei Rheinbach) die Vogtei des Klosters Schweinheim (Kreis Euskirchen) mit allen Rechten an Konrad von Hochstaden als zukünftigen Vogt.[38] Am 1. November 1240 verzichtete Graf Otto von Vlotho auf die Vogtei des Klosters Flaesheim (Kreis Recklinghausen) und gestattete dem Konvent, den jeweiligen Kölner Erzbischof zum Vogt zu wählen. Die Vogtei wurde Konrad von Hochstaden vor 1254 übertragen.[39] Vor dem Jahr 1252, vielleicht seit der Hochstadenschen Erbschaft im Jahre 1246, konnte Konrad die Vogtei über das Kloster Steinfeld (Eifel) erwerben.[40] Die Vogtei des Klosters Flechtdorf (Gemeinde Diemelsee, Landkreis Waldeck-Frankenberg) erlangte Konrad von Hochstaden am 25. August 1249 von Adolf von Waldeck, der auf alle Ansprüche verzichtete.[41] 1252 erklärte Konrad, daß er nicht der Vogt, sondern lediglich *pater et defensor* des Klosters sei.[42] Die gleiche Formel findet sich am 25. Januar 1259. Konrad von Hochstaden trat zu diesem Zeitpunkt als vom Papst bestellter Defensor des Klosters Heisterbach auf.[43] Der Kölner Erzbischof wandte eine neue Methode an, indem er sich *pater et defensor* nannte, um das Vogteirecht des Adels zu umgehen. Entvogtete Zisterzienserklöster wie Bredelar (Sauerland)[44] und Drolshagen (Kreis Olpe)[45] nahm er in seinen Schutz, um dadurch Einfluß auf sie ausüben zu können. In der ersten Hälfte seiner Regierungszeit konnte Konrad von Hochstaden von 1238 bis 1252 die Vogteien der Klöster Schweinheim, Flaesheim, Steinfeld und Flechtdorf erwerben. Schweinheim und Steinfeld lagen im kölnisch-jülichen Grenzgebiet (Erftkreis) und verstärkten die kölnische Position gegen die Grafschaft Jülich. Flaesheim und Flechtdorf stärkten die kölnische Position bei Recklinghausen und im heutigen Nordhessen. Über die Kosten, die Konrad bei diesen Erwerbungen hatte, ist nichts bekannt. Bis 1252 war Konrad von Hoch-

---

38 Vgl. REK III 928; STEFFEN, Konrad von Hochstaden, S. 593f.
39 Vgl. REK III 996, 1754.
40 Vgl. REK III 1713.
41 Vgl. REK III 1504.
42 Vgl. REK III 1710; BOCKSHAMMER, Territorialgeschichte, S. 121.
43 Vgl. REK III 2034.
44 Vgl. REK III 1011 zum 4. April 1241.
45 Vgl. REK III 1181 zum 26. Februar 1245. Diese Datierung ist nicht eindeutig gesichert.

staden in der Erwerbung von Vogteien durchaus erfolgreich. Doch nach 1252 versteifte sich der Widerstand des Adels gegen diese Expansionspolitik. Bereits am 14. Juli 1245 hatte Papst Innozenz IV. den Kölner Erzbischof damit beauftragt, gegen die Rechtsbrüche der lehnsabhängigen Vögte vorzugehen, die eigenmächtig die Rottzehnten der von ihnen bevogteten Güter erhoben.[46]

4.
Machtausbau im kölnischen Kerngebiet

Bis zum Ausgleich zwischen Konrad von Hochstaden und dem Grafen Wilhelm von Jülich war es ein Ziel kölnischer Territorialpolitik, die gefährdete Westflanke zwischen Rhein und Erft zu verstärken und dort kölnische Rechte zusätzlich zu erwerben und zu verdichten. Bei dieser Politik ging es vor allem darum, neben einem umfangreichen Allodialerwerb eine möglichst große Zahl von Adligen in den Kölner Lehnhof einzubeziehen. Das Rechtsinstitut der Ligesse[47] war zwar im 13. Jahrhundert durch die immer mehr auftretende Mehrfachvasallität bereits korrumpiert, doch diese Lehnsbindung konnte zumindest eine neutrale Haltung des Lehnsmannes bei einer Fehde zwischen verfeindeten Lehnsherren dieses Adligen erlauben. Die oberhalb von Hain im Brohltal gelegene Burg Olbrück verlehnte Konrad von Hochstaden am 7. Juli 1249 an den Edlen Gottfried von Eppstein zusammen mit einem Burglehen der Burg Altenahr. Olbrück stellte eine wichtige Verbindung von Sinzig über Rheineck nach Andernach dar und kontrollierte die Straße von Königsfeld durch das Brohltal zum Rhein.[48] 1248 war es Konrad von Hochstaden gelungen, im Burggrafen Gerhard II. von Sinzig seinen ärgsten Widersacher zwischen Andernach und Bonn auszuschalten.[49] Amtleute wie Gerhard II. waren in der staufischen Reichsverwaltung in hervorgehobenen Positionen tätig. König Konrad IV. hatte Gerhard II. vor 1241 auch das Kommando über die Burggrafen und Reichsministerialen von Hammerstein für den bevorstehenden Feldzug gegen die Grafen von Nassau, Heinrich von Isenburg und andere Feinde des Reiches übertragen. Am 11. September 1241 forderte König Konrad IV. den Herzog von Limburg auf, einen geplanten Burgenbau bei Remagen zu verhindern und verwies ihn bei

---

46 Vgl. REK III 1200.
47 Zur Ligesse siehe HENN, Lehnswesen, S. 26ff.
48 Vgl. REK III 1495.
49 HEINRICHS, Sinzig, S. 55–71, relativiert die Bedeutung Gerhards von Sinzig für die Führung des Reichskrieges am Mittelrhein. Vgl. RÖDEL, Entstehung, S. 52f.

Reichsangelegenheiten an den Burggrafen Gerhard II. von Sinzig-Landskron.[50] Nach langjährigen Kämpfen mit Konrad von Hochstaden, in deren Verlauf Gerhard von Sinzig die villa Ahrweiler gebrandschatzt hatte,[51] geriet er vor dem 22. Februar 1248 in kölnische Gefangenschaft.[52] Am 13. Juni 1248 gab der Kölner Metropolit die Freilassung Gerhards bekannt, als dieser kölnischer Vasall mit einem Treuevorbehalt gegenüber dem Königtum diesseits der Mosel wurde.[53] Die bis dahin staufische Burg Landskron an der Ahrmündung in den Rhein fiel damit an das Erzstift. Wohl als Folge der Niederlage Gerhards II. von Sinzig trug Ritter Conzo von Breisig (Landkreis Ahrweiler) am 2. Juli 1254 dem Erzbischof und Domkapitel von Köln zum Ersatz für an das Kloster Heisterbach verkaufte Weinberge in Linz seinen Hof in Breisig und sein dort gelegenes Haus aus Stein als Lehen auf.[54] Burggraf Gernand von Kaiserswerth (1249–1284) begab sich am 18. April 1249 unter kölnischen Schutz, nachdem die Burg Kaiserswerth im Frühsommer 1248 vom Kölner Erzbischof und dem Gegenkönig Wilhelm von Holland belagert worden war.[55] Gegen Ende der 1240er Jahre waren damit die wichtigsten Positionen an der Rheinlinie von Kaiserswerth bis Andernach in kölnischer Hand. Konrad von Hochstaden hatte den staufischen Sperriegel bei Sinzig-Landskron und Kaiserswerth aufgebrochen. Als Territorialherr hatte er die Vorherrschaft am Mittelrhein erfochten.

Der Interessengegensatz zwischen Konrad und dem Jülicher Grafenhaus verlagerte sich nach dem Vertrag von Blatzheim auf die Burgenpolitik. Da im Raum Euskirchen keine Gebietserwerbungen mehr möglich waren, ging es nun um die Befestigung der Grenze durch Burgen.

Zur Festigung der kölnischen Position bei der Nürburg zahlte Konrad von Hochstaden am 6. Juli 1254 dem Herren der Nürburg (Verbandsgemeinde Adenau, Landkreis Ahrweiler) Geld zum Erwerb eines Allods.[56] In den Kämpfen mit dem Jülicher Grafen hatten die kölnischen Leute vor dem 9. September 1251 die Burg Ringsheim (Kreis

---

50 Vgl. REK III 1032; RI, V, 2, Nr. 4440; Bosl, Reichsministerialität, S. 326f.
51 Bei dem Überfall war der Weiler Bülleshoven am stärksten betroffen. Vgl. Flink, Ahrweiler, S. 120.
52 Vgl. REK III 1375.
53 Vgl. REK III 1399. Vgl. Bosl, Reichsministerialität, S. 323. Die Urfehdevereinbarung von 1248 war eine diplomatische Meisterleistung. Für die Freilassung der drei gefangenen Landskroner Brüder erlangte Konrad die Einstellung ihrer Feindseligkeiten und die Lehnsbindung an den Erzbischof, ohne die Dienstpflicht gegenüber Konrad IV. ganz zu entwerten. Vgl. Rödel, Entstehung, S. 55.
54 *curte sua in Briseke et domo lapidea ibidem sita*. Vgl. REK III 1782; Schilp, Bad Breisig; Rheinischer Städteatlas (RhSTA) IX, 48, Bonn 1989.
55 Vgl. REK III 1463; Leying, Niederrhein, S. 229.
56 Vgl. REK III 1784.

Euskirchen) bei Rheinbach erobert und zerstört.[57] Die ebenfalls zerstörte Burg Kuchenheim (Kreis Euskirchen) wurde vom erzbischöflichen Mundschenken Hermann von Are nach ihrer Wiederherstellung dem Kölner Erzbischof als kölnisches Lehen und Offenhaus aufgetragen.[58] Diese Belege sprechen für die Härte, mit der die Kämpfe im kölnisch-jülichen Grenzgebiet geführt wurden.

Die Grafen von Kleve zwang Konrad von Hochstaden im Herbst 1243 mit militärischen Mitteln zur Aufgabe des neu eingerichteten Rheinzolls bei Orsoy (Kreis Wesel).[59] Der Kölner Erzbischof wollte in seinem Machtbereich am Rhein keine konkurrierende Zollstelle dulden. Zur Schwächung von Kleve zog er Edelherren in seinen Machtbereich, die bis dahin neutral gewesen oder Kleve zugeneigt waren.[60] Am 2. April 1244 erwarb Konrad von den Rittern von Strünckede (bei Herne a. d. Emscher) bei ihrer Burg Allodialbesitz.[61] Im November 1247 erhielt Konrad von Sueder von Ringenberg die gleichnamige Burg zu Lehen aufgetragen.[62]

In der zweiten Hälfte seiner Herrschaft verbesserte Konrad sein Verhältnis zu Kleve. Gegen Ende seiner Regierungszeit gestattete Konrad von Hochstaden dem Grafen Dietrich VI. von Kleve (1243–1272), den Monterberg (Gemeinde Altkalkar, Kreis Kleve) wieder mit einer Burg zu bebauen.[63]

In den Wirren der großen niederrheinischen Adelsrebellion gelang es Konrad von Hochstaden, die Benediktinerabtei Siegburg zu einer Bündnisabsprache zu bewegen. Gegen die Übertragung von Vogtei und Gericht zu Siegburg bis zum 30. November 1240 und eine Schutz- und Geleitzusage versprachen die Siegburger am 20. Januar 1240, ihre Burg vor einem Angriff des Herzogs von Limburg zu schützen.[64] Mit der Vergabe der Siegburger Vogtei hatte der Kölner Erzbischof ein

---

57 *van deme schadin, de ze Nerindorp dadin dis bischovis lude, du he lach vor Rimetzheim.* Vgl. LACOMBLET II, S. 200 zum 9. September 1251.
58 Vgl. REK III 2086. In Kuchenheim gab es zwei Burgen, von denen Konrad von Hochstaden die obere Burg als Lehen erhielt. Vgl. KRUDEWIG, Geschichte, S. 46. Am 7. September 1259 frischte Konrad von Hochstaden seine Rechte als Oberlehnsherr der Tomburg (bei Rheinbach) noch einmal auf. Vgl. REK III 2069.
59 ... *archiepiscopus Coloniensis potenti manu contra comitem Clivensem procedit; cuius insolentiam retundens a telonio Rheni quod apud Orsei extorquebat cessare coegit.* Vgl. WAITZ, Chronica Regia Coloniensis, MGH SS rer. Germ. in usum scholarum XVIII, S. 285; REK III 1092. Zur Einordnung der Kölner Königschronik siehe BREUER, Geschichtsbild, S. 5ff.
60 Vgl. KASTNER, Territorialpolitik, S. 21.
61 Vgl. REK III 1135.
62 Vgl. REK III 1355.
63 *demum tamen impetravit comes Theodericus, avus comitis Ottonis nuper defuncti, ab archiepiscopo Conrado licentiam reedificandi, et licentia obtenta tantum gavisus fuit, quod rubeta et frutecta que crevantur in monte de Monreberch, prescidit propria manu cum militibus suis in principio, inter quos Gyselbertus de Brempt vir nobilis et multi alii fuerunt.* Vgl. LACOMBLET, Archiv IV, S. 389f.; REK III 2169. Die Urkunde ist nicht näher zu datieren. Eine ältere Burg Monterberg war früher zerstört worden, und Köln hatte sich das Recht zum Wiederaufbau vorbehalten.
64 Vgl. REK III 972.

»*Friedliche*« *Erwerbspolitik*

großes Opfer gebracht, doch belegt dies seine dramatische Situation zum Jahreswechsel 1239/40.

Nach dem Friedensschluß mit Limburg war es Konrad von Hochstaden offensichtlich möglich, einen von seinen Vorgängern eingeleiteten Allodialerwerb abzuschließen. Am 4. September 1240 versprach der Kölner dem Limburger Herzog 400 Mark für ein zu Lehen aufgetragenes, aber nicht näher beschriebenes Allod.[65] Interessant ist der Hinweis, daß Walram von Limburg schon 700 Mark vorher erhalten hatte, der Gesamtpreis damit 1100 Mark betrug. Wer die 700 Mark angezahlt hatte, ist nicht bekannt.

Der im Spätsommer 1240 erreichte Frieden zwischen dem Herzogtum Limburg/Berg und dem Erzstift Köln wurde dadurch bekräftigt, daß Konrad Heinrich von Limburg/Berg erblich mit der Hälfte der Burg Deutz belehnte.[66] Auf Betreiben der Stadt Köln mußten beide Burgherren die Festung Deutz jedoch Anfang 1243 niederreißen lassen. Die Kölner Bürger zahlten dafür eine nicht näher genannte Entschädigungssumme.[67]

Auf die nachhaltige Schwächung der staufischen Stützpunkte im Bereich des Erzstifts — Sinzig, Burg Landskron, Kaiserswerth — wurde schon hingewiesen. Im Vergleich hierzu waren die Probleme mit dem benachbarten Adel von geringer Bedeutung. Bemühungen des Grafen von Kleve, diese Vormachtstellung anzugreifen, wurden von Konrad seit 1243 zurückgeschlagen. Gleichzeitig versuchte der Kölner Erzbischof, durch die Eingliederung von kleinen Adelsburgen an der Emscher in den kölnischen Lehnshof einen Schutz des kölnischen Territoriums zu gewährleisten. In den Fehden mit dem Grafen von Jülich konnte Konrad von Hochstaden 1249 und 1259 mehrere Burgen seines Widersachers einnehmen (Ringsheim, Kuchenheim). Im Fall von Kuchenheim wurde sie von kölnischen Ministerialen wiedererrichtet und in den Kölner Lehnshof eingegliedert. Mit dem Herzog von Limburg kam es nach 1240 zu einer gewissen Annäherung. Die gemeinsam verwaltete Burg Deutz mußte allerdings auf Drängen der Stadt Köln niedergelegt werden.

---

65 Vgl. REK III 993.
66 Vgl. REK III 991/92.
67 Vgl. ENNEN-ECKERTZ, Quellen II 228; REK III 1067.

5.
Territoriale Zugewinne im Westerwald und strategische Positionen an der Mosel, im Hunsrück und am Rhein

Konrad von Hochstaden hat sich im August/September 1238 nach seiner Rückkehr aus dem oberitalienischen Brescia auf seine Lösung von Kaiser Friedrich II. und seinen Übertritt zur Partei des Papstes heimlich vorbereitet. Dieser Übertritt wird u.a. an dem Bemühen Konrads von Hochstaden erkennbar, weitere Adlige im Grenzraum zum Machtbereich der Staufer anzuwerben oder zu neutraler Haltung zu bewegen.

Im Herbst 1238 leisteten Bruno von Braunsberg, Dietrich von Isenburg (beide Landkreis Neuwied) und deren Verwandter Dietrich einen Gefolgschaftsschwur gegenüber Konrad von Hochstaden. Die Isenburg lag unweit am Ausgang des Sayntals ins Rheintal in strategisch wichtiger Position, die Burg Braunsberg über der alten Rheinstraße einige Kilometer nördlich davon in der Nähe der Staßenverbindung vom Rhein nach Dierdorf (Westerwald). Von der Gefolgschaft ausgenommen wurden ausdrücklich die Erzbistümer Trier und Mainz und das Reich.[68]

Im Westerwald baute Konrad von Hochstaden seine Positionen aus: 1249 durch den Verzicht Heinrichs von Isenburg auf die Güter und Hufen zu Nister (Verbandsgemeinde Hachenburg, Westerwaldkreis), auf Burg, Güter und Hufen zu Hartenfels und Herschbach, Güter zu Metternich sowie die Gerichtsbarkeit zu Leubsdorf und Dattenberg.[69] Konrad erwarb dadurch wertvollen Besitz südlich von Linz sowie die Burg Hartenfels im Westerwald. Er konnte damit seinen Brückenkopf zum Herzogtum Westfalen südlich der Sieglinie ausbauen. Kristallisationspunkte dieses kölnischen Besitzkomplexes waren die Burgen Hartenfels und Dattenberg. Nachdem Konrad von Hochstaden von den Grafen von Virneburg ein Berg in der Pfarrei Puderbach (Landkreis Neuwied) am Bach Holzwide (*eius iurisdictione ad ipsum Walbodonem specialiter pertinente*) aufgetragen worden war, bestimmte er die darauf zu errichtende Burg Reichenstein bei Puderbach zum erblichen Lehen der genannten Edelherren und namentlich genannter Verwandten, sich das Öffnungsrecht vorbehaltend.[70] Neben der Bestätigung der erzbi-

---

68 Vgl. REK III 925. Zu den Braunsbergern bestanden alte kölnische Beziehungen, denn sie waren Mitglieder im Domkapitel.
69 Vgl. REK III 1449; GENSICKE, Westerwald, S. 142.
70 Vgl. REK III 1879.

schöflichen Lehen versprach Konrad von Hochstaden dem Edlen Simon von Sponheim am 4. Dezember 1240 noch eine Zahlung von 300 Mark.[71] Im November 1239 erwarb der Kölner Erzbischof die Schmidtburg in der Nähe des Soonwaldes im Hahnenbachtal (Rhein-Hunsrück-Kreis), die ihm Wildgraf Conrad als Lehen und Offenhaus auftrug.[72] Sie zählte zu den vier Hauptburgen des Wild- und Raugrafen.[73] Der strategische Wert der Burg war gering, schwächte aber dennoch die Stellung der Staufer auf dem Hunsrück. Konrad von Hochstaden war darum bemüht, das Rhein- und Moseltal über den Hunsrück hinweg durch feste Stützpunkte miteinander zu verbinden. Im Rahmen dieser Konzeption schuf er sich mit dem Kauf der Burg Waldeck über dem Baybachtal im Hunsrück oberhalb der Linie Brodenbach-Macken eine weitere Anbindung ans Moseltal. Für die Kaufsumme verpfändete er am 25. März 1243 Weinrenten zu Rhens.[74] Als Konrad von Hochstaden seine gesamten Einkünfte in Rhens am 13. Juni 1255 verpfändete, nahm er die bereits verlehnten Weinrenten ausdrücklich aus.[75] Am 6. Februar 1245 erreichte Konrad von Hochstaden einen weiteren territorialen Zugewinn im Raum Bacharach an der Südflanke der Kölner Erzstifts. Zwischen den Erzbistümern Mainz und Köln wurden die Burg Reichenstein (Verbandsgemeinde Rhein-Nahe, Landkreis Mainz-Bingen) und die Orte Trechtingshausen und Heimbach mit ihren Vogteien aufgeteilt.[76] Konrad von Hochstaden griff in seinen Bemühungen um Anhänger sogar über die Nahe nach Süden aus. Im August 1239 belehnte er den Reichsministerialen Philipp von Hohenfels (Donnersbergkreis) mit einer Rente von 22 Mark aus der Kölner Münze bis zur Summe von 200 Mark zum Erwerb von Lehen.[77] Friedrich von Leiningen besaß die Vogtei in Guntersblum (Landkreis Mainz-Bingen) von Köln zu Lehen.[78] Konrad versuchte auch im Oberrheingebiet kölnische Positionen zu gewinnen, um hier seine Stellung auszubauen. Für Geld, das Konrad von Hochstaden im Februar 1243 dem Grafen Friedrich von Leiningen (Landkreis Bad Dürkheim) zur Hälfte in bar bezahlte und zur anderen Hälfte versprach, erklärte sich

---

71 Vgl. ebd., 998.
72 Vgl. REK III 966. Siehe dazu UNRUH, Schmidtburg, S. 139–150; CONRAD, Schmidtburg, o. S., KETTERING, Territorialpolitik, S. 32.
73 Vgl. ZWIEBELBERG, Burgmannen, S. 22. Um 1285 zählte zur Burgmannenfamilie auf der Schmidtburg der Burgmann *Wilhelm Durmag (Dormagen) de Smydeburg*, der aus der Kölner Ministerialität stammen könnte. Vgl. ebd.
74 Vgl. REK III 1078; vgl. KETTERING, Territorialpolitik, S. 32.
75 Vgl. REK III 1850; SPIESS, Reichsministerialität, S. 74ff.
76 Vgl. REK III 1216; BRÜCK, Besitz, S. 82.
77 Vgl. REK III 957, übersetzt und inseriert in einer Urkunde vom 21. September 1341. Erzbischof Walram von Jülich bestritt, daß der Vertrag auch für die Erben des Hohenfelsers gelten sollte. Durch den Vertrag versuchte das Erzstift, den Lehnsmann von der staufischen Partei abzuziehen. Vgl. SPIESS, Reichsministerialität, S. 70.
78 Vgl. REK III 1075a; siehe auch GERLICH, Fernbesitz, S. 46–74; TOUSSAINT, Leiningen, S. 5ff.

der Graf bereit, ein Allod für das Erzbistum zu erwerben und zu Lehen aufzutragen.[79]

Dem pfalzgräflichen Vogt gelang es, in Bacharach die kölnische Grundherrschaft im 13. Jahrhundert zunehmend auszuhöhlen. Als Pfalzgraf Otto von Wittelsbach (1224–1248) im Jahre 1243 die beiden bis dahin noch kölnischen Burgen Stahlberg bei Steeg und Fürstenberg bei Diebach als Lehen erworben hatte, war der entscheidende Schritt zur Ausbildung und Festigung der pfalzgräflichen Landeshoheit im Viertälergebiet um Bacharach getan. Die darüber am 1. Dezember 1243 ausgestellte Urkunde ist nicht besiegelt worden und hat daher keine Rechtskraft erlangt. Zweifelsfrei sind aber diese beiden Burgen für das Erzstift verlorengegangen. Konrad erhielt im Gegenzug verpfändete Güter bei Bacharach, Diebach und Heimbach zurück.[80]

Auf die Burg Thurant[81] hat Konrad von Hochstaden jedoch nicht verzichtet, wie es angeblich in dieser Urkunde verbrieft wurde. 1248 wurde die Burg nach längerer Belagerung den Erzbischöfen von Trier und Köln übergeben und zwischen den Siegern geteilt,[82] ebenso das spätere Amt Alken.

Für eine Zahlung von 120 Mark trugen die Herren von Leye (Michelsley, Landkreis Bernkastel-Wittlich) am 4. Dezember 1239 ihre Burg dem Erzbischof von Köln als Lehen und Offenhaus auf.[83]

Für kölnische Güter zu Zeltingen und Rachtig, die unter Erzbischof Heinrich von Müllenark verpfändet worden waren, erwarb Konrad von Hochstaden am 7. Dezember 1240 das Rückkaufrecht.[84] Als Konrad von Hochstaden am 14. Dezember 1252 dem Edlen Meffred von Neumagen/Mosel 150 Mark für entsprechende Allodialgüter anwies, wurde diese Summe als Rentenlehen von 15 Mark auf die Güter zu Zeltingen und Rachtig angewiesen.[85] Dem Kölner Erzbischof war es damit über einen längeren Zeitraum von 1239 bis 1252 gelungen, verpfändeten kölnischen Besitz zurückzuerwerben. Im Südwesten des Kölner Erzstiftes gelang es Konrad von Hochstaden am 1. Mai 1251, Heinrich, Herrn von Luxemburg und Markgrafen von Arlon, zum Lehnsmann Kölns zu machen. Nach einer Geldzahlung trug Heinrich von Luxemburg dem Kölner Erzbischof eine Rente von 100 Mark aus seinen Alloden Contz (Konz, Landkreis Trier-Saarburg) und Hab-

---

79 Vgl. ebd. Konrad hielt sich bei der Brandschatzung von Worms 1243/44 in diesem Gebiet auf. Vgl. REK III 1111.
80 Vgl. REK III 1099; WISPLINGHOFF, Kurköln, S. 49; KETTERING, Territorialpolitik, S. 31f.
81 Die Besitzverhältnisse auf Thurant schildert KETTERING, Territorialpolitik, S. 20f. Vgl. ENGELS, Stauferzeit, S. 261.
82 Vgl. REK III 1416.
83 Vgl. REK III 967; GOERZ, Regesten III, nr. 139; KETTERING, Territorialpolitik, S. 32.
84 Vgl. REK III 968.
85 Vgl. REK III 1706.

scheid (Verbandsgemeinde Prüm, Landkreis Bitburg-Prüm) zu Lehen auf.[86]

Läßt sich aus diesen politischen Einzelaktionen ein Konzept Konrads von Hochstaden erkennen? Für die Erwerbungen im Westerwald aus dem Besitz der Isenburger ist diese Frage eindeutig zu bejahen, da sich die hinzugewonnenen Burgen, Güter und Rechte an die Erwerbungen aus der Sayn-Wiedischen Erbschaft anschlossen. Den vorderen Westerwald, der vom Rhein aus durch mehrere Täler verkehrsmäßig erschlossen war, bildete Konrad zu einem erzstiftischen Territorium von stattlichem Ausmaß aus. Dadurch konnte er einen Teilabschnitt der Handelsstraße von der Sieg nach Limburg/Lahn kontrollieren, über die zeitweise ein beachtlicher Warenverkehr lief.

Der alte Reichsgutbezirk Andernach–Sinzig/Landskron–Hammerstein am unteren Mittelrhein bestand nicht mehr und war überwiegend kölnisches Lehen geworden. Hammerstein als letzte staufische Bastion war 1249 isoliert und wurde vom Erzstift kontrolliert.

Für eine Territorialpolitik, wie sie im Westerwald möglich war, fehlten südlich der Linie Andernach–Maria Laach die Voraussetzungen. Koblenz, die Untermosel und das Maifeld bis Mayen waren fest in der Hand des Erzstifts Trier. Dennoch sah Konrad eine Chance, von Andernach und Burg Olbrück ausgehend, eine Kette kölnischer Einzelpositionen über die Mosel in den Hunsrück hinein auszubauen. Dies stellt ein völlig anderes Konzept dar als die Bildung eines Territoriums, das sich auf einer Fläche ausbreitet. Die Kölner Erzbischöfe waren Lehnsherren von Bassenheim (Stadt Koblenz),[87] zu dem eine Wasserburg gehörte. Von Bassenheim führt die Linie nach Winningen (Untermosel), wo erzstiftisches Gut lag, nach Alken und Burg Thurant. Das Kondominat Alken reichte auf dem Hunsrück an die kölnische Exklave Rhens heran. Im Baybachtal gewann Konrad die Waldecker mit ihrer Burg für den kölnischen Lehnsdienst. Die Besitzungen und Rechte in Bacharach konnte Konrad von Hochstaden gegen den Pfalzgrafen nur mit Mühe behaupten, er gab aber zwei Burgen preis, die in Anbetracht der starken Position des Pfalzgrafen nutzlos geworden waren. Spätestens im Bacharacher Raum endete die Kette von der Mosel, die zur Zeit Konrads über den Hunsrück bestanden hat. Auch an der Mittelmosel lassen sich bei Bernkastel und Neumagen Bestrebungen Konrads feststellen, Zugewinne für das Erzstift zu erwerben, die sich mit dem alten Besitz Zeltingen/Rachtig verbinden ließen. Allerdings waren ihm

---

86 *et ab ecclesia sua mille marcas Coloniensium denariorum, quas mihi idem dominus C(onradus) archiepiscopus et ecclesia sua donaverunt, et pro quibus eis homagium feci et fidelitatem servo et servabo ... contuli et assignavi centum marcas reddituum annuatim in allodio meo Cuncicke et Hopscheit ...* Vgl. LACOMBLET II nr. 300; REK III 1251.
87 Vgl. SCHMIDT, Bassenheim, S. 31.

hier Grenzen durch das Erzstift Trier gesetzt, das in diesem Raum größter Landesherr war. Das territorialpolitische Engagement Konrads von Hochstaden an Rhein, Mosel und im Westerwald war erheblich größer als dies bisher in der Forschung[88] herausgearbeitet worden ist. Das Konzept einer Positionskette, die vom Andernacher Raum über die Mosel und den Hunsrück nach Bacharach führte, konnte Konrad im wesentlichen durchführen. Eine Schlüsselfigur für Konrads Politik im Hunsrückraum war sein Lehnsmann Walter von Braunshorn, der mehrere bedeutsame Urkunden Konrads bezeugte.[89] Bemerkenswert ist sein Mitwirken beim Lehnsvertrag der Waldecker, die seinem Lehnshof angehörten und wohl von ihm zu diesem Schritt bewogen worden sind.[90]

6.
Aufrichtung einer Landesherrschaft an der Ruhr und im Herzogtum Westfalen

Herausragendes Ziel der kölnischen Territorialpolitik unter Konrad von Hochstaden war die Anbindung des Herzogtums Westfalen an das kölnische Kerngebiet, sein weiterer Ausbau und der Schutz seiner Grenzen. Der Kölner Erzbischof versuchte vor allem, die Zugangswege nach Westfalen abzusichern.

Die Situation stellte sich für Konrad von Hochstaden im Jahr 1238 so dar, daß die altkölnische Straße durch das Wuppertal über Elberfeld, Schwelm, Hagen und Werl durch die Grafen von Berg stark gefährdet und die altkölnische Lippestraße im Norden von den Grafen von Kleve besetzt war.[91] Entlang der Ruhr konnten kölnische Kräfte auf dem kürzesten Weg die wichtige kölnische Nachschublinie des Hellweges erreichen.[92] Das Ziel der Kölner Erzbischöfe war eindeutig »..., nämlich die Hellwegachse durch ein Netz von Rechten verschiedener Art, von Burgen, Höfen, einzelnen Gütern und jetzt auch Städten zu ergänzen und durch einen gezielten Landesausbau eine weitere Intensivierung von Handel und Gewerbe zu erreichen, um so nach dem Vorbild

---

88 KETTERING, Territorialpolitik, S. 30ff.
89 Vgl. REK III 928 (Schweinheim), 998 (Sponheim), 1068 (Deutz), 1095 (Aspel).
90 Vgl. REK III 1078. Dr. MÖTSCH vom Landeshauptarchiv Koblenz sei an dieser Stelle für seine Auskünfte herzlich gedankt.
91 Vgl. KETTERING, Territorialpolitik, S. 37.
92 Engelbert I. war beim Kampf um die Ruhrmündung bereits 1225 getötet worden. Vgl. LOTHMANN, Engelbert I., S. 387ff. Zum Hellweg siehe HÖMBERG, Hellweg, S. 196–208. Zur Bedeutung des Hellwegs siehe KETTERING, Territorialpolitik, S. 36f.

staufischer Reichslandpolitik auch in Westfalen zu mehr flächenbezogener Herrschaft zu gelangen.«[93]

Um erste Maßnahmen zur Verstärkung der Territorialgrenzen, insbesondere zur Sicherung der Ruhrmündung, zu ergreifen, hat Konrad von Hochstaden offenbar vor seiner Reise nach Rom seine Berater angewiesen, in Verhandlungen mit Ritter Wezelo, Vogt zu Werden (Stadt Essen), einzutreten, um ihn für den Kölner Lehnsdienst zu gewinnen. Am 14. August 1239 leistete Wezelo der Kölner Kirche einen Lehnseid. Er versprach Gefolgschaft gegen jedermann mit Ausnahme des Reiches und der Abtei Werden. Sein Haus zu Werden wurde im Kriegsfall zum kölnischen Offenhaus erklärt, während er unterdessen Quartier in Recklinghausen, Neuss oder einem anderen erzstiftischen Ort nehmen sollte.[94] Wahrscheinlich sind durch den Eintritt des Ritters Wezelo weitere Mitglieder der Werdener Ministerialität dazu bewegt worden, seinem Beispiel zu folgen. Der Ministeriale Ritter Philipp von Werden hat Konrad von Hochstaden am 11. Juni 1255 nach Uerdingen begleitet und stand zu diesem Zeitpunkt in kölnischem Dienst.[95]

Die Gefangenschaft des Kölner Erzbischofs in Nideggen nutzten die Grafen von Isenberg aus, um ihre Stellung am Unterlauf der Ruhr neu zu entfalten. Dietrich von Isenberg erbaute mit Unterstützung des Bischofs Engelbert von Osnabrück die Burg Neu-Isenberg auf dem Bramberg bei Bredeney (Stadt Essen) und übernahm die Vogtei des Stiftes Essen.[96] Bei einer Strafexpedition nahm Konrad im Mai 1244 diese Burg Neu-Isenberg ein und machte damit deutlich, daß für die kölnische Territorialpolitik die Beherrschung des Ruhrlaufs unverzichtbar war. Der Kölner Erzbischof befreite das besetzte Werl und übernahm wohl auch die Essener Vogtei.[97] Konrad übergab anschließend die Burg und die Vogtei Essen an den Grafen Heinrich von Sayn. Als dieser 1246/47 starb, konnte Konrad von Hochstaden die Burg Isenberg und die Vogtei Essen am 27. August 1247 in seinen Besitz übernehmen.[98] Im November 1248 wurde an Konrad von Hochstaden das Eigentum der Burg Isenberg und der Baugrund von Abt Gerard von Werden übertragen. Der Abt behielt zwei Wohnungen auf der

---

93 Vgl. EHBRECHT, Ziele, S. 230.
94 *habebit mansionem suam Riclinchusin, Nuxie vel in quibuscumque locis.* Vgl. LACOMBLET II 239; REK III 938. Zu Werden siehe KÖTZSCHKE, Werden, S. 3ff.; STÜWER, Werden, S. 7ff.
95 Vgl. REK III 1849. Vgl. Teil B II 1.11) »Ministerialen ohne nachweisbaren Dienstbereich«; auch dort sind Werdener Ministerialen in kölnischen Diensten belegt.
96 Vgl. KETTERING, Territorialpolitik, S. 38; JAHN, Geschichte, S. 78.
97 *eadem estate archiepiscopus militiam colligit contra (quosdam) comites Westphalie et tyrannos, qui oppidum Werle ceperant, et castrum novum dictum Hisinberg iuxta Essende obsedit et in deditionem accepit.* Vgl. WAITZ, Chronica Regia Coloniensis, MGH SS rer. Germ. in usum scholarum XVIII, S. 286; REK III 1152.
98 Vgl. REK III 1331. Siehe Teil A I 2.2) »Das Sayn-Wiedische Erbe«.

Burg, eine für sich und eine für den Werdenschen Kastellan.[99] Konrad von Hochstaden duldete nicht, daß fremde Adlige Stützpunkte am Unterlauf der Ruhr errichteten. Nach dem Erwerb der Vogtei Essen befestigte er vermutlich auch den Ort Essen. Eine Vereinbarung über den Ausbau von Essen trafen Konrad von Hochstaden und die Äbtissin Berta von Essen 1243(4). In dieser sogenannten Mauerurkunde ist außer der Datumzeile nur der Satz »*Nos universitas ministerialium et civium Asnidensium*« erhalten geblieben. In einer niederdeutschen Übersetzung des lateinischen Originals aus dem 15. Jahrhundert heißt es: Die »*gemeinheit der Dienstmannen*« (der Essener Äbtissin, R.P.) tut kund, daß sie angesichts des »*Zustandes des Landes*« mit Billigung der Äbtissin, ihres Konvents, der Dienstmannen und Bürger und mit gutem Willen des Vogtes »*vörmitz guden willen des vogeds*« übereingekommen sei, die Stadt zu befestigen.[100] Konrad von Hochstaden wird diese Befestigung vorangetrieben haben, weil Essen als Nachschubbasis und Einfalltor nach Westfalen entlang des Hellwegs von großer Bedeutung war. Darüber hinaus gelang Konrad von Hochstaden 1248 mit dem Pfandschaftserwerb der Reichsstadt Dortmund eine bessere Kontrolle des mittleren Hellwegabschnitts. Wegen der tatkräftigen Unterstützung des Gegenkönigs Wilhelm von Holland verpfändete dieser dem Kölner Erzbischof am 23. Dezember 1248 diesen wichtigen Stützpunkt.[101]

Um die Besitzungen an der Ruhr im Norden gegen Kleve abzuschirmen, kaufte Konrad im Herbst 1243 die Burg Holte.[102] Der Edle von Holte verkaufte Konrad von Hochstaden zu Beginn des Jahres 1250 gegen den Willen seiner Tochter Mechthild auch die Vorburg (*suburbium*) der Burg Holte.[103]

Konrad versuchte auch, die Lippe als zweites mögliches Einfalltor ins kölnische Westfalen gegen den Grafen von Kleve abzusichern. Durch den Erwerb der Vogtei von Flaesheim[104] und der kölnischen Offenhäuser Strünckede und Ringenberg[105] konnte Konrad von Hochstaden die kölnischen Besitzungen an der Ruhr abschirmen und seine Position an der Lippe ausbauen. An der Weser war er ebenfalls um eine

---

99 Auf dem bisher von den Burgmannen als Garten benutzten Vorplatz der Burg durften der Abt und sein Kastellan einen Pferdestall errichten. Konrad von Hochstaden nahm die Abtei mit ihren Insassen ausdrücklich in seinen Schutz. Vgl. REK III 1435.
100 Das lateinische Original der Urkunde ist zum großen Teil verlorengegangen. Vgl. JAHN, Geschichte, S. 38; GEUER, Kampf, S. 105.
101 Vgl. MGH DD W, Bd. XVIII, S. 103, nr. 67; REK III 1437. Zur Beziehung Konrads zu Wilhelm von Holland siehe LEYING, Niederrhein, S. 217ff.
102 Vg. REK III 1093.
103 Vgl. REK III 1552. Die Herren der Burg Holte waren gleichzeitig Vögte zu Bislich (Kreis Kleve). Vgl. REK III 578. Zu Holte siehe GEHNE, Burg, S. 15ff.
104 Vgl. Teil A I 3. »Erwerb von Vogteien«.
105 Vgl. Teil A I 4. »Machtausbau im kölnischen Kerngebiet«.

bessere Grenzsicherung bemüht. Am 24. November 1259 erhielt er von Graf Konrad von Everstein die Hälfte der vom Erzstift lehnrührigen Burg Ohsen an der Weser zu freiem Eigen mit der Hälfte des Geleits auf der Weser und auf dem Lande. Für eine Stadt vor der Burg, deren Gründung vorgesehen war, wurde ebenfalls eine Teilung vereinbart.[106]

Durch die Erwerbungen des Sayn-Wiedischen Erbes hatte Konrad von Hochstaden seit 1248 die Anbindung des westfälischen Herzogtums an das kölnische Kerngebiet erreicht. Im Süden des westfälischen Herzogtums (heute Nordhessen) festigte der Kölner Erzbischof seine territoriale Stellung durch Anteile an der Burg Itter (südlich von Korbach).[107] Konrad von Hochstaden konnte mit der Burg die kölnische Sicherungskette im Südosten des Erzstifts weiter verstärken.

Nachdem Graf Otto von Altena die kölnischen Lehen seines verstorbenen Vaters, des Grafen von der Mark, erhalten hatte, schwor er am 13. August 1249 Konrad von Hochstaden als ligischer Lehnsmann seine Treue.[108] Am 19. November 1259 willigte ein weiteres Mitglied dieser Familie, Edelherr Wilhelm von Altena, ein, der Kölner Kirche Allodialgüter zu Lehen aufzutragen.[109] Als Gegner an den Grenzen des Herzogtums traten die Grafen von Isenberg auf. Sie bauten zwar eine Burg, fanden aber keine Anhänger für ihre Ziele, die gegen das Erzstift gerichtet waren. Mit Konrad von Hochstaden verbanden sich die Abtei Essen und der Vogt zu Werden. Der Streit mit Dieter von Isenberg brachte Konrad in den Besitz der neuen Burg und der Vogtei Essen. Die Burgen Holte, Ohsen und Itter konnte er ganz oder teilweise für das Erzstift erwerben. Durch ein Paktieren mit dem Grafen von Altena versuchte Konrad im Südosten des Erzstifts die Grafen von Waldeck zurückzudrängen.

---

106 Vgl. REK III 2078. KNIPPING lokalisiert die Burg bei Hameln, vgl. ebd., S. 399.
107 Einkünfte von zehn Mark aus der Stadt trug Werner gen. von Bischofshausen am 3. Februar 1259 der kölnischen Kirche zu Lehen auf. Vgl. REK III 2036.
108 Vgl. REK III 1502.
109 Vgl. REK III 2077.

II.
Kriegsgewinne und -verluste für das Erzstift

1.
Der Krieg mit dem Grafen Wilhelm von Jülich
(1239–1255)

In langanhaltenden Fehden konnte Konrad von Hochstaden den kölnischen Herrschaftsanspruch gegen verschiedene rivalisierende Territorialherren durchsetzen und die kölnische Position ausbauen.

In den Auseinandersetzungen nach Konrads Amtsantritt (1239–1242) zerstörte der Kölner Erzbischof im Juli 1239 die villa Jülich und die Burg Bergheim/Erft,[110] wurde jedoch nach heftigen Kämpfen, wie bereits berichtet, im Februar 1242 bei Lechenich gefangengenommen und auf die Burg Nideggen gebracht.[111] Im November 1242 willigte er für seine Freilassung in eine Lösegeldforderung ein.[112] Im Zuge dieser Verhandlungen erkannte er an, daß die Höfe zu Petternich und Rödingen (Kreis Euskirchen) für 450 Mark bzw. 600 Mark verpfändet waren. Über das Pfandrecht des Hofes zu Hollig an der Rur (Kreis Euskirchen) konnte man sich nicht einigen.[113] Im Februar 1244 zwang der Kölner Erzbischof den Grafen von Jülich beim Gerichtstag von Roermond zur Anerkennung seiner Herzogsgewalt.[114] Doch schon bald nahm er mit seinen westfälischen Verbündeten, den Grafen von Arnsberg und von der Mark sowie Dietrich von Isenberg die Feindseligkeiten wieder

---

110 Vgl. REK III 951.
111 Vgl. REK III 1047.
112 Vgl. REK III 1056, Konrad von Hochstaden durfte daneben keine neuen Befestigungen zum Nachteil des Jülichers errichten und mußte kölnische Lehen an den Jülicher zurückgeben.
113 Vgl. REK III 1183.
114 Vgl. REK III 1113, 1125. Die Ereignisse schildert LEYING, Niederrhein, S. 207f. Roermond bedeutete die »Krönung eines schrittweisen Abbaus der königlichen Eingriffsmöglichkeiten in den kölnischen Herzogsbereich«. Eine ähnliche Einschätzung gibt ENGELS, Stauferzeit, S. 263.

auf.¹¹⁵ In einem verabredeten Doppelschlag fielen im September 1254 Graf Wilhelm in das linksrheinische Stiftsland, Simon von Paderborn ins kölnische Westfalen ein.¹¹⁶ Doch auch in dieser Kraftprobe blieb Konrad von Hochstaden zusammen mit westfälischen Gefolgsleuten Sieger.¹¹⁷ Die Friedensbestimmungen bauten die kölnische Vormachtstellung an der Erft weiter aus. Der Judenschutz in der Kölner Diözese und dem kölnischen Herzogtum wurde entgegen einer aus dem Jahre 1226 stammenden Bestimmung dem Grafen von Jülich entzogen und dem Kölner Erzbischof zugestanden. Stadt und Burg Zülpich, die villa Jülich, die Güter in Rödingen und Petternich, die Burgen Nideggen, Heimbach und die bei Jülich wurden zu kölnischen Lehen erklärt. Ein Pfandrecht wurde Wilhelm in Jülich, Rödingen und Petternich konzediert, in Jülich wurde zudem seine Burggrafschaft anerkannt. Weiterhin wurde erklärt, daß der Graf von Jülich die Güter zu Wanlo mit der dazu gehörigen Burg unrechtmäßig besetzt halte. Die Rottzehnten in der Diözese wurden den Kirchen bzw. dem Erzbischof zugesprochen, die kirchliche Gerichtsbarkeit und die Befestigungshoheit sollten allein bei Erzbischof Konrad liegen.¹¹⁸ Damit war der Widerstand des Jülichers während der Amtszeit Konrads von Hochstaden endgültig gebrochen.

2.
Der Widerstand des Bischofs Simon von Paderborn gegen die Territorialpolitik Konrads von Hochstaden (1248–1257)

Im westfälischen Raum formierte sich besonders im Bistum Paderborn Widerstand gegen die kölnische Territorialpolitik.¹¹⁹ Bischof Simon von Paderborn hatte 1248, ein Jahr nach seiner Bischofswahl, damit begonnen, eigenmächtig die Burg Vilsen am Hellweg zu erbauen

---

115 Vgl. STEHKÄMPER, Konrad von Hochstaden, S. 99. Für die Kampfhandlungen bis 1254 siehe KETTERING, Territorialpolitik, S. 25ff.
116 Zu Simon von Paderborn siehe BRANDT/HENGST, Paderborn, S. 12ff.; KLASEN, Paderborn, S. 24ff.
117 Vgl. REK III 1806.
118 Vgl. REK III 1823/27.
119 Zu den Gründen und dem Verlauf der Auseinandersetzungen bis zum April 1248 siehe KETTERING, Territorialpolitik, S. 39ff. Vgl. JANSEN, Herzogsgewalt, S. 72. ERKENS, Miszellen, S. 37, sieht in seiner Arbeit neben dem Befestigungsrecht die weltliche Gerichtsbarkeit und das westfälische Geleitrecht als Säulen der herzoglichen Rechte des Kölner Erzbischofs in Westfalen. Zu den Grundlagen der kölnischen Herzogsgewalt in Westfalen vgl. DROEGE, Herzogtum Westfalen, S. 299ff. 1220 und 1232 wurde das Befestigungsrecht von Kaiser Friedrich II. ausdrücklich den Fürsten zugestanden. Vgl. HÖMBERG, Landesgeschichte, S. 151; PRINZ, Mittelalter, S. 396.

und Salzkotten (Kreis Paderborn) zu befestigen. Simon wollte den östlichen Hellwegabschnitt abriegeln, um einen Durchbruch Konrads zur Weser zu verhindern. Nach der Niederwerfung des paderbornischen Widerstands mußte Simon am 6. April 1248 Salzkotten wieder entfestigen. Zum Bau der Burg Vilsen gab Konrad von Hochstaden seine nachträgliche Zustimmung, ließ sich aber ausdrücklich seine Befestigungshoheit bestätigen.[120] Die Burg Vilsen (Kreis Paderborn) versuchte er zu neutralisieren, indem er Simon von Paderborn zum Verzicht auf das Vilsener Gericht nötigte. Daneben setzte er den kölnischen Ministerialen Albert von Störmede in die Vilsener Villikation ein.[121]

Eine zweite Revolte wurde am 9. Oktober 1254 niedergeschlagen. Simon von Paderborn wurde gefangen auf eine kölnische Burg geführt.[122] Die Gefangenschaft Simons währte bis zum Mai 1256. Bereits 1255 hatte Konrad von Hochstaden ein Auslieferungsbegehren des päpstlichen Legaten Peter Caputius und des Königs Wilhelm von Holland entschieden zurückgewiesen.[123] Der Friedensvertrag von Essen am 24. August 1256 festigte endgültig die kölnische Position im nordöstlichen Westfalen und ermöglichte den Durchmarsch zur Weser. Die Burg Vilsen wurde zerstört, Salzkotten und Geseke wurden gemeinsamer Besitz von Köln und Paderborn. Simon von Paderborn mußte die kölnischen Rechte am Herforder Stift, am Hochgericht zu Erwitte und den Besitz der Stadt Brilon bestätigen. Außerdem verpflichtete sich der Bischof, dem Kölner Erzbischof mit 300 Reitern zu dienen. Simons Bruder Otto von Münster mußte zusätzlich die Burg Lünen schleifen lassen. Mit der nochmaligen Anerkennung des herzoglichen Befestigungsrechts versprach Simon von Paderborn, das Kölner Erzstift nie mehr zu bekriegen.[124] Durch die Besitzbestätigung von Brilon und die Aufgabe der Burg Lünen wollte sich Konrad von Hochstaden offensichtlich auch weiterhin die südliche (Brilon) und nördliche (Lünen) Umgehung des Hellweges offenhalten. Mit den Bestimmungen dieses Vertrages hatte sich der Kölner Erzbischof den Zielen des Papstes widersetzt, der seit 1249 die wachsende Machtfülle des Kölner Erzbischofs einzudämmen suchte.[125] Zudem war Konrad von Hochstaden seit dem Neusser Brandanschlag auf einen päpstlichen

---

120 ... *item nullam munitionem in ducatu domini Coloniensis archiepiscopi sine sua licentia faciamus* ... Vgl. WUB IV 390; REK III 1384; KETTERING, Territorialpolitik, S. 39f.
121 Vgl. REK III 1384.
122 Vgl. REK III 1807, KETTERING, Territorialpolitik, S. 44f.
123 Vgl. REK III 1818.
124 Vgl. REK III 1917.
125 Vgl. REK III 1453. Der Papst verhinderte die Übernahme des verwaisten Mainzer Erzbischofsstuhls durch Konrad, obwohl Klerus und Volk von Mainz dies stürmisch gefordert hatten.

Legaten im Jahre 1255 gebannt. Simon von Paderborn wurde am 16. März 1257 von Papst Alexander IV. von den Verpflichtungen des Essener Vertrages entbunden.[126] Am 30. Mai 1257 gewährte er Simon von Paderborn sogar in bewußter Mißachtung der von Konrad von Hochstaden reklamierten Befestigungshoheit das Recht, auf eigenem Boden (*in fundo ecclesie*) Burgen zu errichten, ungeachtet des Verbotes des Kölner Erzbischofs.[127] Wie sich im Jahre 1258 das Verhältnis zwischen der Kurie und Konrad von Hochstaden entspannt haben muß,[128] so wird auch die Unterstützung des Papstes für Simon abgenommen haben.

3.
Der Krieg um die pfalzgräfliche Burg Thurant

Am 15. Oktober 1238 schloß Konrad von Hochstaden mit dem Pfalzgrafen Otto von Wittelsbach einen Waffenstillstand, der einen status quo festschrieb und die pfalzgräfliche Expansion an der Untermosel zunächst stoppte.[129] Nach seiner Freilassung aus Nideggen schloß Konrad ein Abkommen mit dem Pfalzgrafen, in dem er auf die Rechte an dieser Burg verzichtete.[130] Dieser Waffenstillstand dauerte bis 1248. Im Jahre 1248 brach der Kampf des Erzbischofs von Trier um Thurant aus, dem sich Konrad von Hochstaden als Vogt von Alken im Bündnis mit Trier anschloß. Ein der eingeschlossenen Burg zu Hilfe eilendes Entsatzheer entschloß sich beim Herannahen des Kölner Erzbischofs zur Aufgabe. Noch im September des gleichen Jahres übergab der pfalzgräfliche Marschall Zorno von Alzey die Burg. Sie wurde durch eine Zwischenmauer in eine trierische und eine kölnische Hälfte geteilt.[131] Am 17. September 1248 kam es zur Klärung der Entschädigungsforderungen. Die Dienstmannen Konrads von Hochstaden und Arnolds von Trier wurden wieder in ihre Rechte eingesetzt. Dabei mußte der Pfalzgraf für die Schäden und Belagerungskosten aufkommen.[132] Mit der Hälfte der Burg Thurant war das Erzstift Köln auch zur

---

126 Vgl. REK III 1941. Vgl. LEYING, Niederrhein, S. 244.
127 Vgl. REK III 1956.
128 Dafür spricht das milde Schuldurteil, das am 14. August 1258 Kardinal Petrus in der Klagesache sienesischer Bankiers fällte. Vgl. Teil C II 5.2 »Verbindlichkeiten bei italienischen Bankenkonsortien«.
129 Zu den Vertragsbestimmungen im einzelnen siehe REK III 923. Siehe auch KETTERING, Territorialpolitik, S. 31f.
130 Vgl. ENGELS, Stauferzeit, S. 261.
131 Vgl. REK III 1416; DOTZAUER, Geleitwesen, S. 67.
132 Vgl. REK III 1421.

Hälfte an den Dörfern Alken, Oberfell, Nörtershausen und Kattenes beteiligt.[133]

Einen territorialen Verlust mußte Konrad von Hochstaden in der Auseinandersetzung mit Herzog Heinrich von Brabant hinnehmen, da er die Burg Dalheim an der Maas an den Brabanter abtreten mußte. Zwar wurden Konrad für die Aufgabe dieses Vorpostens zwei Lehnsrenten zu 50 Mark und eine Barzahlung von 2000 Mark zugesagt, doch war der strategische Verlust mit Geld kaum aufzuwiegen, denn das Erzstift verlor seinen wichtigsten Vorposten an der Maas; eine mögliche Expansion in nordwestlicher Richtung war damit gestoppt.[134]

Mit den Erfolgen gegen den Grafen von Jülich gelang Konrad an der Westflanke des Erzstifts eine entscheidende Arrondierung und Befriedung. Dabei sind zwei Phasen der Auseinandersetzungen zu unterscheiden. Während die Kämpfe von 1239 bis 1242 unter »reichspolitischen« Vorzeichen standen, wurden die Fehden seit 1246 um die Anerkennung der Hochstadenschen Erbschaft geführt.

Daneben zählte der Durchstoß zur Weser zu den wichtigsten Erfolgen Konrads, die er auch gegen den Widerstand des Bischofs von Paderborn in zwei Fehden durchsetzte. Eine momentane Verschlechterung seiner Beziehungen zum Papst nahm er in Kauf. Dabei ging es aber nicht nur um die Durchsetzung von territorialen Zielen, sondern auch um die Behauptung des herzoglichen Befestigungsrechts. Konrad hat diesen Rechtsanspruch vehement verteidigt, weil er ein wichtiges Instrument seiner westfälischen Territorialpolitik darstellte.

Konrad schaltete bis 1254 seine entschiedensten territorialen Widersacher aus. Durch seine Siege konnte er offenbar eine Art »Feldherrenruhm« erwerben, der ihm die Achtung des Adels einbrachte. Beim Herannahen des Erzbischofs kehrte das pfalzgräfliche Entsatzheer für die Burg Thurant um und gab seine Absichten auf. Das Erscheinen des kölnischen Heeres reichte im Jahre 1248 schon aus, um militärischen Auseinandersetzungen eine Wende zu seinen Gunsten zu geben. Ein weiteres Vordringen des Pfalzgrafen in Richtung Norden hätte Konrads Position in Andernach und Maria Laach stark gefährdet. Daher griff er im Widerspruch zu einer Verzichtserklärung von 1242 im Kampf um die Burg Thurant ein. Er mußte bei seinen Kriegen aber auch Rückschläge hinnehmen. Nach dem Verlust von Dalheim gab er mögliche Expansionspläne an der Maas auf. Seine herzogliche Anerkennung durch den Herzog von Brabant konnte er 1244 in Roermond nur durch den endgültigen Verzicht auf die Burg Dalheim und die Güter

---

133 Vgl. WISPLINGHOFF, Kurköln, S. 56f.
134 Vgl. REK III 1123.

Kriegsgewinne und -verluste 47

bei Heerlen erreichen.[135] Aber hier lag auch nicht der Schwerpunkt seiner Territorialpolitik. Die kriegerische Überlegenheit des Erzstifts über seine Gegner kann mit einem Zahlenvergleich der verfügbaren Dienstmannen belegt werden.[136] Der Graf von Jülich war unterlegen; auch ein Bündnis mit anderen Territorialherren an der Westgrenze versetzte ihn nicht in die Lage, einen längeren Krieg gegen Konrad zu bestehen. Der Hauptgrund für diese Auseinandersetzungen war, daß Adelshäuser zur Kölner Herzogsgewalt in Konkurrenz getreten waren. Dadurch erkannten sie die Schutzgewalt des Kölner Erzbischofs nicht mehr an.[137] Konrad mußte dieser Entwicklung mit Waffengewalt entgegentreten, um seinen Herrschaftsanspruch behaupten zu können.

135 Vgl. ENGELS, Stauferzeit, S. 263.
136 Vgl. Teil B II 1.5 »Die Burgmannen«.
137 Vgl. ENGELS, Stauferzeit, S. 256.

III.
Burgenbau und Befestigungswesen unter Konrad von Hochstaden

Neben den bereits dargestellten Anstrengungen Konrads von Hochstaden, im Wettstreit mit den übrigen Territorialherren seine Machtbasis zu verbreitern, ist auch der Ausbau seiner Burgen und Städte betrieben worden, um die Macht- und Verwaltungszentren seines Territoriums besser zu schützen.

Die Landesburgen und andere Befestigungswerke wurden unter seiner Herrschaft an den neuralgischen Punkten des Erzstifts erweitert oder neu angelegt. An Einzelmaßnahmen sind folgende Beispiele bekannt:

Im Süden des Erzstifts ließ der Kölner Erzbischof in Andernach das Koblenzer Tor um 1240 erweitern. Es ist wohl damals zu einer doppeltorigen Anlage ausgebaut worden, die ein Teil der erzbischöflichen Burg war. Der Kölner Erzbischof ließ außerdem Teile der Stadtmauer errichten.[138] Diese Anstrengungen können eine Reaktion auf die Expansion des Pfalzgrafen gewesen sein. Andernach stellte für einen möglichen Aggressor das südliche Einfallstor in die erzstiftischen Kernlande dar. Auch die nördliche Grenzstadt des Erzstifts, Rees, sicherte Konrad durch Baumaßnahmen ab. Die 1238 durch Verrat des kölnischen Kastellans von Kleve zerstörte Burg Rees-Aspel[139] ließ er 1243 durch seinen Amtmann Lupert von Schwansbell wiedererrichten. Die Baukosten machte Lupert am 2. November 1243 geltend.[140]

In der Grafschaft Hochstaden, die 1246 ans Erzstift fiel, ergriff Konrad ebenfalls Baumaßnahmen, um kölnische Burgen gegen die Attacken des Grafen von Jülich besser abzusichern.

---

138 Kunstdenkmäler, Bd. 17.2, S. 165f.; HUISKES, Andernach, S. 129ff.
139 Vgl. REK III 888; KASTNER, Territorialpolitik, S. 19.
140 REK III 1095.

Die Burg Hochstaden, die sich nach 1240 offensichtlich in einem sehr schlechten Zustand befand, ließ Konrad nach 1246 niederreißen und an strategisch günstigerer Stelle an der Erft wieder aufbauen.[141] Er verwendete dabei das noch verwertbare Baumaterial aus der alten Burg. Die Nürburg, im Westen des Erzstifts in der Eifel gelegen, stattete er mit einem runden Bergfried nach den Proportionen des Godesburger Bergfrieds aus und verstärkte damit die Grenze zur Grafschaft Jülich.[142] In Fehden zerstörte Burgen wie Kuchenheim[143] ließ er durch kölnische Ministerialen wiedererrichten. Nicht eindeutig ist ein Ausbau der Burg Hart nach 1246 zu belegen. Nach ihrem Übergang in kölnischen Besitz ist offenbar ihr Ausbau in Stein erfolgt. Der Burghügel erhielt zwei mächtige Ringmauern, die Vorburg eine Umfassungsmauer mit Wehrgang, an die sich die Innenbebauung anlehnte.[144] Die strategisch wichtige Burg Altenahr wurde dadurch abgesichert, daß Konrad die in gefährlicher Nähe liegende Burg Ecka 1249 niederlegen ließ.[145]

Um die Zentren Köln und Bonn herum verstärkte Konrad die kölnischen Burgen gegen benachbarte Territorialherren.

Zur besseren Abwehr möglicher Angriffe des Grafen von Berg stellte Konrad im Juni 1239 die maroden Türme der Burg Deutz wieder her und befestigte den Turm der Heribertkirche.[146] Nach Osten, in Richtung auf das Bergische Land, ließ Konrad von Hochstaden im Herbst 1239 bei Mettmann (bei Düsseldorf) eine Befestigung errichten, von der aus er Kriegszüge in das Bergische Land unternahm.[147] Mettmann wurde in dieser Phase des Krieges zur operativen Basis in diesem Gebiet.

Vor 1249 ist die Godesburg durch einen mächtigen Turm und andere Gebäude ausgebaut worden.[148] Dieser Ausbau ist im Zusammenhang mit der generellen Aufwertung Bonns als Herrschaftszentrum zu sehen.

Die Wolkenburg, die als die stärkste Fortifikation im rheinischen Raum angesehen wurde, soll Konrad von Hochstaden mit neuen Tür-

---

141 Vgl. REK III 1439. HERRNBRODT, Husterknupp, S. 6, datiert den Befehl zur Neuerrichtung in das Jahr 1244 und spricht davon, daß die alte Burg völlig zerstört gewesen sei. Dies ließe auf Kampfhandlungen schließen.
142 Vgl. BORNHEIM GEN. SCHILLING, Höhenburgen, Bd. 1, S. 78.
143 Vgl. Teil B II 1.5 »Die Burgmannen«. Ob er die zerstörte Burg Ringsheim wieder aufbaute, ist nicht bekannt. Vgl. Teil A I 4 »Machtausbau im kölnischen Kerngebiet«.
144 Vgl. FLINK, Hardtburg, S. 291f. Nach Auskunft von Prof. Walter JANSSEN kann diese Baumaßnahme auch bereits unter Konrad von Hochstaden vorgenommen worden sein, obwohl es kein historisch gesichertes Datum gibt. Im Rheinland sind bis ca. 1200 noch Befestigungen und Burgen z.T. in Holz errichtet worden. Danach erfolgte zunehmend ihr Ausbau in Stein.
145 Vgl. REK III 1536.
146 Vgl. REK III 947.
147 Vgl. REK III 960.
148 Vgl. REK III 1440.

men und festen Mauern versehen haben. Der Zeitpunkt dieser Befestigungsarbeiten ist aber nicht bekannt.[149]

Für die Einziehung der Zölle hat Konrad von Hochstaden an wichtigen Zollstätten Zollburgen errichten lassen. Im Jahre 1249 erbaute er eine neue Befestigung am Nordtor der Stadt Neuss, direkt am Rhein gelegen.[150] Mit diesem Kastell wollte er den Kölner Bürgern in Neuss widerrechtlich für ihre eigenen Waren Zoll abverlangen.[151] Am 21. Januar 1255 gestattete Konrad von Hochstaden den Bürgern von Neuss, dieses Kastell in Anbetracht ihrer beständigen Treue wieder zu zerstören.[152]

Im Herzogtum Westfalen ist die Bautätigkeit Konrads hingegen nicht sehr intensiv gewesen. Die Befestigung von Essen im Jahre 1243/44 ist von Konrad von Hochstaden betrieben worden und diente der Sicherung des Hellweges.[153] Die Burg Hovestadt bei Soest am Lippeübergang war im November 1250 im Bau,[154] aber bereits für den Erzbischof mit seinem Gefolge bewohnbar. Die Burg diente als Grenzbastion an der Lippe und richtete sich gegen allzu große Freiheitsbestrebungen der Bürger von Soest. Im Hochsauerlandkreis diente der Bau der Burg Hallenberg nach 1248 durch den westfälischen Marschall Arnold von Hochstaden als Zentrum für die später belegte Stadt Hallenberg.[155]

In seiner Territorialpolitik legte Konrad von Hochstaden ein großes Augenmerk auf die Burgenpolitik.[156] Auffällig ist, daß Konrad von Hochstaden alle drei erstgenannten Burgen aus der Hochstadenschen Erbschaft (Are, Hochstaden, Hart) mit verschiedenen Mitteln ausgebaut und verstärkt hat. Diese Burgen haben im beginnenden Verwaltungsumbau des Erzstifts in der Mitte des 13. Jahrhunderts eine entscheidende Rolle gespielt.[157] Der Kölner Erzbischof hat die territorialen Neuerwerbungen des Erzstifts kontinuierlich fortifikatorisch ausgebaut. Während seiner Herrschaft sind vier Burgen (Aspel, Hochstaden, Kuchenheim, Hovestadt) und eine Befestigung (Mettmann) neu erbaut worden. Vier weitere Burgen (Nürburg, Hart, Godesburg und Wolkenburg) sind weiter ausgebaut worden. In Andernach, Neuss und Essen

---

149 Vgl. BIESING, Chronik, S. 36; HAAG, Bilder, S. 25.
150 Vgl. REK III 1441; LANGE, Neuss, S. 75.
151 Konrad hatte den Kölner Bürgern am 7. Juni 1248 Zollfreiheit versprochen. Vgl. REK III 1398.
152 Vgl. REK III 1822.
153 Vgl. Teil A I 6 »Aufrichtung einer Landesherrschaft an der Ruhr und im Herzogtum Westfalen«; vgl. ENGELS, Stauferzeit, S. 256.
154 Vgl. REK III 1607/09.
155 Vgl. PÖLLMANN, Gründungsgeschichte, S. 81. Teil A V 3 »Westfalen und andere Gebiete des Erzstifts«.
156 Vgl. Teil B II 1.5 »Die Burgmannen«.
157 Vgl. Teil B II 1.3 »Die Truchsessen«.

gehen ebenfalls Baumaßnahmen auf ihn zurück. Konrad unternahm große Anstrengungen, um die neuralgischen Punkte des Erzstifts besser zu schützen. Vorhandene Burgen wurden von ihm weiter verstärkt und neue gebaut. Das rheinische Kerngebiet verstärkte er vor allem an den südlichen und nördlichen Einfallstoren und im Westen. In Westfalen waren eventuell die logistischen Möglichkeiten für diese Vorhaben schwieriger. In Hallenberg konnte neben der Burganlage eine gleichnamige Zwergstadt entstehen. Auch in seiner Wirtschaftspolitik versuchte Konrad Ansprüche auf Zölle mit der Anlage von Zollburgen (Neuss) durchzusetzen.

IV.
Fazit

Erzbischof Konrad von Hochstaden konnte sich gegen den rheinischen Adel 1239 bis 1242 dank der massiven Unterstützung durch die Stadt Köln und päpstlicher Finanzhilfen behaupten. Mit diplomatischem Geschick gelang es ihm seit 1240, die antikölnische Adelskoalition auseinanderzubrechen. Nachdem Konrad von Hochstaden im November 1242 seine Entlassung aus der Gefangenschaft in Nideggen erreicht hatte, setzte er seine personellen und finanziellen Ressourcen für eine intensive Territorialpolitik im Doppelherzogtum Köln ein, das er zu einem absoluten Höhepunkt kölnischer Machtentfaltung führte. In Anlehnung an die staufische Reichslandpolitik versuchte er, möglichst große, zusammenhängende Gebiete zu erwerben. Der Gewinn der Grafschaft Hochstaden um die Zentren Ahrweiler, Altenahr, Nürburg, Zülpich und Burg Hart bedeutete eine gewichtige Kräfteverschiebung in diesem machtpolitisch äußerst sensiblen Raum. Eine derartige Neuformierung der Kräfteverhältnisse bedeutete für das Jülicher Grafenhaus einen schweren Schlag. Mit dem Diktatfrieden von Blatzheim im Jahre 1254, der die Grafen von Jülich zur Anerkennung aller Gebietserwerbungen des Erzstifts, auch der Prümer Lehen, zwang, hatte Konrad von Hochstaden seinen gefährlichsten Gegner ausgeschaltet.

Der Erwerb des Sayn-Wiedischen Erbes schuf eine Verbindung des kölnischen Kerngebietes zu den sauerländischen Besitzungen und baute die kölnische Präsenz im Großraum zwischen Wied und Sieg aus. Durch den Erwerb der Waldenburg konnte der Kölner Erzbischof die kölnische Stellung im Biggegebiet um Attendorn ausbauen, während Windeck, Leubsdorf, Rosbach und Freusburg das kölnische Bonn mit dem nassauisch-kölnischen Kondominat Siegen verbanden.

Beide Erwerbungen konnte Konrad bei seinem Amtsantritt nicht planen, da sie sich aus überraschenden Todesfällen für ihn ergaben. Dennoch erkannte er seine Gelegenheit und verteidigte die Erwerbungen im Falle Hochstadens mit großem Nachdruck oder setzte sein diplomatisches Geschick ein, um sich als Mechthilds Testamentsvollstrecker große Teile des Sayn-Wiedischen Besitzes zu sichern. Der Kölner Metropolit hat daneben durch zahlreiche Erwerbungen versucht, die Südgrenze des Erzstifts vor allem gegen den expandierenden Pfalzgrafen abzusichern. Für Konrad konnte es in diesem Raum nicht um die Aufrichtung einer kölnischen Landesherrschaft gehen, sondern um den Aufbau einer Postenkette auf einer Linie Bacharach-Waldeck-Zeltingen/Rachtig, die den expansiven Druck des Pfalzgrafen bereits an der Untermosel abfangen sollte. Konrads Territorialpolitik läßt den Versuch erkennen, die einzelnen Positionen miteinander zu verknüpfen. Hinzugewonnener Streubesitz wie die Schmidtburg und die Burg Reichenstein/Rhein waren in diesem Konzept von nachgeordneter Bedeutung, dienten aber zur Schwächung der staufischen Reichsgewalt. Unterstützt wurde diese Politik durch ein enges Zusammengehen mit bedeutenden Vertretern des lokalen Adels (Isenburg, Braunsberg), wodurch seine Position weiter gestärkt wurde.

Am Mittel- und Niederrhein gelang es Konrad von Hochstaden, die entscheidenden staufischen Bastionen zu erobern und teilweise in das Kölner Herrschaftsgefüge einzubinden. Nach dem Übertritt des Reichsministerialen Gerhard II. von Sinzig und der Einnahme von Kaiserswerth befand sich die staufische Burg Hammerstein in einer völlig isolierten Lage, so daß sämtliche Operationsbasen der Reichsgewalt am Mittelrhein neutralisiert waren. Der Abfall Gerhards von Sinzig hat offenbar auch kleinere Adlige bewogen, in den kölnischen Lehnsdienst einzutreten, wie das Beispiel des Ritters Cunzo von Breisig zeigt. Konsequent hat der Kölner Erzbischof bereits in den ersten Jahren seines Pontifikats mit der Sicherung der Ruhrmündung begonnen. Gegen den Versuch der Grafen von Isenberg, diese Zielsetzung zu durchkreuzen, setzte sich der Kölner Erzbischof erbittert zur Wehr. Konrad von Hochstaden fürchtete offenbar, daß seine Aufmarschwege nach Westfalen abgeriegelt und die westfälischen Besitzungen abgeschnürt werden könnten. Am nördlichen Niederrhein baute Konrad von Hochstaden seine Stellung gegen die Grafen von Kleve weiter aus und deckte mit dem Erwerb der Burg Holte bei Ruhrort die Ruhrmündung von Norden her ab. An der Nordgrenze des westfälischen Herzogtums suchte Konrad von Hochstaden die natürlichen Flußgrenzen Lippe und Weser durch den Erwerb von festen Plätzen weiter abzusichern. Im Sauerland und in Nordosthessen verstärkte Konrad von Hochstaden seine Positionen an der Diemel und im Kreis Waldeck durch den Erwerb von Anteilen an der Burg Itter. In der Eifel, bei Recklinghausen und in Nordhessen baute Konrad die kölnische Position durch den Erwerb von Vogteirechten weiter aus.

Die Betrachtung der kölnischen Territorialpolitik zeigt, daß die strategischen Ziele Konrads bereits in den ersten Regierungsjahren festgelegt waren. Grundzüge dieser Politik sind bereits vor Ausbruch der Adelsrevolte erkennbar. Bereits 1238 wurde Wezelo, Vogt zu Werden, Lehnsmann des Kölner Erzbischofs. Dies spricht für eine geplante Territorialpolitik, die nicht wahllos Rechte für das Erzstift sammelte, sondern Burgen und andere feste Plätze erwarb, die dazu dienten, bestimmte strategische Ziele zu erreichen.

V.
Städtepolitik

1.
Rheinland

Die großen wirtschaftlichen und sozialen Umschichtungsprozesse, die zur Welle der Stadtgründungen im kölnischen Doppelherzogtum während des 13. Jahrhunderts führten, beleuchtet die 1989 erschienene Aufsatzsammlung zum Thema Grundherrschaft und Stadtentstehung am Niederrhein.[158] In der Zusammenfassung der Referatsbeiträge weist Bernhard Diestelkamp[159] darauf hin, daß unter der Betrachtung verschiedener Theorien zur Stadtentstehung, wie den Ansätzen von Nietzsch (Hofrechtstheorie), Planitz und von Below, eine monokausale Erklärung der Stadtentstehung nicht schlüssig ist, aber die Grundherrschaft als Keimzelle städtischer Entwicklung eine große Rolle gespielt hat. Faktoren, die der Grundherrschaft für die Stadt und in der Stadt Bedeutung gaben, waren ein ständig ausgreifender Marktverkehr, die Ausübung der Vogtei durch die Grundherrschaft, eine rechtlich zur Ausübung bürgerlicher Tätigkeiten befähigte Bevölkerung und der Dualismus von Hof- und Stadtrecht mit einer Bevölkerung unterschiedlicher Rechtsprovenienz.[160] Neben den Burgen waren die befestigten Städte ein weiterer Stützpfeiler kölnischer Territorialpolitik im 13. Jahrhundert. Über ihre fortifikatorische Bedeutung hinaus trugen die Städte entscheidend zur herrschaftlichen und wirtschaftlichen Durchdringung des kölnischen Machtraums bei. Wie seine Vorgänger Engelbert I. von Berg (1216–1225) in Westfalen und Heinrich von Müllenark (1225–1238)[161] im Rheinland hat Konrad von Hochstaden diese Kristallisationskerne landesherrlicher Erschließung durch eine aktive Städtepolitik gefördert. In den großen Städten des Kölner

---

158 Vgl. FLINK, Grundherrschaft, S. 149ff.
159 Vgl. DIESTELKAMP, Zusammenfassung, S. 176ff. Vgl. RITZERFELD, Erzstift, S. 58ff.
160 Vgl. DIESTELKAMP, Zusammenfassung, S. 183. Zu diesem Komplex siehe auch IRSIGLER, Urbanisierung, S. 109–123. Die kölnische Stadtentwicklung untersucht FLINK, Reich, S. 155–195. Zuletzt MATSCHA, Heinrich I., S. 444ff.
161 Zu Engelbert siehe LOTHMANN, Engelbert I., S. 190ff. und 216ff., zu Heinrich siehe MATSCHA, Heinrich I., S. 415ff.

Erzstifts traten die vom Bürgertum bestimmten Organe der kommunalen Selbstverwaltung neben die Organe der erzbischöflichen Verwaltung und versuchten allmählich, die stadtherrliche Macht durch Okkupation und Zurückdrängung erzstiftischer Verwaltungsorgane auszuhöhlen. Es ist zu untersuchen, wo Konrad von Hochstaden die geographischen Schwerpunkte seiner Städtepolitik setzte, welche Rolle Stadtgründungen und -förderungen in seiner Territorialpolitik spielten und wo er auf Grenzen der Stadtentwicklung stieß.

1.1
Städte

Rees

Erzbischof Heinrich von Müllenark hatte Rees (Kreis Kleve)[162] am 14. Juli 1228 mit der Verleihung des Neusser Stadtrechts zur Stadt erhoben. Für die folgenden Jahre fehlen Nachrichten über die junge Stadt. Mit dem Beginn der Regierungszeit Konrads von Hochstaden werden politische Aktivitäten des Grafen von Kleve erkennbar, dem es 1238 gelang, den Kastellan der nahegelegenen Burg Aspel zum Abfall vom Erzstift zu bringen.[163] Dieser Zwischenfall löste aber umgekehrt eine Fülle von Maßnahmen aus, mit denen Konrad Rees vor allem als Markt- und Handelsplatz ausbaute und mit den Nachbarmärkten in wirtschaftliche Konkurrenz trat.

Am 23. August 1241 forderte der Kölner Erzbischof die Kaufleute von Dortmund und anderen Reichsstädten auf, seine drei viertägigen Jahrmärkte zu besuchen, die er zur Förderung des Handels und zum Nutzen der Stadt Rees errichtet habe. Mit dieser Aufforderung verfolgte Konrad das Ziel, die Kaufleute bedeutender Handelsstädte auf die Jahrmärkte von Rees zu ziehen und sie vom Besuch der benachbarten Märkte abzuhalten. Für die Reise nach Rees sicherte er den Kaufleuten seinen Geleitschutz zu. Die zunächst unpraktikabel scheinenden beiden Markttermine (7. und 28. September), die von Konrad von Hochstaden für Rees angesetzt worden waren, erwiesen sich bei einem Vergleich als Abstimmung auf die Markttermine der benachbarten

---

162 Vgl. REK III 660. Eine Stadtmauer ist in Rees 1289/1334 belegt. Vgl. FLINK, Städte, Tabelle 8, S. 158. MATSCHA, Heinrich I., S. 453, weist darauf hin, daß Konrad den Rechtszug des Reeser Schöffengerichts nach Neuss und Köln festlegte. Rees wurde 1040 kölnisch. Vgl. FLINK, Grundherrschaft. Zur Aspeler Hofverfassung (1377 überliefert) siehe ILGEN, Herzogtum Kleve I, S. 361. Vgl. KETTERING, Territorialpolitik, S. 53ff.
163 Vgl. Teil A III »Burgenbau und Befestigungswesen unter Konrad von Hochstaden«.

geldrischen (Emmerich am 14.) und klevischen (Wesel am 21.) Konkurrenz. Es könnte sein, daß Konrad durch die »Abstimmung« die neuen Jahrmärkte für diejenigen attraktiv machte, die gesonnen waren, die Märkte von Emmerich und Wesel zu besuchen.[164]

Konrad stattete Rees mit drei Jahrmärkten aus, die im allgemeinen nur größeren Städten verliehen wurden. Der Termin des dritten Jahrmarkts ist nicht überliefert, wird aber in der ersten Jahreshälfte gelegen haben. Zu dieser außergewöhnlichen Stärkung der jungen Stadt als Wirtschaftsplatz treten weitere Privilegien aus der Hand Konrads. In seinem wohl bedeutendsten Stadtprivileg sicherte der Kölner Erzbischof im März 1241 der Stadt Rees umfangreiche Rechte zu. Er befreite die Bürger von Steuern und Diensten und verfügte dafür eine Abgabe von sechs Denaren pro Haus. Die Bürger konnten fortan zum erzbischöflichen Kriegszug nur noch bis zu vier Meilen vor der Stadt herangezogen werden. Dies bedeutete nur die Verteidigung der Stadt vor Angreifern aus nächster Nachbarschaft, also auch von Wesel. Im nahegelegenen Elsbruch fanden Bürger aus Rees Gelegenheit, mit Erlaubnis Konrads Holz zu schlagen, ferner reservierte er die Einkünfte aus Rees für den Stadtausbau. Um Gewerbe und Handel in Rees anzukurbeln, bestimmte Konrad von Hochstaden drei Freimärkte (*vrimarkit*) und befreite die Bürger von Rees vom Zoll zu Neuss und Köln.[165] Marktrechtsverleihungen wurden in Rees als Mittel der Territorialpolitik eingesetzt. Hinweise auf eine sich entwickelnde kommunale Selbstverwaltung sind im 13. Jahrhundert eher spärlich. Am 18. März 1247 gestattete Konrad von Hochstaden den Reeser Bürgern auf Gemeindegrund die Errichtung von Häusern.[166] Bei einem Streit des kölnischen Ministerialen Bernhard von Rees mit den Schöffen und Bürgern von Rees erklärte Konrad von Hochstaden zu dem ihm vorgelegten Fall, daß der von Rees ergangene Rechtsspruch nach Ausspruch seiner Ministerialen zwar dem gemeinen Recht widerspreche, aber als rechtmäßig nach den Gewohnheiten und privaten Gesetzen der Stadt erklärt worden sei.[167] Die Entscheidung bedeutete, daß im Falle von Rees das Stadtrecht das Ministerialenrecht brechen konnte. Am 26. März 1246 gestattete Konrad von Hochstaden den Reeser Bürgern, daß sie sich nicht vor dem Gericht in Niedermörmter und Aspel verantworten mußten. Wenn sie zur Verantwortung in Rees bereit waren, sollte das Reeser Schöffen- und Stadtgericht zuständig sein.[168] Konrad wollte in

---

164 Vgl. REK III 1027; FLINK, Städte, S. 152. Für die Anregung über die mögliche Rolle der Reeser Jahrmärkte danke ich Herrn Professor DIEDERICH.
165 Vgl. REK III 1009; LIESEGANG, Recht, Nr. 4; ENNEN, Stadterhebungspoltitik, S. 342.
166 Vgl. REK III 1309.
167 Vgl. REK III 980 zum 4. Juni 1240. Zu den Ministerialen von Rees gehörten außerdem die Ritter Bruno und Heinrich von Rees. Vgl. REK III 1024 (1241), 1631 (1251).
168 Vgl. REK III 1236.

Rees einen neuen Rechtsbereich aufbauen und zum Mittelpunkt eines Gerichtsbezirks erheben. Er hatte das Ziel, die hof- und landrechtlichen Rechtsbindungen der Reeser Bürger nach außerhalb aufzuheben, um so Rechtsunsicherheiten zu beseitigen. Konrad von Hochstaden hat die Gewerbe- und Marktsiedlung Rees wirtschaftlich gefördert und für diesen Ausbau auf Einnahmen und Dienstleistungen der Reeser verzichtet. Auch durch seine Lage an der Kreuzung zweier Handelsstraßen, der nord-südlichen Rhein- und der west-östlichen Lippestraße wurde Rees im 13. Jahrhundert zum bedeutenden lokalen kölnischen Handelsplatz am Niederrhein. Die Privilegien Konrads von Hochstaden sind als Ergänzungsprivilegien der Stadtrechtsurkunde von 1228 zu bewerten. Vor allem die Privilegierungen, die im März 1241 ausgesprochen wurden, sind als entscheidende Bausteine zur tatsächlichen Stadtwerdung zu betrachten.[169] Territorialpolitisch sind diese Privilegien im Zusammenhang mit der geplanten Stadterhebung von Wesel durch den Grafen von Kleve zu sehen, dem Konrad ein starkes Rees mit Grenzstadtfunktion entgegensetzen wollte.[170] 1247 kam es zum Ausgleich zwischen Köln und Kleve. Am 8. Juni dieses Jahres verpflichtete sich Kleve für sein Bündnis mit Köln 23 genannte Bürgen mit der Verpflichtung zum Einlager in Rees zu stellen.[171] Am 27. August 1258 trafen sich Konrad von Hochstaden und Dietrich von Kleve in Rees, um über den Streit mit dem Herrn Wetzelo von Putzlar zu verhandeln.[172]

Während des Pontifikats Konrads von Hochstaden wurde Rees nicht nur zum überregional bedeutsamen Handelsplatz am Niederrhein, sondern auch zunehmend zum Schauplatz »diplomatischer« Verhandlungen mit den Grafen von Kleve.

Xanten

Gemeinsame Stadtherren in Xanten (Kreis Wesel) waren im 13. Jahrhundert der Kölner Erzbischof und das St.Viktorstift, das den vorstädtischen Kern bildete. Innerhalb der Stadt überwog aber der erzstiftische Grundbesitz.[173] Xanten wurde durch die Bischofspfalz als Zentrum des erzbischöflichen Salhofes mit einem Turm und einer Kapelle dominiert.[174] Der älteste Beleg für die Mauer der Bischofsburg fällt in die

---

169 Vgl. FLINK, Rees, S. 22.
170 Vgl. KETTERING, Territorialpolitik, S. 56.
171 Vgl. REK III 1323.
172 Vgl. REK III 2011.
173 Vgl. MATSCHA, Heinrich I., S. 448.
174 Vgl. FLINK, Stadtentwicklung Xanten, S. 74. Zur Bedeutung der Stifte für die niederrheinische Stadtentwicklung siehe dazu auch die Arbeit von MEUTHEN, Stift; vgl. WEIBELS, Xanten, S. 12ff. Die Pfalz wird 1096 erstmals erwähnt.

zweite Hälfte des 13. Jahrhunderts.[175] Bei dieser Bischofspfalz handelte es sich um eine gewaltige Anlage. Die Mauer um den Bischofsturm war 25 Meter hoch, 27 Meter lang und über 21 Meter breit mit einer Mauerdicke von zwei Metern. Die nördlich anschließende Bischofspfalz bot Wohnräume für den Erzbischof und sein Gefolge. Weiter nördlich war ein zweistöckiges Doppelhaus ausgebaut, ein festes Steinhaus, das von Ministerialen und Personal des Erzbischofs bewohnt wurde.[176] Wegen der großen Bedeutung von Xanten für den kölnischen Niederrhein ist von verhältnismäßig vielen Ministerialen dort auszugehen. Der Kölner Erzbischof übte als Stadtherr in Xanten das Markt- und Münzrecht aus. Ein in der Marstraße gelegenes Steinhaus gehörte Ende des 13. Jahrhunderts dem erzbischöflichen Münzer.[177] Erzbischof Heinrich von Müllenark verlieh Xanten am 15. Juli 1228 mit gleichem Wortlaut wie für Rees die Stadtrechte.[178] In einer Ergänzungsurkunde vom Januar 1237 erhielten alle Handeltreibenden in Xanten (*omnes in ipso oppido Xantensi vendentes et ementes*) Zollfreiheit. Dafür hatten die Bürger von Xanten jährlich am 17. September eine Gebühr von sechzehn Schillingen von dem täglichen Schiffszoll, dem Zoll auf Vieh und anderen Dingen zu zahlen. Die am 10. Oktober und am 10. Dezember zu zahlenden Zölle blieben bestehen.[179] Im Dezember 1250 wurde der Jahreszins in Xanten pro Grundstück auf die niedrige Summe von sechs Denaren und ebensoviel bei Erbfolge festgesetzt.[180]

Schon kurz nach der Stadterhebung ist es in Xanten zu ersten Auseinandersetzungen zwischen den Stiftsherren und der Stadtgemeinde gekommen. Am 25. November 1229 bestätigte Heinrich von Müllenark den zwölf Beamten des Stifts ihre Steuerfreiheit und die zivile Gerichtsbarkeit.[181] Konrad von Hochstaden bestätigte diesen Rechtsstatus am 25. September 1256 und legte die Zahl der stiftischen Beamten auf fünfzehn fest, wobei er die Anzahl der Stiftsbäcker von vier auf fünf erhöhte.[182] Auch über die Preise für den auf dem Xantener Markt verkauften Wein kam es zum Disput. Konrad ist es jedoch gelungen, die Streitigkeiten beizulegen. Am 28. April 1255 verfügte er, daß die Weinpreise künftig gemeinsam vom Xantener Dekan und vom erzbischöflichen Richter festgesetzt werden, um überhöhten Preisen entge-

---

175 Vgl. WILKES, Quellen, S. 90, siehe auch DERS., Bischofsburg, S. 92–106.
176 Vgl. BADER, Bischofshof, S. 66.
177 Vgl. WEILER, UB Xanten I 299.
178 Vgl. REK III 661. Zum Inhalt des Neusser Rechts siehe MATSCHA, Heinrich I., S. 449f.
179 REK III 868; FLINK, Stadtentwicklung Xanten, S. 82.
180 Vgl. REK III 1611.
181 Vgl. REK III 684.
182 Vgl. REK III 1920, MATSCHA, Heinrich I., S. 451.

genzuwirken.¹⁸³ Die Konfliktlinien verliefen in Xanten nicht zwischen der aufstrebenden Bürgerschaft und dem erzbischöflichen Stadtherrn, sondern zwischen den beiden Grundherren in der Stadt. Der Kölner Erzbischof suchte als letzte Instanz den Konsens herzustellen. Das St.Viktorstift wehrte sich offensichtlich gegen die Machtausdehnung der erzbischöflichen Beamten in Xanten. Durch die mächtige Bischofsburg war Xanten ein fortifikatorisch bedeutsamer Verwaltungsmittelpunkt am Niederrhein mit einem überregional bedeutsamen Marktverkehr.

Rheinberg

Im Februar 1233 hatte Heinrich von Müllenark die Befestigung von Rheinberg (Kreis Wesel) und ihre Bewidmung mit Neusser Recht angeordnet. Bei der Befestigung handelte es sich bis in die Zeit Konrads von Hochstaden um hölzerne Planken und Vorbauten (*planciis et propugnaculis ligneis*), die sich 1290 in einem sehr schlechten Zustand befanden, so daß Erzbischof Siegfried von Westerburg am 19. August den Bau einer Stadtmauer aus Stein befahl.¹⁸⁴ Die Lage von Rheinberg machte den Bau einer Stadtmauer vor diesem Zeitpunkt nicht notwendig. Konrad verfügte in der Stadt zur Übernachtung lediglich über ein festes Haus, das aber nicht seinem Rang entsprechend ausgestattet war.¹⁸⁵ Von besonderer Bedeutung für das Erzstift Köln war der Rheinberger Zoll, für dessen Erhebung 1290 ein hauptamtlicher Zöllner verantwortlich war.¹⁸⁶

Auch Rheinberg wurde von Konrad von Hochstaden mit einer Vielzahl von Privilegien gefördert.¹⁸⁷ 1248 befreite Konrad bereits alle Zuziehenden von Abgaben an fremde Herren bei Sterbefällen und nahm sie in seinen Schutz.¹⁸⁸ Konrad sorgte dafür, daß in diesen Fällen das Geld in der Stadt blieb und nicht abwanderte. Ausdrücklich in seinen Schutz nahm er im März 1249 Zuwanderer jedweder Herkunft.¹⁸⁹ Zollfreiheit für eigene Güter gewährte der Erzbischof den Bürgern am 16. Mai 1253. Außerdem traf er als Gerichtsherr in Rheinberg Bestimmungen über den Reinigungseid in Schuld- und Geldsa-

---

183 Vgl. REK III 1842; vermutlich waren die Stiftsherren am Weinhandel beteiligt. Vgl. SCHULZ, Stadtrecht, S. 27.
184 Vgl. REK III 769, 3297; PICK, Rheinberg, S. 133.
185 Vgl. REK III 1882, *ille locus nostrum quasi domicilium et gens ipsa quasi nostra familia singulari*.
186 Vgl. Kap. B II 1.7 »Die Zöllner«.
187 Dazu zählte die Vogtdienstbefreiung der Bürger von Rheinberg am 18. Oktober 1248. Vgl. REK III 1425. Siehe dazu Kap. B II 1.6 »Die Schultheißen und ihre Aufgabenbereiche«.
188 Vgl. WITTRUP, Rheinberg, S. 27.
189 Vgl. REK III 1457.

chen.¹⁹⁰ Konrad betrieb für die Stadt eine aktive Bevölkerungspolitik und schaffte für die Einwohner einen Zustand der Rechtssicherheit in finanziellen Belangen. Konrad von Hochstaden hat in Rheinberg durch eine Vielzahl von Privilegien Handel und Gewerbe in der Stadt gefördert. Hier warb er um Zuzügler, die sich in Rheinberg niederlassen sollten. Von den fünf besprochenen Privilegien bezogen sich zwei Urkunden auf die Vorteile, die Neubewohnern in Rheinberg vom Kölner Erzbischof gewährt wurden.

Uerdingen

Konrad von Hochstaden urkundete am 11. Juni 1255 in Uerdingen (Stadt Krefeld)¹⁹¹ und verlieh der kölnischen *villa* die Stadtrechte. Der alsbald begonnene Bau einer Stadtmauer sollte diesen Stützpunkt weiter absichern. Er erhob in Uerdingen Abgaben aus dem Geleitzoll und der Bede.¹⁹² Offensichtlich ist von Uerdingen aus kölnisches Geleit gewährt worden. Außer der Stadterhebung von Uerdingen durch Konrad von Hochstaden sind keine weiteren Nachrichten über Aufenthalte des Erzbischofs oder Urkunden, die er dort für die Stadt ausgestellt hat, bekannt.

Neuss

Im 11. Jahrhundert konnte das Erzstift Köln das aus römischer Zeit stammende Neuss seinem Besitz einverleiben, wo es seitdem die Gerichtshoheit im umliegenden Burgbann ausübte.¹⁹³ Verwaltungsmittelpunkt des Neusser Besitzes war der Haupthof in der Stadt. Die Kölner Erzbischöfe erbauten dort eine *domus episcopalis*, ein *palatium* mit Nikolauskapelle und vorgelagertem Atrium.¹⁹⁴ Der Kölner Erzbischof war Vogt des St. Quirinstiftes in Neuss, deren auswärtige Güter an die Grafen von Geldern verlehnt waren. Engelbert II. konnte im Jahre 1271 von Heinrich von Kessel die Vogtei an der Neusser Seite der Niers für das Kölner Erzstift erwerben. Dagegen waren die Kölner Erzbischöfe stets im Besitz der Vogteirechte in der Stadt.

---

190 Vgl. REK III 1730.
191 Vgl. REK III 1849; ROTTHOFF, Uerdingen; RhSTA III, 19, Bonn 1976; HAASS, Uerdingen, S. 11–17. Zur Befestigung vgl. ROTTHOFF, UB Uerdingen 25, *de villa Urdingen ... opidum primitus instituit et munivit*.
192 Vgl. ROTTHOFF, Uerdingen; RhSTA III, 19, Bonn 1976.
193 Vgl. WISPLINGHOFF, Neuss, S. 520ff.; KETTERING, Territorialpolitik, S. 71ff.; LANGE, Neuss, S. 557.
194 Vgl. LANGE, Neuss, S. 557.

Auf dem Gelände des erzbischöflichen Hofes fand der Markt statt, dem der Erzbischof als Marktherr vorstand. Neben den Abgaben der zinspflichtigen Güter bezog der Kölner Grundherr in Neuss auch Einnahmen aus dem Fähr- und Mühlenrecht sowie der Bede.[195] Wichtigste Einnahmequelle des Erzstiftes überhaupt war der Rheinzoll zu Neuss.[196]

Den Bürgern von Neuss gestattete Konrad von Hochstaden am 31. Januar 1255, die 1249 errichtete Zollburg wieder einzureißen. Daneben erlaubte er der Stadt eine eventuelle Abtragung einer Ansandung zwischen Rhein und Erft, versprach Zollfreiheit und bestätigte die übrigen Privilegien.[197] Die freiwillige Niederlegung des Zollkastells deutet auf einen zunehmenden Druck der Bürgerschaft auf das stadtherrliche Regiment des Erzbischofs hin, die von ihm die Erteilung eines weiteren Privilegs erreichte. Der Kölner Erzbischof gestattete am 23. Mai 1259 den Schöffen von Neuss das Kooptationsrecht und erlaubte die Wahl eines Rates von zwölf bis vierzehn Ratsherren. Er bezeichnete die Ratsherren als erzbischöfliche Beamte (*officiati, qui amptman appellantur*).[198] Die Erhebung städtischer Steuern und der Erlaß städtischer Statuten wurden von erzbischöflichen und städtischen Verwaltungsbeamten gemeinsam durchgeführt (Schultheiß, Schöffen, Amtmänner und Bürgermeister). Ausdrücklich behielt sich Konrad von Hochstaden die jährliche Bede von 40 Mark und die Gerichtsgefälle vor.[199]

In Neuss besaß er sicherlich als Stadtherr eine starke Stellung, doch mehrten sich in den Jahren nach 1250 die Anzeichen für ein Erstarken des Bürgertums und dessen Wunsch nach größerer Freiheit. Nicht zuletzt auf Druck der Bürger erklärte sich der Kölner Erzbischof bereit, die Zollfestung am Rhein niederzulegen, die aus der Sicht der Bürger als eine Art »Zwingburg« abgelehnt wurde. 1259 mußte er der Stadt ein Mitbestimmungsrecht in der Gerichtsbarkeit einräumen. Neuss fungierte als Oberhof und letzte Appellationsinstanz für die meisten kölnischen Städte am Niederrhein; eine große Anzahl von ihnen war mit Neusser Recht bewidmet.[200] Als wichtigste Zollstelle des Erzstifts, verbunden mit einem Hafen an der Mündung der Erft, war die Stadt

---

195 Vgl. ebd.
196 Vgl. Huck, Neuss, Bd. 1, S. 156; Lau, Neuss, S. 2ff. Vgl. Kap. C I 2.1 »Rheinzölle«.
197 Vgl. REK III 1822. Vgl. Kap. A III »Burgenbau und Befestigungswesen unter Konrad von Hochstaden«.
198 Vgl. REK III 2056; Keyser, Städtebuch Rheinland, S. 321, zu Neuss siehe auch Wisplinghoff, Neuss, S. 54ff.; Lange, Neuss, S. 51–79; Huck, Neuss, Teil 1, S. 20ff.; Ilgen, Städte, S. 23, weist darauf hin, daß Neuss die erste kölnische Stadt war, in der sich neben dem Schöffenkolleg eine zweite städtische Behörde von Bedeutung etablierte.
199 Vgl. REK III 2056.
200 Vgl. Lau, Neuss, S. 5f.

Städtepolitik

für Konrad von Hochstaden von großer wirtschaftlicher Bedeutung. Er versuchte, in Neuss eine Politik des Ausgleichs mit den Bürgern zu treiben, um Auseinandersetzungen zu vermeiden, die für seine Rechte in der Stadt nachteilig sein konnten.

Zur Zeit Konrads sind schon bürgerliche Ministerialen in Neuss faßbar. Der Ministeriale Lutbert (Lupert von Schwansbell?), Bürger von Neuss, tritt 1259 bis 1261 in den Quellen auf.[201] Teilweise sind also die kölnischen Ministerialen zu diesem Zeitpunkt bereits ins Bürgertum eingetreten. Urkundlich belegt ist die Verleihung von Neusser Recht an die Städte Xanten, Rees und Rheinberg, die zusammen eine Stadtrechtsfamilie bildeten.[202]

Bonn

In Bonn sind die Kölner Erzbischöfe seit dem 12. Jahrhundert als Gerichts- und Stadtherren aufgetreten. Die erzbischöfliche Gerichtsstätte lag auf dem Münsterplatz, hier stand auch ihr Hoheitszeichen, das »steinerne Wölfchen«. Zentrum der erzbischöflichen Macht in Bonn war die im Westen der Stadt gelegene Villikation Merhausen, die im Jahre 1268 zu einer *domus* bzw. *curia* des Erzbischofs ausgebaut wurde.[203] Wie aus der folgenden Darstellung hervorgeht, hat es in Bonn keine formelle Stadtrechtsverleihung gegeben, wie dies für viele »Römerstädte« zutrifft. Edith Ennen spricht deshalb von einer »langgestreckten Stadtwerdung«, einem Prozeß, der durch mehrere Verleihungen verschiedener Rechte und Freiheiten gekennzeichnet ist.[204] Konrad von Hochstaden richtete ein besonderes Augenmerk auf Bonn, da dieser Ort keine wirksame Befestigung besaß und immer wieder Ziel von Angriffen war. 1239 war es von Truppen des Herzogs von Brabant geplündert worden. Deswegen ordnete Konrad am 18. März 1244 wegen der vielen Schädigungen und Angriffe (*eo quod frequenter essent hostibus expositi*) die Befestigung der Stadt mit Mauer und Graben an (*opidum bunnense fossatis et muris duximus muniendum*).[205] Bei der Befestigung der Stadt wurde die Stadtmauer großflächig um die Siedlung gezogen, mit der Folge, daß große Parzellen innerhalb dieser Fortifikation landwirtschaftlich genutzt wurden.[206] Konrad hat 1244 offenbar

---

201 Vgl. REK III 2040/41, 2140. Zur Stellung der Ministerialen in Neuss im 12. Jahrhundert siehe RITZERFELD, Erzstift, S. 135ff.
202 Vgl. MATSCHA, Heinrich I., S. 463.
203 Vgl. auch RITZERFELD, Erzstift, S. 138.
204 Vgl. ENNEN, Städtewesen, S. 7f.
205 Vgl. LACOMBLET II 284; REK III 1131; NIESSEN, Bonn, 1. Teil, S. 103, siehe auch VAN REY, Bonn, S. 37; ENNEN/HÖROLDT, Bonn, S. 7ff.
206 Vgl. FLINK, Grundherrschaft, S. 160f.

mit einer weiteren Ausdehnung der Stadt gerechnet, als dies dann tatsächlich eingetreten ist.

Für die schon Ansässigen und für die zukünftigen Bewohner Bonns versprach der Kölner Erzbischof die Einhaltung der bisher geltenden Freiheiten, Rechte und guten Gewohnheiten. Auch in Bonn sollte ein Anreiz zum Zuzug künftiger Bürger geschaffen werden. An Einnahmen behielt sich das Erzstift das Gericht, den Zoll und die Herbstbede von 100 Mark vor.[207] An den Kosten der Befestigung hat sich der Kölner Erzbischof beteiligt. Für bestimmte Weinberge, die bei der Befestigung von Bonn ausgerottet worden waren (pro firmando et muniendo opido nostro Bunnensi), zahlte der Kölner Erzbischof am 28. Juni 1244 dem Besitzer Otto von Wickrath 50 Mark, die er auf den Neusser Zoll, ersatzweise auf Einkünfte zu Odenkirchen, anwies.[208] Eindeutig war das Bestreben Konrads, Bonn zu einem gut gesicherten Zentrum kölnischer Macht auszubauen. An Einnahmen besaß der Kölner Erzbischof in Bonn den Zoll und eine Münzstätte, die allerdings unter Konrad von Hochstaden nicht gearbeitet hat.[209] Aber offenbar hat das Wachstum der Stadt nicht den Plänen des Kölner Erzbischofs entsprochen. Seine rechtlichen Vorbehalte auf die wichtigen Einnahmen aus Bonn deuten darauf hin, daß er mit der Stadterhebung nicht gewillt war, wichtige erzstiftische Rechte aus der Hand zu geben. Die zahlreichen Aufenthalte Konrads in Bonn[210] zeigen, daß die Stadt seit der zweiten Hälfte seines Pontifikats zu einem Herrschaftszentrum im Erzstift geworden war. Was hat Konrad dazu bewogen, diese Stadt und seine Bürger nicht mit größeren Freiheiten (Privilegien) auszustatten? Eventuell fürchtete er den Einspruch der Stadt Köln, die verhindern wollte, daß er diese kleineren Städte am Rhein mit Köln auf eine Stufe stellte. Einiges deutete darauf hin, wie beispielsweise auch die Untätigkeit der Bonner Münze.[211] Die überragende Stellung Kölns im Erzstift wurde damit in keiner Weise angetastet.

Andernach

1167 schenkte Kaiser Friedrich I. Barbarossa den Königshof Andernach (Landkreis Mayen-Koblenz) mit Zoll und Münze an Erzbischof Rainald

---

207 Vgl. LACOMBLET II 284; REK III 1131, ... *nobis et nostris successoribus specialiter reservatis videlicet iudicio, theloneo nostro debito et consueto, et ut tamen semel in anno tempore autumpnali centum marcas colonienses pro petitione nobis.*
208 Vgl. LACOMBLET II 286; REK III 1150.
209 Vgl. VAN REY, Bonn, S. 31; HÄVERNICK, Münzen, S. 173.
210 Vgl. Kap. B I 4) »Herrschaftszentren und ihre materiellen Leistungen für das Erzstift Köln«.
211 Vgl. Kap. C I 3.3 »Münzstätten im kölnischen Kerngebiet«.

Städtepolitik 65

von Dassel.²¹² Seit 1200 baute das Erzbistum Köln die Burg im Südosten der Stadt immer weiter aus. Philipp von Heinsberg hatte bereits im Jahre 1188 in Andernach Befestigungen angelegt.²¹³ Konrad von Hochstaden führte diese Baumaßnahmen vor 1249 fort.²¹⁴ Beendet war der Ausbau erst gegen 1300, als Wikbold von Holte der Stadt für immer die Akzise überließ.²¹⁵ LIESSEM weist darauf hin, daß die Andernacher Burg in staufischer Zeit eine großzügig angelegte Anlage gewesen ist, deren exakte Datierung nur durch weitere Ausgrabungsergebnisse zu erhellen ist.²¹⁶ Der Kölner Erzbischof war Gerichtsherr in Andernach und hatte Münz- und Zollhoheit. Schon Heinrich von Müllenark hatte die Bürger von Andernach 1234 von der direkten Bedebesteuerung gegen eine jährliche Zahlung von 60 Mark befreit.²¹⁷ Am 21. November 1255 verlieh Konrad von Hochstaden den Schöffen zu Andernach Bedefreiheit.²¹⁸ Dennoch blieben die Belastungen der Bürger von Andernach aus nicht näher genannten Gründen hoch, so daß am 26. Februar 1280 Siegfried von Westerburg eine Besteuerung der Klöster von allem Grundbesitz bestimmte.²¹⁹ Trotzdem scheint auch in den nächsten Jahren eine gewisse Opposition gegen die Stadtherrschaft bestanden zu haben, denn am 3. August 1287 zerstörten die Andernacher Bürger während eines Judenpogroms das Haus des Erzbischofs und wüteten auch in der erzbischöflichen Burg, in die sich die Juden geflüchtet hatten.²²⁰ Andernach war die südliche Bastion des Erzstifts, das hier an das Erzstift Trier grenzte. An anderer Stelle wird dargelegt, daß in Andernach vermutlich ein bedeutender kölnischer »Flottenstützpunkt« lag.²²¹ Die Privilegien und Vergünstigungen für Andernach folgten der Linie kölnischer Stadtpolitik, nämlich Handel, Gewerbe und damit verbunden auch die Bevölkerungszahl zu erhöhen, um das umliegende Gebiet wirtschaftlich aufblühen zu lassen. Die Kaufmannschaft Andernachs muß sehr zahlreich gewesen sein und beteiligte sich am Handel mit Steinen und Geräten aus Stein (Mühlsteine), die aus

---

212 Die Verhältnisse im 12. Jahrhundert schildert RITZERFELD, Erzstift, S. 141 ff. In Andernach spielten die Kaufleute als vom Erzstift geförderte Personengruppe eine besondere Rolle, weil sie im Schöffengericht ein Gegengewicht gegen die stark vertretene trierische Ministerialität darstellten. Vgl. HUISKES, Andernach, S. 117.
213 Vgl. REK II 1286.
214 Vgl. MGH SS Bd. XXII, S. 546. Vgl. Kap. A III »Burgenbau und Befestigungswesen unter Konrad von Hochstaden«.
215 Vgl. REK III 3726.
216 Vgl. LIESSEM, Bemerkungen, S. 100.
217 Vgl. REK III 818.
218 Vgl. REK III 1868.
219 Vgl. REK III 2836.
220 Vgl. REK III 3151, HUISKES, Andernach, S. 142. Vgl. Kap. B II 1.6 »Die Schultheißen und ihre Aufgabenbereiche«.
221 Vgl. Kap. B I 4) »Herrschaftszentren und ihre materiellen Leistungen für das Kölner Erzstift«.

dem Gebiet um Mayen stammten. Dennoch hat das Erzstift mit dem Bau der Stadtburg, an der während des ganzen 13. Jahrhunderts gebaut wurde, auch dem Freiheitsdrang der Bürger den stadtherrlichen Machtanspruch Kölns entgegengesetzt. Die starke Präsenz trierischer Ministerialität versuchten die Kölner Erzbischöfe durch die besondere Förderung anderer Gruppen innerhalb der Stadt wie etwa der Kaufleute zu egalisieren, um deren Einfluß einzudämmen.

Zülpich

In Zülpich (Kreis Euskirchen) waren die ältesten Rechtstitel in kölnischem Besitz. Seit der Mitte des 11. Jahrhunderts besaßen die Kölner Erzbischöfe den Zoll, seit 1124 das Römerkastell mit der Kirche St. Peter, außerdem waren sie Herren der östlich vor dem Römerkastell gelegenen *villa* Zülpich. Vögte waren aber die Grafen von Jülich. Daraus ergab sich, daß im 13. Jahrhundert der Besitz der Zülpicher Burg zwischen dem Erzstift Köln und der Grafschaft Jülich umstritten war. Im Herbst 1230 geriet die Burg Zülpich bei einem Angriff der Limburger in Brand.[222] Auf der Burg Zülpich wurden 1278 erzbischöfliche *castrenses* mit Residenzpflicht erwähnt. Zu ihnen zählte eventuell Ritter Wilhelm von Zülpich (1275–1278).[223] Im Schied zwischen Köln und Jülich vom 12. Februar 1255 wurde festgelegt, daß die Stadt Zülpich, die Burg und »alles, was dort ist«, kölnisches Allod sei.[224] Damit muß die Stadtrechtsverleihung zwischen 1246 (Erwerb der Grafschaft Hochstaden) und 1255 erfolgt sein.

Dritter Grund- und Gerichtsherr waren die Grafen von Are-Hochstaden, die ihren Hofbezirk Mersburden 1246 dem Kölner Erzstift schenkten.[225] In dem Schied von 1255 ist der erste *oppidum*-Beleg für Zülpich faßbar. Konrad von Hochstaden hat die *villa* Zülpich vor 1255 zur Stadt erhoben, nachdem er durch die Hochstadensche Erbschaft innerhalb des Ortes ein eindeutiges Übergewicht gegen den Grafen von Jülich gewonnen hatte. Es ist ihm aber offenbar nicht gelungen, die Vogtei in seinen Besitz zu bringen. Außerdem hatten die Kölner Erzbischöfe 1249 Bedeeinnahmen aus Zülpich.[226] Kölnischer Amtsträger in Zülpich war der Schultheiß,[227] der wohl auf der Stadtburg residierte und als Vorsitzender des Schöffengerichts im Hof Mersburden die

---

222 Vgl. REK III 705.
223 Vgl. FLINK/MÜLLER, Zülpich; RhSTA I, 5, Bonn 1972.
224 *oppidum Tulpense, castrum et quicquid ibi est, esse ligium allodium b. Petri.* Vgl. LACOMBLET II 410; REK III 1827.
225 Vgl. FLINK/MÜLLER, Zülpich; RhSTA I, 5, Bonn 1972.
226 Vgl. REK III 1446.
227 Vgl. Kap. B II 1.6 »Die Schultheißen und ihre Aufgabenbereiche«.

Gerichtsbarkeit ausübte. Von Konrad von Hochstaden ausgestellte Privilegien für Zülpich sind nicht bekannt.

Deutz

Am 1. August 1230 gestattete Heinrich von Müllenark den Bürgern von Deutz (Stadt Köln) angesichts der »rauhen Zeiten«, ihre Stadt zu befestigen, und befreite sie von der Steuer.[228] Konrad von Hochstaden hat der Stadt Deutz während seiner Amtszeit kein Privileg erteilt. Bekannt ist lediglich, daß der Kölner Erzbischof dort dreimal geurkundet hat.[229] Deutz stand von 1242 bis 1257 im Brennpunkt der Auseinandersetzungen des Kölner Erzbischofs mit der Stadt Köln und dem Grafen von Berg. Konrad begann 1243 neue Kampfhandlungen gegen die Stadt Köln von Deutz aus, wo er am 10. März sein Lager aufgeschlagen hatte.[230] Diese Auseinandersetzung endete schon im November des gleichen Jahres und brachte den Kölnern das Zugeständnis Konrads, die Burg Deutz niederzureißen.[231] Deutz, das sich als Aufmarschplatz gegen Köln als gefährlich erwiesen hatte, blieb den Kölnern ein Dorn im Auge. Bei den schweren Kämpfen um die Stadtherrschaft in den Jahren 1257/58 wurde es im Oktober 1257 von den Kölner Bürgern niedergebrannt.[232] Die Kölner duldeten weder eine Befestigungsanlage in Deutz noch die Entstehung einer rivalisierenden Stadtgemeinde.

Siegen

Siegen war seit 1224 kölnisch-nassauisches Kondominat. Graf Heinrich von Nassau, Bannerträger des Kölner Erzbischofs,[233] übergab Engelbert I. damals die Hälfte der neugegründeten Stadt Siegen mit Münze, Zoll und allen Rechten.[234] Diese Rechte waren Einkünfte aus dem Gericht, den Wortzinsen, Mühlenabgaben, Bedezahlungen und dem Judenschutz.[235] Nassau und das Erzstift Köln waren damit gleichberechtigte Stadtherren. Die alte Siedlung Siegen wurde nun zu einer Vorstadt der Neustadt Siegen. Die Stadt erhielt durch den Kölner

---

228 Vgl. REK III 699. Für das Siegel mit der Umschrift *Sigillum libere civitatis Tuicensis* verlangte Heinrich von Müllenark eine Klarstellung durch die Nachgravur *Que est archiepiscopi Coloniensis*. Vgl. DIEDERICH, Siegelführung, S. 93.
229 Vgl. REK III 1007, 1650, 1652.
230 Vgl. REK III 1663.
231 Vgl. REK III 1058.
232 Vgl. REK III 1980.
233 Vgl. Kap. B I 9) »Adel am Hof«.
234 Vgl. PHILIPPI, Siegener UB I, Nr. 8.
235 Vgl. SEIBERTZ, UB I, 484, S. 599f.; REK III 1719. Wortzinsen waren Grundzinsen für die Ausweisung der Bauplätze an die Ansiedler auf landesherrlichem Grund und Boden.

Erzbischof das Befestigungsrecht. Das Verhältnis zwischen den beiden Stadtherren war nicht ungetrübt, so daß Konrad die Stadt durch keine Privilegien förderte. Nach 1253 kam es zwischen dem Kölner Erzbischof und den Grafen von Nassau zu Auseinandersetzungen. Für ein Hilfsversprechen gegen den Herzog von Limburg hatte Konrad am 22. März 1253 den Grafen von Nassau ihre Lehen um 500 Mark aufgestockt und wies diese Summe auf seine Einnahmen in Siegen an.[236] Nachdem sie ihre Hilfszusagen jedoch in den folgenden Jahren nicht einhielten, warf der Kölner Erzbischof sie vor dem 1. Oktober 1259 in einer Fehde nieder und entzog ihnen das Geldlehen.[237] Ob diese Auseinandersetzungen auch in Siegen geführt wurden, ist nicht bekannt. Zur Zeit Konrads von Hochstaden sicherte eine Burg[238] die Stadt gegen äußere Feinde. Konrad war Gerichtsherr in Siegen und bezog aus der Stadt Einnahmen von mindestens 500 Mark jährlich. Die Fehde mit den Grafen von Nassau zeigt, daß auch eine gemeinsame Stadtherrschaft die Partner nicht vor Auseinandersetzungen bewahrte. Oder der Grund zur Fehde lag im Kondominat begründet, z.B. in der Aufteilung der Verwaltungs- und Gerichtskompetenzen, die sich als nicht praktikabel erwies. Die Beteiligung an Siegen war für die Anbindung des kölnischen Herzogtums Westfalen an das rheinische Kerngebiet von Bedeutung.

Ahrweiler

In der *villa* Ahrweiler waren mehrere geistliche und weltliche Grundherren begütert, unter ihnen auch die Abtei Prüm, die in Ahrweiler einen Hof besaß. Vögte dieser Prümer Besitzungen waren die Grafen von Are-Hochstaden, deren Rechtsnachfolge Konrad von Hochstaden antrat. Mit der Hochstadenschen Erbschaft ging auch der Turm im Weiler Gisenhoven bei Ahrweiler in kölnischen Besitz über.[239] Bereits zwei Jahre später, am 5. August 1248, stellte Konrad von Hochstaden eine Urkunde für Ahrweiler aus, in der er den Bürgern ihre alten Rechte, Freiheiten und guten Gewohnheiten bestätigte und außerdem bestimmte, daß die Bede nur noch nach der Veranlagung durch die Bürger entrichtet werden sollte.[240] In der Folgezeit hat der Kölner Erzbischof die Befestigung des exponiert gelegenen Ahrweiler vorange-

---

236 Vgl. REK III 1719.
237 Vgl. REK III 2071. VON ACHENBACH, Siegen, S. 12, bezweifelt, ob das Geld bis dahin überhaupt ausbezahlt war.
238 Vgl. REK III 2184. Im Teilungsvertrag von 1224 wurde festgehalten, daß beide Parteien weder einen Bürger noch einen Kastellan ohne Einwilligung des Partners aufnehmen durften. Vgl. PHILIPPI, Siegener UB I, Nr. 8.
239 Vgl. FLINK, Ahrweiler, S. 121ff.
240 Vgl. REK III 1408.

trieben. Ahrweiler war nämlich 1241 vom Burggrafen von Sinzig-Landskron, der nur wenige Kilometer entfernt residierte, überfallen und gebrandschatzt worden. Dabei scheint der Weiler Bülleshoven am stärksten betroffen gewesen zu sein.[241] Ahrweiler wurde daher im Jahre 1248 neu erbaut und erhielt die Stadtrechte wohl schon vor 1248, denn die Bestätigung der Rechte und Freiheiten Ahrweilers in diesem Jahr setzt voraus, daß die *villa* schon im Besitz dieser Rechte und Freiheiten gewesen ist.[242] Allerdings besaß die Stadt keine ausreichende Befestigung, wie der Überfall von 1241 zu beweisen scheint. Zur Finanzierung dieser Maßnahme gestattete Konrad von Hochstaden die Erhebung einer Verbrauchssteuer (Akzise)[243] für die Zeit des Mauerbaus, der 1265 mit vier Toren und mehreren Verteidigungstürmen abgeschlossen war. Konrad von Hochstaden verfügte in zwei Fällen eine Absetzung der Akzisebesteuerung. Am 21. Oktober 1259 befreite Konrad von Hochstaden das Kloster Marienthal (Gemeinde Dernau, Landkreis Ahrweiler) von Zoll, Steuer oder Akzise, die die Bürger für die Befestigung des Ortes (*ad opus munitionis eiusdem loci*) eingerichtet hatten.[244] Am 26. Oktober 1260 erließ Konrad von Hochstaden dem Kloster Steinfeld für die im Zuge der Befestigungsarbeiten erbrachten Aufwendungen den Zoll und die Akzise in Ahrweiler.[245]

1.2
Die Entwicklung von Lechenich und Brühl zur jeweiligen Stadt

Lechenich

1239 wurde erstmals die alte Burg in Lechenich (Landkreis Euskirchen) erwähnt, die vermutlich dort durch den 1138 begonnenen Ausbau der erzbischöflichen *Curia* entstanden ist.[246] Konrad von Hochstaden versuchte, einen zusammenhängenden kölnischen Besitzblock im Zentrum von Lechenich zu bilden, und nahm deshalb im September

---

241 In der Abrechnung des Burggrafen mit der königlichen Kammer 1242 wurden 15 Mark an Ausgaben für drei beim Angriff auf Ahrweiler verlorene Pferde angegeben. Vgl. METZ, Güterverzeichnisse, S. 117; FLINK, Ahrweiler, S. 120, 134.
242 Vgl. FLINK, Ahrweiler, S. 140; ENNEN, Stadterhebungspolitik, S. 140.
243 Die Akzise wurde in Deutschland im 13. Jahrhundert als von den Städten eingezogene Tor-Akzise eingeführt.
244 Vgl. MRUB III 1502; REK III 2073; FLINK, Ahrweiler, S. 140.
245 Vgl. TILLE, Urkunden I, S. 191f.; REK III 2130.
246 Vgl. REK III 948. Seit 1262 sind Burgmannen auf der Burg Lechenich nachweisbar. Vgl. Kap. B II 1.5 »Die Burgmannen.« Vgl. zuletzt die Edition von K. und H. STOMMEL, Quellen zur Geschichte der Stadt Erftstadt 1 (650–1400), Erftstadt 1990.

1256 einen Gütertausch mit dem St. Apostelnstift zu Köln vor, das in der Lechenicher Burg- und Marktsiedlung begütert war.[247] Auf diese Weise hatte Konrad von Hochstaden eine Arrondierung im Zentrum erreicht und gegen seinen Streubesitz um Lechenich eingetauscht. Die Befestigung der neuen Siedlung war jedoch bei der Stadtrechtsverleihung am 15. September 1279 noch nicht vollendet.[248]

Brühl

Die *villa* Brühl ist als Rodung in einem alten Reichsforstbezirk entstanden, der im 10. Jahrhundert den Kölner Erzbischöfen geschenkt wurde. Möglicherweise ist eine Motte östlich des heutigen Schloßparks letztes Zeugnis einer Befestigung, die dem Burghof voranging, der von Philipp von Heinsberg 1168/1190 erbaut wurde. Als Siegfried von Westerburg der *villa* Brühl am 27. April 1285 städtische Rechte verlieh, war diesem Akt unter Konrad von Hochstaden und seinem Nachfolger ein Verdichtungsprozeß erzbischöflicher Rechte im Raum Brühl vorausgegangen. Die im längeren Kölner Dienstrecht genannten erzbischöflichen Tafelgüter Merrig und Pingsdorf wurden Mitte des 13. Jahrhunderts in der Baumeisterei Brühl, die ihren Sitz in der *curtis* Brühl hatte, zusammengefaßt. Beide Orte gehörten mit den Höfen Heide und Palmersdorf zum Burgbann der werdenden Stadt.[249] Die skizzierte Rechtskonzentration, die Konrad von Hochstaden im Raum Brühl vorgenommen hat, scheint 1249 abgeschlossen gewesen zu sein, denn die Quellen nennen in diesem Jahr Schöffen des Brühler Hofes.[250]

---

247 Das Stift erhielt für zwanzig Malter Roggen vererbpachtetes Land bei seinem neuen Hof Middilnheim an der Erft, eine dort für eine Mark kölnisch vererbpachtete Mühle und das Eigentum eines Hofes mit Wiese, Acker und Wald (Einlo) bei Dirnheim (?), dazu gewisse Grundzinsen. Konrad von Hochstaden erhielt dafür die Lechenicher Stiftsmühle *in vicino publice strate, qua itur versus forum*, die alte *area* im Zentrum, ferner Grundzinsen in Höhe von 26 Schillingen, die dem Stift bisher am 25. Juli von *areis circa forum Lechgenich* gezahlt wurden, und einige Naturalzinsen. Vgl. REK III 1922; FLINK, Bemerkungen, S. 1106f.; DERS., Lechenich; RhSTA I, 1, Bonn 1972.
248 In der Urkunde wurde auch die Einziehung der Akzise durch die Stadt und das Verhältnis der Bürger zu den Burgleuten geregelt. Die Zahlung der Akzise an die Stadt erfolgte mit der Verpflichtung der Rechenschaftsablage vor Richter und Burgleuten. Für etwaige Streitigkeiten zwischen Bürgern und Burgleuten wurde ein Schiedsgericht eingerichtet. Vgl. Lechenicher Stadtrecht § 32, in: KORTH, Urkunden, S. 200.
249 Dieser Burghof umfaßte vor dem Beginn des 13. Jahrhunderts ein für den Besuch des Erzbischofs eingerichtetes Wohngebäude. Vgl. Kunstdenkmäler 4. 1, S. 80; FLINK/MÜLLER, Brühl; RhSTA I, 2, Bonn 1972.
250 Vgl. REK III 1542.

2.
Stadt Köln

Konrad von Hochstaden stieß mit seiner intensiv geführten Territorialpolitik auf eine selbstbewußte Bürgerschaft in Köln, die in der Gewinnung städtischer Freiheit schon größte Fortschritte erzielt hatte. Während der Landesherr alles unternahm, um seine Stellung als Stadtherr zu behaupten, strebte Köln nach immer größerer Unabhängigkeit vom Stadtherrn und nach Ausweitung der Stadtfreiheit. Diese gegensätzlichen Ziele standen sich unvereinbar gegenüber. Konrad verteidigte seine Politik und verbesserte die Grundlagen seines Territoriums nach innen und außen:

»Konrad war vor allem Territorialherr, und ihm kam es bei der Unterwerfung darauf an, dieses Gebiet, das seiner Territorialherrschaft nach seiner Ansicht unterworfen, aber durch ausgeprägte Eigenentwicklung nicht mehr botmäßig war, wieder einzugliedern; um der Staatlichkeit willen durfte dieses im Innern nicht von Herrschaftszonen, die territorialer »Staatlichkeit« gleichkamen und über die der Territorialherr nicht verfügte, durchsetzt sein.«[251]

Auch als Bischof hielt Konrad unabdingbar an Köln als dem Ort eines der ältesten Bischofssitze des Reiches fest. Hier stand die Kathedralkirche des Erzbistums.[252]

Köln war im Erlangen städtischer Freiheiten — 1182 übernimmt die Richerzeche die Gerichtsbarkeit, Erwerb der städtischen Siegelfähigkeit 1114/19, Bau des Rathauses 1139, Bildung des Stadtrats 1216[253] — allen anderen vergleichbaren Städten im Reich vorausgeeilt. Bei der Gewinnung neuer Rechtspositionen gegenüber dem Erzbischof wandte Köln eine geschickte Strategie an. Jede erzbischöfliche Institution in der Stadt versuchte Köln durch eine oder mehrere städtische Institutionen aufzuheben. So wurden der erzbischöflichen Fettwaage mehrere städtische Waagen entgegengesetzt. Dennoch konnte Konrad von Hochstaden kleinere Einkünfte aus der Fettwaage, dem Ponderamt und dem Salzmaß für sich behaupten.[254] Die Besteuerung der Bierpfennige blieb im 13. Jahrhundert für den erzbischöflichen Anteil auf einem überholten, dem Warenwert nicht mehr angemessenen Satz, während die Hauptertäge den städtischen Steuern zuflossen. Tragende Bedeutung für die erzbischöfliche Herrschaft hatte das Hochgericht, das je-

---

251 Vgl. STEHKÄMPER, Absicherung, S. 366; WENDEHORST, Albertus Magnus, S. 31f.
252 Vgl. REK III 1410.
253 Die kommunale Entwicklung der Stadt im Hochmittelalter schildert zuletzt GROTEN, Wandel, S. 5ff. Zur Struktur der Richerzeche besonders S. 8ff. Herrn Prof. Dr. GROTEN sei an dieser Stelle herzlich für die Bereitstellung seiner Habilitationsschrift gedankt. Siehe auch PETERS, Richerzeche, S. 1–18; GROTEN, Richerzeche. S. 34–85.
254 Vgl. LAU, Entwicklung, S. 63ff.

doch de facto von bürgerlichen Unterrichtern geleitet wurde.[255] Die Rechte des Kölner Erzbischofs wurden gegen Ende des 12. Jahrhunderts und im Verlauf des 13. Jahrhunderts wegen dieser Entwicklung zunehmend beschnitten oder die Erzbischöfe waren aus Finanznot gezwungen, Rechte zu verpfänden, die sie aber nicht wiedererlangen konnten.[256] Häufig war die erzbischöfliche Münze zu Teilen verpfändet, u. a. auch als Münzlehen an die Münzerhausgenossen, einen genossenschaftlichen Zusammenschluß von Münzern, der im 13. Jahrhundert von kölnischen Patrizierfamilien dominiert wurde, die zunehmend die erzbischöflichen Rechte an der Münze an sich zogen. Das ministerialische Meliorat war sehr eng mit dem sich entfaltenden Wirtschaftsleben in der Stadt verbunden und zählte zu den aktivsten Kreisen der Stadt.[257] Zur Bedeutung der Kölner Münze, der Münzerhausgenossen und ihrem Einfluß auf das Münzwesen wird später in einem gesonderten Kapitel berichtet.

Im Jahre 1252 lieferte sich Konrad von Hochstaden mit der Stadt Köln wegen der Münze einen heftigen Kampf,[258] dessen Anlaß Münzmanipulationen von Konrad waren.[259] Aus der Nachricht, daß der Kölner Erzbischof einen Münzstreit mit Mechthild von Sayn hatte, geht hervor, daß ihm aus der Kölner Münze wegen der partiellen Verpfändung keine ausreichenden Einnahmen zugeflossen sind. Trotzdem hat Konrad zumindest noch anteilsmäßige Erträge aus der Kölner Münze besessen, sonst wäre er nicht in der Lage gewesen, sowohl im August 1239 als auch vor 1261 Einnahmen aus der Kölner Münze an Philipp von Hohenfels und Herzog Walram von Limburg zu verpfänden.[260] Aus einer Position der Stärke heraus ging er seit 1258 zur Verteidigung seiner Münzanteile gegen die Münzerhausgenossen vor. Nachdem er gegenüber diesen eine Politik der Mäßigung betrieben hatte,[261] setzte er am 23. März 1259 wegen Mißbrauches ihrer Privilegien die Münzer, Münzmeister und den Münzprüfer ab und entzog ihnen ihre Ämter und Lehen.[262] Der Kölner Stadtherr hatte damit seinen ersten großen Schlag gegen die Stadt geführt und gleichzeitig mit der Rückgewinnung erzbischöflicher Rechte begonnen. Das Münzhaus und der überwiegende Teil der Münzgefälle waren dem Erzbischof im 13. Jahrhundert entfremdet worden und in den Einflußbereich der vom Patriziat beherrschten Münzerhausgenossen geraten.

---

255 Vgl. GROTEN, Wandel, S. 1f.
256 Vgl. ebd, S. 1.
257 Vgl. RÜTIMEYER, Stadtherr, S. 71; LAU, Entwicklung, S. 69.
258 Ein Angriff mit einer Flotte von Kriegsschiffen schlug im März 1252 fehl. Vgl. REK III 1663.
259 Vgl. REK III 1669.
260 Vgl. REK III 957; 2139a.
261 Vgl. REK III 1411.
262 Vgl. REK III 2044.

Der spärliche erzbischöfliche Grundbesitz konzentrierte sich in der Nähe des Doms am Hofe. Hier befanden sich der erzbischöfliche Palast nebst einigen Gebäuden im Hachtbezirk (Immunitätsbezirk bei der St. Thomas-Kapelle). Die Verfügungsgewalt über das erzbischöfliche Münzhaus ging dem Erzbischof durch die Münzerhausgenossen zunehmend verloren, ebenso die Kammern und Gaddemen an der Münze. Daneben besaß der Erzbischof zinspflichtige Liegenschaften in der Marktgegend.

Konrad von Hochstaden war zunächst in den Jahren 1239 bis 1242 beim Kampf gegen die Opposition des benachbarten Adels auf die militärische Unterstützung der Stadt Köln angewiesen. Das städtische Kriegsvolk erzielte große Erfolge für seinen Erzbischof.[263] Aber ohne Gegenleistungen war Köln nicht zu einer solchen Waffenhilfe bereit. Konrad verzichtete daher auf Einnahmequellen in der Stadt. Noch vor seiner heimlichen Reise nach Rom erklärte Konrad von Hochstaden am 7. Januar 1239, die Hälfte der Bierpfennige an die Stadt Köln abtreten zu wollen.[264] Am 17. März 1240 verzichtete er dann für immer auf die Erhebung dieser Steuer, um sich vermutlich der Hilfe der Kölner bei der Adelsfehde zu versichern.[265] Den Kölner Münzerhausgenossen versprach Konrad von Hochstaden am 1. Mai 1238, sie nicht in ihren Rechten zu beschneiden und ihnen kein neues Mitglied aufzudrängen.[266] Im Februar 1239 bestätigte der Kölner Erzbischof der Stadt Köln das Nichtevokationsrecht für alle in der Stadt und ihrem Burgbann begangenen Verbrechen.[267] Konrad von Hochstaden hat die Mehrzahl dieser Privilegien vor seiner Italienreise ausgestellt. Er rechnete damit, daß sein Übertritt zum Papsttum einen Aufstand eines Teils des niederrheinischen Adels auslösen würde. Um die Stadt Köln für seine antistaufische Politik zu gewinnen, gewährte er ihr diese Vorteile. Während der Auseinandersetzungen mußte Konrad jedoch im Juni 1239 eine schwere Demütigung hinnehmen, als er nach vorzeitigem Abzug der städtischen Truppen genötigt war, die Waffenhilfe der Stadt Köln als nicht einklagbar zu erklären und ihre Unterstützung als Ausnahme anerkannte.[268] Konrad leistete durch diese Erklärung der städtischen Rechtsauffassung Vorschub, daß dem historisch begründeten Machtanspruch des Erzbischofs über die Stadt Köln ein konkurrierender Machtanspruch der Stadt auf die Stadtherrschaft gegenüberstehe. Kurz darauf ausbrechende Streitigkeiten zwischen ihm und der Stadt

---

263 Vgl. REK III 934, 947; KETTERING, Hochstaden, S. 26.
264 Vgl. REK III 931.
265 Vgl. REK III 974, GROTEN, Wandel, S. 113.
266 Vgl. REK III 909.
267 Vgl. REK III 933. GROTEN, Wandel, S. 113, sieht darin einen Zusammenhang mit der Fehde Konrads mit Sayn (1238).
268 Vgl. REK III 952.

wegen der nur phasenweise geleisteten Waffenhilfe führten Ende 1240 zu einer weiteren Krise. Als die Kölner bereits Kriegsschiffe rüsteten, einigten sich Konrad und die Stadt auf Geldzahlungen.[269] Die Anerkennung dieses innerstädtischen Status quo, daß die Stadt Köln zu keinem Kriegsdienst rechtlich verpflichtet sei, sicherte dem Kölner Erzbischof im Jahre 1242 einen entscheidenden Rückhalt in einer bedrohlichen Situation. Nachdem nämlich König Konrads IV. Versuch, den Kölner Erzbischof aus der Gefangenschaft des Grafen von Jülich zu übernehmen, gescheitert war,[270] wurde Konrad IV. bei seinem Aufenthalt in Köln im März 1242 von den Prioren und Magnaten daran gehindert, die erzbischöflichen Einnahmen zu beschlagnahmen.[271] Die Stadt verteidigte also die Rechte ihres Erzbischofs.

Am Ende desselben Jahres versuchte Konrad von Hochstaden, verlorene Rechte in Köln wieder einzufordern. Eine 1242 von Konrad gegen die Schöffen ausgeprochene Exkommunikation mußte er jedoch am 9. August 1249 aufheben, da sie ihre Unschuld beweisen konnten.[272] Im Großen Schied von 1258 spielte das Gerichtswesen eine besondere Rolle. Konrad von Hochstaden erhob erneut schwere Vorwürfe gegen die Schöffen und klagte sie wegen ihrer Verfehlungen an.[273] Im Jahr nach dem Großen Schied fühlte sich Konrad so weit gestärkt, daß er »auf Klagen der Kölner Bürger« hin am 17. April 1259 die Bürgermeister und Schöffen mit Ausnahme des Bruno Crantz wegen verschiedener Delikte absetzte.[274] Die weiteren Anschuldigungen waren Verfehlungen beim Nahrungsmittelkauf und -verkauf sowie in der Rechtsprechung. Die vakant gewordenen Schöffenstühle besetzte der Erzbischof mit ergebenen Handwerkern Kölns, denn von ihnen hatte er keine Beschneidung seiner Vorrechte zu befürchten. Der Stadtherr hatte im Vorfeld dieses Gerichtstages zwölf Schöffen in Gewahrsam genommen, denen aber die Flucht aus der Stadt gelang,[275] woraufhin er sie am 17. April 1259 ächtete.[276] Er attackierte jedoch nicht nur das Schöffenkollegium am Hochgericht, sondern versuchte auch, die städtischen Gerichte in ihren Kompetenzen zu beschneiden, um weltliche

---

269 Vgl. REK III 985.
270 Vgl. REK III 1050.
271 Vgl. REK III 1051; STEHKÄMPER, Albertus Magnus, S. 99, der die Haltung der Prälaten, Lehns- und Dienstleute Konrads von Hochstaden während seiner Gefangenschaft mit Recht als »erstaunlich« bezeichnet. Angeblich war beim Besuch Konrads IV. seine Gefangennahme durch Dietrich von der Mühlengassen geplant, der diesen Plan aber doch noch verwarf. Vgl. GROTEN, Wandel, S. 115.
272 Vgl. REK III 1501.
273 Vgl. ENNEN/ECKERTZ, Quellen II 384, Klagepunkte 33, 34. Siehe auch BERTHOLD, Auseinandersetzungen, S. 229–288.
274 Vgl. REK III 2046.
275 Vgl. HAGEN, Reimchronik, S. 56, Vers 1220ff.
276 Vgl. REK III 2048.

und geistliche Gerichtsbarkeit eindeutig voneinander zu trennen. Daher forderte er für das von ihm eingerichtete Offizialat städtische Gerichtskompetenzen. Diese Aufgabenerweiterung wurde im Großen Schied von der Stadt als Klagepunkt aufgeführt.[277] Konrad von Hochstaden reklamierte hingegen die seinem Offizial zustehende Gerichtsbarkeit.[278]

Eindeutig hat Konrad von Hochstaden versucht, die Kompetenzen der städtischen Gerichte in Köln durch das Offizialat zu begrenzen, um hier einer weiteren Beschneidung seiner Befugnisse entgegenzutreten. Schon 1248 hatte er allen Bürgern, die dem geistlichen Gericht entgegenstehen würden, mit der Exkommunikation gedroht.[279]

Auch der Zoll in Köln war zwischen der Stadt und dem Kölner Erzbischof strittig. Im 12. Jahrhundert belegen die Quellen, daß die Schöffen den Zoll als eine Angelegenheit der Bürger betrachteten, obwohl er ein erzbischöfliches Regal war.

Diese städtische Rechtsauffassung fußte auch darauf, daß der erzbischöfliche Zoll während des 12. Jahrhunderts im Zeitpachtsystem an reiche Bürger verpfändet gewesen war.[280]

Konrad von Hochstaden fühlte sich in den Jahren nach 1250 stark genug, um der Beschneidung und Zurückdrängung seiner Rechte durch die Organe der bürgerlichen Selbstverwaltung auch militärisch erfolgreich entgegenzutreten. Die Entführung eines Verwandten durch eine Gruppe von Patriziern nahm der Kölner Erzbischof zum Anlaß, um seinen Anspruch auf die unumschränkte Herrschaft in der Stadt Köln durchzusetzen.[281] Der darauf folgende Schiedsspruch, der Große Schied, gelangte in der Auseinandersetzung zwischen der Stadt und dem Erzbischof zu keinem eindeutigen Urteil. Konrad ging es um die Feststellung, daß von ihm als oberstem Richter alle Macht und Gewalt in der Stadt abzuleiten sei. Besonders forderte er die Abstellung der Mißstände im Schöffengericht und eine Abgrenzung der Kompetenzen des geistlichen Gerichts. In der Praxis stellte der Große Schied aber tatsächlich ein wertvolles Instrument im Kampf gegen das Kölner

---

277 *Item quod permittit vel facit cives aliquos super eodem facto ad seculare et ad Ecclesiasticum forum trahi, sicut in multis factis apparet. Item quod sepius Judicium seculare per iudicium Ecclesiasticum facit impediri contra ius et libertatem Civitatis Colon.* Vgl. ENNEN/ECKERTZ, Quellen II 384, Klagepunkte 14/18.
278 ... *specialiter iudicare de usuris, periuriis, adulteriis, matrimoniis et spectantibus ad matrimonia, de falsis mensuris et de omni eo, quod vulgariter meincoif dicitur et quod in synodis accusari consuevit.* Vgl. ebd., Klagepunkt 20.
279 Vgl. ebd., 273.
280 Vgl. RITZERFELD, Erzstift, S. 110 Das Zollprivileg Konrads vom 7. Juni 1248 war kein Einlenken in dieser Frage, vgl. REK III 1398. Vielmehr fällt dieses Privileg in die kurzzeitige Phase der Eintracht zwischen Konrad, Köln und Wilhelm von Holland. Vgl. GROTEN, Wandel, S. 118. Vgl. Kap. B II 1.7 »Die Zöllner«.
281 Den Verlauf der Kämpfe schildert GROTEN, Wandel, S. 180ff.

Meliorat dar.²⁸² Nachdem Richter, Schöffen und Bürger von Köln Konrad von Hochstaden die Einhaltung der festgesetzten Friedensbedingungen bekräftigt hatten, forderte er am 18. März 1258 die Hälfte der Erträge aus den Bierpfennigen für sich²⁸³ und verlangte die vollständige Unterwerfung der Aufrührer.²⁸⁴ Am 6. März 1259 traf er außerdem mit der Stadt die Vereinbarung, daß sie den erzbischöflichen Anteil an den Bierpfennigen für achtzehn Mark pro Woche pachten sollte.²⁸⁵ Anschließend ging Konrad dann gegen die Kölner Geschlechter vor. Die von ihm eingesetzten Zunftangehörigen waren Marionetten in seinen Diensten und wurden von den Patriziern nicht akzeptiert. Aufflammende Kämpfe zwischen den Patriziern und der Gemeinde am 4. April 1260 ahndete er mit harten Gerichtsurteilen gegen die Patrizier, die in großer Zahl flüchteten.²⁸⁶ Eine neuerliche Revolte am 1. Mai 1260 schlug Konrad ebenfalls nieder.²⁸⁷ Nach Darstellung des städtischen Schreibers Gottfried Hagen war der Anlaß der Unruhen die Forderung der Patrizier nach Absetzung von vier Schöffen. Konrad gelang es, einen Kampf zu verhindern, indem er 24 Patrizier durch eine List gefangennahm und sie auf die Burgen Lechenich, Godesburg und Altenahr bringen ließ.²⁸⁸ Am 17. Dezember 1260 teilte er sich mit der Stadt Köln die ihm verfallenen Häuser und Grundstücke der geflohenen und geächteten Patrizier.²⁸⁹

Köln war nun bis zu Konrads Tod (18. September 1261) zu seiner unumschränkten Hauptstadt geworden, in der die oppositionellen Kräfte von ihm aufgesplittert worden waren. Ihm war es gelungen, in einer »Revolution von oben«²⁹⁰ die führenden Geschlechter gewaltsam zu entfernen und eine Neubesetzung der vorhandenen Verfassungsorgane einzuleiten, die von Kräften getragen wurden, die ihm ergeben waren. Am 15. April 1260 ließ sich Konrad von Hochstaden die Machtverhältnisse in einem Bündnisvertrag mit der Stadt sanktionieren.²⁹¹ Zwar sollte den geächteten Bürgern nur mit beiderseitigem Einverständnis eine Rückkehr erlaubt werden, doch konnte Konrad von Hochstaden auch jetzt keine Militärhilfe in Krisenzeiten einklagen, die allerdings von den Städten auch immer nur zeitlich befristet geleistet wurde. Konrad von Hochstaden hat am Ende seiner Regierungszeit die

---

282 Vgl. ebd., S. 188ff.
283 Vgl. REK III 1991.
284 Vgl. ebd., 1992.
285 Vgl. GROTEN, Wandel, S. 184f.
286 Vgl. REK III 2099; HAGEN, Reimchronik, Vers 1302–1394, S. 58ff.
287 Vgl. REK III 2103.
288 Vgl. REK III 2103; HAGEN, Reimchronik, Vers 1404–1558, S. 59ff.
289 Vgl. REK III 2136.
290 Vgl. GROTEN, Wandel, S. 193.
291 Vgl. REK III 2100.

Stadtherrschaft noch einmal an sich reißen können, weil er konsequent die Verwaltungskörperschaften und deren personelle Grundlage, das Patriziat, entmachtete. Seine Politik gegenüber der Stadt Köln war von seinem Verhältnis zu den territorialen Nachbarn abhängig. Während er in Zeiten der Bedrängnis den Ausgleich mit Köln suchte, war er, wenn er sich stark genug fühlte, auch zur Konfrontation mit der Stadt bereit. Köln sollte in seinen Überlegungen die »Hauptstadt« des Erzstifts bleiben. Zur Umsetzung dieses Plans mußte er die Stadtverfassung in seinem Sinne neu ordnen. Dies gelang ihm nicht durch militärische Auseinandersetzungen, sondern durch die gezielte konsequente Wahrnehmung seiner Rechte als Stadtherr gegen die patrizische Führungsschicht. Für dieses Auftreten gegenüber Köln waren auch persönliche Motive ausschlaggebend. Die Erfahrung Konrads, durch die Verweigerung der Waffenhilfe Kölns im Jahr 1240 eine tiefe Demütigung erlitten zu haben, mag auch zu seiner Politik seit 1257 beigetragen haben. Die Zeiten des Miteinanders zwischen Köln und Konrad waren stets durch ein Entgegenkommen Konrads gekennzeichnet, so durch die zahlreichen Privilegien für die Stadt bis 1242 und durch die Unterstützung Wilhelms von Holland bis 1249.[292] Militärische Konfrontationen entstanden immer dann, wenn Konrad versuchte, die ihm nach seiner Auffassung zustehenden Rechte von der Stadt einzufordern. Bis 1258 sind diese Auseinandersetzungen für ihn negativ verlaufen. Mit dem Großen Schied erhielt er jedoch eine theoretische Grundlage für seine Forderungen gegen die Stadt und nutzte sie im Kampf gegen das Patriziat. In dieser Auseinandersetzung standen Teile des Klerus, aber auch bürgerliche Ministerialen[293] und die Zünfte auf seiner Seite.

3.
Westfalen und andere Gebiete des Erzstifts

HÖMBERG bewertet die westfälische Städtepolitik Konrads von Hochstaden aus der veränderten Konstellation der westfälischen Kräfteverhältnisse heraus. Nach der Stadtgründungswelle unter Engelbert I. hatten sich in Südwestfalen die Adligen in ihrer Machtposition konsolidiert und waren bestrebt, eigene Landesherrschaften aufzubauen, die sie in Konkurrenz zum Erzbischof von Köln brachten.[294]

---

292 Vgl. LEYING, Niederrhein, S. 217ff.
293 Vgl. Kap. B II 1.11 »Ministerialen ohne nachweisbaren Aufgabenbereich«.
294 Vgl. HÖMBERG, Entstehung, S. 127.

Für Konrad von Hochstaden war es von größter Bedeutung, das Befestigungsrecht als eine der Grundlagen des westfälischen Herzogtums gegen den westfälischen Adel durchzusetzen und damit die Erfolge der Städtepolitik Engelberts I. zu sichern. Hier behauptete er sich gerade gegen Bischof Simon von Paderborn mit Vehemenz. Eine intensive Stadtgründungswelle unter Konrad von Hochstaden ist in Westfalen nicht zu beobachten.[295] HÖMBERGS Auffassung wird von dieser Untersuchung bestätigt, wenn er von einem Verlust der Monopolstellung der Kölner Erzbischöfe in der Territorial- und Städtepolitik in diesem Bereich spricht, indem auch andere Landesherren im Zuge ihrer Territorialpolitik mit Stadtgründungen einsetzten.[296]

Der These HÖMBERGS, daß die städtischen Neugründungen um die Mitte des 13. Jahrhunderts mit einer Durchschnittsfläche von 5 bis 10 ha lediglich Festungscharakter besaßen, steht die Tatsache entgegen, daß Konrad von Hochstaden gerade diese sogenannten Klein- und Zwergstädte mit Münzstätten ausgestattet hat, die einen, wenn auch bescheidenen, wirtschaftlichen Aufschwung bewirkten und zur Belebung eines Marktes beitragen sollten, denn die Münze war eine Voraussetzung für einen funktionierenden Markt.[297]

Diese von HAASE in die Zeit von 1240 bis 1290 eingestufte Periode der Klein- und Zwergstädte wies eine Reihe von Besonderheiten auf. Hauptantrieb dieser neuen Stadtgründungswelle war ein wachsendes Sicherheitsbedürfnis der Territorialherren im westfälischen Raum, das aus der von HÖMBERG skizzierten Konkurrenz untereinander erwuchs.[298] Gegenüber der von HAASE in die Zeit von 1180 bis 1240 datierten Periode der Entstehung von Mittelstädten,[299] bei denen der Fernhandel noch eine große Rolle spielte, traten diese Aspekte später weitgehend hinter massiven Sicherheitsinteressen zurück. Burgen traten zu den Zentren dieser Zwerg- und Kleinstädte hinzu, sie waren zugleich befestigter Verwaltungssitz und wesentliche Basis einer offensiv ausgerichteten Territorialpolitik. Von sekundärer Bedeutung war hingegen ihre Bedeutung als Wirtschaftsplatz mit Nahmarkt- und Zubringerfunktionen.[300]

---

295 Vgl. KETTERING, Territorialpolitik, S. 63.
296 Vgl. ebd. 1226 erbaute der Graf von der Mark die Stadt Hamm (Westfalen) und die Burg Blankenstein (Ennepe-Ruhr-Kreis).
297 Vgl. HAASE, Städte, S. 74ff.
298 Vgl. Anm. 294.
299 Vgl. HAASE, Städte, S. 76.
300 Vgl. ebd., S. 76. HAASE hat aufgrund dieser neu gewichteten Funktionalität den Begriff »Epoche der territorialen Festungs-Kleinstadt« geprägt.

3.1
Stadtgründungen

Bei der Gründung von Städten spielten Burgen eine wichtige Rolle. Sie dienten der Sicherung der Landeshoheit, dem Schutz der Territorialgrenzen, waren wichtige Bestandteile der Stadtbefestigung, schützten Straßen und wurden auch als Zollstätten genutzt. Vor allem stellten sie Mittelpunkte der Territorialverwaltung dar. Auf diese unterschiedlichen Funktionen der Burgen des Erzstifts konnte diese Untersuchung nicht ausgedehnt werden. Diese Aspekte bleiben einer Spezialuntersuchung über die Burgenpolitik Konrads von Hochstaden vorbehalten.

Die Bewertung der einzelnen Münzstätten in den kölnischen Städten wird in einem späteren Kapitel vorgenommen. In diesem Kapitel werden sie lediglich kurz genannt.

Dorsten

Seit dem 11. Jahrhundert war der Oberhof Dorsten (Kreis Recklinghausen) im Besitz des St.Viktorstifts in Xanten. Im 12. Jahrhundert entwickelte sich unter Förderung des Stiftes die *villa* Dorsten, wurde ein Stützpunkt an der nördlichen Lippestraße und war durch den Grafen von Kleve besonders gefährdet. Dessen Ziel war es, diese Nordumgehung zum kölnischen Herzogtum Westfalen abzusperren.

Der Graf von Kleve als Vogt des Viktorstifts in Xanten und Konrad von Hochstaden als kölnischer Landesherr einigten sich am 24. Mai 1251 über die gegenseitigen Rechte in der *villa* Dorsten. Der Kölner Erzbischof bekundete seinen Willen, Dorsten zu befestigen und der Ansiedlung eine besondere Freiheit zu geben und verlieh der Stadt Dortmunder Recht.[301] Am 1. Juni 1251 bekundete der Kölner Erzbischof nochmals, die *villa* Dorsten zu befestigen, sie mit einer besonderen Freiheit (Stadtrecht) auszustatten und zur Stadt zu erheben.[302] Graf Dietrich von Kleve erhielt aus der Stadt jährlich eine Mark (*annuatim unam in ipsa munitione marcham optinere debere ... eidem solvendam*) und erreichte die Exemtion seiner Eigenleute und Vogteileute von der erzbischöflichen Jurisdiktion, die durch kölnische Richter (*nostros iudices*) ausgeübt wurde.[303] Die gräflichen Leute waren nicht zu Befestigungsarbeiten in der *villa* gezwungen, wie auch das Holz der gräflichen

---

301 ... *cum nos villam nostram Durstine de fidelium nostrorum consilio duxerimus muniendam, inhabitantibus ipsum locum data quadam specialis gracia libertatis.* Vgl. WUB VII 752; REK III 1632.
302 Vgl. WUB VII 753; REK III 1635.
303 Vgl. REK III 1635.

Wälder nicht zu diesem Zweck gefällt werden durfte. Bei einem Konflikt zwischen Köln und Kleve sollte die Stadt Neutralität wahren. Kleve hingegen durfte sich bei einem Konflikt der Hilfe der Stadt Dorsten bedienen. Bis auf die jährliche Zahlung von einer Mark an den Grafen von Kleve verfügte Konrad von Hochstaden allein über die Einnahmen der Stadt.[304] Das Kölner Erzstift hat im Zeitraum von 1251 bis 1302 seine Herrschaft in Dorsten durch den Bau einer Stadtburg abgesichert, die wohl unter Konrad von Hochstaden begonnen wurde, da dies 1251 sein Wille war.[305] Während des Pontifikats Konrads von Hochstaden gibt es keine Hinweise auf bürgerliche Selbstverwaltung und eine Tätigkeit der Münze in Dorsten. Über kölnische Ministerialen in Dorsten in der Zeit von 1251 bis 1261 sind keine Angaben möglich.

Hallenberg

PÖLLMANN datiert die Anlage von Stadt und Burg Hallenberg (Hochsauerlandkreis)[306] an der Straße Attendorn-Kassel durch den westfälischen Marschall Arnold von Hochstaden in die Jahre nach 1248, nachdem Konrad von Hochstaden die Güter an der Nuhne und bei der Siedlung Merklinghausen auf den Berg (die Halle) verlegt hatte.[307] Konrad legte um die Burg herum eine kleine Stadt an und arrondierte diesen Besitz durch ein Grundstücksgeschäft im Jahre 1261 mit der Abtei Deutz. Er tauschte mit dieser den erzbischöflichen Hof zu Deutz mit dem Klosterhof der Abtei zu Hallenberg.[308] Im westfälischen Einkünfteverzeichnis von 1306 bis 1308 ist dieser Tausch festgehalten worden.[309] Auf die Errichtung einer kölnischen Münzstätte wurde verzichtet, weil Hallenberg als Markt keine besondere Förderung er-

---

304 Vgl. WUB VII 752; REK III 1632.
305 Im September 1302 erhielt Wikbold von Holte von König Albrecht das Verbot, während des Krieges (*tempore guerrarum*) die Burgen Lechenich, Rodenberg und Dorsten wiederaufzubauen. Damit war die Burg Dorsten vor 1302 bereits wieder zerstört worden. Vgl. REK III 3866.
306 Vgl. Kap. B II 1.5 »Die Burgmannen«.
307 Vgl. PÖLLMANN, Gründungsgeschichte, S. 81.
308 Vgl. REK III 2156.
309 *Item opidum Hallenberg et castrum primo construxerat prefatus Arnoldus de Honstaden et fuerat locus in quo opidum et castrum constructa sunt, Abbatis et conventus monasterii Tuitiensis, qui habebat ibidem unam curtem quam Archiepiscopus Conradus ad se recepit propter dictum opidum sibi constructum et dedit pro eadem curte ipsi Abbati et monasterio in perpetuum curtem suam Ecclesie Coloniensis sitam in Tuitio iuxta mansionem quam Abbas Tuitiensis habet in Tuitio in ingressu monasterii Tuitiensis predicti.* Vgl. SEIBERTZ, UB I 484, S. 609; JANSSEN, Westfalen, S. 83, Anmerkung 7, macht darauf aufmerksam, daß das westfälische Einkünfteverzeichnis einer neuen Überarbeitung bedarf und zwar auf der Grundlage der besten Vorlage, die sich im Kurkölnischen Kartular 2 des HSTAD befindet. Die Eintragungen über Menden etwa gehören einem um 1350 emtstandenen fragmentarischen Einkünfteverzeichnis an, das sich im Kartular, S. 42ff. anschließt. Sie sind von SEIBERTZ in die Liste von 1306/08 übernommen worden.

fuhr. Konrad von Hochstaden hat durch eine Besitzarrondierung den Stadtwerdungsprozeß von Hallenberg eingeleitet und die Stadt mit Soester Recht bewidmet.[310] Hallenberg ist von Konrad von Hochstaden vornehmlich unter militärischen Gesichtspunkten als Stadt gegründet worden, weil er einen sauerländischen Machtblock Winterberg-Schmallenberg- Hallenberg aufbauen wollte, um die alten kölnischen Güter um Medebach gegen die Grafen von Waldeck zu verteidigen. Die Anlage von Burg und Stadt Hallenberg scheint gegen 1259 zu einem gewissen Abschluß gekommen zu sein, als der Kölner Erzbischof einen Burgmann, wohl als Kommandanten auf der Burg, einsetzte. Die Stadtentwicklung von Hallenberg wurde unter Engelbert II. weiter vorangetrieben. Bereits 1271 verfügte Hallenberg über ein eigenes Stadtsiegel (*robore sigillorum Hallenbergensis oppidi*).[311]

Schmallenberg

Im 13. Jahrhundert lagen Burg und Ansiedlung Schmallenberg (Hochsauerlandkreis) auf einem ursprünglich dem Kloster Grafschaft gehörigen Gelände. Nach BAUERMANN hat Konrad von Hochstaden die Ansiedlung vor 1244 befestigt und wahrscheinlich auch zusammen mit der Befestigung dem Ort Soester Recht verliehen, denn Schmallenberg wurde zu diesem Zeitpunkt als *oppidum* bezeichnet. Als Gründer der Stadt ist Konrad jedoch nicht zu betrachten.[312] Eine der Siedlung vorgelagerte Burg Schmallenberg war baufällig geworden (*propter collapsionem et destructionem castri*), vermutlich durch Kampfhandlungen.[313] Schon seit einiger Zeit klagten die Bewohner von Schmallenberg über die sich aus dem Verfall und der Zerstörung der Burg ergebenden Gefahr für Leib und Leben.[314] Konrad von Hochstaden kam am 3. März 1244 mit dem Kloster Grafschaft als Grundherrn überein, den Ort zur Stadt zu erheben, auf gemeinsame Kosten zu befestigen und innerhalb

---

310 Vgl. PÖLLMANN, Gründungsgeschichte, S. 81ff. 1271 bis 1274 hatte das Erzstift bereits Einnahmen aus Zehnten zu Hallenberg. Vgl. REK III 2572. 1288 sind Stadt und Burg Hallenberg durch die Grafen von Waldeck zerstört worden, *opidum et castrum in Hallenberg jacebant postea per decem annos et amplius destructu per Comitem de Waldecke et quia ibidem nullus habitavit nec aliquis soluit Archiepiscopi vel alicui.* Vgl. SEIBERTZ, UB I 484, S. 609.
311 Vgl. WUB VII 1410.
312 ... *de consilia fidelium cum ecclesia Grascapensi sub hac forma concordavimus, videlicet quod oppidum nostrum firmaremus castro prenominato adiacente excluso et munitione quandam expensis communibus edificari faceremus ad securitatem oppidi nostri.* Vgl. BAUERMANN, Stadturkunden, S. 2. Es ist zu vermuten, daß eine Stadterhebung bereits unter Engelbert I. stattgefunden hat, der sich den Mitbesitz der Burg Schmallenberg verschaffte und als Gründer der Stadt gilt. Vgl. BAUERMANN, Stadturkunden, S. 11; HAASE, Städte, S. 79.
313 Vgl. BAUERMANN, Stadturkunden, S. 2.
314 ... *necnon opidani nostri incessanter periculum rerum suarum et vite propter collapsionem et destructionem castri coram nobis proponeret.* Vgl. ebd.

der Stadt eine Feste zu erbauen. Dem erzbischöflichen Burgmann Johann gen. Colve war auf den Rat der Getreuen in Rüthen bisher für seinen Dienst auf der Burg jährlich ein Burglehen von fünf Mark gezahlt worden. Außerdem sollte er einer nicht näher genannten Anzahl von Burgwächtern zwei Mark zahlen.[315] Dem von der Burg in die Stadt übersiedelnden Burgmann Johann gen. Colve wies Konrad von Hochstaden als Burglehen 30 Schillinge aus den Gerichtsgefällen an, die er erhielt, soweit er auf der neuen Feste residierte. Das Grundstück, auf dem Johannes Colve in der Stadt saß, und seine Behausung wurden darüber hinaus von der weltlichen Gerichtsbarkeit befreit, und die Grundstückssteuer von drei Denaren und einem Huhn dem Burgmann als Lehen übertragen.[316] Der Hinweis auf seine Erben läßt vermuten, daß Johann dieses Amt erblich ausübte. Konrad von Hochstaden unterhielt in Schmallenberg auch eine Münzstätte.[317] Die Existenz eines Marktes kann daher angenommen werden. Überraschend ist, daß Schmallenberg, an der Wegeverbindung Attendorn-Kassel gelegen, zu Beginn der Stadtwerdung bereits ein Ort mit einer Ratsverfassung und eigenem Siegel war. Allem Anschein nach besaß Schmallenberg schon früher Stadtrechte (Ratsverfassung) und eine Burg als Befestigung. Nicht näher genannte Gründe führten 1244 zu einer Erneuerung der Stadtrechte, an der auch das Kloster Grafschaft beteiligt wurde.[318]

Vreden

Vreden (Kreis Borken) ist von Konrad von Hochstaden zwar nicht zur Stadt erhoben worden, doch ist der Ausbau während seiner Herrschaft durchaus als »zweite Stadtgründung« zu bezeichnen.

Das Stift Vreden an der Berkel wurde von Philipp von Heinsberg von Kaiser Friedrich I. im Tausch gegen Saalfeld (Thüringen) erworben.[319] Die Stiftsvogtei war aber seit dem Ende des 11. Jahrhunderts ein Lehen der Grafen von Kleve. Konrad von Hochstaden versuchte bereits im Sommer 1241 vergeblich, auf dem Grundbesitz des Stiftes seine Position auszubauen, mußte aber am 27. Juni 1241 dem Kapitel zu Vreden bestätigen, daß innerhalb der Immunität nur die Äbtissin oder der von

---

315 ... *cum nos Johanni militi dicto Colven et suis heredibus de consilio fidelium nostrorum Ruthen quinque marcas pro feodo castrensi concessimus de proventibus nostris Smalenburg in festo Martini annuatim recipiendas, et insuper duas marcas dare debebat vigili nomine nostro.* Vgl. ebd.
316 Vgl. ebd.; REK III 1128. Die Stadterhebungsurkunde liegt sowohl in einer erzbischöflichen als auch in einer städtischen Fassung vor. Beide Urkunden wurden kurz nacheinander angefertigt. Vgl. BAUERMANN, Stadturkunden, S. 7.
317 Vgl. HÄVERNICK, Pfennig, S. 74.
318 Vgl. HAASE, Städte, S. 79.
319 Vgl. BAUERMANN, Vreden, S. 743.

Städtepolitik

ihr Beauftragte das weltliche Gericht ausüben sollten, ebenso auf den Flächen *Garthof* und *Mulenmersch*.[320] Bereits zu diesem Zeitpunkt wird Vreden als Stadt bezeichnet.[321] Völlig unklar ist, wann und durch wen diese Stadterhebung vollzogen wurde. Am 31. Oktober 1252 teilten sich Konrad von Hochstaden und Bischof Otto von Münster die Stadt Vreden und die Hälfte aller Rechte und Einkünfte.[322] Vreden erhielt dabei das Stadtrecht von Münster. Die Bedeutung Vredens als Festungsstadt beleuchteten die detaillierten Abmachungen für den Kriegsfall: Bei einer Fehde des Bischofs von Münster durfte sich dieser der Stadt bedienen, ausgenommen gegen den Erzbischof von Köln. Bei einer Fehde zwischen Münster und Köln sollte die Stadt neutral bleiben, durfte aber beiden Seiten Lebensmittel liefern.[323] In der Stadt hatte der Kölner Stadtherr bis 1322 Einnahmen aus dem Gericht, Zoll, Judenschutz und aus Naturalerträgen.[324] Die Stadt Vreden, auf münsterischem Gebiet gelegen, sollte die Lippe-Linie vom Norden her absichern. Konrad von Hochstaden konnte die Stadtherrschaft jedoch nur gemeinsam mit dem Bischof von Münster erringen. Vreden ist in seiner städtischen Entwicklung nach 1252 rasch vorangeschritten. 1255 schloß Vreden mit der Stadt Köln eine Landfriedensvereinbarung. Die Stadt urkundete bei diesem Vertrag bereits mit eigenem Stadtsiegel (*sigillum civitatis de Vrethen*).[325] Von der Existenz einer kölnischen Münzstätte ist nichts bekannt.

Winterberg

Die Gründung von Winterberg (Hochsauerlandkreis) ist zwar vermutlich erst nach dem Tode Konrads von Hochstaden (18. September 1261) begonnen worden, doch geht die Forschung davon aus, daß er den Anstoß zu dieser Stadterhebung mit Soester Recht gegeben hat.[326] Durch die Quellen ist gesichert, daß der westfälische Marschall Arnold von Hochstaden mit dem Bau und der Befestigung von Winterberg

---

320 Vgl. REK III 1017.
321 Das münsterische Stadtrecht in Vreden ist zu vermuten, da sich diese Stadtrechtsfamilie auf das Gebiet des Bistums Münster beschränkte.
322 Vgl. WUB III 545; REK III 1702. Sie vereinbarten ... *super opido Vrethen* ... *infra terminos opidales, qui wicbilede vulgariter appellantur* ... *dictum opidum Vrethen firmabimus et construemus* ... *scabini vero et universitas oppidi sepedicti equo iure sacramenta fidelitatis prestabunt tam nobis quam dicto Monasteriensi*.
323 Vgl. REK III 1702.
324 Vgl. SEIBERTZ, UB I 484, S. 639.
325 Vgl. SCHWIETERS, Bau- und Kunstdenkmäler, S. 81; zu Vreden siehe auch WILMANS, Studien, S. 111–159. Gegen Ende des 13. Jahrhunderts werden *iudex et scabini* von Vreden genannt. Vgl. DARPE, Coesfelder UB, Nr. 6.
326 Vgl. HAASE, Städte, S. 77.

angefangen hat.³²⁷ Für die exakte zeitliche Bestimmung ist problematisch, daß Arnold von Hochstaden drei verschiedene Amtszeiten hatte. In der Forschung³²⁸ wird die Anlage der Stadt Winterberg um 1261/62 angenommen. Konrad von Hochstaden war sicher auch an der Planungsphase für Winterberg beteiligt, die von einem ranghohen kölnischen Ministerialen gegen Ende seines Pontifikats angelegt wurde. Damit war die Burgenkette Hallenberg-Schmallenberg-Winterberg im Sauerland errichtet, allesamt kleine Festungsstädte, die auch eine begrenzte wirtschaftliche Bedeutung hatten.

3.2
Stadtherrliche Politik

Attendorn

In diesem Kapitel werden diejenigen Städte in Westfalen unter kölnischer Herrschaft behandelt, die als alter kölnischer Besitz gelten oder aus den Stadtgründungen Engelberts I. hervorgegangen sind.³²⁹

1222 verlieh Engelbert I. der schon vor 1200 um einen Markt erweiterten Siedlung Attendorn (Kreis Olpe) Soester Stadtrecht, befestigte die Stadt mit einer Ringmauer und zwölf festen Türmen und befreite die Attendorner Bürger von dem Freigericht außerhalb der Stadt.³³⁰ Am 5. März 1249 erhielt Konrad von Hochstaden von Papst Innozenz IV. die Erlaubnis zur Besetzung der Kirche von Attendorn, die der Kölner Erzbischof am 30. April 1249 dem Kleriker Arnold übertrug.³³¹ Am 5. November 1249 befahl Konrad von Hochstaden seinen Dienstmannen, dem Stadtrat und den Bürgern in Attendorn, keine Behinderung des dortigen Pastors zu dulden.³³² Wenn auch keine einzelnen kölnischen Ministerialen zu belegen sind, so war doch eine Ritterschicht in der Stadt ansässig, unter denen die erzbischöflichen Funktionsträger vermutet werden können.

Bereits im Jahre 1249 werden städtische Räte genannt, so daß zu dieser Zeit ein Stadtrat bestand.

---

327 Im westfälischen Einkünfteverzeichnis von 1306 bis 1308 heißt es zu Winterberg: *Et nota quod opidum Wintersberge Arnoldus de Honstaden cum esset marscalcus Westfalie, primo edificare incepit.* Vgl. SEIBERTZ, UB I 484, S. 309; REK III 2176.
328 Vgl. HAASE, Städte, S. 77.
329 Vgl. LOTHMANN, Engelbert I., S. 190ff. und 216ff.
330 Vgl. WUB VII 223; KEYSER, Städtebuch Westfalen III, S. 36.
331 Vgl. REK III 1452, 1468.
332 Vgl. WUB VII 698; REK III 1526.

Städtepolitik

Brilon

1217 legte Engelbert I. auf einem von den Ministerialen von Brilon (Hochsauerlandkreis) erworbenen Lehngut Waldecks und Afterlehngut Paderborns die Stadt Brilon an der Wegeverbindung Korbach-Padberg an. Er verlieh ihr das Soester Stadtrecht und befestigte sie zwischen 1217 und 1220.[333] Bereits 1248 urkundeten Räte in der Stadt Brilon.[334] Weil das Bistum Paderborn den Erwerb des Bodens der gegründeten Stadt Brilon als unrechtmäßig bezeichnete, erinnerte Konrad von Hochstaden am 4. Januar 1252 daran, daß der Grundbesitz der Stadt Brilon durch Engelbert I. von den Rittern Gernand und Hermann von Brilon duch rechtmäßigen Kauf erworben worden war.[335] In der Stadt trat der Kölner Erzbischof, vertreten durch einen Richter, als Gerichtsherr auf und besaß das Gogericht zu Brilon, das sich über zehn Pfarreien erstreckte. In Brilon war unter Konrad von Hochstaden eine Münzstätte tätig, die auf einen Markt schließen läßt.[336] Es ist möglich, daß Engelbert I. in Brilon auch eine Stadtburg erbauen ließ. Die mittelalterlichen Siegel von Brilon (seit 1248) zeigen eine Burg mit einem Schlüssel im Torbogen.[337] In der gleichen Urkunde gab Konrad dem Richter, den Ratsherren und sämtlichen Bürgern von Brilon die Zusicherung, daß das geheime Gericht (Veme) niemals in ihrer Stadt gegen sie oder einen der Bürger ausgeübt werden dürfe.[338] Damit wollte er die eigene Gerichtskompetenz in Brilon schützen. Konrad ist es im Zuge seiner Auseinandersetzungen mit Bischof Simon von Paderborn gelungen, diesen zur Anerkennung des status quo in Brilon zu zwingen. Am 24. August 1256 wurde Konrad von Hochstaden der Besitz von Brilon im Essener Friedensvertrag bestätigt.[339]

---

333 Vgl. LOTHMANN, Engelbert I., S. 194f.; vgl. RÜTHER, Heimatgeschichte, S. 18ff.
334 Vgl. WUB VII 182.
335 Vgl. REK III 1656.
336 Vgl. REK III 1656; HÄVERNICK, Münzen, S. 194ff.
337 Vgl. KEYSER, Städtebuch Westfalen III, S. 85.
338 Vgl. REK III 1656; zur Veme siehe Wilhelm JANSSEN, A. K. HÖMBERGS Deutung von Ursprung und Entwicklung der Veme in Westfalen, in: Der Raum Westfalen, Bd. VI, 1. Teil. Fortschritte der Forschung und Schlußbilanz, Münster 1989, S. 189–214. Bei der Veme handelte es sich um eine besondere Art von Kriminaljustiz, die die westfälischen Freigerichte im Hoch- und Spätmittelalter ausübten. Diese wiederum waren von ihrem Wesen und ihrem Ursprung nach Gerichte über Freie. Vgl. ebd., S. 189, 204.
339 *Item oppidum Brielon idem archiepiscopus sine omni inquietacione et contradictione ipsius episcopi S(imonis) possidebit quemadmodum sui predecessores bone memorie Engelbertus et Heinricus archiepiscopi possederunt.* Vgl. WUB VII 922; REK III 1917.

Helmarshausen

In der untersten Diemelschleife gelegen, war Helmarshausen (Landkreis Kassel) am Fuße des Krukenbergs wegen seines Flußübergangs von Bedeutung, an dem sich eine wichtige Straßenkreuzung befand (Münster-Northeim und Bremen-Kassel). Bis Helmarshausen konnten die Weserschiffe die Diemel befahren.[340] Der Kölner Erzbischof schloß damit einen Erwerb ab, der von Engelbert I. am 16. Juli 1220 eingeleitet und ausgehandelt worden war.[341] Am 11. Mai 1241 kaufte Konrad von Hochstaden von der Abtei Helmarshausen die Hälfte der Stadt Helmarshausen mit der Kruckenburg mit Zoll, Münze und allen dazugehörigen Rechten.[342] Die Stadt war durch ihre geographische Lage als Marktplatz von überregionaler Bedeutung. Für die Kaufsumme erhielt die Abtei Weinberge bei der Wolkenburg angewiesen (*vineas prope Wolkenburg sitas*).[343] Aus unbekannten Gründen war jedoch die vereinbarte Übergabe dieser Weinberge an die Abtei Helmarshausen nicht erfolgt, so daß der Kauf auch nicht rechtskräftig wurde. In diesem Vertragswerk war auch festgehalten, daß die Abtei Helmarshausen sich das *ius advocatie* reserviere, da sie schon zuvor keinen Vogt gehabt habe.[344] Die Einfügung dieser Bestimmung in den Vertragstext wird nicht grundlos erfolgt sein. Die Abtei Helmarshausen wollte verhindern, daß der kölnische Stadtherr einen Vogt einsetzte, um seine Macht auszubauen. Am 20. September 1254 bestätigte Konrad von Hochstaden den Räten und der Bürgerschaft von Helmarshausen zusammen mit dem Abt alle ihnen vom apostolischen Stuhl und von den Kaisern verliehenen Freiheiten.[345] Er war also mit dieser Form der Mitherrschaft einverstanden.

Medebach

Medebach (Hochsauerlandkreis), an der Straße von Siegen nach Korbach gelegen, gehörte zum ältesten westfälisch-kölnischen Besitz und wurde 1144 von Erzbischof Arnold von Wied als Stadt bezeichnet, die vor allem in kaufmännischer Hinsicht von Bedeutung war.[346] In der Rechtsbestätigung für die Stadt wurde auch ein Vogt Gerlagus ge-

---

340 Vgl. Heinemeyer, Urkunden, S. 302.
341 Vgl. REK III 287.
342 Vgl. WUB IV 304; REK III 1013, ... *medietatem oppidi in Helmwerzhusen et castri Crukenberg adiacentis monete quoque et thelonei omniumque proventuum oppidi.*
343 Vgl. ebd.
344 Vgl. WUB VII 183.
345 Vgl. REK III 1801.
346 ... *prenominata villa, immo honestum oppidum forum habens publicum et banno regio confirmatum.* Vgl. Haase, Städte, S. 279f.; Ritzerfeld, Erzstift, S. 281.

nannt. In Medebach war eine Münzstätte in Betrieb, in der im 12. Jahrhundert ein Münzer Gerhard tätig war.[347] Auch das westfälische Einkünfteverzeichnis von 1306 bis 1308 bezeichnet die Medebacher Münze als sehr alt.[348] Die bereits vor 1180 am Fernhandel orientierte Stadt war durch eine ausgeprägte städtische Eigen- und Wirtschaftsentwicklung gekennzeichnet. Das Stadtrecht von Medebach (31. August 1265) nennt Bürger von Medebach; Vogt, Verwalter, Richter, Zivilgerichtsbarkeit, im Fernhandel tätige Kaufleute, Räte, ein Schöffengericht und einen Markt.[349] Am 23. Januar 1259 setzte Konrad von Hochstaden seinen Ministerialen Wigand von Medebach als Burgmann auf der Burg Hallenberg ein.[350] Seit der zweiten Hälfte des 13. Jahrhunderts gab es wohl Bestrebungen der Kölner Erzbischöfe, Rechte und Positionen in der Stadt Medebach von den Bürgern zurückzuerwerben. Zwar übergab Siegfried von Westerburg dem Rat der Stadt die Münze vorbehaltlich des Schlagschatzes,[351] doch gelang dem Erzstift am 12. Juni 1298 der Rückerwerb von Gericht, Münze, Zoll, Vogtei und anderer Rechte zu Medebach vom Edlen Werner von Wittgenstein.[352] Privilegien für Medebach sind aus der Zeit Konrads von Hochstaden nicht bekannt.

Padberg

Bei der Burg Padberg (Hochsauerlandkreis)[353] mit der ihr angelagerten Siedlung ist zu Beginn des 13. Jahrhunderts ein Markt belegt. Zur Stadterhebung ist es jedoch nicht vor 1240 gekommen.[354]

1263 entzündete sich zwischen den Padberger Ministerialen Johann und Gottschalk und den Bürgern der Stadt ein Streit über die jeweiligen Rechtszuständigkeiten, der aber noch im gleichen Jahr beigelegt wurde. Bei der Festlegung der gegenseitigen Rechte konnte sich die Stadt eine starke Stellung erkämpfen. So wurden die Gerichtseinkünfte zwischen Stadt und Stadtherr im Verhältnis 2:1 aufgeteilt. Ordentliches Gericht wurde für Neuankömmlinge, Gäste, Ausländer, Bäcker, Fleischer und Brauer gehalten.[355] Auch hier wird der Konfliktstoff zwischen Stadt und Stadtherr deutlich. Das aufstrebende Bürgertum be-

---

347 Vgl. SEIBERTZ, UB I 46; KEUTGEN, Entstehung, S. 140.
348 Vgl. SEIBERTZ, UB I 484, S. 611, ... *item monete ibidem est valde antiqua*.
349 Vgl. HAASE, Städte, S. 279f.
350 Vgl. REK III 2033.
351 Vgl. REK III 3404.
352 ... *item Archiepiscopus habet opidum Medebeke et ibidem habet judicium monetam et advocatiam et theloneum que emit archiepiscopus Wicboldus a' Wernero nobilis viro de Witgensteyn*. Vgl. SEIBERTZ, UB I 484, S. 610; REK III 3582.
353 Vgl. Kap. B II 1.5 »Die Burgmannen«.
354 Vgl. LOTHMANN, Engelbert I., S. 190f.; SCHMIDT, Padberg, S. 123f.
355 Vgl. WUB VII 1113. Demnach sind Bürger erstmals 1263 belegt.

gehrte in den landesherrlichen Städten zusätzliche Rechte und mußte daher zwangsläufig in Konflikt mit dem erzbischöflichen Stadtherrn geraten.

Recklinghausen

Der Hof von Recklinghausen befand sich seit der zweiten Hälfte des 12. Jahrhunderts in kölnischem Besitz.[356] Auch das Kölner Domkapitel verfügte im Gebiet von Recklinghausen über bedeutenden Grundbesitz und den Hof Oer (Stadt Oer-Erkenschwick, Kr. Recklinghausen).[357] Im Februar 1236 verlieh Heinrich von Müllenark Recklinghausen Dortmunder Stadtrecht und befreite die Bürger gegen eine jährliche Zahlung von zwanzig Mark von der Bede. Personen, die seit Jahr und Tag in der Stadt wohnten, nicht von einem fremden Herrn begehrt wurden und ihren gesamten Besitz ihren Familienmitgliedern nach Stadtrecht übertragen hatten, sollten die bürgerliche Freiheit genießen.[358] Trotz schwerer Zerstörungen nach einer Feuersbrunst im Jahre 1247 ist die kommunale Entwicklung in Recklinghausen unter Konrad von Hochstaden fortgeschritten,[359] die Stadt selbst erhielt 1254/55 eine Ratsverfassung.[360] Grundlage für die kölnische Landeshoheit war das 1228 erstmals bezeugte Gogericht, wobei Stadt- und Land (=Gogerichtsschöffen) identisch waren. Das *iudicium Recklinghausen* beglaubigte seine Urkunden mit dem Stadtsiegel von Recklinghausen.[361] Der Kölner Erzbischof unterhielt in der Stadt eine Münzstätte und besaß Einnahmen aus Markt-, Mühlen- und Grutabgaben sowie aus Zehnten.[362] Konrad von Hochstaden war bemüht, die Stadt in ihrer Entwicklung zu fördern. Am 29. Mai 1256 stellte er seinen getreuen Schöffen und Bürgern in der Stadt eine Hausstatt zur Errichtung eines Rathauses zur Verfügung.[363]

Der Besitz von Recklinghausen war durch seine geographische Lage im »Vest« stets nur mittelbar in den kölnischen Verwaltungsaufbau einbezogen. Dieses Gebiet unterstand nur gelegentlich der Befehlsge-

---

356 Der Chronist Heinrich von Herford berichtet über die Bauarbeiten Philipps von Heinsberg an verschiedenen seiner Höfe, darunter auch Recklinghausen. Vgl. HERFORD, Liber, S. 168.
357 Vgl. MENKE, Geschichte, S. 14ff.
358 Zur Diskussion über die Stadterhebung von Recklinghausen siehe JANSSEN, Recklinghausen, S. 12ff.; Privileg abgedruckt, in: WUB VII 443.
359 Vgl. REK III 1348.
360 Vgl. WUB VII 820; 847; 848.
361 Vgl. JANSSEN, Bischofshof, S. 140; TEWES, Ruhr, S. 11. Zu den westfälischen Gogerichten siehe SCHMEKEN, Gogerichtsbarkeit, S. 225ff.; SCHMITZ, Gogerichte, S. 5ff.
362 Vgl. PENNINGS, Geschichte, Bd. I, S. 183ff.; JANSSEN, Bischofshof, S. 143; HÄVERNICK, Münzen, S. 202ff.
363 Vgl. REK III 1898.

walt des westfälischen Marschalls.[364] Im Rahmen dieser Untersuchung wird darauf verwiesen,[365] daß der Prozeß der Ämterbildung teilweise während oder kurz nach der Amtszeit Konrads von Hochstaden an der Peripherie des Erzstifts einsetzte. Bereits 1263 kann in Recklinghausen der kölnische Drost Ruprecht nachgewiesen werden. Kölnische Ministerialen waren in und um Recklinghausen ansässig und bildeten das Personal der erzbischöflichen Verwaltung.[366] Gleichwohl waren Anzeichen eines erstarkenden Bürgertums unübersehbar. Die kölnischen Richter trugen den städtischen Richtertitel, einzelne Ministerialen traten in das Bürgertum über, und auch der Passus über die Bürgerfreiheit im »Privileg« Heinrichs von Müllenark könnte als Abwehr kommunaler Erstarkung ausgelegt werden. Diesen Tendenzen setzte Konrad von Hochstaden eine maßvolle Stadtpolitik entgegen und begann an den Landesgrenzen mit der Umformung seines Territoriums, wobei der stadtherrliche Machtanspruch sich auch in Recklinghausen auf eine erzstiftische Burg stützte.

Rüthen

Ausgangspunkt erzbischöflicher Politik im Raum Rüthen (Kreis Soest) war das heutige Altenrüthen, das im 12./13. Jahrhundert ein an die Edelherren von Rüdenberg verlehnter erzbischöflicher Hof war. Als Kondominat des Erzbischofs von Köln und des Grafen von Arnsberg, der in diesem Gebiet ebenfalls begütert war, gründete Erzbischof Adolf von Altena im Jahre 1200 die Stadt Rüthen über dem Nordufer der Möhne auf einem steilen Bergvorsprung im Dorfgebiet Brunwardinghausen, wo ebenfalls ein erzbischöflicher Hof lag.[367] Für den Grafen von Arnsberg wurden die anteilsmäßigen Rechte, besonders die Hälfte der Einnahmen, die Einsetzung des Schultheißen und die Vergabe des Stadtrechtes an der neuen Stadt aufgeführt.[368] Die Stadt war bei ihrer Gründung mit Soester Recht begabt worden, das sich im 13. Jahrhundert als Rüthener Recht weiterentwickelte. Um 1217 ist eine Burg in Rüthen fertiggestellt worden, deren Bau bereits 1202 in vollem Gange war.[369] Eindeutig war das Bestreben des Kölner Erzbischofs zu erkennen, in Rüthen ein wehrhaftes Zentrum im kölnischen Westfalen aufzubauen. Folgerichtig wurde bis 1217 gegen den Willen des Grafen von

---

364 Vgl. KORTE, Marschallamt, S. 26.
365 Vgl. Kap. B II 1.1 »Die Amtmänner«.
366 Vgl. Kap. B II 1.5 »Die Burgmannen«.
367 Vgl. VON KLOCKE, Rüthen, S. 659.
368 Vgl. WUB VII 3, S. 3.
369 Vgl. KEYSER, Städtebuch Westfalen III, S. 307; zu Rüthen siehe auch HÖMBERG, Lippstadt – Geseke – Rüthen, S. 159ff. Vgl. Kap. B II 1.5 »Die Burgmannen«; WUB VII 12, S. 6.

Arnsberg 150 Meter vor dem westlichen Stadttor die Rüdenburg errichtet. Die Burg besaß nach ihrer Fertigstellung vier Eingänge mit starken Tortürmen und Zugbrücken.[370] Der Einfluß des Grafen von Arnsberg wurde bis 1220 in der Stadt zurückgedrängt, während der Ausbau des Ortes vom Erzstift weiter vorangetrieben wurde. Nach dem Friedensschluß Heinrichs von Müllenark mit den Bürgern von Soest mußten diese im März 1225 als Sühne für ihren Aufstand 300 Mark zur Erbauung eines Turmes in Rüthen zahlen.[371] Planmäßig wurde die Doppelanlage Rüthen-Rüdenburg zum Verwaltungs- und Wehrzentrum in Westfalen ausgebaut. Die hohe Strafsumme von 300 Mark weist darauf hin, daß für den Ausbau der Stadt enorme Beträge aufgebracht wurden.

Der Kölner Erzbischof war in Rüthen Gerichtsherr und hatte Einnahmen aus Bede, Grund- und Mühlenbesitz. Bemerkenswert ist, daß im westfälischen Einkünfteverzeichnis (1306–1308) das nicht lokalisierte Gogericht »upper Hare« unter den kölnischen Rechten und Einnahmen von Rüthen aufgeführt wird.[372] Eventuell lag dieser Gogerichtsbezirk im Großraum Rüthen. Im Jahre 1248 stiftete der Kölner Erzbischof die Kapelle der Rüthenburg.[373] Ob er sich aus diesem Anlaß in Rüthen aufhielt, ist nicht bekannt. Das mit einer zehntürmigen Stadtmauer[374] befestigte Rüthen, ergänzt durch die in strategisch günstiger Lage errichtete Rüthenburg, bildete in der Zeit Konrads von Hochstaden einen wichtigen Stützpunkt in der Landesverteidigung und wurde zugleich ein zentraler Ort für Verwaltungsaufgaben. Hier residierten mehrere westfälische Marschälle.[375] Der Stadtbezirk bildete mit dem Gogericht ursprünglich ein Marschallamt.[376] Ein weiteres Indiz für die Stellung Rüthens als administratives Zentrum bietet die Übersiedlung des Ritters Johann Colve von der Burg Schmallenberg in die Stadt Schmallenberg. In der betreffenden Urkunde wurde ausdrücklich betont, daß die Einsetzung von Johann Colve nach Beratung der Getreuen in Rüthen erfolgte (*de consilio fidelium nostrorum Ruthen*).[377] In Rüthen wurden in einem Kreis engster Vertrauter wichtige Personalentscheidungen für die Besetzung erzbischöflicher Burgen und Städte gefällt.

---

370 Vgl. HENNEBÖLE, Festung, S. 109.
371 Vgl. REK III 582.
372 ... *item officium Gograviatus super Hare valet annuatim III maltia avene que tollit marscalcus.* Vgl. SEIBERTZ, UB I 484, S. 613.
373 *Undt ist in anno 1248 wie der Cleinsorgius vermeldet, unter Ertzbischove Conrado von Hochstede, eben derer Zeith, wie der Thumb zu Collen ist erbawuet alhie ein capella S. Georgii prope castrum (scil. Ruthenbourgh) erbawuet.* Vgl. BRANDIS, Geschichte, S. 232; REK III 1438.
374 Vgl. HENNEBÖLE, Festung, S. 109.
375 Vgl. Kapitel B II 1.2 »Der Marschall von Westfalen«.
376 Vgl. KEYSER, Städtebuch Westfalen III, S. 307.
377 Vgl. BAUERMANN, Stadturkunden, S. 2; REK III 1128 (18.3.1244).

Städtepolitik

Soest

Soest war alter kölnischer Besitz und als wichtiger Handelsstützpunkt am Hellweg wie auch als fortifikatorisches Zentrum für das Erzstift Köln von großer Bedeutung. Die Stadt stellte bereits im 12. Jahrhundert den bedeutendsten kölnischen Besitz in Westfalen dar.[378] Es bildete sich in dieser Zeit das Soester Stadtrecht aus, das etwa 60 westfälische Städte erhielten. Die Stadt war bereits 1179 befestigt, und vor 1225 hatte das Erzstift Köln in Soest eine mächtige Pfalz errichtet.[379] Der Kölner Erzbischof war in Soest Gerichtsherr, sowohl in der Stadt als auch im Gebiet vor der Stadt.[380] Er hatte in Soest Einnahmen aus der Münzstätte, dem Judenschutz, dem Wagen-, Karren-, Pferde-, Wege- und Viehzoll und besaß verschiedene Mühlen.[381]

Den Kölner Erzbischöfen stand ein Bürgertum gegenüber, das eine relativ frühe Ausbildung der Stadtverfassung erreicht hatte.[382] Das konsequente Streben nach Abschüttelung der Stadtherrschaft des Erzbischofs fand in der Empörung der Soester Bürger von 1225 ihren Höhepunkt. Im Friedensschluß von 1226 mußte Heinrich von Müllenark in die Entfestigung der erzstiftischen Pfalz in Soest einwilligen.[383] Das Aufgeben der Pfalz war gewissermaßen das Fanal für eine Zurückdrängung erzbischöflicher Rechte in der Stadt. Um die Mitte des 13. Jahrhunderts mußte der erzbischöfliche Schultheiß den Bürgern von Soest auch schon gewisse Gerichtsbereiche überlassen, wie folgende Beispiele beweisen.[384] 1184 hatte der Kölner Erzbischof bereits die Waage an die Soester Bürgerschaft verloren.[385] Zwischen 1220 und 1230 gab der Schultheiß die Verwaltung der zu Erbzins ausgegebenen Grundstücke in der Stadt an einen städtischen Pachtmeister ab.[386] Konrad von Hochstaden hat nach dem Bau der Burg Hovestadt damit begonnen, eine größtenteils aus dem Bürgertum stammende Beamtenschaft aufzubauen. Dazu führt von Klocke aus: »Allmählicher Ausbau des Althergebrachten und genaue Organisation zu Hofhaltungszwecken nach Maßgabe des Benötigten mag dabei stattgefunden haben; und

---

378 Vgl. Ritzerfeld, Erzstift, S. 281.
379 Eine ältere Pfalz war in Soest im 12. Jahrhundert zur Ruine geworden.
380 Vgl. Seibertz, UB I 484, S. 619f. Stadt- und Hochgerichtsherr war er in Soest gegen Ende des 10. Jahrhunderts.
381 Vgl. Seibertz, UB I 484, S. 619ff.
382 Vgl. Ritzerfeld, Erzstift, S. 281.
383 Vgl. REK III 582. Konrad von Hochstaden hat nach der erzwungenen Entfestigung der Soester Pfalz den Bau der Burg Hovestadt bei Soest angeordnet. Vgl. ebd. 1607/09.
384 Vgl. Milz, Erzbischof, S. 29, 34. Vgl. Kap. B II 1.6 »Die Schultheißen«. Zur Soester Münze vgl. Kap. C 3.4 »Herzogtum Westfalen«.
385 Vgl. Milz, Erzbischof, S. 34.
386 Vgl. Soester Stadtrecht, 1. Redaktion, § 35, abgedruckt, in: Ilgen, Soest, S. CXXXV. Zur Datierung siehe Kap. B II 1.6 »Die Schultheißen«.

vielleicht fehlte der Einfluß der Einrichtungen der erzbischöflichen Hofministerialität zu Köln auch nicht ganz.«[387] In diesen Zusammenhang ist die Abfassung des Soester Hofdienstes im Jahre 1272 einzuordnen, in dem ein Verzeichnis der Dienste und Lieferungen angelegt wurde, zu denen die Soester Bürger und die umliegenden Höfe beim Eintreffen des Erzbischofs in der Stadt Soest verpflichtet waren.[388] Mit dem Bau von Hovestadt wenige Kilometer von Soest entfernt, zog Konrad von Hochstaden die Konsequenz aus der Entfestigung der Pfalz von Soest. Auch der starke Ausbau von Rüthen könnte aus dieser Entwicklung resultieren. STEHKÄMPER weist auf die bemerkenswerte verfassungsrechtliche Parallelität von Soest und Köln hin, weil das Soester Stadtrecht Teile des Kölner Stadtrechtes übernommen hat.[389]

Werl

Graf Lupold von Werl (Kreis Soest) schenkte um 1089 seinen Besitz an das Kölner Erzstift.[390] Der Stadtwerdungsprozeß von Werl begann aber frühestens unter Engelbert I., in dessen Zeit dort ein Richter (1217) tätig war.[391] Wenige Jahre später, 1223 und 1225, sind in Werl als kölnische Ministerialen Ritter Anton und Heinrich von Werl bezeugt.[392] Ein Privileg Engelberts I. für die Erbsälzer spricht für das Interesse des Erzbischofs an der Förderung dieses Berufsstandes.[393] Hinweise auf eine Stadtrechtsverleihung fehlen jedoch für diese Zeit. Vor 1244 war Werl von westfälischen Grafen erobert worden, so daß Konrad von Hochstaden diese Stadt in diesem Jahr aus feindlicher Hand zurückgewinnen mußte.[394] Am 12. Juli 1246 bestätigte er das frühere Privileg der Erbsälzer[395] und dokumentierte damit sein Interesse am Wirtschaftsleben des Ortes, der aber wohl damals noch kein Stadtrecht von ihm erhielt. Im Verlaufe des Aufstandes von Bischof Simon von Paderborn (1254) wurde Werl zerstört[396] und mußte in der Folgzeit erst aufgebaut werden. Vielleicht hat diese Eroberung und Zerstörung von Werl erst Konrad von Hochstaden veranlaßt, die Stadtrechte zu verleihen, mit

---

387 Vgl. VON KLOCKE, Soester Studien S. 165f.
388 Vgl. Soester Hofdienst, abgedruckt, in: ILGEN, Soest, S. CL–CLII. Vgl. Kap. B I 4 »Herrschaftszentren und ihre materiellen Leistungen für das Erzstift Köln«.
389 Vgl. STEHKÄMPER, Westfalen, S. 348.
390 Vgl. BAUERMANN/PREISING, Werl, S. 768; HÖMBERG, Stadtgründungen, S. 143; DERS., Werl, S. 36ff.
391 Vgl. WUB VII 141.
392 Vgl. REK III 397/97, 486.
393 Vgl. REK III 545 (1224).
394 Werl war auch als Handelsplatz von Bedeutung, vgl. BAUERMANN/PREISING, Werl, S. 768.
395 Vgl. WUB VII 617; REK III 1271.
396 Vgl. KEYSER, Städtebuch Westfalen III, S. 375; REK III 1806.

denen auch möglicherweise das Befestigungsrecht verbunden war, um eine größere Sicherheit für die Stadt zu gewährleisten. Jedenfalls besaß es am 26. Februar 1272 das Stadtrecht, denn zu diesem Zeitpunkt wurde es von Engelbert II. erneuert.[397] Die volle oder nur partielle Verleihung des Stadtrechts an Werl könnte demnach unter Konrad von Hochstaden im Zeitraum von 1244 bis 1261 erfolgt sein. Für die Zeit Engelberts II. kommt die Verleihung nicht in Frage, da er in der Bestätigungsurkunde von 1272 ausdrücklich erwähnt, daß Werl das Stadtrecht von seinen Vorgängern erhalten habe.[398] Im Zusammenhang mit der erneuten Zerstörung der Stadt (1288) wird berichtet, daß die Mauern und Gräben dem Erdboden gleichgemacht worden sind.[399]

3.3
Anteilsmäßiger Stadtbesitz

Geseke

Primäres Ziel der kölnischen Territiorialpolitik Konrads von Hochstaden im Herzogtum Westfalen war die Vermehrung der erzstiftischen Rechte und die Organisation einer Landesverwaltung.[400] Er versuchte in Westfalen vor allem das herzogliche Befestigungsrecht[401] durchsetzen, um auf diese Weise in neugegründeten oder ausgebauten Städten des lokalen Adels kölnische Anteile zu erhalten.

Die Stadterhebung von Geseke (Kreis Soest) am Hellweg ist wohl von Engelbert I. im Jahre 1217 vorgenommen worden.[402] Für das gleiche Jahr werden vier Dienstmannen von Geseke erwähnt, die dort in der Verwaltung tätig waren.[403] Die Vogtei des Stiftes Geseke war im 13. Jahrhundert als kölnisches Lehen an die Herren von Erwitte gelangt, sehr wahrscheinlich unter den Vorgängern Konrads, da dieser während seiner Regierungszeit genau umgekehrt an dem Erwerb von Vogteien interessiert und wiederholt erfolgreich war.[404] Der Kölner Erzbischof besaß in Geseke das Stadt- und Gogericht und war zur Erhebung der Bede berechtigt, aber auch das Bistum Paderborn besaß

---

397 Vgl. WUB VII 1422; REK III 2474.
398 Vgl. REK III 2474.
399 Vgl. REK III 3197.
400 Vgl. JANSSEN, Westfalen, S. 83.
401 Zum Befestigungsrecht siehe JANSEN, Herzogsgewalt; WREDE, Herzogsgewalt, S. 139–151; GRAUERT, Herzogsgewalt, S. 6ff.
402 Vgl. LOTHMANN, Engelbert I., S. 195f.
403 Vgl. REK III 176, 212.
404 Zu Lebzeiten Engelberts I. besaß Gottschalk von Erwitte die Vogtei, er wurde auch noch 1237 als Vogt genannt. Vgl. WUB VII 154; 461. Vgl. Kap. A I 3 »Erwerb von Vogteien«.

Rechte in Geseke, die aber nicht näher bekannt sind.[405] Konrad von Hochstaden bewahrte die Äbtissin und das Stift Geseke am 12. Juni 1244 vor ungerechten Besteuerungen durch den Marschall von Westfalen.[406] Nach der Niederlage Simons von Paderborn wurde Geseke im Essener Friedensvertrag vom 24. August 1256 zum Kondominat von Köln und Paderborn erklärt.[407] Konrad von Hochstaden konnte seine Besitzansprüche in Geseke damit durchsetzen.

Marsberg

Eine Mitwirkung Engelberts I. an der Gründung von Obermarsberg (Hochsauerlandkreis) erscheint fraglich.[408] Im August 1230 einigten sich Heinrich von Müllenark und das Kloster Corvey über eine Teilung von Obermarsberg und der Burg Lichtenfels (bei Dalwigksthal, Landkreis Waldeck-Frankenthal).[409] Eine förmliche Stadtrechtsverleihung ist nicht bekannt, jedoch muß sie vor 1234 geschehen sein, da in diesem Jahr Ratsherren (*consules*) erwähnt werden. 1244 ist Marsberg als *oppidum* nachgewiesen.[410] Zum Kreis der Ritter ist vermutlich auch der von 1219 bis 1268 als »dominus«, »miles« und »burgensis« bezeichnete Adam de Aspe (Aspel/Rees?) zu zählen. STOOB sieht in Adam de Aspe einen edelfreien Ritterbürger, der die städtische Entwicklung entscheidend vorangetrieben hat. Er muß nach 1230 in kölnische Dienste getreten sein. Nach 1250 und damit eventuell noch von Konrad von Hochstaden angeordnet, wurde die Oberstadt in Verbindung mit Mauerbau und erzbischöflicher Burganlage auf ca. 25 ha Fläche erweitert, wobei vor allem die Klosterhöfe von Bredelar und Hardehausen (Gemeinde Scherfede, Kreis Höxter) wertvolle Bauglieder boten.[411] Konrad von Hochstaden hat die günstige Lage Obermarsbergs ausgenutzt, um hier durch einen Ausbau seine Position an der Diemel zu verstärken. Die erzbischöfliche Burg war zur Hälfte mit kölnischen Burgmannen besetzt. Nach dem westfälischen Einkünfteverzeichnis von 1306 bis 1308

---

405 Vgl. SEIBERTZ, UB I 484, S. 618.
406 Vgl. REK III 1149.
407 ... simile erit de oppido in Gesike cum molendino extra fossatum, et si molendinum adiacens extra villas Saltcoten et Geseke de novo constructum fuerit, communiter ement et equaliter participiabunt. Vgl. WUB VII 922; REK III 1917.
408 Vgl. LOTHMANN, Engelbert I., S. 189f. Die Aufgabe des im Tal gelegenen Niedermarsberg war wegen Streitigkeiten mit dem Bischof von Paderborn erfolgt. Vgl. HAASE, Städte, S. 59.
409 Vgl. REK III 700; BORNHEIM GEN. SCHILLING, Höhenburgen, S. 140. Siehe auch MATSCHA, Heinrich I., S. 470ff., der den Streit mit Heinrich (VII.) schildert.
410 Vgl. WUB VII 418; 559.
411 Vgl. STOOB, Marsberg, S. 236; BALZER, Grundzüge, S. 252. Die Kölner gründeten 1170 das diemelaufwärts gelegene Kloster Bredelar. Vgl. STOOB, Marsberg, S. 235.

Städtepolitik

hatte der Kölner Erzbischof in Marsberg Einnahmen aus den halben Wortpfennigen und einen bestimmten Anteil aus der Münze.[412]

Herford

Vögte im Reichsstift Herford waren die Grafen von Sternberg, die Vogtei und Gericht 1281 an das Erzstift verkauften.[413] Innerhalb der Stadt spielte dieses Stift eine bedeutende Rolle, die an eine Mitherrschaft grenzte. Dies galt insbesondere für das alte Herford, das schon 1170 als *civitas* bezeichnet wurde. Engelbert I. konnte 1224 durch die Anlage einer Neustadt Herford die Hälfte aller Rechte in der Stadt Herford erwerben.[414] Die Rechte der Alt- und Neustadt wurden in den 40er Jahren des 13. Jahrhunderts auf Befehl Konrads von Hochstaden aufgezeichnet, der wohl ein großes Interesse an einer schriftlichen Fixierung der kölnischen Rechtstitel in Herford hatte.[415] 1252 urkundeten Ministerialen, Räte und Schöffen von Herford.[416] Konrad von Hochstaden hat die Stadt am 22. Mai 1244 zu einem Zeitpunkt aufgesucht, da die Stimmung unter den Herforder Bürgern entschieden gegen den Erzbischof umgeschlagen war, eventuell wegen seiner rigorosen Politik gegen die Isenberger.[417]

Lügde

Vor 1246 gründeten die Herren der Burg Pyrmont die Stadt Lügde (Kreis Lippe), die mit Lippstädter Recht bewidmet wurde, und verlegten ihren Sitz von der Burg in die neuangelegte Stadt. Konrad von Hochstaden erreichte am 23. Juli die Abtretung der Hälfte der Burg Pyrmont und der Stadt Lügde. Seinen Anteil an der Stadt verpfändete der Kölner Erzbischof allerdings umgehend wieder für 200 Mark an die Herren von Pyrmont.[418] Nach dem westfälischen Einkünfteverzeichnis

---

412 Vgl. SEIBERTZ, UB I 484, S. 612. Die Tätigkeit der Marsberger Münzstätte hatte unter Heinrich von Müllenark eingesetzt. Vgl. HÄVERNICK, Münzen, S. 268ff.
413 Vgl. PAPE/SANDOW, UB Herford, Nr. 13.
414 Vgl. LOTHMANN, Engelbert I., S. 237ff.; PAPE, Abtei Herford, S. 169; SEIBERTZ I, 484, S. 636f.; KORTE, Herford, S. 1–172.
415 Vgl. Stadtrecht von Herford, abgedruckt, in: PAPE/SANDOW, UB Herford, Nr. 2. Vgl. PAPE, Abtei Herford, S. 169.
416 Vgl. WUB VII 477.
417 ... *ob quam causam in oppido Hervorde seditione inter oppidanos et satellites archiepiscopi orta, oppidani effrenati archiepiscopum furioso insultu impetunt; sed quodam nobili viro et discreto se interponente, rabida tumultuatio sedatur.* Vgl. WAITZ, Chronica Regia Coloniensis, MGH SS rer. Germ. in usum scholarum XVIII, S. 286; REK III 1141.
418 Vgl. REK III 1856.

von 1306 bis 1308 hatte der Kölner Erzbischof in Lügde Einnahmen aus der Münze, vermutlich auch aus Gerichtsgefällen und Wortzinsen.[419]

Salzkotten

Die paderbornische Stadt Salzkotten (Kreis Paderborn) war 1247/48 bereits im Aufbau. In dem Streit zwischen Konrad von Hochstaden und Simon von Paderborn wegen des erzbischöflichen Befestigungsrechts verpflichtete sich Simon am 6. April 1248 zur Entfestigung von Salzkotten.[420]

Salzkotten zählt zu den im Kampf mit dem Erzstift Köln entstandenen Festungsstädten. Um die Mitte des 13. Jahrhunderts war die Stadt von einem Mauerring mit Toren umgeben. Wirtschaftlich war die Stadt durch ihre Salzgewinnung von Bedeutung. Im Hochmittelalter wurde im Zentrum auf dem Marktplatz ein Salzbrunnenhaus und ein Salinenhof betrieben. 1254 hatte Simon von Paderborn Salzkotten jedoch erneut befestigt, da es als Bollwerk gegen das kölnische Geseke für die Machtinteressen Paderborns von besonderer Bedeutung war.[421] Simon von Paderborn mußte im Friedensvertrag von Essen Konrad von Hochstaden eine Mitherrschaft in der Festungsstadt Salzkotten zugestehen.[422]

Wiedenbrück

Engelbert I. ist es durch seine Einkreisungspolitik gegen Paderborn gelungen, sein Erzstift in den Mitbesitz der Stadt Wiedenbrück (Rheda-Wiedenbrück, Kreis Gütersloh) zu bringen. Daß er sich dabei auf das herzogliche Befestigungsrecht stützte, konnte nicht geklärt werden, zumal die Stadt im Bistum Osnabrück lag.[423] Auch der Bau der zur Hälfte kölnischen Burg Reckenberg bei Wiedenbrück ist in diese Zeitspanne zu datieren. Die Burg ist erstmals 1249 belegt.[424]

Im 13. Jahrhundert wurde in Wiedenbrück selbst eine Burg erbaut, die im westfälischen Einkünfteverzeichnis ebenfalls als zur Hälfte köl-

---

419 Vgl. Seibertz, UB I 484, S. 638; Hävernick, Münzen, S. 267; siehe auch Kap. B II 1.5 »Die Burgmannen«.
420 Vgl. WUB VII 390; REK III 1384. Am 7. April 1248 urkundete Konrad von Hochstaden *in castris aput Salc[o]ten*. Vgl. REK III 1385.
421 Vgl. REK III 1807.
422 Vgl. REK III 1817.
423 Vgl. Lothmann, Engelbert I., S. 229f.
424 Vgl. ebd., S. 192. Vgl. Kap. B II 1.5 »Die Burgmannen«.

nisch bezeichnet wurde (*item opidum et castrum Widenbrugge est pro mediatate Archiepiscopi*).[425]

4.
Fazit

Beim Ausbau seines Territoriums und seiner Landesherrschaft stützte sich Konrad von Hochstaden auf die Städte. Sie bildeten neben den Burgen die wehrpolitischen Stützpunkte im Territorium, vor allem an den Landesgrenzen. Vielfach waren Stadt und Burg zu einem Bollwerk zusammengefaßt und ergänzten sich gegenseitig. Die überraschend große Zahl der Städte demonstriert die Überlegenheit des Kölner Erzstifts gegenüber seinen Nachbarn und die wirtschaftliche Bedeutung dieser bewußt in einzelnen Landesteilen ausgebauten Städtelandschaft. Es läßt sich wohl kaum ein zweites Territorium im Reich finden, das flächenmäßig, von vielen Städten durchsetzt und mit Landesburgen kombiniert, in der territorialen Entwicklung so weit fortgeschritten war

Zunächst gilt es, die Politik Konrads von Hochstaden gegenüber den alten kölnischen Städten im Rheinland zu betrachten. Sie waren römischen Ursprungs, hatten sich schon früh städtische Freiheiten erstritten und waren als jahrhundertealte Verwaltungsmittelpunkte sowie Wirtschaftszentren von großer Bedeutung. In dieser langen Entwicklung waren sie den westfälischen Städten, in der Mehrzahl Gründungen des 12. und 13. Jahrhunderts, überlegen. Die überragende Bedeutung von Köln als mittelalterliche Großstadt, Sitz eines Erzbistums, Metropole der Wirtschaft und des Handels am Rhein mit Wirtschaftsbeziehungen über den Fernhandel bis nach England, Skandinavien und den Ostseeraum war signifikant. Daneben gewannen auch die anderen rheinischen Städte wie Andernach, Bonn, Neuss, Xanten und Zülpich als Verwaltungszentren und Handelsplätze wachsendes Ansehen und wurden von Konrad von Hochstaden, wenn auch unterschiedlich, in ihrer städtischen Entwicklung gefördert. Der Auffassung, Konrad habe, der allgemeinen Tendenz kölnischer Städtepolitik im 13. Jahrhundert folgend, mehr Privilegien für die Städte im nördlichen Rheinland erteilt[426] als für die im südlichen Rheinland gelegenen, muß korrigierend entgegengehalten werden, daß er Ahrweiler nach der

---

[425] Vgl. SEIBERTZ, UB I 484, S. 638. Daneben besaß Konrad von Hochstaden Münzbeteiligungen in den Städten Arnsberg, Korbach (Landkreis Waldeck-Frankenberg), Nieheim (Neheim-Hüsten, Hochsauerlandkreis), Berleburg (Kreis Siegen-Wittgenstein), Volkmarsen (Landkreis Waldeck-Frankenberg), Paderborn und Corvey (Stadt Höxter, Kreis Höxter). Vgl. Kap. C I 3.4 »Münzstätten im Herzogtum Westfalen«.
[426] Vgl. FLINK, Städte, S. 148.

Zerstörung neu aufbauen ließ, Bonn große Aufmerksamkeit geschenkt und auch den Ausbau der Burg und Stadtmauer in Andernach betrieben hat. Daß es für die niederrheinischen Städte mehr Privilegien gegeben hat, liegt wohl daran, daß Konrad von Hochstaden am Niederrhein neue Städte gründete und auch die Zahl der dortigen Städte die südlich von Köln gelegenen zahlenmäßig übertraf.

Im Herzogtum Westfalen ließ er die Zwergstädte zu Festungsstädten ausbauen. Auch auf ihre wirtschaftliche Förderung war er durch Einrichtung von Märkten und Münzstätten bedacht, wenn auch die Wirtschaftskraft dieser Mittelgebirgslandschaften mit kleinem Straßennetz nicht ausreiche, um Städte wie im Rheinland entstehen zu lassen. In Anbetracht dieser Ansätze zur wirtschaftlichen Belebung ist die Auffassung HÖMBERGS falsch, Konrad habe die Bedeutung der westfälischen Städte nur in ihrem Festungscharakter gesehen.[427] Denn Konrad von Hochstaden hat selbst in den kleinsten Städten[428] Münzstätten eingerichtet oder wieder in Besitz genommen, um auch die Wirtschaftskraft aus dem Kölner Raum bis in die Grenzgebiete seines westfälischen Territoriums hineinwirken zu lassen. Westfälische Städte von überregionalem Format waren Soest, Recklinghausen und mit Einschränkung Rüthen.

Eine zweite Betrachtung befaßt sich mit den Städteneugründungen unter Konrad von Hochstaden. Wenn auch Rees schon vor der Zeit Konrads Stadtrechte besaß, so hat aber erst das von ihm 1241 verliehene große Priveleg dem ursprünglich schwachen Rees zu einem wirtschaftlichen Aufschwung verholfen. Er stärkte diese Stadt deswegen, weil er gegen die Grafen von Kleve einen Gegenpol aufbauen und Rees für die Grenzsicherung ausbauen wollte. Immer, wenn Konrad Städte zur besseren Sicherheit seines Landes gründete oder bestehende Städte fortifikatorisch ausbauen wollte, war er gegenüber der Bürgerschaft zu finanziellen Zugeständnissen (Privilegien) bereit, um die schnelle Ausführung der Befestigungsmaßnahmen zu unterstützen.

Eine dritte Betrachtung gilt den Städten, die Konrad von Hochstaden mit einem anderen Landesherrn gemeinsam besaß. Bei den Vereinbarungen, die er in Fällen des Kondominats geschlossen hat, läßt sich an mehreren Beispielen nachweisen, daß ihm die Einnahmequellen aus Steuern und Münzstätten wichtiger waren als Anteile an Verwaltung und Gerichtsbarkeit.

Als Konrad von Hochstaden sein Amt antrat, fand er noch in mehreren Städten Vögte vor, die ihm als Stadtherrn entgegenarbeiteten. Viele Jahre stand deshalb eine »Entvogtungspolitik« auf seinem Pro-

---

427 Vgl. HÖMBERG, Entstehung, S. 127f.
428 Vgl. Kap. C I 3.4 »Münzstätten im Herzogtum Westfalen«.

Städtepolitik 99

gramm. In den Städten Rheinberg, Bonn und Andernach und in dem sich zur Stadt entwickelnden Lechenich[429] verschwand der Vogt, in Xanten mußte er ihn weiter dulden. JANSSEN bewertet die Übernahme der Vogteien und deren Eingliederung in die Landesherrschaft daher auch als hohe territorialpolitische Leistung.[430]

Flankiert wurde die Auflösung der Vogteien in den Städten durch eine Harmonisierung der Stadtrechte. Bei der Gründung neuer Städte und der Verlehnung des Stadtrechts bevorzugte er das Stadtrecht älterer Städte in der Nachbarschaft, so daß sich Stadtrechtsfamilien bildeten, wie die Kölner, Neusser und Soester Stadtrechtsfamilien, um nur die wichtigsten zu nennen. Durch diese Übernahme alter Stadtrechte durch die neuen Städte kam es zu Rechtsvereinheitlichung am Niederrhein und in Westfalen.[431]

Eine recht auffallende Erscheinung war die Zahl der Jahrmärkte und der Stadttore, die von der Größenordnung her eine gewisse Übereinstimmung aufweisen. Wenn die Zahl der Stadttore Auskunft gibt über die Anzahl der aus dem Umland in die Stadt laufenden Straßen, so läßt sich dadurch die Frequenz des Personen- und Warenverkehrs ermessen, die für den Besuch von Jahrmärkten ausschlaggebend war.[432]

Das erste und vielfach auch einzige Verwaltungsorgan in den Städten war das Schöffenkolleg mit dem Schultheißen als Vorsitzendem.[433] Über dieses Schöffenkollegium — das Stadtgericht — übte Konrad von Hochstaden die Aufsicht aus und setzte hierzu den Schultheißen ein, der von ihm ernannt wurde und in seiner Stellvertretung handelte. Dieses Kollegium besaß das Recht der Selbstergänzung (Kooptation). In einigen Städten treten aber zur Zeit Konrads Stadträte (*consules*) auf, die auf die beginnende Entwicklung eines Stadtrats mit Ratsverfassung hinweisen. Strukturen einer Amtsverfassung sind erst kurz nach seinem Tod in den Städten faßbar. 1263 wird in Recklinghausen der erste Amtmann in einer Stadt genannt.

Den Burgmannen war das Befestigungswesen anvertraut.[434] Sie standen im Dienst des Erzstifts und stellten einen eigenen Stand dar, der sich von den Bürgern unterschied, vor allem in rechtlicher Hinsicht durch das Ministerialenrecht, das sich mit dem Recht der Bürger nicht immer in Einklang bringen ließ, wie die Vorgänge in Rees und Xanten

---

429 Vgl. Kap. B II 1.6 »Die Schultheißen«.
430 Vgl. JANSSEN, Bischofshof, S. 134; AUBIN, Quellen, S. 384
431 Vgl. MATSCHA, Heinrich I., S. 478; EHBRECHT, Stadtrechte, S. 232. Diese Vereinheitlichung zielte auch darauf, einen der Tendenz nach einheitlichen Untertanenverband zu schaffen. Vgl. JANSSEN, Recklinghausen, S. 20.
432 Vgl. FLINK, Städte, S. 152ff.
433 Vgl. Kap. B II 1.6 »Die Schultheißen«.
434 Vgl. Kap. B II 1.5 »Die Burgmannen«.

belegen. In solchen Fällen entschied Konrad von Hochstaden persönlich.

Die kölnischen Städte im Rheinland waren überwiegend Burgstädte mit Landesburgen, die in die Stadtmauer einbezogen waren und einen eigenen Beitrag des Landesherrn, auch in finanzieller Hinsicht, zum Schutz der Stadt darstellten. Sie wurden außerdem als Verwaltungssitz genutzt und waren Amtssitz des Schultheißen oder Burggrafen und anderer Funktionsträger in der Territorialverwaltung. Diese Stadtburg galt auch als Zeugnis der Herrschaft und der Abhängigkeit der Bürger von ihrem Stadtherrn, der nicht immer gleicher Meinung mit ihnen war. In Zeiten der Auseinandersetzung empfand die Bürgerschaft die Burg des Stadt- und Landesherrn auch als Zwingburg, und das Beispiel der Stadt Köln, von Konrad von Hochstaden den Abriß der Burg Deutz zu verlangen, zeigt die deutliche Interessenlage der Kölner Bürger. Den rheinischen Beispielen folgend, aber auch mit der allgemeinen Entwicklung von Stadt- und Landesburg konform, betrieb er auch im Herzogtum Westfalen den fortifikatorischen Ausbau von befestigten Städten wie Schmallenberg, Medebach, Padberg, Rüthen,[435] Dorsten, Hallenberg, Werl um nur einige zu nennen. Funktional gesehen war die Stadtburg zunächst ein Zeugnis der Herrschaft, eine steinerne, stets gegenwärtige und machtvolle Repräsentanz des Stadtherrn. Normalerweise besaßen Stadtburgen feldauswärts angelegte Zugänge,[436] die als Fluchtwege bei Kämpfen mit der Stadt dienten.

Trotzdem mehren sich auch im 13. Jahrhundert die Anzeichen dafür, daß sich in den Städten mit aufstrebender Bürgerschaft (Köln, Herford) ein Widerstand gegen den erzbischöflichen Stadtherrn formierte. In beiden Fällen zeigte Konrad sich zunächst kompromißbereit, während er in Köln aus einer Position der Stärke heraus gegen die Bürgerschaft vorging. Daneben konnten auch in den Städten mit einem zweiten, zumeist geistlichen Grundherrn, Spannungen zum Kölner Stadtherrn (Xanten) aufgezeigt werden.

Konfliktstoff war zwischen dem erzbischöflichen Stadtherrn und der Stadtbevölkerung sicher vorhanden. Dafür sprechen die detaillierten Rechtsaufzeichnungen der uns vorliegenden Stadtrechte, in denen deutlich wurde, daß beide Seiten ihre Rechte genau festhalten wollten. In den großen Städten wie Köln und Soest war es ganz eindeutig, daß die erzbischöflichen Rechte in der Stadt allmählich durch städtische Verwaltungsinstitutionen ausgehöhlt wurden. Diese Entwicklung wurde durch ein zunehmend selbständiges Handeln der Städte be-

---

435 Vgl. MERTEN, Burgmannschaften, S. 16. Diese kölnischen Stadtburgen waren sämtlich mit kölnischen Burgmannen besetzt.
436 Vgl. FLINK, Städte, S. 154ff.

stimmt, die sich 1254/56 im Rheinischen- und Westfälischen Städtebund zusammenschlossen, um die Aufgaben der Friedewahrung und die Abwehr der aggressiven Zollpolitik in eigener Verantwortung durchzuführen.[437] Auch Konrad von Hochstaden beschwor am 13. Juli 1254 mit einigen anderen Prälaten den rheinischen Städtebund, hat aber in diesem Zusammenschluß keine besondere Rolle gespielt.[438]

Im allgemeinen bestand zwischen Konrad von Hochstaden und den kölnischen Städten ein gutes Verhältnis, weil er als Förderer der wirtschaftlichen Interessen auftrat und sich um ihre Sicherheit kümmerte.

---

437 Durch die Initiative des Mainzer Fernhändlers Arnold Walpot hatten sich die rheinischen Städte von Basel bis Köln *propter culturam pacis et iustitie observationem* zusammengeschlossen. Vgl. LEYING, Niederrhein, S. 245. Der Rheinische Städtebund vereinigte sich schon bald mit dem Westfälischen Städtebund und umfaßte nach zwei Jahren schon 70 Städte. Vgl. GRUNDMANN, Wahlkönigtum, S. 83; ROTTHOFF, Rolle, S. 81. Zu Arnold Walpot siehe RIEKENBERG, Walpot, S. 228–237. Städtebünde sind noch aus den Jahren 1246 (Ewiger Bund) und 1253 (Werner-Bund mit Soest als Mittelpunkt) bekannt.
438 Vgl. REK III 1786.

TEIL B

Die Verwaltung des Erzstifts

Exkurs

1. Die Entwicklung der kölnischen Ministerialität im 13. Jahrhundert

Konrad von Hochstaden führte das Erzstift Köln zu einem absoluten Machthöhepunkt. Die durch seine Territorialpolitik hinzugewonnenen Gebiete sind von seinen Nachfolgern Engelbert II. und Siegfried von Westerburg teilweise wieder verloren worden. Es ist zu fragen, mit welchen Verwaltungsmethoden und welchem Personal der Kölner Erzbischof dieses große Gebiet verwaltete.

Verwaltungsträger in den erzstiftischen Höfen, Burgen und Städten waren vor Ort die kölnischen Ministerialen. Sie nahmen als ursprünglich Unfreie durch ihren Dienst am Hof und in den lokalen Verwaltungszentren im 11./12. Jahrhundert einen kontinuierlichen Aufstieg und erlangten begrenzte Freiheit.[1] Dieser soziale Aufstieg implizierte eine innere Festigung der Ministerialität als Stand und ihr Eindringen in die Rechtssphäre des Lehnswesens. Ausdruck der neu gewonnenen Stellung der Ministerialen war die Abfassung zahlreicher Dienstrechte, in denen die beiderseitigen Rechte und Pflichten von Herr und Dienstmann detailliert festgelegt wurden.

Bevor die kölnische Ministerialität erörtert wird, sei ein Rückblick auf Eike von Repgow gestattet, der in seinem »Sachsenspiegel« erklärte, daß er die Ministerialität in seinem Landrecht nicht behandele, weil ihre Aspekte zu mannigfaltig seien, doch lassen sich aus den Dienstrechten allgemeine Entwicklungslinien dieses Prozesses ablesen.[2]

---

1 BOSL, Dienstrecht, S. 73, betont, daß die Ministerialität sozial, prosopographisch und rechtlich aus dem Hofrechtskreis der *familia* und ihren besonderen und gehobenen Diensten aufgestiegen ist.

2 Vgl. Sachsenspiegel, Bd. III, S. 223; siehe dazu auch SCHUMACHER, Dienstmannschaft, S. 57–78. Seit dem 11. Jahrhundert sind die ersten Hof- und Dienstrechte faßbar, siehe Wormser Hofrecht (1023/25); Bamberger Dienstrecht (1057–64), um nur einige Beispiele zu nennen. Diesen Dienstrechten war ein zunehmendes Gewicht der Ministerialität gemeinsam. Das wachsende Spannungsverhältnis zwischen Ministerialen und ihren Herren bezüglich ihrer Rechte wurde durch eine Vielzahl von Fälschungen dokumentiert (vor allem die *Constitutio de expeditione Romana*, verfaßt im Kloster Reichenau/Bodensee um 1160). Vgl. SCHULZ, Dienstrecht, Sp. 1006. Das Auftreten der Ministerialen in den Urkun-

Obwohl der Aufstieg der Ministerialität regional unterschiedlich verlief, war doch allen Gruppen die rechtliche Garantie der Beschränkung auf Hof- und Kriegsdienst im sog. *ius ministerialium* gemeinsam.³ Im 13. Jahrhundert muß hingegen die Rolle der Dienstmannen in den landesherrlichen Verwaltungen relativiert werden. Verbunden mit ihrem Aufstieg war der Eintritt in die Rechtssphäre des Lehnswesens.⁴ Ursprüngliche Dienstlehen wurden nun als Vasallenlehen betrachtet, die gehobene Ministerialität legte sich adligen Habitus zu, einzelne Dienstmannen führten den *dominus*-Titel und eigene Siegel,⁵ Ministerialen begannen mit eigenem Burgenbau.⁶ Diese Feudalisierung erfaßte auch die ministerialischen Burggrafen, die ihr Amt in der Familie weitervererbten und im Einzelfall kölnisches Allod als ihr Eigen reklamierten. Dazu wurde der *miles*-Titel zum Kennzeichen dieser sich nun als Stand verfestigenden Schicht, die im Verlauf dieses Aufstiegs im 13./14. Jahrhundert mit dem Niederadel verschmolz.⁷ Dabei ist im Einzelfall oftmals nicht zu klären, ob der als Zeuge auftretende Ritter bereits in den Niederadel aufgestiegen war, da sich beide Gruppen immer mehr annäherten und teilweise schon überlappten. Entscheidend für die Verfestigung dieser neuen sozialen Gruppe war das Prinzip der Ritterbürtigkeit. Während der Unterschied zwischen freien und unfreien *milites* zurücktrat, war es jetzt die Ritterbürtigkeit, die den Stand bestimmte und die *milites* und *ministeriales* von den alten *nobiles* trennte.⁸ Dieser Stand schloß sich zunehmend nach unten durch die erbrechtliche Übertragung des Rittertitels ab und zugleich nach oben dadurch, daß die Adligen und Edelherren in den rubrizierten Zeugenlisten den *comes*- und *nobiles*-Titel führten.⁹

Eine gefährliche Entwicklung für den Dienst der Ministerialen in der Verwaltung war die Erblichkeit der Lehen, die seit der Mitte des 12. Jahrhunderts im Erzstift Köln¹⁰ die Hofämter und Burggrafen erfaßte und zu einer zunehmenden Entfremdung zwischen Dienstmann und Dienstherrn führen konnte.¹¹ Damit wurden die Eingriffsmöglichkeiten des Herrn bei der Besetzung der Ämter immer geringer. Der

den als Inhaber von Hofämtern und als Zeugen läßt 1130–1180 ihre große Bedeutung für die erzstiftische Verwaltung erkennen. Siehe dazu NEUMEISTER, Ministerialen S. 51–81.
3 Vgl. FLECKENSTEIN, Ordnungen, S. 341.
4 Vgl. GROTEN, Lehnshof, S. 46.
5 Vgl. BORNHEIM GEN. SCHILLING, Untersuchungen, S. 45, zu den Ministerialen von Alfter. Siehe dazu Kapitel B I 3.1 »Der Marschall«.
6 Siehe Kapitel B I 3.4 »Der Mundschenk«. Vgl. REK III 2086.
7 Vgl. FLECKENSTEIN, Ritter, S. 379ff.
8 Vgl. FLECKENSTEIN, Ordnungen, S. 351.
9 Vgl. BUMKE, Studien, S. 77; FLECKENSTEIN, Rittertum und Ministerialität, S. 13ff.
10 Einen Überblick über die Forschung zur kölnischen Ministerialität gibt RITZERFELD, Erzstift, S. 67ff.
11 Vgl. BOSL, Dienstrecht, S. 85. Siehe die Klageartikel Wikbolds von Holte (1297–1304) gegen den Burggrafen von Rheineck. Siehe dazu Kapitel B II 1.4 »Die Burggrafen«.

Eintritt der gehobenen Dienstmannen in die bereits korrumpierte Sphäre des Lehnswesens machte sie für den kölnischen Verwaltungsdienst zunehmend untauglich. Daneben traten in Westfalen im 13. Jahrhundert vermehrt Edle in die kölnische Ministerialität ein. Mit Recht wirft DROEGE die Frage auf, ob die rheinischen Ministerialen des 13. Jahrhunderts mit den westfälischen auf einer Stufe standen, da die westfälischen Ministerialen z.T. in nicht-kölnischen Urkunden den *nobiles*-Titel führten.[12]

Zusammenfassend muß aber auch darauf hingewiesen werden, daß die Ministerialität an sich heterogen strukturiert war. Für die mittlere und niedere Ministerialität war es auch noch im 13. Jahrhundert attraktiv, in die kölnische Dienstmannschaft einzutreten. Andererseits häuften sich aber die Übergriffe der ministerialischen Burggrafen und Amtsanmaßungen der Schultheißen. Es war Konrad von Hochstaden, der erstmals aus dieser Entwicklung Konsequenzen zog und auf kölnischen Burgen Funktionsträger nach Amtsrecht einsetzte.

2.
Das Deutsche Dienstrecht
von ca. 1248/1260

Anhand der kölnischen Dienstrechte lassen sich die sozialgeschichtlichen Entwicklungen und die Aufgabengebiete der Kölner Ministerialen nachvollziehen.[13]

Für die Zeit Konrads liegt ein Kölner Dienstrecht vor, das in die Zeit 1248/1260 fällt.

FRENSDORFF veröffentlichte parallel zum Längeren Kölner Dienstrecht (vor 1176)[14] zwei mittelhochdeutsche Dienstrechte der Kölner Ministerialität, von denen er die ältere Fassung für eine modifizierte Übersetzung des sog. Längeren Kölner Dienstrechts hielt.[15] Die ältere Übersetzung datierte er 1250 bis 1270, die jüngere in die Mitte des 15. Jahrhunderts.

Gegen diese Ansicht erhob VON LOESCH bereits 1906 Bedenken, denn er deutete die beiden deutschen Versionen als voneinander unabhän-

---

12 Vgl. DROEGE, Besprechung, S. 276. Er erwähnt dabei den Begriff Vorbehaltsministerialen, und meint damit diejenigen, die als *nobiles* unter Beibehaltung ihrer Nobilität in die Ministerialität eintraten, vgl. ebd., S. 277; KRUMBHOLTZ, Urkundenbuch, S. XII, arbeitet die zahlreichen *nobiles*-Belege für die westfälischen Ministerialen von Volmarstein in nichtkölnischen Urkunden heraus.
13 Siehe dazu FRENSDORFF, Recht, S. 1–35. Zur Datierung und Einordnung des Dienstrechts (abgekürzt: LKD) vgl. RITZERFELD, Erzstift, S. 240ff.
14 Vgl. BOSL, Dienstrecht, S. 83. Siehe auch KEUTGEN, Entstehung, für das Kölner Dienstrecht besonders S. 1–17, 169–195, 481–547
15 Vgl. FRENSDORFF, Recht, S. 49.

gige Versionen eines anderen lateinischen Textes.[16] Dieser lateinische Text wurde 1924 in dem Kürzeren Kölner Dienstrecht (1164 bis ca. 1200) entdeckt und als Vorlage der beiden deutschen Fassungen identiziert.[17]

Es ist möglich, die Datierung des Deutschen Dienstrechtes (nach FRENSDORFF: 1250-1270) weiter zu präzisieren. Eindeutig ist die große Identität der Thematik, aber auch der Artikelabfolge des Kürzeren Kölner Dienstrechts mit dem Deutschen Dienstrecht aus der Mitte des 13. Jahrhunderts, so daß davon auszugehen ist, daß das Deutsche Dienstrecht aus der Mitte des 13. Jahrhunderts eine Abschrift des Kürzeren Kölner Dienstrechts ist. Dabei sind die Verfasser des Kürzeren Kölner Dienstrechts, Heinrich von Alpen und Antonius von Hermülheim, ebenfalls als Verfasser genannt.[18]

Sie können natürlich nicht mehr die Autoren dieses Dienstrechtes gewesen sein, sondern sind lediglich vom Abschreiber mit übernommen worden.

Vom Schriftcharakter her ist das Deutsche Dienstrecht eindeutig dem 13. Jahrhundert zuzuordnen und zwar in die fünfziger und sechziger Jahre.[19] Während sowohl von 1166 bis 1200, als auch von 1246 bis 1252 ein Heinrich von Alpen belegt ist, ist Antonius von *Mulenheim* (Hermülheim) von 1166 bis 1197 unter den erzbischöflichen Dienstmannen nachweisbar.[20] Die erste deutsche Übersetzung eines lateinischen Vertragsinstruments im kölnischen Erzstift wurde 1248 an der Untermosel beim Friedensvertrag zwischen dem Pfalzgrafen, dem Erzbischof von Trier und Konrad von Hochstaden über den Besitz der Burg Thurant oberhalb von Alken ausgefertigt. Im kölnischen Kernraum ist kein Beispiel einer deutsch abgefaßten Urkunde vor 1250 bekannt. Die erste Vertragsurkunde, die nicht lediglich in einer deutschen Übersetzung des lateinischen Originals auftritt, ist in Köln der Große Schied aus dem Jahre 1258.[21]

Interessant ist sicherlich auch, daß der als Verfasser genannte Heinrich von Alpen in der deutschen Fassung den Titel *her* (Herr) erhielt. Offenbar haben die Ministerialen von Alpen um die Mitte des 13. Jahrhunderts den Aufstieg in den Niederadel vollzogen und führten damit

---

16 Vgl. VON LOESCH, Besprechung, S. 199, Anm. 1.
17 Vgl. VON LOESCH, Kürzeres Kölner Dienstrecht (abgekürzt: KKD), S. 300f. Das Dienstrecht fand sich im erzbischöflichen Archiv und ist daher vermutlich vom Original abgeschrieben worden. Zur Datierung und Einordnung siehe RITZERFELD, Erzstift, S. 240ff.
18 Vgl. FRENSDORFF, Recht, S. 37.
19 Vgl. ebd.
20 Vgl. REK III, Register, S. 338; REK II, Register, S. 384.
21 Vgl. GÜNTHER II, Nr. 126. Vgl. REK III 1421 zum September 1248. Siehe auch KENTENICH, Urkunde, o.S. FRENSDORFF, Recht, S. 47, hingegen sieht den ersten Beleg für eine deutsche Vertragsurkunde im kölnisch-jülischen Schied vom 9. September 1251. Vgl. LACOMBLET II, Nr. 376; REK III 1641.

den *dominus*-Titel. Die Bezeichnung Heinrichs von Alpen im Deutschen Dienstrecht könnte daher eine nachträgliche Aktualisierung seines Standes sein, da der namensgebende Ministeriale im 13. Jahrhundert vor dem 13. Mai 1260 als Heinrich, Herr von Alpen betitelt wurde.[22]

Aufgrund dieser Überlegungen kann die Abfassungszeit des Deutschen Dienstrechts in die Jahre 1248 bis 1260 fallen. Es handelt sich dabei um eine deutsche Abschrift des Kürzeren Kölner Dienstrechts (1164 bis ca. 1200) und steht entgegen der Ansicht FRENSDORFFS in keiner direkten Verbindung zum Längeren Kölner Dienstrecht. Der oder die Verfasser sind in der Umgebung des Kölner Erzbischofs zu vermuten, da mit dieser erneuten Fassung des Kürzeren Kölner Dienstrechts offenbar versucht wurde, den im 12. Jahrhundert gültigen Rechtskatalog der Ministerialen für die Zeit Konrads von Hochstaden wieder zu aktualisieren. Interessant ist dabei sicherlich auch das Jahr 1258, in dessen Verlauf Konrad ganz massiv gegen das Kölner Patriziat vorgegangen ist. Gerade in der Endphase seiner Regierungszeit nahm seine Herrschaft doch »restaurative« Züge an, die wohl auch durch die Aktualisierung eines älteren Dienstrechtes der fortschreitenden Verselbständigung der Ministerialität im Erzstift Köln entgegentreten sollte.

Nun zur Besprechung der wichtigsten Kapitel:

Die Erhebung des Ministerialen in den Ritterstand hatte zur Folge, daß er seine Dienste dem Erzbischof anbot. Der Erzbischof hatte also das Vorrecht auf das Erstangebot des Ritters, sofern dieser einen Lehnsdienst eingehen wollte.

Dieser rechtliche Vorbehalt des Erzbischofs verhinderte das Abwandern des Ritters zu fremden Fürsten, die, aus welchen Gründen auch immer, die Abwerbung von zum Kölner Erzstift gehörenden Rittern versuchten. Auf diese Weise erhielt sich der Erzbischof ein Reservoir an Rittern aus seinem Territorium. Da die Ritter eine aus der Ministerialität durch Leistung und Ansehen aufgestiegene Schicht darstellten, waren sie für seine Landesverwaltung unersetzlich. Wurde der Kandidat abgelehnt, durfte er bei anderen Fürsten dienen, aber nicht feindlich gegen das Erzstift handeln. Das Recht des Erzbischofs auf die Ersteinstellung von Rittern gehört sinngemäß an den Anfang des Dienstrechts (Art. 1).

Über die Ableistung des Dienstes der Ministerialen ergingen folgende Bestimmungen: Benachrichtigung der Ministerialen 14 Tage vor dem Dienstantritt. Zum Dienstantritt erhielt er vier Mark für Pferdefutter und einen Pelz im Wert von zwei Mark. Der Pelz galt als Sachwert, den der Ministeriale veräußern konnte; er stellte nicht nur ein

---

[22] Vgl. REK III 2105a. JANSSEN, Tag, S. 421 datiert das deutsche Dienstrecht auf ca. 1260.

Kleidungsstück dar. Der Lehnsdienst dauerte sechs Wochen, eine Verlängerung darüber hinaus stand im Ermessen des Ministerialen. Über eine weitere Vergütung dieser verlängerten Dienstzeit enthält das Dienstrecht keine Angaben. In diesem Falle einigten sich Erzbischof und Ministeriale auf privater Grundlage (Art. 2).

Das Strafrecht nimmt einen breiten Raum ein. Oberster Gerichtsherr für alle Kölner Dienstmannen war der Erzbischof. Die Rechtslage des Angeklagten wird erläutert, ihm oblag die Beweisführung seiner Unschuld oder geringen Schuld. Die »Huld« des Herrn war ausschlaggebend für den Dienstmann, und zwar für die Bewahrung seines Eigentums und wohl auch für das Fortbestehen seines Dienstes. Die »Huld« kann auch als Begnadigung interpretiert werden. Die Folgen einer Gefängnisstrafe für den Verurteilten werden im einzelnen, vor allem die Auswirkungen für die Familie des Verurteilten, genannt. Das Einziehungsrecht des Erzbischofs, das Vermögen des Verurteilten zu beschlagnahmen, öffnete die Möglichkeit zu Willkürakten gegenüber mißliebig gewordenen Einzelpersonen und deren Familien (Art. 3).

Zum Heeresaufgebot des Kaisers konnte der Erzbischof nur Dienstleute mit Lehnseinkünften von mindestens fünf Mark pro Jahr verpflichten. Die Eignung für das Heeresaufgebot bestimmten der Erzbischof oder seine Vertreter. Terminankündigung (ein Jahr vorher) und Folgen des Nichterscheinens werden genannt. Die strafrechtlichen Bestimmungen sind klar formuliert, dagegen fehlt die Nennung der Möglichkeiten, unter denen der Dienstmann sich vom Dienst suspendieren lassen kann. Das Dienstrecht fixierte die Rechtsstellung des Erzbischofs, die des Dienstmannes bleibt im Unklaren. Die Hälfte der Zahlung der Jahreseinkünfte des Dienstmannes stellte offensichtlich eine juristische Möglichkeit dar, den Dienst im Heeresaufgebot zu umgehen. Mit diesen Einnahmen konnte der Erzbischof andere Personen für das Heeresaufgebot stellen oder die Einnahmen selbst behalten (Art. 4).

Für den Dienst im Heeresaufgebot des Kaisers standen dem Dienstmann bestimmte Einnahmen und Ausstattungen zu, aus denen sich ein Bild über die Verpflichtung des Erzbischofs gegenüber dem kaiserlichen Heeresaufgebot ergibt:

Ein Dienstmann erhielt zehn Mark, einen grauen Pelz, zwei Knechte, einen Hengst mit Sattelzeug und Hufbeschlag, zwei Lederranzen mit vier Hufeisen und 24 Nägeln, dazu einen Diener, der als Sachleistung ein Tuch von 40 Ellen, Scharlach genannt, erhielt (Art. 5).

Beim Überschreiten der Alpen (Romzug, Italienfahrt) bekam der Dienstmann für jeden Monat eine Mark. Bei Nichtzahlung dieser Mark erlosch das Dienstverhältnis gegenüber dem Erzbischof. Der Dienstmann durfte dann in den Dienst des Kaisers treten (Art. 6).

Die Ministerialen mit weniger als fünf Mark Jahreseinkünften dienten nur gegen volle Entschädigung (Art. 7).

Für den Gerichtsstand der Dienstmannen wird auf die Trennung von weltlichem und geistlichem Gericht hingewiesen, für die der Kölner Erzbischof Oberrichterfunktion beanspruchte (Art. 8).

Das Eigentumsrecht des Erzbischofs wurde bei Gefangennahme des Dienstmannes durch fremde Landesherren, beim Streit mit dem Erzbischof und bei Waldfrevel im erzbischöflichen Kammerforst (strafrechtliche Bestimmung, Strafmaß 60 Schillinge) verankert (Art. 9).

Die Bestimmungen des Art. 10 sind wegen der mittelalterlichen Formulierungen wie »geschlagen«, »festgehalten«, »mit einer Hand behalten schwierig zu interpretieren.«

Art. 11 behandelte Zoll- und Steuerbestimmungen für die Ministerialen.

Art. 12 geht wohl auf das Recht ein, einen Streit im Zweikampf auszutragen. Der Erzbischof verwies die Streitenden an den Kaiser.

Im Vergleich zum Längeren Kölner Dienstrecht aus der Mitte des 12. Jahrhunderts waren in dem Verhältnis zwischen Dienstherr und Dienstmann einige Veränderungen eingetreten.

Die Umgestaltung des Deutschen Dienstrechts betraf vor allem die persönlichen Beziehungen zwischen Dienstherr und Dienstmann, die deutlich gelockert wurden. Dabei hatte die Gnade des Herrn nicht mehr ihre große Bedeutung, weil ihr das wirksamste Mittel fehlte, nämlich die Verfügung über die Dienstgüter, da sich um die Mitte des 12. Jahrhunderts der erbliche Besitz der Ministerialenfamilien immer mehr verfestigte. Gleichwohl spielte die Huld des Erzbischofs im Strafrecht für die Bewahrung seines Eigentums und das Fortbestehen seines Dienstes eine entscheidende Rolle.

Daneben beinhaltete der Text zahlreiche Änderungen und Auslassungen, was aber nicht automatisch heißen muß, daß diese Regelungen keinen Bestand mehr hatten. Die Landwehrpflicht wurde nicht mehr erwähnt. Die Pflichten des Dienstmannes zur Romfahrt waren in diesem Dienstrecht weiter ausgedünnt worden. Der Ministeriale war jetzt während einer Kaiserregierung nur noch einmal zur Romfahrt verpflichtet (Kp. 6), konnte sich aber durch Zahlung einer Heersteuer davon befreien (Kp. 4). Die minder begüterten Ministerialen dienten generell nur noch gegen Vergütung (Kp. 7). Daneben traf die Pflicht zum Romzug nicht mehr alle dienstbereiten Ministerialen, sondern nur noch eine bestimmte, vom Erzbischof ausgewählte Anzahl, wobei er selbst gar nicht mehr mitzog (Kp. 4).

Deutlich verringert war die Hofdienstlast für die Ministerialen. Es bestand kein regelmäßiger Turnus mehr für den Dienstantritt der geburtsrechtlich dazu bestimmten Dienstmannen, sondern der Erzbischof forderte je nach Bedarf diejenigen Ministerialen an, die für ihren Dienst eine bestimmte Entlohnung erhielten (Kp.2).

Weggelassen wurde die Pflicht des Erzbischofs, den Dienstmannen Kleider zu schenken und seine Verpflichtung, unter gewissen Umständen ein Dienstgut zu leihen.[23]

Trotz der nachlassenden Intensität der Dienstverpflichtungen der kölnischen Ministerialen im 13. Jahrhundert verfügte der Kölner Erzbischof in gewissen Bereichen weiterhin über eine starke Position, wie zum Beispiel beim Vorrecht auf das Erstangebot eines Ritters, und im gesamten Bereich des Strafrechts.

Eindeutig hat dieses Dienstrecht einen »moderneren« Gesamtcharakter als das Längere Kölner Dienstrecht. Es trug bei der Beschreibung der Dienstpflichten der Ministerialen dem sozialen Aufstieg dieses Standes eindeutig Rechnung, indem es ihre Pflichten gegenüber dem Dienstherrn einschränkte.

Für die Interpretation dieses Dienstrechts weist der Text von seiner Datierung her einige Schwierigkeiten auf.

Gesichert scheint, daß der ursprüngliche Text, also das Kürzere Kölner Dienstrecht in Ministerialenkreisen, eventuell von den genannten beiden Ministerialen, als Standesvertreter verfaßt wurde. Doch warum wurde dieses Recht, das bereits einen Zustand um die Mitte des 12. Jahrhunderts beschrieb, unter Konrad von Hochstaden noch einmal wörtlich abgeschrieben und übersetzt? Hatte der Erzbischof ein Interesse daran, dieses im 13. Jahrhundert eventuell bereits schon wieder überholte Recht noch einmal abschreiben zu lassen, um es somit gewissermaßen »restaurativ« wirkend der zunehmenden Selbständigkeit der Ministerialen entgegensetzen zu können? Der Vergleich der einzelnen, die Verwaltungsorganisation betreffenden Punkte mit den Quellen wird, soweit möglich, erweisen, ob bei diesem Recht das tatsächliche Dienstverhältnis Konrads von Hochstaden zu seinen Ministerialen wiedergegeben wurde.

---

23 Vgl. FRENSDORFF, Recht, S. 39ff.

I.
Zentralverwaltung

1.
Hof: Versuch einer Definition

Am Hof in Köln waren die wichtigsten Verwaltungsämter konzentriert. Ihre Besetzung durch Konrad und die Rolle dieser Ämter in der Verwaltung sind daher zunächst zu untersuchen.

Der Begriff Hof (»*curia*«) war durch seine Vielschichtigkeit bestimmt und wurde in den Quellen institutionell, räumlich und personell gefaßt.

In der Regierungszeit Konrads von Hochstaden wird der Hof in seiner räumlichen Bedeutung allerdings selten in den Quellen genannt. Die Zahlung von Zinsen mahnte Konrad von Hochstaden am 23. September 1248 an, die dem Haus zum heiligen Geist »*in curia Coloniensi*« geschuldet wurden.[24] Neben den zahlreich belegten Inhabern der verschiedenen Hofämter ist in einer Urkunde vom Dezember 1242 von »*nostre curie officialibus*« die Rede, Beamte, die am erzbischöflichen Hof tätig waren.[25]

Der Hof des Erzbischofs befand sich in Köln. Dabei wurde die »*curia Coloniensis*« im Immunitätsbereich des Erzbischofs, in der ein engerer Personenkreis, die *familia curiae* (Hofklerus, Hofämter, niedere Ämter und Diener), untergebracht war, als Hof aufgefaßt.[26]

Der Hof der hochmittelalterlichen Landesherren war das entscheidende Herrschaftsgebilde,[27] um die Kräfte des umliegenden Territoriums an die Zentrale binden zu können. Der Hof zog die bedeutenden sozialen Gruppen wie Adel, Klerus und Ministerialität an. Durch den Zustrom aus diesen Personenkreisen wuchs seine Bedeutung als Herrschafts- und Kulturzentrum. Aus diesem personellen Umfeld rekru-

---

24 Vgl. REK III 1422.
25 Vgl. ebd. 1063.
26 Vgl. SCHREINER, »Hof«, S. 80.
27 ZOTZ, Formierung, S. 40–49, spricht von einem »komplexen Herrschafts- und Sozialgebilde.«

tierte der Erzbischof seine Amtsträger, Ratgeber und Mitarbeiter für die verschiedenen Verwaltungsorgane. Diese im Dienst des Erzbischofs stehenden Personen zählten zu seinem Hof bzw. bildeten das personelle Element des Hofes.

Je nachdem, wie häufig man sich am Hof in der Nähe des Erzbischofs aufhielt, wurde zwischen dem engeren und weiteren Hof unterschieden. Wichtig für dieses personell geprägte Gebilde Hof war, daß es sich als Mittelpunkt politischer Herrschaft verstand. Diese Herrschaft, die in einem Hof ihre rechtliche und symbolische Mitte fand, wurde auch als erweiterte Hausherrschaft beschrieben.[28] Eine Momentaufnahme des Lebens am Hof des Erzbischofs von Köln vermittelt der Brief des Abtes Wibert von Gembloux an einen der Vorgänger Konrads — Erzbischof Philipp von Heinsberg — über einen Besuch im Jahre 1180. Eindrucksvoll wurde hier der Ablauf hochmittelalterlicher Herrschaftsausübung beschrieben, in dem verschiedenste Personengruppen den Erzbischof mit unterschiedlichen Anliegen bedrängten, während er mit den Vorbereitungen für seinen Kriegszug vollauf beschäftigt war.[29]

Entscheidend für die Verwaltung des Kölner Erzstifts waren die personellen und institutionellen Elemente des Hofes in Form der Hofämter und der Hofkapelle, die sich jedoch beide im 12./13. Jahrhundert personell veränderten. Seit der zweiten Hälfte des 12. Jahrhunderts vergaben die Kölner Erzbischöfe diese Ämter erblich an bestimmte Ministerialenfamilien, die damit zu Stützen der erzbischöflichen Zentralverwaltung wurden. Parallel dazu wurde die Hofkapelle als Zentrum schriftlicher Verwaltungstätigkeit durch die Kanzlei ersetzt. Diese Entwicklungen in der kölnischen Zentralverwaltung ließen den lokalen Adel als Verwaltungsträger zunehmend zurücktreten, obgleich der Hof als Institution immer bemüht war, diesen einzubinden und mit der Anwesenheit von zahlreichen Herzögen, Grafen und anderen Edlen den Glanz und die Ausstrahlung eigener Herrschaft zu erhöhen.

1.1
Selbstdarstellung am Hof

Beschreibungen über Konrads Aussehen bzw. sein Auftreten am Hof sind in den Quellen nicht überliefert. Das Siegel, das Konrad seit 1244 geführt hat, zeigt ihn in vollem Ornat kniend und mit betend

---

28 Vgl. SCHREINER, »Hof«, S. 69.
29 Vgl. DEROLEZ, Epistolae VII, S. 106, zum Jahre 1181.

erhobenen Händen. Ihm streckt sich die segnende Hand Gottes entgegen. Diese Darstellung auf einem Kölner Bischofssiegel gilt nach Auffassung WISPLINGHOFFS als »einmalig«.[30] Konrad von Hochstaden hat aber nicht darauf verzichtet, schon in den Jahren vorher seit 1238 auf dem Münzbild des Kölner Denars zu erscheinen und sich auf diese Weise der »Öffentlichkeit« bekannt zu machen. In der Zeit als Elekt (April 1238 bis Oktober/November 1239) ließ er sich auf den Münzen von Soest, Schmallenberg, Marsberg und Korbach auf einem Faltstuhl mit Tierköpfen und Füßen in thronender Haltung darstellen. Er ist barhäuptig, ohne Kasel und Pallium und hält zwei Kreuzfahnen in den Händen.[31] Weshalb er dies neue Münzbild für diese Münzstätten in Westfalen entwerfen ließ, hängt wohl mit einer Reise ins Herzogtum Westfalen zusammen.[32]

Nach dem Empfang des Palliums vom 22. Mai 1244 wird er mit zweispitziger Mitra, von der seitwärts die Infeln herabhingen, und mit Kasel und Pallium dargestellt. In den Händen hielt er den Krummstab und ein offenes Buch.[33] Diese wenigen Quellen bieten jedoch nur ein äußerst unvollständiges Bild von Konrads Auftreten am Hof. Belegt ist, daß der Kölner Erzbischof sich bereits im 12. Jahrhundert Bären in einem eigenen Tiergarten hielt,[34] Falkner begleiteten ihn 1272 auf seinen Zügen, um der Jagdleidenschaft am Hof zu fröhnen.[35]

Weitere Hinweise über das Auftreten der Kölner Erzbischöfe am Hofe in dieser Zeit bieten die Buchmalereien im Soester Nequambuch (ca. 1315). Bild 1 zeigt den Kölner Erzbischof Heinrich II. von Virneburg (1304–1332) mit seinen Mannen in Soest. Der Erzbischof wird dabei mit weißem Haar als Alterszeichen sowie einer Bischofsmütze dargestellt.[36] Während eine Person rot-gelb gekleidet dem Erzbischof Wein in einem Pokal anbietet, trägt eine zweite Person einen Falken. Eine dritte Person führt zwei Windspiele, Symbole des Hofhaltes und eines geistlichen Fürsten jener Zeit.[37]

Bild 2 zeigt den westfälischen Marschall im Kreis seiner Mannen. Eine Person hält einen Falken auf der einen, eine Beuteltasche in der

---

30 Vgl. WISPLINGHOFF, Konrad von Hochstaden, S. 8.
31 Vgl. HÄVERNICK, Münzen, S. 148ff.
32 Vgl. Kap. B I 4) »Herrschaftszenten und ihre materiellen Leistungen für das Erzstift Köln«.
33 Vgl. HÄVERNICK, Münzen, S. 148ff.
34 Vgl. den Kölner Hofdienst (ca. 1152), FRENSDORFF, Recht, S. 61. Der verantwortliche Bärenhüter erhielt folgende Naturalleistungen: »Ursario unum caput porci et pectus et tres panes et cratera vini, quarum IIII^{or} faciant sextarium et sextarium vini.«
35 Vgl. Jus domini in Susato, in: ILGEN, Soest, S. CLII.
36 Soester Nequambuch, ältestes Stadtbuch von Soest. Vgl. VON KLOCKE, Studien, S. 179. Die gelb-roten Farben seines Gewandes deuten auf Virneburg, siehe die Abbildungen in der Arbeit von WILKES, Miniaturen.
37 Vgl. VON KLOCKE, Studien, S. 181.

anderen Hand, eine weitere Person führt zwei Windhunde an einer Leine mit.³⁸

Auch im benachbarten Trierer Erzstift erregte das Auftreten der Erzbischöfe im 12. Jahrhundert unter den Zeitgenossen großes Aufsehen. Der Trierer Erzbischof Albero von Montreuil (1131–1152) soll mit seinem großartigem Gefolge und Aufwand alle anderen Fürsten überragt haben (*ad regales curias quando veniebat, spectaculum omnibus erat*).³⁹

1.2
Versorgung des erzbischöflichen Hofes

Nach dem Deutschen Dienstrecht erhielt jeder Ministeriale bei Dienstantritt Sachleistungen von sechs Mark bei einer Dienstdauer von sechs Wochen.⁴⁰ Dabei waren über das gesamte Jahr sicherlich die klassischen fünf Hofämter mit dienstpflichtigen Ministerialen besetzt. Dadurch hatte der Kölner Erzbischof als Dienstherr allein für die Entlohnung dieser Funktionsträger bereits Kosten in Höhe von 240–270 Mark pro Jahr. Ausdrücklich sei darauf verwiesen, daß sich dieser finanzielle Kostenüberschlag nur auf diese Gruppe von Ministerialen am Hof bezieht.

Daneben mußte der Hof mit Nahrungsmitteln und anderen Dingen des täglichen Bedarfs versorgt werden. Für die Zeit Konrads gibt es über Lebensmittellieferungen an den Hof keine Hinweise. Einen ersten Überblick über Inhalt und Ausmaß dieser Lieferungen erhält man aus dem Kölner Hofdienst (Mitte des 12. Jahrhunderts).⁴¹ Bei einer stetig wachsenden Ausdifferenzierung der Verwaltung sind die Zahlen, die der Hofdienst nennt, wohl kaum auf die Verhältnisse des 13. Jahrhunderts übertragbar. Trotzdem enhält diese Quelle wertvolle Hinweise, mit welchen Leistungen die Verwaltungsträger am Hof versorgt wurden. Der Hofdienst verzeichnete die Leistungen des *servitium cottidianum*, einer zeitlich regelmäßig angesetzten Lieferverpflichtung der erzbischöflichen Höfe, an die Zentrale in Köln. Der Bedarf an Versor-

---

38 Vgl. ebd., S. 179.
39 Text und Übersetzung nach KALLFELZ, Lebensbeschreibungen, S. 604f. Vgl. BUMKE, Mäzene, S. 158, rezensiert JOHANEK, Literatur, S. 209–218. 1148 erschien Albero von Trier zur Synode in Reims in solcher Pracht, daß alle Mund und Augen aufrissen, denn er saß in einer ledernen, innen mit feinem Linnen ausgeschlagenen und von zwei Pferden getragenen Sänfte.
40 Vgl. Kapitel B, Exkurs zum deutschen Dienstrecht, Art. 2.
41 Druck und Besprechung bei FRENSDORFF, Recht, S. 59ff. Zur Datierung und Einordnung dieser Quelle zuletzt RITZERFELD, Erzstift, S. 247ff.

gungsgütern muß für den nach Köpfen wohl mehrere hundert Personen zählenden Hof beträchtlich gewesen sein.[42]

Nicht zuletzt waren es die Leistungen des *servitium regis*, die den erzbischöflichen Haushalt belasteten, wenn der königliche Troß beim Aufenthalt in Köln aus den kölnischen Vorratskammern versorgt werden mußte.[43]

Diese Lebensmittel lieferten die Höfe in einem zeitlich festgelegten Rhythmus. Vermutlich erfolgten diese Transporte an den Hof in Köln einmal im Monat. Zum Vergleich, der Hof Lüttingen (Wüstung bei Xanten) gehörte zu den zwölf Tafelgütern der Abtei St. Pantaleon und mußte im Monat November die Tafel des Konvents bestreiten, und zwar mit einer Geldzahlung von acht Mark.[44]

Festzuhalten bleibt, daß die erzbischöflichen Höfe vermutlich monatlich an den Hof in Köln zu liefern hatten. Die Meier lieferten die Überschüsse der grundherrschaftlichen Erträge an die Zentrale.[45] Gescheitert war der Plan Erzbischof Engelberts I., die Verwaltung aller erzbischöflichen Einkünfte zwölf Schulzen zu übertragen, deren Aufgabe es sein sollte, die übrigen Verwalter zu überwachen und einzeln dem Erzbischof je einen Monat zu dienen.[46] Offenbar bestanden hier Bestrebungen zur Reformierung des grundherrschaftlichen Abgabenwesens. Verblüffend war die Detailgenauigkeit der Lieferverpflichtungen dieser Höfe für deren Einhaltung die Meier der Höfe[47] verantwortlich waren. Offenbar hatte die »Zentrale« in Köln einen guten Überblick, was die Höfe zu liefern imstande waren, denn bei etwaigen Mißernten, Unwettern, etc. konnte ein Hof sicher nicht mehr die »normalen« Lieferverpflichtungen erfüllen. Eventuell existierte ein »Lieferungsverzeichnis«, das Menge und Lieferzeit der Lebensmittel an den Hof festlegte. Dazu muß ein bestimmter Verwaltungsapparat am Hof in Köln tätig gewesen sein, der diese Listen führte und anfertigte.

---

42 Die Schätzungen gehen dabei von 150–300 bis zu 1000 Personen. Vgl. METZ, Quellenstudien, S. 223.
43 1166 war es Kaiser Friedrich I., der Rainald von Dassel Milderung der Lasten versprach. Während der Vakanz des erzbischöflichen Stuhls sollte das reklamierte Recht auf die Vorräte der Höfe, auf die Geld-, Korn- und Weinlieferungen eingegrenzt werden. Vgl. OEDIGER, Erzbistum, Bd. 1.2, S. 179.
44 *Villicus de Luttinge in capite mensis novembris cellerario coquine 8 mr. ad servicium fratrum assignabit.* Vgl. HILLIGER, Urbare A, S. 103–134, hier: Urbar Lüttingen; METZ, Quellenstudien, S. 220f., stuft die Lieferungen des Kölner Hofdienstes als jährliche Leistungen ein, was wir hingegen nicht vermuten.
45 Vgl. DROEGE, Finanzverwaltung, S. 340. Vgl. REK III 549.
46 Vgl. LOTHMANN, Engelbert I., S. 248f.
47 Siehe dazu das Saalfelder Hof-Dienstrecht von 1125/1180, besprochen von GOCKEL, Königspfalzen, S. 469ff. Der Saalfelder Reichsgutkomplex fiel 1057 an Köln und wurde 1180 vom Reich tauschweise übernommen. Das Hof- und Dienstrecht wurde 1125–1180 redigiert.

Kurzfristige Sonderlieferungen werden den Höfen über Boten befohlen worden sein.

Hielt sich der Kölner Erzbischof mit seinem Gefolge an einem anderen Ort auf, wurden die Güter dorthin geliefert. Die Dienstordnung für den kölnischen Wildbann Osning (Eifel) von ca. 1200 besagte ausdrücklich, daß das von den Jägern erlegte Wild von den dortigen Förstern dem Kölner Erzbischof abzuliefern war, gleich ob er sich gerade in Köln, Bonn, Neuss oder Aachen aufhielt.[48] In einer Herrschaftsordnung, die noch keine festen Regierungszentren kannte, sondern in der der Landesherr mit seinem Gefolge umherzog, war daher ein entwikkeltes Kommunikationssystem von großer Bedeutung, um die Versorgung des Hofes auch an Orten außerhalb Kölns zu gewährleisten.

2.
Zahl der Personen am erzbischöflichen Hof

Der engere Hof umfaßte die Funktionsträger, die am Hofe beschäftigt waren und häufig auch dort wohnten. Eine große soziale Gruppe innerhalb dieses Kreises bildete die Ministerialität, die als Inhaber der Hofämter und anderer Funktionen den personellen Grundbestand des Hofes stellten. Daneben versahen Kleriker in der erzbischöflichen Kanzlei ihren Dienst. Von ihnen waren die erzbischöflichen Kapläne an den kölnischen Stiften von der Residenzpflicht für die Zeit des Hofdienstes befreit, unterlagen aber dafür besonderen Regelungen.[49]

Der Adel trat im engsten Beratergremium des Erzbischofs auf. Die Mitglieder dieses engeren Kreises wurden unter dem Titel *familiares* zum Kreis der erzbischöflichen *familia* in Köln gerechnet.[50] Offenbar zählten zu den Inhabern auch gewisse Ehrenämter.[51]

Es ist kaum möglich den Hof zahlenmäßig exakt zu erfassen. Einen gewissen Annäherungswert können die Zahlen bestimmter Lieferungen aus dem Kölner Hofdienst bieten, auch wenn sie sicher nicht den Stand des 13. Jahrhunderts wiedergeben. Dreimal im Jahr wurden dem Hof u. a. 230 Eier geliefert.[52] Interessant erscheint auch der Hinweis, daß 650 kleine Schüsseln an den Schüsselbewahrer geliefert wurden

---

48 Vgl. Kap. B II 1.9 »Forst und Jagd«.
49 Vgl. RÖSENER, Hofämter, S. 66.
50 Vgl. SCHREINER, »Hof«, S. 81.
51 Siehe dazu die Kap. B I 9 »Der Adel am Hof« und B II 1.10 »Sonstiges Dienstpersonal«.
52 Vgl. Kölner Hofdienst, FRENSDORFF, Recht, S. 59.

(*sexcente et L scutellas, illi qui scutellas servat*).⁵³ Die Meier hatten u. a. 200 Heringe und 100 gesalzene Plattfische zu liefern.⁵⁴ Die Höhe der hier angegebenen Naturalleistungen an Eiern und Fischen weist auf einen Richtwert von 200 bis 300 Personen hin. Verwirrend ist die Zahl von 650 Schüsseln, die wohl schwerlich auf einen möglichen Personalbestand des gesamten engeren Hofes einschließlich des niederen Dienstpersonals hinweisen dürfte. Es ist möglich, daß ein hoher Verbrauch an Schüsseln auch durch ihre Zerbrechlichkeit einkalkuliert wurde. Dennoch ist darauf zu verweisen, daß diese Schüsseln nach der Benutzung (*servicio expleto*) dem Vogt zurückgegeben wurden.

Artikel 11 des Längeren Kölner Dienstrechts führt aus, daß der Erzbischof im 12. Jahrhundert 30 Ritter aus seiner Hausgenossenschaft an drei Terminen im Jahr (Weihnachten, Ostern und am Fest des hl. Petrus am 29. Juni) neu einkleidete.⁵⁵

Die Formulierung »*de familia sua*« könnte darauf hinweisen, daß es sich bei der Zahl 30 eventuell nur um einen Teil der erzbischöflichen Hausgenossenschaft handelte, dieser Kreis also zahlenmäßig höher war.

Über die mögliche Anzahl derjenigen Personen, die bei Reisen des Erzbischofs zum engeren Gefolge zählten, gewinnt man durch den Soester Hofdienst (1272), aufgezeichnet 11 Jahre nach dem Tod Konrads von Hochstaden, einen weiteren Anhaltspunkt. Unter den Diensten, die beim Eintreffen des Erzbischofs in Soest zu leisten waren, wurde auch aufgeführt: »*Item dominus Hermannus de Plettembracht miles ... et procurabit de pomerio et de domo septem lectisternia et tot pulvinaria et cussina, cum domus archiepiscopus fuerit in sua propria domo.*«⁵⁶ Für das Haus des Erzbischofs wurden also sieben Nachtlager vorbereitet, eine Personenanzahl, die auf die unmittelbare Begleitung des Erzbischofs auf seinen Zügen hinweisen könnte.⁵⁷

Aus den Zahlen des Kölner Hofdienstes für Geschirr und bestimmte Naturallieferungen läßt sich die Anzahl der Personen des Hofes auf mehrere Hundert schätzen. In dieser Schätzung ist ein engerer Kreis

---

53 Vgl. ebd.
54 Vgl. ebd.
55 Vgl. LKD, FRENSDORFF, Recht, S. 9. Das deutsche Dienstrecht nennt im diesbezüglichen Artikel keine Zahl. Vgl. FRENSDORFF A, S. 39f.
56 Vgl. Soester Hofdienst (1272), abgedruckt, in: ILGEN, Soest, S. CL–CLII, hier: S. CLII.
57 Einen weiteren gewichtigen Anhaltspunkt erhält man durch die Rechte des Erzbischofs von Köln im Kloster Maria Laach (ca. 1376–1398). Vgl. WEGELER, Laach, S. 49. Unter Punkt 1 wurde hier festgehalten: Wenn der Erzbischof nach Laach kommt, soll der Abt ihn empfangen und mit 40 Pferden einlassen. Vgl. ebd. Damit war er also mit einem Gefolge von 40 Berittenen unterwegs (Ritter). Jeder Ritter wird von mindestens 2 bis 3 Bediensteten zur eigenen Versorgung und für die Verpflegung der Pferde und Lasttiere begleitet worden sein. Dadurch ergibt sich ein Gesamtgefolge an Rittern und Dienerschaft (40 Ritter mit je 2 Bediensteten) von 120 Personen. Bei Reisen, die durch fremde Territorien führten, wurde das Gefolge sicherlich entsprechend verstärkt.

von 90 Rittern enthalten, die eventuell zur Leibwache des Erzbischofs zählten. Dagegen war die Begleitung des Erzbischofs auf Reisen aus logistischen Gründen kleiner. Die wirklich hochrangigen Teilnehmer bei Reisen des Erzbischofs können von der Zahl her auf weniger als 10 Personen geschätzt werden.

3. Die Hofämter

In Köln treten die fünf fürstlichen Hofämter Kämmerer, Vogt, Truchseß, Mundschenk und Marschall erstmals 1139 vollständig auf.[58] In der zweiten Hälfte des 12. Jahrhunderts gelangten diese Hofämter in den erblichen Besitz bestimmter Ministerialenfamilien. Dies war der Beginn einer Entwicklung, in deren Verlauf sich diese Hofbeamten zunehmend dem Einfluß des Erzbischofs entzogen. Etwa seit 1180 sanken die Ämter jedoch immer mehr zu Ehrentiteln herab. Bei einem Teil der gehobenen Hofbeamten wurde der Titel sogar zum Bestandteil des Familiennamens, wie z.B. bei den Schenken von Nideggen (Kreis Düren) oder den Schenken von Are.[59] JANSSEN spricht in diesem Zusammenhang von »der Korrumpierung der Hofämter« durch das Eindringen des Lehnswesens.[60] Diese Ämter verloren ihren ursprünglichen Charakter als Verwaltungsamt und wurden von den Ministerialen als Eigenbesitz übernommen, der einer erzbischöflichen Einflußnahme zunehmend entzogen wurde.

Nach dem Längeren Kölner Dienstrecht, Artikel 10, waren die kölnischen Dienstmannen zu feststehenden Ämtern geboren und bestimmt (*ad certa officia curie nati et deputati sunt*). Jeder dieser Ministerialen war zu einem sechswöchigen Dienst in den Ämtern verpflichtet. Die Beendigung dieses Dienstes erforderte die Erlaubnis des Erzbischofs.[61] Soweit läßt sich der Rechtsstand um die Mitte des 12. Jahrhunderts feststellen.

Im Deutschen Dienstrecht aus der Zeit Konrads von Hochstaden mußte der Erzbischof dem Dienstmann seinen Hofdienst 14 Tage vorher ankündigen und wurde mit bestimmten Sachleistungen entlohnt. Eine zeitliche Verlängerung des Dienstes konnte nur aus Wohlwollen

---

58 Vgl. PÖTTER, Ministerialität, S. 87f., 91f., 94f., 97. Eine Zusammenstellung aller Funktionsträger am Hof bietet das Hennegauer Hofämterverzeichnis von 1212–1214, vgl. VANDERKINDERE, Chronique, S. 333–343. Siehe auch LAUFS, Hofämter, Sp. 198–199; RÖSENER, Hofämter, S. 539ff.
59 Vgl. JANSSEN, Verwaltung, S. 88.
60 Vgl. DERS., Erzstift, S. 6. Kaum haltbar ist die These von BORNHEIM, GEN. SCHILLING, Untersuchungen, S. 30, der in der Anerkennung der Erblichkeit solcher Ämter die Gelegenheit für den Landesherrn sah, einen Stab erprobter Vasallen aufzubauen.
61 Vgl. LKD, Art. 10; FRENSDORFF, Recht, S. 8f.

gegenüber dem Herrn oder aus freiem Willen heraus erfolgen.[62] Aus dieser Gruppe von Ministerialen rekrutierten sich im 13. Jahrhundert diejenigen Funktionsträger, die am Hof die Verwaltungstätigkeiten mit ihnen zugeordneten Hilfskräften verrichteten, während die erblichen Inhaber der Hofämter ihren Amtscharakter zwar nicht vollständig verloren, sich aber dem Verwaltungsdienst allmählich entzogen. Das heißt nicht, daß die Angehörigen dieser Dienstmannenschicht nicht auch im 13. Jahrhundert zahlreich in den Zeugenlisten und im engeren Umkreis um den Kölner Erzbischof auftraten, wozu sie schon allein ihr herausgehobener Rang berechtigte.

3.1
Der Marschall

Das Amt des Marschalls am erzbischöflichen Hof in Köln war gegen Ende des 12. Jahrhunderts im erblichen Besitz der Familie von Alfter (Rhein-Sieg-Kreis).[63] Der Kölner Hofdienst zählte den Marschall zu den Amtsträgern (*qui officiati sunt*).[64] In dieser Quelle wurde der Marschall dreimal genannt, was seine hervorgehobene Stellung unter den Hofämtern unterstrich.

Das Kalendar der Domkustodie vermerkte zu den Aufgaben des Marschalls, daß er der Knecht des erzbischöflichen Stalls sei (*agaso id est marschalcus*).[65] Das Wort *agaso* (Eseltreiber, Pferde- und Reitknecht) weist auf die ursprüngliche Hauptaufgabe des Marschalls hin, für die Pferde und Packtiere sowie den »Wagenpark« des Erzbischofs verantwortlich zu sein. Ihm standen untergeordnete Kräfte zur Bewältigung seiner Aufgaben zur Verfügung. Der Hofdienst erwähnte zwei Wächter, die die zwei beschlagenen Pferde und anderes ihnen Anvertraute

---

62 Vgl. Deutsches Dienstrecht A, FRENSDORFF, Recht, S. 39f.
63 Eine freigelegte Befestigung, die sog. Alte Burg aus dem frühen Mittelalter deutet auf einen festen Platz in Alfter hin. Hermann III. von Alfter (1183–1233) konnte 1196 das Marschallamt in seinen erblichen Besitz bringen. Vgl. BORNHEIM, GEN. SCHILLING, Untersuchungen, S. 37. Dazu RITZERFELD, Erzstift, S. 119f.
64 Vgl. FRENSDORFF, Recht, S. 60.
65 Nachrichten über kölnische Hofbeamte erhält man auch aus dem Kalendar der Domkustodie (13. Jahrhundert), weil einer ganzen Anzahl erzbischöflicher Hofbeamten an Mariä Lichtmeß von der Domkustodie Kerzen geliefert wurden. Ein Verzeichnis der Lieferungen im einzelnen und der zum Empfang berechtigten Amtsträger mußte an diesem Tag im Kalendar vorhanden sein. Vgl. ENNEN/ECKERTZ, Quellen II, S. 279, Druck des Kalendars ebd., Nr. 513, hier: S. 568. Das Kalendar beruht z.T. auf älteren Aufzeichnungen. An einer Stelle wird auf ein *registrum antiquum* hingewiesen. Vgl. S. 573. Einzelne Bestimmungen fallen aber eindeutig in die 2. Hälfte des 13. Jahrhunderts, wie aus den genannten Personen zu erschließen ist. Daneben wird Siegfried von Westerburg (1275–1297) und der Kauf der Burggrafschaft (1279) erwähnt. Die Quelle zeigt, daß die Hoforganisation des 12. Jahrhunderts durchaus auf die Zeit Konrads übertragbar ist.

zu bewachen hatten (*et duo vigiles qui equos et cetera sibi deputanda custodiant*).

Aus den Leistungen des Hofdienstes erhielt der Marschall im 12. Jahrhundert für die Bewältigung seiner Aufgaben 40 Malter Hafer und einen Malter Gerste für das Maultier des Erzbischofs sowie zwei Malter Hafer zur Fütterung der Hunde. Weiterhin standen dem Marschall ein Fuder Heu, ein Weingefäß mit Stange, ein Fuder Holz, eine Gans, zwei Hühner und ein halber Liter Wein zu. Diese Naturallieferungen konnten auch durch eine Zahlung von drei Schillingen Kölner Währung abgegolten werden.[66] In welchen zeitlichen Abständen diese Lieferungen erfolgten ist nicht bekannt.

Zunächst ist ein Blick auf die Stellung des Marschalls von Alfter während des Pontifikats Konrads von Hochstaden zu werfen. Als der Kölner Erzbischof 1238 gewählt wurde, war Gozwin von Alfter (1218–1243) Marschall am kölnischen Hofe.[67] Während der Regierungszeit Konrads von Hochstaden trat er insgesamt sechsmal als Zeuge im Gefolge des Erzbischofs auf und wurde dabei durchgehend unter den ersten Begleitern genannt.[68] Dabei nahm er auch an wichtigen Vertragsabschlüssen (Rees, Volmarstein) teil.

Der Zuständigkeitsbereich seines Amtes erstreckte sich auf das Rheinland. Grenze seines Amtssprengels war offenbar die Ruhr mit der kölnischen Festung Volmarstein. Goswin weilte am 29. Mai 1241 mit Konrad auf dieser Burg. Seine Kompetenzen endeten offenbar hier an der Grenze zum Herzogtum Westfalen. Goswin hielt sich auch bis zu seinem Tode (1243?) nicht in diesem Gebiet auf. Seine Rolle in der Umgebung Konrads ist schwer einzuschätzen. Es kann lediglich gesagt werden, daß Goswin von Alfter zum engsten Gefolge Konrads zählte. Zeitlicher Schwerpunkt seiner Tätigkeit unter ihm war das Jahr 1241, in dem er dreimal im Umfeld des Erzbischofs als Zeuge fungierte.

Nahtlos trat Goswins Sohn, Hermann von Alfter (1243–1271) die erbliche Nachfolge seines Vaters an. In achtzehn Jahren Dienstzeit unter Konrad von Hochstaden wurde er sechzehnmal im Gefolge des Erzbischofs genannt. Auch er trat als vornehmer Ministeriale zumeist in den Zeugenreihen an den vorderen Positionen auf. Wie sein Vater hat er das kölnische Westfalen nicht aufgesucht. Es ist zu vermuten, daß die Ruhrlinie die Amtssprengel des rheinischen Hofmarschalls und des Marschalls von Westfalen[69] trennte. Auch Hermann zählte zur

---

66 Vgl. FRENSDORFF, Recht, S. 60ff.
67 Vgl. REK III, Reg. S. 338.
68 Siehe dazu die Belege der Zeitliste. Am 4. Dezember 1240 testiert Symon von Alfter, offenbar ein Bruder Goswins, eine erzbischöfliche Urkunde. Vermutlich stand Goswin durch Krankheit oder Unabkömmlichkeit nicht zur Verfügung.
69 Siehe dazu Kap. B II 1.2 »Der Marschall von Westfalen«.

engsten Gefolgschaft des Erzbischofs und ist von Konrad von Hochstaden auch mit Formulierungen enger Verbundenheit bedacht worden. Der Kölner Erzbischof zählte ihn im September 1259 zu den »dilecti consanguinei nostri«[70] und bezeichnete ihn im August 1254 als Mitglied seines Rates »de consilio suo«. In seiner Eigenschaft als hervorgehobener Vertrauter und Ratgeber begleitete er seinen Herrn zu reichs- und territorialpolitisch wichtigen und brisanten Verträgen bzw. war bei ihrer Abfassung im Gefolge des Erzbischofs, so bei der Sayn-Wiedischen Erbschaft, dem kölnisch-flandrischen Beistandspakt und dem Grenzvertrag zwischen Köln, Sachsen und Corvey, beteiligt.[71] Bei diesen Missionen begleitete er Konrad nach Bonn, Neuss und zur Burg Kogelnberg (Landkreis Waldeck-Frankenberg). Die Hinzuziehung der Erbmarschälle zu wichtigen Vertragsabschlüssen bestätigt, daß diese Ministerialen das Vertrauen des Erzbischofs besaßen und nicht mehr für Pferdehaltung und Reisewagen zuständig waren, sondern auch in politischen und juristischen Fragen eingesetzt wurden.

Neben diesen beiden Erbmarschällen waren unter Konrad von Hochstaden zwei Untermarschälle — Gottfried von Büllesheim (Wüstung bei Ahrweiler) und Reinhardt im Dienst.[72] Beide waren rangmäßig den Erbmarschällen nachgeordnet und zählten zu jenen kölnischen Ministerialen, die vom Kölner Erzbischof aufgrund seines Bedarfs zum Dienst an den Hof gerufen wurden. Beide hielten sich 1256 mit dem Kölner Erzbischof in Lechenich auf. Sie sind in Westfalen hingegen nicht nachweisbar.

Es ist wahrscheinlich, daß diese Amtsträger die ursprünglichen Aufgaben des Marschalls am Hofe leisteten und für das gesamte Transportwesen verantwortlich waren.

Die Erwähnung von Marschällen in den Quellen von 1238–1261

Jahr	Erbmarschälle	Untermarschälle
	seit 1218 Goswin v. Alfter	Gottfried v. Büllesheim
1238	Juli[73]	
1239	August[74]	
1240	4.12. (Symon v. Alfter);[75] Dezember (Goswin)[76]	Dezember (ohne Titel)[77]

---

70 Consanguineus ist in diesem Zusammenhang als Freund zu übersetzen.
71 Vgl. REK III 1372, 1795, 2106.
72 Siehe dazu die Zeitliste.
73 Vgl. REK III 915, Aufenthaltsort: Köln?
74 Vgl. REK III 957, Köln?
75 Vgl. REK III 998, Köln?
76 Vgl. REK III 1003, Köln
77 Vgl. REK III 1002, o.O.

Jahr	Erbmarschälle	Untermarschälle
1241	März[78] / 29.5. / 25.7.[79]	
1242		
1243	Januar[80]	
	Hermann v. Alfter (1243–1271)	Reinhardt
1243	2.11.[81]	2.11.[82]
1244	18.3.[83]	18.3.[84]
1245	26.4.[85]	
1246	30.4.[86] / 21.10.[87]	
1247	21.1.[88] / Dezember[89]	November (Reinhardt)[90]
1248	19.1.[91] / 22.2.[92]	22.2.[93]
1249–1253		
1254	August;[94] / 20.9. (Gottfried v. Alfter)[95]	
1255		
1256		30.5. (Gottfried)[96] / 28.10. (Gottfried und Reinhardt)[97]
1257–1258		
1259	17.4.[98] / 23.5.[99] / 7.9.[100]	
1260	20.5.[101] / 17.12.[102]	
1261		

78 Vgl. REK III 1009, Köln.
79 Vgl. REK III 1015, Volmarstein, 1024, Köln.
80 Vgl. REK III 1068, bei Köln.
81 Vgl. REK III 1095, Köln.
82 Vgl. REK III 1095, Köln.
83 Vgl. REK III 1131, o.O.
84 Vgl. REK III 1131, o.O.
85 Vgl. LACOMBLET II, Nr. 292, o.O.
86 Vgl. REK III 1249, Köln.
87 Vgl. REK III 1292, Köln.
88 Vgl. REK III 1304, Bonn.
89 Vgl. REK III 1362, o.O.
90 Vgl. LACOMBLET II, Nr. 322, o.O.
91 Vgl. ebd. 1372, Köln.
92 Vgl. ebd. 1375, Köln.
93 Vgl. REK III 1375, Köln.
94 Vgl. REK III 1795, o.O.
95 Vgl. REK III 1801, Köln.
96 Vgl. REK III 1899, Köln.
97 Vgl. REK III 1922a, Lechenich.
98 Vgl. REK III 2046, Köln.
99 Vgl. REK III 2056, Köln.
100 Vgl. REK III 2069, Neuss.
101 Vgl. REK III 2106, bei der Burg Kogelnberg (Kreis Wolfhagen, Nordhessen).
102 Vgl. REK III 2136, Köln.

3.2
Der Kölner
Vogt

Der Kölner Vogt gehörte zu den Inhabern der fünf höchsten Hofämter. Das 1047 erstmals belegte Amt gelangte 1144 in den erblichen Besitz der Ministerialen von Heppendorf (Gemeinde Elsdorf, Erftkreis).[103]

Der im Kölner Hofdienst angeführte Hinweis auf die Entgegennahme der Geschirrschüsseln läßt auf seine ursprüngliche Zuständigkeit für den erzbischöflichen Haushalt schließen. Sein hoher Rang geht aus den großen Sachleistungen und der Geldzahlung hervor, die ihn im Hofdienst mit dem Grafen von Jülich, was die Geldzahlungen anbelangte, auf eine Stufe stellte. Dabei trat der Vogt dreimal unter jeweils verschiedenen Titeln als Schultheiß, Obervogt und Vogt auf. Damit wurde der Vogt genauso oft erwähnt wie der Marschall. An Aufwandsentschädigung erhielt der Obervogt aus dem Hofdienst einen Malter Hafer und zwei Denare. Außerdem bekam der Vogt, wie der Graf von Jülich auch, ein großes und ein kleines Schwein, zwei Hühnchen, einen Wecken, acht Brote, eine Torte, fünf Metzen Wein, zehn Bier, fünf Lichter und ein gebogenes Licht.[104] Das Kalendar der Domkustodie nennt in seiner Liste einen Vogt »advocatus« und einen Untervogt »subadvocatus«.[105]

Im 12. Jahrhundert bekleidete der Vogt am Hof wichtige Verwaltungsfunktionen. Er war vom Zug über die Alpen befreit, da er die Einkünfte der bischöflichen Höfe einsammelte und aufbewahrte und dadurch ständig in Köln präsent sein mußte. In direkter Verwaltung unterstanden ihm zwölf Höfe: Elberfeld, Hilden, Zons, Niehl, Deutz, Merrich, Pingsdorf, Longerich, Deckstein, Blatzheim, Merzenich und Rüdensheim. Er setzte dort die lokalen Verwalter ein und ab, wie es dem Erzbischof beliebte. Nach dem Verlust von Merzenich und Rüdensheim wurden dem Vogt dafür die Höfe Burg und Bardenbach zugeteilt.[106]

In der Gerichtsbarkeit konnte nur der Kölner Vogt stellvertretend für den Erzbischof einen Richterspruch fällen, ein eigenes Ministerialengericht des Vogtes ist jedoch nicht belegt.[107]

---

103 Vgl. SCHLAEGER, Heppendorf, S. 20ff.; RITZERFELD, Erzstift, S. 77ff.
104 Vgl. FRENSDORFF, Recht, S. 59ff.
105 Vgl. ENNEN/ECKERTZ, Quellen II, Nr. 513, S. 566.
106 Vgl. LKD, Art. VII, FRENSDORFF, Recht, S. 6f.; RITZERFELD, Erzstift, S. 80f., 198.
107 Vgl. JAKOBS, Ministerialität, S. 219. Vom Banngeld aus dem erzbischöflichen Hochgericht erhielt der Kölner Vogt ein Viertel. Vgl. MÜLLER, Hilden, S. 13.

Zusammen mit dem Kölner Burggrafen[108] war der Kölner Stadtvogt der vom Erzbischof eingesetzte Richter am kölnischen Hochgericht, der unter erzbischöflichem Bann richtete. Verurteilte Ministerialen, die die Huld des Erzbischofs innerhalb von Jahr und Tag nicht erreicht hatten, wurden vom Kölner Vogt und dem Kämmerer gemeinsam ins Gefängnis gebracht.[109]

Nebem dem Obervogt war auch ein Untervogt im Amt. Der »*subadvocatus*« trat in den Urkunden des 12./13. Jahrhunderts als »*postadvocatus*« oder »*secundus advocatus*« auf. Seit der Mitte des 12. Jahrhunderts stammte dieser Untervogt aus dem Bürgertum. Von da an war er Vertreter städtischer Interessen in der kölnischen Gerichtsbarkeit neben dem »*advocatus Coloniensis*.«[110] Im 13. Jahrhundert erscheinen die Untervögte kaum noch in Urkunden. 1237/38 vollzog der Untervogt u. a. die angeordnete Zerstörung der Häuser der Weisen.[111] 1258 mahnte Konrad von Hochstaden im Großen Schied die Absetzbarkeit des Untervogtes durch den Oberrichter an.[112]

In der Amtszeit des Kölner Stadtvogtes Gerhard von Eppendorf (1209–1256) wurde erstmals der Eigelstein in Köln als Gerichtsstätte des Vogtes erwähnt.[113]

Als Lehen besaßen die Vögte die Sondergerichte zu St. Gereon, Eigelstein und an der Hacht, das »*var*« (Fähre) zwischen Köln und Neuss und zusammen mit dem Kämmerer den Marktzoll.[114] In der Laurenzpfarre, die auch als Ministerialenpfarre bezeichnet wird, lagen die Häuser des Vogtes, des Kämmerers, eines Untervogtes und des Zöllners Gerhard (um 1200).[115]

---

108 Der Kölner Burggraf war kein Ministeriale, sondern ein Edelfreier. Das Amt war seit dem Ende des 12. Jahrhunderts im Besitz der Familie von Aremberg (Verbandsgemeinde Adenau, Landkreis Ahrweiler). Er richtete unter Königsbann und besaß als ausschließliches Reservatsrecht den Vorsitz in den sog. Wizziggedingen, den echten gebotenen Gerichtstagen für die Blutgerichtsbarkeit, die dreimal jährlich abgehalten wurden. Richter des Stadtgerichtes waren Burggraf und Vogt gemeinsam. Zu weiteren Kompetenzen des Burggrafen und der Entwicklung des Amtes im 13. Jahrhundert: RIETSCHEL, Burggrafenamt, S. 143ff.; NEU, Aremberger, S. 10ff.; GROTEN, Fälschungen, S. 51ff.; BEYERLE, Urkundenfälschungen, S. 398ff.; LAU, Beamten, S. 11ff.; LAU, Entwicklung, S. 5ff.
109 Vgl. LKD, Art. VII, FRENSDORFF, Recht, S. 6f. Das deutsche Dienstrecht führt dazu aus: ... *so sal hie geurdeilt sin in betiukamer, dat is in die haichte, under deme sale bi sente Thomas kirchen, da mach hie misse und mettene und alle sine gezide horen und sal da inne syns eygenen gutz leven die wile hie leift.* Vgl. Art. 3, FRENSDORFF, Recht, S. 40.
110 Vgl. PÖTTER, Ministerialität, S. 79ff.
111 Vgl. LAU, Entwicklung, S. 20ff.
112 Vgl. ENNEN/ECKERTZ, Quellen II 384; siehe auch RITZERFELD, Erzstift, S. 91ff.
113 Vgl. MÜLLER, Hilden, S. 77.
114 Vgl. LAU, Entwicklung, S. 16.
115 Vgl. ZOTZ, Rittertum, S. 618. Um die Mitte des 13. Jahrhunderts hatten nur noch fünf Ministerialen in Köln Häuser. Vgl. VON LOESCH, KKD, S. 307; vgl. AHRENS, Ministerialität, S. 29. Das Kalendar nennt ebenfalls fünf Ministerialen: Heinrich von Alpen (Kreis Wesel), Heinrich von Volmarstein (Ennepe-Ruhr-Kreis), Gerhard, Vogt von Buschbell (Stadt Frechen, Erftkreis), Adolf von Gürzenich (Köln) und Werner von Worringen (Köln). Vgl. ENNEN/ECKERTZ, Quellen II Nr. 513., S. 566.

1279 wurde eine Fälschung verfaßt, die auf 1169 datiert, die erbliche Verleihung der Vogtei an die Familie Heppendorf bekräftigen sollte. GROTEN vertritt die These, daß diese Fälschung im Auftrag und im Interesse des Vogtes verfaßt wurde und zwar mit Wissen der Kölner Schöffen.[116]

Aus den Urkundenbelegen[117] für Gerhard II. von Eppendorf (1209–1256) geht die vornehme Stellung des Kölner Vogtes im erzbischöflichen Gefolge hervor. Unter Konrad von Hochstaden trat er sechzehnmal in kölnischen Urkunden auf und wurde dabei durchgehend an erster oder zweiter Position aufgeführt, was sein besonderes Ansehen unter den kölnischen Amtsträgern unterstrich. Im Dezember 1242 zählte ihn die kölnische Kanzlei zu den »nostre curie officialibus«. Als Vertrauter des Erzbischofs war er bei wichtigen Vertragsabschlüssen (Hart, Vreden) anwesend. Seine Funktionen gingen damit über seine juristischen Befugnisse hinaus. Seine im 12. Jahrhundert belegten Funktionen in der Güter- und Finanzverwaltung können unter Konrad von Hochstaden nicht bestätigt werden. Im Gegensatz zum Längeren Kölner Dienstrecht erwähnt das Deutsche Dienstrecht diese Kompetenzen nicht mehr. Bei seinen Tätigkeiten hielt sich der Vogt zumeist in Köln auf. Konrad von Hochstaden begleitete er auf Zügen nach Himmelgeist, Neuss und Bonn. Seine Funktionen erstreckten sich auch auf Westfalen. 1250 zog er im erzbischöflichen Gefolge bis zur Burg Hovestadt.

Sein Nachfolger, Rutger von Eppendorf war lediglich dreimal unter Konrad von Hochstaden nachweisbar, davon einmal in Neuss. Eine weitere Interpretation lassen die wenigen Belege nicht zu.

Die Erwähnung von Vögten in den Quellen von 1238–1261

	Erbvögte	Untervögte
	seit 1209 Gerhard II. von Eppendorf	(im 13. Jh. aus dem Bürgertum)
1238	Juni/Juli[118]	
1239	August[119]	
1240		
1241	März[120]/25.7.[121]/Anfang September[122]/Ende September[123]	

---

116 Vgl. GROTEN, Fälschungen, S. 77.
117 Siehe dazu die Zeitliste für den Kölner Vogt.
118 Vgl. REK III 915, Aufenthaltsort: o.O.
119 Vgl. REK III 957, o.O.
120 Vgl. REK III 1009, Köln.
121 Vgl. REK III 1024, o.O.
122 Vgl. REK III 1038, Himmelgeist (Stadt Düsseldorf).
123 Vgl. REK III 1042, o.O.

	Erbvögte	Untervögte
1242	Dezember[124]	
1243	2.11.[125]	
1244	18.3.[126]	
1245		
1246	1.11.[127] / 21.10.[128]	
1247	21.1.[129] / November[130] / Dezember[131]	
1248–1249		
1250	Oktober/November[132]	
1251		
1252	31.10.[133]	
1253–1255		
1256	4.8.[134]	
1257–1258		
	Rutger von Eppendorf (1259–1267/68)	
1259	17.4.[135] / 7.9.[136]	
1260	17.12.[137]	
1261		

3.3
Der Kämmerer

Der Kölner Hofdienst zählte den 1047 erstmals erwähnten Kämmerer zur höheren kölnischen Hofbeamtenschaft.[138] Dieses Amt umfaßte ursprünglich auch Funktionen, die die Aufsicht über die erzbischöflichen Gemächer betrafen.

Insgesamt erwähnte der Hofdienst den Kämmerer fünfmal, und zwar mit folgenden Leistungen:

---

124 Vgl. REK III 1063, o.O.
125 Vgl. REK III 1095, Köln.
126 Vgl. REK III 1131, o.O.
127 Vgl. REK III 1229, o.O.
128 Vgl. REK III 1292, Köln.
129 Vgl. REK III 1304, Bonn.
130 Vgl. Lacomblet II, Nr. 322, o.O.
131 Vgl. REK III 1362, o.O.
132 Vgl. REK III 1607, Hovestadt bei Soest.
133 Vgl. REK III 1702, Köln.
134 Vgl. REK III 1905a, o.O.
135 Vgl. REK III 2046, Köln.
136 Vgl. REK III 2069, Neuss.
137 Vgl. REK III 2136, Köln.
138 Vgl. Ritzerfeld, Erzstift, S. 96.

Dem Kämmerer wurden sechs Krüge Bier, vier unbeschriftete Wachstafeln, zwei Bündelchen Flachs, die man gewöhnlich »Büschel« nennt, ein halbes Malter Obst, ein Fuder Holz und zwei Denare gegeben. Neben Naturalleistungen erhielt er unbeschriftete Wachstafeln für seine Verwaltungstätigkeit und zwei Bündelchen Flachs, zuzüglich einer Geldsumme von zwei Denaren. In einer weiteren Zuteilung bekam der Kämmerer von insgesamt acht ½ Maltern Hafer für den ganzen Hof einen Malter und zwei Denare Geld. Einem zweiten Kämmerer wurde das Gleiche zugeteilt.[139] FRENSDORFF weist diesem zweiten Kämmerer die gleichen Kompetenzen zu.[140]

Zusätzlich erhielt der Kämmerer die Hälfte der Leistungen, die dem Grafen von Jülich zugewiesen wurden, der am Hof eine herausragende Stellung einnahm.[141] Der Kämmerer erhielt dabei nur die Hälfte der Lieferungen für den Vogt. Dies könnte ein Hinweis auf eine Rangabstufung innerhalb der Hofämter sein. Es waren natürlich nicht die einzigen Leistungen, die der Kämmerer, wie auch die übrigen Hofämter, bezogen. Vielmehr handelte es sich um Zuwendungen zur Ausübung des Dienstes.

Das Amt des Kämmerers war seit 1146 im erblichen Besitz der kölnischen Ministerialen von Bachem (Stadt Frechen, Erftkreis).[142]

Wie der Vogt war auch der Kämmerer vom Zug über die Alpen befreit, da er wegen der Verwaltung der Einkünfte von Zoll und Münze in Köln bleiben mußte.[143] Daneben erhob der Kämmerer auch die Abgaben der Kölner Cerozensualen.[144] PÖTTER wies auf die Aufgabenteilung zwischen Vogt und Kämmerer hin. Für seine These, daß der Kämmerer die Abgabenpflichtigen bestimmte, deren Gefälle der Vogt dann einzog,[145] führte er als Beleg den Judenschutzbrief von 1252 an.[146]

---

139 Vgl. FRENSDORFF, Recht, S. 60.
140 Vgl. ebd., S. 63. Unklar ist, wie er zu dieser Einschätzung kommt. Einziger Anhaltspunkt für diese These könnte sein, daß beide die gleiche Menge Hafer erhielten. Es ist darauf hinzuweisen, daß die angegebenen Mengen für das 13. Jahrhundert kaum mehr heranzuziehen sind. Gleichwohl erhalten wir aus dem Hofdienst Kenntnis darüber, was geliefert wurde und über die Stellung der Hofämter untereinander.
141 Vgl. ebd., S. 62, *Tantum dabitur advocato, camerario dimidium tanti.* Vgl. Kap. B I 9) »Adel am Hof«.
142 Vgl. RITZERFELD, Erzstift, S. 96ff.
143 Vgl. LKD, Art. IV, FRENSDORFF, Recht, S. 5. Das KKD und das Deutsche DR führten diese Bestimmung nicht mehr an.
144 Vgl. HOENIGER, Schreinsurkunden II, Scab. 2 I 5. Die Wachszinser oder *Cerozensualen* wurden von persönlichen Leistungen und von der Gerichtsbarkeit des Vogtes entbunden und waren in erster Linie zur Entrichtung einer jährlichen Wachsabgabe, in der Regel in der Höhe von zwei Pfennigen, an die Kirche verpflichtet.
145 Vgl. PÖTTER, Ministerialität, S. 86.
146 Vgl. REK III 1672; vgl. ENNEN/ECKERTZ, Quellen II 308.

Der Hinweis auf solche Kompetenzen wird durch eine trierische Quelle unterstützt,[147] denn der Kämmerer war im Erzstift Trier der Judenrichter (*Camerarius est magister iudeorum*).[148]

Judikative Kompetenzen des Kämmerers sind in Köln für die dortigen Juden nicht belegbar, doch liegt es auf der Hand, daß der Kämmerer zumindest in der Finanzverwaltung die Juden besteuerte und den fälligen Judenschutz erhob. Bei Versäumnis der fälligen Zahlungen ist es daher durchaus denkbar, daß er in Köln auch als Richter aufgetreten ist. Nach dem *Liber* war es die Aufgabe des Kämmerers in Trier, die Münze auf Reinheit und Gewicht zu überwachen. Eine Probe neugeprägter Münzen wurde zur Überprüfung bei der Domkirche aufbewahrt, wie dies auch in Köln um die Mitte des 13. Jahrhunderts gehandhabt wurde.[149] Außerdem war der Kämmerer in Trier Richter über die Münzer, Kürschner, Schuster, Schmiede und Fleischer, also für bestimmte Berufsgruppen.[150] Der Trierer Kämmerer war verpflichtet, dem Kürschnermeister ein Pferd zu leihen, wenn dieser in Köln oder Duisburg rohe Felle einkaufen mußte.[151] Dem Trierer Kürschnermeister wurde für seine Reise und den Transport der Rohfelle ein Pferd zur Verfügung gestellt und damit ein Teilersatz für die Unkosten geleistet. Für den Kölner Kämmerer kann in diesem Punkt auf keine Parallelen verwiesen werden. Es ist aber anzunehmen, daß hier eine Amtsbeschreibung vorliegt, wie sie auch, von kleineren Ausnahmen abgesehen, im benachbarten Kölner Erzstift praktiziert wurde. Eine exekutive Mitwirkung des Kölner Kämmerers in der Standesgerichtsbarkeit für Ministerialen ist belegt: Gemeinsam mit dem Vogt führte er den verurteilten Ministerialen ins Gefängnis.[152] Dabei wird die Aufsplitterung des Gerichtswesens erkennbar.

Die Einnahmen des Trierer Kämmerers bestanden u.a. in Gürteln und Seide zu neuen Kleidern, die ihm von den Juden für sich und seine Frau gegeben wurden. Diese wurden von sieben Kürschnern für die erzbischöfliche Kammer genäht.[153] Diese Naturalabgaben von den Juden sind auch für den Kölner Kämmerer denkbar.

---

147 Vgl. den *Liber annalium iurium archiepiscopi et ecclesie Trevirensis* (abgekürzt: Liber), in: MRUB II, S. 391–428. Die Aufzeichnung wurde ca. 1215–1220 erstellt. Vgl. dazu LENNARZ, Entstehungszeit, S. 1–58.
148 *Judeus qui pacem violaverit infra (extra) domos iudeorum, pro violata pace captus fuerit et tentus stabit iudicio sculteti et si evaserit rediens in domos iudeorum nulli respondebit nisi camerario.* Vgl. Liber, S. 400.
149 Vgl. ebd., S. 399.
150 Vgl. ebd., S. 400.
151 Vgl. ebd., *Camerarius accomodare debet equum magistro pellificium ut proficiens Coloniam vel Dispartum (Disparatum) emat ad usus archiepiscopi varias pelles crudas cum testimonio camerarii vel ipsius nuncii fidelis.*
152 Vgl. LKD Art. V. Vgl. FRENSDORFF, Recht, S. 6f. Das deutsche DR nennt Vogt und Kämmerer nicht mehr. Vgl. Art. 3, ebd., S. 40f.
153 Vgl. ebd., *Judei dabunt ... et camerario et uxori sue zonas et sericum ad vestes eorum novas.*

Ein weiterer Beamter mit dem speziellen Titel eines für den Pfeffer zuständigen Kämmerers (*camerarius, qui est piperi*) beschäftigte sich mit teuren Gewürzen und muß der Gruppe der Kämmerer zugerechnet werden. Er ist wahrscheinlich mit dem zweiten Kämmerer des Hofdienstes identisch, da man unter »*alter camerarius*« wohl den Stellvertreter des Kämmerers verstehen muß. Seine Funktion ist mit Sicherheit nicht nur auf die Verwaltung dieses wertvollen Gewürzes beschränkt gewesen, sondern befaßte sich generell mit den vom Fernhandel ins Deutsche Reich importierten Gewürzen (Safran, etc.), vielleicht darüber hinaus mit weiteren Importwaren aus dem Orient, die an fürstlichen Höfen ihre Abnehmer fanden. Diese Spezialfunktion des Kämmerers für den Pfeffer hat sich aus der Verfeinerung der Speisenzubereitung durch ausländische Gewürze ergeben. Dem für den Pfeffer zuständigen Kämmerer wurde nach dem Großen Schied von 1258 der Besitz der in Köln verstorbenen Fremden übergeben. Er veräußerte dieses Eigentum (fahrende Habe) und kaufte mit dem Erlös den Pfeffer für die erzbischöfliche Küche.[154]

Aus den Lieferungen des Hofdienstes erhielt der für den Pfeffer zuständige Kämmerer ein Viertel eines Schweins, eine Viertel Semmel, zwei Brote, ein Sextarium (½ Liter) Wein, zwei Bier und fünf Leuchten.[155]

Er erhielt keine Geldanweisung für seine Amtsführung. Es erhebt sich die Frage, ob der Kämmerer für den Pfeffer als Beamter im engeren Sinne zu verstehen ist. Wegen seiner Fachkenntnisse für Gewürze könnte man sich unter ihm eher einen Kaufmann oder Koch vorstellen.

Mindestens zwei Kämmerer waren dabei im Dienst. Das Kalendar nennt *discipuli camerarii*, was auf ein größeres dem Erbkämmerer unterstehendes Dienstpersonal hinweist.[156]

Gemessen an den Leistungen, die der Kämmerer aus dem Hofdienst erhielt, zählte er zu den hochrangigen kölnischen Beamten. Unter Konrad von Hochstaden sind die Belege für den Erbkämmerer nicht zahlreich. In den Zeugenreihen wurden sie durchweg an den hinteren Positionen aufgeführt, was auf eine gegenüber Marschall und Vogt nachgeordnete Position unter den Hofbeamten hindeutet. In den Dienstzeiten unter Konrad von Hochstaden[157] waren Gottfried d.Ä. (1238 bis 1252) viermal und Gottfried d.J. nur dreimal im Gefolge des Erzbischofs nachzuweisen. Ihre Tätigkeit beschränkte sich ganz auf

---

154 Vgl. ENNEN/ECKERTZ, Quellen II 384. Siehe auch LAU, Beamte, S. 47; RÖSENER, Hofämter, S. 540, bezeichnet ihn als rangniederen Unterkämmerer. Vgl. SCHREINER, »Hof«, S. 83; AHRENS, Ministerialität, S. 17.
155 Vgl. FRENSDORFF, Recht, S. 62.
156 Vgl. ENNEN/ECKERTZ, Quellen II, Kalendar Nr. 513, S. 566, 571.
157 Siehe dazu den Überblick der Zeitliste.

Köln. Hier spielte Gottfried d. J. bei der Niederschlagung der Kölner Opposition eine wichtige Rolle. Im Frühjahr 1259 war er sowohl bei der Absetzung der Münzerhausgenossen am 24. März, als auch bei der Entsetzung der Schöffen am 17. April im erzbischöflichen Gefolge. Gottfried d. Ä. hingegen war mit Ausnahme der Stadterhebung Bonns bei keinem wichtigen Vertrag Konrads anwesend. Eventuell wurde die Gefolgschaftspflicht der Erbkämmerer für bestimmte Züge des Erzbischofs auf die Unterkämmerer übertragen, denn diese haben Konrad von Hochstaden mehrmals im kölnischen Westfalen begleitet. Die neben den Bachemern genannten Unterkämmerer Hermann von Bornheim (1222 bis 1243) und Ulrich Buk (1241 bis 1264) begleiteten den Kölner Erzbischof zweimal (Ulrich) und einmal (Hermann) nach Rüthen. Beim zweiten Zug befanden sich beide im erzbischöflichen Gefolge. Hier ist es unter Konrad zur Übertragung von Befugnissen an die Unterkämmerer gekommen, die auch den westfälischen Amtssprengel umfaßten. Unter dem Kölner Erzbischof werden sie wesentlich öfter in den Quellen erwähnt (Ulrich 14x, Hermann 7x) und zu wichtigen Vertragsabschlüssen (Deutz, Rüthen) herangezogen, was auf ihre herausragende Stellung in der kölnischen Verwaltung hinweist. Sie gehörten zur dienstpflichtigen kölnischen Ministerialität und waren dem Erbkämmerer vom Rang her nachgeordnet. Im Falle Ulrich Buks ist es eindeutig, daß ein alternierender sechswöchiger Dienst am Hof, wie er im Längeren Kölner Dienstrecht beschrieben wurde, nicht mehr Rechtspraxis war. Vielmehr ist ersichtlich, daß sich Ulrich Buk auf Anweisung Konrads von Hochstaden wesentlich länger und öfter am Hof aufgehalten hat. Dabei trug er offenbar die Hauptlast des Kämmererdienstes, obwohl er dieses Amt nicht erblich ausübte. Ulrich Buk wird in den Quellen als Kämmerer derart oft genannt, daß ein alternierender sechswöchiger Hofdienst pro Jahr nach einem eventuell existierenden »Dienstplan« nicht schlüssig ist. Das Auftreten der beiden Unterkämmerer Hermann von Bornheim und Ulrich gen. Buch in einer gemeinsam bezeugten Urkunde läßt auf Ranggleichheit beider Ministerialen schließen.[158] Unter Engelbert II. ist Ulrich Buk auch als Burgmann auf der Burg Lechenich[159] (Erftkreis) belegt, was auf eine Ämterkumulation dieser Ministerialen hindeutet. Neben ihren Dienstverpflichtungen am Hof übten sie auch noch Funktionen in der Territorialverwaltung aus. Hofamt und Funktion in der Lokalverwaltung wurden miteinander verbunden. Dahinter steckte auch ein finanzieller

---

158 Vgl. REK III 1075.
159 Vgl. REK III 2314. KNIPPING, REK III, S. 400, gibt als weiteren Kämmerer den Ritter Gottschalk von Padberg (Hochsauerlandkreis) an, mit dem Kämmerertitel wird Gottschalk aber erst am 8. Juli 1286 erwähnt. Er wurde aber auch schon am 26. November 1254 unter den erzbischöflichen Rittern aufgeführt. Vgl. REK III 1812, 3097.

Aspekt. Das Hofamt war für den Amtsträger kostenaufwendig, manchmal teurer als die Einkünfte daraus. Deshalb wurde ein weiteres Amt mit Einnahmequellen vergeben, um die Gesamterträge zu heben.

Die Erwähnung von Kämmerern in den Quellen von 1238–1261

Jahr	Erbkämmerer	Unterkämmerer	
	Gottfried v. Bachem (1205–1252)	1. Hermann v. Bornheim (1222–1243)	2. Ulrich Buk (1241–1264)
1238			
1239		August[160]	
1240		4.12.[161]/Dezember[162]	
1241			September[163]
1242		Juli[164]	
1243		Januar[165]/25.2.[166]/ 28.2.[167]/25.3.[168]	28.2.[169]/2.11.[170]
1244	18.3.[171]		18.3.[172]
1245			
1246			21.10.[173]
1247	Dezember[174]		16.1.[175]/Dezember[176]
1248			19.1.[177]/17.9.[178]
1249			
1250			April[179]
1251	1.4.[180]		
1252	April[181]		
1253			

---

160 Vgl. REK III 957, o.O.
161 Vgl. REK III 998, Köln.
162 Vgl. REK III 1003, Köln.
163 Vgl. REK III 1042, o.O.
164 Vgl. REK III 1054, o.O.
165 Vgl. REK III 1068, bei Köln.
166 Vgl. REK III 1073, Soest?
167 Vgl. REK III 1075, Rüthen.
168 Vgl. REK III 1078, o.O.
169 Vgl. REK III 1075, Rüthen.
170 Vgl. REK III 1095, Köln.
171 Vgl. REK III 1131, Aufenthaltsort nicht bekannt.
172 Vgl. REK III 1131, o.O.
173 Vgl. REK III 1292, Köln.
174 Vgl. REK III 1362, o.O.
175 Vgl. REK III 1303, Köln.
176 Vgl. REK III 1362, o.O.
177 Vgl. REK III 1372, Köln.
178 Vgl. REK III 1420, o.O.
179 Vgl. REK III 1578, Köln.
180 Vgl. REK III 1626, Köln.
181 Vgl. REK III 1673, o.O.

Zentralverwaltung

Jahr	Erbkämmerer	Unterkämmerer	
	Gottfried v. Bachem (1205–1252)	1. Hermann v. Bornheim (1222–1243)	2. Ulrich Buk (1241–1264)
1254			20.9.[182]
1255			4.3.[183]
	Gottfried d. J. v. Bachem (1256–1304)		
1256	Dezember[184]		
1257–1258			
1259	24.3.[185] / 17.4.[186]		23.5.[187]
1260–1261			

Ulrich Buk erwähnt 1250–29.8.1261[188]

3.4
Der Mundschenk

Das Amt des Mundschenken wurde im Erzstift Köln erstmals 1101 erwähnt.[189] Der Mundschenk (pincerna) hatte am Hof die erzbischöfliche Tafel mit Getränken zu versorgen. Außerdem verwaltete er die erzstiftischen Weinberge.[190] Einen Hinweis auf seine ursprüngliche Funktion der Getränkeversorgung erhält man aus dem Kalendar der Domkustodie.[191] Über den Amts- und Funktionsbereich der Mundschenken sind keine weiteren Angaben möglich, da dieses Hofamt auch in den kölnischen Dienstrechten keine Erwähnung findet. Nach den Bestimmungen des Hofdienstes zählte er aber zu den höchsten Beamten am Hof.

An Einnahmen erhielt der Mundschenk nach dem Hofdienst einen Malter Hafer, wohl für seine Pferde zugeteilt.[192] Weitere Angaben über die Leistungen für ihn sind nicht möglich.

Unter Konrad von Hochstaden übten die Ritter von Are das Mundschenkenamt erblich aus, die immerhin Ministerialen seines Adels-

---

182 Vgl. REK III 1801, Köln.
183 Vgl. REK III 1832, Köln.
184 Vgl. REK III 1929, o.O.
185 Vgl. REK III 2044, Köln.
186 Vgl. REK III 2046, Köln.
187 Vgl. REK III 2056, Köln.
188 Vgl. REK III 2160, o.O.
189 Vgl. RITZERFELD, Erzstift, S. 122.
190 Vgl. PÖTTER, Ministerialität, S. 93ff.
191 *Item pincerne episcopi dabuntur due candele de duabus marcis, una de una marca, sex dimidia marca et IIII de fertone. Et recipiet, custos a pincerna duas anforas de presento boni vini, quod mittitur infra cibum.* Vgl. ENNEN/ECKERTZ, Quellen II, Nr. 513, S. 568.
192 Vgl. FRENSDORFF, Recht, S. 60.

geschlechts, der von Are-Hochstaden, waren.[193] Konrad hat die Ministerialität aus seiner Herrschaft in den erzbischöflichen Dienst übernommen. Wichtigster Ministeriale im Amt des Mundschenken war unter ihm Ritter Hermann gen. Flecko von Are (1228–1259). Im Dienst des Erzbischofs wurde er 33x,[194] zumeist im Gefolge seines Herrn, erwähnt. Von Konrad von Hochstaden aus der Hochstadenschen Ministerialität in den erzstiftischen Dienst übernommen, zählte Hermann zu seinem engsten Beraterkreis. 1238 wurde Hermann erstmals als »*pincerna noster*« bezeichnet.[195] Es ist anzunehmen, daß Konrad von Hochstaden Hermann von Are zum erzbischöflichen Mundschenken bestellt hat, da er erstmals im Jahr der Wahl Konrads mit diesem Titel urkundete und bis 1258 ein nahezu lückenloser Nachweis seiner Tätigkeit in der kölnischen Zentralverwaltung möglich ist. 1254 wurde er zum Rat des Erzbischofs »*de consilio suo*« gezählt.[196] Diese hohe Stellung innerhalb der kölnischen Hofbeamten wird zudem durch seine Teilnahme an einer Vielzahl von wichtigen kölnischen Verträgen (Rees, Helmarshausen, Deutz, Waldeck, Bonn, Aspel, Hochstaden, Hart, Vreden und der Pakt Köln — Flandern) unterstrichen.[197] Als Burgmann auf Altenahr bekleidete er zudem Funktionen in der Lokalverwaltung.[198]

Als Mitglied eines Schiedsgerichts[199] und als in Vertretung des Erzbischofs tätiger Richter war er auch in der erzstiftischen Judikative tätig. Am 16. Januar 1247 fällte er in einer die Herforder Äbtissin betreffenden Angelegenheit einen Rechtsspruch in »*generali sentencia*«.[200] Am 10. März 1251 entschied Hermann von Are dann wieder einen Eigentumsstreit im erzbischöflichen Palast.[201] Die große Machtfülle Hermanns von Are wurde am 31. Dezember 1259 deutlich, als er die von ihm nach ihrer Zerstörung wieder aufgebaute Burg Kuchenheim (Gemeinde Schweinheim, Kreis Euskirchen) dem Kölner Erzbischof als Lehen und Offenhaus auftrug, die er von Konrad zur Burghut zurückerhalten hatte (*sicut castrum domini proprium suo domino est tenendum*).[202]

---

193 Vgl. TROCKELS, Ministerialität, S. 21; PÖTTER, Ministerialität, S. 94f.
194 Siehe dazu die Zeitliste für den Erbmundschenken.
195 Vgl. REK III 928.
196 Vgl. REK III 1795.
197 Zu den einzelnen Verträgen siehe die einzelnen Ausführungen im Kapitel A.
198 Siehe REK III 1918 zum 17. September 1256. JANSSEN, Erzstift, S. 13, stellte bei einer Durchmusterung der Amtleute des Kölner Erzbischofs Walram von Jülich (1332–1349) die Personalunion von Amtleuten in der Zentral- und Lokalverwaltung als charakteristisch fest.
199 Vgl. REK III 1604.
200 Vgl. REK III 1303.
201 Vgl. REK III 1624. Vgl. PHILIPPI, Osnabrücker UB Nr. 19.
202 ... *quod ego Hermannus pincerna reverendi patris domini mei Conradis Coloniensis ecclesie archiepiscopi ... proprietatem castri Cugenheim, quod super allodium meum ibidem meis construxi expensis ... liberaliter et devote obtuli ad mansus ipsius d. archiepiscopi*. LACOMBLET II 482.

Da Konrad von Hochstaden den erzstiftischen Anspruch auf diese Burg bekräftigen wollte, vermied er bei der Übergabe der Burg lehnrechtliche Formulierungen.[203]

Ein zweiter Mundschenk aus der Familie von Are, Heinrich, wurde 1240 unter den Zeugen einer erzbischöflichen Urkunde genannt.[204] Es ist nicht ersichtlich, ob es sich um einen Sohn oder Bruder Hermanns handelte, da ein Heinrich von Are nur in dieser Urkunde auftritt. Es ist denkbar, daß sich auch diese Ministerialen nach ihrem Amt benannten.

Die Nachfolge des Erbmundschenken Hermann von Are trat am 17. Dezember 1260 sein Sohn Matthias von Are an, der hier erstmals mit seinem Mundschenken-Titel unter den Zeugen einer erzbischöflichen Urkunde aufgeführt wurde.[205]

Der Amtssprengel der Erbmundschenken umfaßte das gesamte Erzstift. Hermann von Are begleitete Konrad von Hochstaden auf seinen Zügen nach Volmarstein und Rüthen. Zudem urkundete er mit ihm auf der Burg Altenahr und in Bonn.

Untermundschenk Franco (von Rotheim?) begleitete Konrad von Hochstaden im September 1241 nach Westfalen und urkundete mit ihm in Herford.[206] Bereits am 29. Mai hatte sich Franco mit dem Kölner Erzbischof auf der Burg Volmarstein aufgehalten und wurde dabei als »quondam pinc.« bezeichnet.[207] Konrad von Hochstaden hat ihn offensichtlich nach dem 29. Mai 1241 zum Untermundschenken bestimmt. In dieser Funktion begleitete Franco seinen Herrn dann bei dessen zweiten Westfalenzug. Am 2. November 1242 zählte Franco zu den Bürgen, die für Konrads Freilassung aus der jülichen Gefangenschaft gestellt werden mußten.[208]

Hermann von Are bekleidet in der erzbischöflichen Verwaltung eine hochrangige Position. Der Bau der Burg Kuchenheim verdeutlichte diese machtvolle Stellung. Konrads Bestreben war es, bewährte Verwaltungskräfte am kölnischen Hof zu konzentrieren. Hermann von Are sind dabei vom Kölner Erzbischof Kompetenzen in der Rechtsprechung übertragen worden. Auch Untermundschenk Franco von Rot-

---

GROTEN, Lehnshof, S. 47f., ordnet den selbständigen Burgenbau der Ministerialen in die allgemeine Annäherung und Verschmelzung der gehobenen Ministerialität in den niederen Adel im 13. Jahrhundert ein.
203 Vgl. GROTEN, Lehnshof, S. 48.
204 Vgl. REK III 998.
205 Vgl. REK III 2136.
206 Vgl. REK III 1031.
207 REK III 1015. Ein Mundschenk Franco ist von 1208 bis 1231 belegt. Offenbar hat er unter Heinrich von Müllenark sein Amt verloren, denn nach 1231 war er Deutschordensritter. Vgl. MATSCHA, Heinrich I., S. 548.
208 Vgl. REK III 1056.

heim ist offenbar von Konrad von Hochstaden wieder in dieses Amt berufen worden.

Die Erwähnung von Mundschenken in den Quellen von 1238–1261

Jahr	Erbmundschenken	Untermundschenken
	Hermann gen. Flecko von Are (1229–1259)	Franco v. Rotheim? (1241–1242)
1238	Dezember[209]	
1239	August[210]	
1240	4.12. (Heinrich, Mundschenk von Are)/ Dezember (Hermann)[211]	
1241	März[212]/11.5.[213]/29.5.[214]/ September[215]/September[216]	29.5.[217]/September[218]
1242		2.11.[219]
1243	Januar[220]/28.2.[221]/25.3.[222]/2.11.[223]	
1244	18.3.[224]	
1245		
1246	11.1.[225]/30.4.[226]/21.10.[227]	
1247	16.1.[228]/21.1.[229]/November[230]/Dezember[231]	
1248	17.9.[232]	
1249	19.2.[233]	
1250	April[234]/19.5.[235]/10.9.[236]	

[209] Vgl. REK III 928, Aufenthaltsort: Altenahr.
[210] Vgl. REK III 957, o.O.; 998, o.O.
[211] Vgl. REK III 1003, Köln.
[212] Vgl. REK III 1009, Köln.
[213] Vgl. REK III 1013, Köln.
[214] Vgl. REK III 1015, Volmarstein.
[215] Vgl. REK III 1036, o.O.
[216] Vgl. REK III 1042, o.O.
[217] Vgl. REK III 1015, Volmarstein.
[218] Vgl. REK III 1031, Herford.
[219] Vgl. REK III 1056, o.O.
[220] Vgl. REK III 1068, o.O.
[221] Vgl. REK III 1075, Rüthen.
[222] Vgl. REK III 1078, o.O.
[223] Vgl. REK III 1095, Köln.
[224] Vgl. REK III 1131, o.O.
[225] Vgl. REK III 1229, o.O.
[226] Vgl. REK III 1249, Köln.
[227] Vgl. REK III 1292, Köln.
[228] Vgl. REK III 1303, Köln.
[229] Vgl. REK III 1304, Bonn.
[230] Vgl. Lacomblet II, Nr. 322 = REK III 1355, o.O.
[231] Vgl. REK III 1362, o.O.
[232] Vgl. REK III 1420, o.O.
[233] Vgl. REK III 1449, o.O.
[234] Vgl. REK III 1578, Köln.
[235] Vgl. REK III 1590, o.O.
[236] Vgl. REK III 1604, o.O.

Jahr	Erbmundschenken	Untermundschenken
	Hermann gen. Flecko von Are (1229–1259)	Franco v. Rotheim? (1241–1242)
1251	10.3.[237]	
1252	31.10.[238]	
1253		
1254	August[239] / 20.9.[240]	
1255		
1256	17.9.[241] (Hermann und Matthias, *filius suus*)	
1257–1258		
1259	31.12.[242]	
	Matthias von Are (1256–1292)	
1260	17.12.[243]	
1261		

3.5
Der Truchseß

Ursprüngliche Funktion des 1085 erstmals erwähnten Truchsessen war die Versorgung der erzbischöflichen Tafel mit Speisen. Zur Durchführung dieser Aufgabe unterstand ihm die Lebensmittelversorgung und Vorratshaltung des Hofes. Dem Längeren Kölner Dienstrecht war dieses Amt wie auch das des Marschalls und Mundschenken bekannt, da es die Zahl der Hofämter auf fünf festlegte.[244]

Aus dem kölnischen Hofdienst erhielt der Truchseß ursprünglich die gleichen Zuwendungen wie der Obervogt, nämlich einen Malter Hafer und zwei Denare im Monat.[245] Damit gehörte er immerhin zu denjenigen Funktionsträgern, die auch Geldleistungen erhielten.

Die Besetzung des Truchsessen- und des Mundschenkenamtes zeigt, daß der Kölner Erzbischof einen Teil der Hochstadenschen Landesverwaltung in die kölnische Verwaltung eingebaut hat. Es ist anzunehmen, daß bei der Anspannung der Kräfte im Zuge der kölnischen

---

[237] Vgl. REK III 1624, Köln.
[238] Vgl. REK III 1702, Köln.
[239] Vgl. REK III 1795, o.O.
[240] Vgl. REK III 1801, Köln.
[241] Vgl. REK III 1918, o.O.
[242] Vgl. REK III 2086, Köln.
[243] Vgl. REK III 2136, Köln.
[244] Vgl. LKD, Art. X, FRENSDORFF, Recht, S. 8; RITZERFELD, Erzstift, S. 127.
[245] Vgl. Kölner Hofdienst; FRENSDORFF, Recht, S. 60.

Territorialpolitik ein Mangel an bewährtem Verwaltungspersonal bestand.

Das Amt des erblichen Truchsessen wurde in der zweiten Hälfte des 13. Jahrhunderts von den Ministerialen von Hochstaden (bei Frimmersdorf, Kreis Neuss) ausgeübt.[246] Ensfried von Hochstaden (1250–1258)[247] ist unter Konrad von Hochstaden nur dreimal bezeugt. Die wenigen Belege lassen eine Interpretation kaum zu. 1252 war er wahrscheinlich schon nicht mehr im Amt. Am 14. August 1258 ist er als Burgmann auf der Burg Hochstaden faßbar, die über erzstiftisches Lehen für seine Besoldung verfügte.[248]

Sein Nachfolger im erblichen Truchsessenamt war Arnold von Hochstaden (1255–1283). Arnold bekleidete im erzbischöflichen Gefolge eine machtvolle Position. In Neuss beurkundete Konrad von Hochstaden am 23. März 1255, daß sein Truchseß Arnold von Hochstaden von ihm verpfändete Güter für 100 Mark losgekauft habe. Konrad verpfändete sie ihm wieder bis zur Zahlung der 100 Mark und weiterer 100 Mark Altschulden.[249] Am 28. Oktober 1256 waren Arnold die ihm zustehenden 200 Mark vom Zöllner und erzbischöflichen Beamten Peter von Grue bezahlt worden.[250] Nachweisbar hielt sich der Truchsess mit seinem Herrn in Neuss und Lechenich auf. Der Amtssprengel könnte das nördliche Rhein- und Erftgebiet umfaßt haben. Es ist anzunehmen, daß diese Ministerialen Funktionen in der Zentral- und Lokalverwaltung ausgeübt haben. Eine genauere Eingrenzung ihrer Funktionen am Hof ist über das bereits Gesagte hinaus nicht möglich.

Untertruchsessen am kölnischen Hof waren Dietrich von Münchhausen (1209–1241, Rhein-Sieg-Kreis?) und Gerhard von Bernsau (1243–1261, bei Mülheim/Ruhr?). Dietrich diente unter Konrad von Hochstaden von 1238 bis 1241 und wurde in dieser Zeit fünfmal genannt. Außer Köln sind keine weiteren Aufenthaltsorte bekannt. Dietrich trat zumeist als Zeuge bei Ver- und Belehnungsakten auf und ist beim umfassenden Vertragswerk für Rees zugegen gewesen. Seine Stellung in den Zeugenlisten ist jedoch nicht aussagekräftig. Die Belege haben zumeist einen monatlichen Zeitabstand, was auf eine durchgehende Präsenz am kölnischen Hof hindeuten könnte. Nach 1241 verschwand Dietrich aus den Quellen.

---

246 Vgl. TROCKELS, Ministerialität, S. 21.
247 Siehe dazu die Zeitliste.
248 Vgl. REK 2007.
249 ... *donec a nobis seu nostris successoribus ille centum marce, quas ipse dedit taliter pro dictorum redemptione bonorum et insuper alie centum marce quas ipse alias de nostro speciali mandato in nostris et ecclesie nostre usibus necessariis erogavit cum integra summa fuerint ipsi vel eius heredibus persolute* ... Vgl. LACOMBLET II 413; vgl. REK III 1837.
250 Vgl. REK III 1922a.

Seit 1243 trat Gerhard von Bernsau als Truchseß auf. Er bekleidete eine herausragende Stellung im kölnischen Gefolge. Fünfzehnmal war er in kölnischen Urkunden während seiner Amtszeit belegt und wurde durchweg in den Zeugenlisten an vorderer Position genannt. Bei zahlreichen Verträgen (Bonn, Schmallenberg, Waldenburg) zählte er zur Begleitung des Erzbischofs. Sein Amtsbereich war das Doppelherzogtum Köln-Westfalen. Er zog mit Konrad 1243 nach Rüthen, war 1247 in Bonn nachweisbar und zählte 1261 in Linz am Rhein zu den erzbischöflichen Zeugen.

Es ist wahrscheinlich, daß Gerhard von Bernsau als dienstpflichtiger Ministeriale über den sechs-Wochen-Turnus hinaus am kölnischen Hofe tätig war. Die Dichte seiner Belege in den Jahren 1243 bis 1244 und 1247 bis 1250 lassen diesen Schluß durchaus zu.

Die Erwähnung von Truchsessen in den Quellen von 1238–1261

Jahr	Erbtruchsessen	Untertruchsessen	
	Ensfried von Hochstaden (1250–1258)	1. Dietrich von Münchhausen (Rhein-Sieg-Kreis?, 1209–1241)	2. Gerhard von Bernsau (bei Mülheim/Ruhr?, 1243–1261)
1238			
1239		August[251]	
1240		4.12.[252]/Dezember[253]	
1241		März[254]/September[255]	
1242			
1243			28.2.[256]/25.3.[257]/2.11.[258]
1244			3.3.[259]/18.3.[260]
1245–1246			
1247			19.1.[261]/21.1.[262]/Dezember[263]
1248			19.1.[264]/22.2.[265]
1249			19.2.[266]

251 Vgl. REK III 957, o.O.
252 Vgl. REK III 998, o.O.
253 Vgl. REK III 1003, Köln.
254 Vgl. REK III 1009, Köln.
255 Vgl. REK III 1042, o.O.
256 Vgl. REK III 1075, Rüthen.
257 Vgl. REK III 1078, o.O.
258 Vgl. REK III 1095, Köln.
259 Vgl. REK III 1128, o.O.
260 Vgl. REK III 1131, o.O.
261 Vgl. WUB VII 657, o.O.
262 Vgl. REK III 1304, Bonn.
263 Vgl. REK III 1362, o.O.
264 Vgl. REK III 1372, Köln.
265 Vgl. REK III 1375, Köln.
266 Vgl. REK III 1449, Köln.

Jahr	Erbtruchsessen	Untertruchsessen	
	Ensfried von Hochstaden (1250–1258)	1. Dietrich von Münchhausen (Rhein-Sieg-Kreis?, 1209–1241)	2. Gerhard von Bernsau (bei Mülheim/Ruhr?, 1243–1261)
1250	19.5.[267]		April[268] / 19.5.[269]
1251			
1252	24.4.[270] (miles de Honstaden)		
1253			
1254			2.1.[271]
	Arnold von Hochstaden (1255–1283)		
1255	4.3.[272] / 23.3.[273]		
1256	28.10.[274]		
1257			
1258	14.8. (Ensfried, Burgmann auf Hochstaden)[275]		
1259–1260			
1261			21.6.[276] (ohne Titel)

3.6
Der Panetarius

Das Amt des Panetarius (procurator panis) gehörte nicht zu den klassischen Hofämtern und war auch nicht im erblichen Besitz einer Ministerialenfamilie. Gleichwohl wurde im Kölner Hofdienst der *procurator panis* zu den Kölner Hofbeamten gezählt.

Der Panetarius war ursprünglich für die Brotversorgung verantwortlich. Sein Aufgabenbereich berührte sich mit dem des Truchsessen. Da Brot ein Hauptnahrungsmittel dieser Zeit war und in größeren Mengen benötigt wurde, gab es für die Brotversorgung des Hofes einen Hauptverantwortlichen.[277]

---

267 Vgl. REK III 1590, Aufenthaltsort unbekannt.
268 Vgl. REK III 1578, Köln.
269 Vgl. REK III 1590, o.O.
270 Vgl. REK III 1671, o.O.
271 Vgl. REK III 1754, o.O.
272 Vgl. REK III 1832, Köln.
273 Vgl. REK III 1837, Neuss.
274 Vgl. REK III 1922a, Lechenich.
275 Vgl. REK III 2007, o.O.
276 Vgl. REK III 2147, Linz.
277 Nach Du Cange, Glossarium, S. 128, war der Panetarius derjenige, der das Brot an die Armen verteilte. Daneben war er der Hofbeamte, der das Brot für den Tisch brachte und

Auch das Kalendar erwähnte die erzbischöflichen Brotverteiler (*dispensatori panis episcopi*), die aber wohl nur als Zuarbeiter des Panetarius zu betrachten sind.[278]

Nach dem Kölner Hofdienst erhielt der Panetarius einen Malter Hafer und zwei Denare als Entlohnung.[279]

Hermann von Forst (1236–1261, Stadt Aachen) wurde vermutlich von Konrad von Hochstaden zum Panetarius bestimmt. Er trat bereits 1236, wenn auch ohne Amt, in den kölnischen Quellen auf, 1238 war er Schultheiß in Lechenich.[280] Unter den Zeugen einer Urkunde Konrads von Hochstaden wurde Hermann erstmals im September 1241 erwähnt.

Die Urkundenbelege, insgesamt fünfzehnmal unter Konrad von Hochstaden, verdichteten sich vor allem in der ersten Hälfte seines Pontifikats. Hermann bekleidete im erzbischöflichen Gefolge eine besonders vertrauensvolle Stellung. Zwischen dem 30. August und dem 10. September 1250 zählte der Graf von Jülich Hermann ausdrücklich zu »Konrads Leuten«.[281] Am 16. September 1254 wurde Hermann als »*noster panetarius*« bezeichnet.[282]

1243 urkundete Hermann erstmals als Panetarius und wurde in der Folgezeit unter den Ministerialen an dritter bis sechster Stelle aufgeführt. Er nahm zwar gegenüber den klassischen Hofämtern eine nachgeordnete Stellung ein, doch scheint dem Panetarius durch seinen Dienst im 13. Jahrhundert ein gewisser Aufstieg gelungen zu sein, denn durch Kriege, Hungersnöte und das Bettlerunwesen stieg die Zahl der Armen immer stärker an, was seine Amtsfunktion immer wichtiger werden ließ. Seit dem Oktober 1246 rangierte er immer vor dem Unterkämmerer Ulrich Buk in den Zeugenlisten. Er bezeugte die Stadterhebung von Vreden ebenso wie die Übernahme der Burg Hart und befand sich damit bei wichtigen Verträgen im erzbischöflichen Gefolge.[283] Bei den Belegen der Jahre 1247/48 wurde er sowohl als Panetarius als auch als Schultheiß von Lechenich betitelt, so daß er seine Doppelfunktion weiter ausübte.

Zum Mitglied eines Schiedsgerichtes für Streitigkeiten zwischen Köln und Jülich wurde er am 10. September 1250 bestimmt.[284] Offenbar

---

Tischtücher und Handtücher darreichte (*maxime vero ita appellabant officialem domesticum, qui mensae panem, mappas et manutergia subministrabat*).
278 Vgl. ENNEN/ECKERTZ, Quellen II Nr. 513, S. 567f.
279 Vgl. FRENSDORFF, Recht, S. 60. AHRENS, Ministerialität, S. 26 zählt den *procurator panis* = Panetarius nicht zu den Ministerialen.
280 Vgl. REK III 855, 865.
281 Siehe dazu die Zeitliste.
282 Vgl. REK III 1799.
283 Vgl. REK III 1229, 1702.
284 Vgl. REK III 1604.

nahm er unter Konrad von Hochstaden auch judikative Funktionen wahr.

Während des Episkopats Konrads von Hochstaden war Hermann von Forst erzbischöflicher Panetarius. Dieses Amt ist mit dem *procurator panis* des Hofdienstes gleichzusetzen, wo er noch zur niederen Beamtenschaft gezählt wurde. Seine ständige Nennung unter den Ministerialen im Gefolge Konrads läßt auf einen sozialen Aufstieg im 13. Jahrhundert schließen. Dabei urkundete er zweimal als Schultheiß von Lechenich. Dieses Amt übte er von 1238 bis 1248 aus. In der Zentralverwaltung wurde er sechsmal vom Erzbischof als Bürge oder Schiedsrichter eingesetzt. Seine Stellung innerhalb der erzbischöflichen Zeugenreihen zeigte, daß er bis 1246 stets an nachgeordneter Position, seit 1246 aber vor dem Unterkämmerer Ulrich Buk erwähnt wurde. Offensichtlich hielt sich Hermann von Forst nur im rheinischen Kerngebiet auf, denn siebenmal war er am kölnischen Hof nachzuweisen und einmal begleitete er den Erzbischof nach Bonn. Für seine wirtschaftliche Absicherung bemühte sich Konrad von Hochstaden um eine Verlängerung seines Pachtvertrages für den Hof Walshoven.[285]

Die Erwähnung vom Panetarius in den Quellen von 1238–1261

Jahr	Hermann von Forst (Stadt Aachen, 1236–1261)	
	Zentralverwaltung (Panetarius)	Lokalverwaltung
1238		Februar[286] (Schultheiß v. Lechenich)
1239–1240		
1241		September[287] (ohne Titel)
1242		
1243	25.3.[288]	
1244	18.3.[289]	
1245		
1246	11.1.[290] / 30.4.[291] / 21.10.[292]	
1247	16.1.[293] / 21.1.[294]	
1248		17.9.[295] (Schultheiß v. Lechenich)
1249		

285 Vgl. REK III 1306.
286 Vgl. REK III 890, Aufenthaltsort: Köln.
287 Vgl. REK III 1042, o.O.
288 Vgl. REK III 1078, o.O.
289 Vgl. REK III 1131, o.O.
290 Vgl. REK III 1229, o.O.
291 Vgl. REK III 1249, Köln.
292 Vgl. REK III 1292, Köln.
293 Vgl. REK III 1303, Köln.
294 Vgl. REK III 1304, Bonn.
295 Vgl. REK III 1420, o.O.

Jahr	Hermann von Forst (Stadt Aachen, 1236–1261)	
	Zentralverwaltung (Panetarius)	Lokalverwaltung
1250	30.8.–10.9.[296] / Dezember[297]	
1251		
1252	31.10.[298]	
1253		
1254	16.9.[299] / 20.9.[300]	
1255–1260		
1261	1250–29.8.1261[301]	

3.7
Der Küchenmeister

Das Amt des Küchenmeisters nahm im kölnischen Hofdienst ebenfalls eine gegenüber den klassischen Hofämtern nachgeordnete Stellung ein.[302] Der Küchenmeister (*magister coquinae*) war für die Organisation der erzbischöflichen Küche verantwortlich und verfügte über fünf ihm unterstellte Köche. FRENSDORFF rechnete den Küchenmeister durchaus noch zu der Klasse der gehobenen Beamtenschaft.[303] Offenbar konnte auch der Küchenmeister, der selbst kein Koch war, durch seinen Dienst eine Vertrauensstellung am Hof erringen. Auch im Kalendar wurde er zu den Hofbeamten des Erzbischofs gezählt.[304]

Insgesamt taten unter Konrad von Hochstaden drei Küchenmeister Dienst, von denen zwei zeitlich parallel um die Jahreswende 1241/42 auftraten. Eventuell hat Konrad dieses Amt personell ausgebaut und zu Beginn seines Pontifikats doppelt besetzt. Man muß davon ausgehen, daß der Erzbischof mit seinem engsten Kreis getrennt von der Tafel der untergeordneten Amtsträger und Ministerialen speiste. Aus dieser getrennten Versorgung einzelner Gruppen am Hof resultiert die Existenz mehrerer Tafeln und mehrerer Köche.

296 Vgl. REK III 1604, o.O.
297 Vgl. REK III 1614, o.O.
298 Vgl. REK III 1702, Köln.
299 Vgl. REK III 1799, o.O.
300 Vgl. REK III 1801, Köln.
301 Vgl. REK III 2160, o.O.
302 Vgl. TROCKELS, Ministerialität, S. 19f.
303 Vgl. Kölner Hofdienst, FRENSDORFF, Recht, S. 60ff.; vgl. PÖTTER, Ministerialität, S. 105. Bereits im 12. Jahrhundert zählten sie zu den Ministerialen. Vgl. RITZERFELD, Erzstift, S. 131.
304 Die ihm unterstellten Köche erhielten vom Domkustos dabei verschiedene Kerzen, der Kustos erhielt dafür *a magistro ex coquina unum porcum et pectus ursi, si habitur ursus, si non, accipiet pectus bonis pinguis*. Vgl. ENNEN/ECKERTZ, Quellen II Nr. 513, S. 568.

Als Küchenchef hatte er den Erzbischof und dessen Tischgenossen zu beköstigen. Der Küchenmeister erhielt aus dem Kölner Hofdienst zwei Malter Hafer zugeteilt. Jeder seiner fünf Köche empfing einen Malter Hafer und vier Denare. Damit bekam der Küchenmeister weniger als der Panetarius. Das Küchenpersonal insgesamt erhielt viermal ½ Liter Wein, 10 Bier, 15 Brote und fünf Leuchten.

Auf seinem Zug nach Westfalen begleiteten Konrad von Hochstaden zwei Küchenmeister.[305] Johannes »kokenmester« hielt sich im September 1241 mit dem Erzbischof in Herford auf. Walter von der Hart »mester der kochen« ist nach dem 16. September 1241 im erzbischöflichen Gefolge, zu einem Zeitpunkt, da Konrad sich auf dem Rückweg nach Köln befand.

Beide Ministerialen sind nach 1241 nicht mehr nachweisbar.

Ihr Nachfolger war Gerhard von Straberg (Kreis Neuss), der wie der Panetarius Hermann von Forst eine Doppelfunktion in der Zentral- und Lokalverwaltung ausübte. Im Februar 1238 urkundete er als Schultheiß von Andernach. Konrad von Hochstaden hat Gerhard von Straberg 1247 zum Schultheißen von Neuss ernannt, er muß daher auch über juristische Kenntnisse verfügt haben. In diesem Amt trat Gerhard erstmals am 16. Januar 1247 auf und behielt es bis 1250.

Seit dem Dezember 1242 wurde Gerhard von Straberg dann als erzbischöflicher Küchenmeister erwähnt. In der Zeugenliste wurde er ausdrücklich zur Hofbeamtenschaft »nostre curie officialibus« gezählt.[306] Insgesamt trat er von 1242 bis 1250 achtmal in den Quellen auf. Mit dem Antritt des Schultheißenamtes in Neuss scheint seine Küchenmeisterfunktion anderweitig besetzt worden zu sein, denn 1244 urkundete er zuletzt unter diesem Titel.

Kraft seines Amtes begleitete er Konrad im Februar 1243 nach Rüthen. Der Amtsbereich aller Küchenmeister umfaßte auch Westfalen.

Im November 1255 bekundete Konrad von Hochstaden, daß Ritter Gerhard von Straberg den Hof *Balcheym* (bei Nievenheim) für 149 Mark an den Kölner Kanoniker Alexander von Elslo verkauft hatte. Offenbar verfügte Gerhard über beträchtlichen Allodialbesitz.

Der Küchenmeister, der bereits im 12. Jahrhundert zur nachgeordneten kölnischen Hofbeamtenschaft zählte, hat im 13. Jahrhundert durch seinen Dienst einen merklichen Aufstieg vollzogen. Dafür sprechen seine zahlreichen Erwähnungen in den erzbischöflichen Zeugenlisten, die Bedeutung der Rechtsgeschäfte und politischen Handlungen, an denen er beteiligt war und sein Auftreten als Schultheiß in der

---

305 Zu den einzelnen Küchenmeistern siehe die Zeitliste.
306 Vgl. REK III 1870.

kölnischen Lokalverwaltung. 1241 waren gleichzeitig zwei Küchenmeister im Dienst. Nach deren Ausscheiden besetzte Konrad dieses Amt mit Gerhard von Straberg neu. Nach 1247 scheint der Kölner Erzbischof seinen Ministerialen aus der Zentralverwaltung abberufen und das wichtige Schultheißenamt in Neuss übertragen zu haben. Konrad von Hochstaden hat bei der Besetzung nichterblicher Ämter zunehmend kurze Amtszeiten seiner Funktionsträger eingeführt. Dabei betonte er die Möglichkeit der Abberufung von Funktionsträgern in der Lokalverwaltung.[307]

Während AHRENS und PÖTTER die Stellung des Küchenmeisters als nicht besonders wichtig einstuften, gelang diesen beiden Ämtern zumindest eine Annäherung an die klassischen Hofämter.[308] Ausdrücklich auszuschließen ist, daß diese beiden Ämter im erblichen Besitz bestimmter Ministerialenfamilien waren.

Die Erwähnung von Küchenmeistern in den Quellen von 1238–1261

Jahr	Zentralverwaltung			Lokalverwaltung
	1. Johannes (1241)	2. Walter v. der Hart (1231–41)	3. Gerhard v. Straberg (1236–50)	
1238				Februar[309] (Gerhard, Schultheiß v. Andernach)
1239–1240				
1241	10./11.9.[310]	September[311]		
1242			Dezember[312]	
1243			Februar[313]/ 2.11.[314]	
1244			18.3.[315]	
1245–1246				
1247				16.1.[316] (Gerhard, Schultheiß v. Neuss)

307 Vgl. REK III 1303. Schultheiß von Andernach war von 1241–1256 Gottfried vom Bruch. Vgl. WEIDENBACH, Amtmänner, S. 198.
308 AHRENS, Ministerialität, S. 26f. zählt den Küchenmeister zu den niederen Hofbeamten, aber nicht zur Ministerialität im Sinne des Dienstrechtes. PÖTTER, Ministerialität, S. 104f., verifiziert ihn zwar als Ministerialen, spricht aber dessen Aufstieg im 13. Jahrhundert nicht an.
309 Vgl. REK III 890, Köln.
310 Vgl. REK III 1031, Aufenthaltsort: Herford.
311 Vgl. REK III 1036, Westfalen?
312 Vgl. REK III 1063, o.O.
313 Vgl. REK III 1075, Rüthen.
314 Vgl. REK III 1095, Köln.
315 Vgl. REK III 1131, o.O.
316 Vgl. REK III 1303, Köln.

1248–1249				
1250			Gerhard v. Straberg	19.5.[317]/Dezember (Gerhard, Schultheiß v. Neuss)[318]
1251–1254				
1255			November	(Ritter)[319]
1256–1261				

3.8.
Die zeitliche Dauer des Hofdienstes der kölnischen Ministerialität im 13. Jahrhundert

Die Frage nach der zeitlichen Dauer des Hofdienstes bedarf einer genaueren Untersuchung. Im 12. Jahrhundert war es Rechtspraxis, daß die zu bestimmten Ämtern geborenen Ministerialen ihren Dienst sechs Wochen versahen und dann nach Hause zurückkehrten. Gelang es dem Herrn, den Ministerialen nach Ablauf seines Dienstes zum Bleiben zu bewegen, so leistete er zwar am Hof einen anderen ehrenvollen Dienst, bekleidete sein Amt aber erst wieder, wenn der Turnus ihn dazu verpflichtete.[320]

Nach dem Deutschen Dienstrecht von 1248/1260 verrichteten die Ministerialen den Dienst nicht mehr im regelmäßigen Turnus, sondern nur nach vierzehntägiger Vorankündigung, da nun der unterschiedliche Bedarf des Erzbischofs nach mehr oder weniger Ministerialen entscheidend war.

Dabei erhielt jeder geleistete Hofdienst seine »angemessene« Belohnung. Der Ministeriale erhielt Lebensmittel für vier Mark und einen Pelz für zwei Mark.[321]

AHRENS bezeichnet diesen sechswöchigen Hofdienst als Kennzeichen der Ministerialität. Danach zählte das niedere Dienstpersonal

---

317 Vgl. REK III 1590, o.O.
318 Vgl. REK III 1614, o.O.
319 Vgl. REK III 1870, o.O.
320 ... si autem dominus nullatenus eo carere voluerit et benignitas domini illum ad manendum induxerit, dominus eum in curia sua honeste, in quocumque servitio sibi placuerit, retinebit, neque tamen ei deserviet in aliquo horum V officiorum, donec iterum terminus suus VI septimanarum per ordinem eum contingat. Vgl. Art. X, LKD, FRENSDORFF, Recht, S. 8ff.
321 ... is id ever sache of der Buschof bedarf of noit hait einger siner dienztlude, dat sel eme der buschof XIIII^{or} dage ze vorens sagen. As hie dan in sinen dienzt komet, so sal man eme geven vuder die IIII^{or} marc wert sin und einen pelz van zwen marken, dar ume sal hie eme VI wechen dienen und niet langer, id en si dan dat des der buschof bas weder in verdiene of hie leynt id eme van sinen eygen willen. Vgl. FRENSDORFF, Recht, S. 39f., Art. 2.

nicht zu dieser Gruppe, da es dann turnusgemäß auch die höchsten Hofämter ausgeübt hätte.[322]

PÖTTER bezieht den sechswöchigen Dienst lediglich auf die »Hilfsbeamten«, da die einzelnen Ämter über Jahre einer Person zuzuordnen waren.[323] Die Erbämter waren nicht einem sechswöchigen Turnus unterzogen, d.h., der Marschall von Alfter z.B. räumte nicht nach sechs Wochen seinen Platz am Hofe, sondern war auf Lebenszeit im Amt. Doch hier ist wegen der Entwicklung im 13. Jahrhundert zu differenzieren. Für die Organisation des Hofdienstes bestand ein Unterschied zwischen dem Marschall und seinem Vertreter, dem Untermarschall.[324] Die Urkunden belegen, daß das auftretende Marschallamt ganzjährig, und zwar von unterschiedlichen Ministerialen, besetzt wurde. Die Erbämter wurden wegen ihrer hohen Stellung am Hofe nicht mehr für die ursprüngliche Verwaltungstätigkeit herangezogen, sondern übten in ihren Ämtern Leitungsfunktionen aus. Die Verwaltungsarbeit verrichteten die alternierend eingesetzten Ministerialen, deren Dienstzeit auch im 13. Jahrhundert auf sechs Wochen beschränkt war. Für diese Regelungen aus dem Dienstrecht sind nach den Urkundenbelegen allerdings gewichtige Einschränkungen zu machen. Der Untermarschall Reinhardt wurde fünfmal im Dienst nachgewiesen, und zwar am 2.11.1243, 18.3.1244, im November 1247, am 22.2.1248 und am 28.10.1256. Dieser Befund könnte darauf hinweisen, daß er seinen Dienst sechs Wochen ausgeübt hat, aber für die Turnusregelung waren die zeitlichen Abstände teilweise sehr gering. Der Unterkämmerer Hermann von Bornheim wurde siebenmal in den Quellen erwähnt und zwar im August 1239, am 4.12.1240, 13.9.1242, im Januar 1243, am 28.2.1243 und am 25.3.1243. Hier kommt man zum gleichen Ergebnis, daß nämlich ein lediglich sechswöchiger alternierender Dienst am Hofe in diesen Ämtern ausgeschlossen ist, da diese Ministerialen zu häufig mit ihren Amtstiteln genannt wurden. Der zweite Unterkämmerer Ulrich gen. Buk wurde von 1241–1254 zwölfmal erwähnt, und zwar im September 1241 (2x), am 28.2.1243, 2.11.1243, 18.3.1244, 21.10.1246, 16.1.1247, im Dezember 1247, am 19.1.1248, 17.9.1248, im April 1250 und am 20.10.1254. Für diesen Ministerialen sind die Bestimmungen der Dienstrechte nicht nachvollziehbar, obwohl darauf hingewiesen werden muß, daß die rudimentäre Quellenlage exakte Rückschlüsse nur bedingt zuläßt. Teilweise ist der Dienstturnus eindeutig überschritten worden, d.h., die Amtsträger blieben über die sechs Wochen hinaus im Amt. Die kurzen Dienstzeiten hätten eine personelle Diskontinuität

---

322 Vgl. AHRENS, Ministerialität, S. 26f.
323 Vgl. PÖTTER, Ministerialität, S. 107ff.; er irrt jedoch, wenn er meint, daß im Deutschen DR diesbezüglich keine Regelung enthalten wäre. Vgl. Art. 2, FRENSDORFF, Recht, S. 39f.
324 Analog auch bei den übrigen klassischen Hofämtern.

in den wichtigsten kölnischen Verwaltungsämtern bedeutet, die für Konrad von Hochstaden im Rahmen seines beginnenden Verwaltungsumbaus kaum praktikabel war. Es ist wenig wahrscheinlich, daß die sechswöchige Dienstregelung unter ihm durchgehalten wurde. Vermutlich wurden bestimmte Ministerialen von Konrad von Hochstaden zur Verlängerung ihres Dienstes aufgefordert. Dabei kann es sich um erste Ansätze der »Verwaltungsreform« Konrads gehandelt haben.

4. Herrschaftszentren und ihre materiellen Leistungen für das Kölner Erzstift

4.1 Itinerar und Herrschaftszentren Konrads von Hochstaden

Um die Herrschaftszentren zur Zeit Konrads von Hochstaden herauszuarbeiten, ist eine Beschäftigung mit den regionalen Regierungsschwerpunkten des Erzstifts notwendig. Die Ermittlung dieser Schwerpunkte setzt aber die Erarbeitung eines Itinerars voraus, durch das zumindest die Häufigkeit und eventuell auch die Dauer seiner Aufenthalte ermittelt werden können.

Noch vor dem Beginn seiner Amtszeit im Februar/Juni 1239 bereiste Konrad von Hochstaden das Kölner Erzstift. So hielt er sich im Dezember 1238 auf der Burg Are auf.[325] Noch im gleichen Monat ist er in Unna nachweisbar, ohne daß über seine Zwischenstationen Angaben möglich sind.[326] 1239 eilte er nach Köln zurück, um von dort aus die Adelsrevolte niederzuschlagen. Vom Februar bis November 1239 kämpfte er bei Bonn, im Jülicher Land, bei Mettmann und in der Eifel.[327]

Im Februar 1240 zog er erstmals ins kölnische Westfalen, wo er am 29.2 in Rüthen urkundete.[328] Eventuell diente die Reise dazu, neue Kräfte für den Kampf im Rheinland zu mobilisieren, denn abermals zwang ihn die militärische Lage dazu, aktiv einzugreifen. Bei Zülpich, Broich/Ruhr, Bensberg und Bedburg wurden im Verlauf dieses Jahres

---

325 Vgl. REK III 928. Zur Methodik einer Itinerar-Untersuchung siehe zuletzt etwa MÜLLER-MERTENS, Reich, S. 139ff.
326 Vgl. REK III 929.
327 Vgl. REK III 934, 951, 960, 964.
328 Vgl. REK III 973.

die Feindseligkeiten fortgesetzt.[329] Der Kölner Erzbischof begab sich dann 1241 erstmals nach Soest (4.4.), wo er sich den April über aufgehalten haben dürfte. Am 11. Mai 1241 urkundete er wieder in Köln.[330] Konrads Erfolge gegen die Adelskoalition im Jahre 1240[331] ermöglichten es ihm 1241 seine Regierungstätigkeit zu intensivieren.

Am 29. Mai 1241 befand er sich auf der Burg Volmarstein, im Juni urkundete er im Kloster Knechtsteden (bei Dormagen). Von Maria Laach (11.7.) aus zog er nach Neuss weiter. Nach Köln zurückgekehrt reiste er im Spätsommer nach Westfalen, wo er am 10. September in Bodenfeld/Weser ein antistaufisches Bündnis abschloß. Einen Tag später weilte der Erzbischof in Herford, wo er sich mit dem Grafen Otto von Ravensberg traf und zwei Tage blieb. Über Soest, wo er sich am 16. September aufhielt, kehrte er ins Rheinland zurück. Zusammen mit dem Mainzer Erzbischof, der ihn begleitete, zog Konrad von Hochstaden anschließend zu einem Verwüstungszug in die kaiserliche Wetterau (September).[332]

Nach einer neuerlichen Fehde mit dem Grafen von Jülich bei Brühl (Januar 1242) wurde Konrad am 2. Februar 1242 bei Lechenich überwältigt. Bis zum November saß er im Kerker von Nideggen fest.[333] Nach seiner Freilassung aus der Haft begab sich Konrad von Hochstaden am 2. Mai 1243 nach Lüttich, wo er am 16. Mai mit dem Erzbischof von Mainz abermals urkundete. Am 3. Juni befand sich Konrad in Andernach. In Neuss bereitete er seinen Kriegszug gegen den Grafen von Kleve vor (16.9.), den er im gleichen Monat zur Aufgabe einer Zollstelle in Orsoy zwang. Im Anschluß an diese Fehde erwarb er die Burg Holte nahe Ruhrort.[334] Ein Aufenthalt auf dieser Burg ist nicht belegt. Um die Jahreswende 1243/44 attackierte er gemeinsam mit dem Erzbischof von Mainz das staufische Worms.[335]

1244 zog Konrad von Hochstaden zu einer Strafexpedition nach Westfalen. Seine nachweisbaren Aufenthaltsorte sind Herford (22.5.) und Geseke (12.6.). Er hat sich in diesem Gebiet den ganzen Juni über aufgehalten. Auf seinem Rückweg nach Köln ist er am 28. Juni 1244 in Neuss belegt.[336] Wieder in Köln rückte er im Juli abermals gegen feindliche Adlige vor und eroberte noch im gleichen Monat das kölnische Werl zurück (Juli 1244).[337] Nach seinem Sieg zog der Kölner

---

329 Vgl. REK III 975, 976, 982, 983.
330 Vgl. REK III 1011/1013.
331 Siehe dazu das Kapitel A I 1 »Behauptung gegen den rheinischen Adel 1239/1242«.
332 Vgl. REK III 1015, 1018, 1020, 1026, 1037a, 1030, 1031, 1034, 1035.
333 Vgl. REK III 1046/1047.
334 Vgl. REK III 1083/1084, 1085, 1090, 1092, 1093.
335 Vgl. REK III 1111.
336 Vgl. REK III 1140, 1141, 1149, 1150.
337 Vgl. REK III 1151/1152.

Erzbischof dann über Leuth (bei Venlo) und Neuss nach Köln zurück.[338]

Nach seiner Rückkehr aus Lyon, wo er mit dem Papst 1244/45 konferiert hatte, hielt sich Konrad zumeist in Köln auf. Ausnahmen bildeten seine Aufenthalte in Trier (Juni), Koblenz (6.10.) und Andernach, das er zum Jahresende stärker befestigen ließ.[339]

1246 zog Konrad in den Nordwesten seines Erzstifts. Er urkundete im März in Rees und Ende des Monats in Recklinghausen. Im Mai hielt er sich zur Wahl des Gegenkönigs in Veitshöchheim auf. Nachdem er sich im Juni/Juli wieder in Köln befand, zog er Ende Juli nach Frankfurt, wo das Heer König Konrads IV. vom antistaufischen Bündnis geschlagen wurde (25.7.–5.8.).[340] Bis zum Januar 1247 hielt sich Konrad von Hochstaden dann wieder in Köln auf. Am 21. Januar in Bonn belegt, reiste er im Februar/März abermals nach Lyon, von wo er Mitte März zurückkehrte. Im April/Mai begab er sich in einer wichtigen Angelegenheit nach Lüttich. Am 8. Juni weilte Konrad in Xanten zur Unterzeichnung eines Bündnisvertrages mit Kleve. Den Rest des Jahres ist er in Neuss und im Großraum Köln belegt.[341]

1248 zog Konrad von Hochstaden wieder nach Westfalen. Am 24. März 1248 schloß er mit Osnabrück in Schmerlecke bei Soest ein Bündnis. Am 6./7. April 1248 hielt er sich zum Friedensschluß mit Paderborn zwei Tage in Salzkotten auf.[342]

Am 29. April befand sich der Kölner Erzbischof bei König Wilhelm von Holland und unterstützte ihn bei der Belagerung von Kaiserswerth. Doch scheint er bald danach nach Köln züückgezogen zu sein, wo er sich bis zum August im Raum Köln-Neuss aufhielt. Am 5. August urkundete er dann auf der Burg Are. Im September 1248 belagerte er zusammen mit dem Trier Erzbischof die Burg Thurant. Im Herbst zog er nach Aachen, wo er mehrmals belegt ist (18.10. und 1.11.1248 zur Weihe König Wilhelms von Holland) Am 23. Dezember reiste er noch einmal von Köln aus nach Kaiserswerth.[343]

1249 bemühte sich Konrad von Hochstaden intensiv um die Übertragung des Erzbistums Mainz, dessen Stuhl nach dem Tode des Erzbischofs vakant war. Zu diesem Zweck hielt er sich im März und im Sommer (29.6.–7.7.) über einen längeren Zeitraum hinweg in Mainz auf.[344] Weitere Aufenthaltsorte in diesem Jahr waren Godesberg (2.3.), Neuss (19.4.), Frankfurt (Juli), Ringsheim bei Rheinbach (13.8.–28.8.),

---

338 Vgl. REK III 1155/56.
339 Vgl. REK III 1171–1180, 1196, 1216, 1228.
340 Vgl. REK III 1236/37, 1257, 1274/75.
341 Vgl. REK III 1304, 1307, 1323, 1331–1366.
342 Vgl. REK III 1380, 1384/85.
343 Vgl. REK III 1388/89, 1408, 1416, 1425–27, 1437.
344 Vgl. REK III 1453, 1490–1495.

dessen Belagerung und Zerstörung er eventuell selbst leitete, Boppard (1.10.) und Neuss (14.11.).[345]

In den ersten Monaten des Jahres 1250 ist der Kölner Erzbischof durchgängig in Köln belegt. Am 3. Mai 1250 reiste er nach Lüttich, am 1. Juni hielt er sich in Utrecht auf. Im Juli beteiligte sich Konrad an einem Verwüstungszug König Wilhelms in Rheinhessen. Am 25. Juli ist er bei Bechtolsheim (Kr. Oppenheim) nachweisbar. Zum Jahresende 1250 zog Konrad von Hochstaden ein weiteres Mal in seine westfälischen Besitzungen. Drei Urkunden stellte er am 15. November auf der Burg Hovestadt (Lippetal-Hovestadt, Kreis Soest) am Lippeübergang aus.[346]

1251 ist Konrad von Hochstaden außerhalb Kölns lediglich in Neuss (Juni, 9.9.) nachweisbar, wo er einen Friedensvertrag mit Jülich aushandelte.[347]

Auch 1252 hielt er sich in der ersten Jahreshälfte durchgehend in Köln auf. Auf Bitten des Bischofs von Utrecht bewachte er die Stadt im Juni 1252 in Abwesenheit des Klerikers, der zu einer Fehde auszog. Im Juli war er drei Tage lang Teilnehmer des Frankfurter Fürstentages. Nach seiner Rückkehr nach Köln urkundete der Kölner Erzbischof in Bonn (13.8.), Schwelm (29.9.) und zog danach über Neuss (Oktober) nach Köln zurück.[348]

Auch von 1253 bis 1257 hielt sich Konrad vorzugsweise im Rheinland auf. Ausnahmen bildeten seine Belege in Ardey (Stadt Fröndenberg, Kreis Unna) am 25. September 1253, Mainz (13.7.1254), Uerdingen (11.6.1255), Volmarstein (18.3.1256) und Prag (17.7.–10.8.).[349]

Eine Beteiligung Konrads am kölnisch-paderbornischen Friedensvertrag in Essen vom 20. bis 24. August 1256 erscheint sehr fraglich, da sich der Kölner Erzbischof noch am 10. August in Prag aufhielt.

Nach der Wahl König Richards von Cornwall zum Deutschen König bei Frankfurt (13.1.1257) reiste Konrad über Deventer (14.3.) nach London (20.3.–8.4.), um Richard zur Königskrönung in Aachen (17.5.–22.5.) zu geleiten. Danach blieb er auch weiterhin in der Umgebung Richards.

Beide befanden sich am 15. Juli im Lager vor Boppard/Rhein. Sein Aufenthalt in Brühl am 17. August weist darauf hin, daß er bald das königliche Lager verlassen hat. In Frechen ist er im September nachweisbar. Hier kam es zur Schlacht mit den Kölner Patriziern.[350]

---

345 Vgl. REK III 1451, 1464, 1496, 1502, 1505, 1519, 1532.
346 Vgl. REK III 1588, 1594, 1599, 1607/08/09.
347 Vgl. REK III 1639, 1641.
348 Vgl. REK III 1678, 1684–86, 1691, 1692, 1694.
349 Vgl. REK III 1739, 1786, 1849, 1883, 1903–07.
350 Vgl. REK III 1935, 1939, 1942, 1949, 1967, 1970, 1978.

Am 27. Februar 1258 schloß Konrad auf der Burg Lahneck (Stadt Lahnstein, Rhein-Lahn-Kreis) ein Bündnis mit dem Mainzer Erzbischof.[351] Außerhalb des Rheinlandes hielt sich der Kölner Erzbischof im Mai 1259 auf der Burg Volmarstein und am 28. Juli in Elberfeld auf.[352]

1260 in Aachen nachweisbar (20.1.) zog er am 30. Mai 1260 zur Burg Kogelnberg (Kreis Wolfhagen), wo ein Grenzvertrag zwischen Sachsen, Corvey und Köln geschlossen wurde. Am 26. Juni ist er in Volmarstein belegt.[353]

1261 begab sich Konrad von Hochstaden zur Unterzeichnung eines Vertrages mit dem Bischof von Osnabrück nach Diestedde (Kreis Bekkum). Gegen Ende seines Pontifikates urkundete er im Süden des Erzstifts in Linz/Rhein.[354]

Die überragende Mehrheit aller Urkunden der Regierungszeit Konrads von Hochstaden wurde in der Stadt Köln ausgestellt. Hier befand sich eindeutig der herrschaftliche Mittelpunkt des Kölner Erzbischofs. Er hielt während seines Pontifikats an seiner Position in Köln, dem Zentrum des Erzstifts, fest, selbst gegen massiven Widerstand aus der Bürgerschaft. Besonders seit der zweiten Hälfte seiner Regierungszeit mehrten sich die durchgängigen mehrmonatigen Aufenthalte in seiner »Hauptstadt«. Die Bedeutung der Stadt lag in ihrer Funktion als Verwaltungszentrum des Erzstifts. Hier war der Hauptumschlagplatz des Handels und das religiöse Zentrum des Erzbistums. Unzweifelhaft hat Konrad von Hochstaden aber auch Bonn eine besondere Rolle als Herrschaftszentrum zugewiesen, denn die Stadt war ein bevorzugter Aufenthaltsort. Während für den Zeitraum 1100 bis 1238 vier Urkunden von Kölner Erzbischöfen in Bonn bekannt sind, hat Konrad von Hochstaden in zwanzig Jahren zwölfmal dort geurkundet, wobei zwei Urkunden an einem Tag ausgestellt wurden.[355] Dabei fällt auf, daß sich Konrad von Hochstaden seit 1258 sechsmal in Bonn aufgehalten hat. Dies steht in einem ursächlichen Zusammenhang mit der zunehmenden Verschlechterung des Verhältnisses zwischen der Stadt Köln und dem Kölner Erzbischof in den Jahren nach 1250. Konrad von Hochstaden hat offensichtlich in diesem Zeitraum den politischen Schwerpunkt seiner Herrschaft nach Bonn verlegt, das auch durch seinen Freiheitsbrief vom 18. Mai 1244 die Stadtrechte erhalten hatte. Bonn hat für Konrad von Hochstaden sicherlich eine Art »Nebenhauptstadtfunktion« erfüllt. 1257 ritt der Erzbischof nach dem Ausbruch von

---

351 Vgl. REK III 1987.
352 Vgl. REK III 2058, 2063.
353 Vgl. REK III 2090, 2106, 2114.
354 Vgl. REK III 2145, 2147.
355 Vgl. REK III 934, 1304, 1691, 1776, 1991, 2014, 2017, 2018, 2062, 2068, 2071, 2130.

Unruhen in der Stadt Köln nach Bonn, um dort die Kräfte für den Gegenschlag zu organisieren.[356] Über eine durchschnittliche Verweildauer Konrads in Bonn sind Aussagen nicht möglich. Er wird sich jeweils nicht länger als einen Tag dort aufgehalten haben. Bis auf die Fehde mit dem Grafen von Sayn im Jahre 1238 besuchte Konrad von Hochstaden Bonn nur aus politischen Gründen.

Ein weiteres kölnisches Herrschaftszentrum war Neuss, wo zwischen 1241–1261 insgesamt 24 erzbischöfliche Urkunden ausgestellt wurden.[357] Zunächst war Neuss ein Treffpunkt für Verhandlungen mit dem Grafen von Geldern. Allein fünfmal traf er sich mit ihm zu Beratungen. Auch die Regelungen über die Burglehen der Burgmannen zu Hochstaden wurden in Neuss getroffen. 1255 war die Stadt Schauplatz der Verhandlungen zwischen Konrad und König Wilhelm von Holland und einem Vertreter der Kurie über das Schicksal Simons von Paderborn. Die Stadt war zudem ein Wirtschafts- und Verwaltungszentrum für den Nordwesten des rheinischen Kerngebietes. Mit der Nord-Süd-Achse Neuss-Bonn ist ein Kernraum bzw. politischer Zentralraum des rheinischen Teils des Erzstifts beschrieben. Mit Köln als Zentrum ist hier mit den Nebenresidenzen Bonn und Neuss die Basislandschaft politischen Wirkens im Rheinland nachweisbar.

In Andernach und Rheinberg weilte Konrad von Hochstaden nach Aussage der Urkunden je zweimal.[358] Es waren Städte, die gleichsam südlich und nördlich vorgelagerte Außenbastionen dieses beschriebenen Kernraums darstellten. Auch in Lechenich und Brühl hat Konrad von Hochstaden während seines Pontifikats jeweils zweimal Urkunden ausgestellt.[359] Diese Großhöfe lagen geographisch in der Nachbarschaft der Stadt Köln und stellten erzstiftische Stützpunkte dar, die im Bedarfsfall gegen das kölnische Patriziat aufgeboten werden konnten.

Zweimal hat sich Konrad von Hochstaden auch auf der Burg Altenahr aufgehalten, die durch ihre Lage das Ahrtal völlig absperrte. Die im Dezember 1238 ausgestellte Urkunde über die Abtretung der Vogtei des Klosters Schweinheim könnte durch den Burgkaplan Johannes angefertigt worden sein, da die Zeugenlisten keinen Schreiber aufführen.[360] Auch die Privilegienurkunde für Ahrweiler wurde am 5. August 1248 auf der Burg Altenahr ausgestellt.[361] Altenahr war somit wohl ein untergeordnetes Verwaltungszentrum für das Dreieck Ahrweiler — Altenahr — Euskirchen. Die rheinischen Exklaven Bacharach und

---

356 Vgl. REK III 1977, ENNEN, Stadterhebungspolitik, S. 345.
357 Vgl. REK III 1026, 1090, 1102, 1150, 1156, 1340, 1405, 1464, 1532, 1639, 1641, 1694, 1743, Lac. II 413, REK III 1765, 1817, 1818, 1837, 1920, 1937, 2002, 2005, 2006, 2069.
358 Vgl. REK III 1085, 1228 zu Andernach; 1730, 1880 zu Rheinberg.
359 Vgl. REK III 1047, 1922a zu Lechenich; 1046, 1970 zu Brühl.
360 Vgl. REK III 928.
361 Vgl. REK III 1408.

Rhens hat Konrad von Hochstaden wahrscheinlich auf seinen Reisen nach Mainz und zur Burg Lahneck aufgesucht. Aufenthalte auf diesen Höfen lassen sich jedoch nicht belegen. Klassische Fernzonen erzbischöflicher Herrschaft sind im Rheinland nicht auszumachen, was für eine intensive Herrschertätigkeit Konrads in diesem Raum spricht.

In der zweiten Hälfte seines Pontifikates suchte Konrad Westfalen nur noch einmal auf (Diestedde, 1261). Er verlagerte nun seine Präsenz ab 1250 zunehmend in das Gebiet an der Ruhr. Sein Hauptaufenthaltsort war dort gegen Ende seiner Herrschaft Volmarstein (18.3.1256, Mai 1259, 26.6.1260). Insgesamt hielt sich der Kölner Erzbischof auf Volmarstein viermal auf. Bereits 1243 hatte er seinen Amtmann Lupert von Schwansbell mit der Burggrafschaft der Anderburg belehnt. Konrad hat Volmarstein zu einem Verwaltungszentrum an der Ruhr ausgebaut, um die umfangreichen Rechte und Besitzungen zwischen Wupper und Ennepe (Hagen, Schwelm) administrativ zu erfassen. Die erbliche Verleihung der Burggrafschaft Anderburg an einen seiner wichtigsten Lokalbeamten und die häufigen Aufenthalte Konrads auf Volmarstein könnten diesen Schluß zulassen. Basislandschaften seiner Herrschaftsausübung im kölnischen Westfalen waren der Großraum Soest mit den Zentren Soest und Rüthen und das Gebiet der Ruhrmündung mit dem Machtblock Volmarstein-Essen. Dagegen waren der südwestfälische Raum und das Sauerland eine Fernzone seiner Herrschaft. Hier ist eine völlige Abwesenheit des Herrschers festzustellen. Lediglich der Kogelnberger Grenzvertrag zwischen Sachsen, Corvey und Köln führte Konrad von Hochstaden am 30. Mai 1260 in dieses Grenzgebiet im Nordhessischen, was auf eine Gleichberechtigung der Verhandlungspartner schließen läßt. Auch beim Bündnis zwischen Köln und Mainz begab sich Konrad von Hochstaden am 27. Februar 1258 nach Lahneck (Stadt Lahnstein, Rhein-Lahn-Kreis) an die Grenze des Erzstifts, um den Vertrag abzuschließen. Itinerar und Herrschaftszentren verdeutlichen auch die günstigen Verkehrsverbindungen im Erzstift: die Wasserwege und die Straßen des Fernhandels, den Hellweg beispielsweise.

4.2
Die materiellen Leistungen der Herrschaftszentren bei Reisen und Aufenthalten des Erzbischofs

Der Erzbischof war bei seinen Besuchen in den verschiedenen Herrschaftszentren auf eine umfassende Versorgung für Mensch und Tier angewiesen. Jeder Reise des Erzbischofs mußte deshalb ein Plan für Unterbringung, Verpflegung und Ergänzung der Reisevorräte vorausgehen, nach dem das Herrschaftszentrum seine Vorbereitungen treffen konnte.

Erzbischof Konrad von Hochstaden hat auf seinen Zügen durch das Doppelherzogtum Köln-Westfalen bestimmte Burgen, Höfe und Städte häufiger besucht und sich dort länger aufgehalten. In der Mitte des 13. Jahrhunderts gab es noch keine zentrale Residenz, vielmehr war die Landesherrschaft polyzentral auf mehrere Zentren innerhalb des Machtbereichs aufgeteilt. Daß für Verpflegung, Unterbringung und Lieferungen aller Art an den Erzbischof und sein Gefolge vorgesorgt war und die wichtigsten Lieferungen nur noch abgerufen zu werden brauchten, geht aus mehreren Verzeichnissen hervor. Durch das Soester Dienstrecht von 1272 und die Rechtsaufzeichnung der Benediktinerabtei Maria Laach (nach 1376) sind solche Leistungen an den Erzbischof und sein Gefolge bekannt.

Beispiel Soest: Näherte sich der Kölner Erzbischof mit seinem Gefolge der Stadt Soest, so mußte der diensttuende Beamte (*marscalcus, qui est in opido*) dem Erzbischof bis zur Mitte der Bannmeile entgegenreiten und die Ankömmlinge in die Quartiere geleiten.[362] Für die Nachtlager der engsten erzbischöflichen Gefolgschaft wurden sieben Betten mit Bettzeug und ebensoviele »Speiselager« (Tisch, Stuhl, Eß- und Trinkgeschirr) in die Quartiere geschafft. Daneben wurden Futter für die Tiere und Lederkissen herbeigebracht. Der Schuster Johannes mußte den Keller Asenack zur Aufnahme der erzbischöflichen Weine reinigen. Für das leibliche Wohl wurden zwölf Weinkrüge, Bier und Gefäße in das Quartier gebracht. Die zum Gefolge des Erzbischofs gehörenden Falkner fanden in einem anderen Haus Unterkunft. Ein erzbischöflicher Bote übermittelte dem Hof Gelmen (Kreis Soest) Lieferungsbefehle für Streu und Holz. Zusätzlich wurden zwei große Bütten, eine Zusatzbütte, ein Kessel und ein Beil für das Holzmachen besorgt, um dem Erzbischof nach der anstrengenden Reise ein heißes Bad zu richten. Für die Ausstattung der erzbischöflichen Küche waren verschiedene Höfe der Umgebung lieferpflichtig: Nötten (Kreis Soest) lieferte Küchenspieße, Müllingsen (Kreis Soest) stellte irdene Töpfe, Hiddingsen brachte kleine Bratspieße und gemahlenen Pfeffer, jeweils für den Bedarf der erzbischöflichen Küche. Nach seiner Ankunft legte der erzbischöfliche Kurier dem Erzbischof Geschäftsschriftgut zur Einsicht vor.[363] Für den erzbischöflichen Gerichtstermin wurde der Gerichtsort eigens hergerichtet. Zu diesem Zweck wurden Schragen unter die

---

362 ... *occurret ei infra dimidium miliare et ostendet hospicia domino et amicis suis* ... Vgl. Jus domini in Susato, in: ILGEN, Soest, S. CL–CLII.

363 *Item Hermannus de Ruden cum sociis suis portabit litteras domini archiepiscopi, que eis presentantur in Susato, infra Renum et Werram; illis dabuntur victualia in semel.* Vgl. ebd.

Tische, Gerüste und eine Bedachung besorgt. Der Gelmener Schultheiß lieferte das Bauholz und die Bünde, der Soester Richter Nägel und Hausgeschirr.[364]

Beispiel Maria Laach: Die Abtei Maria Laach war im 14. Jahrhundert verpflichtet, den Erzbischof mit 40 Pferden einzulassen, das Gefolge zu bewirten und die Pferde mit Heu und Hafer zu versorgen. Von den Höfen Laach und Kruft (Landkreis Mayen-Koblenz) wurde dem Erzbischof bei Bedarf ein Heerwagen gestellt. Auch in Kruft mußten dem Erzbischof und seinem Gefolge Brot, Wein, Fleisch, Hafer und das Rauhfutter gestellt werden.[365]

Für die Lieferungen der Abtei nach Andernach gab es eine Verwaltungsdirektive, die die Abgabenpflicht für die Stadt Andernach regelte. Dadurch wird Andernach als regionales Verwaltungszentrum aufgewertet. Die Andernacher Burg erhielt an Holzlieferungen von den Höfen zu Kruft alle vierzehn Tage zwei Wagen Holz, gehauen in den Wäldern zu Nickenich (Landkreis Mayen-Koblenz, Kell (Landkreis Mayen-Koblenz) oder Namedy (Andernach-Namedy). Stellte sich bei einem Aufenthalt des Erzbischofs in Andernach Holzmangel ein, so war der Abt von Maria Laach lieferungspflichtig. Der dortige Hofmann des Abtes von Maria Laach lieferte zusätzlich einmal im Monat einen Karren Holz in die Andernacher Burg und einen Wagen Heu von des Abtes zu Steinfeld Wiesen zu Wehr (Landkreis Mayen-Koblenz). Es war also genau festgelegt, welche Leistungen die umliegenden Höfe und Klöster zu erbringen hatten, wenn der Erzbischof mit seinem Gefolge in der nächstgelegenen Burg oder Stadt weilte. Diese Organisationspläne für den Aufenthalt des Herrn befanden sich mit ziemlicher Sicherheit in der Obhut des lokalen Schultheißen. Auch im kölnischen Westfalen bestand eine solche Gastungspflicht für den Landesherren. Unterschiede bestehen wohl in den einzelnen Rechtsaufzeichnungen, die sehr genau die Leistungen für den eintreffenden Erzbischof festhielten. Während das Recht des Erzbischofs von Köln in Maria Laach von einer Aufnahmepflicht für 40 Pferde spricht, kannte der Soester Hofdienst eine solche Limitierung nicht. Dafür war in Soest die Anzahl der zu stellenden Pferde genau festgelegt. Unterschiede zwischen Soest und Maria Laach lagen darin, was jedes Zentrum zu liefern in der Lage bzw. wozu die Umgebung des Zentrums zu liefern verpflichtet war. Empfangen wurde der Kölner Erzbischof in Soest vom westfälischen Marschall (*marscalcus, qui est in opido*). Die Gestellungsbefehle übermittelten Boten an die umliegenden Höfe, um außerordentliche Leistungen für das erzbischöfliche Gefolge anzufordern.

---

364 Vgl. ebd.
365 Vgl. WEGELER, Laach, S. 49f. Der Erzbischof von Köln war Vogt von Maria Laach.

Zentralverwaltung 157

Darüber hinaus waren aber auch regelmäßige Lieferungen von Holz und anderen Dingen des täglichen Bedarfs an das lokale Herrschaftszentrum üblich. Auf dem Rhein reiste der Kölner Erzbischof mit einem Wohnschiff zu seinen Zielen. Zur Ministerialität des Erzbischofs gehörten auch Flußschiffer und Lotsen, die die Schiffe des Erzbischofs führten und sie in die jeweiligen kölnischen Häfen lenkten. Während der Kölner Hofdienst einen Schiffer erwähnte, bezeugte am 16. September 1254 ein Th., Lotse von Neuss, eine erzbischöfliche Besitzbestätigung.³⁶⁶ Das Kalendar der Domkustodie erwähnt ebenfalls einen Schiffsführer (*gubernator navis*).³⁶⁷

Auch die Hintersassen des Stiftshofes Xanten hatten Schiffsdienste zu leisten.³⁶⁸

In Andernach befand sich ein kölnischer Flottenstützpunkt für Kriegs- und Transportschiffe. Hier sammelte Konrad von Hochstaden im März 1252 eine Flotte von vierzehn Kriegsschiffen zum Kampf gegen die Stadt Köln.³⁶⁹

Die Höfe Kruft und Maria Laach stellten im 14. Jahrhundert für den Erzbischof von Köln sechs Pferde, um sein Schiff von Andernach bis nach Rhens oder Bacharach zu treideln.³⁷⁰ Sechs Pferde werden kaum ausgereicht haben, um das schwere Wohnschiff zu ziehen, aber es können auch noch andere Höfe zur Gestellung von Pferden verpflichtet gewesen sein, die aber nicht genannt werden. Aus dem sog. Ursula-Zyklus ist die Abbildung eines getreidelten Schiffes bei Köln (1450–1460) bekannt, das von zwei Pferden mit einem langen Seil gezogen wird, während der Bootsmann das Schiff auf dem Heckkastell auf Kurs hält. Treidelpfade entlang des Rheins sind bereits aus der Zeit Karls des Großen (um 800) überliefert. Drei Pferde bildeten ein Gepann, das pro Tag eine bestimmte Strecke zurücklegte. Eine Schiffsreise von Köln nach Mainz veranschlagte man mit acht Tagen Reisedauer. Bei einer geschätzten Distanz von ca. 200 km legten die Pferde und die Treidelknechte pro Tag etwa 25 km zurück.³⁷¹ Die Nutzung von Schiffen als

---

366 Hütten- oder kajütenähnliche Aufbauten hat es schon auf den flachen Binnenschiffen der Römerzeit gegeben. Derartige Aufbauten sind bei Rheinschiffen nie völlig in Vergessenheit geraten und haben vor allem bei längeren Schiffsreisen hochgestellter Personen eine Rolle gespielt. Vgl. ELLMERS, Schiffe, S. 12; vgl. Kölner Hofdienst, FRENSDORFF, Recht, S. 61; REK III 1799.
367 Vgl. ENNEN/ECKERTZ, Quellen II Nr. 513, S. 567.
368 Vgl. WILKES, Quellen, S. 52, 55, 60, 107f., 110, 114, 192.
369 Bei Straßenarbeiten in der Kölner Straße in Andernach entdeckte man in den Jahren 1959/60 u. a. ein Stück Kaimauer aus dem 3. Jahrhundert n.Chr. Bereits unter den Römern existierte damit in Andernach eine Hafenanlage. Vgl. REK III 1663; HUNDER, Rhein, S. 30.
370 Vgl. WEGELER, Laach, S. 49f. Die Rechte des Kölner Erzbischofs für Maria Laach sind nach 1376–1398 niedergeschrieben worden, da die Quelle den Königsstuhl zu Rhens nennt, der in dieser Zeitspanne erbaut wurde. Dieser Katalog kann aber durchaus auch einen älteren Rechtszustand beschrieben haben.
371 Vgl. BÖCKING, Schiffstreideln; S. 53f.; WEBER, Treidelei, S. 24; OHLER, Reisen, S. 55.

Transportmittel auf dem Rhein war seit der Römerzeit üblich. Als es im Oktober 1252 bei Koblenz zu Übergriffen des trierischen Schultheißen gegen das Gefolge des deutschen Gegenkönigs Wilhelm von Holland kam, befand sich der König gerade mit seinen Schiffen auf einer Fahrt rheinabwärts.[372]

Über Anzahl und Ausstattung der erzbischöflich-trierischen Flotte des Erzbischofs Albero (1131–1152) berichtet sein Biograph Balderich, daß er zum Reichstag nach Frankfurt mit 40 Wohnschiffen für die Unterbringung seines zahlreichen Gefolges und vielen kleineren Kriegsschiffen, Lastkähnen und Küchenschiffen in Frankfurt festmachte.[373] Wenn der Erzbischof von Trier nach Koblenz reiste, mußten die Koblenzer Fischer bis zur Brücke in Trier mitziehen und fischen, um das erzbischöfliche Gefolge mit Fisch für die Mahlzeiten zu versorgen.[374] Während der Fahrten auf den schiffbaren Flüssen wurden die Erzbischöfe von den abhängigen Bauern ihrer Höfe versorgt. Konrad von Hochstaden verfügte wohl über eine dem Trierer Erzbischof vergleichbare Schiffsflotte für seine Kriegs- und Reiseunternehmungen.

Beispiele aus der Nachbarschaft des Kölner Erzstifts sind wiederum aus dem Erzbistum Trier bekannt. Auch beim Trierer Erzbischof bestanden um 1220 klare Anweisungen für den Fall seines Erscheinens bei einem erzbischöflich-trierischen Hof. Falls der Erzbischof nach Ehrenbreitstein (Stadt Koblenz) kam, so mußten auf seinen Befehl alle Jäger von Isenburg (Kreis Neuwied) oder Nassau (Rhein-Lahn-Kreis) mit ihren Hunden vor ihm erscheinen. Hielt er sich an Weihnachten oder zu einem kurzen Aufenthalt dort auf, so mußte auf seinen Befehl der »*wiltforstere*« mit Hund und Strick erscheinen. In den Wäldern des Jagdgebietes war bei Strafe von einem Denar pro Instrument gen. *Hepa* (Heep=Kurzbeil für Holz- und Weinbergsarbeiten) und der Mindeststrafe von 60 Solidi das Fischen verboten. Der Förster war verpflichtet, zweimal im Jahr den Vogt von Ehrenbreitstein, einen Ritter, zwei Diener mit einem Jäger und zwei Fußknechte mit zwölf Hunden und einem Leithund aufzunehmen und dreimal am Tag zu verpflegen. Diese Gruppe begab sich dann auf die Hirschjagd. Wurde ein Förster selbst bei der Jagd ertappt, mußte er den Dienst aufgeben.[375] Innerhalb der trierischen Grundherrschaften bestand offenbar eine Aufgabenverteilung, die Leistungen im erzbischöflichen Dienst anbelangend, und zwar nicht nur, was die Bewirtung des Erzbischofs betraf, sondern auch was die Kriegs- und Lieferdienste anbelangte. Von den 24 Mansen des erzbischöflich- trierischen Bischofshofes Koblenz mußten die Bauern

---

372 Vgl. REK III 1696.
373 Vgl. OHLER, Reisen, S. 249f.
374 Vgl. Liber annalium iurium, in: MRUB II, Nr. 10, S. 415.
375 Vgl. ebd., S. 424f.

von vier Mansen den Erzbischof zum Kriegszug nach Burgund begleiten, andere vier Mansen stellten einen Mann mit Schiff auf vierzehn Tage und machten drei Fahrten per Schiff mit Wein und Getreide bis Trier. Zwei Militärhufen mußten dem Erzbischof von Trier bis zu den Alpen folgen. Ging es gegen die Engländer oder Teneder (Byzantiner), so gingen sie bis *Walesgemund* auf eigene Kosten, von da ab auf des Erzbischofs Kosten mit. Die logistische Vorbereitung eines Kriegszuges führten die Schuster durch. Ihnen wurden Felle, Fett, Salz und Leinen zur Verfügung gestellt, um die Ausrüstung instandzusetzen.[376] Diese für einen trierischen Hof beschriebene Dienstordnung kann durchaus auch für die kölnischen Machtzentren angenommen werden.

5.
Kanzlei

5.1
Der Cancellarius/Keppler

Die Kanzlei war die zentrale Institution am Hof. Sie führte die erzbischöfliche Korrespondenz, erledigte Rechtsgeschäfte wie Verträge und Lehnsakte, war für die Ausstellung der Urkunden und die Führung der Lehnsregister verantwortlich und verwaltete das erzbischöfliche Archiv. Ansätze eines Registerwesens sind erstmals unter Erzbischof Siegfried von Westerburg (1275–97) belegt. Die kölnische Kanzlei erstellte in dieser Zeit ein Kopiar mit den wichtigsten Lehnsurkunden seiner Regierungszeit.[377]

Seit 1167 war der Keppler der oberste Leiter der Kanzlei. Ihm oblag die Oberaufsicht über das Beurkundungsgeschäft, die sich auch in seiner Nennung als Datar zeigte. Dieser Rekognitionsvorgang war offenbar mit der Besiegelung verbunden, denn er hatte das größere Siegel des Erzbischofs in seinem Besitz.[378] Der Keppler übte zudem richterliche Funktionen in der Sendgerichtsbarkeit über erzbischöfliche Ministerialen aus.[379] Die in der Kanzlei beschäftigten Kleriker waren vor allem für die Urkundenausfertigung zuständig. In dieser Funktion

---

376 Vgl. ebd., S. 415.
377 Vgl. REK III 3533.
378 Vgl. JANSSEN, Kanzlei, S. 148, GROTEN, Priorenkolleg, S. 161.
379 ... *qui capellarius proximo die post festum sancti Petri synodum suam celebrarit in veteri domo archiepiscopi ante capellam beati Iohannis et in lapidea cathedra ibidem sita ipse residebit, eruntque presentes illic beati Petri ministeriales omnes, ut de excessibus suis, quos personaliter commiserint, cappellario tamquam patri suo spirituali respondeant* ... Vgl. LKD, Art. 9; FRENSDORFF, Recht, S. 8.

wurden sie in den Quellen als *scriptor, notarius* oder *sigillifer* bezeichnet.[380]

Daneben hatten die Kanzleinotare auch noch spezielle Aufträge auszuführen: Als *elemosinarius* war einer der Notare, die zumeist auch erzbischöfliche Kapläne waren, für die Armenpflege verantwortlich. Die Notare unterstützten den Erzbischof bei seinen geistlich-liturgischen Aufgaben, sie wickelten als Prokuratoren des Kölner Erzbischofs auf den Champagnemessen die Aufnahme von Krediten ab und traten in Rom vor den kurialen Gerichten bei den Umschuldungsverhandlungen als Vertreter des Erzbischofs auf. Daneben begleiteten sie ihren Herrn bei Gesandtschaften und Reisen.

Die Angehörigen der Hofkapelle und der Hofkanzlei gehörten zur *familia curiae* des Erzbischofs und somit zum Hofklerus. Sie waren Haus- und Tischgenossen der Kölner Erzbischöfe (*socii mensae*) und wurden von ihrem Herrn in der erzbischöflichen Pfalz beherbergt.[381]

Entscheidend für die Betrachtung der erzbischöflichen Kanzlei unter Konrad von Hochstaden ist das Jahr 1219. In diesem Jahr mußte Erzbischof Engelbert I. dem Domkapitel zugestehen, daß das Amt des Kanzleichefs stets mit einem Domkanoniker besetzt wurde.[382] Damit sicherte sich das Domkapitel ausdrücklich die Leiterstelle über das erzbischöfliche Urkundenwesen und einen weiteren Einfluß im Wettstreit mit den Prioren.[383] Dem Kölner Erzbischof wurde damit erschwert, Kandidaten seiner Präferenz für dieses Amt zu bestimmen. Zumindest mußte er auf die Parteiungen innerhalb des Domkapitels Rücksicht nehmen. Seit dieser Zeit ist eine langsame Verdrängung des Kepplers aus der Kanzlei zu beobachten. Nach und nach widmete er sich anderen Aufgaben wie der Verwaltung des Armenwesens und der Leitung des erzbischöflichen Armenhospitals St. Lupus.[384]

Über die Einnahmen des Kepplers ist nur wenig bekannt. Im Kölner Hofdienst erhielt er als Leiter der erzbischöflichen Kapelle einen Malter Hafer und zwei Denare zugeteilt.[385] Darüber hinaus bekam er neben gewissen Einnahmen vom Erzbischof zweimal im Jahr ein Essen und

---

380 Vgl. MATSCHA, Heinrich I., S. 525. Zu den personellen Verflechtungen zwischen der Hofkapelle und der Kapelle siehe ebd. Die Hofkapelle spielte im 13. Jahrhundert für die erzstiftische Verwaltung keine Rolle mehr.
381 Vgl. SCHREINER, »Hof«, S. 81; LKD, Art. 9 LKD; FRENSDORFF, Recht, S. 8; HAIDER, Wahlversprechungen, S. 356. Der Kölner Erzbischof führte den Erzkanzlertitel (*Archi-Cancellarius*) für Italien. Vgl. RITZERFELD, Erzstift, S. 30f.
382 Vgl. HEIMEN, Diplomatik, S. 31; MATSCHA, Heinrich I., S. 524f.; JANSSEN, Erzstift, S. 15.
383 Vgl. HAIDER, Wahlversprechungen, S. 342f. Im Verlauf des 13. Jahrhunderts gelang es dem Domkapitel das Priorenkolleg im Recht der Wahl des Kölner Erzbischofs abzulösen.
384 Vgl. MATSCHA, Heinrich I., S. 525f.; JANSSEN, Erzstift, S. 16, spricht von einer Trennung von Kanzler und Kanzlei.
385 Vgl. FRENSDORFF, Recht, S. 60.

zwei neue Kleider.³⁸⁶ Der Keppler leitete die Kanzlei in der Regel mit zwei hauptamtlichen Schreibern, von denen einer den Titel *protonotarius* führte. Um ständig für den Erzbischof verfügbar zu sein, begleiteten sie Konrad von Hochstaden mit den wichtigsten Unterlagen auf seinen Zügen. Im 13. Jahrhundert ging die Führung der Kanzlei im Zuge der bereits angedeuteten institutionellen Verschiebungen auf den *protonotarius* über.

Zunächst ist davon auszugehen, daß der Kepplerposten beim Amtsantritt Konrads von Hochstaden nicht besetzt war.³⁸⁷ JANSSEN ist der Auffassung, daß er der inzwischen vollzogenen Trennung von Hofkapelle und Kanzlei Rechnung trug, indem er einen nominellen Kanzleichef berief, der lediglich *cancellarius* war.³⁸⁸ Die Erwähnung dieses Kanzlers, Magister Johannes Cancellarius, im Jahre 1249 ist jedoch für diese These der einzige Beleg.³⁸⁹ Johannes ist nach 1249 nicht mehr nachweisbar. Der 1248 eingesetzte Nachfolger auf dem Kepplerposten, Gerhard von Müllenark, hatte wohl gar keine Einflußmöglichkeiten mehr auf das erzbischöfliche Urkundenwesen.³⁹⁰

Zur endgültigen Trennung von Kapellariat und Leitung des erzbischöflichen Urkundenwesens kam es im Jahr 1255, als Gerhard von Müllenark offen Partei gegen den Erzbischof bezog. Konrad von Hochstaden exkommunizierte ihn daraufhin am 12. Februar 1255, weil dieser das an dessen Bruder verliehene *castrum* Müllenark (Gemeinde Schophoven, Kreis Düren) erobert und damit seinen Eid gebrochen hatte.³⁹¹

5.2
Die Schreiber

Die beiden lateinischen Dienstrechte des 12. Jahrhunderts, und das Deutsche Dienstrecht des 13. Jahrhunderts nennen eine Funktion des Schreibers in der exekutiven Gerichtsbarkeit. Wurde ein Ministeriale vom Erzbischof wegen schwerer Verfehlungen gegen seine Standesgenossen im Ministerialengefängnis inhaftiert, so war es die Aufgabe des Schreibers, die Pfosten der Türen auf beiden Seiten mit einem

---

386 Vgl. HAIDER, Wahlversprechungen, S. 356.
387 Vgl. MATSCHA, Heinrich I., S. 525f.
388 Vgl. JANSSEN, Kanzlei, S. 149.
389 Vgl. REK III 1507, 1527.
390 Vgl. HAIDER, Wahlversprechungen, S. 346.
391 Vgl. REK III 1828.

roten Faden und dem Bischofssiegel zu verbinden, um damit das Gefängnis zu versiegeln.[392]

Konrad von Hochstaden hat nach seiner Wahl zum Erzbischof zunächst keine personellen Veränderungen in der Kanzlei vorgenommen. Pilgrim, Kanoniker von St. Andreas in Köln, war seit 1213 als Schreiber der Erzbischöfe in der Kanzlei tätig und 1225 bereits zum *protonotarius* aufgestiegen.[393] 1238 begleitete Pilgrim Konrad von Hochstaden nach Unna (Kreis Hamm).[394] Schreibarbeiten sind von ihm unter Konrad nicht bekannt geworden. Es liegt nahe, daß Pilgrim die Leitung der Kanzlei bis zu seinem Ausscheiden übernahm. Im März 1241 bekleidete er diese Position nicht mehr, denn er urkundete als Dekan von St. Andreas. Zuletzt wurde er im Mai 1251 erwähnt.[395] Pilgrim blieb unter Konrad von Hochstaden der einzige Schreiber, der gleichzeitig *notarius* und erzbischöflicher Kaplan war. Nun begann der Kölner Erzbischof mit einer personellen Umformung der Kanzlei, die mit einer Trennung von der Hofkapelle verbunden war.

Magister Gottschalk (1219–1255) ist erstmals 1219 unter Engelbert I. nachweisbar. Unter Konrad von Hochstaden ist seine Schreiberhand bis zum 3. Mai 1255 belegt.[396] Er war als zweiter Schreiber in der Kanzlei tätig, doch gehörte er bereits nicht mehr zu den erzbischöflichen Kaplänen. Seine Verwendung läßt sich an folgenden Aufgaben erkennen: Zu den Umschuldungsverhandlungen begleitete Gottschalk den Kölner Erzbischof als Finanzexperte nach Siena und Rom.[397] Bei einer weiteren Reise nach Italien hatte Gottschalk vor dem 4. Oktober 1250 im Auftrag des Kölner Erzbischofs eine Summe Geldes bei Florentiner Kaufleuten entliehen, da sich Papst Innozenz IV. bei seiner Zahlungsaufforderung an Konrad von Hochstaden ausdrücklich auf den Kanoniker Gottschalk von St. Mariengraden bezog.[398]

Gottschalk wurde bis 1251 ständig in der Umgebung Konrads von Hochstaden als Zeuge seiner Urkundenhandlungen und als Aussteller seiner Urkunden angeführt, dabei allein zweimal in einer Datum-per-Manus-Formel.[399] Daneben übte Gottschalk auch Funktionen in der

---

392 Dan sal des buschofs schriver die durste(l) der duren up ewer ende besegelin mit eyme roden siden vademe mit des buschofs ingesegele. Vgl. deutsches DR, Art. 3; FRENSDORFF, Recht, S. 41. Vgl. LKD, Art. VII; FRENSDORFF, Recht, S. 7; KKD, Art. 5; VON LOESCH, KKD, S. 299.
393 Vgl. REK III, Register, S. 401; vgl. HEIMEN, Diplomatik, S. 29. Kaiser Friedrich I. schaffte das Amt des *protonotarius*, das unter dem Kanzler stand und meist aus der Reihe der *notarii* hervorging. Vgl. KLEWITZ, Cancellaria, S. 77.
394 Vgl. REK III 929.
395 Vgl. REK III 1009, MATSCHA, Heinrich I., S. 519ff.
396 Vgl. MATSCHA, Heinrich I., S. 514; REK III 1845.
397 Vgl. REK III 865, 935/937.
398 Vgl. REK III 1605.
399 Vgl. REK III 1013, 1042, 1068, 1095, 1237, 1292, 1300, 1362, 1372, 1375, 1420, 1495, 1639, mit Datum-per-Manus-Formel REK III 1063, 1131.

Rechtsprechung aus. Am 27. Mai 1248 autorisierte Konrad von Hochstaden u. a. seinen Notar Magister Gottschalk als Schiedsrichter in einem Streit zwischen Schillingskapellen (Pfarrei Esch, Rhein-Sieg-Kreis) und dem Kanoniker Conrad von Wichterich (Kreis Euskirchen). Am 5. September 1249 entschied der Kölner Erzbischof einen Streit, nachdem ihm die Umstände der Auseinandersetzung von seinem Notar Magister Gottschalk vorgetragen worden waren.[400] Als Mitglied der Lupusbruderschaft ist Gottschalk im Februar 1248 belegt. Im Gefolge des Erzbischofs begleitete Gottschalk seinen Herrn auf dessen Zügen nach Westfalen und Mainz.[401] Die zweimalige Rekognition von Urkunden mit der Datum-per-Manus-Formel läßt darauf schließen, daß Gottschalk nach dem Ausscheiden Pilgrims die Nachfolge in der Oberaufsicht der Kanzlei übernommen hat. MATSCHA sieht in diesem Aufstieg eine Behinderung der Versuche Konrads, die Kanzlei umzustrukturieren.[402] Dagegen ist es doch eher wahrscheinlich, daß diese Personalpolitik gerade von Konrad von Hochstaden eingefädelt wurde, um neben der nominellen durch den Keppler ausgeübten Leitung der Kanzlei einen tatsächlichen Leiter zu institutionalisieren, um damit die Besetzungsansprüche des Domkapitels auf das Keppleramt auszuhöhlen.

GROTEN weist nach, daß Konrad außerdem seit 1243 den städtischen Schreiber Heinrich von der Brothalle in der erzbischöflichen Kanzlei beschäftigte. Wegen dieser Tätigkeit für den Kölner Erzbischof wurde er von bedeutsamen politischen Handlungen in der Stadt Köln ferngehalten. Wie lange er in der Kanzlei beschäftigt war, ist nicht bekannt.[403]

1247 hat Konrad von Hochstaden die Zahl der erzbischöflichen Schreiber erhöht. Er war zu einem personellen Ausbau der Kanzlei gezwungen, da durch eine zunehmende Verwaltungstätigkeit auch ein erhöhtes Aufkommen von Geschäftsschriftgut zu verzeichnen war.[404]

Zusammen mit dem Notar Gottschalk urkundete ein Gottfried (1248–1260 nachweisbar) erstmals Ende 1247 und im Februar 1248, diesmal ausdrücklich als Mitglied der erzstiftischen Kanzlei (*Godefridus notarius*) bezeichnet.[405] Auch Gottfried zählte zur engsten Umgebung des Kölner Erzbischofs und begleitete ihn auf seinen Reisen nach Hovestadt (Lippetal-Hovestadt, Kreis Soest) und Prag.[406] Am erzbischöflichen Hof war Gottfried sechsmal nachweisbar.[407] Daneben war

---

400 Vgl. REK III 1394, 1507.
401 Vgl. REK III 1376, 1237 (31.3.1246), 1495 (7.7.1249).
402 Vgl. MATSCHA, Heinrich I., S. 531.
403 Vgl. GROTEN, Wandel, S. 116f.
404 BURGARD, Beamte, S. 224, arbeitet diesen Zusammenhang für die Grafschaft Luxemburg heraus.
405 Vgl. REK III 1362, 1376.
406 Vgl. REK III 1608 (15.11.1250), 1903 (17.7.1256).
407 Vgl. REK III 1877, 1999, 2046, 2056, 2094, 2110.

er der letzte erzbischöfliche Notar, der als Datar an der Ausstellung von Urkunden beteiligt war. Gottfried ist dann als *protonotarius* von Konrad von Hochstaden am 17. Dezember 1260 zum Kanzleileiter ernannt worden.[408]

Heinrich von Duisburg war als vierter erzbischöflicher Schreiber von 1250–1252 im Dienst.[409]

Konrad von Hochstaden hat systematisch versucht, die eigentliche Kanzlei personell aus der Hofkapelle herauszulösen, um die Bestimmung von 1219 zu umgehen, die besagte, daß das Amt des Kanzleileiters mit einem Domkanoniker zu besetzen war. Er machte sich dabei die Entwicklung zunutze, daß das Amt des Kepplers im Verlauf des 13. Jahrhunderts zunehmend zum Ehrenamt geworden war. Konrad wollte das Domkapitel nicht brüskieren, indem er die Bestimmung von 1219 verletzte, aber er verlagerte die Leitung der Kanzlei, indem er die Urkundenaufsicht 1260 dem *protonotarius* Gottfried übertrug. 1255 gelang es Konrad von Hochstaden, den amtierenden Keppler Gerhard von Müllenark wegen Eidbruchs zu exkommunizieren. Zu groß war der Einfluß des lokalen Adels im Domkapitel auf das Amt des Kepplers geworden, so daß der Erzbischof hier Maßnahmen ergreifen mußte, um domkapitularische Kleriker aus der Spitze der Hofkanzlei herauszuhalten.

Während Pilgrim noch *notarius* und erzbischöflicher Kaplan gewesen war, gab es danach keinen Notar mehr, der auch zu Konrads Kaplänen gehört hätte.[410] Außerdem baute er die Kanzlei personell aus. Im Zeitraum von 1250 bis 1252 arbeiteten vier hauptamtliche Schreiber, die sicherlich auch noch über untergeordnetes Personal verfügten. Dabei beschäftigte er auch einen städtischen Schreiber. Bei diesem Personalbestand kann man davon ausgehen, daß der Kölner Erzbischof die Kanzlei zu einem arbeitsteiligen Verwaltungsapparat umgebaut hat. Dabei wurden die Notare auch in anderen Bereichen eingesetzt, wie in der Rechtsprechung und als Prokuratoren bei den kölnischen Schuldverhandlungen. Ihre Kenntnisse im römischen Recht qualifizierten sie für die Verhandlungen mit der Kurie in Rom und die Kreditaufnahmen bei den italienischen Bankiers. Auch in der Rechtsprechung versuchte Konrad, ihren Sachverstand zu nutzen, indem er sie in Schiedsgerichte berief.

---

[408] Vgl. REK III 2136.
[409] Vgl. REK III 1715; vgl. KEUSSEN, Rotulus, S. 98, Nr. 18.
[410] Vgl. JANSSEN, Kanzlei, S. 149.

5.3
Der Offizial

Um die Flut von Schiedsterminen in der geistlichen Gerichtsbarkeit bewältigen zu können, übertug Konrad von Hochstaden die Aufgaben eines *iudex ordinarius* einem beamteten Offizial, dem aus dem geistlichen Stande kommend,[411] eine ganze Gerichtsbarkeit unterstellt war,[412] die Konrad französischen Vorbildern entlehnte.

Der Offizial führte ein eigenes Siegel und war als geistlicher Richter eingesetzt. Als erzbischöflicher Funktionsträger war er jederzeit absetzbar. Am 1. Februar 1252 stattete Konrad von Hochstaden den Magister Andreas, Scholaster von St. Severin mit dem Amt eines geistlichen Richters in Köln aus, das dieser bis zum Jahre 1260 ausübte.[413]

Am 24. April 1252 ist belegt, daß Ritter Winand von Hochstaden wegen Renten aus den Höfen zu Grimlinghausen und Glehn (Kreis Neuss) vor dem Offizial einen langen Prozeß geführt hatte.[414] Dieser Fall hat vielleicht die Bildung des Offizialats ausgelöst. Offenbar reichten seine Befugnisse bis in die Güter- und Finanzverwaltung des Erzstifts hinein.

6.
Rat des Erzbischofs

Besondere Schwierigkeiten bereitet die Frage nach dem Rat des Erzbischofs und seiner personellen Zusammensetzung, da für das 13. Jahrhundert aus den Quellen dieser Personenkreis schwer faßbar und ein institutioneller Rat erst im Spätmittelalter und in der beginnenden Neuzeit entstanden ist.

Dennoch soll versucht werden, den zum damaligen Rat gehörenden Personenkreis zu erfassen. Es kommen dabei nur Personen in Frage, von denen sich Konrad von Hochstaden bei bedeutsamen »innen- und außenpolitischen« Verhandlungen beraten ließ und die ihn zu solchen Verhandlungen begleiteten. Von einer Gruppe von Getreuen, die ausdrücklich Rat genannt wurde, ist in den Quellen nur im August 1254 die Rede.[415] Zur Bekräftigung seines Bündnisses mit Margarethe von

---

411 Vgl. ebd., S. 152.
412 Vgl. JANSSEN, Schiedsgerichtsbarkeit, S. 77–100.
413 Vgl. REK III 1660; GESCHER, Offizialat, S. 141, datiert die Berufung von Andreas in die Jahre 1248–1251. Siehe auch GESCHER, Kurie, S. 17ff.; vgl. REK III 1830, 1925, 2094, vgl. GESCHER, Urkunden, S. 61ff.
414 Vgl. REK III 1671. Unter Konrads Nachfolgern war das Amt durchgehend besetzt. Am 2.9.1266 wird Magister »*Dionysus*« als Kölner Offizial genannt. Vgl. HESS I, 26.
415 Vgl. REK III 1795.

Flandern bestimmte Konrad aus seinem Rat (*de consilio suo*) als Bürgen Chorbischof Gottfried von Mulsfort (Mühlfort bei Mönchengladbach), Chorbischof Gottfried, Propst von Münstereifel, Graf Heinrich von Virneburg, Graf Lothar von Wickrath und seinen Sohn Otto, Marschall Hermann von Alfter, Hermann, Mundschenk von Altenahr und Heinrich von Vitinghoven (Wüst, bei Essen). Wenn dieser Personenkreis als Rat des Kölner Erzbischof bezeichnet wird, dann muß es sich um den Kreis seiner engsten Ratgeber gehandelt haben. Unter den acht aufgeführten Personen waren zwei Kleriker, drei Grafen und drei Ministerialen. Gottfried von Mulsfort (1252–1256) war erzbischöflicher Kleriker und Verwalter der Dompropstei. Chorbischof Gottfried, Propst von Münstereifel (1243–1256) könnte wegen seines häufigen Auftretens in erzbischöflichen Zeugenlisten zur erzbischöflichen *familia* gezählt haben. Die Grafen von Virneburg und Wickrath waren Parteigänger des Kölner Erzbischofs, während die drei Ministerialen mit Ausnahme Heinrichs von Vitinghoven Hofämter besaßen.[416] Es handelte sich also durchweg um Personen, die mit dem Kölner Erzbischof in einem engen Verhältnis standen. Die Forschung unterteilt die Räte der Neuzeit in fest am Hof ansässige wesentliche Räte und auswärtige Räte, die nicht ständig am Hof präsent waren.[417] Die Grafen von Wickrath und Virneburg zählten nach dieser These zu den auswärtigen Räten, denn sie haben sich nicht ständig am Hof aufgehalten. Dagegen gehörten der Hofklerus und die Hofämter mit Heinrich von Vitinghoven, der auch ein enges Verhältnis zum Kölner Erzbischof hatte, zur Hausgenossenschaft des Herrn.

Im Juli 1256 traf Konrad von Hochstaden mit einer kölnischen Delegation in Prag ein, um ohne Wissen und Billigung des Papstes, König Ottokar von Böhmen die Königskrone des Deutschen Reiches anzutragen. Dem Anlaß entsprechend setzte sich die Delegation aus hochrangigen Vertretern des Adels zusammen. Die Mitglieder der Delegation waren Propst Heinrich von Zyfflich (Kreis Kleve), Graf Philipp von Falkenstein (Kreis Mansfeld), Graf Heinrich von Virneburg, Graf Werner von Bolanden, Edelherr Dietrich von Myllendonk, Notar Gottfried und andere Adlige.[418] Diese Delegation umfaßte Adlige und Kleriker, die teilweise nur bei diesem Zug mit dem Kölner Erzbischof zusammen auftraten, so Heinrich von Zyfflich und Graf Philipp von Falkenstein.

---

416 Vgl. REK III 1795. Zu Gottfried von Mulsfort ebd. 1488, 1715, zu Gottfried von Münstereifel ebd., 1078, 1239, 1292, 1296, 1382, 1578, 1639, 1673/74, 1879, 1905a.
417 Vgl. Moraw, Beamtentum, S. 84f., Mitteis/Lieberich, Deutsche Rechtsgeschichte, S. 165. Zu Virneburg s. REK III 1618, 1879, 1903, 2044, 2056, 2069, 2106, 2136, 2147. Zu Wickrath ebd., 1003, 1224, 1229, 1304, 1331, 1446, 1590, 1632, 1702.
418 Vgl. Canonicorum Pragensium Contin. Cosmae, MGH SS, Bd. IX, S. 175. Vgl. REK III 1903. Zu Bolanden s. REK III 1084/84, 1850. Zu Myllendonk ebd., 957, 1041, 1131, 1304, 1446, 1639, 1731, 1870, 1878, 2046, 2056, 2136.

Dagegen waren der Graf von Virneburg und der Edelherr von Myllendonk Lehnsmänner des Kölner Erzstifts. Werner von Bolanden hat sich als Reichsministeriale selten am Kölner Hof aufgehalten.

Am 15. Dezember 1256 versprach der englische Graf Richard von Cornwall für den Fall, daß er von Konrad von Hochstaden zum römischen König gewählt werde, den Räten Konrads die Zahlung von 400 Mark (*item consilio ipsius archiepiscopo dabuntur quadrigente marce*). Bei den deutschen Abgesandten handelte es sich um Walram von Jülich, Friedrich von Schleiden und den Bonner Scholaster Dietrich. Konrad von Hochstaden hatte Räte nach London gesandt, um seinen Besuch vorzubereiten. Mit Walram von Jülich, dem Bruder Wilhelms von Jülich, ist es in der zweiten Hälfte der 50er-Jahre zu einem Ausgleich mit Konrad gekommen.[419] Der Edelherr Friedrich von Schleiden (1230–1259) hat sich oft in der Umgebung Konrads von Hochstaden aufgehalten.[420] Der Bonner Scholaster Dietrich (1245–1256) war auch Scholaster von St. Georg in Köln. Dieser Kleriker gehörte zum Kreis der Finanzexperten, die sich 1238/39 in Siena aufhielten und Konrad von Hochstaden 1239 nach Rom begleiteten.[421] Einzelne Räte bereiteten offenbar diplomatische Reisen des Erzbischofs in andere Länder vor. Hochrangige Vertreter Konrads stammten aus dem Klerus. Am 7. Juni 1247 bezeichnete Papst Innozenz IV. den Domdekan Goswin von Köln als Stellvertreter Konrads.[422]

Am 14. April 1239 nahmen *G. maior decanus, archidiaconi, ceterique priores Colonienses, officiales et consilium domini Coloniensis* den Ritter Wezelo, Vogt zu Werden (Stadt Essen), als Lehnsmann auf. Sie handelten dabei im Namen des in Italien weilenden Erzbischofs.[423] Dieser Personenkreis war offenbar befugt, bei Abwesenheit des Erzbischofs Lehnsverträge abzuschließen.

Die 19 aufgeführten Personen könnten zu einer ratsähnlichen Gruppierung gehört haben. Die Räte zählten bei entscheidenden Reisen zur Gefolgschaft des Kölner Erzbischofs und waren während seiner Abwesenheit autorisiert, Lehnsverträge abzuschließen.

Auffällig ist zunächst die personelle Diskontinuität der aufgeführten Begleiter. Mit Ausnahme von Domdekan Goswin und Graf Heinrich

---

419 Nach dem Frieden von Blatzheim (15.10.1254) scheint es seit dem 17. September 1255 zu einer Annäherung zwischen Walram und Konrad von Hochstaden gekommen zu sein. Vgl. REK III 1860/61, 1926, 1992, 2004.
420 Vgl. REK III 1229, 1249, 1292, 1304, 1375, 1399, 1446, 1449, 1495, 1618, 1639, 1681, 1713, 1719, 1754, 1832, 1879, 1926, 2007, 2046.
421 Vgl. LACOMBLET II 429, REK III 1925/26. Vgl. Kap. C II 5.3 »Die Schuldenkrise nach dem Amtsantritt Konrads von Hochstaden«.
422 Vgl. REK III 1322.
423 Vgl. BERGER I 2774; REK III 1322; vgl. REK III 938/39. Domdekan Goswin wird ständig in der Umgebung Konrads genannt. Vgl. REK III, Register, S. 381.

von Virneburg wurde niemand zweimal in den Quellen erwähnt. Ferner läßt sich erkennen, daß der Rat nur für bestimmte Fälle und Aufgaben neu zusammentrat. Unter den 19 Personen befanden sich sieben Kleriker, neun Edelfreie und Adlige und lediglich drei Ministerialen. Der Landesherr stellte den Rat aus mehreren Gruppen zusammen. Eventuell ist hier nach dem Gesichtspunkt der Parität verfahren worden. Im August 1254 waren Kleriker, Adlige und Ministerialen annähernd ausgewogen im Rat vertreten. Doch ist dies der einzige Hinweis, der für eine paritätische Zusammensetzung des Rates unter Konrad von Hochstaden spricht. Die meisten dieser Begleiter hielten sich häufig im persönlichen Umkreis des Erzbischofs auf, sei es als Mitglied des Hofklerus — als edelfreie und adlige Lehnsmannen —, sei es als Ministerialen.[424] Dabei war die Ministerialität stark unterrepräsentiert. Der Marschall Hermann von Alfter und Mundschenk Hermann von Are waren als Inhaber erblicher Hofämter für Konrad von Hochstaden von Bedeutung und auch bei schwierigen Verhandlungen unentbehrlich. Heinrich von Vitinghoven spielte als erzbischöflicher Ministeriale im Herzogtum Westfalen eine entscheidende Rolle, war aber auch einer der wichtigsten persönlichen Berater Konrads.[425]

Die Grafen von Virneburg und Wickrath, die Edelherren von Myllendonk und Schleiden hielten sich oft am kölnischen Hof auf. Während einzelne Personen überhaupt nur dieses eine Mal in den Quellen auftauchten, wie z.B. Philipp von Falkenstein und Propst Heinrich von Zyfflich, wurden die übrigen Begleiter auch sonst oft in der Nähe Konrads beobachtet, so daß sie für eine Teilnahme an diesem beratenden »Gremium« in Frage kommen. Ein fester Beraterstamm wurde vom Hofklerus und dem Priorenkolleg und zu einem wesentlich kleineren Teil von den Ministerialen gestellt, während bestimmte Grafen und Lehnsleute als auswärtige Räte immer wieder zu besonderen Anlässen hinzugezogen wurden. Für die These von AUBIN, daß die Dienstmannen im 13. Jahrhundert zu den eigentlichen Ratgebern der Landesherren wurden, können für das Erzstift kaum Belege geliefert werden.[426] Zwar erscheint es nachvollziehbar, daß Konrad von Hochstaden nach der Einflußnahme des Domkapitels auf die Kanzlei im Jahre 1219 einen starken klerikalen Einfluß auf den Rat ablehnte, doch zeigte das zur Verfügung stehende Quellenmaterial immer noch einen gewichtigen Anteil des Hofklerus.[427] Gebräuchliche Formel in den Urkunden Konrads von Hochstaden war die Wendung »mit Zustimmung der Prioren und auf Rat der Getreuen« (*de fidelium nostrorum*

---

424 Siehe dazu die Belege bei REK III, Register.
425 Vgl. REK III 1015, 1381, 1632, 1702, 1739, 1795, 1807, 1832, 1879, 2106, 2145.
426 Vgl. AUBIN, Paderborn, S. 64.
427 Vgl. DROEGE, Territorien, S. 703; GROTEN, Priorenkolleg, S. 47ff.

consilio; de dilectorum nostrorum priorum Coloniensium assensu et fidelium nostrorum consilio).[428] Dabei wurden Räte oder der gesamte Rat des Erzbischofs explizit genannt und begrifflich von anderen Gruppen unterschieden, so am 14. April 1239 die kölnischen Prioren, Hofbeamten und der Rat des Herrn »*priores Colonienses, officiales, et consilium domini* ...«[429]

Die einzige Urkunde, die tatsächlich einen Kreis von Begleitern als Rat bezeichnete, betraf den kölnischen Bündnisvertrag mit Margarethe von Flandern. Zur Bekräftigung des Vertrages verpflichteten sich beide Parteien, Bürgen aus ihrem Rat zu stellen. Gleichzeitig handelt es sich auch um den einzigen Hinweis auf Ministerialen im Rat des Kölner Erzbischofs.[430] Insgesamt waren es acht Personen, die also einen bestimmten Teil des gesamten Rates ausmachten. Die engere Begleitung des Kölner Erzbischofs auf seinen Reisen zählte in Soest mit ihm sieben Personen.[431]

Bei den vorliegenden Zahlen könnten demnach sieben Personen die Minimalbesetzung und neunzehn Personen die Maximalbesetzung des Rates gewesen sein. Der engere Rat umfaßte den Personenkreis, der sich meistens in der Umgebung des Erzbischofs aufhielt und dem Landesherrn mit seinem Wissen und seiner Erfahrung zur Verfügung stand, während der weitere Rat die nicht ständig am Hof präsenten auswärtigen Räte erfaßte. Auffällig waren die zahlreichen Adligen im Gefolge des Erzbischofs bei »außenpolitischen« Verträgen. Es wird sich um einen Kreis gehandelt haben, der mehr als sieben Personen umfaßte. Für Fragen der inneren Lokalverwaltung waren Kleriker und Ministerialen durch ihre Verwaltungskenntnis besonders nützliche Ratgeber. Sie wurden vom Erzbischof in Fragen der »Innenpolitik«, der Finanz- und Lokalverwaltung, wie auch bei Schiedstagen herangezogen.[432]

Von einem institutionalisierten Gremium »Rat« zu sprechen, ist zu diesem Zeitpunkt verfrüht, da eine personelle und organisatorische Stabilität noch nicht faßbar ist. Zuerst gab es den Titel »Rat« für Einzelpersonen, wesentlich später erst die Bezeichnung für einen Gesamtrat als Beraterkollegium. Das einmalige Auftreten eines Gesamtrats unter Konrad von Hochstaden im Jahre 1254 dürfte auf französischen Einfluß zurückzuführen sein. GROTEN nimmt an, daß dieser Terminus beim Beistandspakt Köln-Flandern von flandrischer Seite eingeführt

---

428 Vgl. MRUB 739, 1026; vgl. LACOMBLET II 284, 662, 279, 253; vgl. WUB VII 749.
429 Vgl. REK III 938/39.
430 Vgl. REK III 938/39. Hermann von Vitinghoven galt ebenfalls als enger Berater Konrads. Vgl. KELLETER, Gottfried Hagen, S. 161ff.
431 Vgl. Kapitel B I 4 »Herrschaftszentren und ihre materiellen Leistungen für das Kölner Erzstift«.
432 Vgl. DROEGE, Territorien, S. 703.

wurde. Damit ist nicht davon auszugehen, daß dieser Begriff im Erzstift Köln gebräuchlich war.[433]

Vielmehr stellte diese einmalige Nennung für ein bestimmtes politisches Ereignis eine Zwischenstufe zwischen der Einzelperson und der endgültigen Konstituierung eines Beratergremiums dar. Personelle Fluktuation und mangelnde Kompetenzabgrenzung waren Strukturelemente des königlichen und fürstlichen Hofes bis ins späte Mittelalter. MORAW kommt in seiner Untersuchung über den Rat von König Ruprecht von der Pfalz (1400–1410) zu dem Ergebnis, daß dessen Rat eben keine fest umgrenzte Körperschaft mit konstanter Mitgliederzahl war, sondern, daß sich der Begriff auf inhomogene, wechselnde kleine Gruppen bezog, die zum Fürsten in einer engen Beziehung standen.[434]

Dies kann auch für die Zeit Konrads von Hochstaden bestätigt werden.

7.
Der Rang der kölnischen Ministerialität am Hof

Im 13. Jahrhundert war für die Ministerialität die Aufnahme in die kölnische Dienstmannschaft bei den Rittern sehr begehrt. Sowohl das Längere Kölner Dienstrecht als auch das Deutsche Dienstrecht betonten die Möglichkeit des Erzbischofs, einen Bewerber auch ablehnen zu können.[435] Dem Erzbischof war es in sein Belieben gestellt, Bewerber für seine Dienstmannschaft abzulehnen. Falls er dies tat, konnte sich dieser bei anderen Herren Dienst suchen, ohne jedoch gegen den Erzbischof feindliche Handlungen begehen zu dürfen. Offenbar war der Dienst in der Mannschaft des Erzbischofs besonders attraktiv. Dies hatte außer der ehrenvollen Stellung als Ministeriale des Erzstifts Köln vor allem wirtschaftliche Gründe, zum einen durch die hohe Dotierung der Lehen, aber auch durch die den Ministerialen zugesicherten Privilegien, wie z.B. die Zollfreiheit.[436]

Eine Anzahl von Dienstmannen stammte nicht aus dem kölnischen Machtbereich, sondern aus benachbarten Gegenden. So wurden die Brüder Johann und Peter von Dinker (Kreis Soest) 1250 bis 1252 als

---

433 Vgl. GROTEN, Lehnshof, S. 22f.
434 Vgl. MORAW, Beamtentum, S. 84.
435 ... is id sache, dat hie is nit enneymt, so mach hie dan dienen weme hie wilt, ayn weder den buschof sal hie niet don. Vgl. Deutsches DR, Art. 1, FRENSDORFF, Recht, S. 39; LKD, Art. 12, FRENSDORFF, Recht, S. 9f., vgl. KKD, Art. 1, VON LOESCH, KKD, S. 298.
436 ... vort solen unse lude vri sin van tolle en binnen unsme geleide ain aleine kremere. Vgl. Deutsches DR, Art. 11, FRENSDORFF, Recht, S. 44; vgl. KKD, Art. 19, VON LOESCH, KKD, S. 300. Das ältere LKD nennt ein solches Privileg nicht.

erzbischöfliche Ministerialen aufgeführt, obwohl Dinker nicht auf kölnischem Gebiet lag.[437] 1283 bis 1289 war Edelherr Johann von Bilstein (Oberbergischer Kreis) erzbischöflicher Marschall von Westfalen.[438] Bilstein war im 13. Jahrhundert eine Herrschaft der Edelherren von Förde, in der kein kölnischer Besitz nachzuweisen war. Helmwich von Elspe (Kreis Olpe) war erzbischöflicher Ministeriale und Burgmann in Rüthen (Kreis Soest). Auch Elspe war im 13. Jahrhundert nicht unter kölnischer Herrschaft.[439] Der Eintritt in die Ministerialität setzte demnach keine Zugehörigkeit zum Erzstift Köln voraus.

Die Ministerialität am Hofe des Erzbischof pflegte ein repräsentatives Auftreten. Im 12. Jahrhundert erhielten dreimal im Jahr je 30 Ritter eine einheitliche Kleidung. Von diesen 30 Rittern wurden zunächst die fünf Amtleute bedacht, die augenblicklich ihre sechs Wochen ableisteten, die übrigen 25 suchte der Erzbischof nach Gutdünken aus seiner Hausgenossenschaft aus. Die Annahme ist gerechtfertigt, daß damit insgesamt 90 Ritter aus der Hausgenossenschaft mit diesen Kleidern ausgestattet wurden. Es handelte sich um einen grauen, flaumigen Pelzmantel, versehen mit Marderkehlenstreifen, eingefaßt mit einem weiten weißen Leder, das auch gegerbt war. Dazu trug der Ministeriale einen grauen Pelzmantel mit breitem roten Fellbesatz und weiten Ärmeln. Außerdem erhielt jeder einen bunten flaumigen Pelzmantel mit einem bunten Pelzrock, insgesamt Kleidung im Sachwert von sechs Mark. Dies war eine hohe Summe, wenn man bedenkt, daß ein Dienstmann, der mit dem Erzbischof über die Alpen zog, einen Sold von einer Mark pro Monat erhielt.[440]

Nach dem Deutschen Dienstrecht aus der Zeit Konrads von Hochstaden (ca. 1248–1260) erhielt jeder Ministeriale für seinen geleisteten Hofdienst, den er nur nach einer vierzehntägigen Vorankündigung antreten mußte, Sachleistungen im Wert von sechs Mark.[441]

Die mit Pelzkleidung ausgestatteten Ministerialen am Hof verstärkten durch ihr äußeres Auftreten den Anspruch ihres Standes auf Repräsentation und Machtausübung in der erzbischöflichen Verwaltung. Die Einheitlichkeit der Kleidung läßt auf eine Art Uniform schließen, die die Dienstmannen für jedermann als Ministerialen des Kölner

---

437 Vgl. REK III 1627, 1676.
438 Vgl. REK III 2978, 3062, 3178, 3249, 3515.
439 Vgl. REK III 1812, 1995. Die Vogtei Elspe-Hundem war vom 11.–14. Jahrhundert im Sauerland ein wichtiges politisches Gebilde. Die Ritter von Elspe übten die dortige Vogtei und Gerichtsbarkeit aus.
440 Vgl. LKD, Art. IV, XI; FRENSDORFF, Recht, S. 5ff. Vgl. VON LOESCH, KKD, Art. 2, 9, 10, S. 298f.
441 ... *as hie dan in sinen dienzt komet, so sal man eme geven vuder die IIII^or marc wert sin und einen pelz van zwen marken, dar ume sel hie eme VI wechen dienen und niet langer* ... Vgl. Deutsches DR A, Art. 2; FRENSDORFF, Recht, S. 39f.

Erzbischofs erkenntlich machte. Bildliche Darstellungen von Ministerialen aus der Zeit Konrads von Hochstaden existieren nicht.

Aufschluß über die Amtskleidung der erzbischöflichen Ministerialen erhält man erst aus dem bereits erwähnten Soester Nequambuch, der ältesten Soester Rechtsaufzeichnung aus dem ersten Viertel des 14. Jahrhunderts. Eine der darin enthaltenen Buchmalereien stellt den Marschall von Westfalen, Ruprecht Graf von Virneburg mit Leuten der Soester Hofhaltung dar. Der Marschall wird mit einem Pelzkragen und einer pelzverbrämten Mütze dargestellt. Einer seiner Mannen trägt einen rot-gelben Mantel.[442] Dies unterstreicht, daß pelzbesetzte Kleidung dem Träger eine besondere Würde und repräsentativen Glanz verlieh. Die Darstellung des gelb-roten Mantels könnte einen Bezug zu den Farben des kölnischen Wappens (weiß-rot) darstellen und auf eine besondere Verbundenheit der Dienstmannen zum Kölner Erzstift verweisen.

8.
Der Adel am Hof

Zunächst soll die Rolle der wichtigsten Herzöge und Grafen des kölnischen Lehnshofes und ihr Verhältnis zu Konrad von Hochstaden sowie ihre Präsenz am Hof beleuchtet werden. Lehnrechtlich bestand für diesen Personenkreis eine Hoftagspflicht. Für die vom Erzbischof ausgegebenen Lehen waren die Adligen zu »*auxilium et consilium*« verpflichtet. Damit verbunden war die Teilnahme an den für Lehnsangelegenheiten zuständigen Hofgerichten und einmal pro Jahr am erzbischöflichen Send.[443] Die angefertigte Liste erhebt keinen Anspruch auf Vollständigkeit, sondern erfaßt lediglich die bedeutendsten Territorialherren im kölnischen Einflußgebiet.

Limburg

Die Herzöge von Limburg gehörten zum Adel am kölnischen Hof. Nachdem Graf Wilhelm von Jülich (1220–1278) das erzbischöfliche Geleitrecht verletzt hatte, forderte Konrad von Hochstaden im Februar 1244 beim Gerichtstag zu Roermond den Urteilsspruch vom Herzog von Limburg und den anderen Mitgliedern des Hofes (*a duce de Lim-*

---
442 Vgl. VON KLOCKE, Soester Studien, S. 181f.
443 Vgl. ENGELS, Grundlinien, S. 9; RITZERFELD, Erzstift, S. 36 (mit weiterer Literatur). Ob die Nähe zum Erzbischof auch im 13. Jahrhundert in dem Maß wie im 12. Jahrhundert als Rangaufwertung verstanden wurde, wird zu hinterfragen sein. Vgl. ebd. S. 43.

burch et aliis paribus curie).[444] EWIG hat in seiner Arbeit auf die herausragende Rolle des Herzogs von Limburg am kölnischen Hof verwiesen, der diese Stellung auch unter Konrad von Hochstaden innehatte.[445] Etwas differenzierter hat ERKENS die Herzöge von Limburg eingeordnet. Nach seiner Auffassung ist es ihnen nicht gelungen, als Reichsfürsten in den Heerschild aufgenommen zu werden,[446] so daß sie eine engere Verbindung zum mächtigen Erzstift Köln eingingen. Seit der zweiten Hälfte des 12. Jahrhunderts erkannten die Kölner Erzbischöfe den *Comes*-Titel der Limburger an und bekundeten damit ihr Interesse an einer Zusammenarbeit mit ihnen.[447] Bis 1248 sind die Limburger lediglich dreimal am kölnischen Hof bezeugt.[448] Trotz der Entspannung in den beiderseitigen Beziehungen nach der Doppelheirat mit dem Hause Limburg-Berg im Jahre 1240 versuchten die Limburger, sich der kölnischen Territorialpolitik zu entziehen, weil sie ihre Selbständigkeit behaupten wollten. Während sie in den Zeugenlisten bis 1248 eine führende Position einnahmen, wurden sie in den Jahren danach von der kölnischen Kanzlei unter die *nobiles* zurückversetzt, so in den Urkunden am 25. März 1248, im Juni 1251 und am 7. Juli 1258.[449] Offenbar wollte Konrad von Hochstaden dadurch die Limburger herabstufen. Die Herabsetzung der Limburger durch die erzbischöfliche Kanzlei überschnitt sich dabei kaum zufällig mit dem Herrschaftswechsel von Herzog Heinrich IV. (1216–1246) zu Walram IV. (1246–1279), dem Konrad von Hochstaden auch mehrmals die Nichterfüllung seiner Vasallenpflichten vorwarf.[450] In Köln besaß der Herzog von Limburg im 13. Jahrhundert auch ein Haus.[451]

Insgesamt hatten die Herzöge unter Konrad von Hochstaden ein loses Verhältnis zum Erzstift. Umgekehrt stufte die kölnische Kanzlei die Limburger rangmäßig ab.

Brabant

Durch seine hohen Schulden in schwere Bedrängnis geraten, übertrug Erzbischof Heinrich von Müllenark (1225–1238) am 27. März 1232 dem Herzog Heinrich I. von Brabant (1204–1235) die Verwaltung des Erzbistums Köln, was auf seine herausragende Stellung am kölnischen Hof

---

444 Vgl. REK III 1125.
445 Vgl. EWIG, Dukat, S. 214.
446 Vgl. ERKENS, Limburg, S. 169f.
447 Vgl. ebd., S. 175f.
448 Vgl. REK III 1003, 1031, 1099.
449 Vgl. REK III 1381, 1639, 2004.
450 Vgl. REK III 1237, 1811.
451 Vgl. KEUSSEN, Topographie, S. 93.

schließen läßt.⁴⁵² Unter Konrad von Hochstaden bestand diese vertrauensvolle Stellung der Herzöge von Brabant zum Kölner Erzbischof nicht mehr. Kein einziges Mal ist der Brabanter am kölnischen Hof nachweisbar, im Gegenteil, während der Adelsrevolte 1238 bis 1242 gehörte Herzog Heinrich II. von Brabant (1227–1247) zu den ärgsten Widersachern Konrads. Immerhin erkannte Heinrich im Schiedsspruch von Roermond die Herzogsgewalt Konrads von Hochstaden zwischen Rhein und Weser an.⁴⁵³ In Köln besaß der Brabanter ein Haus, das im 13. Jahrhundert brabantisches Lehen blieb.⁴⁵⁴

Jülich

Graf Wilhelm IV. von Jülich ist von 1238 bis 1250 viermal am kölnischen Hof bezeugt.⁴⁵⁵ Trotz des ständigen Fehdezustandes mit dem Kölner Erzstift hatte der Jülicher Graf am Hof offenbar eine starke Stellung. Die Versorgung des Adels am Hofe erfolgte auf erzbischöfliche Kosten. Aus dem Kölner Hofdienst erhielt der Graf von Jülich ein großes und ein kleines Schwein, zwei kleine Hühner, einen Wecken, acht Brote und eine Torte, fünf mal ½ Liter Wein, zehn Eimer Bier, fünf Lichter und ein gebogenes Licht geliefert.⁴⁵⁶ Unzweifelhaft ist der Graf von Jülich wegen der ihm zustehenden Leistungen zum Kölner Hof gezählt worden. Im Vertrag über die Freilassung Konrads aus jülischer Gefangenschaft betonten die Vertragspartner am 2. November 1242, daß die Privilegien des Jülichers bezüglich der vier Ämter am Hof erneuert würden (*et tradi comiti omnia privilegia, que habet super IIII officiis in curia nostra*).⁴⁵⁷ Welcher Art die Privilegien und die Ämter am Hofe waren, wurde nicht näher ausgeführt. Es wird sich um Ehrenämter gehandelt haben, die dem Grafen einen gewissen Rang am Hofe einräumten, die aber nichts mit den klassischen Verwaltungsämtern zu tun hatten.

Am 24. März 1248 hat Wilhelm von Jülich den Kölner Erzbischof auf seinem Zug nach Schmerlecke bei Soest begleitet, wurde dann aber nach 1250 nur noch am 24. März 1259 als anwesender Zeuge genannt.⁴⁵⁸ Wilhelm von Jülich hat sich also seit 1250 fast gar nicht mehr bei Konrad

---

452 Vgl. ebd., 755; zu Brabant siehe auch die Quellenedition von VERKOOREN, Inventaire.
453 Vgl. REK III 1122/1126.
454 Vgl. KEUSSEN, Topographie, S. 93.
455 Vgl. REK III 1036, 1099, 1131, 1590/91. Zu Jülich siehe BERS, Jülich, S. 5ff.; MEYER, Untersuchungen, S. 137ff.
456 ... *comiti Juliacensi dabitur de servitio cotidiano unus porcus major et unus minor et II pulli et una simila et octo panes et unus tortellus, quinque sextaria vini et X cervisie, quinque lumina et unum tortum lumen; et sic alii nobiles cibandi sunt.* Vgl. FRENSDORFF, Recht, S. 61.
457 Vgl. LACOMBLET II 270, vgl. REK III 1056.
458 Vgl. REK III 1380/81, 2044.

von Hochstaden aufgehalten. Diese Zäsur fällt in die Auseinandersetzungen seines Bruders Walram mit Konrad von Hochstaden wegen der Prümer Lehen. Er könnte sich daher aus Verärgerung nicht mehr am kölnischen Hof gezeigt haben.

Sayn

Graf Heinrich II. von Sayn (1208–1246/47) hat bis zu seinem Tode am kölnischen Hof eine überragende Stellung eingenommen, zumal er auch die Domvogtei ausübte.[459] Von 1240 bis 1244 wurde Heinrich von Sayn viermal in erzbischöflichen Zeugenlisten an erster oder zweiter Stelle genannt.[460] Nach der Eroberung der Burg Neu-Isenburg (bei Hattingen/Ruhr) durch Konrad von Hochstaden erhielt sie der Sayner zu Lehen (*quod postea comiti Seinensi concessit*).[461] Die Verlehnung dieser wichtigen Burg an den Grafen von Sayn dokumentiert das große Vertrauen, das Konrad von Hochstaden zu dieser Familie besaß.

Außerdem hatten die Grafen von Sayn in Köln einen Hof bzw. ein Haus.[462]

Geldern

Die Grafen von Geldern sind unter Konrad von Hochstaden überhaupt nicht am kölnischen Hof nachweisbar, obwohl sie im kölnischen Lehnshof eingebunden waren. Am 14. November 1259 war Graf Otto von Geldern Teilnehmer des von Konrad von Hochstaden initiierten Landfriedensbundes für das Erzbistum Köln.[463] Auch die Grafen von Geldern besaßen ein Haus in Köln in der Trankgasse.[464] Damit war das Bürgerrecht in der Stadt verbunden.

Nassau

Die Grafen von Nassau übten am kölnischen Hof gewisse Ehrenämter aus. Sie versprachen am 22. März 1253 gemäß der Lehnstreue bzw. Gefolgschaftstreue und in Ausübung ihres Schenken- und Bannerträgeramtes dem Erzbischof Konrad und der kölnischen Kirche allen Rat

---

459 Vgl. REK II 1609a. Zu Sayn siehe künftig die Arbeit von Joachim HALBEKANN.
460 Vgl. REK III 998, 1094/95, 1097/99, 1131.
461 Vgl. WAITZ, Chronica regia Coloniensis, S. 286: MGH SS rer. Germ. in usum scholarum XVIII; vgl. REK III 1152.
462 Vgl. KORTH, Liber, Nr. 168, Urkunde ausgestellt in Köln, Sayner Hof.
463 Vgl. REK III 2075. Siehe auch SCHIFFER, Geldern, S. 85ff.; siehe auch die Quellenedition von SLOET, Oorkondenboek.
464 Vgl. KEUSSEN, Topographie, S. 93.

und alle Hilfe.⁴⁶⁵ Es handelte sich hierbei um die Aufbesserung alter Lehen der Grafen von Nassau. Entgegen der These von MAY, der die Grafen im 13. Jahrhundert zu Oberschenken der Kölner Erzbischöfe erklärt und die Mundschenken von Are als Unterschenken bewertet, ist davon auszugehen, daß diese Amtstitel nichts mit der eigentlichen Verwaltung zu tun hatten, sondern als nicht mit den Hofämtern identische Ehrenämter Adligen einen bestimmten Rang im kölnischen Lehnshof einbrachten. Mit RÖSENER ist deshalb »klar zu differenzieren zwischen den Trägern von Ehrenfunktionen und den tatsächlichen Inhabern von Hofämtern, den *»ministri cottidiani«*, welche die eigentlichen Aufgaben verrichteten.«⁴⁶⁶

Am Hof des Erzbischofs von Köln sind die Grafen von Nassau unter Konrad von Hochstaden nicht bezeugt. 1259 entzog ihnen der Kölner Erzbischof ein zwischenzeitlich versprochenes Geldlehen, weil sie die versprochene Hilfe gegen den Herzog von Limburg nicht geleistet hatten.⁴⁶⁷

Kleve

Auch für die Grafen von Kleve fehlen für die Zeit zwischen 1238 und 1261 Belege für ihre Anwesenheit am Hof in Köln.⁴⁶⁸

Mark

Die Grafen von der Mark in Westfalen werden sechsmal im Gefolge Konrads von Hochstaden erwähnt. In den Zeugenlisten wurden sie an erster bis vierter Stelle genannt. Dabei hielten sie sich jedoch sehr wahrscheinlich kein einziges Mal am Hof in Köln auf. Alle erzbischöflichen Urkunden, in denen sie als Zeugen auftraten, wurden im westfälischen Raum ausgestellt.⁴⁶⁹ Davon wurden fünf Urkunden vor dem Jahr 1250 ausgestellt, in dem der Graf von der Mark den kölnischen Hof Menden (Märkischer Kreis) zerstörte.⁴⁷⁰ Zwar war er 1254 im kölnischen Aufgebot in der Schlacht auf dem Wulferichskamp bei Dort-

---

465 ... *comites de Nassaw praeter fidelitatem ligiam ratione pincernatus et vexilliferatus adhuc promittunt archiepiscopo Conrado et ecclesiae Coloniensi omne consilium et auxilium* ... Vgl. REK III 1721; vgl. MAY, Lehen, S. 30f.
466 Vgl. RÖSENER, Hofämter, S. 550.
467 Vgl. REK III 1719 (22.3.1253), ebd. 2071 (1.10.1259).
468 Siehe dazu KASTNER, Territorialpolitik, S. 18ff.
469 Unna (Ende 1238), Volmarstein, Ennepe-Ruhr-Kreis (29.5.1241), Westfalen (24.3.1248), Hovestadt, (Kreis Soest) (15.11.1250), Ardey, Stadt Fröndenberg (Kreis Unna) (25.9.1253). Vgl. REK III 929, 1015, 1301, 1380, 1608, 1739.
470 Vgl. VAHRENHOLD-HULAND, Grundlagen, S. 144, Anm. 37. Menden wurde 1263 nochmals Opfer märkischer Angriffe.

mund gegen Bischof Simon von Paderborn, die JANSSEN als Höhepunkt der kölnischen Herzogsgewalt in Westfalen bewertet, aber seit 1250 versuchten auch die Grafen von der Mark sich dem Kölner Erzbischof zu entziehen.[471]

Berg

Graf Adolf VI. von Berg (1242–1259) war dem Kölner Erzbischof als ligischer Lehnsmann (*homo ligius*) und Schwager besonders verbunden. Insgesamt war Adolf von Berg fünfmal im erzbischöflichen Gefolge nachweisbar. Der Graf testierte in den Zeugenlisten durchweg an zweiter oder dritter Stelle der weltlichen Zeugen. Dieses enge Verhältnis, das durch eine Heiratsverbindung mit der Familie Are-Hochstaden gefestigt worden war, bedingte eine besondere Nähe des Grafen zum Erzbischof.[472] Adolf von Berg begleitete Konrad von Hochstaden auf seinen Zügen nach Schmerlecke (Kreis Soest) (24.3.1248) und nach Mainz (7.7.1249).[473] Im Januar 1249 hielt sich Adolf von Berg am Hofe in Köln auf. Die am 19. Mai 1250 und im Februar 1259 ausgestellten Urkunden nennen keinen Ausstellungsort.[474] In den schweren Auseinandersetzungen Konrads mit der Stadt Köln konnte der Erzbischof am 2. Oktober 1257 mit dem Grafen von Berg einen Beistandspakt abschließen, doch nach dem Einfall der Kölner Bürger ins Bergische schloß Berg mit der Stadt Köln einen Neutralitätsvertrag.[475]

Arnsberg

Graf Gottfried III. von Arnsberg (1232–1282) unterwarf sich Konrad von Hochstaden bereits am 9. November 1238 wegen der Tötung bestimmter erzbischöflicher Leute bei Berwich (Kreis Soest) und versprach, Genugtuung zu leisten.[476] Gottfried von Arnsberg begleitete Konrad von Hochstaden zweimal auf seinen westfälischen Zügen und war beim Kogelnberger Grenzvertrag anwesend.[477] In den Zeugenreihen testierte der Graf hinter den Grafen von Jülich, Berg, Mark und Sponheim.

---

471 Vgl. REK III 1807, vgl. JANSSEN, Tag, S. 428.
472 Ende 1240 heiratete Adolf von Limburg-Berg Konrads Schwester Margarete. Vgl. REK III 984. Siehe auch die Arbeit von KRAUS, Entstehung, rezensiert von JANSSEN, Rezension, S. 413–416; vgl. CRESCELIUS, Graf Adolf VI., S. 73ff.
473 Vgl. REK III 1380, 1495.
474 Vgl. REK III 1446, 1590.
475 Vgl. REK III 1979, 1980/81. Vgl. JANSSEN, Tag, S. 419.
476 Vgl. REK III 938. Siehe auch die Arbeit von TIGGES, Entwicklung.
477 Vgl. REK III 1301, 1380/81, 1608/09, 2106.

Zusammenfassend kann man in der Zeit Konrads von Hochstaden eine Abnahme der Aufenthalte hochrangiger Adliger des kölnischen Lehnshofes am Hof in Köln feststellen. Dies hatte sicherlich einen Hauptgrund in der zunehmenden Entwertung veralteter Lehnsbindungen, die sich in der dramatischen Krise des Kölner Lehnshofes in der Revolte von 1238 bis 1242 ausdrückte. Es war auch ein Versuch, sich dem zunehmenden Druck des expansiv orientierten Erzbischofs zu entziehen. Daraus resultierte eine territorialpolitische Rivalität zum Kölner Erzstift, die beim Grafen von Jülich unter Konrad von Hochstaden von 1238 bis 1254 andauerte. Hinzu kommen Auseinandersetzungen einzelner Adelsfamilien mit Konrad von Hochstaden, die sich standespolitisch ausdrückten.

Seit ca. 1250 versetzte die erzbischöfliche Kanzlei die Herzöge von Limburg in den Grafenstand zurück. Sicherlich war auch dies ein Schachzug, um landesherrlichen Ambitionen des Adels entgegenzutreten. Unklar war die Rolle des Herzogs von Brabant, der 1232 noch zum Verwalter des Erzstifts bestimmt worden war, aber unter Konrad von Hochstaden am Hof in Köln nicht mehr belegt werden konnte. Neben dem Herzog von Limburg, der eindeutig als Teil des Hofes (*pars curie*) bezeichnet wurde,[478] hatte der Graf von Jülich am kölnischen Hof eine starke Stellung inne, die in Privilegien für vier nicht näher bezeichnete Ämter am Hof bestanden. Zu denken ist hierbei an bestimmte Ehrenhandlungen, die nichts mit den erblichen Hofämtern der Ministerialen zu tun hatten.

Aber diese Ämter, wenn sie im 13. Jahrhundert überhaupt noch geleistet wurden, entbehrten jeglicher Bedeutung für die eigentliche Verwaltungsarbeit.

Konrad von Hochstaden verlehnte dem Domvogt und engen erzbischöflichen Gefolgsmann Heinrich von Sayn die eroberte Burg Neu-Isenburg, was dessen Bedeutung im Kölner Lehnshof unterstreicht. Dagegen konnten für die Grafen von der Mark und Arnsberg keine Belege für einen Aufenthalt am Hof in Köln erbracht werden, wenn sie den Erzbischof auch oft auf seinen Westfalenzügen begleiteten und wohl unterwegs zu seinem Gefolge stießen. Es muß jedoch abschließend darauf hingewiesen werden, daß sich gerade die Hofklientel durch eine erhebliche Fluktuation auszeichnete, was natürlich auch den Adel betraf.[479] Bei Aufenthalten am Hof des Kölner Erzbischofs waren die Adeligen zum Teil in eigenen Häusern untergebracht. Der Besitz eines Hauses oder Hofes in Köln bedeutete auch das Bürgerrecht für den Adel. Damit waren wieder die Vorteile verbunden, auch unter

---

478 Vgl. REK III 1125.
479 Vgl. SPIESS, Königshof, S. 220.

Umständen Mitgliedschaft und Einflußnahme im Schöffenkollegium und Stadtrat nehmen zu können.

9.
Fazit

Der Hof in Köln, Herrschaftsmittelpunkt des Erzstifts, läßt sich für die Zeit Konrads von Hochstaden räumlich, personell und administrativ recht genau bestimmen, wenn auch in Fragen der personellen Besetzung Lücken bestehen bleiben. Im Palast des Erzbischofs gab es genügend Räumlichkeiten, neben den vom Erzbischof bewohnten Gemächern, um auch die Ämter der Verwaltung unterzubringen. Jedoch darf man nicht annehmen, daß die Funktionsträger sämtlich dort in Wohnungen untergebracht waren.

Hof war aber auch das Gefolge des Erzbischofs auf seinen Zügen, d.h. das personelle Element hatte konstitutiven Charakter für die Beschreibung des Hofes, der auch in Köln durch die klassischen Hofämter bestimmt wurde. Der Hof war Ort von Selbst- und Machtdarstellung des Erzbischofs. In dieser Funktion wurden im Grunde mehr oder weniger alle hochmittelalterlichen Königs- und Fürstenhöfe zum Ort kulturellen Erlebens und der Entfaltung von Prunk gemacht. Die Versorgung des Hofes mit Lebensmitteln regelte eine »Dienstanweisung«. Bestimmte Höfe des Kölner Erzstifts lieferten vermutlich monatlich Lebensmittel und Dinge des täglichen Bedarfs an den Hof des Erzbischofs.[480] Dabei bezeichnete *servitium* eine Rechnungseinheit und *cottidianum* die monatliche Lieferverpflichtung. Es ist denkbar, daß jeweils ein Hof den Monatsbedarf zu decken hatte, bei außergewöhnlichen Zusatzleistungen wie etwa dem *servitium regis* wurden durch Boten zusätzliche Leistungen angefordert.

Der Hof wurde in einen engeren und weiteren Hof unterschieden. Der engere Hof umfaßte den Personenkreis, der funktionell oder durch seinen Rang in einem besonders engen Verhältnis zum Erzbischof stand. Der Anteil der zur engeren *familia* des Erzbischofs zählenden Ministerialen wird mehr als 90 Ritter betragen haben. Die Gesamtkopfzahl des Hofes ist auf 200–300 Personen zu schätzen. War der Kölner Erzbischof unterwegs, so zählten weniger als 10 Personen zu seiner engsten Begleitung.[481]

Bei der Betrachtung der unter Konrad von Hochstaden im Dienst stehenden Hofämter fallen einige Besonderheiten auf.

---

[480] Die Abtei St. Pantaleon wurde von dem zu seinen Tafelgütern zählenden Hof Lüttingen einen Monat lang versorgt. Vgl. HILLIGER, Urbare A, S. 103–134, hier: Urbar Lüttingen. Diese Organisation ist auch für die Versorgung des erzbischöflichen Hofes denkbar.

[481] Vgl. Kap. B I 2 »Zahl der Personen am erzbischöflichen Hof«.

Lediglich bei drei Ämtern (Marschall, Vogt und Kämmerer) waren diejenigen Ministerialenfamilien, die dieses Amt bereits im 12. Jahrhundert erblich ausübten, auch noch unter Konrad im Besitz dieses Amtes. Das Mundschenken- und das Truchsessenamt hingegen waren entweder amtsrechtlich besetzt oder zumindest im Besitz einer anderen Ministerialenfamilie.

Die Ämter des Panetarius und Küchenmeisters erlebten unter Konrad einen Aufstieg. Beide Funktionen sind von ihm mit nicht erblichen Ministerialen besetzt worden. Dem Kölner Erzbischof ist es offenbar gelungen, einer gänzlichen Erblichkeit aller Hofämter entgegenzutreten. Wo er dies nicht durchsetzen konnte, ist davon auszugehen, daß diese Familien bereits zu mächtig waren.

Der von JANSSEN[482] formulierten These einer durch die Erblichkeit bedingten Entfremdung der Hofämter von ihrem Dienstherren sind einige einschränkende Bemerkungen entgegenzuhalten. Trotz des auch in Köln zu beobachtenden Aufstiegs dieser Personen spielten die erblichen Hofämter auch unter Konrad noch eine bedeutende Rolle. Marschall und Vogt wurden zum Rat bzw. zu den Funktionsträgern des Hofes gezählt und gehörten oft zum Gefolge des Erzbischofs. Dabei traten sie bei entscheidenden Urkundenhandlungen und »außenpolitischen« Verträgen im Umfeld Konrads auf. Ihre Position am Hof ist durch eine große »Nähe« zum Erzbischof zu beschreiben. Für den Erbkämmerer ist dies nur mit Einschränkungen zu belegen, da er sehr selten im Umfeld Konrads auftrat. Trotzdem ist für die Verwaltung des Erzstifts Köln unter Konrad weniger von einer »Entfremdung« zu sprechen, als von einer Umorganisation. Konrad trug dem Aufstieg dieser Ministerialen dadurch Rechnung, daß sie in ihren Amtsbereichen Leitungsfunktionen ausübten und nunmehr in den Beraterkreis des Erzbischofs aufstiegen. Damit konnte er diese Personen ihrem Rang gemäß in seine Verwaltungsorganisation einbauen. Die Verwaltungstätigkeit am Hof ist von den jeweiligen Unterfunktionsträgern ausgeübt worden, auf die noch eingegangen wird.

Das Amt des Mundschenken ist von Konrad nicht mehr erblich besetzt worden, beim Truchsessen sind die Verhältnisse nicht ganz eindeutig. Trotzdem weisen beide Ämter Parallelen auf. Der Kölner Erzbischof besetzte diese Positionen mit Ministerialen aus der Grafschaft Hochstaden, wobei beide Ämter eine Verklammerung in der Zentral- und Lokalverwaltung aufwiesen. Sie sind der erblichen Ausübung durch einzelne Ministerialenfamilien entzogen und mit Ministerialen besetzt worden, die ein besonders enges Verhältnis zu Konrad von Hochstaden hatten. Sie waren amtsrechtlich eingesetzt und

---

482 Vgl. JANSSEN, Verwaltung, S. 88.

daher jederzeit vom Dienstherrn abrufbar. Gerade das Mundschenkenamt gewann unter Konrad an Bedeutung. Der Amtsinhaber Hermann von Are hielt sich ständig im Gefolge Konrads auf und zählte zum erzbischöflichen Rat. Daneben nahm der Kölner Erzbischof eine Kompetenzerweiterung dieses Amtes vor und betraute Hermann mit juristischen Aufgaben. Dies spricht für eine zunehmende Aufsplitterung und Differenzierung der erzstiftischen Verwaltung. Auch die Truchsessen der Familie von Hochstaden spielten im Gefolge eine beachtliche Rolle.

Diese »Verwaltungsreform« zielte in den Bereich der Hofämter hinein und hatte einen personellen Austausch der Funktionsträger und eine Neubeschreibung der Amtsfunktionen zum Ziel. In den Ämtern, in denen dies nicht mehr durchsetzbar war, versuchte Konrad, die erblichen Ministerialen in ehrenvollen Funktionen weiterhin in die Verwaltung einzubinden. Zusätzlich dazu wertete er die Ämter des Panetarius und des Küchenmeisters auf.

Auch diese beiden Ämter sind mit nicht erblichen Ministerialen besetzt worden. Dabei baute Konrad von Hochstaden das Amt des Küchenmeisters sogar kurzzeitig personell aus. Bei beiden Ämtern ist auch unter Konrad die Verklammerung von Funktionen in der Zentral- und Lokalverwaltung charakteristisch, auf die in der Gesamtzusammenfassung noch einzugehen ist. Von einer »Hierarchie« der Hofämter zu sprechen ist vertretbar. Die Amtssprengel der einzelnen Ämter sind durchaus unterschiedlich gewesen. Die Grenze des Amtsbereiches des rheinischen Marschalls war die Ruhr, da das Herzogtum Westfalen einem eigenen Marschall unterstellt war.[483] Der Vogt hingegen war im ganzen Erzstift im Gefolge belegt. Beide Ämter sind stets an führenden Positionen in den Zeugenlisten genannt worden. Vom Rang und der Stellung her bildeten das Amt des Vogtes und des Marschalls die Verwaltungsspitze, der gegenüber die anderen Hofämter abgestuft waren. Der Erbkämmerer war unter Konrad von Hochstaden ganz auf Köln beschränkt. Bei diesem Amt ist ein regelrechtes »Abwandern« von Befugnissen auf die Unterkämmerer feststellbar, die Konrad oft nach Westfalen begleiteten und wichtige Urkunden bezeugten.

Diese rangniederen Funktionsträger waren die tatsächlichen Stützen der Verwaltung in den einzelnen Ämtern. Dabei werfen die Bestimmungen des Dienstrechts über die Organisation des Hofdienstes und die tatsächlichen Quellenbefunde Fragen auf.

Für die nach Bedarf des Erzbischofs angeforderten Ministerialen war im Dienstrecht eine Dienstzeit von sechs Wochen festgelegt, die fest besoldet war und auf Bitten des Erzbischofs auch verlängert werden

---

483 Vgl. Kap. B II 1.2 »Der Marschall von Westfalen«.

konnte. Zum Teil treten diese Funktionsträger (Unterkämmerer Ulrich Buk, Untermarschall Reinhardt) aber derart lange und in sehr kurzen Zeitabständen auf, daß von einem über die sechs Wochen hinausgehenden Auftreten in den jeweiligen Ämtern auszugehen ist. Konrad von Hochstaden versuchte einen festen Verwaltungsstamm aufzubauen und unnötige personelle Wechsel zu vermeiden. Eine derartige personelle Diskontinuität war mit den wachsenden Aufgaben der Verwaltung sicherlich nicht vereinbar. Konrad hat hier eine Art »Verwaltungspragmatismus« walten lassen. Er hat diese Ministerialen aufgrund ihrer Verwaltungserfahrung länger am Hof belassen und dies durch besondere Zuwendungen erreicht.

Bei der Interpretation des Dienstrechts muß daher auch auf die große Dynamik des Aufstiegs der Ministerialen hingewiesen werden, die die Bestimmungen eines Dienstrechts wohl schnell hinfällig werden ließ. Die dienstpflichtigen Ministerialen waren das Personal, mit dem Konrad die durch den Aufstieg wichtiger Ämter in den Beraterkreis entstandenen Lücken ausfüllte. Die erblichen Hofämter übten unter Konrad wohl noch Leitungsfunktionen in diesen Ämtern aus. Durch ihren Dienst nahmen die untergeordneten Ämter ebenfalls einen enormen Aufstieg. Teilweise sind sie mit den erblichen Hofämtern zusammen im erzbischöflichen Gefolge aufgetreten, wenn auch rangmäßig abgestuft. Für die These, daß diese Schicht von Funktionsträgern von Konrad in die Verwaltung eingebaut wurde, spricht, daß auch hier teilweise personelle Verklammerungen zur Lokalverwaltung zu beobachten sind. Dabei gab es auch Sonderentwicklungen. Die Untervögte wurden im 13. Jahrhundert bereits vom Bürgertum gestellt. Inwieweit Konrad über sie Einfluß ausgeübt hat, ist schwer zu sagen. Beim Kämmereramt ist es zu einer Spezifizierung einzelner Aufgabenbereiche gekommen, die eigenen Funktionsträgern übertragen wurden (*camerarius, qui est piperi*).

Konrad von Hochstaden hat Köln als seine Hauptresidenz betrachtet. Seine in großen Abschnitten durchgehende Präsenz in der zweiten Hälfte seiner Regierungszeit belegt, daß die Stadt Köln aus seinem Verständnis heraus der Mittelpunkt und das Zentrum des Doppelherzogtums Köln war. Im Erzstift gab es für seine Regierung keine an Bedeutung vergleichbare Stadt. Die übrigen Orte an denen er sich bevorzugt aufhielt waren Nebenzentren, die durch ihre geographische Lage einen Kernraum erzbischöflicher Herrschaft beschrieben. Solch ein Herrschaftsmittelpunkt war Bonn, das er besonders seit dem Ausbruch der Feindseligkeiten mit der Stadt Köln[484] besonders oft aufsuchte. Daneben spielte Neuss für die Verwaltung des Erzstifts eine bedeu-

---

484 Vgl. Kap. A V 2 »Stadt Köln«.

tende Rolle. Hier wickelte Konrad wichtige Verhandlungen mit den Adligen des Kölner Lehnshofes (Graf von Geldern) aber auch mit Gegenkönig Wilhelm von Holland ab. Insgesamt ist der Gebietsstreifen Neuss – Köln – Bonn als ein Kernraum seiner Herrschaftsausübung anzusehen. Demgegenüber stellten Rheinberg und Rees im Norden und Andernach im Süden die jeweiligen Grenzpunkte dieses Kernraums dar. Im Vorfeld von Köln waren außerdem noch Lechenich und Brühl von übergeordneter Bedeutung. Bewußt schuf Konrad von Hochstaden Herrschaftsschwerpunkte, die geographisch im Zentrum Köln ihre Mitte fanden. Im Herzogtum Westfalen konzentrierte er seine Regierungstätigkeit auf die Gebiete rund um die Zentren Soest-Hovestadt und Rüthen, die als Basislandschaften zu bezeichnen sind. Aber auch Herford als nördlichster kölnischer Vorposten wurde mehrmals von ihm aufgesucht. In diesen Basislandschaften war die Tendenz zur Residenzbildung feststellbar (Rüthen). Dagegen wurde dem zunehmenden Selbstbewußtsein der Soester Bürgerschaft mit dem Bau der Burg Hovestadt ein Zeichen des erzbischöflichen Machtanspruchs entgegengesetzt.

In der zweiten Hälfte seiner Herrschaft ist eine deutliche Veränderung in den Regierungsmethoden Konrads zu erkennen. Bis auf die Züge nach Hovestadt und Diestedde gegen Ende seines Pontifikats hat sich der Kölner Erzbischof nicht mehr nach Westfalen begeben. Gleichzeitig ist die bereits beschriebene Herrschaftsbildung in der Stadt Köln zu beobachten. Diese Veränderung ist Ausdruck eines bestimmten Regierungskonzepts. Konrad muß klar geworden sein, daß ein Doppelherzogtum von diesen geographischen Ausmaßen von Köln aus nur schwer administrativ zu erfassen war. Daher teilte er das Doppelherzogtum Köln–Westfalen administrativ in die zwei historisch gewachsenen Gebiete Rheinland und Westfalen auf und unterstellte das Herzogtum Westfalen einer eigenen Verwaltung. Er schuf damit eine Art westfälische »Verwaltungsautonomie«, die dieses Herzogtum dem westfälischen Marschall unterstellte. Ausdruck dieser Verwaltungspraxis war, daß Konrad mit den genannten Ausnahmen nur noch bis zur Ruhr zog, die als Grenzfluß beider Verwaltungseinheiten fungierte. In Volmarstein hat sich Konrad in dieser Zeit mehrmals aufgehalten.

Die Leistungen dieser Herrschaftszentren aber auch kleinerer Höfe und Klöster konzentrierten sich auf die Gastungspflicht für den Erzbischof und sein Gefolge. Die Organisation der Verpflegung und Unterbringung wird in den Händen des Schultheißen gelegen haben, in Soest übte diese Funktion der Marschall von Westfalen aus. Da das Herannahen des erzbischöflichen Gefolges sicher vorab durch Boten gemeldet wurde, ergingen Lieferungsbefehle an die umliegenden Höfe, um alles Notwendige für die Unterbringung etc. herbeizuschaffen.

Im Rheinland bevorzugte der Erzbischof das Reisen mit dem Wohnschiff, das von Ministerialen gesteuert wurde. Verpflegung und Pferde zum Treideln des Schiffes stellten die umliegenden Höfe und Klöster.

Zu seinen Maßnahmen, das Erzstift »regierbar« zu machen, zählte auch der Ausbau der Kanzlei am Hof in Köln. Sie war in den führenden Positionen mit Klerikern (Kanzler, Schreiber) besetzt, die zum Teil Kölner Stiften angehörten, bzw. Pfründen dieser Stifte besaßen. Im Amt der Kanzlei waren das Urkundenwesen, Archiv, Rechtsakte wie Verträge und Lehnsabmachungen, richterliche Funktionen und Prokuratorendienste vereinigt.

Der zunehmende Verwaltungsaufwand und die stärkere Beschäftigung mit Finanz- und Kreditangelegenheiten machte eine Neuorganisation der Kanzlei notwendig. Konrad von Hochstaden setzte mit dem *protonotarius* einen »inoffiziellen« Fachmann als Vorsteher der Kanzlei ein, ungeachtet der Tatsache, daß ein »nomineller« Kanzleichef vom Domkapitel auf diesem Posten eingesetzt war. Daneben wurde die Kanzlei, um den zunehmenden Anforderungen gewachsen zu sein, personell aufgestockt. Dabei übernahm Konrad z.T. bewährte erzstiftische Kräfte, integrierte aber auch Personal aus der städtischen Verwaltung Kölns in der erzstiftischen Kanzlei. Er versuchte Fachwissen und Kompetenz in diesem Verwaltungsapparat zu bündeln, um die Effizienz der Kanzlei zu erhöhen.

Für die geistliche Gerichtsbarkeit berief Konrad von Hochstaden einen hauptamtlichen Offizial mit einer eigenen Gerichtsbehörde und schuf damit erste delegierte Positionen in seinem Verwaltungsapparat. Damit war zwar ein neues Gericht gegründet, aber eine Klärung der Rechtsfälle, zu wessen Zuständigkeiten sie gehörten, ist zu Zeiten Konrads nicht erkennbar. Es fehlt eine Beschreibung der Kompetenz des Offizials. Rechtsfälle des Offizials sind bis auf einen Fall unbekannt, so daß die Kompetenzen dieses Richters unter Konrad nicht deutlich erkennbar sind.

Ein engerer Rat Konrads von Hochstaden konnte nur in einer einzigen Urkunde nachgewiesen werden und hat als institutionelles Gremium unter seiner Herrschaft noch nicht bestanden. Vielmehr handelte es sich um Personengruppen, die zum Gefolge des Erzbischofs zählten und im einzelnen Beratungsfall von ihm hinzugezogen wurden. Das Anbieten der deutschen Königskrone in Prag (1256) und die Zusammensetzung dieser Delegation stellte einen Sonderfall dar. Es handelte sich bei der Begleitung Konrads wohl nicht um einen »Rat«, sondern um politische Freunde Konrads. Auffällig war das zahlenmäßig häufige Auftreten Adliger im erzbischöflichen Gefolge bei »außenpolitischen« Missionen. Für Fragen der inneren Lokalverwaltung standen dem Erzbischof ausgewählte Prioren und Hofministerialen zur Verfügung. Räte sind als Einzelpersonen unter Konrad von Hochstaden durchaus belegbar. Bestimmte Aufgabengebiete sind einzelnen Räten kaum zuzuordnen. Es ist aber denkbar, daß die Ministerialen Marschall Hermann von Alfter und Mundschenk Hermann von Are, die 1254 beim Pakt mit Flandern zum Rat gezählt wurden, eine besondere Beraterfunktion in »außenpolitischen Angelegenheiten« ausübten, da sie auch in den übrigen erzstiftischen Urkunden bedeutende Verträge Konrads bezeugten. Obwohl auch zahlreiche Adlige im Rat aufgetreten sind, hat insgesamt unter Konrad von Hochstaden die Frequentierung des Hofes in Köln durch den höheren Adel aus dem Kölner Raum merklich nachgelassen. GROTEN begründet diese zunehmend mangelnde Einbindung des lokalen Adels in den Lehnshof mit der Krise des Lehnswesens insgesamt.[485] Die mit nicht näher definierten Ämtern am Hof erwähnten Adligen sind im 13. Jahrhundert allenfalls in Ehrenämtern tätig (Jülich, Nassau) gewesen, die für die praktische Verwaltung des Erzstifts keine Bedeutung hatten. Der Hof verlor zunehmend seine Bedeutung als zentraler Mittelpunkt des Lehnshofes.

485 Vgl. GROTEN, Lehnshof, S. 9ff.

II.
Lokalverwaltung

1.
Erweiterter Hof:
Ansätze einer nach Ämtern
strukturierten Verwaltung

Nach dem Deutschen Dienstrecht waren die Ministerialen mit mehr als fünf Mark dienstpflichtig und wurden nach einer Vorankündigung, die dem Dienstmann Zeit zur Vorbereitung geben sollte, zum Dienst herangezogen. Nichterscheinen wurde mit Lehnsentzug geahndet. Hatte hingegen der Erzbischof die Ankündigungsfrist nicht eingehalten, konnte der Ministeriale wählen, ob er dennoch dienen, oder ersatzweise die Hälfte seiner Jahreseinkünfte zahlen wollte.[486] Für die Ableistung des Dienstes, der im Dienstrecht auf den Italienzug bezogen wird, erhielt der Dienstmann eine bestimmte Summe Geld als Einmalzahlung, Ausrüstungsgegenstände und einen monatlichen Sold.[487] Die Gruppe der Dienstmannen mit weniger als fünf Mark Jahreseinkommen war vom Italienzug befreit, es sei denn, der Erzbischof trug die vollen Kosten.[488]

Die kölnische Verwaltungsorganisation ist von Konrad von Hochstaden auf der Basis des Amtsrechts in Ansätzen neu geordnet worden. Das lehnrechtlich legitimierte Erblichkeitsprinzip behinderte den Landesherrn in einer effektiven Verwaltung der kölnischen Landesherrschaft, deren administrative und wirtschaftliche Ressourcen aufs äußerste angespannt waren. Der Kölner Erzbischof übte bei den erblichen Burggrafen keinen Einfluß mehr auf die Ämterbesetzung aus. Auch bei den Schultheißen sind bereits in der Mitte des 13. Jahrhunderts Erblichkeitstendenzen feststellbar. Diese Entwicklung führte zu einer allmählichen Aufweichung des ursprünglichen Dienstverhältnisses zum Herrn und zu einer Reihe von Amtsanmaßungen und Unbotmäßigkeiten.[489]

---

486 Vgl. Deutsches DR, Art. 4; FRENSDORFF, Recht, S. 41f.
487 Vgl. ebd., Art. 5, 6; FRENSDORFF, Recht, S. 42. Dazu folgen nähere Ausführungen im Kapitel C II 2) »Kriegskosten«.
488 Vgl. ebd., Art. 7; FRENSDORFF, Recht, S. 43.
489 Beispiele folgen in den Kapiteln B II 1.4 »Die Burggrafen« und B II 1.6 »Die Schultheißen«.

Wenn auch zu diesem Zeitpunkt noch nicht als Reform oder Verwaltungskonzept gedacht, setzte um die Mitte des 13. Jahrhunderts ein allmählicher Umformungsprozeß der kölnischen Verwaltung ein, der dem Lehnrecht das Amtsrecht entgegensetzte. Durch die Berufung eines Amtmannes, dessen Titel nicht erblich war, dessen Dienstzeit vom Dienstherrn bestimmt wurde und der von ihm auch für den Dienst entlohnt wurde, setzten die Kölner Erzbischöfe seit der Mitte des 13. Jahrhunderts Funktionsträger ein, die in einem eindeutigen Delegationsverhältnis zum Erzbischof standen und diesen in einem festgelegten Bezirk kölnischer Landeshoheit vor Ort vertraten.[490] Diese Veränderungen wurden unter Konrad von Hochstaden erstmals in Ansätzen in den Quellen faßbar. Der Erzbischof befand sich in dem Dilemma, ein derart großes Territorium ohne zuverlässiges Verwaltungspersonal nicht mehr regieren zu können. Er konnte unmöglich überall dort sein, wo es nötig gewesen wäre. Aus dieser Situation heraus wurden beamtete Vertreter zunächst an der Peripherie seines Herrschaftsgebietes auf hinzugewonnenen Burgen eingesetzt, ein Vorgang, der als Vorgehen gegen die Erblichkeit der Burggrafen gedacht war und, gewissermaßen unbewußt, die ersten Grundlagen für die Entstehung des institutionellen Flächenstaates schuf.[491] Das zunehmende Auftreten von Amtsbezeichnungen in der kölnischen Verwaltungssprache wie *officiales, officiatus, officiati, officium* und *officium villicationis* sind für die Veränderung innerhalb der Territorialverwaltung charakteristisch. Diese neue Verwaltungssprache wurde häufig von Konrad von Hochstaden bzw. der kölnischen Kanzlei verwendet.

Am 1. August 1239 untersagte Konrad von Hochstaden seinen Offizialen von Hochstaden (bei Frimmersdorf, Kreis Neuss) die Behelligung des Zisterzienserklosters Kamp (Kamp-Lintfort, Kreis Wesel).[492] Seinen *dapiferi, villici et universi officiales* befahl der Kölner Erzbischof im Dezember 1243 den Schutz des Klosters Schledenhorst (bei Rees, Kreis Kleve).[493] Dem Zisterzienserkloster in Drolshagen (Kreis Olpe) versprach Konrad von Hochstaden am 26. Februar 1245, daß seine Beamten keine Fuhr- oder anderen Dienste verlangen würden.[494] Im April 1246 wies er seine Schultheißen und *officiales* an, die Bede- und

---

490 Vgl. dazu Kap. B II 1.1 »Die Amtmänner«.
491 Für Anregungen zu diesem Aspekt danke ich Herrn Prof. Wilhelm JANSSEN. LAUFNER, Ämterorganisation, S. 286, weist Konrad von Hochstaden bereits eine einsetzende Unterteilung des Erzstifts in Ämter zu, obgleich er einräumt, daß eine systematische Unterteilung in Ämter erst unter Erzbischof Heinrich von Virneburg einsetzte. Vgl. TEWES, Selbstverständnis, S. 68; vgl. SCHEYHING, Bannleihe, S. 113ff.; vgl. ANDERNACH, Verwaltung, S. 242.
492 Vgl. REK III 956. Zu Kamp siehe auch die Arbeit von MANTEN, Einkünfte.
493 Vgl. REK III 1105.
494 Vgl. REK III 1181. Vgl. WUB VII 587, *etiam ut nullus officialium vel hominum nostrorum* ....

Steuerbefreiung des Klosters Heisterbach (Gemeinde Oberdollendorf, Rhein-Sieg-Kreis) für dessen Besitzungen bei Bonn und Königswinter (Rhein-Sieg-Kreis) einzuhalten.[495] Graf Otto von Geldern einigte sich mit Konrad von Hochstaden am 7. Januar 1255 darauf, bei Ausschreitungen das Gericht des Erzbischofs und seiner Beamten anzurufen.[496] In diesen Urkunden handelt es sich um Lokalbeamte mit regionaler Zuständigkeit. Zu einer gewissen Unschärfe führt deren Bezeichnung jedoch, wenn außerdem Hofbeamte genannt wurden.[497] Um diese Beamten begrifflich von denjenigen der Lokalverwaltung zu unterscheiden, werden sie in der kölnischen Verwaltungssprache näher definiert. Hierzu ein Beispiel: Das Schutzversprechen Konrads von Hochstaden für das Zisterzienserinnenkloster Welver (Kreis Soest) bezeugten im Dezember 1242 Vogt Gerhard von Köln, Lupert von Schwansbell (wüst, bei Dortmund), Marschall Gottfried, Dietrich von Hilden (Stadt Hilden, Kreis Mettmann), Küchenmeister Gerhard, Heinrich von Meyerich (Kreis Soest) *»ceterisque nostre curie officialibus«*.[498] Durch die Nennung der Funktionen werden die Genannten unterscheidbar.

Es waren also in der Mehrzahl lokale Funktionsträger, die hier zu den Beamten des Kölner Hofes *»nostre curie«* gezählt wurden. Eventuell handelte es sich auch um Ministerialen, die zur Zeit ihren Dienst am Hof ableisteten.

Am 25. Oktober 1263 sprach Erzbischof Engelbert II. von *»nostris officiatis tam partium Westfalie quam Reni«*.[499] Konrad von Hochstaden verpfändete am 13. Juni 1255 seine Einkünfte zu Rhens mit dem *officium villicationis*.[500]

JANSSEN deutet die wichtige Verbindung von Amtsgedanken und Flächenprinzip als Etappe auf dem Weg zur Bildung eines landesherr-

---

495 Vgl. REK III 1243.
496 ... *nisi prius causam suam coram ipso archiepiscopo vel suis officialibus* ... Vgl. LACOMBLET II 407; vgl. REK III 1817.
497 Vgl. REK III 938, 1617. Genannt wurden als cives et officiales Coloniensis: *Wernerus miles dictus Parfuse, Hermannus et Gerhardus nepotes predicti Godefridi, Heinricus dictus Thelonearius, Johannes privignuus suus, Sibertus.*
498 Vgl. REK III 1063.
499 Vgl. WUB VII 1133; vgl. REK III 2269; vgl. LACOMBLET II 563; vgl. REK III 2360, ... *officiati nostri ... sive circa Reni* ... Vgl. JANSSEN, Erzstift, S. 6f.
500 Vgl. REK III 1850. Siehe auch WUB VII 718, 1235. Weitere Belege für die Funktionsträger: 1289: Ungenannt, *officiato nostro qui pro tempore fuerit.* Vgl. REK III 3226; 1293, *Johannes de Turri, Ego ... officiatus ... domini archiepiscopi apud Are.* Vgl. REK III 3398; 1277: Ungenannt, *per manus officiati nostri Andernacensis.* Vgl. REK III 2710; 1283: Ungenannt, *quod quicumque fuerint officiati eiusdem domini nostri archiepiscopi in Nussia, Berka et Reys* ... Vgl. REK III 2993; 1265: Adam von Frechen, ... *Adam de Vreggene, dapifer de Hart.* Vgl. REK III 2319, 2380; 1264: Ungenannt, *officiato nostro iam existenti in Kempen et officiatis nostri in futurum ibidem existentibus.* Vgl. REK III 2311; 1274: Dietrich Voss, ... *Theodericus dictus Vulpes, officialis in Leggenich.* Vgl. REK III 2560, 2604: *Johann von Rinberg, Ego Johannes de Rinberg dapifer et officiatus ... domini archiepiscopi Coloniensis in Weyde.* Vgl. REK III 3373; Auszüge aus der Beamtenliste bei JANSSEN, Verwaltung, S. 30ff.

lichen Beamtentums.[501] Zu dieser eindeutigen Zuordnung von lokalem Verwaltungsträger und dem Amt als geographisch fest umrissener Größe ist es mit Ausnahme der erzbischöflichen Exklaven wie Rhens, wo die Grenzen feststanden, jedoch unter Konrad von Hochstaden wohl noch nicht gekommen, zumindest findet man keine Anhaltspunkte. Der Amtmann als Begriff war in den Quellen eher noch die Ausnahme und wurde oft in einem Atemzug mit Drosten und Schultheißen genannt. Die Festlegung auf bestimmte Verwaltungstitel setzte in der kölnischen Kanzlei erst unter Siegfried von Westerburg (1275–1297) ein.[502]

1.1
Die Amtmänner

Der Begriff Amtmann war die deutsche Übersetzung des lateinischen *dapifer*, wie aus dem kölnisch-jülischen Schied vom 9. September 1251 hervorgeht, in dem der lateinische Audruck mit Amtmann übersetzt wird. 1252 ist Johann von Hörde als Amtmann auf der kölnischen Waldenburg belegt.[503]

Da seit 1243 Ministerialen mit dem Titel Amtmann auftreten, scheint Konrad von Hochstaden diese Amtsbezeichnung eingeführt zu haben.

Amtmann Lupert von Schwansbell erhielt am 2. November 1243 für den Bau der Burg Aspel bei Rees Anteile vom Neusser Zoll und den erblichen Besitz der Anderburg (Trutz-Volmarstein).[504] Mit der Kommandantur über zwei kölnische Burgen am Niederrhein und an der Ruhr (Rees-Aspel, Anderburg) wurde Lupert zum wichtigsten kölnischen Beamten im Nordwesten des Erzstifts. Seit 1233 belegt, hielt sich Lupert bereits Ende 1238 bei Konrad von Hochstaden in Unna auf, Ende 1242 wurde er zu den kölnischen Hofbeamten »*nostre curie officialibus*« gezählt.[505] Die Amtmänner gehörten zu den Dienstmannen Konrads von Hochstaden, doch waren sie ihrem Herrn nicht lehnrechtlich, sondern amtsrechtlich als »*officiales*« unterstellt, d.h., der Erzbischof bestimmte über die Besetzung des Verwaltungsamtes und nicht die erbliche Nachfolge innerhalb der Dienstmannenfamilie.

---

501 Vgl. JANSSEN, Verwaltung, S. 86.
502 Vgl. ebd., S. 91.
503 Vgl. LACOMBLET II 376. *Johan von Hurte der amptman von Waldinberch — quos cepit Johannes de Hurte dapifer de Waldinberch.* Vgl. ebd., S. 91. Die kölnischen Ministerialen von Hörde saßen auf der gleichnamigen Dienstmannenburg. Siehe Kap. B II 1.5 »Die Burgmannen«. Zur Bedeutung der Waldenburg siehe Kap. A I 2.2 »Das Sayn-Wiedische Erbe.«
504 Vgl. LACOMBLET II 279; vgl. REK III 1095.
505 Am 10. März 1233 testierten in einer kölnischen Urkunde in Soest *Lutbertus, Herbordus, Bertoldus, Ludewicus fratres de Svansbule als ministeriales ecclesie nostre*. Vgl. RÜBEL, Dortmunder UB 72; vgl. REK III 769a, 929, 1063.

Der namentlich nicht erwähnte Amtmann in Rheinberg (Kreis Wesel) hatte am 26. August 1264 darauf zu achten, daß die Abgaben im »Land Kempen« entrichtet wurden.[506]

Bei einem Rechtsstreit des Zisterzienserklosters Himmerod (bei Wittlich) und den erzbischöflichen Leuten von Zeltingen-Rachtig (Verbandsgemeinde Bernkastel-Kues) wurde am 25. Juni 1276 auf eine im Namen Konrads von Hochstaden von dessen Amtmann Ritter Johann von Lösnich[507] (Verbandsgemeinde Bernkastel-Kues) durchgeführte Untersuchung verwiesen.[508]

JANSSEN sieht einen Zusammenhang zwischen dem erstmaligen Auftreten von Amtmännern und der Berufung eines geistlichen Richters (Offizials) in der Regierungszeit Konrads. Die Einführung eines beamteten Richters war nordfranzösischem Vorbild entlehnt und hat, so JANSSEN, »den Anstoß für eine Übertragung des Amtsgedankens in die Sphäre der Territorialverwaltung gegeben.«[509] Das erstmalige Auftreten von Amtmännern im geographisch benachbarten »linksrheinischen« Raum (Lösnich, Aspel) mag diese These unterstützen.

1.2
Der Marschall von Westfalen

Erzbischof Engelbert I. hat das Amt des Marschalls von Westfalen in der kölnischen Verwaltung eingeführt. Der erste nachweisbare Marschall von Westfalen war 1217 der Ministeriale Riquin, der in Rüthen urkundete.[510]

Unter Konrad treten diese Funktionsträger erstmals durchgehend auf, dabei sind verschiedene Marschälle ebenfalls mit Sitz in Rüthen belegt. Die Reihe der Marschälle während seiner Regierungszeit beginnt mit Gottfried (1239–1247), der sich nach seinem Amtssitz Rüthen bezeichnete. Er besaß kein eigenes Wappen, sondern führte das kölnische Kreuz in einem mit Kornähren bestreuten Feld mit der Umschrift »S. Godefridi marschalci de Ruden«.[511] Gottfried wurde außerdem in einer Urkunde des Grafen Adolf von der Mark 1246 als »marscalcus de Ruden«

---

506 Vgl. REK III 2311.
507 Lösnich gehörte zum alten Besitz der Erzbischöfe von Köln um Zeltingen-Rachtig. MATSCHA, Heinrich I., S. 667, glaubt, daß der Titel Amtmann erst nachträglich unter Siegfried von Westerburg benutzt wurde, tatsächlich treten diese Bezeichnungen aber auch schon unter Konrad von Hochstaden auf.
508 Vgl. REK III 2681. Vgl. GOERZ, Regesten IV, Nr. 317.
509 Vgl. JANSSEN, Verwaltung, S. 5f.
510 Vgl. WUB VII 139.
511 Vgl. ebd., 482, 610; vgl. WUB IV 312.

bezeichnet.[512] Marschall Albert von Störmede (1254–1256, Kreis Soest) wurde am 4. März 1255 auch als Marschall von Rüthen bezeichnet, ebenso wie Arnold von Hochstaden.[513]

Der Marschall war Vertreter des Erzbischofs in Westfalen, das als eigenständiger Verwaltungsbezirk von ihm geleitet wurde. Für Anordnungen Konrads galt für den Marschall aber eine strikte Weisungsabhängigkeit.[514] Seine hohe Position ist daran erkennbar, daß er während der Gefangenschaft Konrads in Nideggen vom Februar bis November 1242 als Vertreter des Landesherrn auftrat. Vor dem 20. April 1242 bestätigten Marschall Gottfried und Kastellan Berthold von Büren (Kreis Paderborn) einen Vergleich als Stellvertreter Konrads von Hochstaden.[515] Einer zu großen Machtfülle des Marschalls steuerte Konrad von Hochstaden dadurch entgegen, daß er den Amtscharakter dieser Position stark betonte. Die in der Liste[516] aufgeführten Funktionsträger übten das Amt mit Ausnahme des letzten Marschalls maximal zwei Jahre aus. Durch häufige Ein- und Absetzung der jeweiligen Funktionsträger ist der Kölner Erzbischof einer erblichen Ausübung dieses Amtes entgegengetreten. Sie dienten Konrad nach dem Amtsrecht.

Dem Marschall von Westfalen unterstand zunächst die Einziehung der landesherrlichen Einkünfte.[517] Am 12. Juni 1244 erstattete Konrad von Hochstaden der Äbtissin von Geseke (Kreis Soest) die Hühner- und Geldabgabe zurück (*de pomerio et custodia*), die ihr vom erzbischöflichen Marschall genommen worden war.[518]

Offensichtlich beanspruchte der westfälische Marschall auch die Besteuerung der Vogteien für sich und zog die Bede ein. Im Dezember 1252 erklärte Konrad von Hochstaden, daß er nicht der Vogt des Klosters Flechtdorf (Gemeinde Diemelsee, Landkreis Waldeck-Frankenberg) sei, sondern nur *pater* und *defensor*, damit sich nicht einer seiner Nachfolger, der Marschall von Westfalen oder ein erzbischöflicher Richter, eine vogteiliche Besteuerung von Flechtdorf anmaße. Am 4. November 1256 setzte Konrad von Hochstaden nach Vermittlung des Marschalls von Westfalen die jährliche Bede für einige Hufen der Soester Villikation fest.[519]

---

512 Vgl. WUB VII 610.
513 Vgl. ebd., 865, 565.
514 Vgl. REK III 1856. Am 23. Juli 1255 ließ Konrad von Hochstaden den Edelherren von Pyrmont (bei Lügde, Landkreis Höxter) durch Albert von Störmede, Marschall von Westfalen ihr Burghaus zurückgeben.
515 Vgl. REK III 1052.
516 Siehe dazu die Liste der westfälischen Marschälle unter Konrad von Hochstaden.
517 Vgl. KORTE, Marschallamt, S. 26ff. Dabei wurde er von Vronen unterstützt.
518 Vgl. REK III 1149.
519 Vgl. REK III 1710, 1923.

Außerdem war er für Besitzfragen zuständig. Am 29. September 1245 konsultierte Konrad von Hochstaden den Marschall von Westfalen wegen der Besitzverhältnisse der Soester Münze.[520]

Im kölnischen Herzogtum Westfalen übte der Marschall auch die weltliche Gerichtsbarkeit aus.[521] Er setzte die Gografen (Landrichter) in den zwölf westfälischen Gografschaften Herford, Rüthen, Geseke, Erwitte, *upper Hare*, Brilon, Medebach, Soest, Werl, Menden und Recklinghausen ein, die zur Hälfte im Besitz des Erzbischofs waren,[522] und konnte sie bei der Verletzung des erzbischöflichen Geleits zur Verfolgung von Verbrechern aufbieten.[523] Ausdrücklich waren bei diesen friedenserhaltenden Maßnahmen auch die Belagerung der Burgen von Räubern und der Bau von Burgen für die Sicherung des Geleits eingeschlossen.[524] In diesem Fall übte der Marschall von Westfalen im Namen des Erzbischofs das Geleitrecht aus. Für die Gewährung des Geleits gab es eine zeitliche Regelung über Monate oder Jahre, die mit dem Marschall geschlossen werden mußte.[525] Für die Verfolgung von Verbrechern stand dem Marschall auch eigenes Gerichtspersonal zu Verfügung. Verhaftungen wurden in Westfalen durch den Gerichtsboten oder seinen Ministerialen durchgeführt.[526]

Der Marschall war verpflichtet, dem Kölner Erzbischof auf dessen Befehl mit 50 Berittenen jenseits des Rheins zu Hilfe zu eilen. 1240 forderte Konrad von Hochstaden seine Ministerialen in Westfalen auf, sich mit Waffen und Roß gegen die Feinde der kölnischen Kirche bereitzuhalten.[527] Es könnte sich hierbei um einen solchen Gestellungsbefehl für Ministerialen unter dem Kommando des Marschalls handeln.

Die mit kölnischen Ministerialen besetzten Burgen[528] standen dem Marschall als Offenhäuser zur Verfügung, daneben war er auch für die Burganlagen verantwortlich. Marschall Arnold von Hochstaden hat nach 1248 auf erzbischöflichem Gebiet die Burg Hallenberg (Hochsau-

---

520 Vgl. REK III 1215.
521 Vgl. WUB VII 2418, *iurisdictionem temporalem per Westphaliam exercemus*.
522 ... *item nota quod Archiepiscopus habet in universo per totam Westphaliam hec iudicia Gograviatus que sunt XII videlicet in Hervorde Ruden Geseke Ervethe Gograviatum upper Hare, item in Brylon, item in Medebike, item in Susato, item in Werle, item in Menden, item in Rekelinchusen. Hec iudicia in medietate sunt Archiepiscopi et iudices ipse vel suus marscalcus in eis instituit pro sua voluntate.* Vgl. SEIBERTZ, UB I 484, S. 643f.
523 ... *et quandocunque conductus violatus fuerit Dux sovet ablata mercatoribus et ad vocationem suam vel sui marscalci, omnes gogravii Ducatus sui cum communitate hominum tenentur insequi predones; faciendo eis sequelam que communiter dicitur Volge.* Vgl. ebd.
524 ... *si etiam aliquis vult habere conductum ad mensem unum duos tres vel quatuor vel annum aut plus, de hoc potest convenire cum marscalco.* Vgl. ebd., S. 644.
525 Vgl. ebd.
526 Vgl. ebd.
527 Vgl. REK III 981.
528 Siehe dazu Kap. B II 1.5 »Die Burgmannen«.

Lokalverwaltung 193

erlandkreis) erbaut. Am 2. Mai 1256 wurde die paderbornische Burg Vilsen (Kreis Paderborn) zunächst in die Hände von vier kölnischen Ministerialen übergeben.[529] Es ist anzunehmen, daß sich unter diesen Ministerialen auch der Marschall befand, da die Übergabe der Burg in Durchführung der Waffenstillstandsvereinbarungen zwischen Köln und Paderborn erfolgte. Marschall Albert von Störmede nahm mit dem kölnischen Ministerialenheer im Jahre 1254 an der Schlacht auf dem Wulferichskamp (Brechten bei Dortmund) gegen Bischof Simon von Paderborn (1247–1277) teil.[530] Der Marschall führte die westfälischen Gefangenen nach dem kölnischen Sieg in seinen Gewahrsam. Bischof Simon von Paderborn berichtete dem Papst später nach seiner Freilassung, daß er nach der Schlacht von erzbischöflichen Leuten auf eine kölnische Burg in Gefangenschaft geführt worden sei.[531]

Seine Einnahmen bezog der Marschall aus den eingezogenen landesherrlichen Einkünften. Außerdem wurden ihm Anfang des 14. Jahrhunderts Ehrenabgaben gezahlt. So mußte die Stadt Soest dem Marschall zu dieser Zeit bei seinem ersten Einritt eine Abgabe von fünf Mark zahlen.[532] Bei der Bedeutung des westfälischen Marschalls zur Zeit Konrads ist eine solche Abgabe bereits zu diesem Zeitpunkt denkbar. Seine Teilnahme an wichtigen kölnischen Territorialverträgen unterstreicht die hohe Bedeutung dieses Amtes unter Konrad von Hochstaden.[533]

Er hat dieses Amt nach amtsrechtlichen Gesichtspunkten ausgeformt. Während die ersten beiden Marschälle noch relativ lange Dienstzeiten absolvierten, verringerte sich die Dauer der Amtsausübung für die nach 1248 amtierenden Marschälle zusehends. Arnold von Hochstaden, Heinrich von Soest und Hunold von Ödingen wurden mehrmals in dieses Amt berufen. Auch in diesem Zusammenhang von einer »Dienstplanordnung« zu sprechen erscheint gewagt, denn es waren auch Marschälle im Amt, die nur einmal für kurze Zeit diese Funktion ausübten. Bei den Marschällen handelte es sich um Ministerialen, die, soweit feststellbar, bedeutende andere Funktionen in der Lokalverwaltung ausübten. Arnold von Hochstaden ist mehrmals als Truchseß von Hochstaden belegt,[534] Schultheiß Heinrich von Soest war erblicher Verwalter der Soester Villikation.[535] Albert von Störmede ist 1248 in

---

529 Vgl. Korte, Marschallamt, S. 31; vgl. REK III 2156, 1892.
530 Vgl. REK III 1807.
531 Vgl. REK III 1913.
532 Vgl. Seibertz, UB II 719.
533 Siehe die Anwesenheit des Marschalls bei den kölnischen Bündnissen Köln — Osnabrück, WUB VII 662, 1071; Frieden Köln — Paderborn, WUB IV 660; Kogelnberger Vertrag, Köln — Sachsen — Corvey, WUB VII 1054.
534 Vgl. Kap. B I 3.5 »Der Truchseß«.
535 Vgl. Kap. B II 1.6 »Die Schultheißen«.

Schmerlecke bei Soest und beim Friedensschluß in Salzkotten im Gefolge Konrads nachweisbar. Ausdrücklich wird ihm als Ministerialen der Besitz der Grundherrschaft Vilsen zugesprochen. 1258 ist er bei Konrad von Hochstaden in Köln bezeugt.[536] Auch Heinrich von Volmarstein zählte zu seinem Gefolge. 1247 hält er sich mit dem Kölner Erzbischof in Bonn auf.[537] Konrad von Hochstaden wählte seine Marschälle aus seinem Gefolge aus. Soweit nachweisbar, zählten sie zu den vornehmsten westfälischen Ministerialen und übten wichtige Funktionen in der Lokalverwaltung aus. Die einzigen nichtwestfälischen Marschälle waren Hunold von Ödingen (Sauerland) und Arnold von Hochstaden. Zum wiederholten Mal ist zu beobachten, daß Konrad bevorzugt Ministerialen der Grafschaft Hochstaden an wichtigen Positionen der Verwaltung eingesetzt hat. Auch im Herzogtum Westfalen ist es zur Einsetzung von bewährtem Verwaltungspersonal aus diesem Raum gekommen.[538]

Entscheidend war, daß Konrad von Hochstaden die Ein- und Absetzbarkeit dieses Amtes durchsetzte und den Marschall in Westfalen zu seinem Stellvertreter mit allen Kompetenzen in der Landes-, Finanz- und Militärverwaltung machte. Die kurze Dienstzeit kann mit der landständischen »Verfassung« Westfalens zusammenhängen. Dafür spricht auch, daß dieselben Namen (Amtsträger) mehrfach auftreten. Nach Ablauf ihrer kurzen Dienstzeit schieden sie wieder aus. Eine Verlängerung ihres Amtes scheint nicht möglich gewesen zu sein. Unter den westfälischen Marschällen zur Zeit Konrads sind Arnold von Hochstaden (3x), Hunold von Ödingen? (3x) und Heinrich, Schultheiß von Soest (2x) berufen worden.

Es ist davon auszugehen, daß Rüthen zuvor zum Sitz des Marschalls ausgebaut wurde und dieser hohes Ansehen genoß.

Damit wurden im neuen Verwaltungsaufbau die auch räumlich voneinander getrennten Gebiete Rheinland und Westfalen als eigene ständige Verwaltungseinheiten betrachtet.

Folgende Ministerialen waren unter Konrad von Hochstaden westfälische Marschälle und sind für die genannten Jahre nachweisbar:

1. Albert (1231–1239, gestorben 1240)[539]
2. Gottfried (1239–1246/48)[540]
3. Heinrich von Volmarstein (Stadt Wetter-Volmarstein, Ennepe-Ruhr-Kreis 1248–1250)[541]

---

536 Vgl. REK III 1381, 1384, 1917, 1995.
537 Vgl. REK III 1304.
538 Vgl. Kap. B I 3.4 »Der Mundschenk«.
539 Vgl. WUB IV, 193; ebd., VII, 386, 415, 444, 463, 460, 489.
540 Vgl. WUB VII 482, 519, 534, 562, 610; REK III 1052, 1149 ,1215 1301,1397.
541 Vgl. REK III 1381.

4. Arnold von Hochstaden (bei Frimmersdorf, Kreis Neuss (1250–1253)[542]
5. Hunold von Ödingen (Kreis Olpe, 1253)[543]
6. Heinrich, Schultheiß von Soest (1253–54)[544]
7. Albert von Störmede (Kreis Soest, 1254–1255)[545]
8. Arnold von Hochstaden ? (1256)[546]
9. Hunold (von Ödingen?) (1256–1257)[547]
10. Heinrich, Schultheiß von Soest (1258)[548]
11. Hunold (von Ödingen?) (1258–1260)[549]
12. Johann von Hörde (Stadt Dortmund, 1261)[550]
13. Arnold von Hochstaden (1261–1266)[551]

1.3
Die Truchsessen

In der kölnischen Lokalverwaltung haben unter Konrad von Hochstaden Funktionsträger mit dem Titel *dapifer*, in Westfalen als Drosten, auf Burgen Verwaltungsdienste geleistet. Diese Truchsessen hatten nichts mehr mit dem gleichnamigen Hofamt zu tun. Die Träger dieses nun gleichsam auf die Lokalverwaltung hin ausgerichteten Amtes rückten seit der zweiten Hälfte des 13. Jahrhunderts zu den eigentlichen Vertretern des Landesherrn auf und standen mit den vereinzelt auftretenden Amtmännern auf einer Stufe.[552] 1243 richtete Konrad von Hochstaden eine Anweisung an seine *dapiferi, villici et universi officiales*, den Schutz des Zisterzienserinnenklosters Schledenhorst zu gewährleisten.[553] Die Kanzlei setzte die drei Amtstitel in einer Reihung hintereinander und verwendete sie synonym. Dabei nannte sie aber an erster Stelle die Truchsessen.

Bereits im September 1241 wurde Gisillo, *dap. de Arche* (Are?) genannt. Dieser Gisillo könnte mit dem im Dezember 1240 genannten *Giselberto dapifero de Are* identisch sein. In der Zeugenliste dieser Urkunde wird Albert von Heerlen (holländische Provinz Limburg) genannt.

---

542 Vgl. WUB VII 669, 725, ebd., IV, 503; REK III 1607.
543 Vgl. REK III 1733.
544 Vgl. WUB VII 811; REK III 1800, 1812.
545 Vgl. REK III 1801, 1807; WUB VII 846; REK III 1832, 1838, 1856.
546 Vgl. WUB IV 649.
547 Vgl. WUB VII 916, 968; ebd., IV 660/63, 666.
548 Vgl. REK III 1995.
549 Vgl. WUB IV, 666; ebd., VII 1052.
550 Vgl. WUB VII 1071.
551 Vgl. REK III 2156.
552 Vgl. JANSSEN, Verwaltung, S. 95.
553 Vgl. REK III 1105.

Zusätzlich zu seinem Namen erwähnt der Schreiber, daß zu der Zeit, als Albert von Heerlen Prokurator (Präfekt) dieses Gebietes war, Giselbert von Are als Truchsess auf dieser Burg saß (*Albertus de Herle qui tempore sub Giselberto dapifero de Are fuit procurator illius provintie*).[554] Am 18. Dezember 1247 testierte Albert ohne einen Amtstitel in einer kölnischen Urkunde.[555] Es könnte sich dabei um den oben genannten Albertus de Herle handeln.[556] Am 9. Oktober 1254 kämpfte auf dem Wulferichskamp auf kölnischer Seite Heinrich, Truchsess von Isenberg (bei Hattingen/Ruhr). Es handelte sich hierbei um Heinrich von Vitinghoven, der von 1241 bis 1261 im erzbischöflichen Gefolge auftrat. Beim Bündnis des Kölner Erzstifts mit dem Bistum Osnabrück testierte Heinrich von Isenberg in Diestedde (Wadersloh-Distedde, Kreis Warendorf) als Truchseß von Isenberg.[557]

Ein weiterer kölnischer Lokalbeamter war Udo, *dapifer de Rode* (1246–1250, vermutlich Rhode, bei Süchteln, Kreis Viersen).

Mit Nennung seines Amtstitels bezeugte Udo am 11. Januar 1246 den Vertrag über die Burg Hart.[558] Als kölnischer Bürge mit der Verpflichtung zum Einlager in Bonn wurde Udo von Rhode am 21. Januar 1247 ohne den Truchsessentitel genannt. Am 19. Mai 1250 bezeugte Truchseß Udo von Rhode eine kölnische Güterübertragung.[559]

Truchseß auf der Burg Hochstaden war 1258 Reinhard von Ederen (Kreis Düren, 1258). Am 14. April 1258 wurde Reinhard erstmals als *Arnoldus dap. noster de Hostaden* genannt.[560] Reinhard war außerdem in Personalunion Schultheiß von Rheinberg. In dieser Funktion urkundete er am 8. Juni 1258. Am 14. August 1258 wurde er wieder als Truchseß im erzbischöflichen Gefolge erwähnt.[561] Ein Vergleich mit der Liste der Erbtruchsessen von Hochstaden zeigt, daß in der gleichen Urkunde Ensfried von Hochstaden lediglich als Burgmann von Hochstaden auftritt, während Reinhard den Titel Truchseß führt. Arnold von Hochstaden? ist zu diesem Zeitpunkt Truchseß der Waldenburg. Offenbar hat Konrad von Hochstaden nach dem letzten Beleg für Arnold von Hochstaden als Truchseß dieser Burg (28. Oktober 1256) eine personelle Umbesetzung vorgenommen.[562]

---

554 Vgl. REK III 1041, 1002. Der Begriff »*provintie*« wird nicht genauer umschrieben.
555 Vgl. JOESTER, UB Steinfeld, Nr. 87.
556 Heerlen hat als kölnischer Streubesitz keine größere Rolle für Konrad gespielt.
557 Vgl. Vgl. REK III 1807, 2145. Heinrich war seit dem 12. Februar 1254 im Amt. Vgl. WUB VII 862.
558 Vgl. REK III 1229.
559 Vgl. REK III 1304, 1590.
560 Vgl. REK III 1999.
561 Vgl. REK III 2002, 2007. Der Eintrag von REK III 2205, Register, S. 353 für Reinhard von Ederen ist falsch.
562 Siehe dazu Kap. B I 3.5 »Der Truchseß«. Reinhard von Ederen ist in diesem Kapitel nicht aufgeführt, weil er nicht zu den erblichen Nachfolgern in diesem Amt zählte.

Am 2. Dezember 1255 richtete Konrad von Hochstaden einen Befehl an seinen Truchsessen von Hart, in dem er ihn anwies, vom Prämonstratenserkloster Steinfeld (Eifel) keine Bede zu nehmen.[563] Bei dem hier angesprochenen Ministerialen handelte es sich um den am 24. März 1259 auftretenden *Renerus, dap. de Hart*.[564] Sein Nachfolger war *Adam dapifer de Hart*, der am 15. August 1268 unter den kölnischen Rittern und Kastellanen genannt wurde.[565] Damit gehörte er zur ständigen Burgbesatzung auf der Burg Hart. Wenn überhaupt, dann ist das lokale Truchsessenamt erst unter Engelbert II. erblich von den Ministerialen von Hart ausgeübt worden. Unter Konrad von Hochstaden ist lediglich Renerus aus der Ministerialenfamilie Hart bekannt.[566]

Auf der Waldenburg setzte Konrad von Hochstaden offenbar nach der Entrichtung der Kaufsumme bereits 1251 mit Johann von Hörde einen Truchsessen ein.[567] In diesem Amt war er bis 1258 tätig.

Am 30. März 1258 ist Arnoldo (von Hochstaden?) als *dapifer de Waldenborgh* (Waldenburg, Kreis Olpe) belegt. Am 14. April 1258 war er Truchseß bei Konrad von Hochstaden in Köln und am 1. Oktober 1259 mit ihm in Bonn.[568]

Weitere *dapiferi* saßen in Hülchrath (Gemeinde Neukirchen, Kreis Neuss),[569] Recklinghausen,[570] auf der Neuerburg (Verbandsgemeinde Waldbreitbach, Landkreis Neuwied)[571] und auf der Burg Padberg (Hochsauerlandkreis).[572] Diese Truchsessen waren in der kölnischen Lokalverwaltung tätig. Sie saßen als Vertreter des Landesherrn auf den Burgen, waren aber nicht nur in der Militärverwaltung beschäftigt, sondern erhoben auch die landesherrlichen Einnahmen. Truchsessen oder Drosten sind auf den kölnischen Burgen Hochstaden, Hart, Altenahr, Isenberg und auf der Waldenburg bezeugt. Bemerkenswert ist dabei, daß mit Ausnahme von Isenberg sämtliche Burgen Keimzellen der gleichnamigen späteren Ämter waren.[573] Diese Funktionsträger haben sich auch als Mitglieder des weiteren Hofes phasenweise in

---

563 *Conradus ... dilecto suo fideli dapifero de Hardt gratiam suam et omne bonum. Mandamus tibi et constanter volumus, quatenus ab hominibus monasterii in Steinfeldt apud Marmagen commorantibus nullam recipias petitionem.* Vgl. JOESTER, UB Steinfeld, Nr. 102, REK III 1871.
564 REK III, 2044.
565 Vgl. REK III 2380.
566 TROCKELS, Ministerialität, S. 21, sieht in den Ministerialen von Hart auch die Hoftruchsessen.
567 Vgl. LACOMBLET II 376.
568 Vgl. REK III 1996, 1999, 2071.
569 Vgl. REK III 1138. In Hülchrath existierte im 13. Jahrhundert eine Burganlage, die Ende des 14. Jahrhunderts zu einer Festung ausgebaut wurde. Vgl. KIRCHHOFF, Hülchrath, S. 352.
570 Vgl. WUB VII 1137; vgl. REK III 2276, *Ruprecht der druiszesze van Richkelinchusen*.
571 Vgl. REK III 2147, *Ludwig den Walpoden von der Neuerburg*.
572 Vgl. WUB VII 711, 713, 1006, *Alberto dapifero nostro*.
573 Zum Verhältnis von Burgen und Ämtern siehe PATZE, Burgen, S. 429ff., JANSSEN, Burgen, S. 297ff.

Köln aufgehalten. In der Vergabe des *dapifer*-Titels muß man auch den Versuch erkennen, die um die Mitte des 13. Jahrhunderts herrschende Titelvielfalt zu vereinfachen. Das Amt des Truchsessen wurde in der Lokalverwaltung auf die beamteten kölnischen Funktionsträger auf den Burgen übertragen. Sie waren der personelle Grundstock für eine von der Peripherie des Erzstifts ausgreifende amtsrechtliche Verwaltungsreform. Die auf der Burgenkarte[574] verzeichneten Truchsessensitze verdeutlichen, daß das Truchsessenamt in Westfalen unter Konrad von Hochstaden nicht verbreitet war. Die Einsetzung der in Westfalen Drosten genannten Truchsessen hat in Westfalen mit einer bedeutenden zeitlichen Verzögerung eingesetzt. Im Rheinland sind die ersten Truchsessen ca. 1240 faßbar, während der erste Drost in Westfalen 1263 in Recklinghausen genannt wird, immerhin 23 Jahre später. Der Beleg von Truchsessen auf der Burg Padberg stellt einen Einzelfall dar. Die überragende Mehrheit der Truchsessensitze zieht sich am Mittel- und Niederrhein entlang. Eine Massierung ist vor allem an der Peripherie des Erzstifts zu verzeichnen. Waldenburg, Neuerburg, Padberg, Hart, Rhode, Hülchrath, Isenberg und Recklinghausen waren sämtlich Positionen, die nicht im Kernraum erzbischöflicher Machtausübung lagen, sondern auch Grenzfunktionen erfüllten. Eine Reihe von Truchsessensitzen ist namensgebender Mittelpunkt späterer Ämter geworden (Hülchrath, Hart).

Liste der Truchsessensitze im Kölner Erzstift unter Konrad von Hochstaden

Truchsessensitz	Truchseß	Auftreten
Are	Giselbert von Are	Dezember 1240
Isenberg	Heinrich von Isenberg	9.10.1254–3.4.1261
Rhode	Udo von Rode	19.5.1250
Hochstaden	Reinhard von Ederen	14.4.–14.8.1258
Hart	Anonym Renerus von Hart	2.12.1255 24.3.1259
Waldenburg	Arnold von Hochstaden	30.3.1258–1.10.1259
Hülchrath	Anonym	1239–1244
Recklinghausen	Ruprecht, der Drost von Recklinghausen	Dezember 1263
Neuerburg	Ludwig, der Walpode von der Neuerburg[575]	21.6.1261
Padberg	Albert von Padberg	1250

---

574 Abgedruckt auf der Innenseite der vorderen Umschlagklappe.
575 Die Walpodei war ein Amtslehen der Grafschaften vor allem des mittelrheinischen Raumes. Dem Walpoden waren außer Gerichtsfunktionen auch andere öffentliche Funktionen des Grafen anvertraut. Vgl. GENSICKE, Westerwald, S. 364.

Lokalverwaltung 199

1.4
Die Burggrafen

In diesem Kapitel soll die Rolle der Burggrafen in der Lokalverwaltung untersucht werden, die als Burgkommandanten Funktionen in der erzstiftischen Militär- und Güterverwaltung ausübten.[576]

Im Gegensatz zu den Truchsessen waren die Burggrafen im 13. Jahrhundert zu unzuverlässigeren Stützen der kölnischen Verwaltung geworden, da der Kölner Erzbischof durch die Erblichkeit dieser Ämter kaum eine Möglichkeit besaß, personelle Veränderungen vorzunehmen. Wie sehr es daher zu einer Entfremdung und offenen Konfrontation zwischen dem Burggrafen und seinem Herrn kommen konnte, zeigen die Klageartikel des Kölner Erzbischofs Wikbold von Holte (1297–1304) gegen den Burggrafen Johann II. von Rheineck (Verbandsgemeinde Bad Breisig, Landkreis Ahrweiler) im Jahre 1300.[577]

Die Verfehlungen des Burggrafen waren beträchtlich: Er hatte erzbischöflichen Wein aus Breisig (Landkreis Ahrweiler) entwendet und Verbrecher auf seiner Burg aufgenommen. Selbst Kaufleute waren von ihm beraubt worden, er hatte erzbischöfliche Feinde auf der Burg Rheineck beherbergt, die öffentlichen Wege des Erzbischofs unpassierbar gemacht und die Umzäunung der Burg gänzlich zerstört und verkauft. Außerdem war er dem Kölner Erzbischof noch Geld schul-

---

576 Ihre militärische Rolle ist dabei hervorzuheben. In Kriegen und Fehden konnten Burggrafen mit ihren Besatzungen effektiv die Burg verteidigen und Ausfälle durchführen. Aus der Abrechnung des Reichsministerialen und Burggrafen von Sinzig-Landskron (Landkreis Ahrweiler), Gerhard von Sinzig, der seit 1248 Lehnsmann Konrads von Hochstaden war, gehen die Aufwendungen an Personal, Mittel und Kosten für die Kriegsführung eines Burggrafen hervor, vgl. REK III 1399. In seiner Abrechnung mit der königlichen Kammer listete der Burggraf für das Kriegsjahr 1242 Ausgaben von 28 2/3 Mark für Kriegsdienste und -ausstattung auf, für die Herstellung von Wurfgeschossen und für den Aufenthalt des Königs 18 Mark, für königliche Krieger im Reichskrieg 31 3/4 Mark, drei Kriegern für Wurfgeschosse 60 Mark, für Verluste an Pferden 31 Mark und für sechs Schützen 18 Mark. Damit hatte Gerhard unmittelbar mit dem Reichskrieg am Mittelrhein zusammenhängende Ausgaben von ca. 167 1/2 Mark, insgesamt handelte es sich um Ausgaben von ca. 274 Mark. Dem Ausgabenkomplex standen Einnahmen aus Gülten, Bede, Judenschutz u. a. von 227 1/2 Mark gegenüber. Die Villikationsabrechnung ist nicht im Original erhalten. Vgl. KROESCHELL, Rechtsgeschichte, S. 304– 306, Nr. 84; vgl. METZ, Güterverzeichnisse, S. 117. Bei der Kostenabrechnung des Sinziger Amtmanns handelt es sich um die älteste territoriale Sonderrechnung. Der Ausbau des Schriftwesens ermöglichte erst eine leistungsfähige Verwaltung. Vgl. STRUCK, Finanzverwaltung, S. 4. Burgen in den Städten werden als integrale Bestandteile der Stadtbefestigung gewertet und im Rahmen der Städtepolitk (Kap. A I 5) erörtert.
577 Vgl. GÜNTHER III 10, Klageartikel des Erzbischofs Wikbold von Holte auf Felonie des Burggrafen von Rheineck. Vgl. REK III 3768. Nicht jede Burg wurde auch von einem Burggrafen geleitet. Weniger bedeutende Burgen konnten auch aus dem Kreis der Burgmannen kommandiert werden. Vgl. SCHNETTLER, Alt-Volmarstein, S. 24. Zur Funktion der Burgen im allgemeinen vgl. EBNER, Burg, S. 45. Burgen wurden von allen Reichsfürsten als Mittel politischer Macht eingesetzt, sie ließen sich zu Verwaltungsmittelpunkten ausbauen und standen auch mit Münzstätten in Verbindung. Vgl. EBNER, Burg, S. 80f. Siehe auch SCHULZE, Burggraf, -schaft, Sp. 1048–1050.

dig.⁵⁷⁸ Die Quelle gibt weiterhin Auskunft über die Einsetzung eines Burggrafen: Die Einsetzung eines Ministerialen in das Burggrafenamt erfolgte durch eine symbolische Schlüsselübergabe.⁵⁷⁹ Die Übergabe der Burg wurde dabei unter ausdrücklichem Rechtsvorbehalt des Kölner Erzbischofs vollzogen.⁵⁸⁰ Vom Burggrafen und den Burgmannen wurde dem Erzbischof von Köln ein Treueeid geleistet.⁵⁸¹

Eine genaue Untersuchung der von Burggrafen befehligten Burgen dient der Klärung, welche Bedeutung diese Burgen für das Erzstift und Konrad von Hochstaden besaßen.

1. Auf Burg Rheineck, wie auf allen anderen kölnischen Burgen, konnten nur Ministerialen Burggrafen oder Burgmannen sein.⁵⁸² Auf den Tätigkeitsbereich des Burggrafen von Rheineck wird noch näher eingegangen.

In den Abrechnungen des Burggrafen von Rheineck für die kölnischen Einnahmen in Rhens (Landkreis Mayen-Koblenz) aus den Jahren 1277 bis 1291 verbuchte Dietrich von Rheineck (1263–1288) für 1277 den Eingang von 30½ Fuder Bedewein vom eigenen Wachstum und 7½ Fuder Wein. Außerdem wurden 70⅚ Malter Hafer, 139 Hühner und zwanzig Denare an Abgaben abgeliefert.⁵⁸³ Daneben wurden die verschiedenen Lehnsanweisungen aufgeführt und in einem dritten Abschnitt die Berechnungsgrundlagen pro Naturalabgabe angegeben und die gesamte Summe der Einnahmen schriftlich festgehalten.⁵⁸⁴

Die Einkünfte des zur Burg gehörigen Verwaltungsbezirkes wurden vom Burggrafen jährlich gebucht.

Durch die Rechnung der Herren von Bolanden (1258/62)⁵⁸⁵ gewinnt man Erkenntnisse über den Alltag einer Burg in ihrer Funktion als

---

578 Vgl. GÜNTHER III, Nr. 10.
579 ... *temporibus Conradi et Engelberti archiepiscopum Coloniensium claves castri predicti eisdem assignaverunt et portis in recognitionem dominii et ligii castri ecclesie Coloniensis.* Vgl. ebd.
580 ... *recognoscentes se nichil juris habere in ipso castro, nisi quantum eis licentia et gratia concederetur archiepiscopi Coloniensis.* Vgl. ebd.
581 ... *prout ex antiquis et retroactis temporibus presitum fuerat et observatum.* Vgl. ebd.
582 *Item dicit archiepiscopus quod nullus debet esse custos castri Rynecke qui dicitur burgravius ex parte archiepiscopi et ecclesie Coloniensis nisi sit jure ministerialitatis ecclesie Coloniensi affectus sicut et quedam alia castra ab ecclesie Coloniensi tenentur et teneri debent, secundum approbatam et antiquam consuetudinem ecclesie Coloniensis, prout hec fidelibus ipsius ecclesie constant et sunt notaria apud ipsos.* Vgl. ebd. Zu den Burggrafen von Rheineck siehe MÖLLER, Stammtafeln, S. 50f.
583 Vgl. LAMPRECHT, Wirtschaftsgeschichte 285, S. 329.
584 Für das Jahr 1277 lautete der Abschluß: *Item summa denariorum avene 4 mr. 4 s.* (solidi, R.P.) *et 9 d.* (denare, R.P.), *quodlibet mlr.* (Malter, R.P.) *pro 9 d. estimatum. Item summa d. pullorum 17 s. et 5 d., pullus pro tribus ob.* (obuli, Hälblinge, R.P.) *estimatus. Summa huius recepti 34 mr., 7 s. et 8 d.* Vgl. ebd.
585 Vgl. STRUCK, Finanzverwaltung, S. 1–21. Die Abrechnung der Herren von Bolanden stellt am Anfang aller überlieferten Rechnungen sowohl der Territorien wie der Städte in Deutschland keinen Zufall dar, denn am Mittelrhein besaß das kirchliche und wirtschaftliche Leben seine größte Dichte. Vgl. ebd., S. 4. Ein weiteres Zeugnis dieser frühen Schrift-

Verwaltungssitz, die durchaus auch für kölnische Burgen um die Mitte des 13. Jahrhunderts Geltung gehabt haben könnten. Zahlreiche Handwerker arbeiteten an der Verbesserung der Befestigungsanlagen, an einem Turm der Burg waren zeitweise zwanzig Mann beschäftigt. Kämpfer und Schleuderer gehörten zur anwesenden Burgbesatzung. Der Nahrungsmittelbedarf wurde durch Eier, Obst und Schweinefleisch gedeckt, Brot wurde durch einen Bäcker geliefert. Ein vorbeiziehender Schneider machte auf Bolanden Station und begann Kleidung auszubessern und anzufertigen. Die Verwalter der umliegenden Höfe fanden sich zur Ablieferung der Zinsgefälle, darunter auch Naturalabgaben, in der Burg, ein. Mehrere Tage hielten sich eine Amme, ein Bader und zwei Ärzte auf der Burg auf. An Transport- und Packtieren wurden in größerer Zahl Esel auf der Burg gehalten.[586]

Das jährliche Verzeichnis der Ein- und Ausgaben wurde nicht vom Burggrafen aufgezeichnet, sondern vom Schreibpersonal auf den Burgen, vermutlich im wöchentlichen Rythmus.[587] Dieses Personal ist unter den Klerikern auf der Burg zu suchen, die neben ihren geistlichen Aufgaben auch mit der Urkundenausfertigung beschäftigt sein konnten. In dieser Weise war vermutlich auf der Burg Altenahr der Burgkaplan Johannes tätig.[588]

Der Burggraf war während seiner Dienstzeit verpflichtet, die Amtsführung persönlich zu übernehmen und zur gleichen Zeit keine fremden grundherrlichen Ämter anzunehmen.[589] Mit diesen Auflagen wollten die Landesherren Unterbelehnungen entgegentreten. Die Burggrafen waren durchweg Angehörige der gehobenen Ministerialität, betrachteten im 13. Jahrhundert ihr Amt als erblich und bestritten dem Erzstift Köln sogar dessen Allodialanspruch. Konrad von Hochstaden übergab den Burggrafen von Rheineck den Schlüssel als Symbol für eine ligische Lehnsbindung (*in recognitionem dominii et ligii castri ecclesie Coloniensis*).[590]

Die Besoldung der Burggrafen erfolgte durch Lehnsanweisungen, die im Falle von Rheineck in Andernach dotiert waren.[591]

Unter Konrad von Hochstaden waren wichtige Burgen mit einem ministerialischen Burggrafen besetzt. Nach Ausweis der Anklage-

---

lichkeit ist ein Urbar des Mainzer Erzbischofs, verfaßt vom erzbischöflichen Schreiber des Rheingaus von 1246, siehe DERS., Urbar S. 29ff. Siehe auch JANSSEN, Territorialrechnungen, S. 97ff.
586 Vgl. STRUCK, Finanzverwaltung, S. 11f.
587 Vgl. ebd., S. 6; vgl. MEYER, Burggrafentum, S. 37f.
588 Vgl. REK III 928.
589 Vgl. MEYER, Burggrafentum, S. 36.
590 Vgl. GÜNTHER III 10.
591 Vgl. ebd. *Item dicit idem archiepiscopus quod hujusmodi feoda castrensia dicti castri dat, et dederunt predecessores sui de redditibus suis in oppido Andernacensi.*

punkte von 1300 setzte Konrad Heinrich von Rheineck vor dem 21. Januar 1247 als Burggrafen ein, das Amt war zu diesem Zeitpunkt aber schon erblich.[592] Der untere Turm der Burg Rheineck wurde dann unter Engelbert II. erstmals erwähnt.[593] Der Verwaltungsbezirk dieser Burggrafen erstreckte sich südlich bis zum kölnischen Andernach. Darüberhinaus verwalteten sie die kölnische Exklave Rhens, bestehend aus den Dörfern Rhens und Brey, mit. Die strategische Lage der Burg Rheineck über dem Rheintal war mit der staufischen Burg Hammerstein (Verbandsgemeinde Bad Hönningen, Landkreis Neuwied) vergleichbar, die wenige Kilometer südlich auf dem rechten Rheinufer in Sichtweite lag. Über die Dörfer Gönnersdorf und Königsfeld (12 km Entfernung) bestand eine Wegverbindung ins Ahrtal nach Norden und eine Wegverbindung zur Abtei Maria Laach (Vogtei des Erzbischofs) und zum kölnischen Offenhaus Burg Olbrück (Gemeinde Hain, Landkreis Ahrweiler). Von der Anhöhe über Königsfeld ist der Bergfried der Olbrück gut sichtbar. Das Viereck Andernach – Rheineck – Alken – Olbrück stellte eine Verwaltungseinheit dar, die der des Trierer Erzstifts in Koblenz entsprach.

2. Die Burg Altenahr (Are) war ursprünglicher Sitz der Grafen von Are. Unter Konrad von Hochstaden fiel die Burg mit der Hochstadenschen Schenkung am 16. April 1246 endgültig an das Kölner Erzstift. Seitdem diente die Burg Altenahr als Verwaltungsmittelpunkt für den Ahrraum.[594] Um ihre Sicherheit zu verstärken, mußte der Edle Matthias von Kalmuth (Landkreis Ahrweiler) am 27. November 1249 die für die Burg Altenahr gefährliche Burg Ecka gegen eine Prämie einreißen.[595]

In den Kämpfen mit der Kölner Bürgerschaft diente die Burg seit 1258 als Gefängnis.[596] Ein Burggraf von Altenahr wurde ohne Namensnennung im kölnischen Aufgebot für die Schlacht von Worringen am 5. Juni 1288 genannt.[597]

3. Im oberen Wiedtal konnte Konrad von Hochstaden im Zusammenhang mit den Sayn-Wiedischen Erwerbungen die Burg Altenwied (Gemeinde Elsafftal, Landkreis Neuwied) mit den Ministerialen kaufen.[598] Am 5. Juni 1288 hat auch ein Burggraf von Altenwied auf kölni-

---

592 Heinrich von Rheineck, genannt 1247, vgl. REK III 1304.
593 Vgl. REK III 2578.
594 Vgl. REK III 1408 zum 5. August 1248, Privileg für Ahrweiler, ausgestellt auf der Burg Altenahr.
595 Vgl. MRUB III 1510, *sitam juxta Are, quod Ecka vocabatur, idem nobis et ipsi castro Are onerosum reputantes, demoliri fecimus.* Vgl. REK III 1537.
596 Vgl. REK III 1977, 2103.
597 Vgl. REK III 3193. Vgl. auch NEU, Altenahr, RhSTA VII Nr. 37, Bonn 1982. Unklar ist, ob auf Altenahr eine Doppelverwaltungsspitze (Truchseß, Burggraf) tätig war.
598 Vgl. Vgl. REK III 1586.

scher Seite in Worringen gefochten.[599] Ein früherer Beleg für den Burggrafen von Altenwied liegt nicht vor.

4. Auf der kölnischen Burg Drachenfels (Stadt Königswinter, Rhein-Sieg-Kreis) saß ein gleichnamiges Ministerialengeschlecht, dessen Mitglieder sich seit 1225 Burggrafen nannten. Burggraf Gottfried von Drachenfels hielt sich am 17. April 1259 am Hofe bei Konrad von Hochstaden auf.[600] Die Burganlage Drachenfels bestand 1247 lediglich aus dem Bergfried mit der ihn umgebenden Kernburg, die Unterburg war zu diesem Zeitpunkt noch nicht erbaut worden.[601] Mit dem Kaplan hatte der Burggraf von Drachenfels einen Schreiber für seine Verwaltungsarbeiten zur Verfügung.

5. Die Burg Hochstaden, Stammsitz der Grafen von Hochstaden, wurde von Konrad von Hochstaden aus Sicherheitsgründen verlegt. Der Kölner Erzbischof errichtete 1246 bis 1249 unweit der alten Burg eine neue gleichen Namens an der Erft.[602] Auch diese Burg war durch die Hochstadensche Erbschaft 1246 erzstiftisch geworden.[603] Im Mai 1251 erklärte Konrad von Hochstaden die Burg Neuhochstaden zum Kirchspiel Frimmersdorf gehörig. Der Burgkaplan wurde vom dortigen Pleban gestellt.[604] Am 24. April 1252 ist der Burggraf Ritter Gottfried von Hochstaden belegt.[605] Er scheint in einem besonders vertrauensvollen Verhältnis zu Konrad von Hochstaden gestanden zu haben, denn zwischen 1254 und 1260 war er sechsmal bei ihm am kölnischen Hof, und ein weiteres Mal mit dem Kölner Erzbischof in Lechenich.[606] Diese häufige Anwesenheit am Hof gehörte nicht zu den Verpflichtungen des Burggrafen.

6. In Lechenich (Erftkreis) bestellte Konrad von Hochstaden im Dezember 1255 den dortigen Schultheißen Winrich von Bachem (1254–1260) zum Burggrafen. Verbunden war dieses Amt mit der Verpflichtung zur ständigen Residenz.

---

599 Vgl. REK III 3193.
600 Vgl. REK III 2046.
601 Vgl. BIESING, Chronik, S. 45. Der eigentliche Burghof als wohl der zur Burg gehörige Wirtschaftshof lag in der Nähe des im 19. Jahrhundert erbauten Schlosses Drachenburg. Zu ihm gehörten ein Gemüsegarten, der »Hofwingert« am Drachenfels, ein (Ram-) Busch »in der Vogelkauwe« an der Südseite der Wolkenburg und Land »up der Drenken«. Vgl. VAN REY, Königswinter, S. 22. Zur Tätigkeit der Burggrafen als Verwaltungsbeamte im 14. Jahrhundert siehe KORTH, Haushaltsrechnungen S. 1ff. 1247 wurde eine Burgkapelle zu Drachenfels erwähnt, deren Kaplan zwei Morgen Weinberge auf der Insel Nonnenwerth besaß. Diese Weinberge wurden vom Kaplan von Drachenfels den Heisterbacher Mönchen gegen jährliche Zinszahlungen übergeben. Vgl. SCHMITZ, UB Heisterbach, S. 190–91.
602 Vgl. REK III 1439, vgl. HERRNBRODT, Husterknupp, S. 6.
603 Vgl. REK III 1239, 1249/50.
604 Vgl. REK III 1633.
605 Vgl. REK III 1671.
606 Vgl. REK III 1801 (26.11.1254), 1832 (4.3.1255), 1922a (28.10.1256), 1999 (14.4.1258), 2007 (14.8.1258), 2056 (23.5.1259), 2136 (17.12.1260).

Der Erzbischof belehnte Winrich erblich mit einer Rente von 40 Malter Roggen zu Blatzheim (Erftkreis), zwanzig Ohm Wein zu Unkelbach (Remagen-Unkelbach, Landkreis Ahrweiler) und Fischbach und einer Wiese in »*Cornich inferius*«, das bisher nicht lokalisiert werden konnte.[607] In Lechenich hat es unter Konrad von Hochstaden kein erbliches Burggrafengeschlecht gegeben, so daß er in der Lage war, Ministerialen seiner Wahl zu Burggrafen zu bestellen. Mit dem Burggrafentitel trat Winrich von Bachem allerdings unter Konrad nicht auf, sondern immer als Schultheiß von Lechenich.[608]

7. Neben Alpen (Kreis Wesel) war die Burg Odenkirchen (Stadt Mönchengladbach-Rheydt) die bedeutendste Bastion am Niederrhein. Burgherr war seit dem 12. Jahrhundert der jeweilige Burggraf von Odenkirchen.[609] 1153 wurde Köln vom Kaiser der Besitz der Burg bestätigt. 1243 schenkte Konrad von Hochstaden dem Kölner Domstift das »*ius patronatus in ecclesia O.*«.[610] Am 5. Juni 1254 belehnte er die Brüder Gerard und Rabodo von *Udencirken* mit einer Rente von vier Mark aus dem Novalzehnten zu Neuss.[611] Ab 1291 wurden die Burggrafen von Odenkirchen erwähnt, so daß es als möglich erscheint, daß sie schon unter Konrad von Hochstaden das Burggrafenamt innehatten. Über die Burg Alpen wird im nächsten Kapitel berichtet.

8. Mit der Hochstadenschen Erbschaft gelangte Rheinbach (Rhein-Sieg-Kreis) an das Kölner Erzstift. Das Kopiar Siegfrieds von Westerburg unterrichtet über die Rechtsverhältnisse der seit 1246 kölnischen Burg Rheinbach. Die Burg in Rheinbach unterstand einem Kastellan, der drei Mark an Bede und ein Drittel der Gerichtsgefälle erhielt.[612] Neben den Burggrafen waren auch in einigen Fällen Kastellane als Burggrafen eingesetzt. Der Kastellan konnte der Burggraf einer Burg sein, aber auch aus dem Kreise der Burgmannen heraus das Kommando über die Burg führen. Daher ist es nicht eindeutig, ob es sich in Rheinbach um einen Burggrafen oder einen Burgmann handelte.

Ritter Lambert von Rheinbach war als Zeuge unter den kölnischen Gefolgsleuten bei Konrads Gerichtsverhandlung gegen die Kölner Schöffen am 17. April 1259 anwesend. In der Sühne Engelberts II. mit

---

607 Vgl. REK III 1814.
608 Vgl. REK III 1832, 1922a, 1929, 2046, 2108.
609 Vgl. LÖHR, Odenkirchen, RhSTA VII, 32, Bonn 1980; vgl. GECHTER, Burgen, S. 98.
610 Vgl. LÖHR, RhSTA VII, 32, Bonn 1980.
611 Vgl. REK III 1773.
612 *De castro Rheinbach et jure, quod castellanus habet. Castrum Reinbach est feodum et illorum, qui possident: item tercia pars judicii similiter; item solvuntur ibidem novem marce pro exactione, de quibus tercia pars, videlicet tres marce, sunt illorum, qui possident castrum, et nichil habent ibi plus juris. Officiatus comitis Hoinstadensis presidebit ibidem judicio.* Vgl. REK III 3533. Der Eintrag für Rheinbach wurde vor 1246 verfaßt, da von einem Beamten der Grafschaft Hochstaden die Rede ist. Vgl. FLINK, Rheinbach, S. 83; vgl. FLINK/MÜLLER, RhSTA, I, 4, Bonn 1972.

Lokalverwaltung

der Stadt Köln am 25. August 1263 wurde Lambert von Rheinbach unter den kölnischen Dienstmannen genannt.[613]

9. Auf der Wolkenburg (Stadt Königswinter, Rhein-Sieg-Kreis) hatte die gleichnamige erzbischöfliche Burggrafenfamilie dieses Amt im erblichen Besitz. Bei den Gefechten des Jahres 1242 wurde der Kastellan Rutger von Wolkenburg verwundet gefangengenommen.[614] Ein weiteres Mitglied dieser Burggrafenfamilie, Gottfried von Wolkenburg (1221–1238), ist 1238 als Schultheiß von Zülpich bezeugt (Kreis Euskirchen).[615]

Konrad von Hochstaden hat die Burg mit neuen Türmen und festen Mauern weiter ausgebaut.[616] Die Burganlage war für Angreifer wohl schwer zugänglich, denn sie wurde von Siegfried von Westerburg als Gefängnis genutzt.[617]

10. Für das Erzstift Köln war die Burg Volmarstein von besonderer Bedeutung, denn die Anlage sicherte den Zugang Kölns nach Westfalen entlang der Ruhr und war daher als befestigte Anbindung wichtig. Die von Erzbischof Friedrich I. von Köln (1100–1131) im Jahr 1100 erbaute Burg Volmarstein wurde den bei Hinderking (Kreis Soest) begüterten Dienstmannen übertragen, die sich nach dieser Burg benannten. In der ersten Hälfte des 13. Jahrhunderts kam es zu Auseinandersetzungen zwischen dem Kölner Erzstift und den Volmarsteinern, in deren Verlauf Heinrich von Müllenark vor 1234 eine Burg Trutz-Volmarstein, Anderburg (*alterum castrum*) genannt, errichtete.[618] Unter Konrad von Hochstaden kam es dann wieder zu einer Annäherung zwischen Volmarstein und dem Erzstift. Ritter Heinrich von Volmarstein (1209–1248) urkundete 1227 als Kastellan von Volmarstein. Am 15. Juni 1245 wurde Heinrich dann als Vogt von Gottes Gnaden in Volmarstein und Oberkastellan dieses Platzes (*dei gratia advocatus in Volmutstene et eiusdem loci maior castellanus*) bezeichnet. Am 21. Januar 1247 war er bei Konrad von Hochstaden in Bonn, im März 1248 ist Heinrich von Volmarstein für ein Jahr Marschall von Westfalen

---

613 Vgl. REK III 2046, 2261.
614 ... *et Rutgerus castellanus de Wolckenburg vulneratus ibidem et captus.* Vgl. Rheinbach in: WAITZ, Chronica Regia Coloniensis, MGH SS rer. Germ. in usum scholarum XVIII, S. 283.
615 Vgl. REK III 890.
616 Vgl. BIESING, Chronik, S. 36 (ohne Beleg); vgl. HAAG, Bilder, S. 25.
617 Vgl. ebd., 2693. Das Erzstift besaß bei der Wolkenburg umfangreichen Weinbesitz. Vgl. REK III 1013.
618 Vgl. REK III 806. 1307 wohnten die Burgmannen auf der Burg Volmarstein und in Behausungen auf der inzwischen zerstörten Anderburg. Vgl. SCHNETTLER, Alt-Volmarstein, S. 24f. Der Erzbischof von Köln und die Familie von Volmarstein geboten zu diesem Zeitpunkt gemeinsam über die Wächter und »Beamten« des Turmes, doch hatte Köln auch eigene »Beamte« auf der Burg. Burgmannen beider Parteien schworen ihren Herren den üblichen Eid. Beide Herren (Köln und Volmarstein) entschieden gemeinsam über die Neuaufnahme von Burgmannen. Vgl. ebd., S. 25.

gewesen.[619] Heinrich war zur Zeit Konrads Burggraf auf der Burg Volmarstein. Seine Bezeichnung als »maior castellanus« deutet auf seine hervorgehobene Stellung unter den »castellani« hin. Dementsprechend muß der einzelne Kastellan auf Volmarstein als Burgmann bezeichnet werden, der dem Burggrafen oder Oberkastellan untergeordnet war.

Strittig ist das Datum 25. März 1257 für das Auftreten Dietrichs von Volmarstein als Edelfreier (ego Theodericus nobilis de Volmotstene).[620] Dietrich wurde aber bis 1289 bei seinem Auftreten in kölnischen Zeugenlisten dann wieder unter den kölnischen Ministerialen genannt.[621]

Der Burggraf im Erzstift Köln hatte als »Lokalbeamter« im 13. Jahrhundert militärische und administrative Funktionen in der kölnischen Verwaltung. Er war Befehlshaber der Burgmannen und für die Verteidigungsbereitschaft der Burg sowie ihre waffentechnische Ausrüstung verantwortlich. Bei Bedarf wurden zusätzliche Dienstmannen für die Verteidigung der Burg herangezogen.[622] Der Burggraf war Repräsentant der älteren lehnsrechtlich fundierten Verwaltungsordnung. Ihm stand ranggleich der Drost oder Truchseß als »neuer« »Beamter« gegenüber, der dem Erzbischof amtsrechtlich verpflichtet war.

In einem bestimmten der Burg zugeordneten Verwaltungsbezirk übten die Burggrafen Verwaltungstätigkeiten aus. Für die Zeit Konrads von Hochstaden war es nicht möglich, diese Verwaltungsdistrikte geographisch einzugrenzen, zumal es keine Beschreibung der Verwaltungsgrenzen gibt. Ein Beispiel zeigt aber, daß im Falle des Burggrafen von Rheineck die Finanzverwaltung sich im Süden bis zur Rhenser Villikation erstreckte. Damit war er noch ca. 35 bis 40 km südlich von Rheineck am Rhein und eventuell im halben Amt Alken an der Mosel als Funktionsträger des Kölner Erzbischofs tätig. Der Burggraf erstellte eine jährliche Abrechnung über Einnahmen und Ausgaben seines Distriktes, die der Zentralverwaltung in Köln zugestellt wurde. Nach dem bereits erwähnten Rechnungsfragment der Herren von Bolanden (1258/62) könnten diese Abrechnungen wöchentlich angefertigt worden sein. Im Jahresabschluß des Burggrafen von Rheineck für Rhens wurden die Naturallieferungen des Jahres aufgelistet, die von den Schultheißen der umliegenden Höfe als Gefälle an die Burg abgegeben worden waren. Diese Lieferungen wurden dann nach ihrem Geldwert umgerechnet. Außerdem erfaßte die Liste die erzstiftischen Lehnsträ-

---

619 Vgl. REK III 637; vgl. WUB VII 592; vgl. REK III 1304, 1381
620 Vgl. REK III 2173; vgl. WUB VII 945.
621 Vgl. REK III 2436, 2631, 2650, 2756, 2902, 3210. Krumbholtz bietet zahlreiche Belege dafür, daß die Volmarsteiner in außerkölnischen Urkunden als Edelfreie urkundeten, in kölnischen Urkunden aber gleichzeitig unter den kölnischen Ministerialen auftraten. Vgl. S. XII.
622 Siehe dazu die Abrechnung des Burggrafen von Landskron. Auf der kölnischen Burg Raffenberg ist 1275–1297 ein erzstiftischer »balistarius« (Schleuderer) belegt. Vgl. REK III 3533.

ger, die aus diesen Einnahmen ihre Lehen erhielten. Die meisten Burggrafen waren des Schreibens nicht mächtig, so daß sich schreibkundiges Personal auf der Burg aufgehalten haben muß. Diese Schreiber standen den Klerikern auf den Burgen zur Verfügung, oder die Geistlichen haben diese Funktion selbst ausgeübt. Möglicherweise waren sie unmittelbar mit der Führung der Finanzverwaltung betraut. Burgkaplan und »Burgsekretär« waren oft eine Person. 1265 wurde ein *notarius burgravii* genannt.[623]

Die Klagepunkte des Wikbold von Holte gegen den Burggrafen von Rheineck wegen Felonie zeigten die große Sprengkraft des sozialen Aufstiegs der Ministerialen im Hochmittelalter. Die herausgehobene Stellung eines Burggrafen, wie im Fall Rheineck, gekennzeichnet durch die Erblichkeit des Amtes und das lehnrechtlich bestimmte Verhältnis zum Erzbischof, brachte Schwierigkeiten mit sich und entzog dem Dienstherrn diese Ministerialen zusehends seiner Verfügungsgewalt. Der Kölner Erzbischof hatte keine personellen Einflußmöglichkeiten mehr, denn der Nachfolger eines verstorbenen Burggrafen wurde wegen der Erblichkeit des Amtes dessen ältester Sohn. Die Burggrafen betrachteten die kölnischen Burgen nun als gewohnheitsrechtlich erworbenes Eigen, über das sie nach ihrem Belieben verfügen konnten.

Im westfälischen Raum konnte lediglich auf Volmarstein ein kölnisches Burggrafengeschlecht belegt werden. Alle übrigen Burggrafenfamilien saßen im rheinischen Kerngebiet.[624]

Soweit die dürftige Quellenlage eine solche Wertung zuläßt, scheinen die Burggrafen von Rheineck durch größeren Eigenbesitz eine besondere Stellung eingenommen zu haben. Sie besaßen Vogteirechte am Augustinerinnenkloster in Andernach und waren Stiftsherren von St. Florin (Koblenz). Die Belehnung des Winrich von Bachem kann für alle Burggrafen ausgewertet werden. Es sind hier Anhaltspunkte einer Art »Besoldung« erkennbar. Sie bestand aus zwei Rentenanweisungen zu Blatzheim und Fischbach und der Übertragung einer Wiese vermutlich als Weidegelegenheit für seine Pferde. Direkte Geldzahlungen waren in der Belehnung nicht enthalten.

Burggrafen sind zur Zeit Konrads auf den Burgen Rheineck, Altenahr, Altenwied, Drachenfels, Hochstaden, Lechenich, Alpen, Rheinbach, Wolkenburg und Volmarstein belegt oder zumindest anzunehmen. Auffällig sind zunächst die unterschiedlichen Titel für dieses Amt (Burggraf, Kastellan, Oberkastellan). Darüber hinaus waren die Burgen Altenahr und Hochstaden zumindest zeitweise mit einer doppelten Verwaltungsspitze besetzt (Truchseß und Burggraf). Hier ist es schon

---

623 Vgl. LAMPRECHT, Wirtschaftsgeschichte, S. 1370, Anm. 6.
624 Vgl. dazu die Burgenkarte auf der Innenseite der vorderen Umschlagklappe.

zu einer Aufteilung der Verwaltungsaufgaben gekommen. In Lechenich übte der Ministeriale das Burggrafen- und das Schultheißenamt hingegen in Personalunion aus.

Liste der Burggrafen

Burg	Bezeichnung	Name	Zeitlicher Beleg Konrad v. H.	
Rheineck	Burggraf	Heinrich	21.1.1247	
Altenwied	Burggraf	–		5.6.1288
Altwied	Burggraf	–		5.6.1288
Drachenfels	Burggraf	Gottfried	17.4.1259	
Hochstaden	Burggraf	Gottfried	1254–1260	
Lechenich	Burggraf	Winrich v. Bachem	Dezember 1255	
Odenkirchen	Burggraf	–		1291
Wolkenburg	Kastellan	Rutger	1242	
Volmarstein	*maior castellanus*	Heinrich	1245	
Rheinbach	Kastellan	Lambert	17.4.1259	25.8.1263

1.5
Die Burgmannen

1.5.1
Erzstift Köln

Die Burg eines Landesherrn bot die Möglichkeit, bisherige Herrschaft über Personen in Herrschaft über Land umzuwandeln. Sie (die Burgen, R.P.) »nagelten« gewissermaßen die Herrschaft des Kölner Erzbischofs im Lande fest und waren eine wichtige Hilfe, um Rechtsansprüche im Land zu markieren.[625]

In diesem Kapitel soll versucht werden, die Funktionsträger auf den einzelnen kölnischen Burgen zu benennen und ihre Aufgabengebiete zu beschreiben. Ein Hauptaugenmerk ist darauf zu richten, wie die Organisation des Burgmannendienstes auf diesen Burgen geregelt war. Der Kölner Erzbischof besaß nach dieser Untersuchung in den Ländern am Rhein 33 und im Herzogtum Westfalen 19 Burgen, die mit kölnischen Dienstmannengeschlechtern oder bereits »beamteten« Funktionsträgern besetzt waren. In Westfalen war jedoch ein Nachweis der einzelnen Burgmannen wegen der schlechten Quellenlage nicht immer

---

625 Vgl. PATZE, Burgen, S. 430.

Lokalverwaltung 209

möglich. Eine Verteidigungspflicht der kölnischen Dienstmannen wurde im Deutschen Dienstrecht nicht mehr in einem gesonderten Artikel niedergelegt. Daraus kann nicht der Schluß gezogen werden, daß eine solche Pflicht im 13. Jahrhundert für die Ministerialen nicht mehr bestanden hätte. Denn noch im Sommer 1240 forderte Konrad von Hochstaden ein westfälisches Ministerialenheer auf, sich für den Kampf am Rhein bereitzuhalten.[626]

Die Bewachung von Burgen war eine der wichtigsten Aufgaben der Ministerialität und gleichzeitig einer der Gründe für ihren rechtlich-sozialen Aufstieg im 11. Jahrhundert. Diese als Burghut bezeichnete Verpflichtung forderte von den Dienstmannen eine ständige Präsenz auf der jeweiligen Burg.

Auch im Dienstrecht der Grafen von Are (ca. 1149) wurde festgelegt, daß die Dienstmannen notfalls auf Kosten des Grafen die Burg Are zu verteidigen hatten.[627]

Als Gegenleistung für die Burghut erhielten die Burgmannen in der Regel ein Burglehen (*feudum castrense*), das in Einkünften oder Besitzungen bestand. Jeder Burgmann von Rheineck erhielt 1302 jährlich sechs Mark an Burglehen. Neben den Burgmannen hielten sich auch Turmwächter und Pförtner auf den Burgen auf. Sie gehörten zur Mannschaft des Kölner Erzstifts und wurden vom Erzbischof in nicht näher beschriebener Weise besoldet. Ob es sich dabei ebenfalls um Ministerialen handelte, oder um die reisigen Knechte der Burgmannen, ist unklar.[628] Meist gehörte auch ein Burghaus auf der Burg oder in unmittelbarer Umgebung zum Burglehen, ähnlich wie die Burgmannen von Volmarstein 1307 in Behausungen der Anderburg wohnten. In der Regel war eine Burg mit fünf bis zehn Burgmannen besetzt. Sie schlossen sich oft auch zu eigenen rechtsfähigen Verbänden oder Genossenschaften zusammen, um ihre Interessen zu vertreten.[629]

Ein Vergleich mit benachbarten Territorien des Kölner Erzstifts, wie dem trierischen, bestätigt diese Zahlen der Burgbesatzung. Im folgenden sind die wichtigsten trierischen Burgen mit der Anzahl ihrer Burgmannen um 1220 aufgeführt:

---

626 Dagegen wurde bei FRENSDORFF, Recht, Art. II, LKD, S. 4 noch auf die Pflicht der Ministerialen zur Bistumsverteidigung hingewiesen. Sie waren angehalten, die Bistumsgrenzen und den darüber hinaus bedohten Außenbesitz zu schützen.
627 ... *et ad custodiam castri mei parati erunt prout tempus postulaverit et ratio similiter meo victu*. Vgl. LACOMBLET IV 624; vgl. SPANGENBERG, Verwaltung, S. 481.
628 ... *custodes turrium, vigiles, portenarii sunt archiepiscopi et ecclesie Coloniensis ... et alii custodes castri habent redditus suos de ecclesia Coloniensis, prout hec sunt manifesta in terminis illis*. Vgl. GÜNTHER III, Nr. 10.
629 Vgl. SCHULZE, Grundstrukturen, S. 114. Diese Genossenschaften existierten unter Konrad in Recklinghausen und Rüthen. Siehe Kap. A V »Städtepolitik«.

Manderscheid (Verbandsgemeinde Manderscheid, Landkreis Bernkastel-Wittlich), sechs Türmer, zwei Wächter, ein Pförtner, ein Eselwart; Arr (Arras?, Verbandsgemeinde Zell/Mosel, Landkreis Cochem-Zell), zwei Wächter, ein Pförtner; Saarburg (Verbandsgemeinde Saarburg, Landkreis Trier-Saarburg), vier Türmer, zwei Wächter, ein Pförtner, ein Eselwart, ein Meier, ein Kellner; Grimburg (Verbandsgemeinde Saarburg, Landkreis Trier-Saarburg) und Neuerburg (verbandsfreie Gemeinde Wittlich, Landkreis Bernkastel-Wittlich), jeweils drei Türmer, vier Wächter, ein Pförtner, ein Eselwart, ein Kellner; Ehrenbreitstein (Stadt Koblenz); vier Türmer, vier Wächter, ein Pförtner, ein Eselwart, zwei Außenwächter.[630]

Über die Organisation des Burgmannendienstes unter Konrad von Hochstaden sind keine spezifischen Regelungen bekannt. Aus der Grafschaft Tecklenburg hingegen ist eine Burgmannenordnung überliefert, die in dieser Form auch im Erzstift Köln praktiziert worden sein könnte.[631]

Jeder belehnte Dienstmann des Grafen von Tecklenburg (Kreis Steinfurt) war zu vier Wochen Burgdienst pro Jahr verpflichtet. Dieser Dienst wurde dem Ministerialen zwei Wochen vorher durch einen belehnten Boten angekündigt. Die Burghut leistete der Tecklenburger Ministeriale auf der Burg ab, in deren Nähe er sein Lehen hatte.[632] Für die Burghut wurde damit dem Tecklenburger Ministerialen die seinen Lehen nächstgelegene Burg zugewiesen, zumindest war die Nähe vorteilhaft.

Bei der Untersuchung der Landesorganisation der Grafen von Luxemburg wurde 1214 mit Nachdruck darauf verwiesen, daß zur Burgwacht der Burg Arlon (Luxemburg) ausschließlich Burgmannen der Besitztümer Durbuy und Luxemburg (*de honore Durbeti ... vel de Lucelburg*) herangezogen wurden, also stammten auch in diesem Raum Burgmannen aus der lokalen Umgebung der jeweiligen Burg.[633]

Im folgenden soll versucht werden, eine Liste kölnischer Burgen zu erstellen, die ganz oder teilweise dem Erzstift gehörten. Besonderer Wert wird dabei auf die Nennung von Burgmannen gelegt.

---

630 Vgl. Liber annalium iurium et archiepiscopi et ecclesie Trevirensis (L. A. I.), ca. 1220, in: MRUB II, S. 391–428.
631 Vgl. FRESSEL, Ministerialenrecht, darin: Tecklenburger Dienstrecht (TDR), Art. I, S. 81. FRESSEL weist eine mittelbare Abhängigkeit des TDR (1186–1236) zum Kölner Dienstrecht nach.
632 ... *primum est, quod ministeriales nostri infeodati, cum per nuncium nostrum infeodatum ante ad quatuordecim dies eos ad nostri castri munitionem vocamus, venire tenentur et per quatuor septimanas residentiam in castro nostro facere propriis expensis et per hoc per circulum illius anni libertatem nos serviendi sunt consecuti.* Vgl. ebd.
633 Vgl. MARGUE, Luxemburg, S. 116f.

1. Burg Altenwied (Landkreis Neuwied), bereits im Kapitel »Burggrafen« kurz erwähnt, war um die Mitte des 13. Jahrhunderts mit mehreren Burgmannen besetzt.[634] Burg-, Dienst-, Turmleute und Pförtner der Burg huldigten Erzbischof Engelbert II. am 1. März 1262.[635]

2. Konrad von Hochstaden gelobte am 21. November 1242 den Kölner Bürgern, daß sie von seinen Burgmannen des Kastells Deutz (Stadt Köln) nicht belästigt würden.[636] Das Kastell wurde Anfang 1243 niedergelegt.[637] Die Kölner Bürger bewilligten dabei eine Umlage in Form einer Beisteuer, als der Erzbischof mit Einverständnis des Herzogs von Limburg/Grafen von Berg die Burg zerstören ließ.[638] Der Schreiber der Annalen von St. Pantaleon beklagte lebhaft die Zerstörung der stattlichen, mit fünfzehn Türmen bewehrten Burg. Die Bürger hätten viel Geld aufgewendet, weil die Burg ihnen Schrecken einflößte, da sie vom rechten Rheinufer aus immer mit Angriffen der erzbischöflichen Burgleute rechneten.[639]

3. Am 16. April 1246 war festgelegt worden, daß auf den Burgen Are, Hart und Hochstaden Turmwächter und Pförtner, auf Hochstaden außerdem ein Burggraf, eingesetzt werden sollten.[640] Für diese drei neuerworbenen Burgen wurde gleichsam eine Burgenordnung festgelegt, die die Zusammensetzung der Besatzung und ihre hierarchische Struktur regelte. Die Organisation kann am Beispiel der Burg Hart näher erläutert werden.

Am 11. Januar 1246 war zwischen Berta von Monschau und Konrad von Hochstaden vertraglich festgelegt worden, daß die Burgmannen, Turmhüter, Pförtner und Wächter beiden Herren die Treue schworen.[641] Ritter und Burgmänner (*milites et castellani*) der Burg Hart waren damals Adam, Drost von Hart, Dietrich und Embrich von Wachendorf (Kreis Euskirchen) und Dietrich von Firmenich (Kreis Euskirchen).[642] 1275–1297 sind weitere Burgmannen belegt. Es handelte sich um Ekbert, Walter von *Rucshem*, Walter von Kessenich (Kreis Euskirchen), Gottfried von Ringsheim (Kreis Euskirchen), Heinrich von Radelsheim, die Erben des Walwanus von Kuchenheim und Dietrich von *Mumesheim*.[643]

---

634 Vgl. REK III 1586, 2147, 2906, 3208, 3354, 3362, 3574, 3829.
635 Vgl. REK III 2200.
636 Vgl. REK III 1058.
637 Vgl. REK III 167.
638 Vgl. HAGEN, Chroniken, S. XXXIX.
639 Vgl. ebd.
640 Vgl. REK III 1239.
641 Vgl. REK III 1229.
642 Vgl. REK III 2380 (18.9.1267), Dietrich von Wagendorf wird am 23. Februar 1274 noch einmal erwähnt; vgl. ebd., 2541.
643 Vgl. REK III 3533. Siegfried von Westerburg hat 1275 bis 1297 in einem Kopiar die wichtigsten Urkunden von der erzbischöflichen Kanzlei zusammenstellen lassen. Walter

Ein Vergleich zwischen dem Jahr 1246 und der Zeit Siegfrieds von Westerburg zeigt ein Anwachsen der Anzahl der Burgmannen von vier auf zehn. Unter den vier Burgmannen, die als *milites et castellani* bezeichnet wurden, befand sich aller Wahrscheinlichkeit nach der Burggraf (*castellanus*), wenn auch irreführend der Plural *castellani* verwendet wird. Die wesentlich geringere Zahl der Burgmannen gegenüber der Zeit Siegfrieds von Westerburg läßt sich damit erklären, daß es den damaligen Burgbesitzern an Mitteln fehlte, um die Burgbesatzung zu vergrößern. Es ist aber auch möglich, daß die vergrößerte Zahl Ausdruck der gewachsenen Bedeutung von Hart als Verwaltungszentrum ist.

Die Burg Hart wurde von einem Truchsessen[644] verwaltet, der zur kölnischen Ministerialenfamilie von Hart gehörte, aus deren Kreis bereits ein erzbischöflicher Küchenmeister belegt ist. Adam von Hart ist von 1255 bis 1267 in den Quellen faßbar. Am 15. August 1267 wurde er zusammen mit Jakob von Hart als Ritter und Burgmann von Hart bezeichnet.

Zusammen mit dem Truchsessen hatte die Burg Hart seit 1275 eine Besatzung von zehn Dienstmannen. Bei einem geschätzten Durchschnitt von fünf bis zehn Burgmannen pro Burg war dies eine hohe Zahl. Die Brüder von Wachendorf, Dietrich von Firmenich und Walter von *Rucshem* waren kölnische Ministerialen, bei den übrigen ist dieser Stand anzunehmen. Soweit die Örtlichkeiten bestimmbar waren, stammten die Burgmänner aus der Umgebung der Burg Hart und kamen von den Gütern Wachendorf, Firmenich, Kessenich, Ringsheim und Kuchenheim, alle im Großraum Euskirchen gelegen. Die Dienstpflicht für die Burghut auf der Burg Hart traf damit die im Umkreis um die Burg begüterten Ministerialen.

Das Tecklenburger Dienstrecht legte eine vierwöchige Dienstzeit fest. Im Kölner Dienstrecht von 1248–1260 unter Konrad von Hochstaden war eine sechswöchige Dienstzeit festgelegt. Es war jedoch nicht möglich, eine Überprüfung dieser Dienstzeiten anhand der Kölner Belege durchzuführen.

Die genannten Burglehen für die Besatzung von Hart waren z.T. in unmittelbarer Nähe der Burg dotiert, aber auch teilweise in einiger Entfernung, wie z.B. die Weinberge bei Ahrweiler. Die verschieden hohen Dotierungen der Burglehen könnten auf unterschiedliche Leistungen der Burgmannen hinweisen, eventuell hat es innerhalb der

---

von *Rucshem* war kölnischer Ministeriale. Vgl. REK III 1042 zum September 1241: Adolf von Ringhsheim (1240–1280) und sein Sohn Reymar waren ritterliche Dienstmannen. Vgl. REK III, Register, S. 405.

644 Vgl. Kap. B II 1.3 »Die Truchsessen«.

Lokalverwaltung 213

ministerialischen Burgmannschaft hierarchische Abstufungen gegeben, die mit bestimmten Funktionen zusammenhingen.

4. Auf der Burg Are[645] sind 1256 folgende Burgmannen bezeugt: Die Edelherren Matthias von Kalmunth und Volcold von Büren, daneben Mundschenk Hermann von Are, sein Sohn Matthias, Heinrich, Sohn der *Cristine*, Reinbold vom Tor der Burg Are, Heinrich, gen. *Schekere*, Dietrich von Effelsberg, Jakob, gen. Somer. Alle Burgmannen wurden als Ritter bezeichnet. Daneben gehörten zur Burgbesatzung Aleidis, Witwe des *Elgerus*, Baldewin von Wadenheim, Philipp von *Mirwilre* und Johann von Hammerstein, insgesamt also zwei Edelfreie, sieben kölnische Ritter, eine Burgfrau und eventuell zwei Ministerialen ohne Ritterschlag.[646]

An anderer Stelle war bereits angesprochen worden, daß auch Burg Are von einem Truchsessen kommandiert wurde. Giselbert, *dapifer* von Are wurde im Dezember 1240 in den Quellen genannt.[647] 1256 saß ein Ministeriale namens H. als Truchseß auf Are. Insgesamt taten auf auf dieser 12 Burgmannen und eine Burgfrau Dienst. Diese große Zahl von Dienstmannen auf der Burg zeigt, daß die Burgen Are und Hart für die Verwaltung von fast gleichrangiger Bedeutung waren. Auffallend ist, daß auch zwei Edelherren unter den Burgmannen aufgeführt werden. Über die Herkunft der einzelnen Burgmannen sind im Gegensatz zu Hardt keine genauen Aussagen möglich, da die meisten ohne Nennung eines Ortes aufgeführt wurden. Matthias von Kalmunth war Herr der Burg Ecka, die in der unmittelbaren Nachbarschaft von Are lag und auf Konrads Betreiben gegen eine Entschädigung zerstört wurde. Dietrich von Effelsberg stammte aus dem Euskirchener Raum. Die Burgmannen erhielten von ihrem Herrn zur Ausübung des Dienstes bestimmte Rechte eingeräumt. Die Burgmannen des Grafen von Hochstaden auf der Burg Are hatten schon im 12. Jahrhundert einen solchen »Rechtskatalog« erwirkt. Das Burgrecht der Grafen von Altenahr von 1166 legte fest, daß Witwen von Burgherren auf Altenahr keinen Huldigungseid leisteten. Die ältesten Söhne der Burgmannen übernahmen von ihren Vätern die Burglehen auf Altenahr. Vom 1. Mai bis 10. Juli eines Jahres durften u. a. die Burgleute ihre Pferde auf der Koppelweide des Grafen von Hochstaden weiden lassen. Erlaubt war ihnen außerdem die Jagd im Wildbann, die man *pirschen* nannte.[648]

---

[645] Vgl. zur Burg Altenahr, REK III 1239, 1249/50, 1408, 1495, 1536, 1977, 2103, 2186, 2193, 2217, 2856, 3024, 3058.
[646] Vgl. REK III 1918 (17.9.1256); vgl. Frick, Quellen Bad Neuenahr, Nr. 477.
[647] Vgl. REK III 1002.
[648] *pifen et biresen zu dem blade*. Vgl. Lacomblet IV 646; vgl. Frick, Quellen Bad Neuenahr, S. 29–39. Zum Truchseß H. siehe REK III 1929.

5. Auf der Burg Rheineck gehörten 1302 Burgmannen, Turmwächter, Wächter und Pförtner zur kölnischen Dienstmannschaft. Jeder Burgmann erhielt jährlich sechs Mark Burglehen, die Burgwächter ebenfalls bestimmte Einkünfte vom Erzstift Köln. Dabei empfingen die Burgmannen nur Burglehen der Burg Rheineck. Mit dem Burggrafen zusammen leisteten sie dem Kölner Erzbischof den Treueid. Niemand konnte Wächter der Burg Rheineck sein, der nicht kölnischer Ministeriale war.[649] Aus der Zeit Konrads von Hochstaden sind Namen einzelner Burgmannen nicht bekannt.

6. Burgmannen auf der Burg Lechenich waren 1264 die Ritter Ulrich, Buk, Reiner Grin, Werner von Heddinghoven (Kreis Euskirchen) und Dietrich, Schultheiß von Lechenich. Ohne Rittertitel, aber zu den Burgmannen zählend, wurde daneben Gerhard, gen. P. angeführt.[650] Insgesamt sind fünf Burgmannen namentlich bekannt. Es handelte sich um hochrangige Vertreter der kölnischen Verwaltung. Ulrich Buk gehörte als langjähriger Kämmerer zu den engsten Vertrauten Konrads von Hochstaden, Reiner Grin entstammte einer einflußreichen Kölner Schöffenfamilie. Er tritt erstmals Ende 1256 in einer kölnischen Urkunde unter den Zeugen auf.[651] Die Zugehörigkeit dieser ranghohen Ministerialen zu der Lechenicher Burgmannschaft zeigt die Bedeutung dieser Burg für die kölnische Lokalverwaltung. Bereits 1254 wurden in Lechenich Burgleute erwähnt. Auch der Schultheiß von Lechenich wurde zu den kölnischen Burgmannen gezählt. Auf der Burg hielten sich bis zu zwölf Ministerialen auf. Damit verfügte Konrad von Hochstaden hier über eine permanent einsatzbereite Rittertruppe.[652] Zur Zeit des niederrheinischen Aufstands von 1238 bis 1242 hatte die Burg Lechenich mehrmals den Feinden getrotzt. Sicherlich ist die militärische Bedeutung dieser Burg sehr hoch zu veranschlagen.

7. Hüter der von Konrad von Hochstaden ausgebauten Godesburg bei Bonn war im Jahr 1300 Werner von Leutesdorf (Verbandsgemeinde Bad Hönningen, Kreis Neuwied, 1263–1303).[653] Burgmannen sind für die Zeit Konrads von Hochstaden nicht überliefert.

8. 1253 erreichte Konrad von Hochstaden einen Wechsel der Lehnsherrschaft über die Burg Altendorf (Rhein-Sieg-Kreis). Am 7. Mai diesen Jahres erhielt der Kölner Erzbischof die von Jülich okkupierte Burg Altendorf zurück. Nach diesem Schiedsspruch schlug sich Ritter Johann von Altendorf auf die Seite von Jülich. Nachdem Konrad ihn

---

649 ... *item dicit idem archiepiscopus quod hujusmodi feoda castrensia dicti castri dat, et dederunt predecessores sui de redditibus suis in oppido Andernacensi.* Vgl. GÜNTHER III 10.
650 Vgl. REK III 2314 (24.12.1264).
651 Vgl. REK III 1929.
652 Vgl. FLINK, Lechenich; DERS., Grundherrschaft, S. 153.
653 Vgl. REK III 3767/68 (1300).

und seine Söhne geächtet hatte, gewährte ihnen der Graf von Jülich Schutz auf seiner Burg Heimbach (Kreis Euskirchen).[654] Der kölnischen Kirche treu hingegen blieb Ritter Winemarus von Altendorf, der dann wohl auch das Kommando über die Burg führte.[655] Es wird sich um eine kleine Burg mit einer geringen Besatzung gehandelt haben.

9. In Bachem (Stadt Frechen, Erftkreis) sind drei verschiedene Burgen nachweisbar. Die als untere Burg (Haus Hemmerich) oder Niederbachem bezeichnete Anlage war die erzstiftische Dienstmannenburg der Erbkämmerer von Bachem, die auch die älteste der drei Anlagen war. Daneben ist die als Oberbachem bezeichnete Anlage, die ursprünglich Bestandteil der Herrschaft Frechen war, belegt, und die Burg Frechen, die 1260 ans Kölner Erzstift fiel.[656]

Die Burg Frechen wird erstmals Ende September 1257 erwähnt. Bei einem Gefecht mit Kölner Bürgern rettete sich Konrad von Hochstaden in diese Burg. Am 15. Juni 1260 gab Winrich von Bachem, Schultheiß von Lechenich, sein Haus oder seine Befestigung zu Frechen mit den Mauern und allem, was sich innerhalb dieser befand, dem Erzstift zu Lehen. Damit war auch die Burg Frechen von den Bachemern besetzt.[657]

10. Auf der Burg Bernsau (Rhein-Sieg-Kreis) saß ein gleichnamiges kölnisches Ministerialengeschlecht. Gerhard von Bernsau war von 1243 bis 1254 *dapifer archiepiscopi*.[658]

11. Burg Kendenich (Stadt Hürth, Erftkreis) war ebenfalls mit einem gleichnamigen kölnischen Ministerialengeschlecht besetzt, das offenbar Mitte des 13. Jahrhunderts edelfreien Standes war. Am 4. März 1255 wurde Philipp von Kendenich als *vir nobilis* bezeichnet.[659]

12. In der Nähe der Siegmündung baute Konrad von Hochstaden seine territoriale Position in Bad Honnef mit Hilfe der Ministerialen von Honnef aus. Der erzbischöfliche Ministeriale Heinrich von Honnef hatte vor 1252 im Distrikt des Herrn Heinrich von Heinsberg eine erzstiftische Burg erbaut. Es kam dadurch zu Streitigkeiten mit Heinsberg und zur Gefangennahme des Ministerialen. Konrad von Hochstaden erreichte aber am 22. Juni 1252 dessen Freilassung.[660] Er beanspruchte auf dem bischöflichen Hof eigene Gerichtsbarkeit, denn

---

654 Vgl. REK III 1729, 1827 (12.2.1255).
655 Vgl. REK III 1879.
656 Vgl. WENSKY, Frechen, RhSTA, IV, 22, Bonn 1978.
657 ... *domum sive munitionem ... cum fossatis et quicquid infra fossata est.* Vgl. REK III 1978; vgl. LACOMBLET II 491; vgl. REK III 2108; vgl. WENSKY, Frechen; siehe auch die Arbeit von STEINBACH, Frechen.
658 Vgl. PÖTTER, Ministerialität, S. 28.
659 Vgl. REK III 1832; vgl. KISKY/FLINK, Kendenich, S. 387f.
660 Vgl. REK III 1681.

darüber kam es mit dem Herrn von Heinsberg zum Streit.⁶⁶¹ Über den Besitz der Burg Honnef, die in Reitersdorf zwischen Honnef und Rhöndorf auf dem Beuel errichtet worden war, verhandelte ein Schiedsgericht.⁶⁶² In der Verhandlung behauptete der Ministeriale, daß der Burgenbau ihm von Konrad von Hochstaden erlaubt worden sei. Nach 1252 ist sie aber niedergelegt worden.⁶⁶³ Daraus geht hervor, daß das Gericht zuungunsten Konrads entschieden hat.

13. Die vermutlich 1246 ans Erzstift gefallene Burg Kuchenheim (Kreis Euskirchen) wurde in der Mitte des 13. Jahrhunderts bei den Auseinandersetzungen zwischen dem Erzstift Köln und der Grafschaft Jülich zerstört. Am 31. Dezember 1259 trug der kölnische Mundschenk Hermann von Are die von ihm wiedererrichtete Burg dem Kölner Erzbischof zu Lehen auf.⁶⁶⁴ Die Ministerialen von Kuchenheim wurden dann gegen Ende des 13. Jahrhunderts als Burgmannen auf den Burgen Are und Hart eingesetzt.⁶⁶⁵

14. Burg Münchhausen fiel als Prümer Lehen der Grafen von Hochstaden 1247 an das Erzstift Köln.⁶⁶⁶ Im Friedensvertrag zwischen Köln und Jülich wurde im Januar 1249 festgelegt, daß bei Annahme der Bedingungen durch Jülich die Burg *Munghusen* (Münchhausen) direkt an das Erzstift Köln zurückfallen sollte.⁶⁶⁷ Dietrich von Münchhausen war als kölnischer Truchseß in der Zentralverwaltung tätig.

15. Über die Burg Rolandseck (nördlich von Oberwinter, Landkreis Ahrweiler) schweigen die Quellen im 13. Jahrhundert vollständig.⁶⁶⁸ Am 24. Oktober 1302 verpflichtete sich Wikbold von Holte in einer Sühne mit König Albrecht I. (1298–1304), die Burg *Rulansekke* (Rolandseck) niederzulegen und die Erbauung einer neuen Burg dort zu verhindern.⁶⁶⁹ Die Burg müßte demnach zur Zeit Konrads von Hochstaden in kölnischem Besitz gewesen sein.

16. Die Expansion des Pfalzgrafen entlang der Mosel konnte Konrad von Hochstaden zusammen mit dem Trierer Erzbischof durch die Eroberung der Burg Thurant im Sommer 1248 verhindern. Burg Thurant und die umliegenden Orte waren seitdem ein Kondominat der beiden Erzstifte. Die Erzbischöfe teilten die Burg durch eine Zwischen-

---

661 Vgl. BRUNGS, Honnef, S. 37.
662 Vgl. ebd., S. 51; HAAG, Bilder, S. 22.
663 Vgl. HAAG, Bilder, S. 22; vgl. BRUNGS, Honnef, S. 52ff.
664 Vgl. REK III 2086.
665 Vgl. zu Altenahr REK III 3376 (Heinrich von Kuchenheim, 1292), 3376, 3914 (Mathias von Kuchenheim, *armiger*, 1292–1303); zu Hart, 3533, (Walwanus von Kuchenheim, 1275–1297).
666 Vgl. REK III 1321.
667 Vgl. REK III 1446. Die Burg Münchhausen war am 7. April 1288 in der Obhut von Wilhelm von Honnef, einem kölnischen Ministerialen (1288–1302). Vgl. ebd., 3180.
668 Vgl. WEGELER, Rheinlande, S. 15 (ohne Beleg).
669 Vgl. REK III 3876.

mauer in eine kleinere kölnische und eine größere trierische Hälfte.[670] Hüter der Burg war am 31. Juli 1300 der Ritter Hertwin von Winningen bei Koblenz.[671]

17. Die kölnische Exklave Rhens berührte sich über den Hunsrück hinweg fast mit dem Amt Alken. Dies ergab eine Art Sperriegel im vorderen Hunsrück, der vom Rhein bis zur Mosel reichte. In Rhens befand sich ebenfalls eine Burg, die kölnische Ansprüche absicherte.[672] Zwar fehlt für eine solche Befestigung in Rhens ein eindeutiger Quellenbeleg, doch wurde der heute noch bestehende Turm in Rhens unmittelbar am Rhein im Spätmittelalter und in der Neuzeit von der ansässigen Bevölkerung die »Kölnische Burg« genannt.

18. Das Erzstift Köln besaß im Jahre 1251 Dienst- und Lehngüter in Wanlo (Mönchengladbach-Wickrath).[673] Zum erzbischöflichen Besitz zählte auch die Burg Wanlo, die dem Ritter Pil., vermutlich als Abkürzung für Pilgrim zu verstehen, unterstand. Im Februar 1255 hatte Jülich diese Burg unrechtmäßig besetzt und wird sie daraufhin wieder geräumt haben.[674]

19. Die Burg Wichterich (Kreis Euskirchen) kam 1246 mit der Hochstadenschen Erbschaft an das Erzstift und verstärkte die kölnische Stellung Konrads von Hochstaden im kölnisch-jülischen Grenzgebiet um Euskirchen.[675] Im Friedensdiktat von Blatzheim am 15. Oktober 1254 mußte Jülich die Burg Wichterich als kölnischen Besitz anerkennen, die vom kölnischen Ministerialen Arnold von Wichterich befehligt wurde.[676]

20. Auf der Burg Wachendorf (Kreis Euskirchen) war seit der Mitte des 13. Jahrhunderts ein gleichnamiges kölnisches Ministerialengeschlecht ansässig. Embrich und Dietrich von Wachendorf waren kölnische Burgmannen auf der Burg Hart.[677]

21. Nach der Verlegung der Burg Hochstaden tritt eine Reihe von Burgmannen im Dienst Konrads von Hochstaden in kölnischen Zeugenlisten auf. Genannt wurden am 24. April 1252 die Ritter Winand, gen. Bollart von Hochstaden und die Brüder Ensfried und Bruno von Hochstaden. Burgmann Ritter Ensfried ist noch einmal am 14. August

---

670 ... *factoque muro intermedio, inter se dividunt suamque partem quilibet suis munit*. Vgl. WAITZ, Chronica Regia Coloniensis, MGH SS rer. Germ in usum scholarum XVIII, S. 294. Vgl. REK III 1416.
671 Vgl. REK III 3746. Zu Thurant und der Familie Hertwins von Winningen vgl. auch LOUTSCH/MÖTSCH, Wappen, S. 39 und 137ff.
672 Vgl. PRÖSSLER, Rhens, S. 13.
673 Vgl. REK III 1641.
674 Vgl. REK III 1827.
675 Vgl. REK III 1321.
676 ... *item castellum Wichterich Arnoldo de eodem loco restituetur habendum eo iure, quo ad ipsum pertinebat* ... Vgl. LACOMBLET II 404, vgl. REK III 1808.
677 Vgl. FLINK, Wachendorf, S. 744.

1258 belegt.⁶⁷⁸ Ein Burglehen von je 50 Mark erhielten vor 1255 die Ritter Dietrich von Bozheim (Bourheim?, Kreis Düren) und Ekbert von Friesheim (Kreis Euskirchen), die wohl auch zur Burgmannschaft gehörten.⁶⁷⁹ Burgmannen auf Burg Hochstaden waren außerdem der Kölner Bürger und Zöllner *Peter de Grue* (*vanme Cranen*) und Heinrich von Geirstorp. Eventuell sind zur Besatzung auch noch Heinrichs Bruder Reinard, ein H. Bollardo, wohl ebenfalls ein Bruder des Winand, gen. Bollard, zu zählen.⁶⁸⁰

Wie auf der Burg Lechenich (Reiner Grin) gehörte auch auf Burg Hochstaden mit *Peter de Grue* ein Kölner Bürger zu den erzstiftischen Burgmannen. Daß der kölnische Zöllner *Peter de Grue*, der sicherlich in Köln zu den reichsten Bürgern gehörte, mehrere Wochen auf Hochstaden Wachdienste verrichtet haben soll, ist nicht anzunehmen. Vornehme Adlige und Bürger werden zu diesen Diensten Vertreter geschickt haben. Wichtig ist, daß Konrad von Hochstaden solche Personengruppen durch diese Ämter auch in die kölnische Verwaltung einbaute.

Vereinzelt ist es unter Konrad von Hochstaden und seinen Nachfolgern zum Übertritt von Bürgern in die erzstiftische Ministerialität gekommen bzw. diese Personen sind im Bürgertum aufgegangen, ohne zunächst ihren Status als Ministerialen zu verlieren.

22. 1200 erstmals urkundlich nachweisbar ist die Burg Alpen (Kreis Wesel), die aber schon früher bestanden hat.⁶⁸¹ Heinrich von Alpen wurde am 30. April 1246 in einer kölnischen Zeugenreihe an der Spitze der kölnischen Ministerialität genannt. Vor dem 13. Mai 1260 übergab Konrad von Hochstaden Heinrich, Herrn von Alpen, das Alpener Werth im Rhein.⁶⁸² Um die Mitte des 13. Jahrhunderts ist den Herren von Alpen offenbar der Aufstieg in die Schicht der Edelfreien gelungen.⁶⁸³ Konsequenz dieser Entwicklung war, daß der Alpener Besitz

---

678 Vgl. REK III 1671, 2007.
679 Vgl. REK III 1837.
680 Vgl. REK III 1922a (28.10.1256), 2007; BREMER, Liedberg, S. 77, schätzt die Zahl der zu Hochstaden gehörigen Vasallen auf 41, darunter viele Burglehensleute. Die Existenz einer weiteren aber unbedeutenderen Burg im Erftgebiet bei Blatzheim ist umstritten. Erhaltene Befestigungsreste deuten auf eine Motte in Blatzheim mit Wall und Graben hin. Onnau geht davon aus, daß der Hof zu Blatzheim um die Jahrtausendwende zum Befestigungswerk ausgebaut wurde. Vgl. ONNAU, Burg, S. 104; SCHLÄGER, Blatzheim, S. 85. Konrads Diktat gegen Jülich wurde am 15. Oktober 1254 *in castris apud Bladesheim* aufgezeichnet. Vgl. REK III 1808.
681 Vgl. BÖSKEN, Beiträge, S. 4.
682 Vgl. REK III 1249, 1667, 1707, 2105a.
683 Heinrich von Alpen wird vor dem 13. Mai 1260 als Herr von Alpen bezeichnet. Vgl. REK III 2105a. Vgl. Kap. B Exkurs: »1. Die Entwicklung der kölnischen Ministerialität im 13. Jahrhundert«.

der Kölner Kirche zunehmend durch die Lockerung der Lehnsbande (*via feudali*) entzogen wurde.[684]

23. Nach ihrer Zerstörung durch den Grafen von Kleve im Jahre 1238 baute der Amtmann Lupert von Schwansbell (bei Dortmund) die Burg Aspel/Rees mit einem Kostenaufwand von 500 Mark wieder auf. Als Bollwerk gegen Kleve und Schutzbastion für Rees war die Anlage für Konrad von Hochstaden von großer Bedeutung.[685]

24. Burg Hüls (Stadt Krefeld-Hüls) wurde 1144 erstmals erwähnt.[686] Ein Ritter Heinrich von Hüls ist 1225 belegt.[687]

Die kölnischen Ministerialen Geldolfus und Johannes von Hüls waren am 24. März 1259 am kölnischen Hof.[688] Über den strategischen Wert der Burg für das Kölner Erzstift sind keine Angaben möglich.

25. Der Hof Elberfeld gehörte zu den erzbischöflichen Tafelgütern unter der Verwaltung des Kölner Edelvogtes. Aus diesem Grund errichtete das Erzstift in Elberfeld eine Burg, die seit 1169 im Lehnsbesitz der Eppendorfer war.

Nachdem der Hof Elberfeld 1176 als Pfand an die Grafschaft Berg gefallen war, scheint es unter Konrad von Hochstaden wieder kölnisch gewesen zu sein.[689] Der Kölner Erzbischof urkundete dort am 28. Juli 1259.[690] Auch Ministerialen aus Elberfeld standen in der zweiten Hälfte des 13. Jahrhunderts in kölnischen Diensten: Conrad von Elberfeld war am 6. Juni 1276 kölnischer Marschall von Westfalen.[691]

26. Ende des 12. Jahrhunderts wurde die Burg Rheydt (Stadt Mönchengladbach) erstmals erwähnt. Die Anlage ist zur Verstärkung der kölnischen Stellung am Niederrhein angelegt worden. Auf der Burg saßen Dienstmannen aus dem Geschlecht der Eppendorfer.[692]

27. Auf der Stadtburg von Andernach versahen erzbischöfliche Burgmannen ihren Dienst. 1241 ist Embrich von Rengsdorf (Landkreis Neuwied) als Burgmann belegt.[693] Zwischen 1275–1297 ist Ludwig von Engers (Landkreis Neuwied) nachweisbar.[694]

---

684 Vgl. BÖSKEN, Beiträge, S. 12; vgl. JANSSEN, mensa episcopalis, S. 322.
685 Vgl. REK III 1095. Lupert erhielt ferner erblich den Turm der Anderburg, damit er den Schutz der gesamten Anlage gewährleisten könne.
686 Vgl. GÖHN, Hüls, S. 13. Die erste Burg Hüls war am Flöthbach gelegen, eine zweite Burg wurde westlich davon errichtet. Vgl. GECHTER, Burgen, S. 98.
687 Vgl. REK III 493.
688 Vgl. REK III 2044. Die Brüder von Hüls testierten bereits 1243 eine erzbischöfliche Urkunde. Vgl. GÖHN, Hüls, S. 38.
689 Vgl. NIEDERAU, Elberfeld, S. 197ff. Siehe auch die Arbeit von DIETZ, Gahrnahrung.
690 Vgl. REK III 2063.
691 Vgl. REK III 2672.
692 Vgl. LÖHR, Rheydt, RhSTA IX, 52, Bonn 1989; Philipp von Heinsberg hatte *castrum et allodium de Reyde* erworben.
693 Vgl. HOENIGER, Rotulus, S. 33, Eintrag 125.
694 Vgl. REK III 3533.

1.5.2
Herzogtum Westfalen

28. Im kölnischen Herzogtum Westfalen war die Burg Ahsen (Kreis Recklinghausen) kölnischer Besitz. Erzbischof Siegfried von Westerburg hat am 5. Januar 1275 auf Ahsen geurkundet. Auf der Burg saßen die Dienstmannen von Ahsen: Nachweisbar sind die Ritter Gottfried (1230–1233) und Mauritius von Ahsen (1230–1234).[695] Am 1. Januar 1266 war Graf Herbord von Dortmund (1266–1292) Burgmann auf Ahsen.[696]

29. Die Burg Bönen (bei Hamm / Westfalen) schützte die Nordgrenze des Herzogtums Westfalen. Auf dieser Burg tat ein gleichnamiges Ministerialengeschlecht seinen Dienst. Lupertus von Bönen wird am 20. September 1254 unter den westfälischen Ministerialen am Hof in Köln genannt.[697]

30. Die Burg Desenberg (Gemeinde Dasenburg, Kreis Höxter) hat im Hochmittelalter mehrmals den Besitzer gewechselt. Ritter Hermann Spiegel d. J. nannte sich am 21. Oktober 1293 Hermann von Desenberg, gen. Spiegel.[698] Die Ministerialen von Spiegel entstammten ursprünglich der Corveyer Ministerialität. Konrad von Hochstaden ist es offenbar gelungen, die von Spiegel für die kölnische Dienstmannschaft zu gewinnen. Hermann Spiegel d. Ä. (1230–1254) ist am 20. September 1254 in der Umgebung Konrads nachweisbar.[699] Bereits am 29. Juli 1256 nannte sich sein Sohn *Hermannus junior speculum de Desenberg*.[700]

31. Die Burg Hörde (Stadt Dortmund) war Sitz eines bedeutenden westfälischen Ministerialengeschlechts, dessen Mitglieder bereits unter Konrad von Hochstaden in führenden Positionen der kölnischen Zentral- und Lokalverwaltung auftraten. Obwohl Erzbischof Siegfried von Westerburg den Ankauf der Burg Hörde mit Albert von Hörde vereinbart hatte, verkaufte der Ministeriale die Burg nach dem Tode des Erzbischofs 1297 an den Grafen von der Mark.[701] Dieser illegale Verkauf wurde von Erzbischof Wikbold von Holte energisch angefochten. Der Kölner Erzbischof forderte im Jahre 1302 die Rückgabe der von ihm und seinen Vorgängern mehr als 40 Jahre friedlich besessenen Burg. Damit war die Burg Hörde vor dem Jahre 1262 und damit wohl zu Zeiten Konrads von Hochstaden erzbischöfliches Dienstmannen-

---

695 Vgl. REK III 2637, 704, 769a, 786, 822a.
696 Vgl. REK III 2348.
697 Vgl. Pötter, Ministerialität, S. 28; Tillmann, Lexikon, S. 105; REK III 1801.
698 Vgl. REK III 3399.
699 Vgl. REK III 1801.
700 Vgl. WUB IV 655.
701 Vgl. REK III 3512.

Lokalverwaltung 221

gut. Wikbold bezeichnete die Burg auch ausdrücklich als kölnisches Allod.[702]

32. Hemborch (bei Brilon, Hochsauerlandkreis) zählte zu den alten kölnischen Burgen in Westfalen.[703] Zur Zeit Konrads von Hochstaden ist über die Burg keine Nachricht vorhanden.

33. Als nach 1225 die Pfalz zu Soest den Kölner Erzbischöfen keinen Schutz mehr bot, da die Bürgerschaft nach ihrem Aufstand die Entfestigung der Pfalz durchgesetzt hatte, baute das Erzstift am Lippeübergang bei Soest die Burg Hovestadt.[704] Als Konrad von Hochstaden am 15. November 1250 dort Urkunden ausstellte, war die Burg noch nicht völlig fertiggestellt.[705]

1272 werden die ersten Burgmannen erwähnt und 1276 die Burg Hovestadt erstmals als *castrum* bezeichnet.[706] 1306 wird berichtet, daß die Burg bereits seit mehr als 40 Jahren bestehe, und zwar als wertvoller und stattlicher Eigenbesitz des Erzstifts Köln (*spatio quadraginta annorum et ultra, nobile et preciosum allodium ipsius ecclesie Coloniensis*).[707] Damit ist der Nachweis erbracht, daß Konrad von Hochstaden die Baumaßnahmen entscheidend vorangetrieben hat, denn die Burg war vor 1266 fertiggestellt. An der Zahl der Burgmannen ist die überdurchschnittliche Bedeutung der Burg erkennbar. Außer den reinen Festungswerken bot Hovestadt Wohnungen für sechzehn Burgmannen.[708] Die Sitze der Burgmannen lagen im *ambitus*, dem Umgang der Burg, etliche Burgleute wohnten jedoch auch zeitweise in vorgeschobenen Burghäusern.[709] Burgmannen sind aus der Zeit Konrads von Hochstaden namentlich allerdings nicht bekannt. Auffallend ist, daß sie unter den Nachfolgern Konrads alternierend wechselten und aus bestimmten Familien stammten. Zwei oder mehr Burgmannen kamen im Zeitraum von 1272 bis 1297 aus den Familien Rodenberg, Tork, Brockhausen, Holthausen und den Schultheißen von Soest. Einige Familien waren erbliche Burgmannen, andere treten hingegen nur einzeln auf.

Im Kopiar Siegfrieds von Westerburg findet sich die Auflistung einiger Hovestädter Burgmannen mit der Höhe ihrer Burglehen.[710] Für die Jahre 1275 bis 1297 sind folgende Burgmannen belegt: Ritter Albero, gen. Cloyt, die Kinder des Ritters Heinrich von Rodenberg und Ritter

---

702 Vgl. REK III 3982.
703 Vgl. SEIBERTZ, UB III 530.
704 Vgl. VON KLOCKE, Soester Studien I, S. 88f.
705 Vgl. REK III 1607.
706 Vgl. VON KLOCKE, Soester Studien I, S. 91.
707 Vgl. ebd., S. 92.
708 Vgl. WUB VII 2417.
709 Vgl. VON KLOCKE, Soester Studien I, S. 92.
710 Auf die Höhe der Burglehen wird im Kapitel C II »Ausgaben« eingegangen.

Gottschalk von Brockhausen.⁷¹¹ Daneben Hermann Wolf von Lüdinghausen, Goswin von Heesen und Dietrich von Honrode.⁷¹² Soweit dies zu ermitteln war, stammten die Burgmannen nicht unbedingt aus der unmittelbaren Umgebung von Hovestadt/Soest. Von Klocke führt diese Beobachtung auf den Umstand zurück, daß die Soester Ministerialität um die Mitte des 13. Jahrhunderts völlig im Bürgertum aufgegangen war und dem Kölner Erzbischof somit nicht mehr genügend Personal für die Besatzung der Burg zur Verfügung stand. Verschiedene Ministerialgruppen lassen sich in Soest dennoch noch bis in die Mitte des 13. Jahrhunderts belegen. Eventuell taten sie auf der kölnischen Pfalz in Soest Dienst. Belegt sind Ritter Tiemo der Jüngere (1226–1263),⁷¹³ Ritter Brunstein von Schonekind (1252)⁷¹⁴ und Ritter Heinrich von Lohne (1253).⁷¹⁵

34. Die Burg Kogelnberg (bei Wolfhagen, Landkreis Waldeck-Frankenberg) war am 30. Mai 1260 Schauplatz des Grenzvertrages zwischen Sachsen, Köln und Corvey. Die Burg wurde im 13. Jahrhundert mehrmals als erzbischöflicher Besitz genannt.⁷¹⁶ Burgmannen sind für diese Zeit nicht namentlich bekannt.

35. Am 11. Mai 1241 erwarb Konrad von Hochstaden die halbe Kruckenburg bei Helmarshausen (Landkreis Kassel). Erzbischof Siegfried von Westerburg machte Hermann Spiegel von Desenberg am 28. April 1282 zum Burgmann auf der Kruckenburg.⁷¹⁷

36. Die Burg Lüdinghausen (Kreis Coesfeld) wurde zum kölnischen Besitz in Westfalen gezählt.⁷¹⁸ Am 5. Dezember 1275 wurde darauf verwiesen, daß die Vorfahren der Ritter von Lüdinghausen diese Burg bereits vom Erzstift zu Lehen hatten.⁷¹⁹

37. Kölnisch war auch die Hälfte der Burg Pyrmont (Landkreis Hameln-Pyrmont), die Konrad von Hochstaden von Pyrmont erworben hatte.⁷²⁰ Am 23. Juli 1255 schworen die Edelherren von Pyrmont, Konrad von Hochstaden nicht mehr wegen der Einnahme oder Eroberung der genannnten Burg Pyrmont und der Gefangennahme oder Vertreibung, sei es an ihren Beamten (den Beamten Pyrmonts, R.P.), sei

---

711 Vgl. REK III 3533.
712 Vgl. Seibertz, UB I 370.
713 Vgl. von Klocke, Soester Studien I, S. 140; REK III 582, 635/36, 2255.
714 Vgl. von Klocke, Soester Studien I, S. 144.
715 Vgl. ebd., S. 153.
716 Vgl. REK III 2106; 3584, 3923, 3970.
717 Vgl. ebd., 1013, 2926; Heinemeyer, Urkunden, S. 302, weist auf die Bedeutung von Helmarshausen als Verkehrsknotenpunkt hin. Siehe auch die Arbeit von Zillmann, Territorialpolitik.
718 ... item castrum et opidum ac judicium in Ludinchusen est Archiepiscopi. Vgl., Seibertz, UB I 484, S. 638.
719 Vgl. REK III 2637.
720 ... it. pro mediete est Archiepiscopi quam medietatem castri Peremunt. Archiepiscopus Conradus emit erga Comitem de Pirremunt ... Vgl. Seibertz, UB I 484, S. 638.

es den dortigen Burgmannen (den Burgmannen Pyrmonts, R.P.), zu belästigen und nur mit seiner Erlaubnis Türme oder andere große Befestigungen zu errichten.[721] Als Kondominat sind die Burgmannen wahrscheinlich je zur Hälfte von Köln und Pyrmont gestellt worden.

38. Heinrich von Müllenark erwarb im August 1230 die Hälfte der Burg Lichtenfels (Gemeinde Dalwigksthal, Landkreis Waldeck-Frankenberg).[722] Die Burg blieb unter Konrad von Hochstaden im kölnischen Besitz, wurde aber am 21. Juli 1267 an den Grafen Adolf von Waldeck (1231–1267) verpfändet.[723] Einzelne Burgmannen sind nicht zu belegen.

39. Die kölnischen Ministerialen von Rodenberg (später v. Romberg, Rhein-Sieg-Kreis) aus dem Geschlecht der Schultheißen von Soest saßen spätestens seit 1249 auf Burg Rodenberg am Rothenberge östlich von Menden. Ritter Goswin von Rodenberg (1243–1276) war erzbischöflicher Ministeriale und besaß bis 1243 den Turm in Volmarstein, bevor Konrad von Hochstaden diesen eintauschte und Lupert von Schwansbell übertrug.[724] Als Schultheiß von Menden zählte Goswin zu den vornehmsten westfälischen Ministerialen.[725] Er war Teilnehmer der Schlacht auf dem Wulferichskamp (1254) und bezeugte die wichtigen Territorialverträge mit Sachsen und Corvey bei Kogelnberg und mit Osnabrück in Diestedde (Wadersloh-Diestedde, Kreis Warendorf) in den Jahren 1260/61.[726] Es ist durchaus möglich, daß Goswin, ähnlich wie Winrich von Bachem in Lechenich, das Schultheißenamt und die Kommandogewalt über die Burg Rodenberg in Personalunion ausübte. Auf der Burg sind seit 1275 eine Reihe von Burgmannen durch die Dotierung ihrer Burglehen faßbar. Die Besatzung bestand in diesem Zeitraum aus *Wilhelmus de Neyhem*, Ritter *Johannes de Neyhem* (Neheim-Hüsten), Ritter Hunold von Plettenberg (Sauerland), *Erenfridus de Bredenole* und Ritter *Henricus dictus de Colonia*.[727]

40. Die Burg Padberg (Hochsauerlandkreis) war im 12. Jahrhundert kölnischer Besitz. 1120 setzten die Kölner Erzbischöfe ein Ministerialengeschlecht auf dieser Burg ein, das sich auch nach ihr benannte.[728] Gottschalk von Padberg d.Ä. (1216–1221) versprach Erzbischof Engelbert I. am 5. September 1217 die treue Bewahrung und Öffnung der

---

721 ... *captio vel eiectio dicti castri Peremunt sive officialium suorum sive castrensium ibidem captivitas vel occisio* ... Vgl. REK III 1856.
722 Vgl. REK III 700.
723 Vgl. REK III 2378.
724 Vgl. REK III 1095.
725 Vgl. REK III 1301. Siehe auch Frese/Fellenberg, Rodenberger, S. 65ff.
726 Vgl. REK III 1807, 2106, 2145.
727 Vgl. REK III 3533.
728 Vgl. Schmidt, Padberg, S. 20.

Burg Padberg für das Kölner Erzstift.⁷²⁹ Ritter Gottschalk von Padberg d. J. (1254–1286) hielt sich am 26. November 1254 bei Konrad von Hochstaden am Hof auf.⁷³⁰ 1286 übten die Brüder Gottschalk und Anselm von Padberg das Kämmereramt aus.⁷³¹

41. In der zweiten Hälfte des 13. Jahrhunderts wurde die Burg Raffenberg (bei Hamm / Westfalen) gegenüber der Burg Neuenlimburg (Hohenlimburg, Kreis Iserlohn) erbaut. Gozwin III. von Rodenberg war am 16. Februar 1276 erzbischöflicher Burgmann auf Raffenberg. Damit kann man den Bau der Burg Raffenberg vor 1276 datieren, eventuell fiel der Beginn der Baumaßnahmen noch in die Zeit der Herrschaft Konrads von Hochstaden.⁷³² Auf der Burg Raffenberg sind bei einem Münzfund u. a. kölnische Denare aus der Zeit Konrads von Hochstaden gefunden worden.⁷³³ Dies könnte auch ein Hinweis auf kölnische Besitzrechte an dieser Burg unter seiner Herrschaft sein. Seit 1275 sind Burgmannen auf der Burg Raffenberg nachweisbar. Auf der Burg taten *Wilhelmus de Imescheide, Henricus de Bergheym* (bei Köln), *Statius* (Scatius), *Reiere balistarius* (Schleuderer), die Witwe (*relicta*) des Bernhard von Rodenberg (bei Menden) sowie ein Magister Hagene Dienst.⁷³⁴ Am 13. Juli 1282 urkundete Siegfried von Westerburg auf dieser Burg, die 1288 zerstört worden ist.⁷³⁵

42. Die Burg Reckenberg (Stadt Rheda-Wiedenbrück, Kreis Gütersloh) befand sich zur Hälfte in kölnischem Besitz, zur anderen Hälfte war sie Eigentum des Bischofs von Münster. Vermutlich von Erzbischof Engelbert I. erbaut, wurde sie 1249 erstmals genannt.⁷³⁶ Burgmannen sind namentlich nicht bekannt.

43. Burg Schnellenberg (Gemeinde Attendorn-Land, Kreis Olpe) galt als die mächtigste kölnische Burg im Sauerland. ENSTE weist darauf hin, daß die Burg von ihrer territorialen Bedeutung her doch eher im Schatten der Waldenburg bei Attendorn gestanden habe.⁷³⁷ Um 1200 erbaut, war die Festung mit mehreren Burgmannensitzen ausgestattet, darunter auch einem Burghaus der kölnischen Ministerialen von Schnellenberg.⁷³⁸

Ritter Wichard von Schnellenberg bezeugte 1244 die Aufgabe der Schmallenberger Burg (Landkreis Meschede).⁷³⁹ 1256 wurde ein Ritter

---

729 Vgl. REK III 174.
730 Vgl. REK III 1812.
731 Vgl. REK III, 3097.
732 Vgl. REK III 2650.
733 Vgl. SPIEGEL, Gefäße, S. 208ff.
734 Vgl. REK III 3533.
735 Vgl. REK III 2945.
736 Vgl. LOTHMANN, Engelbert I., S. 230.
737 Vgl. ENSTE, Schnellenberg, S. 3.
738 Vgl. BAUERMANN, Stadturkunden, S. 10.
739 Vgl. REK III 1128.

Yggehardus de Schnellenberg in den Quellen erwähnt.⁷⁴⁰ Schnellenberg wurde 1294 neu befestigt. Im Streit mit dem Grafen von der Mark und anderen Territorialherren stellte Wikbold von Holte 1300 fest, daß die Burg Schnellenberg Allod der kölnischen Kirche sei.⁷⁴¹

44. Die Ministerialen von Westerheim trugen auch den Namen *Westerholze* und saßen wohl auf der Burg Westerholt (Landkreis Recklinghausen).⁷⁴² Diese Ministerialen waren auch in Recklinghausen eingesetzt. *Brunsten* von Westerheim ist als *iudex* in Recklinghausen von 1251 bis 1283 nachweisbar.⁷⁴³

45. 1217 saßen die ersten Burgmannen auf der Stadtburg Rüthen. Genannt werden *castellani de Ruthen filii Rudolfo Ervethe* (Erwitte, Kreis Soest)⁷⁴⁴. Der im Sommer 1230 auftretende Ritter Helmicus, Burgmann in Rüthen,⁷⁴⁵ könnte mit dem Rüthener Burgmann Helmwich von Elspe identisch sein, der am 26. November 1254 unter den erzbischöflichen Zeugen in Köln genannt wurde und am 23. März 1258 als Ministeriale und Burgmann in Rüthen bezeichnet wurde.⁷⁴⁶

1259 ist Heinrich von Lon (Soester Ministerialen von Lohne?) als weiterer Burgmann belegt.⁷⁴⁷ In diesem Jahr urkundete die Rüthener Burgmannschaft unter eigenem Siegel, das eine Zinnenmauer mit Turm, begleitet von Schlüssel und Krummstab, darstellte.⁷⁴⁸ Zwischen 1275–1297 ist daneben der Rüthener Burgmann Florinus von Sassendorf nachweisbar.⁷⁴⁹

46. Die geographische und verwaltungstechnische Sonderrolle (Einheit von Stadt- und Gogericht) hat in Recklinghausen zu einem besonderen Bewußtsein der kölnischen Burgmannen auf der Stadtburg geführt. Bereits 1251 urkundeten sie unter eigenem Siegel. Es führte den heiligen Petrus im Bildfeld und die Umschrift *Sigillum ministerialium de Rikkelinchusen*.⁷⁵⁰ Burgmannen können die Ministerialen Herbord Hovet, Konrad Honhus und Gerhard von *Herderinchusen* gewesen sein. Sie sind 1253 ins Bürgertum eingetreten.⁷⁵¹

---

740 Vgl. ENSTE, Schnellenberg, S. 3.
741 Vgl. REK III 3443, 3766/67.
742 Vgl. PÖTTER, Ministerialität, S. 66.
743 Vgl. WUB VII 759; REK III 2352, 2891.
744 Vgl. REK III 175.
745 Vgl. REK III 702.
746 Vgl. REK III 1812; 1995.
747 Vgl. VON KLOCKE, Soester Studien I, S. 153.
748 Vgl. KEYSER, Städtebuch Westfalen, S. 308.
749 Vgl. REK III 3533.
750 Vgl. GROTEN, Lehnshof, S. 49.
751 Vgl. PENNINGS, Geschichte, Bd. I, S. 197; JANSSEN, Bischofshof, S. 141.

47. Die Burg Hallenberg ist am 23. Januar 1259 fertiggestellt worden. Konrad von Hochstaden setzte an diesem Tag seinen Ministerialen Wigand von Medebach dort als seinen Burgmann ein.[752]

1.5.3
Fazit

Die Aufgaben der Landesburgen bestanden darin, das Territorium zu schützen und Verwaltungsmittelpunkte aufzubauen.[753] Konrad von Hochstaden hat in seiner Regierungszeit eine intensive Burgenpolitik betrieben. Die Überprüfung der einzelnen Burgenbelege ergibt, daß von den oben genannten 52 Burgen 19 Burgen (Are, Hochstaden, Hart, Altenwied, Honnef, Kuchenheim, Münchhausen, Thurant, Rheinbach, Deutz, Altendorf, Desenberg, Raffenberg?, Wichterich, Aspel, Hovestadt, Kruckenburg, Pyrmont und Hallenberg) erworben, wiedererrichtet, oder auf eine andere Weise dem kölnischen Herrschaftsbereich einverleibt werden konnten. Davon waren im Erzstift die Burgen Deutz (Köln/Berg), Thurant (Köln/Trier), Krukkenburg (Köln/Helmarshausen) und Pyrmont (Köln/Pyrmont) Gemeinschaftsbesitz. Die Größe und Bedeutung der einzelnen Burg ist an der Zahl der überlieferten Burgmannen ablesbar. Herausragend waren im Kölner Erzstift die 1246 kölnisch gewordenen Burgen Are, Hart und Hochstaden, für die eine Art Burgenordnung erlassen wurde. Alle drei leitete jeweils ein Truchseß, dem eine überdurchschnittlich große Anzahl von Burgmannen zur Verfügung stand. Konrad von Hochstaden hat hier drei Verwaltungszentren geschaffen, um den in diesem Dreieck liegenden Erft- und Eifelraum herrschaftlich besser durchdringen zu können. Diese drei Burgen sind auch zu den namensgebenden Zentren der späteren Ämter Altenahr, Hart und Hochstaden geworden. Weitere Mittelpunkte kölnischer Verwaltung waren in diesem Raum die bereits angesprochenen Burgen Hochstaden, Odenkirchen und Alpen.

In Westfalen ist die Burg Hovestadt eindeutig zum Zentrum kölnischer Herrschaftsgewalt ausgebaut worden. Über die durchschnittliche Anzahl der Burgmannen auf den kölnischen Burgen sind Aussagen kaum zu treffen, da die meisten Burgen ohne Erwähnung der Burgmannen in den Quellen aufgeführt werden.

---

752 Vgl. WUB VII 1004; REK III 2033. Vgl. Kap. A V 3 »Städtepolitik — Westfalen und andere Gebiete des Erzstifts«, A III »Burgenbau und Befestigungswesen unter Konrad von Hochstaden«.
753 Vgl. PATZE, Burgen, S. 438ff.

Lokalverwaltung

Bekannt ist aber, daß die bedeutenden Burgen Hochstaden und Are über eine Burgmannschaft von zehn (Hochstaden) bzw. zwölf (Are) Mannen verfügten. Im Vergleich dazu differierte die Besatzung auf den trierischen Burgen zwischen drei und zwölf Burgmannen. Wieviel davon im Kriegsfall für das kölnische Heer abgestellt wurden, ist unbekannt. Generell ist von einem Durchschnittspersonal von fünf bis zehn Burgmannen auszugehen.

Nach dem Aufstand Simons von Paderborn gegen das Erzstift Köln (1254) übergab Konrad von Hochstaden die Burg Vilsen (bei Salzkotten) bis zum Ende der Feindseligkeiten in die Hände von vier kölnischen Ministerialen. Wie bereits erwähnt, nahm unter Konrad von Hochstaden die Zahl der Burgen durch Erwerb und Neubau zu, so daß sich auch die Zahl der Burgmannen im Erzstift erhöhte. Bei einer groben Schätzung, die von einem Mittelwert von sieben Burgmannen (Minimum fünf, Maximum zehn, in Einzelfällen auch zwölf) ausgeht, waren 1238 im Kölner Erzstift auf 33 Burgen ca. 231 Burgmannen im Dienst. Unter Konrad von Hochstaden sind ungefähr neunzehn neue Burgen hinzuzurechnen. Dies ergibt eine Vermehrung der Burgmannen um nochmals ca. 133 Ministerialen. Damit waren insgesamt unter Konrad von Hochstaden ca. 364 Burgmannen auf kölnischen Burgen im Dienst. Dieser Anstieg bedeutete eine enorme Erhöhung der Kosten, auf die im Kapitel über die Ausgaben des Erzstifts unter Konrad von Hochstaden noch eingegangen werden wird.

Die Frage, ob es eine Organisation im Sinne einer Burgenordnung bzw. Burgenverfassung unter Konrad von Hochstaden gegeben hat, kann nicht eindeutig beantwortet werden. Was hierüber die Quellen zu einzelnen Burgen sagen, ist zu fragmentarisch und ergibt keinen umfassenden Überblick im Sinne einer Burgenordnung. Mit einer Burgenbesatzung von etwa sieben Ministerialen war es sicher nicht möglich, eine Burg ständig besetzt zu halten, da die kölnischen Ministerialen nur zu sechs Wochen Burghut verpflichtet waren. Es ist aber anzunehmen, daß es sich bei diesen sechs Wochen um eine Art »Dienstzeit« handelte, die von den einzelnen Burgmannen mehrmals im Jahr abgeleistet werden mußte, so daß ständig eine Burgbesatzung präsent war. Außerdem muß darauf hingewiesen werden, daß die Ministerialen mit weniger als fünf Mark Jahreseinkommen darauf angewiesen waren, das ganze Jahr hindurch Dienst auf der Burg zu leisten. Diese Gruppe von Ministerialen wird eigens im Dienstrecht erwähnt und wegen ihrer geringen Einnahmen vom Romzug ausgeschlossen.[754] Die Burgmannschaften scheinen auch unter diesem Gesichtspunkt zusammengesetzt worden zu sein. In der Liste der Burgmannen wurden zu-

---

754 Vgl. Deutsches Dienstrecht A, Art. 7, FRENSDORFF, Recht, S. 43.

erst die Ministerialen aus vornehmen Familien genannt. Die soziale Abstufung war aus der Reihenfolge erkennbar. Am Ende standen die sozial schwachen Dienstmannen.[755] Daneben ist zu bedenken, daß jede Burg über eine Anzahl von Turmwächtern und Pförtnern verfügte, die nicht zur Ministerialität zu zählen sind. Damit war neben dem Burgmann stets auch anderes Personal auf der Burg anwesend. Für diese Organisationsstruktur war ein »Dienstplan« nötig, der in der Zentrale in Köln geführt worden sein könnte. Die jährlichen Dienstzeiten waren wohl dem einzelnen Ministerialen bekannt. Es ist aber durchaus auch möglich, daß dem Dienstmann durch einen Boten der Dienst angekündigt wurde, um ihm Zeit zu lassen, seine persönlichen Dinge zu regeln, wie es im Tecklenburger Dienstrecht beschrieben wird.[756] Eine Nähe der Ministerialengüter zu ihrer dienstpflichtigen Burg ist zwar oft belegt (Hochstaden, Hart, Are), dennoch gab es auch Burgen, die Burgmannen hatten, die nicht aus der unmittelbaren Umgebung kamen, wie beispielsweise Hovestadt oder Rodenberg, wo ein Burgmann »*Henricus dictus de Colonia*« genannt wird und die Burg Are, wo der Edle Volcold von Büren als Burgmann belegt ist. Eine Nähe der Ministerialen zu »ihrer« Burg war jedoch sicher von Vorteil.

Die Aufgabenbeschreibung der einzelnen Burgmannen stößt ebenfalls auf Schwierigkeiten. Es gab eine generelle Jahresbesoldung von sechs Mark, die auf mehreren Burgen belegt ist, aber es kommen auch höhere Dotierungen vor. Für diese Gruppe von Ministerialen waren wohl Sonderaufgaben und spezielle Tätigkeitsbereiche vorgesehen, über die nur wenige Aussagen möglich sind. Brunsten von Westerheim, der vermutlich von der Burg Westerholt stammte, ist als *iudex* mehrmals in Recklinghausen eingesetzt worden. Zu diesem Bereich wären auch die »Sonderrechte« zu zählen, die für die Dienstmannen auf der Burg Are im 12. Jahrhundert bestanden haben.

In wenigen Fällen (Rheineck) wurde der Wächterdienst einem Ministerialen anvertraut. Es war üblich, daß Burggraf und Burgmannen dem Erzbischof den Treueid leisteten. Es war aber auch möglich, den Lehnsherrn zu wechseln und zum Gegner überzugehen, wie das Beispiel des Ritters Johann von Altendorf und seiner Söhne beweist. Konrad von Hochstaden ächtete diese Abtrünnigen. Die Abwerbung von Burgmannen war offenbar beliebt, weil diese über den militärischen Sachverstand für Angriff und Verteidigung verfügten.

In der kölnischen Verwaltung hat es eine Verklammerung von Hof- und Burgmannendienst gegeben. Winrich von Bachem tritt als Erbkämmerer und als Burgherr der beiden Burgen in Frechen und als

---

755 Vgl. REK III 1918.
756 Vgl. Fressel, Ministerialenrecht, darin: Tecklenburger Dienstrecht (abgekürzt TDR), S. 81.

Burggraf von Lechenich auf. Der Mundschenk Hermann von Are konnte seine Burg Kuchenheim Konrad von Hochstaden zu Lehen auftragen. Die Burgmannen setzten sich zum überwiegenden Teil aus Ministerialen zusammen, aber es sind auch Adlige zu den Burgmannen zu zählen, so auf der Burg Are die Edelherrn Matthias von Kalmunth und Volcold von Büren. Der Kölner Erzbischof gestattete einigen Dienstmannen den Bau eigener Burgen. Es sei hier auf die Beispiele Aspel, Honnef und Kuchenheim verwiesen, die von den Dienstmannen Lupert von Schwansbell, Heinrich von Honnef und Hermann von Are erbaut wurden. Auch bürgerliche Familien konnten in den Stand der Dienstmannen aufsteigen. *Peter von Grue*, Kölner Bürger und Zöllner Konrads, ist unter den Burgmannen von Hochstaden belegt. Auf Burgen, die wie Thurant im Besitz der Erzstifte Trier und Köln waren, waren auch die Burgmannen im Dienst beider Erzstifte.[757]

Im mehreren Fällen (Are, Raffenberg) durften Witwen von Burgmannen im Besitz des Burglehens bleiben. Um in rechtlichen Auseinandersetzungen Geschlossenheit und Stärke zu demonstrieren, schlossen sich kölnische Burgmannen in Recklinghausen und Rüthen zu Genossenschaften zusammen und urkundeten mit eigenem Siegel. Inwieweit sie hiermit ihre Kompetenz überschritten haben oder dies mit Zustimmung Konrads von Hochstaden geschehen ist, läßt sich nicht klären, zeigt aber etwas vom Selbstbewußtsein, das sich in diesem Stand ausgebreitet hatte.

1.6
Die Schultheißen und ihre Aufgabenbereiche

Das Hauptaugenmerk ist bei diesem Thema auf diejenigen Aufgaben gerichtet, die die Schultheißen in der Verwaltung des Erzstifts übernahmen. Diese Verwaltungsaufgaben lagen hauptsächlich auf dem Gebiet der Finanz- (Zöllner), der Steuer- und Güterverwaltung. Die Schultheißen waren aber auch in den meisten Fällen die Vorsitzenden der Schöffengerichte und übten in dieser Funktion bedeutenden Einfluß aus. Der Bereich des Gerichtswesens ist zwar nicht Gegenstand dieser Untersuchung und scheidet als eigenes Thema aus, dennoch wurde bei der Darstellung der Schultheißen als Verwaltungsbeamte nicht darauf verzichtet, sie auch, soweit es überliefert ist, mit ihren Schöffengerichten und in anderen Richterfunktionen zu erwähnen, da sonst die Fülle ihrer Kompetenzen nicht deutlich genug hervorgehoben wäre.

757 Vgl. LOUTSCH/MÖTSCH, Wappen, S. 39 und 139ff.

Zu Beginn des 13. Jahrhunderts war der Plan des Kölner Erzbischofs Engelbert I. (1216–1225) gescheitert, die Verwaltung der erzstiftischen Höfe zwölf Schultheißen zu übertragen. Da nun diese monatlich, im Turnus wechselnd, die erzstiftischen Ausgaben abrechnen sollten,[758] war dem Erzbischof mit dieser Reformmaßnahme an einer Verbesserung der Besitzverwaltung gelegen, für die bis dahin die Vögte verantwortlich gewesen waren.[759] Der Plan Engelberts I. kam jedoch nicht zur Ausführung. Aber schon zu dieser Zeit strebte der Kölner Erzbischof nach einer Veränderung in der erzstiftischen Güterverwaltung zugunsten der Schultheißen, wie noch zu zeigen sein wird.

1.6.1
Stadtschultheißen

In Andernach übernahm der kölnische Schultheiß nach dem Lehnsheimfall der Wiedischen Vogtei im Jahre 1244 die Hochgerichtsbarkeit des Vogtes.[760] Außerdem zog er die Zölle an der Zollstelle am Rhein ein.[761] Er gewährleistete den Schutz besonderer Liegenschaften, wie etwa des Klosters Maria Laach, und übte die Polizeigewalt aus.[762] Unter seinem Nachfolger Siegfried von Westerburg wurde er am 3. August 1287 angewiesen, Übergriffe gegen die dort lebenden Juden sofort zu unterbinden.[763] Aus diesen Kompetenzen ergibt sich folgendes Bild für die Amtsführung des Schultheißen in Andernach. Er war für das Zollwesen (Rheinzoll) und den Judenschutz verantwortlich und übte die richterliche Gewalt über Maria Laach und den erzbischöflichen Besitz zu Kruft aus. Bei der Übernahme der Wiedischen Vogtei wurde er mit den Aufgaben des Vogtes betraut. Beim Amtsantritt Konrads von Hochstaden war Gerhard von Straberg Schultheiß in Andernach.[764] Als Mitglied des engeren Gefolges Konrads gehörte er zu den *officiati*, die während seiner Herrschaft gezielt in Andernach eingesetzt

---

758 Vgl. MATSCHA, Heinrich I., S. 543.
759 Nach dem Längeren Kölner Dienstrecht verwaltete der Kölner Vogt im 12. Jahrhundert zwölf kölnische Höfe und setzte dort Verwalter ein und ab. Die übrigen Höfe unterstanden der direkten Verwaltung des Erzbischofs. Diese Verwaltungsaufsicht des Vogtes hatte Konsequenzen für die Verwaltung einiger dieser Höfe im 13. Jahrhundert, auf die noch eingegangen wird. Vgl. LKD, Art. VI, FRENSDORFF, Recht, S. 6. Vgl. JANSSEN, mensa episcopalis, S. 321. Unter vogteilicher Verwaltung standen die Höfe Elberfeld, Hilden, Zons, Niehl, Deutz, Merrig, Pingsdorf, Longerich, Deckstein, Blatzheim, Merzenich und Rüdensheim. Da Merzenich und Rüdensheim im 12. Jahrhundert verlorengingen, wurden dem Vogt Burg und Bardenbach zugeteilt.
760 Vgl. HUISKES, Andernach, S. 168f.
761 Vgl. REK III 818, 840.
762 Vgl. WEGELER, Laach, S. 49f.
763 Vgl. REK III 3151.
764 Vgl. REK III 865, 890. Vgl. Kap. B I 3.7 »Der Küchenmeister«.

Lokalverwaltung

wurden.⁷⁶⁵ Sein Nachfolger war Schultheiß Gottfried vom Bruch.⁷⁶⁶ Am 7. April 1252 und am 26. Februar 1256 ist er in Köln am Hof bezeugt. Im Auftrag Konrads von Hochstaden setzte er am 22. Oktober 1252 die Andernacher Franziskaner in den Besitz einer Hofstätte, im November 1255 bezeugte er eine Verkaufsverhandlung.⁷⁶⁷

Der Bonner Schultheiß stand zusammen mit dem Vogt an der Spitze des Bonner Schöffengerichts. Dabei war der Vogt zugleich einer der nicht ritterbürtigen Schöffen.⁷⁶⁸

Für den kölnischen Schultheißen in Bonn sind keine Belege für seine Verwaltungsaufgaben überliefert. Bis 1254 war Adolf Hase dort erzbischöflicher Schultheiß, seine Nachfolge trat Christian von Wadenheim an.⁷⁶⁹ Der unter den Schöffen aufgetretene Vogt Konrad wurde nach 1254 nicht mehr genannt, und mit ihm könnte auch das Amt des Vogtes in Bonn aufgelöst worden sein.

In Godesberg waren die Schultheißen in der Finanzverwaltung tätig. Am 2. März 1249 wies Konrad von Hochstaden seine Schultheißen und sonstigen Richter in Godesberg an, vom Augustinerinnenkloster Marienforst (Stadt Bonn-Bad Godesberg) in seinem »*districtus*« keine Bede zu nehmen.⁷⁷⁰ Der Begriff »*districtus*« bezieht sich auf seinen Amtsbereich, der in den Quellen nie exakt angegeben wird.

Ein Ritter Lupert von Schwansbell? war von 1236 bis 1244 Schultheiß in Neuss und hat dort mit eigenem Siegel geurkundet. Lupert hielt sich mehrmals im Gefolge Konrads von Hochstaden auf und hat den Kölner Erzbischof nach Westfalen begleitet.⁷⁷¹ Luperts Nachfolger in Neuss war Gerhard von Straberg (1247–1269), der vorher (1236–1238) Schultheiß in Andernach war und darüber hinaus bereits als erzbischöflicher Küchenmeister nachgewiesen werden konnte.⁷⁷² Gerhard hat das Schultheißen- und das Küchenmeisteramt in Personalunion ausgeübt. Die Berufung zum Schultheißen von Neuss war sicherlich ein Rangaufstieg und Ausdruck der Zufriedenheit Konrads mit Gerhards Tätigkeit als Küchenmeister. Der Neusser Schultheiß fällte mit einem Schöffengericht die Urteile ohne Beteiligung eines Vogtes, wie in Bonn.⁷⁷³ Neben dem erzbischöflichen Gericht wurde in Neuss auch ein Hofgericht auf

---

765 Vgl. HUISKES, Andernach, S. 168f.
766 Vgl. HOENIGER, Rotulus, S. 37, Einträge, 139ff.
767 Vgl. REK III 1667, 1879, 1700, 1870.
768 Im Schöffenkolleg waren am 2. Januar 1254 Heinrich de Sacco, sein Bruder Reinhold, Gottfried Bunnekowere, Abele, Sohn des Brudermann, Vogt Konrad und der Müller Albert vertreten. Vgl. REK III 1754.
769 Vgl. REK III 1754.
770 Vgl. REK III 1451.
771 Vgl. die Ausführungen im einleitenden Kapitel.
772 Vgl. Kapitel B I 3.7 »Der Küchenmeister«; REK III 865, 890.
773 1244 waren Hermann von Busche, die Brüder Siegfried und Dietrich, die Brüder Daniel und Hermann und Hermann Pluc im Schöffenkolleg. Vgl. REK III 1112.

oder vor der erzbischöflichen Kurie abgehalten, das vermutlich in Personalunion vom Stadtschultheißen geleitet wurde.[774]

Der 1250 erwähnte Hof in Kempen stand 1236 unter der Verwaltung eines weiteren Schultheißen Lupert von Schwansbell?.[775] Im September 1263 war Winrich II. von Bachem (1263–1283) *dapifer archiepiscopi* (Truchseß) in Hochstaden und Schultheiß von Kempen.[776] Während von 1236 bis 1263 drei Schultheißen in Kempen nachweisbar sind, verschwindet die Kempener Vogtei nach 1263 aus den Quellen.[777]

In der vor 1255 von Konrad von Hochstaden zur Stadt[778] erhobenen *villa* Zülpich hatte ein kölnisches Schöffengericht im Hof Mersburden seinen Sitz. In den »*Jura ecclesiae Coloniensis in Tulpeto*« (Zülpich) liegt eine umfassende Rechtsaufzeichnung des Erzstifts für den Raum Zülpich vor.[779] Der dortige Schultheiß führte das Schöffenkollegium. Als Schultheiß wird im Februar 1238 Gottfried von Wolkenburg erwähnt.[780]

In Rheinberg (Kreis Wesel) erhob der kölnische Schultheiß den Zoll und die Steuern, außerdem unterstand ihm die Güterverwaltung.[781] Auch in Rheinberg führte der Schultheiß den Vorsitz im Schöffengericht. Ein zweites Schöffengericht *ther Eycken* (Bocholt) wurde im 13./14. Jahrhundert vom erzbischöflichen *dapifer* in Rheinberg geleitet.[782] Das Hochgericht von Rheinberg, 1236 bis 1238 unter dem Vorsitz des Vogtes *Gerardus de Lo* (Loo bei Borth), verschmolz um 1236 mit dem Schöffengericht des Schultheißen zu einem einheitlichen Hochgericht.[783]

---

774 Vgl. LAU, Neuss, S. 2ff.
775 Vgl. REK III 1597, 860/61.
776 Vgl. REK III 2267. Zu Kempen siehe auch die Arbeit von FÖHL, Aufsätze. Im November 1259 wurde in einem Rechtsstreit darauf verwiesen, daß Wachszinsige zu Kempen dem Richter Hartmud und den erzbischöflichen Schöffen *Henricus de Hunninchusen, Reyner de Camenata, Rudolphus de Bonningen, Heydenricus de Horst* und *Rabodo de Husen* übergeben worden waren. Vgl. REK III 2079.
777 Noch 1170, 1186 und 1188 war ein Vogt Heinrich in Kempen im Amt. Vgl. BRASSE I, S. 54; REK II 1260, 1325.
778 Vgl. REK III 1827.
779 Teile des Weistums stammen aus der Zeit vor 1246, da von einem Grafen von Hochstaden die Rede ist. Druck, in: LACOMBLET, Archiv, Bd. 1, S. 245–254. Eine Abschrift dieses Weistums erstellten die Zülpicher Schöffen 1404. Zum Gerichtssprengel des Schöffengerichts Mersburden heißt es: *Nu sprechen die scheffen von Mersburden und heren vryen hoifs von Colne ind des greven von Hoistaden, dat nu unse here von Coelne zomaill is, dat yn den selven hoff gehorich sin Bessenich ind Severnich, alle die mit namen, di yn die douffe zo Mersburden von Severnich gehorende synt, ind Wilre up der Evenen mit all syme zogehoren.* Vgl. ebd. Artikel 15, S. 252f.
780 Vgl. REK III 890.
781 Vgl. REK III 823, 861, 1455.
782 Vgl. WITTRUP, Rheinberg, S. 37ff.
783 In diesem Jahr bildeten Vogt, Schultheiß und Schöffen die Gerichtsinstanz für einen Güterverzicht zugunsten des Zisterzienserklosters Kamp. Vgl. REK III 861.

1248 befreite Konrad von Hochstaden die Ratmannen, Schöffen und Bürger von Rheinberg vom Vogtdienst.[784] Der Vogt verlor unter Konrad von Hochstaden seine richterliche Funktion, nachweisbar in Rheinberg, noch nicht nachweisbar für Bonn und andere Städte. Das Ende dieser Vogtei bezeugt der Verkauf im Jahre 1297. Ritter Elbert und sein Sohn Heinrich veräußerten die Vogtei von Rheinberg für 106 Mark an Heinrich von Holte.[785] In Vertretung des Vogtes saßen dem Hochgericht seit der Mitte des 13. Jahrhunderts die erzbischöflichen Amtleute (*officiati, dapiferi*) und schließlich die Schultheißen vor. Nach 1238 findet der Vogt keine Erwähnung mehr, vielmehr sprechen die Quellen von »*officiati nostri*« und nennen 1258 einen »*iudex in Berko*«, der das erzbischöfliche Gericht abhielt.[786] Auch in Rheinberg war ein Lupert von Schwansbell? 1236 kölnischer Schultheiß.[787] Im Mai 1253 übte Amysius dieses Amt aus, am 8. Juni 1258 führte Truchsess Reinhard von Ederen diesen Titel.[788] In Rheinberg ist das Vogteigericht im erzstiftischen Schöffengericht aufgegangen. Damit übte der kölnische Schultheiß seit der Mitte des 13. Jahrhunderts auch die Hochgerichtsbarkeit aus.

In Xanten waren das Erzstift Köln und das St. Viktorstift begütert. Beide Grundherren hatten mit dem kölnischen Bischofshof und dem stiftischen Swynbierhof ihre zentralen Verwaltungsmittelpunkte.[789] Schultheiß Arnold von Müllenark war 1228 für Xanten zuständig und fungierte als Vorsitzender des dortigen Schöffengerichts, das als kleineres Gericht mit sieben Schöffen besetzt war.[790] Mit Namen unbekannte kölnische Schultheißen sind 1254 und 1256 in Xanten bezeugt.[791] Diese übten Tätigkeiten in der Finanzverwaltung aus. In Xanten war der kölnische Schultheiß für die Besteuerung der Einwohner zuständig. Am 25. September 1256 kam es zwischen dem Schultheiß und dem stiftischen Hof über die Anzahl der stiftischen Diener zum Streit, da diese von der Steuer befreit waren.[792] Die Preise für den überteuerten Wein des Xantener Marktes wurden am 28. April 1255 vom Xantener Dekan und vom erzbischöflichen Richter festgesetzt.[793] Der Schultheiß hatte dort außerdem die Aufgabe, in der Forstverwaltung die erzbischöflichen Rechte in den Wäldern bei der villa Xanten zu schützen,

---

784 *ab illo servicio advocati, quod vulgo dicitur vatdienst.* Vgl. REK III 1425.
785 Elbert ist 1282 und 1291 als Rheinberger Vogt bezeugt, Rechte der Vogtei waren das Hochgericht und der 4. Teil des täglichen Gerichtes, 3 mal pro Jahr Bede, der 4. Teil des Marktzolls. Vgl. ebd.
786 Vgl. ANDERNACH, Rheinberg, RhSTA VII, 40, Bonn 1980.
787 Vgl. REK III 861, 863.
788 Vgl. REK III 1731, 2002.
789 Vgl. JANSSEN, Bischofshof, S. 122.
790 Vgl. MATSCHA, Heinrich I., S. 450.
791 Vgl. REK III 1764, 1842, 1920.
792 Vgl. REK III 1920.
793 Vgl. REK III 1842.

wie z.B. das Recht auf Holzung und Eichelmast.[794] Eindeutig lagen seine Befugnisse in der Finanz-, Güter- und Forstverwaltung des Amtsbereiches Xanten. Konrad von Hochstaden konnte in Xanten jedoch nicht die Vogteirechte an sich ziehen und mit dem Schultheißenamt verbinden, da es dem Grafen von Kleve gelungen war, das *dominium utile* (das Nutzungsrecht) der Vogtei zu erwerben.[795] Die Stiftsvogtei in Xanten brachte der Graf von Kleve Ende des 13. Jahrhunderts als kölnisches Lehen an sich. Doch bereits im 12. Jahrhundert war er mitten in der Stadt präsent, da er 1173 den Turm der Bischofsburg als Lehen erhielt.[796] 1228 übte der klevische Ministeriale Dietrich von Veen die Vogtei in Xanten aus.[797]

1228 ist in Rees Arnold von Müllenark als Schultheiß belegt. Sein Nachfolger war 1241 ein Ministeriale namens Lupert von Schwansbell?.[798]

Die Schultheißen von Soest gehörten zu den vornehmsten kölnischen Ministerialen in Westfalen. Sie waren mit dem Geschlecht der Eppendorfer verwandt und übten dieses Amt, im Unterschied zu anderen Schultheißen, erblich aus. Goswin von Soest war von 1230 bis 1248 Schultheiß und in der Finanzverwaltung von Soest tätig.[799] Er beriet Konrad von Hochstaden außerdem bei seiner Bündnispolitik. Am 24./25. März 1248 begleitete er den Erzbischof nach Schmerlecke (Kreis Soest) und bezeugte das Bündnis zwischen dem Erzstift Köln und dem Bistum Osnabrück.[800] Sein Nachfolger war Heinrich von Soest (1250–1298), der auch mehrmals westfälischer Marschall war. Heinrich verfügte für seine Verwaltungstätigkeit über eigenes Schreibpersonal, was auf seine hohe Position in der Landesverwaltung hinweist. Ambrosius, Schreiber des Schultheißen von Soest, ist für das Jahr 1250 belegt.[801] In der zweiten Hälfte des 13. Jahrhunderts unterstand Heinrich ein eigener Hofmeister oder Kämmerer (*Conradus clavier schultheti*). *Famuli, notarii* und *officiati* des Schultheißen sind ebenfalls nachgewiesen.[802] Für die Erfüllung seiner militärischen und polizeilichen Aufgaben waren die umliegenden Höfe zur Unterstützung verpflichtet. Dem Soester Schultheißen waren insgesamt zehn Pferde zu

---

794 Vgl. REK III 1764.
795 Vgl. JANSSEN, Bischofshof, S. 130.
796 Vgl. REK II 985.
797 Vgl. MATSCHA, Heinrich I., S. 450.
798 Vgl. REK III 660/61, 1009.
799 Vgl. REK III 1215.
800 Vgl. REK III 1381.
801 Vgl. WUB VII 722/23.
802 Siehe die Belege bei VON KLOCKE, Soester Studien, S. 126.

stellen, wenn er im Namen des Erzbischofs ritt (*cum iturus fuerit cum armis nomine domini archiepiscopi*).[803]

Die Schultheißen verfügten in Soest über einen repräsentativen Raum (*stupa villici*) zur Urkundenausfertigung.[804] Sie waren für die Verwaltung der umfangreichen Soester Villikation verantwortlich. Die einzelnen Höfe dieser Soester Villikation (Borgeln, Hattrop, Stocklarn, Oestinghausen, Berwich und Bereheyde?)[805] sind offenbar von einzelnen *villici* geleitet worden, denen der Soester Schultheiß übergeordnet war. Der Villicus von Hattrop ist im April 1294 belegt.[806] Der Schultheiß von Soest war Verwalter dieser fünf Haupthöfe bei Soest. Ein sechster Hof namens *Bereheyde* war nicht näher zu lokalisieren. Nur der Soester Beamte trug den Titel Schultheiß, die Verwalter der jeweiligen Höfe vor Ort wurden *villici* genannt. Für die Wirtschaftskraft der Soester Villikation sprechen die hohen Renten, die die Kölner Erzbischöfe auf die einzelnen Höfe anweisen konnten.[807] Auf Befehl Konrads von Hochstaden übertrug der Schultheiß Heinrich dem St. Patroclus-Stift in Soest das ihm zustehende »*Spretlant*« (Bezeichnung für bestimmte Äcker).[808] Der Kölner Erzbischof forderte Heinrich am 24. November 1258 auf, das Kloster Bredelar (Hochsauerlandkreis) in seinem Soester Besitz zu schützen.[809] Außerdem war der Schultheiß Richter des örtlichen Marktes.[810] Die Marktgerichtsbarkeit lag in der Zuständigkeit des städtischen Schöffengerichts. Die niedere Gerichtsbarkeit hat der Schultheiß aber um die Mitte des 13. Jahrhunderts an einen hauptamtlichen Richter abgegeben, der aus der Soester Bürgerschaft stammte,

---

803 Je ein Pferd hatten die Höfe *Jungelinchusen* (Hof Jünglings? beim Dorf Blumenroth bei Borgeln, Kreis Soest), *Balckhusen* (Balksen bei Borgeln), *Krodewynckele* (Krewinkel? bei Östinghausen, Kreis Soest), bei *Thochtorpe* (nicht nachweisbar), bei *Berhedde* (Bergede sö. von Soest), bei *Berewich* (Berwicke nw. von Soest) zu stellen. Zwei Pferde kamen vom Hof bei *Upneme* (Opmünden, sö. von Soest), je ein Pferd stellte der Herr Rutger Buocelle, das Walburgis-Kloster in Soest und Dietrich von Flerke. Vermutlich wurden diese Pferde beim Aufenthalt des Erzbischofs in Soest als zusätzliche Eskorte oder zur Durchführung von Strafaktionen angefordert. Sie können auch für das Dienstpersonal vorgesehen gewesen sein. Vgl. Soester Hofdienst von 1272, gedruckt, in: ILGEN, Soest, S. CL–CLII. Siehe BEYERLE, Wehrverfassung, S. 31–93
804 Vgl. WUB VII 519 zum 16.9.1249.
805 Vgl. REK III 3234, 2651, 924, 3268, 727. Der Hof Oestinghausen war der größte der Soester Villikation mit 600 Morgen Land und 30 abhängigen Hofstellen.
806 Vgl. REK III 3412, 3414.
807 Vgl. REK III 2650.
808 Vgl. REK III 1575.
809 Vgl. REK III 2022.
810 Vgl. MILZ, Erzbischof, S. 33. Konrad hat 1238 klären lassen, zu welchem Recht Arnsberg die Vogtei in Soest ausübte. Vgl. REK III 924. Am 8. November 1281 erwarb Siegfried sie von der Stadt zurück. Der Graf von Arnsberg hatte sie seinerseits 1279 an die Stadt veräußert. Vgl. ebd. 2902.

aber auch erzbischöflicher Beamter war und vom Erzbischof ernannt wurde.[811]

Der Soester Schultheiß übte Gerichtsrechte aus und war Marktrichter. Im 13. Jahrhundert konstituierte sich ein eigenes Stadtgericht. Damit wurden hohe und niedere Gerichtsbarkeit voneinander getrennt.

In Recklinghausen sind Verwalter Ende des 12. Jahrhunderts belegt.[812] Für die Judikative waren Stadt und Land (= Gogericht-)schöffen identisch. Das Gericht »iudicium« Recklinghausen beglaubigte seine Urkunden mit dem eigenen Stadtsiegel.[813] JANSSEN weist darauf hin, daß die erzbischöflichen Richter in Recklinghausen niemals den Titel Schultheiß geführt haben, sondern schon früh mit dem Titel *iudex* ihren öffentlichen Charakter dokumentierten.[814] Auffallend ist, daß Heinrich von Müllenark und Konrad von Hochstaden die Bestallungen für die erzstiftischen Richter immer nur relativ kurz ausstellten, diese Personalpolitik sich aber in der zweiten Hälfte des 13. Jahrhunderts änderte. Ein Grund hierfür könnte im Auftreten eines Amtmanns in Recklinghausen liegen. Am 16. Dezember 1263 ist der Drost Ruprecht von Recklinghausen, eventuell identisch mit dem Richter Rubertus (1264), belegt.[815] Die erzbischöflichen Richter in Recklinghausen saßen spätestens seit dem 12. Jahrhundert auf der Stadtburg, wo die alljährlich häufiger stattfindenden Gerichtsversammlungen auf dem Friedhof, der alten Dingstätte der Burg, abgehalten wurden.[816]

In der am 24. Mai 1251 gemeinsam von Kleve und Köln zur Stadt erhobenen villa Dorsten[817] übte vor 1251 am dortigen Hof der Hofschultheiß der Xantener Herren in Dorsten die niedere Gerichtsbarkeit aus, mit dem Sonderrecht, Diebe hängen zu dürfen. Die hohe Gerichtsbarkeit oblag dem kölnischen Richter (*iudex*) in Recklinghausen, der zu Christi Himmelfahrt an zwei Tagen in Dorsten auch für alle übrigen

---

811 Vgl. Soester Stadtrecht, Paragraph 36; ILGEN, Soest, S. CXXXVI. WALBERG, Stadtrechte, S. 238, hat 1980 die Problematik der Überlieferung präzisiert. Mit dem ersten Teil der Artikel 1–34 liegt das älteste Soester Stadtrecht vor, das ins erste Drittel des 12. Jahrhunderts zu datieren ist, dem zu Beginn des 13. Jahrhunderts weitere 29 Artikel zugefügt wurden. Während der erste Teil deutlich von kölnischen Rechtseinflüssen geprägt war, enthielten die Artikel 35–52 keine deutlichen kölnischen Rechtsmerkmale mehr. Die letzten 10 Artikel des Stadtrechtes können nicht mehr auf kölnischen Einfluß zurückgeführt werden. Druck des Stadtrechtes bei GENGLER, Stadtrechte, S. 441–446; DIESTELKAMP, Quellensammlung, Nr. 62. Zu den Umwälzungen innerhalb der Soester Stadtverfassung siehe Kap. A V 3 »Städtepolitik — Westfalen und andere Gebiete des Erzstifts.«
812 1193 und 1204 werden *villici de Richlinkhusen* genannt. Vgl. JANSSEN, Bischofshof, S. 121.
813 Vgl. ebd., S. 140f.
814 Mehrere Richter sind in Recklinghausen belegt: *Mauricius* (1232), *Rubertus* (1253), *Herbordus* (1254), Robert (1259/64/65), Brunsten von Westerheim (1251–83). Vgl. WUB VII 394, 759, 820, 847, 1043; REK III 2352, 2891, 2984.
815 Vgl. WUB VII 1137, 1165.
816 Vgl. PENNINGS, Geschichte, Bd. I, S. 183. Die Arbeit ist von REDLICH, Heinrich Pennings, S. 158–159, rezensiert worden.
817 Vgl. REK III 1632.

Angelegenheiten Gerichtstag hielt. Nach 1251 richtete Konrad von Hochstaden ein Gericht mit Blutgerichtsbarkeit in Dorsten ein, dessen Richter auch an der Spitze des gegen Ende des 13. Jahrhunderts erstmals genannten Rates stand.[818] Diese Maßnahme kann sich nur gegen den klevischen Vogt gerichtet haben, den Konrad von Hochstaden offensichtlich entmachten konnte. In den Quellen ist ein Vogt in Dorsten gar nicht faßbar. Lediglich die Erwähnung von klevischen Vogteileuten gibt am 24. April 1251 Aufschluß darüber, daß die Vogtei in Dorsten unter klevischem Einfluß stand.[819] In den kölnischen Städten Brilon,[820] Rüthen,[821] Werl[822] und Medebach[823] übten die Schultheißen richterliche Funktionen aus. Weitere Verwaltungstätigkeiten sind aus diesen Städten nicht bekannt.

1.6.2
Hofschultheißen

Die Hofschultheißen sind mit Ausnahme der großen Villikationen (Lechenich, Brühl) in ihrer Bedeutung mit den Stadtschultheißen nicht vergleichbar. Sie gehörten zur kölnischen Ministerialität und waren für die Güterverwaltung einzelner Höfe zuständig, die teilweise in größere Villikationen, wie in Soest, integriert waren.

Im Erftkreis war Brühl[824] kölnischer Besitz. Reiner von Merrig wurde 1231 als »boumeister« genannt. Neben ihm sind auch Schöffen und Bedienstete in Merrig belegt, das zum Brühler Hofkomplex gehörte.[825] Der erzbischöfliche Schultheiß Friedrich von Brühl war 1236 Vorsitzender des kölnischen Hochgerichtes, das sich aus sieben Schöffen zusammensetzte.[826] Durch die Zusammenlegung der beiden Hofgerichte Merrig und Pingsdorf übte der Kölner Erzbischof die Hochgerichtsbarkeit aus.

Als Vorposten gegen jülischen Expansionsdruck diente der kölnische Hof Lechenich (Erftstadt-Lechenich, Erftkreis). Die Schultheißen

---

818 Vgl. WÜNSCH, Geschichte, S. 74; KEYSER, Städtebuch Westfalen, S. 107.
819 Vgl. REK III 1632.
820 Vgl. REK III 1656.
821 Vgl. WUB VII 801; KEYSER, Städtebuch Westfalen, S. 307.
822 Vgl. REK III 2474.
823 Vgl. Medebacher Stadtrecht, Art. 3 und 19, in: SEIBERTZ, UB I 55.
824 Die *curtis* Brühl entstand 1168/1190 ca. 200 m östlich der Straße nach Köln in einer Niederung am Rande eines schon bestehenden kölnischen Wildparks. Vgl. FLINK, RhSTA I 2, Bonn 1972. Bereits im 13. Jahrhundert hatte der Hof ein für den Besuch des Erzbischofs eingerichtetes Wohngebäude. Vgl. Kunstdenkmäler, Bd. 4.1, S. 80.
825 Vgl. REK III 743.
826 Vgl. REK III 912.

von Lechenich residierten auf der gleichnamigen Burg.[827] Sie führten den Vorsitz im erzbischöflichen Hochgericht und verfügten in der zweiten Hälfte des 13. Jahrhunderts über den erzbischöflichen Blutbann (*iudicium sanguinis*).[828] Damit hatten die Schultheißen von Lechenich im 13. Jahrhundert vogteiliche Rechte usurpiert, denn lediglich für den 1. Februar 1255 ist ein Vogt in Lechenich zu belegen.[829] Wenn sich der kölnische Grundbesitz nicht unter fremder Vogtei befand, konnten die Ämter des Vogtes und des Schultheißen verschmelzen. Für die Herrschaftszeit Konrads von Hochstaden sind mehrere Schultheißen überliefert. Schultheiß Hermann von Forst war von 1238 bis 1248 im Amt.[830] Hermann trug zudem den *panetarius*-Titel in der kölnischen Hofbeamtenschaft. Sein Nachfolger war Winrich I. von Bachem (1254–1260), den Konrad von Hochstaden im Dezember 1254 auch zum Burggrafen der Burg Lechenich ernannte.[831] Winrich von Bachem hat sich mehrmals am kölnischen Hof aufgehalten und wurde dabei in den Zeugenreihen stets mit dem Schultheißentitel aufgeführt.[832] Winrichs Nachfolge hat *Dietrich de Embe*, gen. Vulpes (1264–1265) angetreten. In Lechenich war seit 1262 auch ein *subschultetus* im Amt, was die bedeutende Stellung der Lechenicher Schultheißen noch unterstreicht und auf eine Überlastung des Schultheißen hinweist.[833]

Im Juli 1257 übergab Konrad von Hochstaden dem Ritter Heinrich von Forst (1241– 1259), dessen Frau und seinem Sohn gegen einen Jahreszins von elf Mark und sechs Schillingen den Zehnten und das Schultheißenamt in Frechen (Erftkreis).[834]

Mehrere Schultheißen sind in Deutz (Stadt Köln) belegt, 1229 Dietrich von Deutz, Mitte des 13. Jahrhunderts *Hermannus de domus*, 1289 dann Ludwig von Deutz, 1298–1302, Constantin von Lisolfskirchen.[835] Der Nachweis von vier verschiedenen Schultheißen, die im 13. Jahrhundert in Deutz diese Funktion ausübten, läßt auf eine große Fluktuation bei der Besetzung dieses Amtes schließen.

In Zons (Dormagen-Zons, Kreis Neuss) saß der Schultheiß einem siebenköpfigen Schöffengericht vor. Der Zonser Schultheiß ist nach

---

827 Vgl. REK III 3790. Unmittelbar westlich der mittelalterlichen Stadt liegt am Mühlenbach eine Motte, die 1138 erstmals erzbischöfliche *curia* genannt wurde. Wahrscheinlich wurde sie 1168/1190 befestigt. Vgl. FLINK, Lechenich.
828 Vgl. REK III 2324. 1274 saßen sieben Schöffen im Hochgericht. Vgl. Flink, Lechenich, Vogt genannt, in: REK III 1823.
829 Vgl. REK III 1823.
830 Vgl. REK III 890, 1420.
831 Vgl. REK III 1814; FLINK, Bemerkungen, S. 1104.
832 Vgl. REK III 1832, 1922a, 2046, 2108; STOMMEL, Geschichte, S. 26.
833 Vgl. FLINK, RhSTA, I, 1, Bonn 1972.
834 Vgl. REK III 1968.
835 Vgl. ENNEN/ECKERTZ, Quellen II, Nr. 513, S. 566; vgl. REK III 3218, 3622, 3754, 3777, 3857.

1215 und 1246 als *villicus* in den Quellen faßbar. Ende des 13. Jahrhunderts war Zons Oberhof für Hilden und Haan.[836]

Elberfeld (Stadt Wuppertal) gehörte zu den Höfen der Eppendorfer. Diesem Ministerialengeschlecht ist im 13. Jahrhundert die erbliche Besitznahme von Burg und Hof Elberfeld gelungen. Elberfeld zählte zu den zwölf Höfen, die im 12. Jahrhundert unter der Verwaltung des Kölner Vogtes standen. Die Folge dieser Verfügungsgewalt war, daß im 13. Jahrhundert einige Höfe in die Abhängigkeit der Erbvogtei geraten waren. Die Eppendorfer stellten den Vogt von Elberfeld, der an Stelle des Schultheißen die richterlichen Funktionen in Elberfeld ausübte. 1242 wurde Arnold von Eppendorf, der Bruder des Kölner Edelvogtes, als Vogt von Elberfeld bezeichnet.[837]

Budberg (Kreis Wesel) war im Mittelalter Kondominat der Grafen von Moers und der Erzbischöfe von Köln. Als Besitzer des Hofes Budberg wurde am 11. Juni 1255 Ritter Rembodo von Budberg genannt,[838] der als erzbischöflicher Ministeriale von 1247 bis 1255 belegt ist.[839] Das Schöffengericht in Budberg war zusammengesetzt aus dem Schultheißen, zwei Schöffen, dem Schreiber und Boten des kölnischen Gerichts in Rheinberg.[840] Die Villikation des Erzbischofs von Köln im Raum Uerdingen umfaßte Hohenbudberg und Uerdingen (Stadt Krefeld) sowie das spätere Kirchspiel Anrath, bestehend aus Anrath, Kehn und Unterbruch. 1255 hat Konrad von Hochstaden Uerdingen zur Stadt erhoben.[841] Mittelpunkt der Villikation war wahrscheinlich der Hof in Hohenbudberg, nach 1255 der Uerdinger Hof.[842] Das Schöffengericht ist wohl 1255 eingerichtet worden. Schöffen wurden erstmals 1282 erwähnt, dabei wurden bis zu zehn Mitglieder genannt. Sitz des Schultheißen wird nach der Stadterhebung Uerdingen gewesen sein. Seine judikative Befugnis wurde auch durch seine Doppelbezeichnung *scultetus* und *judex* unterstrichen.[843]

Vor dem Villikus von Menzelen (Kreis Wesel) Heinrich von *Ruiscinrode* (Rossenray, nö. von Kamp-Lintfort, Kreis Wesel) und seinen Schöffen übergaben im September 1241 die Brüder Nuz mit ihrer Mutter »*homines servili conditione sibi attentes*« dem Kloster Kamp als Wachs-

---

836 Vgl. HANSMANN, Zons, Bonn 1978; siehe auch DIES., Zons.
837 Vgl. MATSCHA, Heinrich I., S. 374.
838 Vgl. REK III 1849.
839 Vgl. REK III 1328, 1744/45.
840 Vgl. WITTRUP, Rheinberg, S. 45.
841 Vgl. REK III 1849; vgl. Kap. A V 1 »Städtepolitik — Rheinland.«
842 Vgl. ROTTHOFF, Uerdingen. Nach dem Beifangweistum der erzbischöflichen Kempener Mark (14., wenn nicht schon 13. Jahrhundert) waren im Land Kempen gelegene Güter nach Anrath gerichtspflichtig.
843 Vgl. ebd.

zinsige.⁸⁴⁴ Heinrich von Rossenray fungierte als Verwalter dieses Hofes.

Die Umwandlung einer auf Gütern zu Sinsvelde ruhenden Lehnspflicht in einen Geldzins von sechs *solidi Xantenses* erfolgte in Haldern (Kreis Kleve) durch den dortigen Schultheißen Ritter Lambert (*haec concessio facta est in Haldre per manum sculteti nostri Lamberti militis*).⁸⁴⁵

Im April 1246 befreite Konrad von Hochstaden das Kloster Heisterbach (Rhein-Sieg-Kreis) von Steuer und Bede auf seinen Gütern bei Bonn und Königswinter (Rhein-Sieg-Kreis). Die erzbischöflichen Schultheißen und Amtleute wurden angewiesen, diese Befreiung zu beachten.⁸⁴⁶ Kölnische Ministerialen wurden 1229 und 1243 genannt, 1229 ein Harpernus von Königswinter (*Wintere*) und 1243 die Brüder Hermann, Wipertus und Winnemarus von *Wintere*.⁸⁴⁷ Der Schultheiß von Königswinter war auch für die Erhebung der Steuern zuständig. In Königswinter war er Vorsitzender des 1243 genannten Schöffengerichtes.⁸⁴⁸

Im seit 1246/47 kölnischen Münstereifel (Kreis Euskirchen) ist es unter Konrad von Hochstaden zu einer Ablösung des Vogteigerichts gekommen. Das dortige Schöffengericht fungierte mit einem Vogt und sieben Schöffen in der Nachfolge des alten vogteilichen Hochgerichts der Grafen von Are-Hochstaden.⁸⁴⁹

Im 1246 ans Erzstift gefallenen Adenau (Landkreis Ahrweiler) wurden 1249 ein Schultheiß und 1263 Schöffen genannt.⁸⁵⁰ Verwaltungsaufgaben dieses Funktionsträgers sind nicht bekannt.

Am Mittelrhein war Konrad von Hochstaden Grundherr der Villikation Rhens. Der Erzbischof ermahnte am 14. Februar 1243 Verwalter, Schöffen und die Hofesfamilie in Rhens, die Rechte des Klosters Altenberg nicht weiter zu belästigen.⁸⁵¹ Diesem Befehl hat die erzbischöfliche *familia* jedoch nur unzureichend Folge geleistet. Da Altenberg auch weiterhin im Recht des Holzschlages und der Viehtrift bei Rhens gestört wurde, wiederholte Konrad von Hochstaden am 9. März 1244 seinen Befehl.⁸⁵² Am 13. Juni 1255 verpfändete der Kölner Erzbischof

---

844 Vgl. REK III 1040.
845 Vgl. REK III 1631 (2.5.1251).
846 Vgl. REK III 1243.
847 Vgl. MAASSEN, Geschichte, S. 196.
848 ... *coram scabinis de Wyntere presentibus Hermanno plebano ibidem, Gerardo de Rennenbergh, Hermanno, Wiperto, Winemaro militibus de Wintere, Lamberto milite de Dollendorp, Arnoldo milite filio nobilis viri H. de Molenarken et aliis quam pluribus.* Vgl. VAN REY, Königswinter, S. 46.
849 Vgl. FLINK, Bad Münstereifel.
850 Vgl. NEU, Adenau.
851 Vgl. REK III 1072.
852 Vgl. REK III 1129.

die Einkünfte aus Rhens mit dem *officium villicationis*, außer den verlehnten Weinrenten, für 530 Mark.[853]

Im sogenannten Viertälergebiet Bacharach, Diebach, Manubach und Steeg (Verbandsgemeinde Rhein-Nahe, Landkreis Mainz-Bingen) wurde der kölnische Besitz ebenfalls durch Schultheißen verwaltet. Nach dem Weistum von Bacharach (Ba I, von 1386) gehörten dem vom Kölner Erzbischof eingesetzten Schultheißen im 14. Jahrhundert zwei Fronhöfe, von denen einer als Gefängnis diente. Der Schultheiß übte das Geleitrecht aus und setzte in Bacharach die durch Kooptation bestimmten Schöffen ein. Der Erzbischof von Köln hielt jährlich drei Dingtage (Gerichtstage) in Bacharach ab. Die Frevelgelder gingen zu zwei Dritteln an den kölnischen Schultheißen. Außerdem standen ihm Zölle in Bacharach zu.[854] Diese Funktionen könnte er bereits im 13. Jahrhundert ausgeübt haben. Heinrich von Müllenark verpfändete am 23. Oktober 1230 kölnische Einkünfte zu Bacharach und Diebach.[855] Zu diesem Zeitpunkt war Schultheiß *Craht* (Kraft) von Diebach im Amt.[856]

Doch bereits am 30. März 1253 wies Konrad von Hochstaden zur Abgeltung einer Schuld von 250 Mark eine Erbrente von zwölf Fuder Wein aus Diebach und Bacharach an.[857] Dem Kölner Erzbischof war es in der Zwischenzeit wohl gelungen, die verpfändeten Einkünfte zumindest zum Teil wieder zurückzugewinnen. Der kölnische Schultheiß Bruno führte 1258 in Bacharach den Vorsitz im Gericht, das im Salhof abgehalten wurde.[858]

Eine zusammenhängende Besitzexklave im trierischen Gebiet konnte das Erzstift Köln in Zeltingen, Rachtig und Lösnich an der Mittelmosel behaupten. Den erzbischöflichen Besitz verwaltete der Schultheiß Graf Heinrich von Virneburg (1251–1277), der am 14. Dezember 1252 mit diesem Titel genannt wurde. Heinrich von Virneburg bzw. dessen Vertreter war für die Auszahlung der dort angewiesenen Rentenlehen zuständig. Konrad von Hochstaden teilte dem Edlen Meffred von Neumagen (Verbandsgemeinde Neumagen-Dhron, Landkreis Bernkastel-Wittlich) mit, daß die 15 Mark vom Grafen von Virneburg als erzbischöflichem Schultheißen ausgezahlt würden.[859] Der Graf wird sich nicht ständig in Zeltingen-Rachtig aufgehalten haben, sondern

---

853 Vgl. REK III 1850.
854 Vgl. FELD, Städtewesen, darin: Weistum Ba I von 1386, S. 118f., Weistum Ba IV (ohne Datum), S. 119.
855 Vgl. REK III 707.
856 Vgl. REK III 707.
857 Vgl. REK III 1724a.
858 Vgl. REK III 2001 (April 1258), Schöffen in Bacharach wurden am 1. Juli 1262 genannt, vgl. ebd., 2213. Beleg für den Salhof als Gerichtsort: SCHMIDT, Bacharach, S. 18.
859 Vgl. REK III 1706.

durch kölnische Ministerialen vor Ort vertreten worden sein. In Zeltingen-Rachtig stand das Schöffengericht unter der Leitung eines Vogtes.[860]

Rödinghausen (Kreis Herford) war ebenfalls kölnisch. Schultheiß Albert von Rödinghausen (Ruddinchove=Rudinchusen) wurde am 1. Oktober 1251 genannt.[861]

Im 13. Jahrhundert war der Kölner Erzbischof zumindest zeitweise Grundherr in Hagen.[862] Die Grafen von Neuenlimburg erhielten 1272 zehn Mark jährlicher Einkünfte aus Hagen.[863] Die Kölner Erzbischöfe ließen ihren Hof Hagen durch Vögte aus der Familie von Volmarstein verwalten. Dieses Amt könnte Heinrich von Volmarstein (1209–1248) bekleidet haben, der als Kastellan von Volmarstein Verwaltungsfunktionen ausübte. Der Vogt setzte in Hagen die Schultheißen ein, die ihm direkt unterstellt waren.[864] Auch Hagen zählte im 12. Jahrhundert zu den zwölf vogteilichen Höfen. Es ist nicht ausgeschlossen, daß auch Hagen noch unter der Abhängigkeit des Vogtes stand. Dafür spricht, daß der Vogt die Gerichtsbarkeit ausübte. Der Hof Altenhagen war das Zentrum dieser Villikation. Die abhängigen Hofschultheißen sammelten dort die fälligen Abgaben im Schultenhof. Abhängiges Hofgut war der Besitz zu Werminghausen.[865] Das Amt des Hofrichters wurde dagegen in Hagen von übergeordneten landesherrlichen Amtsträgern ausgeführt. Damit waren die Aufgaben des Hagener Schultheißen auf die Finanzverwaltung beschränkt.

Bereits 1230 hat Heinrich von Müllenark die Pachtverhältnisse des erzbischöflichen Hofes zu Körne (Stadt Dortmund) in Absprache mit dem *villicus* geregelt.[866] Der Erzbischof verfügte Mitte des 13. Jahrhunderts über die Hoferträge von Körne. Vor 1272 wurden dem Grafen von Neuenlimburg zehn Mark jährlicher Einkünfte und weitere 40 Mark bei Körne überwiesen.[867] Der Kölner Erzbischof konnte zwischen 1275 und 1297 an den Ritter Randolf von Hake fünf Mark Einkünfte aus dem Hof und dem Amt Körne »*nomine homagii*« verleihen.[868]

Für den Reichshof in Körne, gen. Lippinchof,[869] lag der Haupthof in Dortmund. Hier sammelte der Schultheiß oder sein Untergebener als Kollektor der Zehnten (*collector decimarum curie*) in Körne die Pachtge-

---

860 Vgl. SCHÖNBERGER, Geschichte, S. 62f.
861 Vgl. WUB VII 759.
862 Heinrich von Müllenark urkundete am 8. August 1237 in Hagen, vgl. REK III 874.
863 Vgl. REK III 2478.
864 Um 1100 übte Ritter Adolf von Husen die Schultenrechte aus. Vgl. IDE, Hagener Ober- und Schultenhöfe, S. 30.
865 Vgl. ebd., S. 31.
866 Vgl. REK III 703.
867 Vgl. REK III 2478.
868 Vgl. REK III 3533.
869 Vgl. REK III 1015.

fälle ein. Die Insassen des Hofes Körne waren verpflichtet, jährlich zwei Dienste für die Befestigung Dortmunds zu leisten, besaßen dafür aber Zollfreiheit auf dem Dortmunder Markt.[870]

Im Mai 1236 schenkte Heinrich von Müllenark dem Kloster Gevelsberg (Ennepe-Ruhr-Kreis) die Hufe *Bachuve* bei Schwelm (Ennepe-Ruhr-Kreis), doch sollten die schuldigen Dienste dem Erzstift weiter geleistet werden.[871] Konrad von Hochstaden hat am 29. September 1252 in Schwelm (Kreis Schwelm) geurkundet. Dabei nahm er Güter zu Kotthausen (Ennepe-Ruhr-Kreis) in seinen Schutz. Der Rechtsakt erfolgte vor dem Schwelmer Schultheißen *Minrico*, der für die Fragen der Güterverwaltung zuständig war.[872] Bis zum 15. Juni 1245 war Hermann von *Oie* (vermutlich Oer, Stadt Oer-Erkenschwick, Kreis Recklinghausen) Schultheiß in Schwelm.[873] Goswin von Rodenberg wurde am 16. Februar 1276 als Burgmann von Hovestadt mit einer Rente von zehn Mark aus dem erzbischöflichem Amt Schwelm belehnt.[874]

Im kölnischen Hof Menden (Märkischer Kreis) hat Erzbischof Heinrich von Müllenark am 18. Mai 1229 geurkundet.[875] Das Amt des Mendener Schultheißen übten die Ministerialen von Rodenberg aus, die mit den Schultheißen von Soest verwandt waren. Die Schultheißen von Menden haben sich seit 1249 mit einer Burg am Rothenberge (ö. von Menden) einen Verwaltungssitz geschaffen.[876] Ein Hinweis auf die Erblichkeit des Mendener Schultheißenamtes könnte sein, daß sich die Witwe des *villicus* Heinrich von der Anderburg 1234 *villica* nannte.[877] Im Dezember 1246 war Goswin I. von Rodenberg (1243–1276) Schultheiß in Menden.[878]

1.6.3
Fazit

Diese Liste erzbischöflicher Höfe und Gerichte erhebt keinen Anspruch auf Vollständigkeit, sondern stellt die Höfe der Schultheißen zusammen, so wie sie verstreut aus den Quellen zusammengetragen werden konnten. Mehrere Höfe waren einem Gericht unterstellt,

---

870 Vgl. VON WINTERFELD, Körne, S. 117ff.
871 Vgl. REK III, 855.
872 ... *actum publice in villa swilme in figura iudicii coram Minrico schultheto nostro*. Vgl. REK III, 1692.
873 Vgl. MATSCHA, Heinrich I., S. 549.
874 Vgl. REK III 2650.
875 Vgl. REK III 680.
876 1250 hat Graf Engelbert von der Mark Menden, das als *villa munita* bezeichnet wurde, belagert. Vgl. KRANZ, Menden, S. 8f.
877 Vgl. MATSCHA, Heinrich I., S. 542f. Die Rodenberger waren zugleich auch eine Nebenlinie der Volmarsteiner.
878 Vgl. REK III 1301.

eine exakte Aussage über das Hoheitsgebiet eines Gerichtes ist kaum möglich.

Interessant ist für die Zeit Konrads von Hochstaden in verschiedenen Orten das Nebeneinander von Vogteigerichten und Schöffengerichten. Hieraus ergab sich die Frage der Stellung des Schultheißen neben dem Vogt, auf die diese Untersuchung nicht völlig verzichten wollte, um die Tendenz jener Zeit, dem Schultheißen mit dem Schöffengericht den Vorzug gegenüber dem Vogt einzuräumen, zu verdeutlichen. Die aufsteigende Stellung des Schultheißen in der Zeit Konrads von Hochstaden hängt zu einem beachtlichen Teil mit der Ablösung vogteilicher Gerichtsbarkeiten zusammen.

In Rheinberg, wie wohl auch in Kempen und Bonn war es das Bestreben Konrads von Hochstaden, die jurisdiktionellen Befugnisse des Vogtes an sich zu ziehen, um sie dann an einen erzbischöflichen Richter zu delegieren, der unter verschiedenen Titeln auftreten konnte (Schultheiß, *dapifer*, Amtmann). Konrad wollte die über die Vogtei bestehenden Einflußmöglichkeiten des Adels ausschalten, um die uneingeschränkte Gerichtsbarkeit zu erreichen, was besonders in den Städten von elementarer Bedeutung für die Durchsetzung von Landeshoheit war. Hier ist ihm allerdings die Bürgerschaft entgegengetreten. Dabei hat Konrad den Amtscharakter seiner Schultheißen stark betont. Immer wieder haben Funktionsträger mehrere Ämter ausgeübt, eventuell bestand ein Mangel an geeignetem Verwaltungspersonal. Die personelle Verklammerung von Hof- und Lokalverwaltung ist an mehreren Funktionsträgern zu belegen. Gerhard von Straberg als erzbischöflicher Küchenmeister und Schultheiß in Andernach und Neuss kann in diesem Zusammenhang als Beispiel genannt werden, wie auch Hermann von Forst als *Panetarius* und Schultheiß von Lechenich.

Diese Entwicklung ist aber im 13. Jahrhundert bei den Hofschultheißen diskontinuierlich geblieben, denn auf den Höfen Elberfeld, Hagen und Münstereifel übten Vögte die Richterfunktionen aus, zum Teil an Stelle des Schultheißen oder mit einem Schultheißen in untergeordneter Funktion. Bei den Höfen Elberfeld und Hagen handelte es sich offenbar um solche, die im 13. Jahrhundert in die Abhängigkeit der Erbvögte geraten waren. Auf diesen Höfen besaßen die Vögte eine wesentlich stärkere Stellung als die Schultheißen.

Während Vögte von großem Wirkungskreis und nachhaltigem Einfluß zur Zeit Konrad von Hochstadens nicht aufgetreten sind, stiegen Schultheißen zur gleichen Zeit zu höchstem Einfluß auf. Ihr hohes Ansehen ist an den sich mehrenden Kompetenzen ablesbar, die Konrad von Hochstaden ihnen übertrug. Lupert von Neuss war auch in der Verwaltung der erzstiftischen Güter in Neuss tätig, woraus seine Zuständigkeit für das Aufgabengebiet der Güterverwaltung abgeleitet werden kann;[879] aber auch zu einer städtischen Maßnahme wie der Gründung des Neusser Hospitals wurde er hinzugezogen.[880]

Gleichwohl haben alte Adelsfamilien wie die Grafen von Hochstaden, die bis zur Mitte des 13. Jahrhunderts an der Stellung des Vogtes innerhalb der Verwaltung festgehalten haben, diese Verwaltungsorganisation erst unter Konrad aufgegeben.[881] In den Städten waren die Schultheißen für das Zollwesen und den Judenschutz verantwortlich,[882] im Umkreis der Höfe übten sie ein Geleitrecht aus und waren zur Einziehung der Abgaben befugt.[883] Damit versahen sie wichtige Funktionen in der Finanzverwaltung. Eine Sonderstellung nahmen die Schultheißen von Soest ein, die eine eigene Hofhaltung besaßen und über eigenes Verwaltungspersonal verfügten. Zudem übten sie höchste Funktionen in der westfälischen Landesverwaltung aus.

Mehrmals ist der Schultheiß von Soest zum Marschall von Westfalen berufen worden.[884] Während dieser Amtszeiten bekleidete er beide Ämter in Personalunion. Als Verwalter der bedeutenden Soester Villikation war er einer der wichtigsten Funktionsträger im kölnischen Westfalen. Bewußt hat Konrad von Hochstaden die erblichen Schultheißen von Soest nicht erblich mit dem Marschallamt betraut, um eine zu große Machtfülle zu vermeiden. Dabei pflegten die Schultheißen von Soest besondere Herrschaftsformen und zählten zu den vornehmsten westfälischen Ministerialen. Generell drängten die Schultheißen unter Konrad von Hochstaden vor allem in den Städten die Vögte aus ihren Kompetenzen heraus. Von den Begriffen *villicus* für Verwalter und Schultheiß her war kein funktionaler Unterschied zu erkennen, zumal oftmals beide Begriffe z.T. auch synonym verwandt wurden. Bemerkenswert ist sicherlich, daß der Graf von Virneburg Schultheiß von Zeltingen-Rachtig war. Im Rahmen der Untersuchung trat er als einziger Adeliger in diesem Amt auf. Im 13. Jahrhundert ist es zu einer Zunahme der Verwaltungsaufgaben für den Schultheißen gekommen, dem untergeordnetes Personal zugeordnet wurde. 1262 war in Lechenich ein Unterschultheiß im Amt. Die Bedeutung der Schultheißen für die kölnische Lokalverwaltung ist sehr hoch einzuschätzen, da sie als Stellvertreter des Kölner Erzbischofs vor Ort seine Rechte ausübten. Einzelne Schultheißen, wie zum Beispiel in Menden, haben sich auch Burgen als Verwaltungssitze gebaut.

---

879 Vgl. REK III 1065.
880 Vgl. REK III 1112.
881 Erwerb der Grafschaft Hochstaden im Jahre 1246.
882 Siehe dazu die Ausführungen zu B II 1.6.1 Stadtschultheißen 1.6.2 Hofschultheißen.
883 Vgl. Kap. C I 8 »Einnahmen aus Grundherrschaften«.
884 Vgl. Kap. B II 1.2 »Der Marschall von Westfalen«.

1.7
Die Zöllner

Ein wichtiges Amt in der Landesverwaltung, vor allem in der Finanzverwaltung, war das Zöllneramt. Die Zöllner waren für die Erhebung der Abgaben aus dem Warenverkehr verantwortlich.[885] Die Zolleinnahmen wurden in Köln im erzbischöflichen Zollhaus gesammelt.[886] Zweifellos taten in Köln mehrere Zöllner gleichzeitig Dienst, weil es sich um einen ertragreichen Zoll handelte.[887] In der Handelsmetropole Köln wurde sicherlich täglich eine große Anzahl von Schiffen durch den Zoll geschleust, so daß ein Zöllner allein die Verwaltungsarbeit nicht bewältigen konnte. Die erzbischöflichen Zöllner kamen ursprünglich aus der Ministerialität, dabei gelang ihnen aber bereits im 12. Jahrhundert der Aufstieg ins Bürgertum.[888] Sie gehörten bald zu den reichsten Leuten in den Städten. Von der Zollbefreiung für die erzbischöfliche Ministerialität waren diese »Krämer« genannten Zöllner im 13. Jahrhundert ausdrücklich ausgeschlossen.[889] Neben ihrem Zöllneramt betätigten sie sich auch noch als Kaufleute, was einen zusätzlichen Grundstein für ihren Reichtum legte.

1.7.1
Zoll in Köln

Unter Konrad von Hochstaden ist zunächst in Köln 1250 der Zöllner C. überliefert, der sich am 26. März 1250 bei Konrad von Hochstaden vergebens um die Aufnahme seiner Tochter *Cristina* in das Kloster Meer bemühte.[890]

Am 17. Januar 1251 wurde Heinrich gen. der Zöllner zu den *cives et officiales Colonienses* gezählt.[891] Konrad von Hochstaden hat den Zöllner Heinrich am 17. April 1259 als neuen Schöffen eingesetzt.[892]

Am 24. März 1259 bezeugte der Zöllner *Peter de Grue* die Absetzung der Münzerhausgenossen durch Konrad von Hochstaden.[893] Die Zöll-

---

885 Vgl. REK III 2869.
886 ... *prout illud ab antiquo in domum thelonarium Coloniense spectat*. Vgl. ebd., 2780.
887 Vgl. REK III 3149, 3394, 3692.
888 Vgl. dazu zuletzt Ritzerfeld, Erzstift, S. 110. Die von Fleckenstein und Schulz geführte Kontroverse über Ministerialen bürgerlichen Standes ist durch die Arbeit von Zotz, Städtisches Rittertum und Bürgertum in Köln, S. 609–638 zu einem gewissen Abschluß gekommen. Einen Forschungsüberblick zu diesem Problem gibt Schulz, Ministerialität, S. 1–23.
889 *vort solen unse lude vri sin van tolle en binnen unsme geleide ain aleine kremere*. Vgl. Deutsches DR A, Art. 11, Frensdorff, Recht, S. 44.
890 Vgl. REK III 1567.
891 Vgl. REK III 1617.
892 Vgl. REK III 2047.
893 Vgl. REK III 2044.

ner G. und Peter *de Grue* gehörten zur kölnischen Stadtministerialität. Beide Brüder sind als Ritter in einer Urkunde für den Kölner Vogt am 4. August 1256 aufgeführt.[894] G. *de Grue* wurde 1259 im Streit mit dem kölnischen Geschlecht der Overstolzen erschlagen.[895]

Peter de Grue bekleidete in der kölnischen Lokalverwaltung über das Zöllneramt hinaus eine bedeutungsvolle Stellung. Zunächst testierte er am 4. März 1255 als Kölner Bürger eine erzbischöfliche Urkunde.[896] Er wurde nach der Rubrizierung der anwesenden Zeugen zu den kölnischen Amtsträgern gezählt. Konrad von Hochstaden verpfändete am 28. Oktober 1256 seinem Zöllner, *officialis* und Burgmann von Hochstaden, *Peter von Grue*, den Hof Ingenfeld (Kreis Grevenbroich) für 250 Mark, der diesen Hof vorher von Ritter Arnold von Hochstaden eingelöst hatte.[897] Ingenfeld war ein festes Haus und diente für verschiedene Familien als Hochstadener Burglehen.[898] *Peter de Grue* verfügte offenbar über große Finanzmittel, mit denen er Konrad helfen konnte. Vom 14. August 1258 bis zum 17. Dezember 1260 ist er fünfmal im Gefolge Konrads bezeugt.[899] In den Zeugenlisten tritt er als Ritter und Zöllner (*thelonarius*) auf. Eine Betrachtung des Inhalts dieser Urkunden ergab, daß es sich fast ausschließlich um Entscheidungen in der Stadt Köln handelte. Er war beim Vorgehen gegen die Münzerhausgenossen, bei der Absetzung der Bürgermeister und Schöffen und bei der Einziehung der Häuser der geächteten Patrizier anwesend. Außerdem bezeugte er eine Urkunde für die Neusser Schöffen. Es ist denkbar, daß *Peter de Grue* Konrad von Hochstaden als bürgerlicher Berater bei seinem Vorgehen gegen die kölnische Opposition zur Verfügung stand. Mit Sicherheit konnte er dem Kölner Erzbischof entscheidende Hinweise über die Zusammensetzung des patrizischen Widerstandes in der Stadt Köln geben. Diese vertrauensvolle Stellung zu Konrad von Hochstaden und seine Ämterhäufung machten ihn zu einem der wichtigsten Berater des Kölner Erzbischofs.

---

894 Vgl. REK III 1905a.
895 Vgl. REK III 1832.
896 Vgl. REK III 1905a; Fahne, Geschlechter, S. 121.
897 Vgl. REK III 1922a.
898 Vgl. Gechter, Burgen, S. 102.
899 Vgl. REK III 1999 (14.8.1258), 2044 (24.3.1259), 2046 (17.4.1259), 2056 (23.5.1259), 2136 (17.12.1260).

1.7.2
Die Zöllner zu Neuss

Aus der Zeit Konrads von Hochstaden sind keine Zöllner aus Neuss mit Namen bekannt. Unter seinem Nachfolger Siegfried von Westerburg ist der Neusser Zolltarif belegt. Zu Beginn des Jahres 1287 erhob Adam, erzbischöflicher Zöllner zu Neuss, achtzehn Denare von jedem Faß an rechtem Zoll und zwölf Denare und einen Obulus an Vorzoll.[900] Der Neusser Zoll war die bedeutendste Einnahmequelle des Kölner Erzbischofs.[901] Um die Zollabfertigung zügig durchführen zu können, war eine Zollverwaltung aufgebaut worden. Aufgabe des kölnischen Zollschreibers war die Buchung der Einnahmen und gleichzeitig die Abbuchung der auf den Neusser Zoll angewiesenen Schulden, dessen anteilsmäßige Summe der Schreiber täglich auf die Seite legte.[902]

1.7.3
Die Zöllner zu Rheinberg

Aus Rheinberg sind aus der Zeit Konrads von Hochstaden ebenfalls keine Zöllner mit Namen bekannt. Dennoch zeigt das Beispiel Rheinberg den Aufstieg des Zöllners in die Lokalverwaltung auf. Dem Zöllner von Rheinberg, Franko von Budberg, trug Siegfried von Westerburg am 23. Februar 1293 die Hut, Bewohnung und bauliche Instandhaltung des erzbischöflichen Hauses in Rheinberg auf. Für seine Dienste belehnte ihn der Erzbischof mit einer Rente von fünfzehn Mark aus dem Marktzoll sowie Brand- und Bauholz und Eichelmast für 40 Schweine in den erzbischöflichen Wäldern *Berchart* und *Luchte*.[903] Nach 1293 ließ der Kölner Erzbischof durch Franko in Rheinberg einen festen Turm errichten.[904] Auch in der Lokalverwaltung spielten die Zöllner eine bedeutende Rolle. Franko von Budberg übte in Rheinberg Funktionen eines Amtmanns aus.

Die kölnischen Zöllner in den größeren Städten des Erzstifts waren Bürger und zählten zur erzbischöflichen Ministerialität. Sowohl Heinrich[905] als auch Peter de Grue[906] werden in den Quellen als »*officiales*« bezeichnet. In den kölnischen Städten Köln und Neuss waren sie für die Zollabfertigung der Schiffe verantwortlich. In beiden Städten wur-

---

900 Vgl. REK III 3112.
901 Vgl. dazu das Kap. C 2.1 »Rheinzölle«.
902 Vgl. REK III 1878.
903 Vgl. REK III 3380.
904 Vgl. REK III 3381.
905 Vgl. REK III 1617.
906 Vgl. REK III 1922a.

Lokalverwaltung

den aufgrund der hohen Frequentierung eigene Zollverwaltungen aufgebaut, um eine reibungslose Abfertigung an der Zollstelle zu gewährleisten. Über die Anzahl der Zöllner sind keine Angaben vorhanden. Für die Erhebung des Zolls standen diesen Amtsleitern vermutlich Unterzöllner zur Verfügung, die in den Quellen allerdings nicht auftreten. In Neuss ist 1287 ein Zolltarif überliefert,[907] der eventuell auch unter Konrad von Hochstaden Gültigkeit hatte. Allerdings ist darauf hinzuweisen, daß die Rheinzölle von den Landesherren ständig erhöht wurden, um die Einnahmen zu verbessern. Deshalb wird der Zolltarif zur Zeit Konrads von Hochstaden wohl niedriger gewesen sein.

Die Zollerhebungen unterteilten sich in den Vorzoll und den »rechten Zoll«. Berechnungsgrundlage für die Höhe der Abgabe war die Maßeinheit, im Fall von Neuss ein Faß. Zahlreich sind die Anweisungen Konrads auf den Neusser Zoll.[908] Er muß bei diesen Anweisungen einen Überblick darüber gehabt haben, welche Anteile des Zolls zu diesem Zeitpunkt noch nicht verpfändet waren und direkt in die erzbischöfliche Kasse flossen. Diese »Geschäftsberichte« an den Kämmerer können durch den Schultheißen erfolgt sein, der z.B. in Andernach direkt mit der Zollverwaltung betraut war. Augrund dieser Unterlagen war es Konrad von Hochstaden dann möglich, eine bestimmte Summe auf den x-ten Teil des Zolls anzuweisen. Auch die Zeit, wie lange diese Belastung dauerte, bis der Betrag zusammengekommen war, konnte man bei einer durchschnittlichen Jahreseinnahme berechnen. War eine solche Anweisung durch Boten an die Zollstelle ergangen, buchte das Zollpersonal die verpfändeten Anteile der jeweiligen Gläubiger ab. Diese Organisation ist beim personell und administrativ ausgebauten Neusser Zoll denkbar. Die Zöllner waren bei der Zollerhebung prozentual beteiligt. Dies erklärt ihren Reichtum, der sie dazu befähigte, als Geldleiher und Bankiers für den Kölner Erzbischof aufzutreten. *Peter de Grue* löste für 250 Mark den erzstiftischen Hof Ingenfeld aus, den Konrad von Hochstaden verpfändet hatte.[909] Er erwarb sich wegen seiner finanziellen Möglichkeiten im Gefolge Konrads eine hervorgehobene Position. In den Auseinandersetzungen Konrads mit der Stadt Köln in den Jahren 1259 bis 1260 zählte er zu den engsten Ratgebern des Erzbischofs.[910] Darüber hinaus bekleidete er Funktionen in der Lokalverwaltung, etwa als Burgmann auf Hochstaden.[911] Die Ende des 12., Anfang des 13. Jahrhunderts zu großer Macht aufgestiegenen Zöllner baute Konrad von Hochstaden in seine Verwaltung ein.

---

907 Vgl. REK III 3112.
908 Stellvertretend siehe REK III 1095.
909 Vgl. REK III 1922a.
910 Vgl. REK III 2044, 2046, 2056.
911 Vgl. REK III 1832.

Gleichzeitig steht dieses Beispiel für die Übernahme von Bürgern in die Ministerialität, die schon an anderer Stelle angesprochen wurde.[912]

1.8
Die Boten

Konrad von Hochstaden verfügte unter seinen Ministerialen über Boten für die Nachrichtenübermittlung und Kurierdienste. Mit schnellen Pferden ausgerüstet, waren sie in der Lage, in relativ kurzer Zeit Nachrichten in alle Teile des Territoriums zu bringen. Das Botenwesen war zu dieser Zeit die wichtigste Kommunikationsform zwischen dem erzbischöflichen Hof und den Funktionsträgern vor Ort. Die als Boten eingesetzten Ministerialen benutzten feste Routen und Straßenverbindungen. Genaue Einzelheiten über die Organisation, die den Pferdewechsel, Botenwechsel und Übernachtungsmöglichkeiten betreffen, sind für die Zeit Konrads von Hochstaden nicht erhalten. Da sich die Boten am kölnischen Hof aufhielten und von dort eingesetzt wurden, kann man annehmen, daß sie bei ihrem Botendienst nicht unterwegs abgelöst wurden. Nach OHLER erreichten Boten, die zu Pferde unterwegs waren, eine Tagesleistung zwischen 50 und 80 km.[913] Dies hing von der Möglichkeit des Pferdewechsels ab. Bei größeren Entfernungen ins Herzogtum Westfalen ist dies aber kaum möglich gewesen. Was das Jahresentgelt betrifft, wird man von der normalen Ministerialenbesoldung (6 Mark) ausgehen müssen. Über Aufgabenbereich und Aufbau sowie Verpflegung der Boten unterrichten mehrere Quellen.

1.8.1
Kölner Erzstift

Die Boten des Kölner Erzbischofs, die zum Personal des kölnischen Hofes zählten, wurden auch im Kölner Hofdienst erwähnt. Als Reiseproviant erhielt jeder Bote ein Stück Fleisch und Braten, zwei Brote, einen Krug Wein, einen halben Liter Bier und eine Leuchte für seinen Dienst.[914] Die Boten erhielten damit ebensoviel wie die Handwerker am Hof. Dieser Proviant war wohl für maximal zwei Tage gedacht, da im Soester Hofdienst für die kölnischen Boten eine Tages-

---

912 Vgl. Kap. A V 3 »Städtepolitik — Westfalen und andere Gebiete des Erzstifts«.
913 Vgl. OHLER, Reisen, S. 141.
914 ... *nunciis domini mei cuilibet eorum unum frustum carnis et assatura et duo panes et una cratera vini et sextarium cervisie et unum lumen.* Vgl. Kölner Hofdienst, FRENSDORFF, Recht, S. 61.

verpflegung von einem Brot angegeben ist.⁹¹⁵ Am Geburtstag des Erzbischofs erhielten die Boten dann offensichtlich als Geschenk einen Krug Wein, Schinken und einen Malter Getreide. Für jene vier Festtage brauchten sie nicht an der Kurie zu erscheinen⁹¹⁶ Die Boten des Erzbischofs von Köln hatten sich am Hof zu seiner Verfügung zu halten, damit sie jederzeit einsatzbereit waren. Der Kölner Hofdienst erwähnte ausdrücklich, daß die Boten über Weihnachten nicht am Hofe zu sein brauchten. Unzweifelhaft handelte es sich um mehrere Boten, die als Ministerialen ihren Dienst für den Kölner Erzbischof versahen. Wie lange dieser Dienst geleistet wurde, ist nicht bekannt.

Im Soester Hofdienst von 1272 wurden erzbischöfliche Kuriere genannt: Hermann von Rüthen überbrachte mit seinen Genossen Briefe des Erzbischofs, die ihm in Soest übergeben wurden, überallhin zwischen Rhein und Werra.⁹¹⁷ In Soest ist es offenbar zu einem genossenschaftlichen Zusammenschluß der Boten gekommen, ähnlich den Burgmannen in Recklinghausen.⁹¹⁸

Geldzinsen wurden dem erzbischöflichen Boten in Neuss vor dem erzbischöflichen Hof ausgezahlt.⁹¹⁹ Die Boten von Lechenich folgten auf ihrem Weg nach Bonn der Straße über Hermülheim.⁹²⁰ Das Überbringen von Schriftgut war die Hauptaufgabe der Kuriere, daneben übermittelten sie Dienstaufrufe und holten Geldzinsen ab.

1.8.2
Are

Nach dem Dienstrecht der Grafen von Are mußten die belehnten Ministerialen einen Tag lang unentgeltlich Botendienst leisten.⁹²¹ Mehrleistungen gingen auf Kosten des Grafen. Verlor der Bote während des Dienstes sein Pferd, so wurde es ihm vom Grafen ersetzt. Der Graf von Are stellte also sein Pferd für den Botendienst zur Verfügung. Diese Regelung war aufgehoben, wenn der Bote seinen Dienst zwischenzeitlich verlassen hatte.⁹²² Der Graf von Are berief seine Ministerialen alternierend zum Botendienst. Der Dienst war noch keiner festen

---

915 Vgl. ILGEN, Soest, S. CL ... *illis dabuntur victualia semel in die.*
916 ... *et per illos IIII^or festivos dies ad curiam non venient.* Vgl. Kölner Hofdienst, FRENSDORFF, Recht, S. 62.
917 ... *item Hermannus de Ruden cum sociis suis portabit litteras domini archiepiscopi, que eis presentantur in Susato, infra Renum et Werrum.* Vgl. ILGEN, Soest, S. CL.
918 Vgl. Kap. B II 1.5 »Die Burgmannen«.
919 Vgl. REK III 2852 (22.7.1280).
920 Vgl. STOMMEL, Amt, S. 19.
921 ... *preterea quisquis ministerialium meorum beneficatus est legationem meam suo sumptu per unum diem facit.* Vgl. LACOMBLET IV 624.
922 Vgl. ebd.

Gruppe von Ministerialen zugewiesen, wie dies im 13. Jahrhundert in Soest der Fall war.

1.8.3
Trierer Erzstift

Der Schultheiß des Erzbischofs von Trier bestimmte ca. 1220 den Meister der Fleischer, der unter dem Kämmerer arbeitete. Auf Befehl des Kämmerers hatte der Fleischermeister sechs Meilen um Trier herum für den Erzbischof Botendienste zu leisten.[923] In der Stadt Trier hatte ein Mitglied der Zünfte auf Befehl des Kämmerers Botendienst zu leisten. Dieser Dienst wurde also nicht nur von Ministerialen erfüllt.

Ein besonderer Botendienst wurde von bestimmten Hufen der trierischen Grundherrschaft Montabaur (Westerwaldkreis) verlangt, wenn eilige Nachrichten von Montabaur an den Hof des Erzbischofs von Trier zu übermitteln waren. Sie hatten je einen berittenen Boten (*nuntium equitem*) für Gänge an Fürstenhöfe (*eundo ad curias principum*) bereitzuhalten.[924] Auch dies ist ein Hinweis auf ein leistungsfähiges Nachrichtenwesen, das auch die einzelnen Grundherrschaften erfaßte.

1.8.4
Tecklenburg
(Kreis Steinfurt)

Nach dem Tecklenburger Dienstrecht aus dem beginnenden 13. Jahrhundert war es die Aufgabe der belehnten Boten, die gräflichen Dienstmannen zwei Wochen vor dem Antritt ihres Burgmannendienstes über Ort und Antrittszeit ihres Dienstes zu unterrichten.[925] Die Boten spielten eine zentrale Rolle für die Organisation der landesherrlichen Lokalverwaltung, indem sie den Ministerialen den Ort und die Antrittszeit ihres Dienstes mitteilten. Der Botendienst wurde von den Ministerialen im 12. Jahrhundert teilweise unentgeltlich gefordert, war aber zeitlich und geographisch offenbar begrenzt. Fortbewegungsmittel für die Boten war das Pferd. Eine besondere Rolle spielten die Boten in der Lokalverwaltung, wo sie Nachrichten übermittelten und Dienstbescheide überbrachten. In den Städten und den Grundherr-

---

923 ... *scultetus trevirensis constituet magistrum carnificium qui camerarii discipulus est et ipse ibit ex precepto camerarii in legationem archiepiscopi ad sex miliaria circa Treverim*. Vgl. Liber annalium iurium, in: MRUB II, Nr. 15, S. 400.
924 Vgl. FLACH, Landesherrschaft, S. 38.
925 ... *primum est, quod ministeriales infeodati, cum per nuncium nostrum infeodatum ante ad quatuordecim dies eos ad nostri castri munitionem vocamus* ... Vgl. FRESSEL, Ministerialenrecht, darin: Tecklenburger DR, Art. 1, S. 81.

schaften ist es offenbar zu keinem Einsatz von Ministerialen gekommen. In der Stadt Trier wurde der Fleischermeister zum Botendienst herangezogen, in der Grundherrschaft Montabaur ist der Einsatz von Ministerialen zumindest fraglich, weil deren Zahl auf den Höfen wohl begrenzt war. Eventuell handelte es sich um dienstverpflichtete Boten. Diese Organisationsstruktur kann ebenfalls im Erzstift Köln in regionalen Bereichen, für die die Boten am erzbischöflichen Hof nicht zuständig waren, bestanden haben.

1.9
Forst und Jagd

Zum Verwaltungspersonal des Erzstifts zählen auch die in den erzstiftischen Wäldern arbeitenden Personen. Dies waren in der Hauptsache Förster und Jäger. Die erzbischöflichen Wälder wurden durch Förster beaufsichtigt und geschützt. Solche Förster gab es vermutlich in Brühl, wo der Kölner Erzbischof einen eigenen Wildbann besaß.[926] Ein weiterer kölnischer Wildbannbezirk befand sich im Osning (Eifel) (*est locus quidam iuxta Zulpeche* (Zülpich) *qui dicitur Cagun* (Geich, evtl. Gehn), *ibi incepit bannus archiepiscopi Coloniensis super silvam que dicitur Osninc usque ad Rukesheim iuxta flumen quod dicitur Arnafa* (Erft)...).[927] Dieser Wildbann verlief entlang der Linie Tondorf (Kreis Euskirchen)—Dahlem (Landkreis Bitburg-Prüm)—Kyll (Landkreis Bitburg-Prüm) — Wallerode (Kreis Malmedy) — St.Vith — Amel — Wirtzfeld (Kreis Malmedy)—Urft und zurück nach Geich.[928] Er war wohl von der Hektarfläche her der größte Waldbesitz des Erzstifts, für den auch eine entsprechend hohe Zahl an Förstern eingestellt wurde, während im Wald bei Rheinberg drei Förster nachgewiesen sind, im Lechenicher Wald nur zwei.[929]

---

926 Vgl. REK III 3186; FLINK/MÜLLER, Brühl. Zu den kölnischen Wildbännen siehe KORTH, Liber, S. 195ff. Auch der Elsbruch bei Rees wurde durch erzbischöfliche Förster verwaltet. Vgl. LIESEGANG, Recht, Nr. 4, S. 102f. 1227 werden die erzbischöflichen Förster Albero, Henricus und Herbert erwähnt. Vgl. REK III 632. In diesen Wäldern wurde Brand- und Bauholz geschlagen und Eichelmast betrieben. Vgl. REK III 1009.
927 Vgl. KORTH, Liber, S. 195, ca. 1200, zur Datierung siehe REK II 1571.
928 Vgl. KORTH, Liber, S. 195f. Kaiser Heinrich IV. hatte dem Kölner Erzbischof Anno im Jahre 1069 die Jagdgerechtigkeit verliehen, deren Grenzen folgendermaßen verliefen: Von der Quelle der Erkensruhr (Quellarm der Ruhr) bis zur Einmündung in die Ruhr und bis Heimbach (Kreis Düren) vor der Burg. Dazu bekam das Kölner Erzstift den Wald mit dem Bann (*silvam quoque dedit ei in proprietatem cum banno*) von der Quelle der Erkensruhr bis zur Einmündung in den Fluß Einruhr, von dort bis zur Stelle, wo der Fluß Urdefa in die (Ein)ruhr mündet. Der Bann gehörte dem Erzbischof von Köln, aber er konnte ihn auch an jemand anderen weitergeben (*hunc bannum nemo debet habere nisi ille cui archiepiscopus Coloniensis dederit*). Vgl. KORTH, Liber, S. 195f.
929 Vgl. FLINK, Lechenich, RhSTA, I, 1, Bonn 1973.

In diesem Wald, der Osning genannt wurde, gingen die erzbischöflichen Jäger auf die Jagd und lieferten das erlegte Wild bei den Förstern von *Hagestolde* ab,[930] die es wiederum dem Kölner Erzbischof ablieferten, sei es in Köln, Bonn, Neuss oder Aachen, wo er sich gerade aufhielt.[931] Für die Zwischenlagerung des Wildbrets muß es bestimmte Einrichtungen gegeben haben. Denkbar ist eine Speckkammer, in der Fleisch gelagert und gepökelt wurde. Die Förster von *Hagestolde* waren für den Transport des erlegten Wildes an den jeweiligen Aufenthaltsort des Erzbischofs verantwortlich. Lieferpflichtig waren sie wohl nur für die vier genannten Orte, die für sie mit Karren und Wagen in einer bestimmten Zeit zu erreichen waren. Die Leute, die mit zur Jagd gingen, die Jagdtreiber, wurden von den Förstern mit dem Lebenswichtigen versorgt. Ihre Pferde erhielten auch das notwendige Futter.[932]

Falls der Kölner Erzbischof persönlich zur Jagd im Osning erschien, mußten die Förster von *Hagestolde* den Jägern Wohngelegenheiten bereitstellen und sonstige Vorbereitungen treffen.[933]

Die Gerichtsbarkeit im Wildbannbezirk Osning wurde durch einen Vogt ausgeübt. Wenn in der Siedlung *Hagestolde* ein Gerichtstermin abgehalten wurde und Rechtsbrecher schuldig gesprochen wurden, erhielt der Erzbischof zwei Drittel der Gerichtsgefälle, der Vogt hingegen ein Drittel.[934] Bei einem Mord, für den als Bestrafung ein Bußgeld gezahlt wurde und der Vogt den Schultheiß hinzugezogen hatte, erhielt der Erzbischof alles.[935] Wenn der Vogt den Erzbischof unterstützte, erhielt der Vogt ein Drittel, der Erzbischof zwei Drittel der Summe. Bei Mord mußten diejenigen, die gleichen Rechts waren, fünf Pfund bezahlen. Wurde der Mord hingegen durch einen Landmann verübt, mußte er zwanzig Solidi und einen Obol bezahlen. Wenn aber einer von ihnen selbst tot war, und er besaß Pferde, gab er dem Erzbischof das bessere Pferd (*meliorem episcopo dabit*), wenn er nur Ochsen und Schweine besaß, gab er davon etwas. Waren wertvollere Dinge vorhanden, gingen sie an den Erzbischof, während der Schultheiß sechs Denare erhielt.[936]

---

930 *in supradicto silva scilicet Osninc cuptum venacionem venutores forestarlis de Hagestolde deferant.* Vgl. KORTH, Liber, S. 196.
931 *et illi archiepiscopo Coloniensi deportent, sive sit Colonie sive Bunne sive Nussie seu Aquis.* Vgl. ebd.
932 *eisque cum venacione venientibus victus necessaria et equis pabula non negentur.* Vgl. ebd.
933 *quando autem episcopus venacionis causa illuc advenerit, supradicti viri de Hagestolde venatoribus habitacula, si necesse fuerit, et vasa canibus necessaria preparare debent.* Vgl. ebd.
934 *advocatus vero eorum, si in predicta villa placitum tenuerit et aliquis ex illis culpabilis in placito extiterit, quicquid persolvit duas partes episcopo, terciam advocato componat.* Vgl. ebd.
935 *si autem aliquis ex illis occisus fuerit et precium homicida persolverit, si villicus illud absque advocato acquisierit, episcopi totum erit.* Vgl. ebd.
936 Vgl. ebd.

Jeder der Förster mußte zu Weihnachten dem Vogt zwei Brote und einen Scheffel Hafer abliefern. Der Vogt war umgekehrt dazu verpflichtet, ein Essen zu geben. Stellte er kein Essen, durfte er auch nichts von den Förstern annehmen (*nichil ab eis accipiet*).[937] GUGAT beleuchtet die Lebensverhältnisse in der im Osning gelegenen *Hagestolde*-Siedlung. In dieser Fronhofsgenossenschaft lebten abhängige Bauern des Erzbischofs unter einem Schultheißen. Die Sonderstellung der Bauern lag darin, daß sie für den Kölner Erzbischof Aufgaben der Forstverwaltung im Osning ausübten. Sie trugen daher die Bezeichnung *forestarii* und unterstanden dem Gericht des Wildbannvogtes.[938] Aus ihnen wird man auch die Jagdtreiber zusammengestellt haben.

Im Erzstift Trier waren für die Nutzung des erzbischöflichen Forstamts genaue Regelungen getroffen. Für den Forst bestand ein Jagd- Fisch- und Rodungsverbot, dessen Verletzung unter Geldstrafe gestellt wurde. Ebenfalls strafbar war die Wegnahme von Bienenhonig, da die Hälfte der Bienen dem Forstmeister gehörte. Von Mitte April bis Mitte Oktober durften keine Hunde in den dichten Forst geführt werden.

Für die Versorgung der Jäger war der Forstmeister verantwortlich. Er sammelte zwölf Stück Vieh (*Hertmal* genannt) aus dem Bestand der Verstorbenen und versorgte mit ihrem Käse die Jäger, für deren Versorgung ihm auch noch ein Fuder Wein zur Verfügung stand. Daneben war er für die Überwachung und Durchsetzung des Wasser- und Mühlenrechts verantwortlich. Innerhalb des Bannbereiches durfte keine Mühle gebaut, keine Wasserableitung vorgenommen und kein Dikkicht ausgehauen werden. Aufgabe der Förster war es, vom 1. Oktober bis zum 6. Januar eines Jahres das Eis der Mühlenteiche aufzuschlagen, um den Fischen das Aufsteigen zu ermöglichen.

Der Bezirk Osning wird die Wälder bei Rheinberg, Lechenich und Brühl an Größe übertroffen haben. Es ist daher anzunehmen, daß im Osning mehr als drei Förster in der Verwaltung tätig waren, vor allem in der Holzwirtschaft. Daneben waren dort mehrere erzbischöfliche Jäger beschäftigt. Bei der eigentlichen Jagd könnten die Förster mit den Hunden als Jagdtreiber fungiert haben, die den Jägern das Wild zutrieben. Die erzbischöflichen Jäger waren mit den Förstern im Osning für die Fleischversorgung bestimmter Zentren zuständig, wenn sich der Kölner Erzbischof mit seinem Gefolge dort aufhielt. Die Zuordnung der Städte, die vom Forstpersonal des Osning beliefert werden mußten, richtete sich nach der geographischen Distanz. Die einzelnen Jagdbezirke waren jedoch ähnlich wie die Höfe bestimmten Herrschaftsmittelpunkten zugeordnet, für deren Versorgung sie zuständig waren. Für

937 Vgl. ebd.
938 Vgl. GUGAT, Wildbannbezirke, S. 294f. Siehe auch CORSTEN, Forstbezirk S. 184ff.

die Jäger bestanden offensichtlich bestimmte Vorgaben, in welchem Zeitraum sie welches Wild besonders zu jagen hatten. Diese Anweisungen können vom zuständigen Wildbannvogt auf Weisung des Erzbischofs den Jägern mitgeteilt worden sein. Aus dem Erzstift Trier ist bekannt, daß um 1220 die Jäger vom 1. Oktober bis zum 30. November Eber für den Erzbischof von Trier zu jagen hatten.[939]

Die erzbischöflichen Wälder und Bannbezirke waren Gebiete, die einer besonderen Gerichtsordnung unterstanden, die im Erzstift Köln durch den Wildbannvogt ausgeübt wurde. Aus der Zeit Konrads von Hochstaden sind keine Quellen über Jagdaufenthalte bekannt. Unterkünfte für erzbischöfliche Jagdgesellschaften waren im 13. Jahrhundert in Brühl und in späterer Zeit auf der Burg Thurant vorhanden.[940]

1.10
Sonstiges Dienstpersonal

Ein eigenes Amt war das des Türwächters, das wohl von Ministerialen ausgeübt wurde. Im Bericht des Abtes von Gembloux über den Tagesablauf des Erzbischofs Philipp von Heinsberg heißt es, daß die Menge der Würdenträger am Hofe den Erzbischof von Kammer zu Kammer jagte, obwohl dieser einen stillen Ort suchte, um denjenigen, die ihn ständig bedrängten, zu entgehen, daß aber auch die Türsteher nicht in der Lage waren, die Menge von den erzbischöflichen Gemächern fernzuhalten.[941]

Am 16. Mai 1303 setzte Erzbischof Wikbold von Holte Gobelin von Lechenich, den *famulus suus*, in das Türwärteramt an seinem Hofe ein.[942] Am Hof hat es also das Amt oder die Ämter eines Kammerdieners oder Türwächters gegeben. Diese Bediensteten hatten die Aufgabe, die erzbischöflichen Gemächer vor unerwünschtem Besuch zu schützen. Es handelte sich daher um eine vertrauensvolle Stellung.

Ein weiterer Ministeriale war in der kölnischen Zentralverwaltung als Archivar beschäftigt. Das Kalendar der Domkustodie nennt den Beamten als denjenigen, der das Archiv verwaltete (*qui scrinium porta-*

---

939 Vgl. Liber annalium iurium, in: MRUB II, Nr. 15, S. 401ff.
940 Vgl. REK III 3186. Zu Alken/Thurant: *Zu welcher zeyt meines gn. herrn von Trier und Collen jeger kommen, seint die heimburg von weger der hern in schuldig die kost zu thun.* Vgl. GRIMM, Weisthümer II, S. 462, Datierung nach 1248.
941 ... *sollicitus, ut scriptum est, et occupatus erga plurima, secedendo de loco in locum, de camera in cameram, procurabatis vobis solitudinem, nec durabat. Sequebatur vos multitudo procerum, et impinguebant in ostia, inuitis et non valentibus arcere illos ostiariis.* Vgl. DEROLEZ, Epistolae VII, S. 107.
942 ... *beneficium seu officium hostiarii curie nostre,* das durch den Tod des Heinrich von Overbach *janiator noster* (unser Pförtner) vakant geworden war. Vgl. REK III 3920.

*verit).*⁹⁴³ Welche Unterlagen in diesem gelagert waren ist nicht bekannt. Die Nennung eines Archivs läßt jedoch auf eine zunehmende Differenzierung der Verwaltung sowie einen gesteigerten Schriftwechsel schließen. Urkunden und Lehnsverträge sind im 13. Jahrhundert bereits archiviert worden. Erste Ansätze eines Registerwesens sind unter Erzbischof Siegfried von Westerburg faßbar.⁹⁴⁴

1.11
Ministerialen ohne nachweisbaren Aufgabenbereich

Unter den Zeugen der erzstiftischen Urkunden tritt eine Gruppe von Personen auf, die wegen ihres Rittertitels oder ihrer Stellung in den kölnischen Zeugenreihen für Ministerialen zu halten sind, die aber funktional nur in Einzelfällen mit einer Amtsbezeichnung auftreten. Die Zulassung zur Urkundenbezeugung setzte eine Einbeziehung in das Gefolge des Erzbischofs voraus, denn ohne Aufforderung oder Billigung des Erzbischofs ist eine Teilnahme an dem Beurkundungsakt kaum vorstellbar. Zeuge einer erzbischöflichen oder erzstiftischen Urkunde zu sein, bedurfte der Aufforderung dazu, in der man auch eine ehrenvolle Auszeichnung oder einen Gunsterweis sehen kann. Die Aufnahme in das Gefolge, wenn es zeitlich auch noch so eng begrenzt war, stellt eine Bevorzugung gegenüber anderen dar, eine Art Ehre und Auszeichnung. Insofern ist eine interpretatorische Betrachtung dieser »Zeugenlisten« sinnvoll und kann auf einige bemerkenswerte Ergebnisse hinweisen.

Einige der genannten Zeugen lassen sich bekannten Ministerialenfamilien zuordnen, die in der erzstiftischen Verwaltung Funktionen ausübten. Im erzbischöflichen Gefolge sind ohne Amtsfunktion Winemarus von Altendorf (1240),⁹⁴⁵ Antonius von Bachem (ohne Rittertitel, 1256),⁹⁴⁶ Dietrich von Rheinbach (1259),⁹⁴⁷ Albert von Hörde (1241–1254),⁹⁴⁸ Heinrich von Meyerich (1242–1253)⁹⁴⁹ und Heidenreich von Plettenberg (1261)⁹⁵⁰ genannt. Es handelte sich dabei um Funktionsträ-

---

943 Vgl. ENNEN/ECKERTZ, Quellen II, S. 568, Kalendar der Domkustodie.
944 Vgl. REK III 3533.
945 Vgl. REK III 1002. Vgl. Kap. B II 1.5 »Die Burgmannen«.
946 Vgl. REK III 1929. Vgl. Kap. B I 3.3 »Der Kämmerer«.
947 Vgl. REK III 2046. Vgl. Kap. B II 1.4 »Die Burggrafen«.
948 Vgl. REK III 1015, 1301, 1375, 1380/81, 1608, 1739, 1807. Vgl. Kap. B II 1.3 »Die Truchsessen« und B II 1.2 »Der Marschall von Westfalen«.
949 Vgl. REK III 1063, 1739. Er wurde zu den »*officialibus curie nostre*« gezählt.
950 Vgl. REK III 2145. Vgl. Kap. B II 1.2 »Der Marschall von Westfalen«.

ger, die in unterschiedlichen Ämtern in der Zentral- und Lokalverwaltung tätig waren und gleichzeitig zum Umfeld Konrads von Hochstaden gehörten.

Daneben tritt eine zweite größere Gruppe von Ministerialen auf. Es waren diejenigen, die als Ritter und Kölner Bürger in den Listen aufgeführt werden. Es handelte sich um »bürgerliche Ministerialen«, die gerade von Konrad von Hochstaden in die erzstiftische Verwaltung aufgenommen wurden. Als kölnische Bürger und Funktionsträger (*cives et officiales Colonienses*) treten 1251 die Ritter Werner gen. Parfuse, Hermann und Gerhard, Heinrich gen. der Zöllner, Johannes und Sibert in einer erzstiftischen Zeugenliste auf.[951] 1252 bis 1260 ist Ritter Gerhard von Scherfgin II. viermal im erzbischöflichen Gefolge belegt.[952] 1244 tritt Ritter Hermann gen. Comes, Kölner Bürger, in den Zeugenreihen auf.[953] 1256 ist Ritter Reiner Grin als Kölner Bürger im Gefolge Konrads belegt. Mehrere dieser »bürgerlichen Ministerialen« sind in der Verwaltung des Erzstifts tätig gewesen. Heinrich war unter Konrad von Hochstaden erzbischöflicher Zöllner.[954] Reiner Grin übte 1238 das Amt des Brotmeisters aus.[955] Gerhard II. von Scherfgin und Hermann II. sind seit 1250 zum Beraterkreis Konrads zu zählen.

Bei anderen Ministerialen ist ihr noch zu geringer Bekanntheitsgrad dafür ausschlaggebend gewesen, noch keine Berücksichtigung bei der Ämterübergabe gefunden zu haben. Sie gehören zeitweise zum Gefolge des Erzbischofs, können aber keiner eindeutigen Funktion z.B. als Burgmann zugeordnet werden. Deshalb werden sie in einer Tabelle gesondert aufgeführt. In den erzstiftischen Zeugenlisten sind mit und ohne Rittertitel unter den kölnischen Ministerialen genannt:

Erzstift Köln

	Name	Beleg/Jahr
1.	Reinhard von Kessenich	Stadt Bonn-Kessenich, 1240
2.	Peter und Dietrich von Lommersum	Weilerswist-Lommersum, Kreis Euskirchen, 1240
3.	Sigeze	1240
4.	Adolf von Ringsheim	Kreis Euskirchen, 1240
5.	Dietrich Estas und Hermann Kreiz	1240

951 Vgl. REK III 1617.
952 Vgl. REK III 1667, 1877, 1929, 2108.
953 Vgl. REK III 1303, 1667.
954 Vgl. Kap. B II 1.7 »Die Zöllner«.
955 Vgl. REK III 890.

Lokalverwaltung

	Name	Beleg/Jahr
6.	Colvo von Ahrweiler und sein Sohn Dietrich	1240[956]
7.	Walter von *Ruckisheim*	1241[957]
8.	Hermann *Spinderus*	1243[958]
9.	Gottfried	1244[959]
10.	Gerhard Flaarne	1246–1252[960]
11.	Hermann von Rheindorferburg	1247
12.	*Wernerus Dulcis*	1249[961]
13.	Heinrich, Sohn der Emma	1249[962]
14.	Winand gen. von Kovoldeshoven	1252[963]
15.	Heinrich und Berthold von Lo	1252
16.	Lodewicus und Gottschalk von Werden	Stadt Essen, 1252
17.	Hermann von Reikin	1252
18.	Gottschalk von Millingen	Rees-Millingen 1252[964]
19.	Arnold von Wissersheim	Landkreis Düren, 1256
20.	Lothar von *Trevenzstorp*	1256
21.	Hermann von Lövenich	1256
22.	Gerhard von Buschbell	Stadt Frechen, Erftkreis, 1256
23.	Die Brüder Hermann und Gobelin von Dorne	1256
24.	Ricolf von Stotzheim	Euskirchen-Stotzheim, 1256
25.	Heinrich von Hürth	Erftkreis, 1256
26.	Nicolaus von Friesheim	Kreis Euskirchen, 1256[965]
27.	Johannes von Kerpen	1259
28.	Ingebrand von Rurich	1259
29.	Gerhardus Longus	1259[966]
30.	Ehrenfried von Kaiserswerth	Stadt Düsseldorf, 1259[967]
31.	Jakob von Erehoven	1256[968]
32.	Wilhelm von Eykenscheit	Eichenscheidt bei Bad Münstereifel? 1241/46[969]

956 Vgl. REK III 1002.
957 Vgl. REK III 1042.
958 Vgl. REK III 1095.
959 Vgl. REK III 1131.
960 Vgl. REK III 1303, 1667.
961 Vgl. REK III 1304.
962 Vgl. REK III 1449.
963 Vgl. REK III 1671.
964 Vgl. REK III 1707.
965 Vgl. REK III 1929.
966 Vgl. REK III 2044.
967 Vgl. REK III 2046.
968 Vgl. REK III 1922a.
969 Vgl. REK III 1015, 1300.

Kölnisches Herzogtum Westfalen

33.	Jonathan von Ardey	Stadt Fröndenberg, Kreis Unna, 1240–1250[970]
34.	Berthold von Brakel	Stadt Dortmund, 1241[971]
35.	Jakob von Glinde	1241
36.	Gerhard von Hagen	1241[972]
37.	Gottfried und Gobelinus von Meschede	1244–1258[973]
38.	Gerwinus von Böckenvörde	1244[974]
39.	Anton von Binolen	Wüstung 1246
40.	Albert von Sündern	Hochsauerlandkreis, 1246
41.	Lutbert von Herenke	1246[975]
42.	Rembodo von Budberg	Kreis Wesel, 1246
43.	Gervasius	1246
44.	Petrus	1246
45.	Gottfried von Büderich	Kreis Neuss, 1246[976]
46.	Gottfried von Meinhövel	Kreis Coesfeld, 1250[977]
47.	Rutger von Gahlen	Kreis Wesel, 1251[978]
48.	Conradus Friso	1254
49.	Bernhard von Boderike (Büderich?)	1254
50.	Retherus Griso	1254
51.	Alexander	1254
52.	Hermann von Neheim	Neheim-Hüsten, Hochsauerlandkreis, 1254
53.	Rudolf von Burbenne	Borbein, Wüstung im Kreis Warendorf, 1254
54.	Gerhard von Lindenbike	1254[979]
55.	Heinrich von Affeln	Hochsauerlandkreis, 1258
56.	Suikerus	1258[980]
57	Heidenreich von Tunen	1261[981]

---

[970] Vgl. REK III 1015, 1492, 1527, 1607/08.
[971] Vgl. REK III 1031.
[972] Vgl. REK III 1040.
[973] Vgl. REK III 1128, 1380, 1801, 1812, 1832, 1995.
[974] Vgl. REK III 1128.
[975] Vgl. REK III 1301.
[976] Vgl. REK III 1328.
[977] Vgl. REK III 1607.
[978] Vgl. REK III 1632.
[979] Vgl. REK III 1812.
[980] Vgl. REK III 1995.
[981] Vgl. REK III 2145.

2.
Fazit

In der Regierungszeit Konrads von Hochstaden setzte eine allmähliche Umformung der kölnischen Verwaltungspraxis ein. Dieser beginnende Prozeß läßt sich daran erkennen, daß amtsrechtliche Begriffe (*officialis, officiatus, officium*) in der kölnischen Kanzlei zunehmend verwendet wurden. Diese von Konrad von Hochstaden eingeleitete »Reform« sollte eine effektive Verwaltung des durch große Gebietsgewinne vergrößerten Doppelherzogtums Köln-Westfalen gewährleisten. Sie basierte auf der allmählichen Einführung des Amtsrechts in der kölnischen Verwaltung, das allmählich das Lehnrecht als Organisationsprinzip ablösen sollte, da es den Kölner Erzbischöfen im 13. Jahrhundert generell immer schwerer fiel, die erblichen Funktionsträger in die Verwaltung einzubinden. Gleichzeitig traten unter Konrad von Hochstaden die ersten Amtmänner in der Lokalverwaltung auf. Sie waren alle an der Peripherie des Kölner Erzstifts im Amt und hatten unterschiedlich große Amtsbereiche. Während Johann von Lösnich den kölnischen Streubesitz an der Mosel mit dem Hof Zeltingen-Rachtig als Zentrum verwaltete, unterstand dem Amtmann Lupert von Schwansbell die Burg Rees-Aspel mit dem dazugehörigen Verwaltungsbezirk. Unter den einzelnen Amtmännern hat es demnach Unterschiede im Hinblick auf den Umfang ihrer Verwaltungstätigkeit gegeben. Der Hinweis, daß der Amtmann in Rheinberg auf die Steuererhebung im »Land Kempen« zu achten habe, spricht für Ansätze einer räumlich bezogenen Verwaltungsgliederung im Kölner Erzstift.[982] Zweck einer amtsrechtlich strukturierten Verwaltungsorganisation war es, den eigenen Machtbereich flächenmäßig zu dezentralisieren, um ihn in überschaubaren geographischen Größen, den Ämtern, durch den Amtmann verwalten zu lassen, der dem Erzbischof direkt unterstellt war. JANSSEN beschreibt den Territorialisierungsprozeß in diesen Distrikten:
»Innerhalb eines relativ genau umschriebenen, mehr oder weniger dicht mit erzbischöflichen Rechtspositionen durchsetzten Gebietes wurde ein so deutliches Machtgefälle zwischen dem werdenden geistlichen Landesherrn und den übrigen »Herren« geschaffen, daß deren Herrschaftsrechte allmählich aufgesogen wurden und der Distrikt schließlich zu einem geschlossenen Bezirk gleichförmiger und unbestrittener landesherrlicher Herrschaft wurde.«[983] Dieser Prozeß konnte aber auch aufgehalten, lange unterbrochen und auch zur Wiederauflösung gebracht werden. Zum einen war diese einsetzende Reform von

---

982 Vgl. REK III 2311 (26.8.1264).
983 Vgl. JANSSEN, Territorialstaat, S. 420; DERS., Erzstift, S. 31.

der Erkenntnis bestimmt, daß das Erzstift Köln durch eine lediglich auf den Erzbischof bezogene und nur durch ihn wirksame Herrschaft nicht mehr administrativ zu durchdringen war. Die Amtszeiten dieser Amtmänner sind kaum einzugrenzen. Für Johann von Lösnich kann nur gesagt werden, daß er unter Konrad von Hochstaden im Amt war. Lupert von Schwansbell war seit 1243 Amtmann im Niederstift. Er kann bis zu seinem Tod im Jahre 1259 im Amt gewesen sein. Johann von Hörde war seit 1252 Amtmann auf der Waldenburg. Er kann dieses Amt nicht länger als bis 1272 ausgeübt haben, da in diesem Jahr seine Witwe Odylia genannt wurde.[984] Seit 1261 ist er in den Quellen nicht mehr nachzuweisen. Die Amtmänner des Erzbischofs von Köln übernahmen Aufgaben bei der Friedenswahrung und der Finanzverwaltung. Sie wurden nach dem Amtsrecht vom Erzbischof eingesetzt, hatten eine befristete Amtszeit und erhielten eine festgesetzte Entlohnung. Über die Besoldung der Amtmänner sind keine Angaben möglich. Es ist lediglich bekannt, daß, wie bereits erwähnt, Lupert von Schwansbell erblich mit der Burggrafschaft Anderburg belehnt wurde. Konrad von Hochstaden hat sich die geographische Gliederung des Doppelherzogtums zunutze gemacht und das Herzogtum Westfalen als eigenständigen Verwaltungsbereich dem Marschall von Westfalen übertragen, ein Amt, das bereits unter Erzbischof Engelbert I. eingerichtet worden war.[985]

Recklinghausen hat allerdings nur gelegentlich unter seiner Herrschaft gestanden. Außerdem waren die späteren Ämter Siegen und Waldenburg oft der Verwaltung des Marschalls entzogen.[986] Konrad gewährte dem übrigen westfälischen Gebiet unter der Herrschaft des Marschalls eine »Verwaltungsautonomie«. Der Marschall fungierte dort als Stellvertreter des Erzbischofs, setzte mit seinem Verwaltungspersonal die herzoglichen Rechte des Erzbischofs in Westfalen durch und übte die Gerichts- und Militärverwaltung aus. Mit ihm unterstehenden *Vronen* zog er Abgaben für den Kölner Erzbischof ein. Für den Marschall Hunold von Ödingen war ein Hermann, *scriptor marscalci*, tätig.[987] Gerichtsboten verhafteten und arrestierten flüchtige Verbrecher.

Daneben sind Ansätze zu einer Herrschaftsbildung in Rüthen faßbar. Hier ist im 13. Jahrhundert ein wehrhaftes Verwaltungszentrum aufgebaut worden. Die Marschälle wurden von Konrad von Hochstaden für relativ kurze Amtszeiten ernannt und rekrutierten sich aus den bedeutendsten Ministerialenfamilien in Westfalen. Aber auch Mitglie-

---

984 Vgl. REK III 2475.
985 Vgl. KORTE, Marschallamt, S. 11.
986 Vgl. WUB VII 801.
987 Vgl. KORTE, Marschallamt, S. 41.

der der Ministerialität von Hochstaden haben dieses Amt ausgeübt. Unter den erzbischöflichen Funktionsträgern nahmen die Marschälle einen hohen Rang ein. Darauf läßt auch die Ehrenabgabe der Stadt Soest beim Einritt des Marschalls schließen. Ob der Marschall bereits im 13. Jahrhundert das Recht hatte, kölnische Amtmänner einzusetzen, wie KORTE für das 14. Jahrhundert nachweist, ist zu vermuten, aber nicht zu belegen. In der Anstellungsurkunde des Grafen Gottfried IV. von Arnsberg von 1339 heißt es, der Erzbischof mache den Grafen zum Marschall, damit er an allen Plätzen seines Dukats Amtmänner ein- und absetzen kann, »*sic quod in omnibus et singulis locis ducatus nostri ibidem officiatos instituere et destituere poterit.*«[988]

Im gesamten Erzstift hat Konrad von Hochstaden die Verwaltung wichtiger Burgen den Truchsessen übertragen, die aus der kölnischen Ministerialität stammten. Auch diese Truchsessen repräsentierten den neuen Typus des landesherrlichen Beamten und standen mit den Amtmännern auf einer Stufe. Sie hatten die gleichen Funktionen wie die Amtmänner und traten unter Konrad ausschließlich auf Burgen auf. Bis auf den Truchsessen von Hülchrath konzentrierten sich die Belege auf die Zeit seit 1250. Der Kölner Erzbischof begann in der zweiten Hälfte seines Pontifikates mit der Besetzung wichtiger Burgen mit diesen Funktionsträgern. Sie waren Verwaltungsträger des Erzbischofs in allen Bereichen öffentlicher Herrschaftsorganisation. Die Ämter wurden von Konrad von Hochstaden mit Angehörigen weniger angesehener Dienstmannenfamilien besetzt und waren ebenfalls nicht erblich.[989] Die vom Westen ausgehende stetige Zunahme der Truchsessensitze ist ein weiterer Beleg für die ausgreifende Verwaltungsreform Konrads. Während er die kölnischen Funktionsträger im rheinischen Kernraum selber ernannte, wurden die westfälischen Drosten vermutlich vom dortigen Marschall ernannt.[990] In diesen Regularien sind erste Anzeichen einer Landesverfassung zu erkennen. Eine ganze Reihe dieser Truchsessensitze war namensgebende Keimzelle der späteren Ämter, z.B. die Burgen Are, Hart, Hochstaden und Waldenburg.

Auch die erblichen Burggrafen waren in die kölnische Verwaltung eingebunden. Sie übten wichtige militärische und administrative Funktionen aus. Als Burgkommandanten waren sie für die Burghut verantwortlich. Daneben war der Burggraf für die Einziehung der Abgaben aus dem der Burg angegliederten Verwaltungsbezirk zuständig.[991] Dieses Verwaltungsgebiet erstreckte sich für den Burggrafen von

---

988 Vgl. ebd., S. 27, Anm. 1.
989 Vgl. DROEGE, Territorien, S. 725f.
990 Vgl. JANSSEN, Westfalen, S. 140.
991 LAMPRECHT, Wirtschaftsgeschichte, S. 1367, sieht den Ursprung dieser Schutzgebiete in den karolingischen *fisci*.

Rheineck bis zur Rhenser Villikation. Einnahmen aus Gülten, Beden, Gefällen und Naturalien zog der Burggraf in seinem Verwaltungsdistrikt ein. Gegenüber der erzbischöflichen Kammer in Köln war er zu einer jährlichen Gesamtabrechnung verpflichtet, in der alle Einnahmen und Ausgaben vermerkt wurden. Zusätzlich stellte er eine Liste von Lehnsempfängern auf, deren Lehen direkt von den Einnahmen angewiesen wurden. Damit stand der Burggraf in schriftlichem Kontakt mit der Zentrale in Köln. Der aber selbst des Schreibens unkundige Burggraf ließ den Schriftverkehr zur Zeit Konrads von Hochstaden wohl noch von den Burgkaplänen erledigen. Richterliche Funktionen übte der Burggraf nicht aus, wenn man vom Ding (Gerichtstag) seiner Burgmannen absieht.[992] Der Burggraf hatte de jure keinen Besitzanteil an der Burg, sondern war dort als Ministeriale des Erzbischofs auf kölnischem Allod tätig. Ausdruck dieses Verhältnisses war die Schlüsselübergabe der Burg durch den Erzbischof bei der Einsetzung eines Burggrafen. Neben diesem in lehnrechtlichen Termini beschriebenen Akt leistete der Burggraf dem Kölner Erzbischof einen Treueid.[993]

Die Burggrafen zählten durchweg zum ritterlichen Ministerialenstand. Die meisten Burggrafenämter befanden sich im erblichen Besitz von Ministerialenfamilien, die sich nach ihrer Burg benannten. Dadurch traten sie ihrem ursprünglichen Herrn immer mehr als Vasallen gegenüber und entzogen sich zunehmend der Verfügungsgewalt des Kölner Erzbischofs, der kaum noch Dienstmannen seiner Wahl in diese Ämter einsetzen konnte, da sie an den ältesten Sohn vererbt wurden. Die lehnrechtlichen Formulierungen bei der Einsetzung des Burggrafen von Rheineck, aber auch die von Erzbischof Wikbold von Holte aufgelisteten Übergriffe belegen diese Entwicklung. Konrad setzte vereinzelt beamtete Burggrafen, wie etwa Lupert von Schwansbell, ein, den er erblich mit der Burg Anderburg belehnte. Insgesamt stellten die erblichen Burggrafen jedoch ein retardierendes Element für die Verwaltungsreform Konrads dar.

Auch die Burgmannen leisteten dem Kölner Erzbischof einen Treueid. Die Versorgung der Burgbesatzung erfolgte durch die Anweisung von Burglehen. Der überwiegende Teil der Burgmannen war aus dem Ministerialenstand, aber auch Edelherren und Bürger konnten Burgmannen sein.[994] Sie haben sich noch unter Konrad von Hochstaden teilweise zu Genossenschaften zusammengeschlossen und ein eigenes

---

992 Vgl. LAMPRECHT, Wirtschaftsgeschichte, S. 1370f.
993 MEYER, Burggrafentum, S. 30, hebt hervor, daß für die Reichsministerialen eine schriftliche Bestallung erfolgte.
994 Matthias von Kalmuth und Volcold von Büren waren Burgmannen auf Altenahr. Vgl. REK III 1918.

Siegel geführt, wie etwa 1259 in Rüthen.[995] Die Dienstorganisation für die Burghut der einzelnen Burgmannen erfolgte durch einen »Dienstplan«, bei dem sich die Ministerialen alternierend zur Ausübung des Dienstes einfanden.

Einem generellen Erblichkeitsanspruch der Schultheißen ist Konrad von Hochstaden offenbar entgegengetreten. Dies belegen die häufigen Personalwechsel und die teilweise kurzen Amtszeiten seiner Schultheißen. Unter Konrad von Hochstaden vollzogen die Schultheißen vor allem in den Städten einen großen Aufstieg. In den Herrschaftszentren verdrängten sie die Vögte überwiegend aus der Gerichtsbarkeit und vereinigten umfassende Kompetenzen der Verwaltung auf ihr Amt. Lediglich die Schultheißen von Soest übten dieses Amt erblich aus. Hier konnte Konrad von Hochstaden keinen Schultheißen seiner Wahl einsetzen. Als einen der vornehmsten kölnischen Ministerialen hat Konrad ihn zweimal zum Marschall von Westfalen berufen. Er leistete jedoch nur die übliche kurze Amtszeit ab. Der Kölner Erzbischof wollte dadurch eine zu große Machtfülle seines Ministerialen verhindern. Daneben spielten sie in der Verwaltung der Villikationen eine große Rolle. Zur Ausübung ihres Dienstes unterstand ihnen untergeordnetes Verwaltungspersonal. 1274 wird das Personal der Villikation Lechenich aufgeführt: Ein Schultheiß oder Beamter mit einem Knecht, sieben Schöffen, zwei Förster, ein Müller mit Knecht, ein Zinsmeister, ein Baumeister, ein Zöllner mit Knecht und ein Gärtner, der zugleich Türwächter war.[996]

Aus diesen dem Schultheißen unterstellten Beamten lassen sich die verschiedenen Aufgabenbereiche, bezogen auf Lechenich erkennen: Das Gericht, die Verwaltung der erzbischöflichen Wälder, die erzbischöfliche Mühle mit dem Mühlenbann, der Steuerbeamte, die Bauverwaltung für die erzbischöflichen Gebäude, die Zollverwaltung und das »Gartenamt« für die erzbischöflichen Gärten. Was unter diesen Gärten zu verstehen ist, bleibt offen. Es ist lediglich bekannt, daß der Kölner Erzbischof in Köln z. B. neben dem Palast einen Obstgarten hatte.[997]

Von diesen hochrangigen Funktionsträgern sind die Hofschultheißen zu trennen, die ebenfalls häufig in Zeugenlisten auftreten. Sie waren auf den einzelnen Höfen für die Güterverwaltung zuständig. Ihr Aufgabenbereich war eng umrissen. Wichtig ist, daß Schultheißen oft als Vorgänger des erzbischöflichen Amtmanns auftraten. Reinhard von Ederen war 1258 Truchseß von Hochstaden und Schultheiß von Rheinberg. 1263 war Winrich II. von Bachem Truchseß in Hochstaden und

---

995 Vgl. KEYSER, Städtebuch Westfalen, S. 308.
996 Vgl. STOMMEL, Geschichte, S. 26.
997 Vgl. REK III 2904.

Schultheiß von Kempen. Diese Titelvielfalt wurde teilweise noch in den 60er Jahren nivelliert, in der diese Funktionsträger als Amtmänner auftraten. Als diese Amtleute noch als Schultheißen fungierten, war eine starke Ämterkumulation zu beobachten. Diese Personalpolitik erforderte Vertreter bei der Abwesenheit der Beamten. Neben dem bereits erwähnten Unterschultheiß in Lechenich wird diese Verwaltungstruktur auch in anderen rheinischen Territorien in den Städten deutlich. 1255 sprach eine Xantener Urkunde von dem *iudex ... opidi Xanctensis pricipalis ...* und seinem *substitutus*.[998] Für die wirtschaftliche Erschließung und die politische Durchdringung verloren die Höfe im 13. Jahrhundert an Bedeutung.[999] JANSSEN negiert in dieser Zeit im Erzstift den Bestand eines Oberhofes über andere Höfe und damit die Existenz eines kölnischen Haupthofes, da sich diese durch Usurpation, Lehnsvergabe und Einbindung in Städte allmählich auflösten.[1000]

Die Zöllner verwalteten die wichtigsten Einnahmequellen des Kölner Erzstifts, nämlich den Zoll (Straßen-, Wasser-, und Wegezoll). Sie gehörten zu den Ministerialengruppen, die im 13. Jahrhundert in Köln fest im städtischen Bürgertum verankert waren. Sie zählten dabei auch zu den erzbischöflichen Beamten (*officiales*). Durch ihre enorme Finanzkraft halfen sie den Erzbischöfen immer wieder durch kurzfristige Kredite aus finanziellen Engpässen heraus. Aber auch in der kölnischen Lokalverwaltung sind sie in unterschiedlichen Funktionen belegt. Konrad von Hochstaden hat kölnische Bürger in seine Ministerialität aufgenommen. Als Bankiers, Ratgeber und Funktionsträger waren sie in der erzstiftischen Verwaltung von großer Bedeutung.

Der Botendienst ist von kölnischen Ministerialen ausgeübt worden. Als Träger des Kommunikationssystems waren sie für den Kölner Erzbischof von großer Bedeutung, weil er nur dank ihrer Nachrichtenübermittlung »handlungsfähig« bleiben konnte. Sie hielten sich am Hof in Köln zur Verfügung, sind im 13. Jahrhundert aber auch in Soest als genossenschaftlicher Zusammenschluß faßbar. Der gefährliche Dienst und das schlechte Straßen- und Wegenetz kann darauf hindeuten, daß es sich um junge Ministerialen handelte, die sich im Dienst des Erzbischofs erst noch bewähren sollten, bevor ihnen der Aufstieg möglich war.

---

998 Vgl. JANSSEN, Bischofshof, S. 144.
999 Zum Prozeß der Auflösung der Villikationsverfassung siehe IRSIGLER, Villikationsverfassung S. 296ff.; DERS., Grundherrschaft S. 52ff.
1000 Vgl. JANSSEN, mensa episcopalis, S. 322ff.

III.
Gesamtresümee

Zwischen Zentral- und Lokalverwaltung bestand ein intensiver Austausch. Diejenigen Hofämter, die Konrad von Hochstaden neu organisierte (Mundschenk, Truchsess), wiesen eine enge Verklammerung von Funktionen in der Zentral- und Lokalverwaltung auf. Hermann von Are war erzbischöflicher Mundschenk und gleichzeitig Burgmann auf der Burg Are.[1001] Ebenso ist Truchsess Ensfried von Hochstaden nach seiner Ablösung als Burgmann auf der Burg Hochstaden belegt.[1002] Auch der Unterkämmerer Ulrich Buk trat 1264 als Burgmann der Burg Lechenich auf.[1003]

Bei den von Konrad von Hochstaden geförderten Ämtern des *panetarius* und des Küchenmeisters erscheint diese Verklammerung geradezu im Sinne einer »Ämterkarriere«. Hermann von Forst als erzbischöflicher *panetarius* war neben dieser Funktion auch noch Schultheiß in Lechenich.[1004] Küchenmeister Gerhard von Straberg ist als Schultheiß in Andernach und Neuss belegt.[1005] Mit Ausnahme von Ulrich Buk sind diese personellen Verbindungen mit dem Amtsantritt Konrads, in einigen Fällen noch unter Erzbischof Heinrich von Müllenark, aufgetreten. Der neue Typ des landesherrlichen Funktionsträgers war gleichermaßen in der Zentral- und der Lokalverwaltung tätig. Es war jedoch nicht so, daß die Verwendung in einem Verwaltungsbereich den Aufstieg in einen anderen ermöglichte. Teilweise wurden beide Ämter parallel ausgeübt, mal ist zuerst das Hofamt greifbar und dann das lokale Verwaltungsamt, dann wieder umgekehrt. In dieser Hinsicht sind Aussagen über einen regelmäßigen Aufstieg kaum möglich.

Die Verwendungen in der Lokalverwaltung beschränkten sich bei diesen Beispielen auf das Schultheißen- und Burgmannenamt. Dabei waren diese Verbindungen wesentlich umfassender. Eine exakte Un-

---

1001 Vgl. REK III 1918 (17.9.1256).
1002 Vgl. REK III 2007 (14.8.1258).
1003 Vgl. REK III 2314.
1004 Vgl. REK III 890, 1420 (1238–1248).
1005 Vgl. REK III 890, 1303, 1614 (1238–1250).

terscheidung zwischen dem Amtmann im Kölner Erzstift und dem Hofbeamten ist unter Konrad von Hochstaden noch nicht vollzogen worden. Lupert von Schwansbell war Amtmann des Kölner Erzbischofs, Burggraf auf der Anderburg und wurde außerdem zu den *nostre curie officialibus* gezählt.

Auch der westfälische Marschall gehörte zu den *nostre curie officialibus*, obwohl er bis 1254 nicht in Köln nachweisbar war. »*Nostre curie*« ist in diesem Zusammenhang mit »erweiterter Hof« zu übersetzen. Die zum Gefolge des Erzbischofs gehörenden Personengruppen sind von Konrad gezielt in der Lokalverwaltung eingesetzt worden. Bewußt sind sie über Ämter am Hof an Konrad gebunden worden, um eine bessere Kontrolle ihrer Tätigkeiten gewährleisten zu können. Das Ziel Konrads war es, durch diese Verklammerung eine homogene Schicht von Funktionsträgern zu schaffen, die ungeachtet ihres Amtes und ihres Ranges »*pars curie*« waren und damit prinzipiell ein Verband von Gleichen. Ungeachtet aller Rangunterschiede waren sie damit in dieser Beziehung ein homogener Personenkreis.

TEIL C

Die wirtschaftlichen Grundlagen des Erzstifts Köln

I.
Allgemeine Einnahmen

Die Einarbeitung der finanziellen und wirtschaftlichen Grundlagen des Erzstifts ist eine wichtige Aufgabe, die sich aus dem steigenden Interesse der Wissenschaft an der Wirtschafts- und Sozialgeschichte ergibt. Diese moderne Fragestellung soll für das Erzstift mit diesem Kapitel aufgegriffen und versucht werden, Leitlinien der Finanz- und Güterverwaltung unter Konrad von Hochstaden zu erfassen. Die historischen Quellen hierzu sind dürftig, so daß der Bewertung und Interpretation in diesem Kapitel enge Grenzen gesetzt sind.

Die Kölner Erzbischöfe des 12. und 13. Jahrhunderts verfügten als mächtigste Fürsten des Reiches aufgrund zahlreicher Rechte und Privilegien über ein Konglomerat von Gütern und Einnahmen. Diese wurden ihnen besonders vom König als Regalien verliehen. Trotz des Widerstandes staufischer Herrscher, eine eigenständige Nutzung der Regalien durch die Landesherrscher zuzulassen, gelang es gerade auch den Kölner Erzbischöfen, zunehmend eine uneingeschränkte Nutzung dieser Geldquellen zu erreichen und damit den Ausbau ihrer Landesherrschaften und einer »Finanzverwaltung« voranzutreiben.

Die »Steuergesetzgebung«, soweit sie unter Konrad von Hochstaden festzustellen ist, erfaßte Zölle, Münze, die Bede, die Grut, die Wortpfennige, das Markt-, Boden-, und Mühlenregal sowie den Geleitschutz und den Judenschutz.

Mit dem Bodenregal waren der Forst- und Wildbann, die Jagd, die Fischerei und die Schweinemast, das Hundelager (Abgabe von gewissen Höfen), der Holzschlag und der Bergbau verbunden.[1] Als Erzbischof trieb Konrad von Hochstaden den Zehnten in seinem Erzbistum ein.[2] Außerdem standen dem Landesherrn die Leistungen aus

---

1 Vgl. VAHRENHOLD-HULAND, Grundlagen, S. 112. Zu den Regalien siehe SCHRADER, Bemerkungen, S. 128–202; THIEME, Funktion, S. 57–89; STEHKÄMPER, Reichsbischof, S. 110–112 und 117f. Die neuere Forschung faßt RITZERFELD, Erzstift, S. 271ff., zusammen.
2 Vgl. RITZERFELD, Erzstift, S. 332.

Einnahmen 271

den kölnischen Grundherrschaften und Gütern zu, die durch den Erwerb des Hochstadenschen und des Wiedischen Erbes eine beträchtliche Ausdehnung erfahren hatten.[3] Diese Leistungen waren in Tarifen festgelegt und dürfen als Bestandteile einer »Finanzgesetzgebung« betrachtet werden, die sich im Laufe des Hochmittelalters entwickelt hat. Abgaben wie die Bede wurden auch global von den Städten erhoben, die die Bede auf die Bürgerschaft (Hausbesitzer) umlegte.

Von den regelmäßigen Abgaben zu unterscheiden sind die Gebühren, z.B. Gerichtsgebühren. Wie aus mehreren Belegen hervorgeht,[4] fielen dem Landesherrn als Gerichtsherrn zwei Drittel und dem Vogt oder Schultheiß ein Drittel der Gerichtsgebühren zu. Die oberste Steuer- und Finanzverwaltung stellte die erzbischöfliche Kämmerei dar,[5] die wohl über »Unterlagen« für die »Steuereinnahmen« verfügte. Von der Kämmerei liefen die Verbindungen zu den Schultheißen, Burggrafen[6] und Vögten, die mit der Einziehung der Steuern und Abgaben beauftragt waren und die Steuersummen dem Kämmerer in Köln ablieferten. Ohne gewisse Strukturen einer »Finanzverwaltung« wäre es Konrad von Hochstaden kaum möglich gewesen, den territorialen Ausbau des Erzstifts, der große Summen verschlang, voranzutreiben.

»*Sunt et tres principes regulares, id est sub pape regulis constituti, electores regum Romanorum, scilecet: ... Coloniensis, qui tantum 5 noscitur habere suffraganeos, et tamen sibi quinquaginta marcarum milia computantur.*«[7]

Diese in die zweite Hälfte des 13. Jahrhunderts datierbare Nachricht beziffert die Jahreseinnahmen des Kölner Erzbischofs auf ca. 50000 Mark Silber, was aber sicherlich zu hoch gegriffen ist,[8] wenn auch allein schon diese Einstufung die überragende Finanzkraft des Kölner Landesherrn im Deutschen Reich zeigt. Im folgenden Kapitel sollen die wichtigsten Einnahmen des Kölner Erzbischofs dargestellt werden, die er aus eigenem Recht bezog. Dies ist als ein erster Versuch zu werten, die verstreuten und unzusammenhängenden Quellen zu einem Ganzen zusammenzufassen und unter größtem Vorbehalt erste Schlüsse zu ziehen.

Das 13. Jahrhundert kannte weder eine geregelte Finanzpolitik, noch eine durchorganisierte Finanzverwaltung. Für die Zeit Konrads von Hochstaden ist aber erkennbar, daß vorhandene Geldquellen intensi-

---

3 Vgl. JANSSEN, mensa episcopalis, S. 333.
4 Vgl. Kap. C I6 »Gerichtseinnahmen«.
5 Vgl. Kap. B I 3.3 »Der Kämmerer«.
6 Vgl. Kap. B II 1.4 »Die Burggrafen«.
7 PERTZ, Descriptio Theutoniae, in: MGH SS, Bd. XVII, S. 237. Beschreibende Übersicht Deutschlands, verfaßt ca. 1277–1287 von einem anonymen Dominikanerbruder im Kloster Colmar.
8 Vgl. ERKENS, Erzbischof, S. 33.

ver erschlossen und neue Einnahmemöglichkeiten geschaffen wurden.⁹

1.
Stadt Köln

Einnahmen hatte Konrad von Hochstaden in seiner Stellung als Stadtherr durch städtische Zölle, über deren Höhe lediglich grobe Schätzungen möglich sind. Es gab verschiedene Arten von Zöllen, die alle mehr oder weniger große Gewinne erbrachten.

Der Marktzoll wurde das ganze Jahr hindurch an allen Tagen erhoben. Die Abgaben wurden zumeist in Naturalien, nur z. T. in geringfügigen Geldbeträgen gezahlt. Daher können die Erträge nicht sehr hoch gewesen sein.¹⁰ Daneben wurde an den Feldpforten und am Rhein an der Rheingassenpforte auf die über Land transportierten Waren Tor- und Rheingassenzölle erhoben.¹¹ An den Pforten forderte man einen Wegezoll, der erstmals 1262 genannt wird, doch war er unzweifelhaft älter.¹² Zu diesem Zeitpunkt war er zwischen Stadt und Stadtherrn strittig.¹³ Die lukrativste Einnahmequelle unter den Zöllen in Köln war jedoch der Rheinzoll, besonders im Vergleich zum Marktzoll, der auch als eigenständiges Regal verliehen wurde. LAU geht davon aus, daß der stadtkölnische Handelszoll im 13. Jahrhundert vollständig verpfändet war, der Erzbischof von Köln aus diesem Zoll also gar keine Einnahmen besaß.¹⁴ Dagegen sieht RÜTIMEYER die Stadt Köln im 13. Jahrhundert gleichberechtigt neben dem Erzbischof als Zollinhaber auftreten, obwohl der Stadtherr diesen Zustand nicht anerkannt habe.¹⁵

Die Rechtslage des Kölner Zolls ist für die Zeit Konrads von Hochstaden ungeklärt. Deshalb muß auf frühere Angaben zurückgegriffen werden, die vor der Zeit Konrads von Hochstaden liegen. Gegen Ende des 12. Jahrhunderts betrug die jährliche Pfandsumme für den Zoll 350 Mark pro Jahr.¹⁶ Man darf bei der steigenden Wirtschaftskraft Kölns annehmen, daß die tatsächlichen Jahreseinnahmen anstiegen. Über die Erträge des Kölner Zolls für Konrad von Hochstaden sind keine Zahlen

---

9 Siehe zu diesem Komplex WADLE, Zoll- und Münzrecht, S. 187–225; KLÜSSENDORF, Studien, S. 68ff.; BORCHERS, Beiträge, S. 64ff.; REICHERT, Finanzpolitik, S. 199ff.
10 Vgl. LAU, Entwicklung, S. 59. Am 23. Februar 1388 wurden die Tarifsätze des Marktzolls aufgezeichnet.
11 Vgl. LAU, Entwicklung, S. 61.
12 Vgl. ebd., S. 61f.
13 Vgl. REK III 2206. Daneben wurden auch Zölle auf Vieh erhoben. Vgl. LAU, Entwicklung, S. 62; REK III 3911.
14 Vgl. LAU, Entwicklung, S. 58. Zwischen 1180–1184 besaß der Kölner Zoll einen Pfandwert von 300–350 Mark jährlich. Vgl. RITZERFELD, Erzstift, S. 275.
15 Vgl. RÜTIMEYER, Stadtherr, S. 90f.
16 Vgl. REK II 1235.

bekannt. Am 1. März 1262 findet sich jedoch eine Rentenanweisung von 450 Mark an die Gräfin von Sayn, die teilweise aus dem Kölner Zoll bestritten werden sollte. Diese Nachricht belegt, daß Konrad von Hochstaden Einnahmen aus dem Zoll, dem Ponderamt, der Grut zu Köln, aus einer Gült zu Kriele und aus einer Wochenabgabe von vier Mark aus der Kölner Münze besaß.[17] Aus der Zusammensetzung der Rentenanweisung läßt sich ein Anteil des Kölner Zolls, allerdings einschließlich Ponderamt und Grut, deren Jahreserträge nicht bekannt sind, an den genannten 450 Mark von weniger als 232 Mark berechnen. Der tatsächliche Anteil des Zolles an dieser Anweisung lag also unter 232 Mark.[18] Diese Summe erscheint angesichts der Bedeutung des Kölner Zolls niedrig und könnte für die These RÜTIMEYERS sprechen, daß der Kölner Zoll im 13. Jahrhundert zwischen der Stadt und dem Erzbischof geteilt war und es sich bei der berechneten Summe um einen anteilsmäßigen Betrag am Gesamtzoll handelte.

In einer Neufassung der finanziellen Verpflichtungen des Erzstifts Köln gegenüber Mechthild von Sayn erhielt diese am 7. September 1275 Renten in Höhe von 620 Mark, die auf den Zoll, das Ponderamt, die Grut und vier Mark wöchentlichen Geldes aus der Münze angewiesen wurden.[19] Die beiden Nachrichten von 1261 und 1275 decken sich also. Am 28. Februar 1279 verpachtete Siegfried von Westerburg dem Kölner Schöffen Daniel gen. Jude und seinen Erben für 800 Mark den Rheinzoll für dreizehn Jahre.[20] Über die Zolltarife gibt es für die Zeit Konrads von Hochstaden keine Hinweise. Sein Nachfolger Siegfried von Westerburg erteilte der Stadt Dordrecht am 18. August 1293 ein Zollprivileg. Darin wurde in den Zollbestimmungen der Zoll pro Wareneinheit aufgeführt. Die Zolltarife betrugen vom »*ghemeyn guet seu rulast*« vier Denare von der Mark, vom Zentner Salz neun Schillinge, von jeder Last »*Bückinge und Häringe gen. ghescudde harinc*« neun Denare, von Heringen in Fässern und Tonnen den gewöhnlichen Zoll. Bei der Weinabgabe sollten es die Zöllner nicht an der nötigen Höflichkeit fehlen lassen.[21] Offenbar scheint es in der Vergangenheit bei der Weinabgabe häufiger zu überhöhten Forderungen und Übergriffen der Zöllner[22] gekommen zu sein. Solche Einzelabkommen und Zollfestsetzungen sind für einzelne Städte abgeschlossen worden.

---

17 Vgl. REK III 2200.
18 Von der genannten Rentensumme können auf das Jahr gerechnet 10 Mark Gült zu Kriele und die Rentenanweisung von 4 Mark pro Woche (= 208 Mark im Jahr) abgezogen werden. Damit verbleibt für den Zoll, das Ponderamt und die Grut ein Betrag von 232 Mark.
19 Vgl. REK III 2619.
20 Vgl. REK III 2780.
21 Vgl. HOHLBAUM, Hansisches Urkundenbuch 1124; REK III 3394.
22 Vgl. Kap. B II 1.7 »Die Zöllner«.

Eine überragende Einnahmequelle war die Münze zu Köln, die bereits im 12. Jahrhundert eine Haupteinnahmequelle unter den erzstiftischen Einkünften war.[23] Der Erzbischof bezog hier Einnahmen aus dem Schlagschatz, der Differenz zwischen dem Realwert und dem Nominalwert einer Münze. In den Bestimmungen des Kleinen Schied von 1252 wurde bekräftigt, daß eine kölnische Mark zu dreizehn Schillingen und vier Denaren, d.h. zu 160 Pfennigen ausgeprägt werden sollte. Von diesen 160 Pfennigen wurden den Münzerhausgenossen vier Denare überlassen, während der Erzbischof den dreizehnten Schilling, also zwölf Pfennige als Schlagschatz einnahm.[24] Für die Zeit Philipps von Heinsberg wurde in Köln eine jährliche Münzproduktion von ein bis zwei Millionen Pfennigen geschätzt.[25] Anhand dieser Berechnungsgrundlage hätten die Einnahmen aus dem Schlagschatz in dieser Zeit 470 bis 940 Mark betragen. Obwohl ein zeitlicher Abstand zur Regierungszeit Konrads von Hochstaden besteht, sollen diese Zahlen als Orientierungswerte für das 13. Jahrhundert auch noch herangezogen werden. Unter Konrad von Hochstaden lag die Ausprägung an Münzen mit Sicherheit höher. Die intensive Münzpolitik im Herzogtum Westfalen im 13. Jahrhundert kann diese These unterstützen.[26]

Weitere Einnahmequellen aus der Münze waren die Wechselgebühren beim Umtausch fremder Währungen. Das Wechselrecht war mit dem Münzrecht verbunden. Dabei konnten Münzstätte und Wechselbank räumlich voneinander getrennt sein.[27] »Da seit den Karolingern Geschäfte nur auf dem Markt, und zwar nur mit gültigen Münzen durchgeführt werden durften, mußte sich der fremde Käufer jetzt erst die ortsüblichen Pfennige kaufen, indem er die eigenen mitgebrachten Münzen ihrem Metallwert entsprechend herausgab.«[28] Dieser Zwang ging aus der regionalen Pfennigprägung hervor. Konrad von Hochstaden war deshalb bestrebt, alle fremden Münzsorten aus dem Umlaufgebiet des Kölner Pfennigs auszuschließen.[29] Auch in diesem Fall ist eine Berechnung der erzstiftischen Einnahmen nicht möglich.

23 Vgl. RITZERFELD, Erzstift, S. 275.
24 Der schwere Kölner Pfennig wog 1,461 g, die Kölner Mark hatte ein Normgewicht von 233,856 g. Vgl. NAU, Staufer, Bd. I, S. 109. VAN REY, Münzgeschichte, S. 117, sieht eine Parallele zwischen dem 1282 zwischen Rudolf von Habsburg und Erzbischof Siegfried von Köln abgeschlossenen Münzvertrag und König Pippins Kapitular von Vernon von 755, in dem festgelegt wurde, daß aus der Mark höchstens 160 Pfennige auszubringen sind und der dreizehnte Schilling als Schlagschatz dem Münzherren zustand. Siehe auch ZIEGLER, Kölner Mark, S. 39ff.; Kölner Geld, o.S.; STEUER, Münzstätte, S. 26ff.
25 Vgl. NAU, Staufer, Bd. III, S. 92.
26 Vgl. Kap. C 3.4 »Münzwesen und Münzstätten — Herzogtum Westfalen«.
27 Vgl. RÜTIMEYER, Stadtherr, S. 63.
28 Vgl. VAN REY, Münzgeschichte, S. 103.
29 Vgl. ebd., S. 104, »Die Durchsetzung des Wechselzwangs erklärt, warum die im jeweiligen Währungsgebiet vergrabenen Münzschätze fast ausschließlich aus Pfennigen der nächst-

Eine weitere Einnahmequelle war die Münzverrufung.[30] Konrad von Hochstaden begnügte sich nicht mit den rechtmäßigen Erträgen aus der Münze, sondern versuchte durch widerrechtliche Neuprägung von Münzen und stetige Verminderung des Feingehaltes in Siegen, Wildberg und Attendorn einen Zuwachs seiner Einnahmen zu erreichen.[31] Wann eine Münzverrufung legitim war, wurde 1252 im Schiedsspruch zwischen Konrad von Hochstaden und der Stadt Köln eindeutig festgelegt und für den Fall der Wahl des Erzbischofs und des Italienzuges bestätigt.[32] Konrad von Hochstaden hatte aus Geldnot die Kölner Münze vor 1258 verschlechtert,[33] ohne daß einer der beiden genannten Anlässe bestanden hätte. Die minderwertig ausgebrachten Münzen waren von den bereits im Umlauf befindlichen Münzen äußerlich kaum zu unterscheiden.[34] NAU hingegen sieht eine klare Verbindung zwischen Münzbildwechsel und Münzverrufung; die bisherigen Pfennige wurden außer Kurs gesetzt und gegen Aufgeld umgetauscht. Es handelte sich also nach dieser These um eine Form der Besteuerung der Bevölkerung.[35] Die Münzverrufungen wurden im 13. Jahrhundert von Konrad von Hochstaden als Instrument zur Einnahmensteigerung aus der Münze verwandt. Neben der örtlichen Beschränkung des Geldumlaufs nahm der Münzherr auch eine temporäre Beschränkung vor.[36] HÄVERNICK errechnete bei einem solchen erzwungenen Wechselvorgang für die Besitzer der alten Pfennige in Köln einen Verlust von 16,6%.[37] Allerdings war im 13. Jahrhundert das Instrument der Münzverrufung durch die Überschneidung der Währungen zunehmend wirkungslos geworden. »In der Stadt Köln selbst hat man möglicherweise den Kleinverkehr auf dem Wochenmarkt und auf den Straßen teilweise zu der verlustreichen Umwechslung zwingen können, während der interlokale Handel sich mit seinen Zahlungen sicher diese Steuer entzogen

---

gelegenen Münzstätte zusammengesetzt sind, die den regionalen Währungsraum mit ihren Geprägen versorgte.«

30 Vgl. dazu HÄVERNICK, Münzverrufungen, S. 129–141.
31 Vgl. LAU, Entwicklung, S. 62.
32 Vgl. ENNEN/ECKERTZ, Quellen II 304; DIEDERICH, Münzverträge, S. 33ff., ... *nec umquam in omne tempus moneta coloniensis numismatis renovetur, nisi quando novus est archiepiscopus electus et confirmatus, vel quando eiusdem Coloniensis ecclesie archiepiscopus in obsequio imperii armis accinctus de Transalpinis partibus fuerit, reversus.*
33 Vgl. ENNEN/ECKERTZ, Quellen II 384.
34 Vgl. HÄVERNICK, Münzen, S. 6.
35 Vgl. NAU, Staufer, Bd. III, S. 95. Durch eine derartige Verrufung wurden die Bürger gezwungen, die alten Münzen gegen neue einzutauschen. Dabei wurden die Prägekosten, der Schlagschatz und ein Gewinnanteil der Münzerhausgenossen, zusammen 10%, abgezogen. Vgl. WENDEHORST, Albertus Magnus, S. 32, Anm. 14.
36 Vgl. HÄVERNICK, Münzverrufungen; S. 131; TAEUBER, Geld, S. 89f.
37 Vgl. HÄVERNICK, Münzverrufungen, S. 135f; ADERS, Regesten, S. 7, geht von einer 25%igen Besteuerung aus. In der Regel mußten zwölf alte gegen neun neue Denare eingetauscht werden.

haben wird, denn ihm standen ja im Notfall Barrensilber und andere Sorten wie die Sterlinge zur Verfügung.«[38]

Um die Ausbringung minderwertiger Münzen nach 1252 auszuschließen, wurde eine Probe der neuen Münze, die *Stail* oder *Stal*, an die Stadt Köln übergeben. Dadurch sollte der festgelegte Münzfuß kontrolliert werden.[39] Für die Entwertung umlaufender Pfennige wurden bestellte Leute des Erzbischofs eingesetzt. Alle Münzen, die einen abweichenden Münzfuß aufwiesen, wurden eingeschnitten.[40]

Der Erzbischof von Köln besaß aus der kölnischen Münze eine Einnahmentrias, bestehend aus Schlagschatz, Devisentausch und Direktbesteuerung (Münzverrufung). Konrad von Hochstaden hat versucht, dieses Finanzinstrument in Köln intensiv zu nutzen. Im 12. und 13. Jahrhundert sind u. a. zwischen dem Tod eines Erzbischofs und der Weihe seines Nachfolgers Unterbrechungen der Münzproduktion zu beobachten.[41] Konrad von Hochstaden prägte aber schon als Elekt und damit vor seiner Weihe.[42] Für die Zeit von 1238 bis 1261 ist auzuschließen, daß er im vollen Besitz der Münze von Köln war, denn die Münzerhausgenossen hatten seit dem 12. Jahrhundert in einem kontinuierlichen Aufstiegsprozeß die faktische Kontrolle über die Münze gewonnen.[43] Durch ihren Dienst in der erzbischöflichen Finanzverwaltung — sie finanzierten die Prägungen des Münzherrn, beschafften das Prägematerial und übten die Wechsel aus[44] — war ihnen der Aufstieg in das Bürgertum gelungen. Daneben stellten sie die Münz- und Marktpolizei und waren für die Kontrolle von Maßen und Gewichten sowie die Verhinderung von Fälschungen verantwortlich.[45] Als »bürgerliche Ministerialen« standen sie nicht zuletzt durch ihre Stellung als Bankiers und Kaufleute in einem besonderen Verhältnis zum Erzbischof.[46] Sie waren eine privilegierte[47] und sich selbst ergänzende Genossenschaft, die vom Münzherrn mit bestimmten öffentlich-rechtlichen Funktionen

---

38 Vgl. HÄVERNICK, Münzverrufungen, S. 139.
39 Aus der Zeit vor und nach 1268 haben sich im Kölner Stadtmuseum Lederbeutelchen erhalten, in der sich einst an die Stadt Köln übergebene Proben der erzbischöflichen Münze befinden. Vgl. NAU, Stadt und Münze, S. 147.
40 Vgl. HÄVERNICK, Münzen, S. 12. Die Probe in einer Höhe von 160 Pfennigen wurde im Sacrarium des Doms aufbewahrt. Vgl. STEUER, Stale und Stempel, S. 38; ALBRECHT, Münzproben, S. 216.
41 Vgl. HÄVERNICK, Münzen, S. 2.
42 Vgl. ebd.
43 Vgl. RITZERFELD, Erzstift, S. 105f.; vgl. Kap. A V 2 »Die Stadt Köln«.
44 Vgl. JESSE, Münzer-Hausgenossen, S. 48.
45 Vgl. NAU, Staufer, Bd. III, S. 98; STEUER, Münzwaage, S. 40ff.
46 Vgl. SCHULZ, Richerzeche, S. 171ff.; RÜTIMEYER, Stadtherr, S. 71; siehe auch LAU, Münzerhausgenossen, Korrespondenzblatt Sp. 266–269, Nr. 146.
47 Vgl. RITZERFELD, Erzstift, S. 105f.; RÜTIMEYER, Stadtherr, S. 76ff.; JESSE, Münzer-Hausgenossen, S. 72.

betraut waren und deren Hauptaufgabe die Handhabung des Münz- und Geldverkehrs war.

Die technische Arbeit des Prägens leisteten die Münzmeister (*magister monetae*) und eine Anzahl ihnen untergebener Münzer im Münzhaus. Konrad von Hochstaden setzte den Münzmeister als erzbischöflichen Funktionsträger selbst ein. Über die Höhe der Anteile Konrads an der Kölner Münze sind nur vage Aussagen möglich, da nur einzelne Rentenanweisungen bekannt sind. Im August 1239 belehnte Konrad von Hochstaden Philipp von Hohenfels mit einer Rente von 22 Mark aus der Kölner Münze, bis er ihm 200 Mark zum Erwerb von Lehen auftragen werde.[48] Bis 1261 bezog Herzog Walram von Limburg eine jährliche Rente von sechs Mark aus der Kölner Münze.[49] Insgesamt 28 Mark jährlicher Einnahmen verpfändete Konrad während seiner Regierungszeit, soweit man dies aus den Quellen erkennen kann.

Aus den Gerichtsgebühren des Stadtgerichts von Köln bezog Konrad von Hochstaden gewichtige Einnahmen, die jedoch zahlenmäßig nicht einzugrenzen sind. Wenn der Erzbischof Recht sprach, oder beim Gerichtstermin anwesend war, standen ihm bestimmte Abgaben und Leistungen zu. Die Gebühren wurden zwischen Erzbischof (zwei Drittel) und Vogt (ein Drittel) aufgeteilt.[50]

Regelmäßige Einnahmen hatte Konrad von Hochstaden seit der Regalienverleihung vor Brescia 1238 aus den Kölner Bierpfennigen, einer Biersteuer, die 1180 zum Bau einer Schutzmauer erhoben worden war. Damit stellte diese Steuer einen bedeutenden Einnahmeposten dar. Aus reichs- und territorialpolitischen Erwägungen[51] überließ Konrad von Hochstaden der Stadt Köln diese Steuer vollständig für drei Jahre.[52] Am 18. März 1258 gelang Konrad von Hochstaden in einem Übereinkommen mit der Stadt Köln eine teilweise Rückübertragung dieser Einnahmequelle.[53] Um 1260 wurden die Einnahmen aus den Kölner Bierpfennigen auf 1872 Mark geschätzt.[54] Konrad von Hochstaden versuchte, die Bierpfennige als eine regelmäßige Geldquelle zu aktivieren, er konnte die achtzehn Mark in der Woche als gesicherte Einnahme verbuchen und für seine Finanzplanung einsetzen.[55]

---

48 Vgl. REK III 957. Vgl. Kap. A I 4 »Machtausbau im kölnischen Kerngebiet«.
49 Vgl. ADERS, Regesten, Nr. 48, S. 32; REK III 2139a (2.1.1261).
50 Vgl. RITZERFELD, Erzstift, S. 337.
51 Konrad brauchte Köln als Verbündeten im Kampf gegen die Adelsrebellion. Vgl. Kap. A I 1 »Behauptung gegen den rheinischen Adel 1239/42«.
52 Vgl. REK III 911.
53 Vgl. REK III 1991.
54 Vgl. REK III 2179; WERNER, Prälatenschulden, S. 14. 18 Mark war der Ertrag der halben Bierpfennige in der Woche.
55 Vgl. REK III 2179.

An weiteren Erträgen bezog der Kölner Erzbischof Gelder aus Grundbesitz. »Die Hofzinse von Gebäuden und Verkaufsplätzen in der Marktgegend, ... sind auf den von Erzbischof Philipp 1180 27. Juli mit der Stadt abgeschlossenen Vergleich zurückzuführen, nach dem die Erzbischöfe von den Hauptplätzen auf dem Markte je 4, resp. 2 Denare jährlich erhalten sollten.«[56] Der übrige Grundbesitz wurde allerdings kaum genutzt und oft mit den Erträgnissen des Offizialatsgerichts[57] zur Finanzierung von Ausgaben verpfändet.[58]

Einnahmen bezog der Kölner Erzbischof weiterhin aus Ponderamt,[59] Fettwaage,[60] Salzmaß,[61] Grut,[62] Brau- und Malzsteuer[63] und der Molter.[64] Dazu erhob der Kölner Erzbischof die Hälfte des städtischen kleinen Bierzolls und den gleichen Anteil der Mahlabgabe von den vor der Stadt im Rhein betriebenen Mühlen.[65] Die Fülle dieser handels- und marktbezogenen Einnahmen zeigt auf, wie sehr der Stadtherr an einer expandierenden Wirtschaft in seiner Stadt finanziell partizipierte. Die Bede in Köln ging dem Erzbischof wohl schon im 12. Jahrhundert an die Bürgerschaft verloren und wurde von ihr selbst erhoben.[66] Weitere Einnahmen waren Strafgelder, Absenzgelder von Geistlichen, die ihrer Residenzpflicht bei mehreren Pfründen nicht genügen konnten, sonstige Dispensgebühren, ferner sog. Kommendegelder, Taxgebühren für Weihen, Urkunden, Besiegelung u.a. mehr.[67]

---

56 Erzstiftischer Grundbesitz in Köln waren die Palastanlage, das Münzhaus und verstreute Liegenschaften. Vgl. RITZERFELD, Erzstift, S. 292; vgl. LAU, Entwicklung, S. 63f. Siehe dazu KEUSSEN, Hofzins, S. 327–365; KEUSSEN, S. 344, beziffert den erzbischöflichen Hofzins auf vier Pfund und neun Denare.
57 Vgl. Kap. B I 5.3 »Der Offizial«.
58 Vgl. LAU, Entwicklung, S. 64.
59 Es handelte sich um das Wiegen bestimmter Waren. Die Wiegegebühren gingen an den Erzbischof. Vgl. ebd., S. 64f.; REK III 2200, 2619. Am 7. September 1282 übergab Siegfried von Westerburg dem Kölner Bürger Florian von der Sandkaule alle aus dem Ponderamt fließenden Einkünfte gegen Zahlung von 100 Mark und einer jährlichen Pacht von 40 Mark. Vgl. REK III 2952.
60 Dies war ebenfalls eine Wägeabgabe. Vgl. LAU, Entwicklung, S. 64f.
61 Das Salzmessen wurde von den Salzmüddern ausgeübt. Vgl. ebd., S. 65; REK III 3911.
62 Vgl. LAU, Entwicklung, S. 65; REK III 2200, 2300, 2619. Es gab bestimmte Bezirke, deren Brauer die von ihnen benötigte Grut von dem erzbischöflichen Beamten, dem Gruter, entnehmen mußten. Dabei war die Stadt Köln der Mittelpunkt eines solchen Grutbezirks. Vgl. LAU, Entwicklung, S. 65. 1264 war diese Einnahmequelle jedoch an Kölner Bürger verpfändet. Vgl. ENNEN/ECKERTZ, Quellen II 469.
63 Vgl. LAU, Entwicklung, S. 57. Zur Mahlaccise vgl. REK III 2206, zum Mahlpfennig ebd., 2320, 2337, 2438.
64 Vgl. LAU, Entwicklung, S. 57.
65 Vgl. ebd.
66 Vgl. RÜTIMEYER, Stadtherr, S. 101f.
67 Vgl. FEINE, Rechtsgeschichte, S. 378.

Tabellarische Übersicht der Einnahmen Konrads aus der Stadt Köln

Jahr	Einnahmen	pro Jahr
1261	Münze wöchentlich 4 Mark	208 Mark
1275		anteilig
1282	Ponderamt	100 Mark
1279	Rheinzoll	800 Mark
	Münze:	–
	Wechselgebühren	
	Schlagschatz	Mittelwert aus 470–940 Mark = 605 Mark
	Münz verrufung	–
1260	Hälfte der Bierpfennige	Gesamt: 1872 Mark Hälfte: 936 Mark
	Kleinere Abgaben	–
		2649 Mark

Bewußt wurden auch Angaben aus der Zeit nach 1261 herangezogen, um das rudimentäre Quellenbild aus der Zeit Konrads zu vervollständigen und die gewonnenen Erträge abzusichern.

2.
Zoll

2.1
Rheinzölle

DROEGE sieht die Situation der Rheinzölle im 12./13. Jahrhundert durch eine Erneuerung königlicher Regalrechte einerseits, und eine territoriale Machtkonsolidierung der Landesherren andererseits, bestimmt.[68] Die fiskalische Ausbeutung der Zölle wurde von den Territorialherren als überragendes Finanzierungsmittel erkannt und genutzt. »Die Zölle waren die Stellen, an denen man am schnellsten und mit dem geringsten Aufwand zu barem Geld kommen konnte. Sie spielen daher innerhalb des landesherrlichen Etats gegenüber allen anderen Einnahmeposten die hervorragendste Rolle.«[69] Im Verlauf dieser »Zollexplosion« wurde das ursprüngliche Gebührenprinzip der Zollnahme eliminiert, indem keine verkehrsfördernde Gegenleistung mehr erbracht wurde.[70]

Generell sind zwei Hauptstränge des Zollwesens zu unterscheiden: Der zu Lande erhobene Marktzoll und der zeitlich später anzusetzende

---

68 Vgl. DROEGE, Rheinzölle, S. 28.
69 Vgl. ebd., S. 45; DIRLMEIER, Zoll- und Stapelrechte, S. 25.
70 Vgl. KLÜSSENDORF, Studien, S. 68.

Zoll, der von den auf dem Wasser transportierten Waren erhoben wurde.[71] Für Konrad von Hochstaden ergibt sich folgende Situation:

Neuss
(Kreis Neuss)

Wichtigste Einnahmequelle für den Kölner Erzbischof war der Zoll zu Neuss.[72] Konrads Vorgänger Heinrich von Müllenark wies am 17. Februar 1236 dem Herzog Heinrich II. von Brabant 3000 Mark auf den halben Zoll zu Neuss an. Über einen Zeitraum von fünf Jahren sollte er jährlich 600 Mark aus ihm beziehen. Wurde diese jährliche Fixsumme nicht erreicht, mußte der Erzbischof den Fehlbetrag zuzahlen.[73] Damit war Heinrich von Müllenark von einer jährlichen Höchsteinnahme von 1200 Mark ausgegangen. Am 28. Juni 1244 verpflichtete sich Konrad von Hochstaden, seinem Verwandten Otto von Wickrath für seine vernichteten Weingärten im Wert von 50 Mark fünf Mark auf den Zoll zu Neuss bis zur Begleichung dieser Summe anzuweisen.[74] Am 26. April 1245 setzte Konrad von Hochstaden dem Grafen von Jülich für das Lösegeld von 1500 Mark, zahlbar in drei Raten, den Neusser Zoll als Pfand.[75] Am 27. Januar 1256 überwies Konrad von Hochstaden an Dietrich von *Milendunk* auf zehn Jahre eine Jahresrente von 100 Mark, zu zahlen aus dem achten Teil des Zolls zu Neuss.[76] Konrad von Hochstaden ging nur noch von 800 Mark Jahresertrag aus, obwohl er gerade in seiner Amtszeit das Zollwesen intensiviert hatte. Es ist wahrscheinlich, daß dieser Zollverpfändung eine Einnahmenuntergrenze des Neusser Zolls zugrunde gelegt wurde. Ein weiterer, aber kaum auswertbarer Beleg findet sich für den 19. November 1259. Wilhelm von Altena erhielt eine Rente von zwanzig Mark aus dem Zoll zu Neuss angewiesen, um eine Summe von 200 Mark aufzubringen.[77]

Die große Anzahl der kleineren Anweisungen auf den Neusser Zoll läßt zwar keine Aussage über den Gesamtertrag der Zolleinnahmen in Neuss zu, doch wird zumindest die überragende Bedeutung dieser Zollstelle als Geldquelle und Verpfändungsobjekt deutlich. Er diente oftmals als Pfand und wurde bei den Gläubigern als solcher ohne Schwierigkeiten akzeptiert, da bekannt war, welche Summen sich hier

---

71 Vgl. DROEGE, Rheinzölle, S. 25.
72 Vgl. SOMMERLAD, Rheinzölle, S. 94. Eine Beteiligung der Neusser Bürger am Zoll ist nicht bekannt. Vgl. RITZERFELD, Erzstift, S. 279.
73 Vgl. REK III 846.
74 Vgl. REK III 1150. Vgl. Kap. A V 1 »Städtepolitik — Rheinland«.
75 Vgl. REK III 1183.
76 Vgl. REK III 1878.
77 Vgl. REK III 2077.

im Laufe eines Jahres zusammenaddierten. Aufgrund der auswertbaren Hinweise ist es möglich, die jährlichen Einnahmen des Zolls zu Neuss auf 800 bis 1200 Mark zu schätzen. 1236 ging man von einer Höchsteinnahme von 1200 Mark jährlich aus. Zwanzig Jahre später veranschlagte Konrad die Erträge aus Neuss auf ca. 800 Mark. Dieser Betrag hat wohl unterhalb der Jahreseinnahmen gelegen. Er wollte diese wichtige Einnahmequelle nicht vollständig durch Verpfändungen auf Jahre hinaus einbüßen. Zugleich versuchte er, den Neusser Zoll weiter auszubauen, indem er auch die Kölner Bürger Zoll zahlen ließ. Der Bau der Neusser Zollburg,[78] mit deren Hilfe er zu Lande und zu Wasser ungerechtfertigte Zölle erhob, war Ausdruck einer Zollpraxis, die eindeutig gegen Köln gerichtet war.[79] Im Kleinen Schied von 1252 wurde festgelegt, daß alle Zölle zu Neuss oder anderswo, wo immer der Erzbischof ungerechterweise und entgegen den Privilegien der Kölner Bürger Zoll genommen hatte, abgeschafft werden sollten.[80] Weniger ergiebig war mit Sicherheit der Land- und Marktzoll zu Neuss.[81] Trotzdem gewann auch insgesamt gesehen der Landzoll zunehmend an Bedeutung, da die Kaufleute wegen der unablässigen Zollerhebungen auf dem Rhein immer häufiger dem Wasserweg auswichen. In Neuss wurde nach 1200 von einem Wagen ein Pfennig und von der Karre ½ Pfennig Zoll erhoben.[82] Weitere Einnahmen hatte der Kölner Erzbischof aus dem Salzzoll.[83]

Andernach

Auf den Zoll zu Andernach, der 1167 von Kaiser Friedrich I. mit der Stadt an den Kölner Erzbischof übertragen worden war, hat DROEGE für das 13. Jahrhundert nur noch einen geringen Einfluß des Kölner Metropoliten angenommen.[84]

78 Vgl. Kap. A V 1 »Städtepolitik — Rheinland«.
79 Vgl. VON SYBEL, Erzbischof, S. 129; CARDAUNS, Konrad von Hochstaden, S. 96.
80 Vgl. REK III 1669. Im Zusammenhang mit der Verurteilung dieser ungerechtfertigten Zölle ist eine Auffälligkeit hervorzuheben. 1266 erneuerte Engelbert II. das Recht der zollfreien Leichenüberführung für Juden in die Stadt Köln, welches in der Vergangenheit verletzt worden sei. Vgl. ENNEN/ECKERTZ, Quellen II 495. Warum faßte Engelbert II. dieses Recht noch einmal neu? Offensichtlich ist es gebrochen worden, und dieser Tatbestand verweist auf die Regierungszeit Konrads von Hochstaden. Es ist letztlich nicht zu beweisen, ob Konrad von Hochstaden hier Zölle erhoben hat. Vgl. STOBBE, Juden, S. 218; ENNEN, Gemeinde, S. 219.
81 Vgl. LANGE, Neuss, S. 61; HUCK, Neuss, S. 75f.
82 Vgl. HUCK, Neuss, S. 160. Diesen Wagenzoll hat Konrad von Hochstaden der Stadt Neuss aus Geldverlegenheit verliehen. Am 4. August 1258 wird das Neusser Stift St. Quirin ausdrücklich von diesem Zoll befreit. Vgl. REK III 2005.
83 Vgl. REK III 3242.
84 Vgl. DROEGE, Rheinzölle, S. 29.

Trotzdem scheinen hier noch Einnahmen an den Kölner Erzbischof geflossen zu sein. Der Zoll zu Andernach wurde in einen kleinen Zoll und einen Hauptzoll unterschieden.[85] Im November 1234 wies Heinrich von Müllenark Gerhard von Sinzig sechs Mark aus dem Zoll zu Andernach bis zur Zahlung einer Summe von 60 Mark an.[86] SPAHN weist darauf hin, daß der Kölner Erzbischof in der Zeit des Interregnums (1250–1273) in Andernach über das vom Kaiser bewilligte Maß hinaus neue Zölle erhob.[87] Für die Zeit Konrads von Hochstaden sind mit Sicherheit Einnahmen aus dem Rheinzoll von Andernach erzielt worden. Unter seinen Nachfolgern ist dieser Zoll immer wieder zu Verpfändungen herangezogen worden.[88] Wegen der zahlreichen Verpfändungs- und Anweisungsbelege ist die Ansicht von DROEGE eher unwahrscheinlich, daß der Einfluß des Kölner Erzbischofs auf den Andernacher Zoll um die Mitte des 13. Jahrhunderts nur noch unbedeutend gewesen sei. Der Gesamtertrag der Zollstelle kann aus den vorhandenen Belegen kaum geschätzt werden. Am 26. März 1287 wurde er auf 150 Mark[89] taxiert. Auch für Andernach lassen somit die zahlreichen Zollbelege auf eine wachsende Bedeutung dieser Einnahmequelle für den Finanzhaushalt des Erzstifts schließen.

Bonn

Der 1246 von Konrad von Hochstaden eingerichtete Bonner Zoll[90] wurde mehrmals von König Konrad IV. verboten,[91] doch der Kölner Erzbischof hat sich um dieses Verbot nicht gekümmert. Bereits am 18. März 1244 behielt sich Konrad von Hochstaden bei seiner Urkunde für Bonn ausdrücklich den Zoll vor.[92] Im April 1246 gewährte er den Schiffen des Klosters Heisterbach Zollfreiheit zu Bonn.[93] Welche Summen sie ihm pro Jahr einbrachten, ist unbekannt. Bei der Bedeutung von Bonn[94] wird es sich aber um höhere Einnahmen gehandelt haben.

---

85 Vgl. REK III 2710 (16.3.1277).
86 Vgl. REK III 818.
87 Vgl. SPAHN, Studien, S. 7.
88 Vgl. REK III 2710, 3131, 3558, 3654, 3665.
89 Vgl. REK III 3131.
90 Vgl. SPAHN, Studien, S. 7.
91 Vgl. TROE, Münze, S. 239.
92 Vgl. REK III 1131.
93 Vgl. REK III 1242.
94 Vgl. Kap. A V 1 »Städtepolitik — Rheinland«.

Xanten
(Kreis Wesel)

Zölle zu Xanten wurden im Januar 1237 erwähnt.[95] Gegen eine jährliche Rekognition von sechzehn Denaren befreite Heinrich von Müllenark die in Xanten Handeltreibenden u. a. von dem täglichen Schiffszoll.[96] Dieser Tarif erbrachte dem Zollherrn auf das Jahr umgerechnet Einnahmen von 36½ Mark an Rekognitionsgebühren.[97]

Bacharach (Verbandsgemeinde Rhein-Nahe, Landkreis Mainz-Bingen)

Auch hier war das Erzstift am Zoll beteiligt. Am 7. Mai 1301 wurde Erzbischof Wikbold von Holte von König Albrecht vorgeworfen, in Bacharach alte Zölle erhöht und neue erhoben zu haben.[98] Nach Ausweis des Weistums von Bacharach aus dem 14. Jahrhundert erhob der dortige kölnische Schultheiß von den Schiffen auf dem Rhein einen Ruderzoll, sechs Pfennige von jedem Schiff innerhalb des Gerichtsbezirks und zwei Pfennige von jedem Weinschiff.[99] Konrad von Hochstaden hat sicher auch diese Einnahmenquelle genutzt.

2.1.1
Fazit

Unter den erzbischöflichen Rheinzöllen Neuss, Andernach, Bonn, Xanten und Bacharach nahm der Neusser Zoll eine überragende Stellung ein. Dies galt auch gegenüber dem Zoll von Köln, da Konrad von Hochstaden in Neuss alleiniger Zollherr war. Im Schnitt waren aus diesem Zoll Einnahmen bis zu 1000 Mark jährlich zu erzielen, wenn auch bestimmte Anteile wohl ständig verpfändet waren. Konrad versuchte diese überragende Stellung in Neuss durch den Bau einer Zollburg weiter zu festigen, doch mußte er die Anlage auf Druck der Stadt 1255 niederlegen lassen. Erkennbar war sein Bestreben, vorhandene Einnahmequellen intensiv zu nutzen, um die wachsenden Kosten für

---

95 Vgl. REK III 868/69.
96 Vgl. ebd.; FLINK, Stadtentwicklung Xanten, S. 82.
97 16 Denare x 365 = 5840 Denare pro Jahr = 36 1/2 Mark Einnahmen aus Rekognitionsgebühren.
98 Vgl. REK III 3822.
99 Vgl. die Weistümer von Bacharach Ba I (1386), Ba IV (o. D.), Ba V (ca. 1360–1380), in: FELD, Städtewesen, S. 118ff.

die kölnische Machtpolitik auszugleichen. Andernach war demgegenüber von geringerer Bedeutung, doch traten Heinrich von Müllenark und wohl auch Konrad von Hochstaden als Zollherren auf. Andernach und Bonn wurden entgegen königlichen Anordnungen von ihm weiter ausgebaut. Anläßlich der Stadterhebung von Bonn behielt sich Konrad am 18. März 1244 ausdrücklich den Zoll vor. Er wollte entlang der ertragreichen Rheinroute möglichst viele Konkurrenten ausschalten, um eine Art »Zollmonopol« aufzubauen. Gegen die Grafen von Kleve, die seit 1241 bei Orsoy (Landkreis Moers) eine klevische Zollstelle unterhielten, ging er mit Gewalt vor und zwang sie zur Aufgabe dieser Einrichtung.[100] War es ihm nicht möglich, eine solche neue Zollstelle zu verhindern, so bestand er darauf, bei ihrer Einrichtung hinzugezogen zu werden. Zu diesem Zweck bestätigten die mächtigsten Landesherren in sog. Willebriefen ihr Einverständnis für die Errichtung eines Zolls. So stellte Konrad von Hochstaden einen Willebrief für die Verleihung des Zolls zu Braubach (Loreley-Kreis) aus.[101]

In Xanten erzielte Konrad ebenfalls Einnahmen in Höhe von ca. 36½ Mark aus dem Schiffszoll. Zollerträge aus Bacharach sind im 13. Jahrhundert anzunehmen, aber nicht belegt.

Bei der Verpfändung von Zöllen ist Konrad von einzelnen Fixsummen ausgegangen, die Ober- bzw. Untergrenzen der Jahreserträge ausmachten. Er legte jedoch offensichtlich Wert darauf, den Neusser Zoll nicht vollständig zu verpfänden. Dafür spricht die Vielzahl von kleineren Anweisungen. Die Einnahmen einer Zollstelle waren von der schwankenden Handelsfrequenz abhängig und deshalb nicht exakt zu taxieren. Auffällig war die häufige Verpfändung von Zolleinnahmen, die zwar im Hochmittelalter gängiges Finanzgebahren darstellte, aber auf gewisse Liquiditätsschwierigkeiten hindeutete. Durch die ständigen Verpfändungen beraubte sich der Kölner Erzbischof zunehmend seiner ergiebigsten Einnahmequellen, deren Erträge ihm damit bereits an der Quelle verlorengingen.

Dennoch rückte der Zoll durch die Einnahme- und Pfandfunktion in eine zentrale Position landesherrlicher Finanzpolitik. Konrad von Hochstaden versuchte dieses Finanzinstrument für den landesherrlichen »Etat« weiter auszubauen und zu nutzen.

---

100 Vgl. SCHOLZ-BABISCH, Quellen, S. XXIII.
101 Vgl. SAUER I 769.

Erträge aus den Rheinzöllen

Rheinzölle	Ertrag pro Jahr	in Betrieb
Köln	800 Mark	13. Jahrhundert
Neuss	800–1200 Mark	13. Jahrhundert
Andernach	über 150 Mark	13. Jahrhundert
Bonn	über 200 Mark	13. Jahrhundert
Xanten	36½ Mark (Schiffszoll)	1237
Bacharach	–	vermutlich bereits 13. Jahrhundert
		1386 ½ Mark (Minimum)

2.2
Sonstige Zölle

Herford
(Kreis Herford)

Um einen Landzoll handelte es sich in Herford. Hier erhielt der Kölner Erzbischof die Hälfte aus den Einnahmen.[102]

Siegen
(Kreis Siegen-Wittgenstein)

Der Zoll in Siegen befand sich am 22. März 1253 im Besitz Konrads von Hochstaden. Er verpfändete ihn an diesem Tag gemeinsam mit den dortigen Einkünften aus Bede, Münze und Judenschutz für 500 Mark.[103] Die Erträge dieses Zolls werden sicher bedeutend gewesen sein.

Ahrweiler
(Landkreis Ahrweiler)

Ein Zoll zu Ahrweiler ist 1259 belegt. 1259 und 1260 befreite Konrad von Hochstaden die Klöster Marienthal und Steinfeld vom Zoll und der Accise.[104]

---

102 Vgl. REK III 419 (März 1223); KORTE, Herford, S. 14.
103 Vgl. REK III 1719. Im westfälischen Einkünfteverzeichnis von 1306 bis 1308 wurde der Siegener Zoll mit vier Mark und vier Solidi angegeben. Vgl. SEIBERTZ, UB I 484, S. 599.
104 Vgl. REK III 2073 zum Kloster Marienthal (21.10.1259); TILLE, Urkunden, S. 190f. zum Kloster Steinfeld (1260). Vgl. Kap. A V »Städtepolitik — Rheinland«.

Helmarshausen
(Landkreis Kassel)

Mit dem Erwerb der Hälfte von Helmarshausen und der Kruckenburg konnte Konrad von Hochstaden 1241 auch den halben Landzoll nutzen.[105] Im westfälischen Einkünfteverzeichnis wurde dieser Zoll allerdings nicht mehr erwähnt.

Vreden
(Kreis Borken)

Konrad von Hochstaden konnte durch die Stadterhebung von Vreden an der Berkel auch die Hälfte des Zolls einfordern.[106]

Rüthen
(Kreis Soest)

In Rüthen hat das Erzstift Köln bereits unter Engelbert I. einen Zoll erhoben.[107] Dies wird wohl auch unter Konrad von Hochstaden der Fall gewesen sein.

Rees
(Kreis Kleve)

Der kölnische Marktzoll in Rees wurde 1142 erwähnt und bis 1314 erhoben.[108]

Werl
(Kreis Soest)

Einnahmen in Höhe von zwanzig Mark hatte im Jahr 1306/08 das Erzstift Köln aus dem dortigen Karren- Vieh- und Handelszoll zu Werl.[109] Konrad von Hochstaden verpfändete ihn 1261 zur Hälfte.[110]

---

105 Vgl. REK III 1013.
106 Vgl. SEIBERTZ, UB I 484, S. 638f., *item opidum Vredene pro medietete est Archiepiscopi. Ibi ... Theloneum ... pro media parte sunt.*
107 Vgl. LOTHMANN, Engelbert I, S. 158; WUB VII 3.
108 Vgl. SCHOLZ-BABISCH, Quellen, S. XXIII. Beleg für den Reeser Zoll bis 1314: REK III 3700, FLINK, Rees, Urkunden-Anhang, Nr. 3 (13.12.1299), FLINK, Rees, Urkundenanhang, Nr. 4 (27.9.1308). Symbolisiert wurde der kölnische Schutz für den jeweiligen Markt durch das Aufstellen einer Kreuzfahne, die als Zeichen des Marktfriedens diente. Vgl. HORSTMANN, Wechselwirkung, S. 208.
109 Vgl. SEIBERTZ, UB I 484, S. 634.
110 Vgl. REK III 2171; HÖMBERG, Werl, S. 46.

Einnahmen

Soest

In Soest hatte der gleiche Zoll einen Wert von 30 Mark jährlich.[111]

Medebach
(Hochsauerlandkreis)

Vier Mark bezog das Erzstift 1306/08 aus dem Karren- und Viehzoll zu Medebach.[112]

Marktzölle erhob Konrad von Hochstaden außerdem in Xanten, Recklinghausen, Neuss,[113] Bonn,[114] Zülpich[115] und Deutz.[116]

Die Land- und Marktzölle waren an Bedeutung mit den Rheinzöllen nicht vergleichbar. Trotzdem flossen aus diesen Zollstellen regelmäßige Gelder an Konrad von Hochstaden. Die Einnahmen schwankten zwischen vier Mark und 30 Mark jährlich je nach Bedeutung des Marktortes. In der Finanzierungspolitik Konrads von Hochstaden spielten diese Zölle aber wohl eine untergeordnete Rolle. Die folgende Tabelle listet die Erträge der einzelnen Zollstellen auf. Wo keine exakten Summen nachzuweisen waren, wurde ein geschätzter Betrag eingesetzt.

Land- und Marktzölle

Ort	Ertrag	Zeitraum	geschätzte Einnahmen in Mark
Herford	–	1223	20
Siegen	–	1306/08	30 (1253)
Ahrweiler	–	1259	10
Helmarshausen	–	1241	4
Vreden	–	1252	4
Rüthen	–	1200	4
Rees	–	1142–1314	10
Werl	20 Mark	1261–1306/08	
Soest	30 Mark	1306/08	

111 Vgl. SEIBERTZ, UB I 484, S. 622.
112 Vgl. ebd., S. 611.
113 Vgl. PENNINGS, Geschichte, S. 186ff. für Recklinghausen; vgl. SCHOLZ-BABISCH, Quellen, S. XXV für Xanten; LANGE, S. 61 für Neuss.
114 NIESSEN, Bonn, S. 102.
115 Vgl. STEHKÄMPER, Reichsbischof, S. 133; KEYSER, Städtebuch Rheinland, S. 438; SCHWARZ, Geschichte, S. 177f.
116 Vgl. KAEBER/HIRSCHFELD, Städte II, S. 112.

Ort	Ertrag	Zeitraum	geschätzte Einnahmen in Mark
Medebach	4 Mark	1306/08	
Xanten	–	1237	10
Recklinghausen	–	13. Jahrhundert	5
Neuss	–	13. Jahrhundert	30
Bonn	–	1244	30
Zülpich	–	seit dem 11. Jahrhundert	20
Deutz	–	13. Jahrhundert	30

Diese unvollständige Tabelle ergibt einen geschätzten Jahresertrag für Konrad von Hochstaden aus diesen Zöllen in Höhe von 261 Mark.

2.3
Zollgeleit

ERKENS sieht das Geleitrecht im kölnischen Westfalen als Säule der kölnischen Herzogsrechte an.[117] Das Zollgeleit bezog sich auf die Sicherung des Handelsverkehrs und den Schutz der Reisenden, der für ein bestimmtes Gebiet gegen festgesetzte Gebühren gewährt wurde.[118] Das westfälische Einkünfteverzeichnis beschreibt eine solche Geleitsordnung für das kölnische Westfalen. Dem Erzbischof von Köln und Herzog von Westfalen gehörte das Geleitrecht zwischen Weser und Rhein,[119] eine grobe und ungenaue geographische Angabe. Gemeint ist wohl das Herzogtum Westfalen, dessen Grenzen nach Westen und Osten von Rhein und Weser bestimmt wurden. Die Tarife für das Geleitrecht waren drei Denare für einen beladenen Wagen, achtzehn Denare für einen Reise- oder Bannerwagen (*carruca*) und ein Denar für ein Pferd ohne Reiter, das verkauft werden sollte.[120] Unklar ist die Länge des Geleits. Wenn sich diese Tarife auf das gesamte Geleit zwischen Weser und Rhein, beispielsweise auf den Hellweg beziehen, müßten die Tarife für Teilstrecken niedriger gewesen sein. Es gab eine zeitliche Regelung des Geleits für Monate oder Jahre, die mit dem Marschall von Westfalen geschlossen werden mußte.[121]

Der Geleitschutz bezog sich auf das Reisen auf den damals bedeutenden Wegeverbindungen. Wichtigste Straße war im rheinischen

---

117 Vgl. ERKENS, Miszellen, S. 32. Zum Geleit siehe die Arbeiten von FIESEL, Geleitrecht, S. 1–40; DERS., Entstehungsgeschichte S. 466–506; DERS., Zollgeleit, S. 385–412.
118 Vgl. FIESEL, Geleitrecht, S. 38f.
119 Vgl. SEIBERTZ, UB I 484, S. 644, *Item jus Ducis Westphalie est conductus a Wesera usque ad Renum ....*
120 Vgl. ebd.
121 Vgl. ebd.

Raum die sog. Krönungsstraße von Sinzig in Richtung Aachen verlaufend. Daneben lief linksrheinisch eine Straße parallel zum Rhein über Speyer – Worms – Bingen – Koblenz – Andernach, dann rechtsrheinisch über Linz – Honnef und überquerte bei Bonn wieder den Fluß in Richtung Aachen. Die Köln – Frankfurter Straße verlief rechtsrheinisch über Limburg, Siegburg, Köln nach Maastricht. Die Straße von Bonn nach Neuss, Teil der alten Römerstraße, zog sich von Köln aus durch das Eigelsteintor über Nippes, Merheim, Niehl, Merkenich, Worringen, Dormagen, Zons und Grimlinghausen nach Neuss hinauf.

Wichtigste Wegeverbindung im Herzogtum Westfalen war der Hellweg, der von Ruhrort über Dortmund und Soest die West-Ostachse südlich der Lippe bildete. Auf diesen wichtigen Wegeverbindungen wird der Erzbischof von Köln ganz oder zumindest streckenweise das Geleitrecht ausgeübt haben.

Zuständig für das Geleitrecht im Herzogtum Westfalen war der zuständige Marschall[122] als Stellvertreter des Erzbischofs. Für den Fall der Schadenshaftung bestanden bestimmte Einzelregelungen. Die Gografen und die Gemeinschaft der Menschen (*communitas hominium*) im Sinne der Gefolgschaft wurden zur Verfolgung von Straßenräubern herangezogen. Für die Sicherung des Geleits waren sie zur Belagerung der Burgen von Räubern, aber auch zum Burgenbau zur Sicherung des Geleits zuständig.[123] Das Rechtsdokument für den Geleitschutz war der Geleitsbrief, aber der Geleitete konnte auch durch Kreuz, Fahne oder einen geweihten Stab gekennzeichnet sein.[124]

Im rheinischen Kerngebiet sind mehrere Geleitszusagen Konrads von Hochstaden belegt. Am 20. Januar 1240 versprach er den Siegburger Bürgern Geleit durch die Diözese.[125] Am 23. August 1241 sicherte er den Kölner Kaufleuten, die die Jahrmärkte der Reeser besuchen, freies Geleit zu.[126] Graf Wilhelm von Jülich mußte sich am 24. Februar 1244 wegen der Verletzung des erzbischöflichen Geleitrechts in Roermond verantworten.[127] Am 23. März 1259 nahm Konrad von Hochstaden die Utrechter zu Land und zu Wasser in seinen Schutz und unter sein Geleit.[128] Im Herzogtum Westfalen übergab Graf Conrad von Everstein Konrad von Hochstaden am 24. November 1259 neben der

---

122 Vgl. Kap. B II 1.2 »Der Marschall von Westfalen«.
123 Vgl. SEIBERTZ, UB I 484, S. 644, … *et hanc eandem sequelam de jure facere tenentur, quando Dux vult obsidere castrum aliquod propter predicta de eodem commissa, vel castrum edificare pro necessitate sua et defensione terre*. KALISCH, Geleitsregal, S. 594ff., bezweifelt hingegen, daß Köln in diesem Gebiet das alleinige Geleit ausgeübt hat. Seiner Meinung nach hat es vor 1300 in Westfalen kein in größerem Umfang reklamiertes kölnisches Geleitrecht gegeben.
124 Vgl. DOTZAUER, Geleitwesen, S. 287.
125 Vgl. REK III 972; WISPLINGHOFF, Siegburg, Nr. 106.
126 Vgl. REK III 1027.
127 Vgl. REK III 1126.
128 Vgl. REK III 2043.

halben Burg Ohsen an der Weser auch die Hälfte seines Geleites auf der Weser und auf dem Lande.[129] In Bacharach übte der Kölner Erzbischof ebenfalls das Geleitrecht aus, das vom Bacharacher Schultheißen ausgeübt wurde.[130] Das Geleitrecht galt möglicherweise bereits von der Nahemündung an und erstreckte sich bis zur Stadtgrenze von Oberwesel (Reichsstadt, Rhein-Lahn-Kreis). Der dortige Schultheiß mußte dann das Geleit übernehmen. Das Geleit innerhalb der Bannmeile von Zülpich gehörte dem Erzbischof von Köln (*vort so is dat geleyde uns heren van Colne allwege up die Banmyle*).[131] An Zahlen sind lediglich die Tarifsätze des westfälischen Geleits bekannt, die sich aber nicht von den rheinischen Tarifsätzen unterschieden haben werden. Zu den Einnahmen sind gar keine Angaben möglich. Es bleibt aber festzuhalten, daß es diese Einnahmequelle unter Konrad von Hochstaden gab und er aus ihnen Einkünfte bezog. Wesentlich wichtiger war die Bedeutung dieses Rechts für die Friedewahrung innerhalb des kölnischen Territoriums. Es muß einen Zusammenhang zwischen dem Ausbau des Geleitrechts und dem Ausbau des Straßensystems geben. Zum Ausbau des Straßensystems gehörte aber auch die Sicherung der Straßen. Diese Sicherung fiel in den Bereich der Burgenpolitik, denn von den Burgen und ihrer Mannschaft konnte die Sicherheit des Geleits am besten gewährt werden.[132]

In den Städten und größeren Orten wurden die Schultheißen mit der Wahrnehmung des Geleitrechts beauftragt, so in Bacharach und in Zülpich.[133] Die Gesamteinnahmen aus Zollgeleit und Geleitrechten im Erzstift können wegen der wenigen Belege nicht geschätzt werden.

3.
Münzwesen und Münzstätten

Noch 1977 schrieb Elisabeth NAU, an die Aufforderung des Wirtschaftshistorikers Aloys Schulte erinnernd, »eine Geldgeschichte Deutschlands und Italiens existiert nicht, sie ist das erste Erfordernis unserer Wirtschaftsgeschichte ...«, daß »wir von einer Darstellung, die den gesamten Aspekt mittelalterlicher Geldgeschichte in Deutschland und Italien überschaubar machte, weit entfernt sind.«[134] Der wirt-

---

129 Vgl. REK III 2078.
130 Vgl. FELD, Städtewesen, S. 118ff.
131 Vgl. LACOMBLET, Archiv I (1832), S. 251.
132 Vgl. Kap. B II 1.5 »Die Burgmannen«.
133 Vgl. Kap. B II 1.6 »Die Schultheißen«.
134 Vgl. NAU, Staufer I, S. 87.

schaftsgeschichtliche Aspekt des Münz- und Geldwesens ist nach wie vor für ein Territorium wie das Erzstift Köln zur Zeit Konrads von Hochstaden unbefriedigend bearbeitet. Dies liegt neben der Vielzahl der Münzstätten, die damals tätig waren, auch daran, daß sie teilweise nur kurze Zeit prägten, daß durch neue Münzfunde immer wieder Probleme der Zuordnung der Münzen auftreten, bei vielen Münzen wegen fehlender Kennzeichnung eine Zuordnung gar nicht möglich ist.[135] Sicher scheint jedoch, daß neben der überragenden Münze der Stadt Köln[136] die vielen Nebenmünzstätten eine zusätzliche Einnahmequelle für Konrad darstellten. Um seine Einkünfte zu verbessern, bemühte er sich um einen intensiven Ausbau des Münzwesens im Kölner Erzstift.

3.1
Der Kölner Pfennig[137]

Im Kleinen Schied von 1252 war Konrad von Hochstaden untersagt worden, durch illegale Münzverrufungen und -verschlechterungen das Münzregal verstärkt fiskalisch auszunutzen.[138] Dies veranlaßte Konrad, einen neuen Weg zu beschreiten. Er umging die ihm auferlegte Beschränkung dadurch, daß er außerhalb Kölns Münzen schlagen ließ, als gälte die Bestimmung von 1252 nur für die Münze der Stadt Köln.[139]

Parallel zu der örtlichen Beschränkung des Geldumlaufs wurde im 12./13. Jahrhundert in der Periode der lokal begrenzten Pfennigmünzen auch eine zeitliche Beschränkung gehandhabt, in der nach einer bestimmten Zeit das alte Geld gegen neues unter Verlust eingewechselt werden mußte.[140]

3.2
Münzpolitik

HÄVERNICK ermittelte für die Elektenzeit Konrads von Hochstaden (1238–1239) aus 21 Denaren ein Durchschnittsgewicht von 1,266 Gramm. Der Silberfeingehalt aus der Probe von fünf Exemplaren betrug 924/1000 fein. Als Münzsorten kommen der Denar, der Obol und der Hälbling vor. Die oben erwähnten Münzbilder fanden in den

---

135 Vgl. ebd.
136 Vgl. Kap. C I 1 »Allgemeine Einnahmen — Die Stadt Köln«.
137 Zum Übergang des Münzregals auf die Territorialherren vgl. NAU, Staufer III, S. 89; GEBHARDT, Numismatik, S. 79; KAMP, Münzprägung, S. 519. Zum Verbreitungsgebiet des Kölner Pfennigs vgl. VAN REY, Münzgeschichte, S. 121; WIELANDT, Handelsmünze, S. 178f.
138 Vgl. Kap. C I 1 »Allgemeine Einnahmen — Die Stadt Köln«.
139 Vgl. KLINKENBERG, Interpretation, S. 124f.
140 HÄVERNICK, Münzverrufungen, S. 131.

Münzstätten Soest, Schmallenberg, Marsberg und Korbach Verwendung. Dies ist ein konkreter Anhaltspunkt für die Prägetätigkeit dieser Münzstätten im Zeitraum April 1238 bis Oktober 1239.[141]

Für die Zeit als *minister* (1239/1244) errechnet HÄVERNICK aus neun Denaren ein Durchschnittsgewicht von 1,384 Gramm. Dieses Gewicht liegt deutlich höher als das für den Zeitraum als Elekt ermittelte Gewicht. Auch das höchste Einzelgewicht mit 1,54 Gramm liegt höher als der Höchstwert für den Zeitraum als Elekt, das HÄVERNICK mit 1,49 Gramm angibt. Nach seiner Auffassung soll die Prägetätigkeit nicht sehr groß gewesen sein, so daß man sich die etwas übergewichtigen Pfennige als eine Ausnahmeerscheinung erklären könnte. Jedenfalls hat diese Ausprägung das Ansehen des Kölner Pfennigs gestärkt und dem guten Einvernehmen mit der Kölner Kaufmannschaft gedient. Neben den Pfennigen wurden auch Hälblinge geprägt, jedoch keine Quadranten.[142] Drei Münzbilder wurden mit Sicherheit in seiner Zeit als Erzbischof (nach 1244) verwendet. Sie konnten aber von HÄVERNICK nicht zeitlich datiert und voneinander abgegrenzt werden.

Es handelt sich nach HÄVERNICK[143] um die Phase mit der intensivsten Münzprägung in Köln. Das durchschnittliche Münzgewicht ging noch einmal etwas höher, nämlich auf 1,408 Gramm. Aus weiteren sechs Denaren wurde ein Durchschnittsgewicht von 1,420 Gramm ermittelt, so daß man davon ausgehen kann, daß Konrad von Hochstaden seit 1244 als Erzbischof auf ein hohes Gewicht für den Kölner Pfennig Wert gelegt hat. Hierauf ließ sich auch der Anspruch begründen, daß der Kölner Pfennig die Leitwährung am Niederrhein und in Westfalen blieb.

Vom zweiten Münztyp wurden offensichtlich weniger Münzen geprägt. Nach den von HÄVERNICK festgestellten Gewichten der Pfennige lag diese Münzprägung zwischen 1,23 und 1,35 Gramm. Aus welchen Gründen das Münzgewicht leicht reduziert wurde, ist unbekannt. An Münzverschlechterungen konnten bestimmte Spekulantenkreise Interesse haben, aber auch die Abwanderung der schweren Pfennige in benachbarte Territorien führte oft zu solchen Gegenoperationen. Sie waren aber in Köln nur Ausnahmeerscheinungen und haben dem hohen Ansehen des Kölner Pfennigs auf lange Sicht keinen erkennbaren Schaden zufügen können.

---

141 Vgl. HÄVERNICK, Münzen, S. 149.
142 Vgl. ebd., S. 148f.
143 Vgl. ebd., S. 150–156.

3.3
Münzstätten im kölnischen Kerngebiet

In den alten linksrheinischen Kerngebieten des Kölner Erzstifts hat Konrad von Hochstaden neben der Münzzentrale Köln, deren Behandlung bereits an anderer Stelle erfolgt ist, über einige andere, weniger bedeutende Münzstätten verfügt, die für den regionalen Bedarf und auch nur zeitweise geprägt haben.

Andernach

Einige sehr seltene Denare des 13. Jahrhunderts zeigen, daß zur Zeit Konrads von Hochstaden[144] hier in geringen Mengen und nur selten geprägt wurde. Geschlagen wurden leichte Pfennige nach mittelrheinischem Münzfuß, die zum schweren Kölner Pfennig im Verhältnis 2:1 standen.[145] Nach 1241 war der Münzmeister *Ludewicus* dort im Amt, der als Nachweis für die Andernacher Münze zur Zeit Konrads von Hochstaden gelten kann.[146] Die Silberzufuhr für die Münzstätte kam aus den Bergwerken zu Eckenhagen,[147] die Kaiser Friedrich I. 1167 dem Kölner Erzstift geschenkt hatte.

Rees
(Kreis Kleve)

Die Münzstätte Rees hat nur vereinzelt gearbeitet. »Die inschriftlosen, leichten Pfennige mit dem barhäuptigen Brustbild eines Geistlichen und einem verzierten Kreuz sind nach Utrechter Schlag geprägt. Münzherr war das Marienstift in Rees, dem Erzbischof Sigewin von Köln (1079–1089) die dortige Münze geschenkt hatte.«[148] Dennoch treten die Kölner Erzbischöfe im 13. Jahrhundert als Mitbesitzer dieser Münzstätte auf.[149] Sie waren Vögte des Marienstifts und Marktherren in Rees und damit auch die Münzherren.[150]

---

144 Vgl. Kap. A V »Städtepolitik — Rheinland«.
145 Vgl. VAN REY, Münzgeschichte, S. 133. Es ist anzunehmen, daß diese Pfennige mit dem Silber aus Eckenhagen geschlagen wurden. Vgl. ebd.; GROSCH, Münzstätten, S. 31ff. NAU, Staufer I, S. 112, erwähnt keine Münzen für die Zeit Konrads.
146 Vgl. VAN REY, Münzgeschichte, S. 133; HÄVERNICK, Münzen, S. 59; HOENIGER, Rotulus, S. 10, Eintrag 9.
147 Über den Ertrag der Minen in späterer Zeit vgl. GERHARD, Eckenhagen, S. 114–129.
148 Vgl. NAU, Staufer I, S. 119.
149 Vgl. ebd.
150 Vgl. HÄVERNICK, Münzen, S. 178; DERS., Pfennig, S. 56.

Die Stadt hatte aber nur einen bescheidenen Münzbetrieb. Die Fläche des Münzhauses in Rees wird kaum 22 m² überschritten haben.[151] An der Peripherie des Erzstifts richtete man sich häufiger nach Prägungen benachbarter Landesherren, um mit etwa gleichwertigen Münzen im regionalen Marktgeschehen dienen zu können.

Xanten
(Kreis Wesel)

In Xanten wurde eine weitere Nebenmünzstätte im 13. Jahrhundert unterhalten, die erst unter Konrad von Hochstaden mit ihrer Prägetätigkeit begonnen hat.[152] Sie prägte schon im ersten Jahr der Regentschaft Konrads von Hochstaden einen leichten Pfennig von etwa 0,4 bis 0,5 Gramm.[153] Aus dem Münzbild ist erkennbar, daß diese Prägung in die Zeit Konrads als Elekt fällt. Prägungen aus der Zeit Konrads als *minister* waren HÄVERNICK (noch) unbekannt, vermutlich war die Münzstätte in dieser Phase noch nicht in Betrieb. Aus der Zeit als *archiepiscopus* sind wieder zahlreiche Beispiele bekannt, die darauf hindeuten, daß sich das Marktgeschehen intensivierte. Als Revers benutzte man einen Kranz mit linienförmigen Endungen, wie es auf Utrechter Pfennigen des Bischofs Heinrich von Utrecht (1250–1267) bekannt ist und von der Münzstätte Xanten übernommen wurde. Die Pfennige stellten das gängige Kleingeld dar und waren nur in der Umgebung von Xanten im Gebrauch. Wohl zur Unterscheidung vom Kölner Denar wurden sie *denarii Xantenses* genannt. Die Münze in Xanten war in ihrer Bedeutung wohl mit der von Rees vergleichbar.[154]

Die räumliche Nähe von Neuss,[155] Bonn[156] und Deutz[157] zu Köln erschwerte es Konrad von Hochstaden möglicherweise, die Wiederinbetriebnahme dieser Münzstätten durchzusetzen. Außerdem sind keine Gepräge dieser Münzen aus seiner Herrschaftszeit bekannt. Es ist auffallend, daß die beiden bedeutenden Münzstätten in der Nähe Kölns, Neuss und Bonn, in der Zeit Konrads von Hochstaden nicht tätig waren. Es liegt die Vermutung nahe, daß die Stadt Köln sich gegenüber diesen Städten das Alleinprägerecht des Kölner Denars sichern konnte

---

151 Vgl. KLÜSSENDORF, Rees, S. 105ff.
152 Vgl. VAN REY, Münzgeschichte, S. 134. Zur Münzstätte Xanten siehe weiterhin ZEDELIUS, Münzprägung, S. 51f.; HÄVERNICK, Münzen, S. 186; DERS., Xanten, S. 265–66.
153 Vgl. NAU, Staufer I, S. 113.
154 Vgl. VAN REY, Münzgeschichte, S. 134.
155 Vgl. HÄVERNICK, Münzen, S. 177; VAN REY, S. 134.
156 Vgl. HÄVERNICK, Münzen, S. 173.
157 Vgl. ADERS, Regesten, S. 9f. Es gab Vorbehalte der Kölner Kaufmannschaft. Vgl. VON EBENGREUTH, Münzkunde, S. 170.

und Konrad von Hochstaden, aus welchen Gründen auch immer, dazu seine Einwilligung gab.

Bielstein
(Oberbergischer Kreis)

In Bielstein bestand eine Münzstätte mit geringer Prägetätigkeit. Auch wegen der reichen Silbervorkommen im Bergischen Land wird hier eine kölnische Münzstätte angenommen. HÄVERNICK führt einen Denar nach Kölner Vorbild an, der sich im Avers mit der Aufschrift CONR(adus) — ARCHIEPC(opus) auf Konrad von Hochstaden bezieht. Im Revers wird zugleich der Bezug auf Köln deutlich: (agrippin)A CO(loni)A. Der einzige Unterschied zu kölnischen Vorbildern ist auf dem rechten Turm ein aufrecht stehendes Beil, dessen Schneide nach rechts gewandt ist. Die Vermutung, daß in Bielstein eine kölnische Münzstätte arbeitete, beruht auf dem mehrfachen Vorkommen des Beizeichens »Beil« auf kölnischen Denaren, welches möglicherweise wie der »Hammer« von Hammerstein als redendes Zeichen interpretiert werden darf.[158] Für diese Annahme fehlt aber ein Beweis.[159]

Wildberg
(Oberbergischer Kreis)

Aus völlig ungeklärten Rechtsverhältnissen heraus war Konrad von Hochstaden im zeitweiligen Mitbesitz der bergischen Münzstätte Wildberg.[160] Unter den bergischen Geprägen finden sich jedenfalls solche, die den Grafen von Berg und den Erzbischof von Köln nach 1247 als Münzherrn nennen, auf welchen jedoch der Münzort nicht angegeben ist. Der Entstehungsort dieser Pfennige muß Wildberg gewesen sein.[161]

Siegen
(Kreis Siegen-Wittgenstein)

Seit 1224 war der Kölner Erzbischof zur Hälfte an der Münze in Siegen beteiligt.[162] Unter Konrad von Hochstaden kam es in der Münzstätte

---

158 Vgl. HÄVERNICK, Münzen, S. 172.
159 Vgl. ebd., S. 173.
160 Vgl. ENNEN/ECKERTZ, Quellen II 384, vgl. Kap. C I 1) »Allgemeine Einnahmen — Die Stadt Köln«.
161 Vgl. HÄVERNICK, Münzen, S. 253; VAN REY, Münzgeschichte, S. 134.
162 Vgl. Kap. A V »Städtepolitik — Rheinland«.

Siegen zur Prägung minderwertiger Pfennige, über die sich die Stadt Köln 1258 beschwerte.[163] Über den Anteil, den der Münzertrag ausmachte, sind keine konkreten Angaben möglich. Man kann davon ausgehen, daß die Prägetätigkeit der Siegener Münze im 13. Jahrhundert hoch war, da die Silberbergwerke auf dem Stadtberg in dieser Zeit noch ausgebeutet wurden.[164]

3.4
Herzogtum Westfalen

In den Außenregionen des Herzogtums Westfalen stellten sich Münzwesen und Geldwirtschaft in anderer Form dar als in Köln, der Hauptmünzstätte und dem Haupthandelsort des Erzstifts und den altkölnischen Gebieten am Rhein. In Köln lag die zentrale Münzstätte, an deren Münzen im Wert höchste Ansprüche gestellt wurden. Dagegen kam den kleineren Münzstätten in der Grenzlage des Herzogtums nur regionale Bedeutung zu. Ihre Münzen waren nur Zahlungsmittel innerhalb des heimischen Marktes und brauchten nur den dortigen Erfordernissen zu genügen, ohne etwa für den Fernhandel von Bedeutung zu sein. Dennoch ergriff Konrad von Hochstaden im Herzogtum Westfalen münzpolitische Maßnahmen und ließ Münzen von gleichem Aussehen, aber geringerer Qualität auch in neugegründeten Münzstätten prägen. Wo er nicht alleiniger Münzherr werden konnte, sicherte er sich Anteile an bestehenden Prägeorten. »Was die Staufer schon im 12. Jahrhundert in hohem Maße praktizierten, über Städtegründungen bzw. Befestigungsrechte lukrative Mitbeteiligungen an Münzstätten zu erwerben, diese Methode wurde in ausgiebigem Maße während des 13. Jahrhunderts von den Kölner Erzbischöfen in ihrem Herzogtum Westfalen angewendet,« urteilt BERGHAUS.[165] In diesen westfälischen Münzstätten sind besonders verschiedene Sterling-Typen mit speziellen Abänderungen nachgeprägt und in Umlauf gebracht worden.[166] Dieser als short-cross-Typ bezeichnete Sterling wurde für eine vorüber-

---

163 Vgl. Kap. C I 1) »Allgemeine Einnahmen — Die Stadt Köln« und Kap. A V »Städtepolitik — Rheinland«.
164 Vgl. PHILIPPI I, S. XXVII.
165 Vgl. BERGHAUS, Münzgeschichte, S. 62; vgl. NAU, Staufer III, S. 91; SUHLE, Münz- und Geldgeschichte, S. 147.
166 Vgl. VAN REY, Münzgeschichte, S. 143. König Heinrich II. von England hatte parallel zum schwäbischen Heller in Deutschland einen Sterling genannten Penny ausgeprägt, der zu 160 Stück aus der Mark geschlagen wurde und damit anfangs dem Kölner Pfennig an Wert gleich war. Der kölnische Handel mit England und die hohen politischen Geldzahlungen führten im 13. Jahrhundert zur Verbreitung des Sterlings vor allem in Westfalen und in Norddeutschland.

Einnahmen 297

gehende Zeit zur beliebtesten Münzsorte und seit ca. 1230 von den westfälischen Münzstätten ausgegeben.[167]

Recklinghausen
(Kreis Recklinghausen)

Konrad von Hochstaden hat die Prägetätigkeit in Recklinghausen wieder aufgenommen.[168] Die Münzstätte lag im Einflußbereich des Bistums Münster, wie die Münzbilder zeigen, die man wegen ihrer Ähnlichkeit zu münsterischen Geprägen als Beischläge bezeichnen kann. Konrad von Hochstaden ließ nur Pfennige prägen, die ein geringes Durchschnittsgewicht von nur 1,065 Gramm hatten. Das höchste Einzelgewicht lag bei 1,15 Gramm. Damit sind sie im Gewicht den Münzen von Schmallenberg vergleichbar. Von ihm sind aus dieser Münze zwei verschiedene Pfennigtypen von münsterischem Schlag überliefert.[169] Die ältere Münze, die von Konrad von Hochstaden verwendet wurde, geht auf einen Münztyp Bischof Ludolfs von Münster (1226–1248) zurück und kann kaum später als 1250 entstanden sein. Eine zweite Pfennigprägung, ebenfalls auf münsterischen Schlag, ist nach einem Pfennig von Bischof Otto II. von Münster (1248–1259) geprägt. Die Recklinghausener Nachprägung kann demnach nicht vor 1248 entstanden sein. HÄVERNICK geht wieder von einer geringen Prägezahl aus. Das Durchschnittsgewicht aus fünf Pfennigen erreichte 1,384 Gramm, das höchste Einzelgewicht 1,47 Gramm.[170] Hier liegt wiederum das Pfenniggewicht der Kölner Münzstätte zugrunde. Dies könnte man als eine Aufwertung des Recklinghausener Marktes und seines Wirtschaftslebens interpretieren. Seiner gewachsenen Bedeutung entsprechend wurden nunmehr Kölner Pfennige von schwererem Gewicht dem Wirtschaftsleben zur Verfügung gestellt. Recklinghausen tendierte also geldwirtschaftlich in den Wirtschaftsraum Köln. Beide Prägungen unter Konrad von Hochstaden richteten sich nach Vorbildern aus dem Bistum Münster. Dadurch war diese zweite Recklinghausener Prägung dem Pfennig aus dem Bistum Münster gewichtsmäßig überlegen. HÄVERNICK hält die Prägetätigkeit in Recklinghausen für unbedeutend. Diese Auffassung könnte aber durch Münzfunde aus den letzten fünfzig Jahren überholt sein.

---

167 Vgl. BERGHAUS, Perioden, S. 37.
168 Vgl. DERS, Recklinghausen, S. 22; HÄVERNICK, Münzen, S. 202.
169 Vgl. BERGHAUS, Recklinghausen, S. 21, Abb. 4.
170 Vgl. HÄVERNICK, Münzen, S. 202f.

Brilon
(Hochsauerlandkreis)

Brilon war seit Erzbischof Engelbert I. im Besitz des Kölner Erzstifts und wurde ihm am 24. August 1256 in einem Vertrag zugesprochen.[171] In die Zeit Konrads von Hochstaden als Archiepiscopus (seit 1244) wird ein Denar datiert, der im Avers den Namen CONRAD hat, aber einen Weltlichen mit Schwert und Lanze darstellt. Vorbild für dieses Münzbild sind Münzen des Grafen Bernhard III. von der Lippe (1219–1265) aus der Münzstätte Lippstadt. Im Revers zeigt der Denar den Namen BRILON CIVITAS. Hier liegt ein Beispiel für eine nachbarschaftliche Nachprägung vor, mit der ein Gegengewicht zu den Münzen der Grafen von Lippe geschaffen werden sollte. Das Münzgewicht lag bei einem Exemplar bei 1,11 Gramm.[172]

Medebach
(Hochsauerlandkreis)

Unter Konrad von Hochstaden erscheinen die ersten Prägungen 1244 mit Angabe der Münzstätte. Diese Anweisung geht wohl auf ihn zurück, ebenfalls die regelmäßige Tätigkeit der Münzstätte unter ihm.[173] Der Münzmeister *Hartmuth* in Medebach wird 1257 und 1274 in Urkunden erwähnt.[174]

Die westfälische Bestandsliste von 1306 bis 1308 wies dem Münzherrn in Medebach einen jährlichen Gewinn von 50 bis 60 Mark zu.[175] Ähnlichkeiten im Münzbild bestehen mit den Münzstätten Korbach, Schmallenberg und Arnsberg, doch ist der Einfluß von Medebach verlorengegangen. Andere Gepräge zeigen wieder Einflüsse aus der Nachbarschaft. Wie im Falle Brilons wurden Münzen nach dem Vorbild der Münzstätte Lippstadt geprägt. Konrad von Hochstaden ließ in Medebach nur Pfennige schlagen, die meisten mit Nennung seines Namens. Das durchschnittliche Pfenniggewicht lag bei 1,328 Gramm, das höchste Einzelgewicht betrug 1,36 Gramm und entsprach damit den in Köln geprägten Pfennigen. Prägungen ohne Nennung seines Namens sind seltener. Es handelte sich um Nachprägungen der Münzstätte Lippstadt, ein sogenannter Beischlag.[176]

---

171 Vgl. NAU, Staufer I, S. 112.
172 Vgl. HÄVERNICK, Münzen, S. 194; BERGHAUS, Münzgeschichte, S. 62.
173 Vgl. HÄVERNICK, Münzen, S. 199.
174 Vgl. WUB VII 938; WUB IV 1359.
175 Vgl. SEIBERTZ, UB I 484, S. 610f.
176 Vgl. HÄVERNICK, Münzen, S. 199f.

Einnahmen 299

Schmallenberg
(Hochsauerlandkreis)

Schmallenberg wurde am 3. März 1244 von Konrad von Hochstaden befestigt,[177] gleichzeitig wurde dort wohl eine Münzstätte eingerichtet.[178] Diese Prägestätte scheint im 13. Jahrhundert von einiger Bedeutung gewesen zu sein. Mit dreizehn verschiedenen Münztypen folgt Schmallenberg der Münzstätte Attendorn mit 21 Münztypen. Die Schmallenberger Pfennige gehen im Münzbild auf Vorbilder aus Köln, Attendorn, Brilon, Soest und Nieheim (?) zurück. Eigene Münzbilder hat die Münzstätte fast nie geschaffen. Die Münzprägungen begannen schon in der Elektenzeit Konrads. In der Ministerzeit Konrads scheint die Münze pausiert zu haben, da HÄVERNICK keine Prägung aus diesem Zeitraum kannte.[179] In der Zeit als *archiepiscopus* hat Konrad von Hochstaden wieder in Schmallenberg prägen lassen. HÄVERNICK ermittelte an Hand nur weniger Pfennige ein durchschnittliches Münzgewicht von 1,182 Gramm. Das höchste Einzelgewicht betrug 1,30 Gramm. Damit gehörten die Schmallenberger Münzen zu den Regionalprägungen. Die Prägungen waren wesentlich leichter als die in Köln geprägten Pfennige.[180] 1306 bis 1308 wird für Schmallenberg bemerkt, daß ehedem eine Münze bestand, diese aber wegen Zerstörung aufgegeben werden mußte.[181]

Soest

Soest war nach Köln die bedeutendste Nebenmünzstätte. Ursprünglich waren die Kölner Erzbischöfe dort alleinige Münzherren.[182] Um 1140 gingen Besitzrechte der Münzstätte in Soest an das Apostelnstift in Köln über. Das Recht, den Münzmeister in Soest einzusetzen, ist dem Apostelnstift auch von Konrad von Hochstaden anerkannt worden.[183] Er urkundete 1245, es habe sich herausgestellt, daß »... *decanum et capitulum ecclesie sanctorum apostolorum in Colonia id habere iuris, quod moneta est recipienda ab eis et tenenda* ...«[184] Allem Anschein nach behielt sich aber Konrad von Hochstaden das Recht vor, den Schlagschatz zu

---

177 Vgl. Vgl. WUB VII 562.
178 Vgl. HÄVERNICK, Münzen, S. 206; NAU, Staufer I, S. 113.
179 Vgl. HÄVERNICK, Münzen, S. 206.
180 Vgl. BERGHAUS, Schmallenberg, S. 33f., besprochen von HATZ, Besprechung, S. 860; HÄVERNICK, Münzen, S. 206ff.
181 Vgl. SEIBERTZ, UB I 484, S. 608. Schmallenberg war nach BERGHAUS, Münzgeschichte, S. 62, bis 1297 tätig.
182 Vgl. HÄVERNICK, Münzen, S. 211.
183 Vgl. ebd.
184 Vgl. WUB VII 598; REK III 1215.

empfangen, denn es ist bekannt, daß Erzbischof Wikbold von Holte 1303 diesen verpfändet hat.[185]

Neben der Einsetzung des Münzmeisters hatte das Apostelnstift das Anrecht auf eine Jahresrente von 60 bzw. 80 Schillingen aus der Soester Münze. Der Schlagschatz wurde 1306 bis 1308 auf 30 Mark beziffert.[186] Diesen umgerechnet 360 Schillingen stand der Anteil des Stifts mit 80 Schillingen gegenüber, also ein wesentlich geringerer Anteil. Der Erzbischof verfügte damit über vier Fünftel des Schlagschatzes, während dem Stift ein Fünftel der Einnahmen zustanden. Anhand des Schlagschatzes von insgesamt 440 Schillingen kann der Gesamtausstoß der Soester Münze auf ca. 429 Mark pro Jahr hochgerechnet werden. »Auf den Soester Prägungen erscheint als besonderes Kennzeichen eine kleine, gerstenkornähnliche Schleife, das ›Soester Zeichen‹. Die Soester *Colonienses* sind ihrerseits wieder Vorbild für die Prägung vieler kleinerer Münzstätten im Herzogtum Westfalen geworden.«[187] Sie wurden *Colonienses* genannt, weil sie auf dem Revers die Aufschrift s. *Colonia* trugen.[188] Bekannt ist aus der Zeit Konrads der Münzmeister Johann, Sohn des Soester Bürgers Hardung (nach 1245).[189]

Für die Frage, welche Münzstätten für Konrad von Hochstaden arbeiteten, ist von Interesse, daß der Erzbischof Münzen mit seinen Bildern und Kölner Münzfuß in Soest prägen ließ, so daß er bis auf die genannten Einschränkungen die Münzstätte besessen haben muß. In Soest sind seit der Elektenzeit Konrads von Hochstaden Münzen geprägt worden, darunter auch der Hälbling. Die große Zahl der unterschiedlichen Münzbilder beweist die intensive Prägetätigkeit. In der Zeit Konrads von Hochstaden als Elekt hatten die Soester Münzen ein Durchschnittsgewicht von 1,290 Gramm, das höchste Einzelgewicht eines Denars betrug dabei 1,60 Gramm. Die Münzen unter Konrad von Hochstaden als *archiepiscopus* hatten Durchschnittsgewichte von 1,277 bis 1,363 Gramm bei höchsten Einzelgewichten von 1,40 Gramm. Die Soester Pfennige sind bis zum Ende des 13. Jahrhunderts nach dem schweren Kölner Münzfuß geprägt worden. Sie bewahrten Gewicht und Feingehalt auch noch am Ausgang des 13. Jahrhunderts, als der Kölner Pfennig in seinem Feingehalt zu sinken begann.[190] Aus den Münzgefällen von Soest erhielt die Äbtissin von Geseke jährlich drei

---

185 Vgl. HÄVERNICK, Münzen, S. 212.
186 Vgl. SEIBERTZ, UB I 484, S. 622.
187 Vgl. NAU, Staufer I, S. 112.
188 Vgl. ebd.
189 Vgl. HÄVERNICK, Münzen, S. 211.
190 Vgl. HÄVERNICK, Münzen, S. 211ff.

Mark.[191] Da sich das Signum in der Form eines Kreuzes auf den Soester Pfennigen findet, handelte es sich bei diesen Münzen um Gepräge der Äbtissin von Geseke aus der Soester Münze. Pfennige mit dem Kreuz sind seit Konrad von Hochstaden bekannt, daher ist es möglich, daß der Äbtissin von Konrad von Hochstaden eine Prägekonzession erteilt wurde. Zudem besaß der Kölner Erzbischof ein besonders enges Verhältnis zur Abtei Geseke, für deren Schutz er sich verantwortlich fühlte. Am 12. Mai 1244 urkundete Konrad in der Abtei Geseke und gab die der Äbtissin vom erzbischöflichen Marschall weggenommenen Einnahmen (*de pomerio et custodia*) zurück.[192] In diesem Zusammenhang einer Wiedergutmachung könnte die jährliche Anweisung von drei Mark auf den Soester Schlagschatz zu erklären sein.

Attendorn
(Kreis Olpe)

1258 klagte die Stadt Köln, daß Konrad von Hochstaden in Attendorn minderwertige Münzen schlagen lasse.[193] In Attendorn wurden Denare — keine Obole und Quadranten — für Konrad von Hochstaden in seiner Zeit als *minister* und *archiepiscopus* geprägt. Aus einem Irrtum des Stempelschneiders, für die *minister*-Zeit das Pallium in das Münzbild aufzunehmen, kann geschlossen werden, daß diese Münzstätte einen eigenen Stempelschneider, zumindest zeitweise, besaß.[194] Die Attendorner Pfennige hatten das Gewicht der Kölner Prägungen und hoben sich dadurch von den westfälischen Regionalprägungen ab. Aus der Anfangszeit als *archiepiscopus*, also nach dem Mai 1244, scheint die Prägetätigkeit sehr rege gewesen zu sein. Zwar erscheint der Name der Stadt nicht in der Umschrift der Denare, doch trägt der Erzbischof in seiner linken Hand eine Mondsichel mit einer Kugel in ihr. Seit 1252 ist eine Mondsichel auf dem Attendorner Stadtsiegel als Wappen nachzuweisen.[195] Attendorn scheint eine sehr wichtige Kölner Münzstätte gewesen zu sein, da es auch ein bedeutender Handelsplatz und Mitglied der Hanse war. Von Attendorn sind Beziehungen zur Münzstätte Schmallenberg nachweisbar.[196] Die westfälische Bestandsliste belegt,

---

191 Vgl. SEIBERTZ, UB I 484, S. 622, ... *de hiis redditibus habet annuatim Abbatissa in Geseke III marcas, cuius signum hodierna die impressum est imagini denariorum, quia dicitur quod quidam Archiepiscopus ab antiquo istud jus concessit ipsi Abbatisse et sic servatur.*
192 Vgl. MENADIER, Münzen, S. 203; REK III 1149; WUB VII 252; 565. Vgl. Kap. B II 1.2 »Der Marschall von Westfalen«.
193 Vgl. Kap. C I 1) »Allgemeine Einnahmen — Die Stadt Köln«.
194 Vgl. HÄVERNICK, Münzen, S. 191.
195 Vgl. SUHLE, Hohenstaufenzeit, S. 24.
196 Vgl. LACOMBLET II 452; KRUSY, Beiträge, S. 8; SUHLE, Hohenstaufenzeit, S. 24; HÄVERNICK, Münzen, S. 191.

daß der Erzbischof 100 Mark Jahreseinnahmen aus dieser Münze besaß, eine beträchtliche Summe.[197]

Werl
(Kreis Soest)

In Werl war unter Konrad von Hochstaden eine kölnische Münzstätte tätig, die aber nur geringe Mengen geprägt haben kann, da diese Münzen sehr selten auftreten.[198]

3.5
Münzbeteiligungen

Es fällt auf, daß sich Konrad von Hochstaden, aber auch seine territorialen Nachbarn, auf Beteiligungen an Münzstätten einließen. Die Beteiligungen treten so häufig auf, daß man nach der Begründung hierzu fragt, denn in dieser Häufigkeit waren sie vorher nicht bekannt. Der Wille auf beiden Seiten, sich auf eine Mitbeteiligung zu einigen, fällt auf. Zu harten Auseinandersetzungen um den Alleinbesitz scheint es dabei nicht gekommen zu sein. Wenn Konrad von Hochstaden durch seine aktive Münzstättenpolitik große Verdienste um die Wirtschaftsförderung in seinem Erzstift erworben hat, so darf bei der auf ihn zurückgehenden gestiegenen Zahl der Münzstätten nicht vergessen werden, daß auch einige ältere Münzstätten, an denen Konrads Vorgänger beteiligt gewesen waren, verloren gingen, wie Wessem (Maas), Schwalenberg (Kreis Detmold) und Lemgo.[199]

Rüthen
(Kreis Soest)

Eventuell war unter Konrad von Hochstaden auch die Münze in Rüthen in Betrieb, auch wenn keine Angaben über den jährlichen Münzausstoß möglich sind. Bei der Übertragung der Hälfte aller erzstiftischen Einnahmen an den Grafen von Arnsberg am 29. September 1200 wird auch die Münzstätte in Rüthen erwähnt.[200]

---

197 Vgl. SEIBERTZ, UB I 484, S. 605. Vgl. BERGHAUS, Pfennig, S. 196, siehe auch DERS., Münzgeschichte, S. 59–83.
198 Vgl. ILISCH, Beiträge, S. 113.
199 Vgl. NAU, Staufer I, S. 113; SUHLE, Münz- und Geldgeschichte, S. 147.
200 Vgl. WUB VII 3; LOTHMANN.

Einnahmen

Arnsberg
(Hochsauerlandkreis)

Für die Grafschaft Arnsberg sind zahlreiche Gemeinschaftsprägungen mit Konrad von Hochstaden bekannt. Diese Prägungen fallen in die Zeit des Grafen Gottfried III. von Arnsberg (1235–1287), und zwar von Mai 1244 bis zum Jahr 1261 und beziehen sich nur auf die Zeit Konrads als *archiepiscopus*.
In Arnsberg wurden Pfennige nach Dortmunder und nach Kölner Schlag geprägt. Neben dem Pfennig wurde auch der Vierling geprägt. Offensichtlich ist für die fragliche Zeit bisher nur ein Exemplar gefunden worden. Konrad von Hochstaden hat sich die Hälfte der Stadt Arnsberg abtreten lassen, als der Graf von Arnsberg dieselbe 1238 befestigte und zur Stadt erhob.[201]

Berleburg
(Kreis Siegen-Wittgenstein)

Aus verschiedenen Urkunden geht hervor, daß Berleburg kurz vor dem Jahre 1258 durch den Grafen Siegfried von Wittgenstein und den Edlen Adolf von Grafschaft als Stadt neu angelegt wurde. Konrad von Hochstaden beurkundete diesen Vorgang 1258 und könnte dabei über die Erteilung des Befestigungsrechtes eine Beteiligung an der Münzstätte erworben haben.[202] Die Prägetätigkeit der Münze setzte sofort nach der Stadtgründung (vor 1258) ein.[203] Die Berleburger Münzen zeigen ausschließlich das Bild des Erzbischofs. Für Konrad von Hochstaden sind bisher zwei verschiedene Gepräge bekannt geworden.[204] Die Vorbilder zu diesen Geprägen stammen aus den Münzstätten Schmallenberg und Attendorn.[205]

Marsberg
(Hochsauerlandkreis)

Konrad von Hochstaden hat noch in der Elekten-Zeit die Prägung von Münzen in dem seit 1230 zur Hälfte kölnischen Obermarsberg ange-

---

201 Vgl. Hävernick, Münzen, S. 252; Ilisch, Beziehungen, S. 291; Grote, Münzen; Berghaus, Münzfund, S. 96f., glaubt, daß Konrad schon bald nach 1238 sein Münzrecht ausgeübt hat, da er 1238 Besitzer der halben Stadt geworden war.
202 Vgl. REK III 1996; WUB VII 980.
203 Vgl. Hävernick, Münzen, S. 254.
204 Vgl. Hävernick, Münzen, S. 254.
205 Vgl. ebd., S. 255.

ordnet.[206] 1306 bis 1308 wurde die dortige Münze genannt, der Kölner Erzbischof bezog in dieser Zeit aus der halben Münze einen Gewinn von zwei Mark pro Jahr.[207]

Korbach
(Landkreis Waldeck-Frankenberg)

Die Perlkränze auf Vorder- und Rückseite der Münze sind das Symbol für Korbach. Es konnten Prägungen aus Korbach bestimmt werden, durch die auch erwiesen ist, daß Konrad von Hochstaden und der Graf von Waldeck je zur Hälfte Besitzer der Münzstätte und der Stadt gewesen sind.[208] Auf Korbacher Prägungen findet sich aber nur der Name Konrads von Hochstaden, nicht aber der Name eines seiner Nachfolger. Daher wird sich der kölnische Einfluß auf die Münzstätte Korbach auf seine Regierungszeit beschränkt haben. Über das Befestigungsrecht hat sich der Kölner Erzbischof bei der Anlage der Neustadt Korbach eine Münzbeteiligung einräumen lassen. Allerdings ist die Abtretung einer Beteiligung an der Münzstätte urkundlich nicht nachzuweisen. Die Entstehungszeit der Neustadt Korbach ist unbekannt, doch wird 1227 in Korbach eine *nova munitio* im Gegensatz zum *vetus oppidum* genannt.[209]

Helmarshausen
(Landkreis Kassel)

1220 übertrug der Abt von Helmarshausen der Kölner Kirche die Hälfte von Münze, Zoll, Gericht, Zinsen u. a. Einkünften.[210] Da aus unbekannten Gründen die Bezahlung der Kaufsumme damals nicht erfolgte, schloß Konrad von Hochstaden 1241 den Kauf der halben Stadt endgültig ab. Der Kölner Erzbischof hat in der Münzstätte Helmarshausen in seiner Zeit als *archiepiscopus* geprägt. Die Münzbilder der bekannten Denare waren Geprägen des Paderborner Pfenniggebietes und dem Kölner Pfennig entlehnt.[211] 1306 bis 1308 vermerkte die westfälische Bestandsliste zu Helmarshausen: »*Item iudicium in opido pro media parte est Archiepiscopi et similiter moneta et molendinum, quod valet in universo satis parum.*«[212]

---

206 Vgl. REK III 700; WUB IV 180.
207 Vgl. Seibertz, UB I 484, S. 612.
208 Vgl. Nau, Staufer I, S. 113. Zum Münzwesen in Korbach siehe Medding, Korbach, S. 22–34.
209 Vgl. Hävernick, Münzen, S. 263f.; Berghaus, Münzfund, S. 97ff.
210 Vgl. WUB VII 183.
211 Vgl. Hävernick, Münzen, S. 252.
212 Vgl. Seibertz, UB I 484, S. 615.

Volkmarsen
(Landkreis Waldeck-Frankenberg)

Volkmarsen ist als alter Besitz zusammen mit dem Stift Corvey am 20. Februar 1267 unter die Schutzherrschaft des Kölner und des Paderborner Bischofs gekommen. Eine Gelegenheit, sich Rechte in Volkmarsen zu sichern, könnte die Ummauerung der Ansiedlung Volkmarsen gewesen sein, die nicht lange vor 1233 stattgefunden haben wird. 1233 wird Volkmarsen erstmals als *oppidum* bezeichnet.

Ein aus der Münzstätte Volkmarsen stammender Denar kann nach HÄVERNICK nur Konrad von Hochstaden als Münzherrn gehabt haben, da die Umschrift CONRA-DUSEPC lautet. Die Abkürzung für *episcopus* (EPC) spricht für ein Prägedatum nach dem 22. Mai 1244.[213] Ein zweiter Denar nennt auf dem Revers die Stadt »*Volkmarsen Civi*«. »Dieser Pfennig läßt eindeutig erkennen, daß zur Zeit dieses Erzbischofs (Konrad von Hochstaden, R.P.) neben den Corveyer und Paderborner auch Kölner Anrechte in Volkmarsen bestanden.«[214]

Paderborn
(Kreis Paderborn)

Der kölnische Einfluß auf die Münzstätte in Paderborn kann nur vorübergehend gewesen sein.[215]

Herford

1224 mußte die Äbtissin von Herford anläßlich des Baus der Herforder Neustadt die Hälfte aller Rechte in der Neu- und Altstadt dem Kölner Erzbischof überlassen. Als Zeichen des Kölner Anteils an der Herforder Münze erschien auf den Geprägen häufig der Name und der Schlüssel St. Peters, des Stiftsheiligen von Köln. Die Gemeinschaftsprägungen der Äbtissin und des Erzbischofs von Köln waren sehr stark durch die Münzstätte Münster beeinflußt, denn die Herforder Münzbilder sind fast stets münsterischen Vorbildern nachgebildet. Die in der Altstadt gelegene Münzstätte war nach der Anzahl der Funde zu urteilen, sehr aktiv.[216] Hervorzuheben ist, daß unter Konrad von Hochstaden und der Herforder Äbtissin Ide auch Sterlinge geprägt wurden. Die halbe

---

213 Zeitpunkt der Palliumsübergabe an Konrad von Hochstaden. Vgl. REK III 1142.
214 Vgl. NAU, Staufer I, S. 113.
215 Vgl. HÄVERNICK, Münzen, S. 70f.; BERGHAUS, Münzstätten, S. 219, Karte I.
216 Vgl. PAPE, UB Herford I, S. 2; ILISCH, Beziehungen, S. 291; SUDECK, Politik, S. 45; HÄVERNICK, Münzen, S. 258ff.

Münze von Herford brachte dem Kölner Erzbischof in der Zeit von 1306 bis 1308 einen jährlichen Gewinn von 28 Denaren ein.[217]

Lügde
(Kreis Lippe)

1255 traten die Herren von Pyrmont die Hälfte der Stadt Lügde, eine eventuell bestehende Münzstätte inbegriffen, an Konrad von Hochstaden ab.[218] Zwar wurde die Stadt Lügde von diesem direkt wieder für 200 Mark an die Edelherren von Pyrmont verpfändet, doch diese Pfandschaft wurde später — das Jahr ist unbekannt — wieder eingelöst. 1306 bis 1308 hatte der Erzbischof von Köln Einnahmen von zwei Mark aus der halben Münze.[219] Das Siegel der Stadt, 1284 erstmals nachweisbar, zeigt deutlich das Kondominium. Im Felde schweben nebeneinander das Ankerkreuz der Edelherren von Pyrmont und der kölnische Schlüssel.[220] Eine finanzielle Nutzung der Münze unter Konrad von Hochstaden erscheint jedoch eher fraglich.

Salzkotten
(Kreis Paderborn)

Auch in Salzkotten ist von einer kölnischen Münzbeteiligung auszugehen.[221]

Liste der westfälischen Münzstätten zur Zeit Konrads von Hochstaden:

Ort	Einnahmen aus den Münzen	Zeitpunkt der (Wieder-) Inbetriebnahme
Recklinghausen	–	1250
Brilon	–	nach dem Mai 1244
Medebach	50–60 (1306/08)	1257
Schmallenberg	–	3.3.1244
Soest	30 (Schlagschatz)	
Attendorn	100 (1306/08)	
Werl	–	1238–61
Rüthen	–	

217 Vgl. Seibertz, UB I 484, S. 637.
218 Vgl. REK III 1856.
219 Vgl. Seibertz, UB I 484, S. 638.
220 Vgl. Hävernick, Münzen, S. 267.
221 Vgl. Menadier, Münzen, S. 281. Vgl. Kap. A II 2 »Der Widerstand des Bischofs Simon von Paderborn gegen die Territorialpolitik Konrads von Hochstaden (1248–1257)«.

Münzbeteiligung

Ort	Einnahmen	Zeitpunkt der (Wieder-) Inbetriebnahme
Arnsberg	–	Mai 1244–1261
Berleburg	–	1258
Marsberg	2 Mark (1306/08)	seit 1238
Korbach	–	1239–1244
Helmarshausen	–	
Volkmarsen	–	nach dem 22.5.1244
Paderborn	–	1238–61
Herford	28 Denare (1306/08)	
Lügde	2 Mark (1306/08)	1255
Salzkotten	–	1256

3.6 Fazit

Zu diesem Überblick wurden auch die weniger ergiebigen Prägeorte vorgestellt, denn gerade Konrad von Hochstaden hat das Herzogtum Westfalen mit Münzstätten bzw. -beteiligungen überzogen. Diese außerordentliche münzpolitische Aktivität konnte im kölnischen Kerngebiet nicht nachgewiesen werden. Dafür gab es zwei Hauptgründe: Als nomineller Herzog von Westfalen konnte Konrad von Hochstaden das ihm zustehende Befestigungsrecht intensiv ausnutzen, um Einkommensrechte zu erlangen. Westfalen bot ihm daneben offensichtlich die nötige Distanz zu Köln, wo ihm seit 1252 Münzverrufungen bzw. -verschlechterungen untersagt waren. Daneben mußte Konrad in eine mögliche Absprache einwilligen, die Münzen von Neuss, Bonn und Deutz nicht in Betrieb zu nehmen. Dieser Kölner Wirtschaftsraum — damit ist der Raum gemeint, in dem Köln seine Interessen durchsetzte — umfaßte im Norden Neuss und im Süden Bonn. In beiden Städten verzichtete Konrad von Hochstaden auf eine Tätigkeit der Münzstätte, die eine Konkurrenz für die Kölner Münzstätte bedeutet hätte. Sein vermutliches Einverständnis zu dieser Abmachung ließe auf den großen Einfluß der Münzerhausgenossen auf die Münze in der Stadt Köln schließen.[222] Eindeutig belegen läßt sich eine solche Absprache jedoch nicht. Konrad vermied es auch, Bonn in seiner städtischen Entwicklung[223] weiter zu fördern, um nicht den Unwillen der Kölner heraufzubeschwören. Kölns Interessengebiet in wirtschaftlicher Hinsicht bezog diese beiden Orte ein, so daß man die Ausdehnung des Kölner Wirtschaftsraumes mit einem Radius von ca. 30 km um die Stadt ange-

---

222 Vgl. Kap. C I 1 »Allgemeine Einnahmen — Die Stadt Köln«.
223 Vgl. Kap. A V 1 »Städtepolitik — Rheinland«.

ben könnte. Dies spiegelt sich auf dem linken Rheinufer in der Politik Konrads gegenüber Bonn und Neuss wider, rechtsrheinisch in der Niederlegung der erzstiftischen Befestigung in Deutz.[224] Um der monetarischen Dominanz der patrizisch beherrschten Münze in Köln auszuweichen, ließ Konrad von Hochstaden im Herzogtum Westfalen in Übergehung der Bestimmungen des Kleinen Schied minderwertige Münzen schlagen, ohne sich um die Klagen der Kölner Bürger zu kümmern. Eine ganze Reihe von Münzstätten wurde von ihm gegründet, reaktiviert oder einnahmemäßig geteilt. Auffällig ist dabei die Inbetriebnahme einer Vielzahl von Münzstätten nach 1244 (Brilon, Schmallenberg, Arnsberg und Volkmarsen), als er rechtskräftiger Erzbischof wurde. Diese Zäsur nutzte er zu neuen münzpolitischen Anstrengungen in Westfalen. Die mit einer Stadtgründung nahezu ausnahmslos einhergehende Einrichtung von Münze und Markt stärkte die kölnische Position rechtlich, leistete aber auch einen entscheidenden Beitrag zum wirtschaftlichen Aufbau dieser Gebiete. Er konnte mit den neuen Münzstätten die lokalen Märkte mit Geld versorgen und insgesamt das Herzogtum Westfalen administrativ und wirtschaftlich erfassen.[225] Bedeutendere Münzstätten waren Soest, Attendorn und Medebach.

Wenn auch die Durchschnittsgewinne der Münzstätte in Westfalen bei weitem nicht an die Kölner Münze heranreichen konnten, so ließ sich doch anhand der Vielzahl der Prägeorte eine Anhebung der Einnahmen aus dem Schlagschatz erreichen. Leider werden die tatsächlichen Gewinne des kölnischen Münzherrn nur selten in den Quellen aufgeführt. Im kölnischen Herzogtum Westfalen wurden lediglich für sechs Münzstätten für den Zeitraum 1306/08 auch die Erträge genannt, die eine Summe von ca. 190 Mark an Gewinnen erbrachten. Da es sich bei den übrigen Münzstätten um kleinere Münzen handelte, kann man bei einer groben Schätzung von höchstens 5 Mark Gewinn aus dem Schlagschatz je Münzort ausgehen. Damit könnte Konrad von Hochstaden zu diesen ca. 184 Mark aus den Münzen, die Summen nennen, noch zusätzlich Erträge von ca. 125 Mark erwirtschaftet haben. Insgesamt könnte es sich also um einen Betrag von ca. 309 Mark handeln, den Konrad aus allen diesen Münzstätten außer der Stadt Köln an Schlagschatz einnehmen konnte. An anderer Stelle war bereits darauf verwiesen worden,[226] daß es sich bei dem Schlagschatz nicht um die einzige Einnahmequelle Konrads aus der Münze handelte. Daher ist dieser Betrag als untere Grenze seiner Erträge aus diesen Münzstätten zu betrachten.

---

224 Vgl. ebd.
225 Vgl. Kap. A V 1 »Städtepolitik — Westfalen«.
226 Vgl. Kap. C I 1) »Allgemeine Einnahmen — Die Stadt Köln«.

An Verwaltungspersonal waren in den Münzen des Erzbischofs Münzer und Stempelschneider tätig. Vereinzelt werden Münzer mit Namen erwähnt. Wie in Köln stammten die Münzer in Soest zur Zeit Konrads bereits aus dem Bürgertum. Dort ist es um die Mitte des 13. Jahrhunderts zu einem massiven Eintritt von Ministerialen in das Bürgertum gekommen. Münzer aus kleineren Städten sind nicht eindeutig zuzuordnen. Hinweise über die Verwaltung der Münzen fehlen völlig.

4. Bede

Die Bede wurde ursprünglich freiwillig an den Gerichtsherrn geleistet, entwickelte sich jedoch unter der Wirkung des Gewohnheitsrechts zu einer regelmäßigen Abgabe.[227] Im 12./13. Jahrhundert nahm sie bereits den Charakter einer feststehenden Landessteuer an. SCHRÖDER sieht den Ursprung der Bede in einer Heersteuer, die nichtritterliche Stände für ihre Befreiung von der Reichsheerfahrt leisteten.[228] Die Bede sollte ursprünglich eine Grundsteuer sein, doch wurden in der Regel nur Grundbesitz und Gebäude berücksichtigt.[229]

Im 13. Jahrhundert hatte sich die Bede zu einer festen Einnahmengröße des Landesherrn entwickelt. Diese Leistung war im Prinzip von allen Einwohnern des betroffenen Territoriums zu erbringen.[230] In den Städten und kleineren Orten wurde die Bede durchweg in festgesetzten Geldbeträgen entrichtet, in wenigen Fällen auch in Naturalien.

Unter Konrad von Hochstaden wurde die Bede jährlich erhoben und bildete eine Haupteinnahmequelle. Zahlbar war sie an einem bestimmten Termin, wurde aber auch auf zwei Termine, Frühjahr und Herbst, verteilt, wie die Beispiele Waldenburg, Kempen und Siegen zeigen. Bei der Festsetzung der Bede für die einzelnen Städte und zugehörigen Dörfer ging man von Pauschalsummen in Höhe von 100, 50, oder 25 Mark aus, die nicht unbedingt mit der eingenommenen Summe übereinstimmen müssen. Die zur Bede veranlagten Städte haben bei Überforderung ihrer finanziellen Leistungsfähigkeit auch Einspruch erhoben (Werl). Die »Finanzverwaltung« des Landesherrn war zwar an Höchsteinnahmen interessiert, mußte aber auch auf die Zahlungsfähigkeit der Städte bzw. der Steuerzahler Rücksicht nehmen. Es ist bekannt,

---

227 Vgl. VON LOOZ-CORSWAREM, Bede, Sp. 1779–81; NIESSEN Bonn, S. 115; LANGE, Neuss, S. 63; ERLER, Bürgerrecht, S. 19f.
228 Vgl. SCHRÖDER, Lehrbuch, S. 596f.
229 Vgl. VON BELOW, Bede, Sp. 449.
230 Vgl. FLINK, Städte, S. 155, der in einer Liste die wichtigsten Städte am Niederrhein mit ihren Bedezahlungen auflistet. Vgl. SCHMITZ, Bede, S. 7; DOPSCH, Naturalwirtschaft, S. 180.

daß in Fällen von Mißernten, Hochwasserschäden, Seuchen für Mensch und Tier und Bevölkerungsabnahme, besonders in Kriegszeiten, die Steuersumme durch den Landesherrn herabgesetzt oder für eine bestimmte Zeit ganz erlassen wurde. Umgekehrt wurde die Bedesumme wie im Fall Lechenichs deutlich erhöht, wenn sie der gestiegenen Zahlungsfähigkeit der Betroffenen nicht mehr entsprach, z.B. wenn die Bevölkerungszahl angestiegen war. Die veranschlagten Bedezahlungen wurden also von Fall zu Fall überprüft.

Welcher Funktionsträger die jeweilige Steuereinteilung vornahm, ist nicht mit Bestimmtheit zu sagen. Der Normalfall ist, daß diese Aufgabe vom Schultheißen wahrgenommen wurde, der in den Städten auch Aufgaben in der Finanzverwaltung übernahm.[231] Trotz dieser Unsicherheitsfaktoren bei der Bedezahlung sowie fehlender Quellen über die tatsächliche Höhe der Einnahmen soll der Versuch unternommen werden, die Einnahmen des Erzstifts zu schätzen. Zwar liegen nicht für alle Städte die Bedesummen vor, jedoch kann aus der Bedezahlung verschiedener Städte ein Rückschluß auf die mögliche Gesamtsumme im Erzstift vorgenommen werden. Da mit neuen Quellen zu diesem Komplex nicht gerechnet werden kann, bleibt ohnehin nur der Weg der Hochrechnung übrig, um in etwa eine Vorstellung von diesen Einnahmen zu erreichen.

Kölnisches Kerngebiet

Ort	Bedesumme in Mark		Zeit
	belegt	geschätzt	
(Stadt) Köln	unbekannt	–	–
Bonn	100[232]		1244
Neuss	40[233]		1222
Andernach[234]	60 bis 1255, dann befreit[235]		1255[236]
Xanten	unbekannt	30	
Rees	unbekannt	20	
Zülpich	40[237]		nach 1255
Brühl	10[238]		1285

231 Vgl. Kap. B II 1.6 »Die Schultheißen«.
232 Vgl. REK III 1131. Am 10. November 1246 wies Konrad 50 Mark auf die Bede in Bonn an. Vgl. ebd. 1295.
233 Die Höhe der Bede wurde am 23. Mai 1259 bestätigt. Vgl. REK III 2056; LAU, Neuss, S. 14.
234 Heinrich von Müllenark hatte die Bede 1236 auf 60 Mark festgelegt. Vgl. REK III 865.
235 Vgl. REK III 1868.
236 HUISKES hat in dieser Vereinbarung einen erheblichen Vorteil für die Andernacher »burgenses« erkannt, vgl. S. 140; FLACH, Andernach, S. 12.
237 Vgl. LACOMBLET II 342.
238 Vgl. KEYSER, Städtebuch Rheinland, S. 84; SCHMITZ, Bede, S. 44.

Einnahmen   311

Ort	Bedesumme in Mark		Zeit
	belegt	geschätzt	
Rhens	unbekannt	5	
Kempen[239]	10[240]		1294
Geich, Füssenich, Eylich	10[241]		nach 1255
Rheinberg	zahlt Bede[242]	10	
Lechenich	30–50[243]		1279
Godesberg	unbekannt	10	
Deutz	unbekannt	20	
Königswinter	zahlt Bede[244]	10	1243
Ahrweiler	zahlt Bede[245]	20	1279
Alken	unbekannt	5	
Linz	unbekannt	30	
Nürburg	unbekannt	20	
Uerdingen/Linn	unbekannt	50	
Hülchrath	unbekannt	40	
Summe	300–320 Mark	270 Mark	

Herzogtum Westfalen

Ort	Bedesumme		Zeit
	belegt	geschätzt	
Soest[246]	100[247]		1306/08
Dortmund	Steuer: 600[248]		1241

239 Auf Güter im Kempener Land wurde ebenfalls Bede erhoben. Vgl. SCHMITZ, Bede, S. 27f.
240 Kempen zahlte die Bede als eine Mai- und Herbstbede von je 5 Mark. Vgl. REK III 3427; SCHMITZ, Bede, S. 47.
241 Vgl. LACOMBLET II 342. Dies ist der einzige konkrete Hinweis für die Höhe der Bedezahlung in Landgemeinden. Was die Höhe solcher Bedeeinnahmen aus Gemeinden, die nicht bestimmten Städten zugeordnet waren, anbelangt, stellen sie einen großen Unsicherheitsfaktor in der Gesamtbewertung dar.
242 Vgl. WITTRUP, Rheinberg, S. 18.
243 Vgl. REK III 2813. Von einer Maibede ist nichts bekannt.
244 Vgl. ebd.
245 Siegfried von Westerburg genehmigte am 21. August 1279 einen Vertrag zwischen der Stadt Ahrweiler und dem Kloster Steinfeld, nach dem Ahrweiler für die Befreiung des Klosters Geroldshoven (bei Ahrweiler) von der Bede als Ausgleich einen Weinzins von 6½ Ohm Wein aus Walporzheim erhielt. Vgl. REK III 2811a.
246 1256 taxierte Konrad von Hochstaden die bis dahin schwankende Bede für einige zu Soest gehörende Hufen (Land) auf je 10 Schillinge jährlich. Vgl. REK III 1923; GORDES, Steuern, S. 12.
247 Vgl. SEIBERTZ, UB I 484, S. 622. Zusätzlich wurde Wein geliefert.
248 Dortmund war 1248 als Pfandschaft vom Reich erworben worden und zahlte beträchtliche Steuern — 600 Mark jährlich — die für die Zeit der Pfandschaft zu den Bedezahlungen an das Erzstift veranschlagt werden können. Vgl. VON WINTERFELD, Geschichte, S. 52. Siehe auch die Arbeit von FAHNE, Dortmund.

Ort	Bedesumme		Zeit
	belegt	geschätzt	
Recklinghausen[249]	20[250]		1236
Brilon	100[251]		1306/08
Waldenburg	180[252]		1306/08
Attendorn[253]	60[254]		1306/08
Medebach[255]	50[256]		1306/08
Siegen[257]	50[258]		1306/08
Warstein	30[259]		1306/08
Hallenberg	25[260]		1306/08
Rüthen	25[261]		1306/08
Belecke	25[262]		1306/08
Schmallenberg	25[263]		1306/08
Ostervelde	25[264]		1306/08
Meinerzhagen	20[265]		1306/08
Winterberg	16[266]		1306/08
Geseke	60[267]		1306/08
Drolshagen[268]	25 (?)[269]		1289 bis 1303
Olpe	25 (?)[270]		1289

249 Am 14. April 1239 wies Konrad von Hochstaden 5 Mark auf die Bede in Recklinghausen an. Vgl. REK III 938.
250 Vgl. REK III 847.
251 Vgl. SEIBERTZ, UB I 484, S. 616.
252 Vgl. ebd., S. 601. Waldenburg zahlte eine Maibede von 60 und eine Herbstbede von 120 Mark.
253 Graf Heinrich von Berg erhielt bis 1289 eine Lehnsrente von 20 Mark aus der Herbstbede von Attendorn. Vgl. REK III 3213.
254 Vgl. SEIBERTZ, UB I 484, S. 605.
255 1272 wies Engelbert II. 10 Mark aus der Bede an. Vgl. REK III 2480.
256 Vgl. SEIBERTZ, UB I 484, S. 611.
257 In Siegen wurde die Bede als Mai- und Herbstbede erhoben. Vgl. PHILIPPI, S. XXX, ebd. Nr. 17.
258 Es handelte sich dabei um die Hälfte der Gesamtbede. Vgl. REK III 2666; SEIBERTZ, UB I 484, S. 599.
259 Vgl. SEIBERTZ, UB I 484, S. 616.
260 Vgl. ebd., S. 610.
261 Vgl. ebd., S. 612.
262 Vgl. ebd., S. 617.
263 Vgl. ebd., S. 608.
264 Vgl. ebd., S. 617.
265 Vgl. ebd., S. 604.
266 Vgl. ebd., S. 609.
267 Vgl. ebd., S. 618.
268 Bis 1289 bezog Graf Heinrich von Berg aus der Bede von Drolshagen und Olpe 20 Mark. Vgl. REK III 3213.
269 Am 19. Oktober 1303 wurden vom Erzbischof 15 Mark auf die Bede in Drolshagen angewiesen. Vgl. REK III 3936.
270 Vgl. REK III 3213.

Einnahmen 313

Ort	Bedesumme		Zeit
	belegt	geschätzt	
Werl	50[271]		1306 bis 1308
Dorsten		30	
Vreden		30	
Helmarshausen		20	
Padberg		15	
Marsberg		10	
Herford		40	
Lügde		10	
Salzkotten		10	
Wiedenbrück		10	
Summe	**1511 Mark**	**175 Mark**	

Zusammenfassung

	urkundlich belegt	geschätzt
Altkölnische Lande	300–320 Mark	215 Mark
Herzogtum Westfalen	1511 Mark	175
Summe	**1811–1831 Mark**	**390 Mark**

Die Einnahmen aus den verifizierbaren Bedeerträgen summierten sich auf ein Minimum von 2200 Mark jährlich.

4.1
Vogtbede

Die Vogtbede war eine besondere Form der Steuererhebung im Erzstift, »die von den Inhabern der Vogtei den geistlichen Immunitäten auferlegt wurde und regelmäßig an sie zu entrichten war.«[272] Konrad von Hochstaden übernahm z.B. 1247 die Bonner Vogtei vom Grafen von Sayn und empfing dadurch eine Herbstbede von acht Mark im Jahr.[273] In seiner Zeit konnte mehrfach beobachtet werden, wie er bemüht war, solche Vogteirechte aus der Hand des weltlichen Adels zu erwerben.[274] Hier bestand die Möglichkeit, die Vogteibede zu erhe-

---

271 Vgl. SEIBERTZ, UB I 484, S. 635.
272 Vgl. SCHMITZ, Bede, S. 3.
273 Vgl. REK III 1331.
274 Vgl. Kap. A I 3 »Erwerb von Vogteien«.

ben. Dagegen ist ein Beispiel in Ramershoven (Rhein-Sieg-Kreis) bekannt, wo Konrad von Hochstaden im Mai 1247 die Güter des Stiftes Münstereifel von der Vogtbede befreite, sofern sie ihm zustehen sollte.[275] Als Vogt der Prümer Besitzungen hatte der Kölner Erzbischof Einnahmen in Rheinbach. Drei Mark erhielt der Richter (Vogt) aus den dortigen Gerichtsgefällen.[276]

4.2
Fazit

Es war möglich, in den vorliegenden Quellen von 1222 bis 1308 ca. 2201–2221 Mark an gesicherten und geschätzten Bedeeinnahmen nachzuweisen. In dieser Berechnung nicht enthalten sind die Naturalleistungen, die in Wein und Hühnern geleistet wurden. Ein Vergleich der von den Städten geleisteten Bedesummen zeigt, daß die gezahlte Bede nicht in jedem Fall mit der Größe der Stadt und ihrer Bevölkerungszahl zusammenhängt. Wenn Bonn 100 Mark Bede im Jahre 1244 zahlte, so verwundert es, daß Neuss schon 1222 auf 40 Mark zurückgegangen war. Andernach war von Konrad 1255 vollständig von der Bede befreit. Es hat den Anschein, als ob ältere Städte im Laufe der Zeit Ermäßigungen oder sogar völligen Erlaß der Bede erhielten. In diesen älteren Städten mit größerem Umfang an Handel und Gewerbe könnten die gestiegenen Abgaben aus dem Wirtschaftsleben dazu geführt haben, daß ihnen die Bede — als älteste Steuerveranlagung — erlassen wurde. Die Bürgerschaft wird sich auf die gestiegenen Einnahmen des Erzbischofs aus ihrer Wirtschaft bezogen und die Reduzierung bzw. den Erlaß der Bede bewirkt haben. Die zum Teil wesentlich geringeren Bedesummen, die von Städten in den rheinischen Gebieten des Erzstifts gezahlt wurden, lassen sich damit erklären, daß dort andere Geldeinnahmen wie Marktzoll, Schiffahrtszoll usw. flossen. Bedeerlaß oder Bedeherabsetzung können auch mit kostspieligen Baumaßnahmen, die mit Konrad von Hochstaden abgesprochen waren, wie Mauerbau und anderer Bautätigkeit, zusammenhängen. Ohne diesen Steuernachlaß war den Städten die Finanzierung solcher Großbauten nicht möglich. Für die Bede auf dem flachen Lande (Kirchspiele und Dörfer) liegen einige Nachweise vor. In der Zeit Konrads von Hochstaden zahlten die drei Dörfer Geich, Füssenich und Eylich zusammen zehn Mark Bede, ebenfalls Königswinter. Die Beispiele Lechenich und Güter bei Kempen fallen zwar erst in die Zeit nach Konrad, können aber als Nachweise für Bedezahlungen in seiner Regierungszeit veranschlagt werden. Aus

---

275 Vgl. REK III 1319.
276 Vgl. FLINK, Rheinbach, S. 83, Anm. 93; FLINK/MÜLLER, Rheinbach.

der Zahlung der drei oben genannten Dörfer kann man auf einen niedrigen Bedesatz schließen. Eine generelle Verallgemeinerung der Bedeleistung auf dem Land erscheint jedoch nicht durchführbar, da die recht unterschiedlichen wirtschaftlichen Verhältnisse dabei nicht berücksichtigt werden. Für eine solche Berechnung müßten erst entsprechende Untersuchungen für die einzelnen Teile des Erzstifts vorliegen.

Im Vergleich zu den altkölnischen Gebieten im Rheinland zahlten die Städte und Dörfer im Herzogtum Westfalen höhere Bede. Wenn auch fast alle Belege aus der Zeit 1306/08 stammen, so lassen sich dennoch die Bedezahlungen für die Zeit Konrads als mögliche Ansätze auswerten. Sie belegen jedenfalls, daß diese Gemeinden zur Bedezahlung veranlagt und nicht durch ein Privileg befreit waren. Ob allerdings ein halbes Jahrhundert vorher die Bede schon diese Höhe erreicht hatte, bleibt fraglich. Für Gemeinden auf dem Lande scheint unter Konrad die Zahlung von zehn Mark eine Bemessungsgrundlage gewesen zu sein. Wenn im Vergleich dazu Warstein und Ostervelde 1306/08 zu 30 bzw. 25 Mark veranlagt werden, so läßt sich wohl eine Anhebung der Bede seit Konrad von Hochstaden erkennen, die fast mit einer Verdoppelung gleichzusetzen ist. Von dieser Vermutung unberührt bleibt aber die Erkenntnis, daß im Herzogtum Westfalen zur Zeit Konrads die Bede eine größere Rolle gespielt hat, als im Rheinland. Die urkundlich belegte und geschätzte Bede des Herzogtums Westfalen belief sich 1306/08 jährlich auf 1686 Mark. In dieser Summe ist die Zahlung Dortmunds von 600 Mark an Steuern eingerechnet, die dem Erzstift seit 1248 für die Zeit der Pfandschaft zuflossen, um die Berechnung zu vereinfachen. Die Bedezahlungen der nicht genannten und im Verzeichnis fehlenden Gemeinden darf man nicht zu hoch ansetzen, da wohl mit den im Verzeichnis aufgeführten Gemeinden eine fast flächendeckende Erfassung der Bede erreicht worden ist.

Konrad von Hochstaden und seine Nachfolger haben versucht, den Kreis der steuerpflichtigen Personen stetig auszudehnen. So wies Erzbischof Engelbert II. 1264 seine Beamten an, alle Güter im Kempener Lande, die früher Bede geleistet hatten, auch in Zukunft entsprechend heranzuziehen.[277] Ein weiterer Hinweis für diesen Gesichtspunkt findet sich am 5. August 1248. Erzbischof Konrad von Hochstaden hat offenbar versucht, einer zu großen Bedefreiheit kirchlichen Besitzes einen Riegel vorzuschieben, um größere Steuerausfälle zu vermeiden. In einer Bestätigung der Privilegien von Ahrweiler wurde u.a. festgelegt, daß der Klerus für alle Liegenschaften, die er weiterhin erwirbt, Bede zu zahlen

---

277 Vgl. REK III 2311.

habe.²⁷⁸ Er war wie viele aus dem Episkopat der Auffassung, daß es auf Dauer keine uneingeschränkte Befreiung des geistlichen Besitzes von der Bede geben könne. Mit der ständigen Vermehrung des geistlichen Besitzes in jener Zeit stieg die Kritik der Bürger in den Städten an der Steuerfreiheit der Kirche. Die Bürger kämpften wegen der hohen Belastungen durch Stadtmauerbau und andere öffentliche Bauvorhaben für die Mitbeteiligung der Klöster und Stifte an den Kosten. »Steuergerechtigkeit« wurde eine Forderung der Städte, die zu hohen Steuerleistungen herangezogen wurden. Konrad von Hochstaden stand zwischen den beiden Fronten und entschied sich mehrmals gegen die geistlichen Institutionen, die von ihm zur Bedezahlung in den Städten, aber auch zu finanziellen Sonderleistungen herangezogen wurden.

5.
Judenschutz

Durch das Gesetz Kaiser Friedrichs II. aus dem Jahre 1236²⁷⁹ wurden die Juden im Reich unter den besonderen kaiserlichen Schutz gestellt und zu kaiserlichen Kammerknechten (*servi camerae nostrae*) erklärt. Der Judenschutz war ein Regal des deutschen Königs und brachte Geldeinnahmen in der Form der Judenschutzsteuer.²⁸⁰ Sie wurde 1241 eingeführt und besteuerte vor allem die Reichsstädte, in denen die Juden mit hohen Steuern veranschlagt wurden. Die Judengemeinden in diesen Städten konnten die geforderte Steuersumme auf ihre Gemeindemitglieder umlegen und besaßen damit eine gewisse Autonomie in Fragen der Besteuerung. »Aus der Tatsache, daß die Juden mit insgesamt etwa 16 % aller im Bereich der Reichs- und Freistädte veranschlagten Steuerleistungen beteiligt wurden, ist zu ersehen, daß ihre Steuerkraft als vergleichsweise hoch angesehen wurde.«²⁸¹

Zur Zeit Konrads von Hochstaden gehörte die Judenschutzsteuer generell dem Kaiser. Vor allem in den Reichsstädten zahlten die Juden ihre Steuern unmittelbar an den kaiserlichen Vertreter. Am Beispiel der Reichsstadt Dortmund läßt sich aber nachweisen, daß Konrad von Hochstaden den Judenschutz seit einem Vertrag vom 27. März 1250 ausgeübt und damit das Judenschutzprivileg des Kaisers für sich in Anspruch genommen hat.²⁸² Die Judengemeinde zahlte jährlich zur

---

278 Vgl. REK III 1408. Vgl. dazu die Arbeit von MACK, Steuerfreiheit.
279 Vgl. BAUER, Judenrecht, S. 16.
280 Vgl. ebd.; BATTENBERG, Zeitalter, S. 97.
281 Vgl. BATTENBERG, Zeitalter, S. 109 — Gewöhnlicher bürgerlicher Lasten waren die Juden enthoben. Nach Bezahlung der Geleite durften sie überall im Reich umherziehen. Vgl. WENDEN, Geschichte, S. 178.
282 Vgl. REK III 1569.

Pfingstoktav 25 Mark an den erzbischöflichen Schultheißen in Gegenwart von zwei Ratsherren.²⁸³ Wann und auf welche Weise sich Konrad von Hochstaden den Judenschutz gesichert hat, geht aus einem Vertrag vom 12. Februar 1255 mit dem Grafen von Jülich hervor. Der Graf anerkannte den Anspruch Konrads von Hochstaden, den Judenschutz in seiner Diözese und im Herzogtum Westfalen auszuüben.²⁸⁴ Mit dieser Anerkennung fiel auch der kaiserliche Rechtsanspruch auf sein Judenschutzprivileg zusammen. Die Territorialfürsten teilten sich in gegenseitiger Absprache und in Verträgen die kaiserlichen Rechte auf. Da die Grafschaft Jülich weitgehend in der Erzdiözese Köln lag, gab auch der Graf von Jülich für diesen Teil seiner Grafschaft den Anspruch auf die Judenschutzsteuer auf, zumal er sich 1254 im Lager bei Blatzheim dem kölnischen Friedensdiktat unterworfen hatte.

Anders stand es mit dem Regal des Judengeleits. In der gesamten (Erz-) Diözese übte der Kölner Burggraf im Auftrag des Erzbischofs das Judengeleit aus, für das ihm die Judengemeinde in Köln jährlich zehn Mark und sechs Pfund Pfeffer — ein Hinweis auf den Orienthandel der Juden — bezahlte.²⁸⁵ Die Aufgabe des Burggrafen übernahmen später der erzbischöfliche Vogt und der Kämmerer, die die Rechte des Erzbischofs gegenüber der Judengemeinde wahrnahmen.²⁸⁶

Konrad von Hochstaden vertrat 1252 die Auffassung, daß man die Juden gut behandeln müsse, um sie in der Stadt zu halten und noch weiteren Zuzug von Juden zu veranlassen.²⁸⁷ Die Vergrößerung der Kölner Judengemeinde lag ihm aus finanziellen und wirtschaftlichen Überlegungen am Herzen, aber auch die städtische Bevölkerung schätzte die Vorteile einer bedeutenden Judenschaft als Auftraggeber und Steuerzahler hoch ein. In dieser Frage stimmten die Meinungen von Stadtherr und Bürgerschaft überein.

Im Zeitraum von 1178 bis 1325 stieg in Köln die Zahl der jüdischen Häuser und Hofstätten von 48 auf 70 an.²⁸⁸ Für die Zeit des Konrad von Hochstaden könnten deshalb in Köln mindestens 50 bis 55 jüdische Familien gelebt haben. Die gleiche freundliche Judenpolitik wie in Köln betrieb Konrad von Hochstaden auch in seinen rheinischen Städten, in denen unter dem Schutz der Erzbischöfe, Konrads Amtsnachfolger Engelbert II. und Siegfried von Westerburg eingeschlossen, Judengemeinden bestanden. Solche Judengemeinden gab es im 13. Jahrhundert im Erzstift in folgenden Städten: Andernach (Landkreis Mayen-Ko-

---

283 Vgl. MASER, Juden, S. 38.
284 Vgl. REK III 1827; KRAUS, Jülich, S. 105.
285 Vgl. Kap. B 3.3 »Der Kämmerer«.
286 Vgl. KOBER, Geschichte, S. 22; LAU, Entwicklung, S. 178. Zum Orienthandel siehe zuletzt die Arbeit von FAVIER, Gold.
287 Vgl. HOFFMANN, Juden, S. 86; ARONIUS, Regesten, Nr. 588; ENNEN, Stadt, S. 243.
288 Vgl. HOFFMANN, Juden, S. 86.

blenz),²⁸⁹ Brühl (Erftkreis),²⁹⁰ Bonn,²⁹¹ Zülpich (Kreis Euskirchen),²⁹² Köln,²⁹³ Ahrweiler, Altenahr (Landkreis Ahrweiler), Linz (Landkreis Neuwied), Siegburg (Rhein-Sieg-Kreis), Werden (Stadt Essen), Essen, Xanten (Kreis Wesel), Neuss, Kaiserswerth (Stadt Düsseldorf), Siegen,²⁹⁴ Deutz (Stadt Köln),²⁹⁵ Soest, Dortmund und Rüthen (Kreis Soest).²⁹⁶

Köln

Am 27. April 1252 schloß Konrad von Hochstaden mit der Kölner Judengemeinde einen auf zwei Jahre befristeten Schutzvertrag über eine nicht näher genannte Judenschutzsteuer.²⁹⁷ Diese Steuer war laut Abmachung an zwei Terminen zu entrichten. Im Dezember 1259 erneuerte Konrad von Hochstaden den Schutz mit der Zusatzvereinbarung, daß die Stadt Köln wie bis dahin zum städtischen Bauwesen jedesmal vier Denare erhalten sollte, wenn an den Erzbischof eine Mark gezahlt würde.²⁹⁸ Die Stadt wollte demnach eine Beteiligung an der Judenschutzsteuer erreichen, um ihren öffentlichen Haushalt (Baukosten) zu finanzieren, denn zu solchen finanziellen Beiträgen scheint die Judengemeinde bisher nicht verpflichtet gewesen zu sein. Gerade in der Sonderstellung der Juden als kaiserliche Kammerknechte und ihrer Befreiung von städtischen Steuern lag die Gefahr, daß die städtische Bevölkerung eine Mitbesteuerung und unter Umständen sogar eine höhere Besteuerung der Juden forderte. Schon die hohen Judenschutzsteuern für den Kaiser hatten die Städte hierzu ermuntert. Wenn die Dortmunder Judengemeinde eine Jahressteuer von 25 Mark zahlte, so müßte in Anbetracht einer wohl wesentlich größeren Judengemeinde in Köln der Betrag mindestens doppelt so hoch gewesen sein. 50 bis 55 jüdische Haushalte sind für die Zeit Konrads von Hochstaden in Köln anzunehmen, so daß bei einem Ansatz von 50 Mark jährlich die Umlage

---

289 Vgl. REK III 3151. Im Anschluß an das Judenpogrom in Andernach verfügte Siegfried von Westerburg am 3. August 1287 eine völlige Rehabilitierung der Judengemeinde und Rückerstattung des Judenguts nach der Vertreibung und Mißhandlung der dortigen Juden.
290 Vgl. KEYSER, Städtebuch Rheinland, S. 85.
291 Vgl. ebd., S. 77.
292 Vgl. REK III 2437.
293 Vgl. REK III 1672. Für Köln läßt sich das Judenviertel entlang der Römermauer am Rhein belegen, das wohl im 9. Jahrhundert entstanden ist. Vgl. BATTENBERG, Zeitalter, S. 57.
294 Vgl. KOBER, Geschichte, geographische Karte, Titelbild der Veröffentlichung. Das Judengeleit der Essener Äbtissin wird erstmals 1291 erwähnt. Vgl. KEYSER, Städtebuch Rheinland, S. 164.
295 Vgl. WENNINGER, Verhältnis, S. 22.
296 Vgl. ASCHOFF, Juden, darin die Karte: Juden im Mittelalter — Beziehungen Köln — Westfalen, S. 278.
297 Vgl. REK III 1672.
298 Vgl. REK III 2080.

auf den einzelnen jüdischen Haushalt im Durchschnitt eine Mark betragen haben kann. Eine Bestätigung für die hypothetisch errechnete Judenschutzsteuer von 50 Mark jährlich ergibt sich durch eine Nachricht aus dem Jahr 1302, in dem eine Judensteuer von 60 Mark gezahlt wurde.[299] Seit der Zeit Konrads von Hochstaden wäre dann die Judengemeinde leicht angewachsen. Unabhängig von den Schutzgeldern zahlten die Juden für ihre Privilegien und deren zeitliche Verlängerungen wesentlich höhere Summen, wie beispielsweise im Jahre 1302 1200 Mark.[300] Was an einzelnen Privilegien, z.B. auf dem Gebiet des Kapitalverkehrs und des Warenhandels (Orienthandel, Edelmetallhandel, usw.) den Juden zugestanden wurde, bleibt dahingestellt. Auch ist unklar, für welchen Zeitraum diese Zahlung von 1200 Mark geleistet wurde und wer sie erhielt. Denn auf dem Gebiet der städtischen Wirtschaft standen die Interessen der Bürgerschaft im Vordergrund. Eine Abgabe von fünf Mark zahlte die Judengemeinde in Köln bei der jährlichen Neuwahl ihres Judenbischofs.[301] Diese jährliche Neuwahl entsprach der Amtsdauer der Bürgermeister und anderer öffentlicher Beamten. In Trier beispielsweise lieh der Judenbischof jährlich an den Erzbischof zehn Mark zinslos und erhielt vom Erzbischof eine Kuh, ein Ohm Wein, zwei Metzen (halbe Liter) Wein und einen alten abgelegten Mantel des Erzbischofs.[302] Das zinslose Leihen von zehn Mark durch den neugewählten Judenbischof hatte Konrad von Hochstaden 1250 eingeführt, vielleicht in Anlehnung an das Trierer Beispiel.[303]

Soest

In Soest erhielt Konrad von Hochstaden jährliche Schutzgelder in Höhe von acht Mark.[304] ASCHOFF datiert das erstmalige Auftreten einer dortigen Judengemeinde in die Jahre 1255 bis 1260,[305] also in die letzten Jahre der Amtszeit Konrads von Hochstaden. Bei einer Zahlung von beachtlichen acht Mark mußte sich aber relativ schnell eine Judengemeinde von etwa zehn Haushalten entwickelt haben. Es ist anzunehmen, daß schon vor 1255 Juden in Soest gelebt haben, aber noch keine Gemeinde bildeten.

---

299 Vgl. HOFFMANN, Juden, S. 84.
300 Vgl. ebd.
301 Vgl. REK III 1672; BAUER, Judenrecht, S. 26. Der erste Judenbischof wird 1135/1139, der letzte 1417 angeführt. Über die Art seiner Befugnisse im Laufe der Zeit besteht Unklarheit. Vgl. KOBER, Geschichte, S. 30.
302 Vgl. Liber annalium iurium, in: MRUB III, S. 400.
303 Vgl. ARONIUS, Regesten, Nr. 581.
304 Vgl. SEIBERTZ, UB I 484, S. 621f.
305 Vgl. ASCHOFF, Juden, S. 276ff.

Siegen
(Kreis Siegen-Wittgenstein)

Judenschutz in Siegen wurde 1253 bei einer Anweisung der dortigen Einkünfte an die Grafen von Nassau genannt.[306]

Vreden
(Kreis Borken)

In Vreden besaß der Erzbischof von Köln 1306/08 gemeinsam mit dem Bischof von Münster den Judenschutz.[307]

Jährliche Einnahmen aus Judenschutzgeldern:

Ort	Mark	Zeit/Zeitraum
Köln	50	1302
Dortmund	25	1250
Siegen	25 (geschätzt)	1253
Soest	8	1255/60
Summe	**108**	

Für die Städte und Orte Andernach, Bonn, Brühl, Ahrweiler, Altenahr, Zülpich, Siegburg, Werden, Essen, Xanten, Neuss, Deutz, Siegen, Kaiserswerth, Vreden und Rüthen könnte man in Anlehnung an Soest, das jährlich acht Mark erbrachte, differenziertere Summen einsetzen.

Neuss	8 = 8
Andernach/Bonn/Brühl	je 6 = 18
Ahrweiler, Xanten, (Siegburg)	je 4 = 8
Zülpich, (Kaiserswerth), Werden, Essen	je 3 = 12
Rüthen, Vreden (Hälfte)	je 1 = 2
Summe	**48 Mark**

Dazu sind die jährlichen Einnahmen von fünf Mark für die Wahl des Judenbischofs zu rechnen. Insgesamt könnte Konrad von Hochstaden unter größtem Vorbehalt Einnahmen von ca. 163 Mark jährlich aus dem Judenschutz eingenommen haben. Nicht mitgerechnet sind dabei die Abgaben für das Judengeleit.

---

306 Vgl. REK III 1719.
307 Vgl. SEIBERTZ, UB I 484, S. 639.

6.
Gerichtseinnahmen

Einnahmen besaß der Kölner Erzbischof als Gerichtsherr aus den sog. Gerichtsgefällen, die ihm oder seinem Stellvertreter vor Ort zu zahlen waren. In der folgenden Liste werden die kölnischen Gerichte, soweit sie in den zur Verfügung stehenden Quellen genannt wurden, zusammengefaßt, um einen ersten, wenn auch unvollständigen Überblick über die Gerichtseinnahmen des Kölner Erzbischofs zu erhalten. Die darin enthaltenen Schätzungen beruhen auf einer einzelnen Gewichtung der Bedeutung der einzelnen Gerichte. Ausdrücklich muß darauf hingewiesen werden, daß diese Liste keinen Anspruch auf Vollständigkeit erheben kann, sondern nur die in den Quellen genannten Gerichte aufführt.

6.1
Kölnisches Kerngebiet:

Gericht	Zeit	Einnahmen	
		belegt	geschätzt
Rheinbach[308]	nach 1246	–	5
Bonn[309]	18.3.1244	–	10
Neuss[310]	30.6.1299	–	30
Siegen[311]	1306–1308	4 Mark	
Kempen[312]	3.11.1294	–	5
Zülpich[313]	7.12.1279	–	40
Schiereichen[314]	11.5.1286	–	4
Bacharach[315]	1222/1386	–	2/3 des Gerichts: ca. 5 Mark
Summe		4 Mark	99 Mark

---

308 Vgl. REK III 3533.
309 Vgl. REK III 1131.
310 Vgl. REK III 3663.
311 Vgl. Seibertz, UB I 484, S. 600.
312 Vgl. REK III 3427.
313 Vgl. REK III 2825.
314 Vgl. REK III 3093.
315 Der Schultheiß in Bacharach ist Vorsitzender des kleinen Gerichts, das Vergehen bis zu 6 Pfennigen aburteilt. Vgl. Grimm, Weisthümer II, S. 215ff. Vgl. Kap. B II 1.6 »Die Schultheißen«.

6.2
Herzogtum Westfalen

Ort	Nennung	Einnahmen	
		belegt	geschätzt
Schmallenberg	1306–1308		18 Denare
Winterberg	–		20 Denare
Hallenberg	–		2 Mark
Rüthen	–		2 Mark
Erwitte	–		10 Mark
Brilon	–		früher 4, jetzt 10 Mark
Warstein	–		2 Mark
Belecke	–		1 Mark
Geseke	–		2 Mark
Soest	–		20 Mark
Lügde	–		2 Mark
Ostervelde (Kallenhardt)	–		1 Mark
Werl	–		20 Mark und mehr
Herford[316] (Neustadt)	–	4 Mark	
Helmarshausen[317]	11.5.1241	–	2 Mark
Lüdinghausen[318]	1306–1308	–	2 Mark
Medebach[319]	12.6.1298	–	2 Mark
Attendorn[320]	8.9.1296	–	5 Mark
Summe			ca. 86 Mark
		4 Mark	145 Mark 38 Denare, abgerundet: 145 Mark

Gogerichte im kölnischen Herzogtum Westfalen

Gericht	Zeit	Einnahmen
Herford	1306–1308	30 Mark, 100 Malter Getreide
Rüthen	–	3 Malter Hafer
Geseke	–	10 Malter Hafer, 1 Mark, 300 Hühner
Erwitte	–	10 Mark
upper Hare	–	3 Malter Hafer

316 Vgl. SEIBERTZ, UB I 484, S. 600ff.
317 Vgl. REK III 1013.
318 Vgl. SEIBERTZ, UB I 484, S. 638.
319 Vgl. REK III 3582.
320 Vgl. REK III 3492.

Einnahmen

Gericht	Zeit	Einnahmen
Brilon	–	5 Mark
Medebach	–	6 Mark
Soest[321]	–	20 Mark
Belegte Einnahmen:		71 Mark, 100 Malter Getreide, 16 Malter Hafer, 300 Hühner

Auch für die Gerichtseinnahmen kann nur dieser bescheidene Ausschnitt herausgearbeitet werden, den die Quellenlage zuläßt, denn die erzbischöflichen Gerichte werden zwar genannt, aber selten mit Einnahmen, die sich pro Jahr nach der Häufigkeit der Gerichtssprüche richtete. Insgesamt hatte der Kölner Erzbischof belegbare Einnahmen von ca. 260 Mark neben anderen Naturalabgaben aus seinen Gerichten, aber das kann nur ein geringer Teil des Gesamtaufkommens gewesen sein.

7.
Kleinere Einnahmen

7.1
Mühleneinnahmen:

Konrad von Hochstaden und seine Nachfolger verfügten über einen beträchtlichen Mühlenbesitz, dessen Erträge jedoch häufig verpfändet waren.[322] Im Großraum Soest waren im 13. Jahrhundert drei Mühlen in kölnischem Besitz: 1. Die Mühle »*Saltmulen*« erbrachte 100 Malter Getreide jährlich. 2. Eine Mühle bei Hattrop warf vier Mark und zehn Denare Jahreszins ab. 3. Die Mühle »*Drewelmolen*« brachte 100 Malter Getreide jährlich ein.[323] In Neuss besaß der Kölner Erzbischof zwei Mühlen, über die es vor 1289 keine Nachrichten gibt. Am 11. Oktober 1289 wies Siegfried von Westerburg für die Aufbringung einer Schuld u.a. die Einkünfte aus seinen Mühlen »*Steynmule*« und der »*Byschofsmule super Arrepam*« (Erft) an.[324] Die Mühle zu Neuss hatte bereits am 22. August 1280 als Pfand gedient.[325]

Im westfälischen Belecke verfügte der Kölner Erzbischof nach dem Einkünfteverzeichnis von 1306 bis 1308 ebenfalls über Mühlenbesitz.[326]

---

321 Vgl. SEIBERTZ, UB I 484, S. 622ff.
322 Vgl. Kap. C II 5.5 »Schulden im Kölner Erzbistum«.
323 Vgl. MILZ, Erzbischof, S. 34; zur Mühle Hattrop, REK III 3412–3414, zur Salzmühle, ebd., 3957.
324 Vgl. REK III 3242; LAU, Neuss, S. 13; LANGE, Neuss, S. 63.
325 Vgl. REK III 2855.
326 Vgl. SEIBERTZ, UB I 484, S. 617, *item sunt ibidem duo molendina, quorum unum est Archiepiscopi quod soluit II malta … item est ibidem aliud molendinum de quo solvuntur Archiepiscopo XXX denarii.*

Erzbischöfliche Mühlen befanden sich daneben in oder bei Büllesheim (Wüst, Landkreis Ahrweiler),[327] Flamersheim (Kreis Euskirchen),[328] Hücheln (Wüst, bei Köln),[329] Blatzheim, Meyerich (Kreis Soest),[330] Grevenbroich (Kreis Neuss)[331] und (Erftkreis).[332] Nicht alle dieser Mühlen werden bis 1261 bereits tätig gewesen sein.[333] In Siegen waren zwei Mühlen im erzbischöflichen Besitz (*item habet Archiepiscopus ibidem molendinum situm in fossato opidi predicti valens annuatim XX maldra siliginis et ... item habet Archiepiscopus ibidem aliud molendinum, valens XXIIII maldra siliginis annuatim*).[334] Die erzbischöfliche Mühle in Ostervelde (Kallenhardt) erbrachte jährlich zwei Malter Getreide, die Mühle bei Schmallenberg vier Malter Weizen.[335] Eigene Mühlen betrieb das Erzstift außerdem in Hallenberg und Geseke.[336] Die erzbischöfliche Mühle in Rüthen erbrachte jährlich eine Mark.[337] Auch in Recklinghausen hatte der Kölner Erzbischof Einnahmen aus Mühlenbesitz.[338] Von besonderer Bedeutung waren die Rheinmühlen bei Köln. Konrad von Hochstaden zog am 17. Dezember 1260 die auf dem Rheinstrom gelegenen Mühlen der geächteten Patrizier ein und verständigte sich mit der Stadt Köln über die gemeinsame Verwaltung dieser Objekte.[339] In den folgenden Jahren wurden deren Mühleneinnahmen immer wieder erwähnt und waren auch Gegenstand von Verhandlungen zwischen Köln und den Erzbischöfen.[340] Mühlenrechte hatte das Kölner Erzstift auch in Rheinberg.[341] Die zur Verfügung stehenden Quellen geben keine weiteren Auskünfte über kölnischen Mühlenbesitz.

Mühle	Einnahmen	Datum/Zeitraum
Saltmulen (Soest)	100 Malter Getreide	13. Jahrhundert
Bei Hattrop	4 Mark, Denare	13. Jahrhundert
Drewelmolen (Soest)	100 Malter Getreide	13. Jahrhundert
Steynmule (Neuss)	unbekannt	1289
Bischofsmühle an der Erft (Neuss)	unbekannt	1289

327 Vgl. REK III 2511.
328 Vgl. REK III 2833.
329 Vgl. REK III 2464.
330 Vgl. REK III 2351.
331 Vgl. REK III 2503.
332 Vgl. REK III 1626, 1673.
333 Siehe dazu die Tabelle über die erzstiftischen Mühlen.
334 Vgl. Seibertz, UB I 484, S. 599.
335 Vgl. ebd., S. 608; 617.
336 Vgl. ebd., S. 609f; 616.
337 Vgl. ebd., S. 612.
338 Vgl. Pennings, Geschichte, S. 183ff.
339 Vgl. REK III 2136.
340 Vgl. REK III 2206, 2210, 3208, 3857.
341 Vgl. Wittrup, Rheinberg, S. 19.

Mühle	Einnahmen	Datum/Zeitraum
Belecke (1. Mühle)	2 Malter Getreide	1306/08
Belecke (2. Mühle)	30 Denare	1306/08
Büllesheim	unbekannt	1273
Flamersheim	unbekannt	1280
Hücheln	unbekannt	1271
Meyerich	unbekannt	1266
Grevenbroich	unbekannt	1273
Blatzheim	unbekannt	1251
Siegen (1.Mühle)	20 Malter Getreide	1306/08
Siegen (2.Mühle)	24 Malter Getreide	1306/08
Ostervelde	2 Malter Getreide	1306/08
Schmallenberg	4 Malter Weizen	1306/08
Hallenberg	unbekannt	13. Jahrhundert
Geseke	unbekannt	13. Jahrhundert
Rüthen	unbekannt	13. Jahrhundert
Rheinmühlen bei Köln	unbekannt	1260
Belegbare Einnahmen:	**248 Malter Getreide, 4 Malter Weizen, 5 Mark, 6 Denare**	

7.2
Fährgelder

Das Kölner Erzstift war im Besitz von einigen Fährgerechtigkeiten, die kleinere Einnahmen erbrachten, aber zumeist auch verlehnt waren. Lehen des Kölner Erzbischofs waren die Fähren zu Andernach, Oberkassel (Rhein-Sieg-Kreis), Bonn, Deutz und Neuss.[342] 1302 verkaufte der Neusser Bürger und erzbischöfliche Lehnsmann Johann von Kothausen (1271–1302) die an dem gleichnamigen Hofe haftende Hälfte der Fähre an die Neusser Klarissen. 1315 veräußerte Mechthild Jude die andere, dem Hof *Uckelichheim* anhaftende Hälfte, an dasselbe Kloster. Von diesem Fähramt hatte dann das Kloster jährlich einen Rekognitionszins von zwei Mark an den erzbischöflichen Saal zu entrichten.[343]

Herren der Marktschiffahrt von Neuss nach Köln waren die Erzbischöfe von Köln, vertreten durch die Vögte, die Herren von Eppendorf. Das »*var tusschen Coelne und Nuysse*« wurde 1394 erwähnt.[344]

---

342 Vgl. RIEGLER, Fährgerechtigkeiten, S. 19.
343 Vgl. LAU, Neuss S. 13.
344 Vgl. LANGE, Neuss, S. 63; HUCK, Neuss, Bd. II, S. 42.

ELBEN bestätigt, daß es im 13. Jahrhundert zu Deutz eine kölnische Rheinfähre gegeben hat. In Bonn und Deutz waren die Erbfährer auch direkte Lehnsleute des Erzbischofs.[345]

Die Einnahmen für den Kölner Erzbischof sind als äußerst gering einzuschätzen. Aus dem Pontifikat Konrads von Hochstaden ist kein Beleg für Fähren bekannt. Es ist daher fraglich, ob die Fähren zu seiner Zeit schon in Betrieb waren. Wenn diese der Fall war, dienten auch sie lediglich als Verlehnungsobjekt.

8.
Einnahmen aus Grundherrschaften

Bei der Frage nach den Einnahmen aus Grundherrschaften stellen sich Probleme, die kaum gesicherte Aussagen zulassen. Es besteht keine komplette Übersicht über die Güter Konrads von Hochstaden, deren Erstellung auch äußerst schwierig wäre, da sich der kölnische Besitz, der auch unter dem Begriff »*mensa episcopalis*«[346] gefaßt wird, ständig im Fluß befand. Güter wurden verpfändet, verschenkt oder gingen schlichtweg verloren, ohne daß im Einzelfall immer klar ist, wann das Erzstift über diese Güter eine uneingeschränkte Verfügungsgewalt besaß.[347]

Aufgaben der Grundherrschaften, aber auch der Wildbänne[348] war die Versorung des erzbischöflichen Hofes nach einem festgelegten zeitlichen und mengenmäßigen Lieferplan.[349]

Die Nennung der einzelnen Lieferungen des Kölner Hofdienstes[350] aus dem 12. Jahrhundert ist für die Frage nach der Leistungsfähigkeit der einzelnen Grundherrschaften zwar kaum ergiebig, doch läßt diese detaillierte Lieferungsliste auf einen hohen Organisationsgrad in der erzbischöflichen Verwaltung schließen.[351] Personeller Apparat und Struktur des Hofes waren in den Grundherrschaften wohl bekannt und wurden den Lieferungen zugrundegelegt. Bei einem derart fortgeschrittenen Verwaltungssystem ist für die Zeit Konrads von Hochstaden von einer Weiterentwicklung dieses Verwaltungsapparates auszugehen, der die Belieferung des Hofes durch die einzelnen Grundherrschaften schriftlich in einer Art »Dienstplan« fixierte.

---

345 Vgl. ELBEN, Rheinfähre, S. 5.
346 Vgl. JANSSEN, mensa episcopalis, S. 313.
347 Nicht eindeutig geklärt ist zur Zeit Konrads die Verfügungsgewalt über den 1176 an Berg verpfändeten Hof Hilden, um nur ein Beispiel zu nennen.
348 Vgl. Kap. B II 1.9 »Forst und Jagd«.
349 Vgl. Kap. B I 1.2 »Die Versorgung des erzbischöflichen Hofes«.
350 Vgl. ebd.
351 Vgl. RITZERFELD, Erzstift, S. 289.

Über Art und Umfang der Leistungen an den Hof ist aus der Zeit Konrads von Hochstaden nichts bekannt. Es kann angenommen werden, daß sich der Umfang der Leistungen nach der Größe des Hofes richtete. Etwa 1223 Mark bezog Konrad aus seinen verschiedenen Besitzungen.[352] Diese Zahl ist jedoch als vollkommen unvollständiger Vergleichswert heranzuziehen, da die Quellenbasis für eine Auswertung dieser Einnahmen zu schmal ist. Die Abgaben wurden noch mehrheitlich in Naturalien geleistet. Im Erzstift Trier lieferten die abgabepflichtigen 24 Mansen (ca. 720 Morgen oder 180ha) des Bischofshofes in Koblenz jährlich fünf Schillinge, 300 Liter Wein und ein Schwein im Wert von zwölf Denaren nach Koblenz.[353] Zudem mußten die Grundherrschaften beim Erscheinen Konrads für die Unterbringung und Verpflegung des Erzbischofs mit seinem Gefolge sorgen.[354]

Der Wert der Höfe ist sicherlich nicht pauschal zu bestimmen. HÖMBERG weist darauf hin, daß ein kleinerer Bauernhof einen Wert von 20 bis 30 Mark, und ein Herrenhof einen Wert von 100 bis 150 Mark hatte.[355]

Unter Konrad von Hochstaden muß die Bedeutung der Einnahmen aus den Grundherrschaften jedoch deutlich abgeschwächt werden. Die Gründe dafür liegen in einer grundsätzlichen Veränderung der Binnenstruktur der »mensa episcopalis«,[356] aber auch im enormen Anstieg der erzstiftischen Ausgaben. Für den immensen Geldbedarf Konrads waren die Einnahmen aus den Grundherrschaften bei weitem nicht ausreichend. Trotzdem waren alle Erzbischöfe im 13. Jahrhundert auch weiterhin bestrebt, ihre Einnahmen aus domanialen Einkünften zu erhöhen.[357]

Bei dem großen Geldbedarf Konrads wurden die ergiebigen Rheinzölle zum Rückgrat der erzstiftischen Einnahmen,[358] und selbst diese reichten nicht aus, um den Kölner Erzbischof vor ernsthafter Verschuldung zu bewahren.[359] Von Einnahmen aus erzstiftischen Gütern und Besitzungen erfährt man durch Verpfändungen zur Deckung von Zahlungsverpflichtungen, über deren Erträge Konrad von Hochstaden folglich bis zum Zeitpunkt der Verpfändung verfügt haben muß.

---

352 Vgl. die Liste der Einnahmen aus seinen Besitzungen.
353 Vgl. Liber annalium iurium, in: MRUB III, S. 415.
354 Siehe das Beispiel aus der benachbarten Grafschaft Katzenelnbogen zum Jahr 1295. Vgl. DEMANDT, Regesten der Grafen von Katzenelnbogen III, Nr. 6071, S. 1716f.
355 Vgl. HÖMBERG, Landesgeschichte, S. 143.
356 Vgl. JANSSEN, mensa episcopalis, S. 314.
357 Vgl. ebd., S. 331; vgl. Kap. C I 2.1 »Die Rheinzölle«.
358 Vgl. Kap. C II 5 »Außergewöhnliche Belastungen: Die Verschuldung Konrads von Hochstaden«.
359 Vgl. JANSSEN, mensa episcopalis, S. 333.

Besitz	Einnahmen aus	Wert	Zeit
Siebengebirge[360]	Weinbergen	–	11.5.1241
Rhens[361]	Weinbergen	200 Mark	23.3.1243
Odenkirchen[362]	Besitz	–	28.6.1244
Richterich, Bardenberg, Broich[363]	Besitz	90 Mark	1249
Geich, Füssenich, Eylich[364]	Besitz	60 Mark	1249
Wehr[365]	Besitz	30 Malter Roggen + 1 Mark	27.11.1249
Uelzen[366]	Zehnten	1 *aureus denarius*	15.11.1250
Sinsvelde[367]	Zins	6 Schillinge *Xantenses*	2.5.1251
Zons[368]	Zehnten	–	Juni 1251
Zeltingen/Rachtig[369]	Besitz	15 Mark	14.12.1252
Neuss[370]	Novalzehnte	4 Mark	5.6.1254
Wald Huvel[371] bei Anstel (Kreis Neuss)	Rottzehnten	–	17.2.1255
Lürich[372]	Rottzehnten	60 Mark	11.3.1259
Bacharach[373]/Diebach	Güter	700 Mark	vor 9.8.1267
Neuss[374]	Zins	25 Mark	–
Soest[375]	Zins	55 Mark	1306/08
Vritthoff[376] bei Soest	Abgaben	10 Mark	1306/08
Ostervelde[377] (Kallenhardt)	Bodenzins	3 Mark, 3 Solidi	1306/08
Ebbewald[378]	–		–
		1223 Mark + Naturalabgaben	

360 Vgl. REK III 1013.
361 Vgl. REK III 1078.
362 Vgl. REK III 1150.
363 Vgl. REK III 1446.
364 Vgl. ebd.
365 Vgl. REK III 1536.
366 Vgl. REK III 1608.
367 Vgl. REK III 1631.
368 Vgl. REK III 1638.
369 Vgl. REK III 1706.
370 Vgl. REK III 1773. Zum Novalzehnten vgl. RITZERFELD, Erzstift, S. 332.
371 Vgl. REK III 1830.
372 Vgl. REK III 2040.
373 Vgl. REK III 2408.
374 Vgl. LANGE, Neuss, S. 63; WUB IV 2464; LAU, Neuss, S. 12.
375 Vgl. SEIBERTZ, UB I 484, S. 54ff.
376 Vgl. ebd., S. 622.
377 Vgl. ebd., S. 617.
378 Vgl. REK III 1372.

Einnahmen

9.
Wahlgelder

Die Wahl von Papst Innozenz IV. im Jahre 1243 und seine Flucht nach Lyon ermöglichten es 1245 den antistaufischen Kräften um Konrad von Hochstaden, ein Gegenkönigtum aufzubauen, das die Opposition in Deutschland gegen Kaiser Friedrich II. und König Konrad IV. um sich vereinigte.[379] Seine Wahlstimme ließ sich Konrad von Hochstaden — wie die übrigen Hauptwähler auch — mit hohen Geldsummen bezahlen. 25000 Mark hat Papst Innozenz IV. insgesamt für die Wahl des neuen Gegenkönigs Heinrich Raspe von Thüringen aufgewendet. Konrad erhielt davon 1246/47 Gelder in Höhe von mindestens 3740 Mark, möglicherweise sogar 7790 Mark.[380]

Nach dem Tod Heinrichs von Thüringen am 16. Februar 1247[381] wurde am 3. Oktober 1247 Wilhelm von Holland von der päpstlichen Partei in Deutschland gewählt.[382] Kurz nach der Wahl erhielt Wilhelm von Holland als päpstliche Soforthilfe 30000 Mark Silber zur »Deckung der ersten Kosten«.[383] Die ersten Kosten nach der Wahl aufzubringen, konnte nur die Auszahlung der Wähler bedeuten. Dabei muß auch Konrad von Hochstaden mit erheblichen Geldern bedacht worden sein, da er Wilhelm von Holland nicht nur gewählt, sondern auch gekrönt hat. Aber die Quellen schweigen über die genaue Verwendung dieser Summe, so daß man über eventuelle finanzielle Zuwendungen an Konrad von Hochstaden nur spekulieren kann. Es scheint jedoch auch im Vergleich zu der Wahl von Heinrich Raspe von Thüringen sicher, daß Konrad von Hochstaden für seine Rolle bei der Wahl und Krönung Wilhelms von Holland finanziell entlohnt wurde.

Im Jahre 1256 war Wilhelm von Holland auf einem Friesenzug getötet worden. Nach dem Scheitern seiner böhmischen Pläne[384] hatte der Kölner Erzbischof die Wahl Richards von Cornwall betrieben, der am 13. Januar 1257 in Abwesenheit von Konrad von Hochstaden und an-

---

379 Vgl. LEYING, Niederrhein, S. 210.
380 STEHKÄMPER, Geld, S. 93; WERNER, Prälatenschulden, S. 22. Die Unklarheit über die tatsächliche Höhe beruht darauf, daß die 25000 Mark vom Papst in zwei Raten überwiesen wurden. Eventuell ist der Betrag von 3740 Mark nur auf die erste Rate zu beziehen, so daß bei der zweiten Rate der gleiche Anteil fällig gewesen wäre. Zur Diskussion darüber vgl. STEHKÄMPER, Geld, S. 93; WATTENBACH, Erfurter Urkunden, S. 197f.; DOBENECKER, Regesta Thuringiae, Nr. 1388.
381 Vgl. LEYING, Niederrhein, S. 214.
382 Vgl. Die Chronik des Menko, MGH SS, Bd. XXIII, S. 541. Siehe auch HINTZE, Königtum, S. 5ff.
383 Vgl. STEHKÄMPER, Geld, S. 95, Anm. 93.
384 Konrad von Hochstaden hatte 1255 Ottokar von Böhmen in Prag ohne Wissen des Papstes die deutsche Königskrone angeboten, um Wilhelm von Holland absetzen zu können. Vgl. REK III 1858.

derer ranghoher Landesherren bei Frankfurt zum deutschen König gewählt wurde.[385]

Bereits seit 1256 hatte sich der Kölner Erzbischof den englischen Werbungen zugewandt, die hauptsächlich von Johann von Avesnes in Deutschland betrieben wurden.[386] Konrad von Hochstaden suchte finanzielle Vorteile daraus zu ziehen, da Richard von Cornwall als einer der reichsten Fürsten Europas galt. Dementsprechend hoch fielen die Geldforderungen des Kölner Metropoliten und der anderen deutschen Fürsten für ihre Wahlstimme aus. Die Hamburger Annalen berichten über ungeheure Geldzuwendungen, die Johann von Avesnes im Auftrag Richards von Cornwall ausschüttete oder versprach (*hic effudit pecuniam ante pedes principum sicut aquam*).[387]

Am 15. Dezember 1256 trafen sich Konrad und die englischen Unterhändler, um u.a. über die finanziellen Forderungen für Wahl und Krönung Richards von Cornwall zu verhandeln. Der Kölner Metropolit teilte den englischen Agenten offen die finanziellen Erwartungen der Fürsten für ihre Bereitschaft, Richard zum deutschen König zu wählen, mit.[388] 8000 Mark Sterlinge erhielt der Kölner Erzbischof *propter presens negotium labores non modicos et expensas* versprochen.[389] Dabei handelte es sich um die für seine Kurstimme geforderte Summe. Die bemerkenswerte Höhe des Wahlgeldes — 8000 Mark — verdeutlicht die entscheidende Rolle, die sich Konrad von Hochstaden bei der Königswahl Richards von Cornwall zumaß und die auch anerkannt wurde. Nach der Frankfurter Wahl reiste Konrad von Hochstaden mit großem Gefolge nach London und huldigte Richard von Cornwall am 18. März 1257.[390] Für Reiseaufwendungen erhielt er zusätzlich 500 Mark und eine kostbare Mitra überreicht, die er mit den Worten entgegennahm: »*Nobili thesauro ditavit me et ecclesiam meam comes Ricardus; et quo certe, sicut imposui capiti meo mitram meam, imprimam capiti suo coronam regni Alemannie vel Romanorum. Mitravit me et ego eum coronabo.*«[391] Konrad von Hochstaden war insgesamt an der Wahl von drei Gegenkönigen beteiligt und konnte dabei 11740 vielleicht sogar 15790 Mark entgegennehmen. Wilhelm von Holland wird Konrad von Hochstaden zusätzlich mindestens einen Betrag von mehreren Tausend Mark aus dem

---

385 Vgl. REK III 1936. Zu dieser Thematik siehe auch BAYLEY, Election, S. 457–483; DENHOLM-YOUNG, Cornwall; HAIDER, Wahlversprechungen, S. 107–174; LEMCKE, Beiträge, S. 26ff.
386 Vgl. GERLICH, Kurfürsten, S. 64.
387 Vgl. Hamburger Annalen, in: MGH SS, Bd. XVI, S. 384.
388 Vgl. Excerpta ex Chronika Thomae Wikes 1245–1273, in: BÖHMER, Fontes, Bd. II, S. 451. Thomes Wikes war Mitte des 13. Jahrhunderts Mönch im Kloster Osney. Der Berichtszeitraum seiner Chronik sind die Jahre 1066 bis 1304.
389 LACOMBLET II, 429; REK III 1925; STEHKÄMPER, Geld, S. 96, sieht in diesem Betrag einen Richtpreis für eine rheinische Kurstimme.
390 Vgl. REK III 1942; GERLICH, Kurfürsten, S. 78; GRUNDMANN, Wahlkönigtum, S. 85ff.
391 Vgl. Matthaeus Paris, MGH SS, Bd. XXVIII, S. 370.

päpstlichen Fonds ausbezahlt haben, so daß Konrad bis 1257 ca. 15000–20000 Mark an Einnahmen aus Wahlgeldern hatte, die für das Erzstift eine ungewöhnliche Aufstockung der verfügbaren Finanzen bedeuteten.

10.
Legationsgelder und päpstliche Sondersteuern

Als am 9. März 1249 der mächtige Bundesgenosse Konrads von Hochstaden, Erzbischof Siegfried von Mainz, starb, verlangten bei Konrads Ankunft in Mainz Klerus und Volk stürmisch, daß er die Nachfolge Siegfrieds antreten sollte.[392] Er konnte das Erzbistum Mainz jedoch nicht ohne päpstliche Einwilligung übernehmen und rief das Urteil des Papstes an. Zunächst übernahm er auf dessen Anweisung die Verwaltung des Erzbistums Mainz und der Abtei Fulda (Landkreis Fulda).[393] Es gibt Hinweise, daß Konrad von Hochstaden diese relativ kurze Übernahme der Verwaltung dazu genutzt hat, die Abtei Fulda regelrecht auszuplündern.[394] Die geraubten Gelder und Kostbarkeiten verwendete er für die Besoldung seiner Ritter.[395] Da die Abtei Fulda eigenes Prägerecht besaß, müssen Konrad von Hochstaden bei der Ausplünderung der Abtei große Mengen Münzen und Prägematerial (Silber) in die Hände gefallen sein.[396] Tatsächlich war die Verteidigung der Abtei dem Erzbischof von Mainz übertragen worden; die Prälaten der von der Abtei abhängigen Klöster wurden in einem Brief vom 3. Mai 1247 angewiesen, dem Erzbischof von Mainz nach ihren Mitteln Beistand zu leisten.[397] Konrad von Hochstaden hat die Vakanz des erzbischöflich-mainzischen Bischofsstuhls ausgenutzt, um die dem Erzbistum Mainz unterstehende Abtei zu berauben. Welche konkreten Summen Konrad von Hochstaden dabei in die Hände fielen, ist allerdings nicht bekannt. Der inzwischen eingeschaltete Papst entschied schließlich, daß Konrad von Hochstaden wegen kirchenrechtlicher Bedenken nicht zum Erzbischof von Mainz gewählt werden könne. Papst Innozenz IV. übertrug Konrad von Hochstaden am 14. März 1249

---

392 Vgl. REK III 1453; LEYING, Niederrhein, S. 234.
393 Vgl. ebd.; FICKER, Reichsgeschichte, S. 391.
394 ... *archiepiscopus Coloniensis, in stipendiis suorum militium omnia pendens, quod dispersis monachis et clericis, vix habebant, pauci qui residui remanserant, sacerdotes unde vitam exilem sustantarent. Quicquid enim in eis preciosum fuerat in auro argento, gemmis et vestibus preciosis et omnibus opulentis redditibus, dirripuit et abrasit.* Vgl. Matthaeus Paris, MGH SS, Bd. XXVIII, S. 309.
395 Vgl. FICKER, Reichsgeschichte, S. 391.
396 Vgl. MENADIER, Münzen, S. 191.
397 Vgl. BERGER I, S. 392.

die Legation für Deutschland, die dieser wohl insgeheim als Abfindung für diese Absage empfunden hat.[398] Als Legat für Deutschland stand ihm nun die Erhebung von Prokurationen zu, die zusätzliche Einnahmen für ihn versprachen.[399] In den Städten und Diözesen Münster, Osnabrück und Minden konnte im Mai 1249 trotz schwerer Klagen des dortigen Klerus der zwanzigste Teil der Einkünfte (5%) als Prokuration festgesetzt werden.[400] Am 1. November 1249 begab sich Propst Conrad von St. Guido in Speyer im Auftrag des Legaten Konrad von Hochstaden nach Süddeutschland, um dort die Prokurationen einzuziehen.[401] Die neuerliche Abgabenerhebung rief beim deutschen Klerus erbitterten Widerstand hervor. Zu schwer lasteten die ständigen Sonderbesteuerungen und Subsidienforderungen auf dem Klerus. Trotzdem gelang es den kölnischen Kollektoren, in den Bistümern Salzburg, Regensburg und Freilassing 1300 Mark Silber an Prokurationsgeldern einzuziehen.[402] Um die Jahreswende 1249/50 teilte der Papst dem Kölner Erzbischof mit, daß seine Legation mit der Ankunft des neuen päpstlichen Legaten Peter von Albano im April 1250 enden werde.[403] Offenbar hat Konrad von Hochstaden aber auch noch gegen Ende der 1250er Jahre auf der Begleichung der von ihm 1249/1250 erhobenen Abgaben bestanden. Noch 1258 zahlte der Abt Wilhelm von St. Trond dem Kölner Erzbischof eine Prokurationsabgabe von drei Mark.[404] Was tatsächlich an Prokurationen über die 1300 Mark Silber hinaus in die erzbischöfliche Kasse geflossen ist, ist nicht feststellbar.

Wegen Konrads prekärer Finanzlage hatte der Papst ihm bei den Übertrittsverhandlungen im Mai/Juni 1239 die Anweisung päpstlicher Sondersteuern zugesagt, die für den Kölner Erzbischof eine Möglichkeit darstellten, den desolaten Finanzhaushalt des Erzstifts zu konsolidieren. Unmittelbares Ergebnis der Gespräche in Rom war die Erhebung einer Sondersteuer im Kölner Erzstift, die je nach Finanzkraft von sämtlichen Klerikern der Diözese erbracht werden sollte und zwar in einer Gesamthöhe von 8000 Mark innerhalb von sechs Jahren.[405] Nach Ablauf der sechsjährigen Steuer erhielt Konrad von Hochstaden eine weitere Finanzhilfe durch die Kurie: Am 5. Mai 1244 wurde ihm die

---

398 Vgl. REK III 1459, 1478. Die Legation erstreckte sich auf ganz Deutschland, ausgenommen das Trierer Erzstift, das seine Exemtion erreichte.
399 Vgl. REK III 1470. Der Papst hatte im April 1249 bereits Gehorsam gegenüber dem neuen Legaten angemahnt, und den Erzbischöfen, Bischöfen und Prälaten des Deutschen Reiches befohlen, die gebührenden Prokurationen zu leisten. Vgl. ebd., 1471; ALDINGER, Neubesetzung, S. 121.
400 Vgl. WUB VII 686.
401 Vgl. REK III 1522.
402 Vgl. WERNER, Prälatenschulden, S. 23; REK III 1579 (April 1250).
403 Vgl. REK III 1577.
404 Vgl. REK III 2028.
405 Vgl. REK III 944; WERNER, Prälatenschulden, S. 17 (28. Mai 1239).

Erhebung des Fünften der Kölner Kirchenprovinz verbrieft.[406] Im selben Jahr erhielt er, vom Papst abgesegnet, vom Klerus der Stadt und der Diözese Köln »freiwillig« den Zehnten aller Einkünfte und für das Jahr 1245 den Zwanzigsten aller Einnahmen.[407] Allein diese Besteuerungen brachten Konrad im Bistum Lüttich die hohe Summe von 3000 Mark ein.[408] Er ging dabei mit aller Härte und der Unterstützung der päpstlichen Jurisdiktion vor.[409] Konrad konnte durch die Gewährung von päpstlichen Steuerbullen weitaus mehr als 11 000 Mark an Steuern einsammeln, die er nicht, wie vorgesehen, zur Schuldentilgung verwandte, sondern für die Kosten seiner Politik ausgab.[410]

Um an Geld zu kommen, bediente sich Konrad von Hochstaden auch der damals üblichen Vorgehensweise, Kriegsgefangene gegen Geld auslösen zu lassen und prominente Geiseln gegen Lösegeld freizulassen. Im Januar 1242 hatte Konrad von Hochstaden marodierende Aachener gefangengenommen und für deren Freilassung ein Lösegeld in unbekannter Höhe verlangt.[411] 1250 gelang es Konrad von Hochstaden, Waldemar, den Sohn des dänischen Herzogs und späteren Königs Abel, auf seinem Heimweg nach Dänemark im kölnischen Erzbistum gefangenzunehmen. 6000 Mark betrug das Lösegeld, das der Kölner Erzbischof für die Freilassung Waldemars kassierte.[412] Daneben wurden Konrad weitere Gelder gezahlt.

Für die Niederlegung der Burg Deutz wurde im Jahre 1242 von der Kölner Bürgerschaft ein bestimmer Geldbetrag versprochen, der nicht niedrig gewesen sein kann.[413]

Am 24. März 1253 gelobte der Graf von Schawenburg (Landkreis Schaumburg), an Konrad von Hochstaden 2000 Mark zu bezahlen.[414] Die Gründe hierfür sind nicht bekannt. Aus diesen eher »zufälligen« Geldquellen hatte Konrad weitere Einnahmen von mehr als 8000 Mark.

---

406 Vgl. BERGER I, Nr. 654, S. 112.
407 Vgl. LACOMBLET II 285.
408 Vgl. BERGER I, Nr. 992, S. 160.
409 Der Bischof von Lüttich war zu dieser Zahlung durch eine Exkommunikation gezwungen worden.
410 Vgl. WERNER, Prälatenschulden, S. 23.
411 Vgl. REK III 1046.
412 *Abel coronatur in regem, uxor eius Mechtildis in reginam, filio eorum Waldema adhuc puerulo, quem redeuntem de Rotomago Coloniensis archiepiscopus ceperat, adhuc* (1. November 1250, R.P.) *in captivitate detento.* Vgl. Stadener Annalen, MGH SS, Bd. XVI, S. 373; REK III 1556.
413 Vgl. REK III 1058/59.
414 Vgl. REK III 1723.

11.
Fazit

Konrad von Hochstaden hatte in der Stadt Köln aus Zoll, Münze, Gerichtsgebühren, seinem Anteil an den Bierpfennigen, erzstiftischem Grundbesitz und einer Vielzahl von kleineren Einnahmen bedeutende Einnahmemöglichkeiten. Er war jedoch in Köln mit dem Problem konfrontiert, über die bedeutendsten Geldquellen — Münze, Zoll und Bierpfennige — nicht mehr vollständig zu verfügen. Ertragreichste Einnahmequellen im erzbischöflichen »Haushalt« waren die Rheinzölle. Die belegbaren Zölle brachten Konrad mindestens 2186 Mark jährlich ein. Bei einer ständig geringer werdenden finanziellen Bedeutung der Einnahmen aus den Grundherrschaften[415] waren die ergiebigen Rheinzölle zur Zeit Konrads die elementare Basis der kölnischen Finanzen. Sie stellten eine ständige Geldquelle für Konrad dar und sicherten seine Kreditfähigkeit.[416] Unter den bis 1261 tätigen Rheinzöllen Köln, Neuss, Andernach, Bonn, Xanten und Bacharach ist besonders der Neusser Zoll hervorzuheben, der mit einem geschätzten Jahresertrag von 800 bis 1200 Mark an Bedeutung dem Zoll zu Köln vergleichbar ist. In Neuss verfügte Konrad von Hochstaden allein über die Erträge. Er versuchte die Zölle als wichtigsten Einnahmeposten weiter auszubauen und eine Art »Zollhoheit« zu etablieren, indem er nicht nur gegen kaiserliches Verbot neue Zölle einrichtete (Bonn), sondern auch konkurrierende Zollherren ausschaltete (Kleve). Dagegen waren die Land- und Marktzölle mit einem Gewinn von ca. 257 Mark von geringerer finanzieller Bedeutung, obwohl unter Konrad zahlreiche Zölle nachweisbar sind. Das Zollgeleit ist als erzstiftische Einnahmequelle schwer einzuschätzen. Es war wohl auch als herzogliches Herrschaftsrecht von großer Wichtigkeit.

Ein Hauptaugenmerk richtete Konrad in seiner Finanzpolitik auf den Ausbau des Münzwesens. Hier beliefen sich die Gewinne aus dem Erzstift auf schätzungsweise 914 Mark. Erfolgreich verdrängte er die Münzerhausgenossen in Köln aus ihrer Position, um entscheidende Anteile an der Münze zurückzugewinnen.[417] Um seine Anteile an den Münzgewinnen zu vergrößern, umging er geldrechtliche Bestimmungen aus Köln, indem er in Westfalen Münzverrufungen und -verschlechterungen vornahm. Er überzog das Herzogtum Westfalen mit einem Netz kleiner und kleinster Münzstätten, um seine Einnahmen trotz des Widerstandes der Münze in Köln zu verbessern. Von den ca.

---

415 Vgl. Kap. C I 8 »Einnahmen aus Grundherrschaften«.
416 Vgl. JANSSEN, mensa episcopalis, S. 331.
417 Vgl. Kap. C I 1 »Allgemeine Einnahmen — Die Stadt Köln«.

22 im Herzogtum Westfalen arbeitenden Münzstätten waren acht im vollständigen Besitz des Erzstifts und vierzehn zur Hälfte. Von den acht kölnischen Münzstätten waren drei (Soest, Attendorn, Rüthen) schon unter seinen Vorgängern tätig gewesen, die restlichen fünf wurden von ihm neu eingerichtet (Recklinghausen, Brilon, Medebach, Schmallenberg, Werl). Von den vierzehn Münzbeteiligungen hatte Konrad von Hochstaden (außer Herford und Helmarshausen) alle selbst durchgesetzt (Arnsberg, Berleburg, Marsberg, Korbach, Volkmarsen, Paderborn, Lügde, Salzkotten).[418] Dies zeigt die beachtlichen Erfolge, die Konrad beim Ausbau des Münzwesens erreichen konnte. Sämtliche westfälische Münzstätten, auch die während seiner Herrschaft tätigen Münzen im Rheinland und im Bergischen Land (Andernach, Rees, Xanten, Bielstein, Wildberg, Siegen,) waren jedoch an Bedeutung mit der Münzstätte in Köln bei weitem nicht zu vergleichen. Mit der Kölner Münze ist ein beträchtlicher Teil des »Landeshaushalts« gedeckt worden. Aus dieser Erfahrung heraus gründete Konrad weitere Münzstätten.

Regelmäßige Einnahmen von ca. 2200 Mark bezog Konrad von Hochstaden aus der Bede, die besonders flächendeckend im Herzogtum Westfalen erhoben wurde. Im Rheinland hingegen wurde sie auch als Instrument der Städtepolitik[419] eingesetzt, da hier dem Stadtherrn auch andere Einnahmen zur Verfügung standen.

Konrad von Hochstaden hatte daneben Einnahmen aus dem Judenschutz, die sich auf ca. 163 Mark jährlich beliefen. Erkennbar war dabei das Bestreben, die Einnahmen aus den Schutzgeldern zu erhöhen, indem er eine aktive Judenpolitik betrieb, um Judengemeinden in den kölnischen Städten zu fördern.

Die Erträge aus den Gerichts- Mühlen- und Fähreinnahmen sind mit 225 Mark sicher zu niedrig angesetzt. Daneben war der gesamte Komplex der Grundherrschaft schwer zu bemessen. Einnahmen von 1223 Mark konnten jedoch belegt werden.

Außerdem wußte Konrad seine überragende Rolle in der Reichspolitik bei der Wahl von drei Gegenkönigen auszunutzen, indem er sich mit ca. 15000–20000 Mark seine Wahlstimme abkaufen ließ. In seiner Zeit als Legat gelang es ihm, mindestens Summen von 1300 Mark an Legationsgeldern einzustreichen. Der Wert der päpstlichen Sondersteuern belief sich bis 1250 auf ca. 11000 Mark. Außerdem verfügte er noch über eine Vielzahl kleinerer Einnahmen, die oft zu Verpfändungen herangezogen wurden. Auch besondere Einkünfte wie die 6000 Mark Lösegeldzahlung für den gefangenen dänischen Königssohn

---

418 Vgl. Liste der erzbischöflichen Münzstätten in Westfalen.
419 Vgl. Kap. A V 1 »Städtepolitik — Rheinland«.

flossen in die erzbischöfliche Kasse. Dieser Entführungsfall könnte eine Phase der Finanzknappheit beschreiben, die es trotz dieser ungeheuren Einkünfte gab. 1249/50 traten für Konrad von Hochstaden verschiedene Umstände ein, die ihn veranlaßt haben müssen, diese Entführung vorzubereiten. 1250 konnte er den Kauf des Sayn-Wiedischen Erbes abschließen,[420] wodurch seine Finanzen durch die fälligen Ratenzahlungen belastet wurden. Außerdem setzte die Kurie seit 1250 die Schuldenvergünstigungen für ihn ab, so daß er nun wieder in das normale päpstliche Jurisdiktionsverfahren für säumige Schuldner hineingenommen wurde.[421] Zudem kam es in dieser Phase zu einer spürbaren Abkühlung des Verhältnisses zwischen Wilhelm von Holland und Konrad, was auch Auswirkungen auf seine Beziehungen zur Kurie hatte.[422]

Nach den vorliegenden Belegen, die auch Summen nennen, verfügte Konrad von Hochstaden von 1238 bis 1261 über Einnahmen von mindestens 47468 Mark. In dieser Berechnung sind eine ganze Reihe von Einnahmequellen nicht enthalten, die kurz angesprochen werden sollen. Es handelte sich dabei um Schatzung, Feuerstättenzins, Ritter- und Fräuleinsteuer, Weinabgabe, Bannwein, Bannbackhaus, Kaufhausverpachtung, Hofstättenverpachtung, Herbergsrecht, Fronfahrt, Kriegsfolge.[423]

Daß er Jahreseinnahmen von 50000 Mark hatte, ist als etwas überhöht zu betrachten. Zwar reicht die errechnete Summe an 50000 Mark heran, doch ist auch darauf hinzuweisen, daß große Beträge auf außergewöhnliche Einnahmen zurückzuführen sind. Denkbar ist allerdings, daß Konrad Einnahmen von 20000–30000 Mark pro Jahr aufbringen konnte, denn die errechnete Summe kann nur einen Ausschnitt der tatsächlichen Einnahmen Konrads darstellen.

An die Grenzen der Interpretationsmöglichkeit stößt man, wenn die Frage nach der Verwaltung der Finanzen aufgeworfen wird. Nachweisbar ist, daß in den großen Städten des Erzstifts (Köln, Soest) Münze und Zoll von bürgerlichen Ministerialen verwaltet wurden, die führende Positionen als Bankiers und Kaufleute innehatten, aber auch in der erzbischöflichen Verwaltung tätig waren.[424] Teilweise muß auch der erzbischöfliche Schultheiß diesbezügliche Funktionen wie z.B. in der Zollverwaltung ausgeübt haben. Es scheint sicher, daß diesen lokalen

---

420 Vgl. REK III 1586.
421 Vgl. WERNER, Prälatenschulden, S. 23.
422 Vgl. LEYING, Niederrhein, S. 217ff.
423 FELD, Städtewesen, führt in seiner Dissertation eine Liste von Herrenrechten (Bürgerpflichten) auf, die er im Nahe-Hunsrückraum für die Mitte des 13. Jh. festgestellt hat. Diese Steuern wurden in den Städten erhoben und an den Stadtherrn entrichtet. Vgl. FELD, Tabelle IX, Landesherrliche Stadtrechtsverleihungen A. Herrenrechte, S. 128.
424 Vgl. Kap. B II 1.7 »Die Zöllner«.

Verwaltungsträgern in Köln die erzbischöfliche Kammer zugeordnet war, die vom Kämmerer geleitet wurde. Dafür spricht die personelle Besetzung und Ausgestaltung des Kämmereramtes.[425] Die Kenntnisse über die einzelnen Einnahmen waren sehr detailliert. Die finanzpolitischen Entscheidungen Konrads sind von einem »Expertenteam« vorbereitet worden. Der Kämmerer und seine Mitarbeiter (meist Geistliche) waren als »Finanzbehörden« in der Lage, über den Stand der Einnahmen Auskunft zu geben und den Landesherrn zu beraten. Dies verdeutlichen vor allem die zahlreichen Verpfändungen und Anweisungen auf einzelne Einnahmen, die in der Kanzlei ausgestellt wurden. Ohne eine schriftliche Fixierung, eine Verwaltungsnotiz, wie sie z.B. der anonyme Kleriker über die Vergleichsverhandlungen in Rom (April/Mai 1239) in Köln im Jahre 1245/47 ausstellte, ist es nicht vorstellbar, daß ein derartiger Kenntnisstand über die Einnahmen des Erzstift in der »Verwaltung« möglich war.

Die Höhe der Jahreseinnahmen war von verschiedenen Faktoren abhängig. Im Sommer und Herbst werden die Einnahmen durch den Reiseverkehr der Kaufleute, Schiffahrt auf dem Rhein und seinen Nebenflüssen, Abschluß der Erntezeit, höher gelegen haben, als im Winter und Frühjahr.

---

425 Vgl. Kap. B I 3.3 »Der Kämmerer«.

II. Ausgaben

Diesen beachtlichen Einnahmen, über die Konrad von Hochstaden verfügte, standen große Ausgaben gegenüber. Eine Bewertung von Einnahmen und Ausgaben des Kölner Erzstifts stößt jedoch auf Grenzen. Es ist ein kaum lösbares Unterfangen, aus den wenigen verstreuten Quellen die gesamten Ausgaben des Erzstifts zur Zeit Konrads von Hochstaden zu beziffern. Dieser Versuch kann ähnlich wie beim Einnahmenkapitel nur mit größter Vorsicht gewagt werden. Dennoch können wesentliche Bereiche der Politik und der Verwaltung im Erzstift benannt werden, die den erzbischöflichen »Etat« belasteten. Zum Teil ist es auch möglich, Summen zu nennen, die aber nur ein Minimum der Gesamtausgaben sein können.

1.
Erwerbspolitik

Die kostenintensive Territorialpolitik Konrads von Hochstaden stellte den wichtigsten Ausgabenbereich in seiner Regierungszeit dar. Die Durchsetzung von territorialpolitischen Zielsetzungen in Konkurrenz zu rivalisierenden Territorialherren machte den Einsatz von hohen Finanzmitteln unumgänglich, um Güter, Burgen und mannigfaltige Rechte für das Kölner Erzstift zu erwerben. Im Jahre 1246, als gerade die Erhebung einer ersten päpstlichen Sondersteuer über 8000 Mark auslief,[426] gelang es Konrad von Hochstaden, die Grafschaft Hochstaden dem erzstiftischen Besitz einzuverleiben.[427] Der damit zusammenhängende Erwerb des Prümer Lehens am 23. April 1246 kostete Konrad von Hochstaden die hohe Summe von 3000 Mark.[428] Er mußte jedoch nicht nur für diese Güter zahlen, sondern auch andere erbberechtigte Adlige abfinden. Mit Walram von Jülich schloß er im Januar 1249 einen Abfindungsvertrag, in dem er ihm eine Rente in Höhe von 500 Mark, eine Direktzahlung von 400 Mark und eine Schuld

---

[426] Vgl. Kap. C I 10 »Außergewöhnliche Einnahmen: Legationsgelder und päpstliche Sondersteuern«.
[427] Vgl. Kap. A 2.1 »Das Hochstadensche Erbe«.
[428] Vgl. REK III 1248.

des Herzogs von Brabant in Höhe von 1000 Mark zusagte.[429] Konrad von Hochstaden war damit Verbindlichkeiten von mindestens 1900 Mark eingegangen, da einige Renten nicht exakt taxiert wurden. Interessant ist es, den weiteren Gang der Rückzahlung zu verfolgen. Die versprochene Summe von 400 Mark erhielt Walram von Jülich erst am 20. März 1250,[430] als Zahlungstermin war aber der 8. Oktober 1249 vereinbart worden. Die fast halbjährige Überschreitung der Zahlungsfrist läßt vermuten, daß Konrad diesen Betrag zunächst nicht zur Verfügung hatte. Die 1000 Mark brabantische Schuld hingegen, die Walram von Jülich am 20. Mai 1250 für sich quittierte, ist wohl erst vom Brabanter an Walram ausbezahlt worden.[431] Die Anweisung der vereinbarten Summe von 1900 Mark auf verschiedene Einnahmen und eine ausstehende Schuld könnte auf die schwierige Finanzlage des Erzstifts Köln seit 1246 hindeuten. In bar sind wohl nur die 400 Mark, wenn auch mit Verspätung, gezahlt worden. Die versprochenen Restsummen wurden durch wahllos anmutende Anweisungen auf vorhandene Einkünfte abgesichert. Konrad hatte das Geld offensichtlich nicht zur Verfügung und schwächte durch die intensiven Verpfändungen seine Einnahmen schon an der Quelle ab. Diese Politik führte nicht nur zu einer Verminderung der erzstiftischen Einnahmen. Eine langjährige Verpfändung konnte zum Verlust der Güter führen. Zum Beispiel wurde das in die Rentenanweisung aufgenommene Bardenberg durch die Verpfändung der kölnischen Herrschaft zunehmend entfremdet.[432] Bereits am 10. November 1246 hatte Konrad von Hochstaden auch Heinrich von Isenburg und seiner Frau Mechthild 500 Mark für den Verzicht auf bestehende Erbansprüche versprochen.[433]

Bezeichnenderweise wurde festgesetzt, daß bei Nichtzahlung des Betrages bis zum 15. August 1247 eine Jahresrente von 50 Mark aus der Bonner Bede an den Isenburger fallen sollte.[434] Nachweisbar 5060 Mark an Barzahlungen, Rentenanweisungen, Schuldverschreibungen und Abfindungen brachte Konrad von Hochstaden für die Sicherung der Grafschaft Hochstaden auf. Noch während er mit der Abzahlung dieser Summen beschäftigt war, erwarb er am 19. Januar 1248 aus dem Sayn-Wiedischen Erbe[435] das Schloß Waldenburg, die Güter zu Drolshagen und Meinerzhagen mit allem Zubehör und den Ebbewald für

---

429 Vgl. REK III 1446. Die angewiesene brabantische Schuld stammte aus den Vertrag von Roermond vom 24. Februar 1244 zwischen Heinrich III. von Brabant und Konrads verstorbenem Neffen Dietrich von Hochstaden. Vgl. ebd. 1123.
430 Vgl. REK III 1562.
431 Vgl. REK III 1591.
432 Vgl. MEUTHEN/MUMMENHOFF, Bardenberg, S. 52.
433 Vgl. REK III 1295.
434 Vgl. CARDAUNS, Regesten, S. 158.
435 Vgl. Kap. A I 2.1 »Das Sayn-Wiedische Erbe«.

2000 Mark.[436] Am 1. Mai 1250 ging weiterer Burgen- und Güterbesitz an der Wied und der Sieg in kölnisches Eigentum über.[437] Die Gräfin von Sayn erhielt lebenslängliche Nutzung dieser Güter, 600 Mark in bar und eine Jahresrente von 170 Mark versprochen. Die Verbindlichkeiten Konrads aus den Jahresrenten beliefen sich damit bis 1261 auf mindestens fünf Raten von 850 Mark.[438] Noch zu Lebzeiten Mechthilds gab es offenbar Unstimmigkeiten über die 1250 vereinbarten Rentenzahlungen, denn Mechthild bestellte Albertus Magnus als Schiedsrichter in dieser Angelegenheit.[439] 1275 erfährt man aus einem Vertrag zwischen Mechthild von Sayn und Erzbischof Siegfried von Westerburg, daß damals Albertus Magnus und Gerhard von Andernach aus dem Minoritenorden von Konrad von Hochstaden und Mechthild als Schiedsrichter bestellt und auch tätig geworden sind. Streitpunkt war, in welcher Münze die Rente ausbezahlt werden sollte. Hat Konrad eventuell versucht, die Rente mit minderwertigen Münzen zu begleichen? Diese Vermutung erscheint nicht abwegig, da er vor 1258 in Attendorn, Wildberg und Siegen minderwertige Münzen schlagen ließ.[440] Man einigte sich schließlich auf die Kölner Pfennigwährung (12 Schillinge = eine Mark).[441] Es ist anzunehmen, daß Konrad von Hochstaden die 600 Mark Fixsumme und die festgesetzte Jahresrente wohl nur teilweise gezahlt hat. Insgesamt entstanden dem Kölner Erzbischof Kosten von 2600 Mark für die Erwerbungen zuzüglich der Rentenzahlungen bis 1261 in Höhe von 850 Mark, zusammen ein Betrag von 3450 Mark.

Kosten sind Konrad von Hochstaden auch durch den Erwerb von Vogteien[442] entstanden, doch sind hier keine Summen bekannt. Er setzte auch immer wieder Gelder für den Allodialerwerb an einzelnen strategisch wichtigen Punkten ein. Insgesamt 800 Mark zahlte er für den Erwerb von Alloden bei der Nürburg (200 Mark),[443] bei der Burg Strünckede (200 Mark)[444] und im Herzogtum Limburg (400 Mark).[445]

Die enorme Summe von 2770 Mark entrichtete Konrad von Hochstaden allein für den Ausbau kölnischer Positionen an den südlichen Landesgrenzen. Die Summe schlüsselte sich wie folgt auf: Erwerb der

---

436 Vgl. REK III 1372.
437 Vgl. Kap. A I 2.1 »Das Sayn-Wiedische Erbe«.
438 Mechthild von Sayn lebte bis 1291.
439 Vgl. Höhn, Fährte, S. 331.
440 Vgl. Kap. C I 1 »Allgemeine Einnahmen — Die Stadt Köln«.
441 Vgl. Ennen/Eckertz, Quellen III 111; Stehkämper, Albertus Magnus, S. 324, zieht aus dem Münzstreit den Schluß, daß Konrad aus der Münze keine ausreichenden Einnahmen bezog.
442 Vgl. Kap. A I 3 »Der Erwerb von Vogteien«.
443 Vgl. REK III 1784 (6.7.1254). Vgl. Kap. A I 4 »Machtausbau im kölnischen Kerngebiet«.
444 Vgl. REK III 1135 (2.4.1244).
445 Vgl. REK III 993 (4.9.1240).

Schmidtburg (600 Mark),[446] der Burg Waldeck (200 Mark),[447] Belehnung des Reichsministerialen Philipp von Hohenfels (200 Mark),[448] Erwerb eines Allods der Grafen von Leiningen (200 Mark),[449] Kauf der Burg Leye (120 Mark)[450] sowie von Gütern zu Neumagen (150 Mark),[451] Allodialerwerb vom Grafen von Luxemburg (1000 Mark)[452] sowie eine Zahlung an den Grafen von Sponheim (300 Mark).[453] Die Liste der Ausgaben zeigt, daß Konrad von Hochstaden allein im Jahre 1239/40 in diesem Raum Ausgaben in Höhe von 1220 Mark hatte. Dies belegt deutlich, wie hoch die Aufwendungen Konrads für die kölnische Territorialpolitik waren. Daß die Kostenberechnung dieser Politik lediglich einen vorläufigen Charakter besitzt, wird dadurch ersichtlich, daß für Konrads Erwerbungen an der Ruhr (Werden, Essen, Holte) und an der Emscher (Ringenberg) keine Summen genannt werden können, die jedoch sicherlich geleistet wurden. Am 19. November 1259 erwarb er von Otto von Altena Güter für 200 Mark.[454]

In seiner Territorialpolitik wandte Konrad von Hochstaden für den Erwerb verschiedener Güter, Burgen und Rechte mindestens 12280 Mark auf.

2.
Kriegskosten

Die Kosten, die Konrad von Hochstaden für die Ausrüstung seiner Ministerialen während des Kriegsdienstes tragen mußte, waren erheblich. Für die Dienstmannen, die zum Heeresaufgebot des Kaisers zählten, mußte der Kölner Erzbischof Geld und eine bestimmte Ausstattung zur Verfügung stellen. Jeder erhielt zur Ausrüstung dieses Dienstes zehn Mark, einen grauen Pelz, zwei Knechte, einen Hengst mit Sattelzeug und Hufbeschlag sowie zwei Lederranzen mit vier Hufeisen und 24 Nägeln. Ein zusätzlicher Diener bekam an Sachleistungen ein Tuch von 40 Ellen, das Scharlach genannt wurde.[455] An Sold erhielten die Dienstmannen, die über die Alpen zogen, eine Mark im Monat.[456] Für die Zeit Konrads sind hingegen einige Einschränkungen zu machen. Der Kölner Erzbischof ist lediglich einmal, im August

---

446 Vgl. REK III 966 (November 1239).
447 Vgl. REK III 1078 (25.3.1243).
448 Vgl. REK III 957 (August 1239.
449 Vgl. REK III 1075a (Februar 1243).
450 Vgl. REK III 967 (4.12.1239).
451 Vgl. REK III 1706 (14.12.1252).
452 Vgl. REK III 1251 (1.5.1251).
453 Vgl. REK III 998 (4.12.1240).
454 Vgl. REK III 2077.
455 Vgl. Deutsches Dienstrecht A, Art. 5; FRENSDORFF, Recht, S. 42.
456 Vgl. ebd., Art. 6.

1238, in Reichsitalien gewesen,⁴⁵⁷ als er sich bei Kaiser Friedrich II. im Lager vor Brescia aufhielt. Er empfing dort vom Kaiser die Regalien. Ob er sich an Kampfhandlungen gegen die Stadt Brescia beteiligte, ist nicht bekannt. Dennoch trug Konrad für die Aufstellung eines Ministerialenheeres erhebliche Kosten, die er mit Sicherheit auch bei seinen Kriegszügen gegen staufische Positionen in der Wetterau⁴⁵⁸ und in Worms,⁴⁵⁹ gegen die Stadt Frankfurt,⁴⁶⁰ Jülich, Brabant, Paderborn und den Pfalzgrafen⁴⁶¹ aufzubringen hatte. Es ist denkbar, daß sich der finanzielle Aufwand bei Kämpfen jenseits der Diözesangrenzen noch erhöhte. Konrad raubte die Abtei Fulda 1249 aus, um seine Ritter besolden zu können.⁴⁶²

Die Frage, wieviele Ministerialen im kölnischen Heer bei diesen Kriegen mitzogen, ist nicht exakt zu beantworten. Der Grund liegt darin, daß die Möglichkeit, zum Heeresaufgebot berufen zu werden, sich nur auf diejenigen Ministerialen bezog, die mehr als fünf Mark an Jahreseinkünften besaßen.⁴⁶³ Wurde von seiten des Erzbischofs eine gewisse Vorankündigungsfrist nicht eingehalten, konnte der Ministeriale selbst entscheiden, zu dienen oder ersatzweise die Hälfte seiner Jahreseinkünfte als Heersteuer zu zahlen.⁴⁶⁴ Wegen der schlechten Quellenlage ist es jedoch unmöglich, die wenigen namentlich bekannten Ministerialen aufgrund ihrer Jahreseinkünfte, die nicht zu schätzen sind, einzuteilen. Einen gewissen Annäherungswert kann die Zahl der Burgmannen bieten, die bereits hochgerechnet wurde.⁴⁶⁵ Etwa 378 Burgmannen waren zur Zeit Konrads von Hochstaden im Dienst. Das wohl zahlenmäßig wesentlich höhere Ministerialenheer⁴⁶⁶ des Erzstifts könnte damit wesentlich über dieser Zahl der Burgmannen gelegen haben.

Dieses Beispiel zeigt einen engen Zusammenhang zwischen der erzbischöflichen Territorialpolitik und den wirtschaftlichen Grundlagen des Erzstifts auf, denn bei einem Anstieg der Ministerialenzahl mußte der Erzbischof auch erhöhte Kosten tragen.⁴⁶⁷ Es könnte sich hierbei unter allem Vorbehalt um eine Zahl handeln, die der Größen-

---

457 Vgl. REK III 916.
458 Vgl. REK III 1034 (September 1241). Vgl. Kap. B I 4) »Herrschaftszentren und ihre materiellen Leistungen für das Erzstift Köln«.
459 Vgl. REK III 1111 (1243/44).
460 Vgl. REK III 1496 (Juli 1249).
461 Vgl. Kap. A II »Kriegsgewinne und -verluste für das Erzstift«.
462 Vgl. REK III 1453. Vgl. Kap. C I 11 »Außergewöhnliche Einnahmen — Legationsgelder und päpstliche Sondersteuern«.
463 Vgl. Deutsches Dienstrecht A, Art. 4, FRENSDORFF, Recht, S. 41.
464 Vgl. ebd.
465 Vgl. Kap. B II 1.5 »Die Burgmannen«.
466 Erinnert sei an das 1240 zu Hilfe gerufene Ministerialenheer in Westfalen, vgl. REK III 981.
467 Vgl. RITZERFELD, Erzstift, S. 345f.

ordnung eines Teils des kölnischen Heeres entsprach. Unterstützt wird diese These durch die Nachricht, daß Graf Gottfried von Arnsberg am 9. November 1238 bei seiner Unterwerfung dem Kölner Erzbischof gelobte, ihm auf Wunsch Konrads mit 200 Reitern Kriegsdienst zu leisten, und zudem erklärte, sich zum Zeichen seiner Unterwerfung mit 300 Rittern vor Konrad von Hochstaden in Köln zu Füßen werfen zu wollen.[468] Außerdem war der Kölner Erzbischof wesentlich mächtiger als der Graf von Arnsberg einzustufen und mit Sicherheit in der Lage, mehr Ritter aufzubieten als dieser. Bei einer Zahl von 378 Rittern, die, wie oben dargelegt, ausgerüstet wurden, hätte Konrad von Hochstaden Ausgaben von 3780 Mark gehabt, ohne die Kosten für Pferde, Ausrüstung und Dienerschaft. Außerdem bezieht sich diese hypothetische Rechnung nur auf einen Kriegszug! Bei einem Zug über die Alpen mußte er bei einem solchen Kontingent pro Monat 378 Mark an Sold zahlen. Allein gegenüber dem Edlen Dietrich von Myllendonk hatte Konrad von Hochstaden am 27. Januar 1256 Verpflichtungen in Höhe von 1000 Mark, die sich aus Bürgschaften und kostspieligen Kriegsdiensten zusammensetzten.[469] Die Nachricht aus Fulda, aber auch das Dienstrecht, das ausdrücklich dem Dienstmannen das Recht einräumte, bei Nichtzahlung des Soldes ohne persönliche Nachteile das Heer verlassen zu dürfen,[470] weisen darauf hin, daß Konrad durch die hohen finanziellen Belastungen in Schwierigkeiten geraten ist. Die Tatsache, daß er an der Spitze seines Heeres in den Kampf zog, konnte ihn bei einer möglichen Gefangennahme durch den Gegner in finanzielle Bedrängnis bringen, da die Freilassung von Gefangenen gegen Lösegeld ein übliches Mittel der Einnahmenverbesserung darstellte.[471] So mußte Konrad bei seiner Entlassung aus der Haft in Nideggen am 2. November 1242 gegenüber dem Grafen von Jülich in eine Lösegeldforderung von 4000 Mark, zahlbar in drei Raten, einwilligen.[472] Am 26. März 1245 war diese Forderung erneut Inhalt einer Urkunde. Wilhelm von Jülich hatte offenbar 2½ Jahre nach Konrads Freilassung immer noch kein Geld erhalten, denn er machte jetzt Ansprüche auf die kölnische Münze geltend und drohte, gegen erzbischöfliche Schuldbürgen vorzugehen. Konrad konnte ihn von diesem Vorhaben abhalten, indem er Wilhelm die Zahlung von 1500 Mark in drei Raten bis zum Weihnachtsfest versprach.[473]

---

468 Vgl. REK III 924.
469 Vgl. REK III 1878.
470 Vgl. Deutsches Dienstrecht A, Art. 6; FRENSDORFF, Recht, S. 42f.
471 Vgl. Kap. C I 11 »Außergewöhnliche Einnahmen: Legationsgelder und päpstliche Sondersteuern« zur Entführung des dänischen Königssohns.
472 Vgl. REK III 1056.
473 Vgl. REK III 1183.

Konrad erwuchsen jedoch nicht nur aus der aktiven Kriegsführung Kosten, sondern er mußte auch für den Aus- und Neubau von wichtigen Burgen hohe Summen aufbringen. Die Notwendigkeit zu diesen Baumaßnahmen resultierte aus den kriegerischen Auseinandersetzungen mit den rivalisierenden Territorialherren, besonders aber mit dem Grafen von Jülich. An anderer Stelle[474] ist bereits kurz auf die Bedeutung des Burgenbaus in der Territorialpolitik Konrads von Hochstaden hingewiesen worden. Die Burgen Aspel, Hochstaden und Neuss ließ er völlig neu errichten. Für Aspel wurden dabei Baukosten von 500 Mark veranschlagt, eine Summe die auch auf die beiden anderen Burgen übertragen werden kann. Um die Baukosten niedrig zu halten, war es offenbar üblich, vorhandenes Baumaterial einer alten Burg für die neue zu verwenden. Die vom kölnischen Dienstmann Hermann von Are erbaute Burg Kuchenheim wurde Konrad als kölnisches Lehen und Offenhaus aufgetragen.[475] Hier mußte Konrad sicher auch eine ähnlich hohe Summe aufbringen. Ca. 2000 Mark Baukosten sind daher allein für diese vier Objekte zu veranschlagen.

Daneben wurden während seiner Regierungszeit die Burgen bzw. Befestigungen von Andernach, Essen, Nürburg, Godesburg und Wolkenburg erweitert bzw. ausgebaut. Bei einer geschätzten Bausumme von mindestens 100 Mark verschlangen auch diese Baumaßnahmen Gelder in Höhe von 500 Mark. 200 Mark zahlte Konrad 1249 seinem Burgmann und Verwandten Matthias von Kalmuth, damit die der Burg Altenahr gefährliche Burg Ecka zerstört werden durfte. Von dieser Summe zahlte er 120 Mark in bar und wies bis zur Begleichung der Restsumme eine Jahresrente von acht Mark auf Güter zu Wehr und Ahrweiler an.[476]

Konrad setzte für den Ausbau seiner fortifikatorischen Zentren ca. 2700 Mark ein. Von dieser geschätzten Summe sind Ausgaben von 700 Mark direkt belegt.

Daneben sind die Zerstörungen zu berücksichtigen, die bei den jahrelangen Fehden im erzstiftischen Gebiet angerichtet wurden und die oft eine Reduzierung der Wirtschaftskraft einzelner Güter und Klöster bedeuteten und damit Einnahmenverluste des Erzstifts verursachten. Eine zusammenfassende Bewertung dieser Kriegsschäden muß bei kaum nennenswerten Hinweisen unbefriedigend bleiben. Sie müssen aber für damalige Verhältnisse hoch gewesen sein. Am 31. März 1246 beklagte sich der Kölner Klerus über die Gewalttätigkei-

---

474 Vgl. Kap. A III »Burgenbau und Befestigungswesen unter Konrad von Hochstaden«.
475 Vgl. REK III 2086. Vgl. Kap. B I 3.3 »Der Kämmerer«.
476 Vgl. REK III 1536.

ten, die vom Herzog von Limburg und den Grafen von Kleve und Jülich in der Diözese ausgeübt wurden.[477]

Nachrichten über einzelne Zerstörungen sind jedoch für die Zeit Konrads überliefert. Im Dezember 1239 mußte das Stift St. Ursula eine Pfründe verkaufen, da stiftische Felder während des Krieges zwischen Konrad von Hochstaden und dem Herzog von Limburg ein Raub der Flammen geworden waren.[478] Da die festen Burgen und Plätze selten frontal, sondern zumeist erst nach längerer Belagerung eingenommen werden konnten, führten die Kriegsgegner Verwüstungszüge in die jeweiligen Territorien hinein, um den Gegner zu schwächen. Am 28. Juni 1244 wies Konrad dem Edlen Otto von Wickrath eine Jahresrente von fünf Mark auf den Zoll zu Neuss bis zur Auszahlung einer Entschädigungssumme von 50 Mark an. Ottos Weinberge waren für die Befestigung von Bonn gerodet worden.[479] Die Kosten für die allgemeine Instandhaltung und den Ausbau der Verteidigungsanlagen belasteten den Landesherrn ebenfalls. Im Juni 1246 beklagte Abt Hermann von St. Pantaleon die durch den Krieg »*tempore, quo nos pro obedientia et reverentia sedis apostolice usque ad vincula laboravimus*« erlittenen Verluste.[480] Im September 1248 verzichtete Konrad zugunsten des durch die Kriege der kölnischen Kirche geschädigten Stiftes Klosterrath (Kreis Aachen) auf jedes Recht an ihren Zehnten zu Lommersum und ihren übrigen Zehnten in ihrer Diözese.[481] Wegen der in den kölnischen Kriegen erlittenen Verluste befreite er das Kloster Walberberg (Rhein-Sieg-Kreis) im Dezember 1252 von den Steuern und Zinsen.[482] Einen Zins von achtzehn Malter Weizen erließ Konrad im März 1254 dem Kloster Heisterbach (Rhein-Sieg-Kreis) wegen des durch Brand und anderes Ungemach erlittenen Schadens.[483] Es wird sich auch bei diesen Belegen nur um einen Bruchteil der tatsächlichen Kriegsschäden gehandelt haben, für deren Überwindung Konrad immer wieder auf Einnahmen verzichtete. Offensichtlich war es üblich, vom Verursacher dieser Zerstörungen eine Entschädigung zu fordern. Im Namen des Papstes wurde Konrad am 21. Februar 1260 aufgefordert, Richter, Schöffen, Rat und Bürgerschaft von Köln, die in den vergangenen Jahren Kirchen zerstört und beraubt hatten, nach geleisteter Ge-

---

477 Vgl. REK III 1237.
478 Vgl. ENNEN/ECKERTZ, Quellen II 199; REK III 969, *quia durante guerra inter reverendum patrem nostrum C. Coloniensem archiepiscopum ex una parte et Ducem de Lymburch et suos complices ex altera curtes Ecclesie nostre incendiis ...*
479 Vgl. REK III 1150.
480 Vgl. REK III 1267.
481 Vgl. REK III 1418.
482 Vgl. REK III 1712.
483 Vgl. REK III 1762.

nugtuung vom Bann zu lösen.[484] »Genugtuung« konnte in diesem Fall nur finanzielle Entschädigung bedeuten. Konrad versuchte auch von den geschlagenen Gegnern Entschädigungszahlungen zu erhalten. Doch die »*offensae et iniuriae ... tempore huius guerre*«, für die Graf Wilhelm von Jülich 1254 finanzielle Kompensation versprach, werden kaum dem materiellen Aufwand der Kriegführung entsprochen haben.[485]

Konrad von Hochstaden gingen durch kriegsbedingte Einbußen belegbare Einnahmen von 50 Mark und mehrere Zinsen und Zehnten verloren. Das tatsächliche Ausmaß seiner kriegsbedingten Verluste wird wesentlich höher gelegen haben. Die Summe der in diesem Kapitel belegten und geschätzten Ausgaben bzw. Verpflichtungen beläuft sich auf 11530 Mark. In dieser Summe sind die hypothetisch veranschlagten Kosten für einen Kriegszug in Höhe von ca. 3780 Mark verrechnet. Es wurde darauf verzichtet, diesen Betrag auf die einzelnen Kriegszüge anzurechnen und die jeweiligen Soldzahlungen zu schätzen, um den Unsicherheitsfaktor dieser Berechnung nicht noch zu vergrößern. Es ist jedoch sicher, daß dieser Betrag die untere Grenze der tatsächlichen kriegsbedingten Ausgaben und Verluste Konrads von Hochstaden darstellt.

3.
Hofhaltung

Die laufenden Kosten der Hofhaltung sind aus dem Personalbestand erfaßbar. Im 12. Jahrhundert waren etwa 20–22 Personen in der unmittelbaren Umgebung des Erzbischofs tätig.[486] Dieser Personalbestand mußte entsprechend besoldet werden, was dem Erzbischof Ausgaben verursachte. Daneben hatte Konrad von Hochstaden laufende Kosten aus dem Unterhalt des erzbischöflichen Palastes und zwar für die Wohnung des Erzbischofs, Dienerschaft, die Küche des Erzbischofs, die Tafel für die Ratgeber, Freunde und Gäste. Außerdem mußte er die einzelnen Inhaber der Hofämter mit Personal und Dienerschaft besolden. Für einen sechwöchigen Dienst am Hof zahlte Konrad Natu-

---

484 Vgl. REK III 2093.
485 Vgl. LACOMBLET II 404.
486 Im einzelen waren am Hof folgende Funktionsträger tätig: Schüsselaufbewahrer, Hostienmacher, Bechermeister, Flaschenmeister, Feuermacher, Brotkorbträger, Tortenmacher, Oblatenmacher, Wäscher, Köche, Kellermeister, Fleischermeister, Bärenhüter, Bäcker, Lotse, Gärtner, Tonnenmacher, Bettenmacher, Wächter der Bettenkammer, Personen, die den Wagen in der Weihnacht ziehen. Vgl. Kölner Hofdienst; FRENSDORFF, Recht, S. 60ff. Daneben nennt das Kalendar der Domkustodie die Federsticker, den Schiffssteuermann, den Küfer, sowie die Goldschmiede und ihre Genossen. Vgl. ENNEN/ECKERTZ, Quellen II Nr. 513, S. 567. Weitere Bedienstete nennt RITZERFELD, Erzstift, S. 131f.

ralien im Wert von sechs Mark.[487] Besonders teuer waren das Schreibmaterial für die Urkunden, die Siegelherstellung und die Besoldung der Geistlichen in der Kanzlei.[488] Außerdem waren die Ministerialen zu entlohnen, die sich als Kuriere[489] oder ohne besonderen Auftrag am Hof zur Verfügung aufhielten. Die Schiffsflotte[490] sowie die Waffenkammer mit Kriegsgerät, Schleudermaschinen, Zelten usw. mußte ebenfalls unterhalten und, wenn nötig, modernisiert werden.

Der Hof als Verwaltungs- und Herrschaftsmittelpunkt[491] des Kölner Erzstifts und als Zentrum erzbischöflicher Repräsentation und Hofhaltung sollte dem Adel des kölnischen Lehnshofes die Überlegenheit des Erzstifts demonstrieren.[492]

Eine Gelegenheit, Glanz und Repräsentation des Kölner Hofes nach außen zu tragen, boten die Feste und Zusammenkünfte in Köln, bei denen mit Sicherheit an nichts gespart wurde.[493] Am 13. Mai 1260 wurde in Köln ein Provinzialkonzil abgehalten,[494] bei dem für die Versorgung der Teilnehmer aufgekommen werden mußte.

Konrad von Hochstaden pflegte ein ganz besonders elitäres Selbstverständnis, indem er sich als Erzbischof von Köln vorrangig vor allen anderen Reichsfürsten bezeichnete.[495] Die Umsetzung dieses Anspruches nach außen auf Reisen, auf der Jagd, bei Reichstagen, erforderte ein entsprechendes Auftreten, durch welches das äußere Erscheinungsbild die tatsächliche Machtposition im Reich unterstrich. Hier wurden keine Kosten und Mühen gescheut, um diesem Anspruch gerecht zu werden. Um seine Macht zum Beginn des Pontifikates zu unterstreichen, zwang er im November 1238 den Grafen von Arnsberg, sich mit 300 Rittern vor ihm vor dem erzbischöflichen Palast als Zeichen der Unterwerfung zu Füßen zu werfen.[496]

Am 11. Juli 1252 reiste er als »Königsmacher« mit sicherlich stattlichem Gefolge zum Reichstag vor Frankfurt. Seine politische Durchsetzungskraft bei dieser Versammlung war so groß, daß er die Pläne Wilhelms von Holland durchkreuzen konnte.[497]

Über die Anzahl der Adligen und Ritter in seinem Gefolge läßt sich nur spekulieren. Es wird sich aber bei einem solchen Anlaß um mehrere

---

487 Vgl. Deutsches Dienstrecht A, Art. 2; FRENSDORFF, Recht, S. 40.
488 Vgl. Kap. B I 5) »Kanzlei«.
489 Vgl. Kap. B II 1.8 »Die Boten«.
490 Vgl. Kap. B I 4) »Herrschaftszentren und ihre materiellen Leistungen für das Erzstift Köln«.
491 Vgl. Kap. B I 1) »Der Hof — Versuch einer Definition«.
492 Vgl. RITZERFELD, Erzstift, S. 356.
493 Vgl. ebd., S. 407.
494 Vgl. REK III 2146.
495 Vgl. STEHKÄMPER, Reichsbischof, S. 97.
496 Vgl. REK III 924. Vgl. Kap. C II 2 »Kriegskosten«.
497 Vgl. REK III 1684; LEYING, Niederrhein, S. 238ff.

Hundert gehandelt haben. Zum Vergleich: Philipp von Heinsberg soll 1187 mit 1700 Rittern zum Mainzer Hoftag erschienen sein![498]

Mehrmals verhandelte Konrad von Hochstaden mit vornehmen Bewerbern, um ihnen die deutsche Königskrone anzubieten. Bei diesen Gelegenheiten wird er möglichst prachtvoll mit seinem Gefolge erschienen sein. Am 17. Juli 1256 hielt er sich in Prag auf, um König Ottokar von Böhmen die deutsche Königskrone anzubieten. Sein hochrangiges Gefolge läßt darauf schließen, daß er auch bei dieser Gelegenheit seinen Verhandlungspartner durch sein Auftreten beeindrucken wollte.[499]

Als Konrad am 18. März 1257 mit den bedeutendsten nordwestdeutschen Fürsten in London ankam, um dem Prätendenten auf die deutsche Königskrone, Richard von Cornwall, zu huldigen und ihn nach Deutschland zu geleiten, wird es sich ebenfalls um ein prachtvolles Gefolge gehandelt haben, das Konrad begleitete. Er wird, wie bei den übrigen Reisen auch, von einer Leibwache begleitet worden sein, die eventuell aus 30 Ministerialen bestanden haben könnte.[500] Glanz und Pracht dieser Zusammenkunft drückten sich in der Überreichung des Gastgeschenks an Konrad von Hochstaden aus: Er erhielt von Richard von Cornwall Geldgeschenke und eine kostbare Mitra geschenkt. Konrad soll dies mit dem Satz erwidert haben: »... *mitravit me et ego eum coronabo.*«[501] Die im Zusammenhang mit der erzbischöflichen Hofhaltung anfallenden Kosten stellten einen großen Posten der erzbischöflichen Ausgaben dar. Es ist jedoch nicht möglich, diese Kosten zahlenmäßig zu fixieren, denn hierbei sind der Interpretation durch die Quellen Grenzen gesetzt.

4.
Versorgung der Ministerialität

Im Deutschen Dienstrecht nehmen die Darlegungen über die Lehen einen breiten Raum ein, denn die rechtliche Verfügungsgewalt über Lehen stellte ein wichtiges Kriterium der sozialen Einordnung der Ministerialen dar. Generell galt der Grundsatz, daß jeder Dienst seine angemessene Belohnung erhielt. Damit war ein Junktim zwischen der Erteilung eines Lehens und der Ausübung des Dienstes hergestellt worden. Ohne Anweisung von Lehen war der Ministeriale nicht zur

---

498 Vgl. RITZERFELD, Erzstift, S. 359.
499 Vgl. REK III 1903.
500 Vgl. Kap. B I 3.8 »Die zeitliche Dauer des Hofdienstes der kölnischen Ministerialität im 13. Jahrhundert«.
501 Vgl. REK III 1942.

Ableistung des Dienstes verpflichtet.[502] Der Dienst der Ministerialen des Erzstifts Köln wurde fest besoldet. Beim Dienstantritt am Hof Konrads von Hochstaden erhielt der Ministeriale für die Dauer von 6 Wochen Sachleistungen im Wert von 6 Mark.[503]

Die Ministerialen wurden für die Diensteinteilung nach einer Einkommensgrenze von fünf Mark in zwei Klassen unterschieden. Diejenigen mit fünf Mark und mehr an Jahreseinkünften konnten vom Erzbischof zum Heeresdienst nach Reichsitalien geschickt werden.[504] Die Gruppe der Ministerialen mit weniger als fünf Mark Jahreseinkünften war nicht verpflichtet, ihrem Herrn zu dienen, es sei denn, sie erhielt volle Entschädigung.[505] Da die Lehen die wirtschaftliche Grundlage der Ministerialen darstellten, wurde ihr Entzug im Dienstrecht immer wieder als Strafandrohung bei Fehlverhalten angeführt. Wenn ein Ministeriale des Erzstifts der vorsätzlichen Verletzung oder Tötung eines Standesgenossen überführt war, verfiel sein gesamtes Gut dem Erzbischof.[506] Nichterscheinen zum Heeresdienst wurde mit dem Entzug der Lehen bestraft.[507] Den Ministerialen wurden in der Regel für ihre Dienste Grundbesitz, Weinberge, Häuser, Zehnten, Hofzinse, Renten, sowie Zoll- und Münzrechte angewiesen,[508] teilweise wurden auch noch zur Zeit Konrads von Hochstaden Lehen erblich vergeben. So belehnte er am 2. November 1243 den Ministerialen Lupert von Schwansbell erblich mit dem Turm in Volmarstein.[509]

4.1
Burglehen

Burgmannen erhielten ihre Besoldung in Burglehen ausgezahlt, die z.T. auch bei sechs Mark lagen, aber teilweise wesentlich höher bzw. niedriger lagen. Innerhalb der Ministerialität bestanden somit erhebliche soziale Unterschiede, die bereits kurz angesprochen worden sind.[510] Burglehen wurden zumeist in Einkünften oder Besitzungen angewiesen. Um dem Burgmann mit seinen reisigen Knechten für die Zeit der Burghut eine Unterkunft zu bieten, schloß das Burglehen zumeist auch einen Wohnsitz mit ein, der entweder auf der Burg selbst

---

502 Vgl. DROEGE, Landrecht, S. 111–117.
503 Vgl. Deutsches Dienstrecht A, Art, 2; FRENSDORFF, Recht, S. 39f.
504 Vgl. ebd., Art. 4, ebd., S. 41f.
505 Vgl. ebd., Art. 7, ebd., S. 43.
506 Vgl. ebd., Art. 3, ebd., S. 40.
507 Vgl. ebd., Art. 4, ebd., S. 41.
508 Vgl. RITZERFELD, Erzstift, S. 210.
509 Vgl. REK III 1095.
510 Vgl. Kap. B II 1.5 »Die Burgmannen«.

oder direkt neben der Burg lag und als »Burgmannenkurie« bezeichnet wird.[511]

Erzbischof Siegfried von Westerburg ließ von seiner Kanzlei für den Zeitraum 1275 bis 1297 die wichtigsten Lehnsurkunden in einem Kopiar[512] zusammenfassen, darunter auch die Dotierungen der Burglehen für einzelne kölnische Burgen und ihre Burgmannen. Die zeitliche Nähe zur Regierungszeit Konrads rechtfertigt es, diese Summen als Orientierungswerte für die Vergabe von Burglehen bis 1261 heranzuhiehen.

Die bekannten Burglehen jener Burgen können in einer Tabelle zusammengefaßt werden. Die einzelnen Burgmannen sind bereits oben aufgeführt worden.[513]

Burg Hart

Name des Burgmanns	Burglehen
Ekbert	Hof in Zilheim (bei Hart)
Walter von *Ruckisheim*	6 Mark an Einkünften und Besitz in Kuchenheim im Wert von 2 Mark
Walter von Kessenich	Weinberge bei Ahrweiler im Wert von 40 Mark
Embrich und Dietrich von Wachendorf	8 Mark Einkünfte in Zilheim
Gottfried von Ringsheim	6 Mark an Einkünften bei Kirspenich
Heinrich von Radelsheim	50 Mark
Die Erben des Walwanus von Kuchenheim und des Dietrich von *Mumesheim*	100 Mark

Burg Raffenberg

Name des Burgmanns	Burglehen
Wilhelm von *Imescheide*	3 Mark
Heinrich von *Bergheym*	3 Mark
Statius oder Scatius	3 Mark bei Hattenecke
Schleuderer *Reyere*	3 Mark
Witwe des Bernhard von Rodenberg	10 Mark
Magister Hagen	12 Malter Weizen

Burg Rodenberg

Name des Burgmanns	Burglehen
Wilhelm von *Neyhem*	6 Mark
Ritter Johann von *Neyhem*	6 Mark

511 Vgl. SCHULZE, Grundstrukturen, S. 113f.
512 Vgl. REK III 3533.
513 Vgl. Kap. B II 1.5 »Die Burgmannen«.

Ausgaben

Name des Burgmanns	Burglehen
Ritter Hunold von *Plettinbregit*	10 Mark
Ehrenfried von *Bredenole*	6 Mark
Heinrich genannt von Köln	4 Mark

Burg Hovestadt

Name des Burgmanns	Burglehen
Ritter Albero genannt Cloyt	8 Mark aus der Soester Villikation
Die Kinder des Ritters Heinrich von Rodenberg	8 Mark aus der Soester Villikation
Ritter Gottschalk von *Bruchusen*	6 Mark

Burg Isenberg[514]

Name des Burgmanns	Burglehen
Der Mundschenk von Essen	10 Mark aus den Burglehen von Isenberg aus der Vogtei Essen

Burg Rheinbach[515]

Name des Burgmanns	Burglehen
–	3 Mark aus der Bede von Rheinbach, für diejenigen, die die Burg besitzen x 7

Burg Rheineck[516]

Name des Burgmanns	Burglehen
–	6 Mark für jeden Burgmann (x 7)

Wie bereits erwähnt, fiel die Höhe der Burglehen durchaus unterschiedlich aus. Dennoch kann aus den vorhandenen Belegen ein Durchschnittswert errechnet werden. Bei dieser Berechnung sind etwa 30 Burgmannen erwähnt worden. In diesem Personenkreis sind der Einfachheit halber eine Burgfrau (Witwe des Bernhard von Rodenberg) und der Magister Hagen hinzugezählt. Daneben wurde die Besatzung von Rheineck und Rheinbach mit jeweils sieben Burgmannen hinzugerechnet, da die genannte Summe vermutlich jeder von ihnen erhielt. Diese etwa 43 Personen erhielten zusammen Burglehen in Höhe von ca. 361 Mark. Damit würde nach dieser Rechnung jeder dieser Burgmannen im Schnitt ein Burglehen von ca. acht Mark erhalten haben. Da in dieser Liste nur jeweils bedeutende Burgen enthalten waren, ist

---

514 Vgl. REK III 3533.
515 Vgl. ebd. Allerdings datiert der Eintrag für Rheinbach aus der Zeit vor 1246 (Hochstadensche Schenkung), da darauf hingewiesen wird, daß ein Beamter der Grafschaft Hochstaden dem dortigen Gericht vorsitzt.
516 Vgl. GÜNTHER III, S. 101.

dieser Betrag wohl auf ca. fünf bis sechs Mark nach unten zu korrigieren, zumal ja die Summe von sechs Mark als Entgelt für einen sechswöchigen Hofdienst bekannt ist. Bei einer solchen Durchschnittszahl hatte Konrad von Hochstaden bei einer geschätzten Burgmannenzahl von 378 im gesamten Erzstift Kosten von 1890 bis 2268 Mark jährlich. Doch auch mit diesem Kostenaufwand ließ sich eine ganzjährige Burghut nicht bezahlen. Bei einer normalen Dienstzeit von sechs Wochen bei etwa sieben Burgmannen pro Burg wäre die Burg nur 42 Wochen im Jahr besetzt gewesen. Daher waren auch ärmere Burgmannen länger auf der Burg eingesetzt.[517] Für die restlichen zehn Wochen ist bei einer wöchentlichen Besoldung von sechs Mark für jede Burg eine Summe von 54 Mark zu veranschlagen. Bei 52 Burgen im Erzstift wären dies Ausgaben in Höhe von 2808 Mark gewesen. Dazu sind die Lehen für die Burggrafen zu rechnen, die höher als die Burgmannen besoldet wurden. 1302 erhielt der Burggraf von Rheineck Burglehen in Höhe von zwölf Mark jährlich.[518] Wenn man diese Zahl für die Zeit Konrads von Hochstaden auf zehn Mark nach unten korrigiert, dann fielen bei schätzungsweise zehn Burggrafen in der erzbischöflichen Lokalverwaltung[519] Kosten von 100 Mark zusätzlich an. Was das übrige Personal auf den Burgen angeht, waren auf jeder Burg ein Pförtner und zwei Turmwächter angestellt, also mindestens drei Personen, die nach dem Besoldungskatalog von Schmallenberg mit je zwei Mark im Jahr veranschlagt werden können. Für jede Burg fielen demnach nochmals sechs Mark an Personalkosten an. Bei einer Zahl von 52 Burgen im Kölner Erzstift wären dies zusätzlich 312 Mark jährlich. Insgesamt muß Konrad von Hochstaden für seine Burgenbesatzungen Kosten in Höhe von mindestens 3220 Mark gehabt haben.

4.2
Vasallenlehen

Daneben ist noch eine ganze Reihe weiterer Belehnungen Konrads von Hochstaden für seine Ministerialen bekannt. Entweder vergab der Erzbischof dabei selbst ein Lehen (*feudum datum*), oder ihm wurde von seinem Ministerialen im Tausch ein anderes Objekt übertragen (*feudum oblatum*).[520] Es handelte sich unter Konrad von Hochstaden zumeist um Vasallenlehen, die sich von den mehrheitlich im 12. Jahrhundert vergebenen Dienstlehen dadurch unterschieden, daß die Vergabe von Vasallenlehen eine Voraussetzung für den Dienst war und

---

517 Vgl. Kap. B II 1.5.3 »Die Burgmannen — Fazit«.
518 Vgl. ebd.
519 Vgl. Kap. B II 1.4 »Die Burggrafen«.
520 Vgl. ROTTHOFF, Lehnswesen, S. 269f.

Ausgaben

nicht umgekehrt. Auch hier empfiehlt sich zum besseren Überblick eine tabellarische Zusammenstellung.

Vasallenlehen (feuda data)

Name	Funktion oder Bezeichnung	Lehen
Ritter Johann *Colve*[521]	Burgmann	30 Schillinge vom Gericht, 3 Schillinge Grundstückssteuer, 1 Huhn
Heinrich von Soest[522]	Schultheiß	Hof Dalheim bei Beckum
Gerard und Rembodo[523] Odenkirchen	–	4 Mark aus dem Novalzehnten von Neuss
Winrich von Bachem	Schultheiß[524] / Burggraf	40 Malter Roggen zu Blatzheim, 2 Ohm Wein zu Fischbach und Unkelbach, 1 Wiese zu Cornich *inferius*?
Heinrich von Asdonk[525]	Ritter	Vogtei des Hofes Stromoers (Kreis Wesel)
Lupert von Schwansbell?[526]	Bürger / Ministeriale	Rottzehnten von Lürich im Wert von 60 Mark

Feuda oblata

Name und Funktion	altes Lehen	neues Lehen
Ritter Bernhard von Rees[527]	Lehen zu Schledenhorst	Güter zu Ossenberg und Millingen
Ritter Gerardus Longus[528]	Hof bei Esch	Besitz zu Birsemich
Ritter Werner von Soest[529]	Verkauf von 30 Maltern Roggen zu Merrig	–
Johann und Peter von Dinker[530]	lehnrührige Rechtstitel	Mühle in Blatzheim, 2 Mansen in Curl und und Süddinker
Kämmerer Gottfried von Bachem[531]	Mühle Cotemulin	Allodialmühle zu Blatzheim
Ritter Ensfried, Burgmann von Hochstaden[532]	verkaufte Lehen	2 Allodialhufen zu Kommern
Winrich von Bachem[533]	Güter zu Hermülheim (Wert: 105 Mark)	Haus in Frechen

521 Vgl. WUB VII 562 (3.3.1244).
522 Vgl. REK III 1739 (25.8.1253).
523 Vgl. REK III 1773 (5.6.1254).
524 Vgl. REK III 1814 (Dezember 1254).
525 Vgl. REK III 1889 (25.3.1256).
526 Vgl. REK III 2040 (11.3.1259).
527 Vgl. REK III 1024 (25.7.1241).
528 Vgl. REK III 1100 (Dezember 1243).
529 Vgl. REK III 1401 (Juni 1248).
530 Vgl. REK III 1626 (1.4.1251).
531 Vgl. REK III 1673 (April 1252).
532 Vgl. REK III 2007 (14.8.1258).
533 Vgl. REK III 2108 (15.12.1260).

Soweit Geldzahlungen erwähnt werden, verlehnte Konrad von Hochstaden Einnahmen im Wert von 169 Mark und 33 Schillingen, für die aber teilweise gleichwertige Lehen dem Erzbischof aufgetragen wurden. Diese Summe stellt nur einen geringen Bruchteil der tatsächlichen Werte dieser Lehen dar, die aber im einzelnen nicht zu schätzen sind.

4.3
Dienstlehen

Wenn die Dienstlehen zwar im 13. Jahrhundert zusehends von den Vasallenlehen verdrängt wurden, so spricht es für die Heterogenität des sozialen Aufstiegs der Ministerialen, daß auch zu diesem Zeitpunkt vereinzelt Dienstlehen vergeben wurden. Dreißig *journales* (Tagwerke) Ackerland »*qui dicuntur bonna de Wynnendunck*« besaß der kölnische Ministeriale Ritter Rembodo von Budberg im November 1253 zu Ministerialenrecht (*iure ministeriali*). Nach dem Verkauf dieser Güter an den Neusser Bürger Heinrich von Flore erhielt Konrad von Hochstaden von Ritter Rembodo dreißig *journales* Allodialland bei Elverich gegenüber der Reichsburg Kaiserswerth als Ministerialenlehen aufgetragen.[534] 1272 vereinbarte *Thetworth* mit der Witwe des Soester Bürgers Heinrich Lipo, daß der Kölner Erzbischof dem Sohn der Gertrud Güter zu Weslarn (Kreis Soest) zu Ministerialenrecht verleihe.[535]

Im Deutschen Dienstrecht wurden Lehen und Eigen der Ministerialen als selbstverständlich vorausgesetzt.[536] Das Allod der Ministerialen wurde aber als Inwärtseigen betrachtet, d.h. es durfte von dem betreffenden Dienstmann nicht außerhalb des Machtbereichs des Lehnsherrn veräußert werden.[537] Im 13. Jahrhundert besaßen die Ministerialen die aktive und passive Lehnsfähigkeit. 1251 war der Zehnte zu Flerke (Kreis Soest) von Konrad von Hochstaden an Gottfried von Bachem verlehnt, der ihn wiederum an den Ritter Hermann unterverlehnt hatte.[538] Für diesen Vorgang wie auch für den Tausch von Lehnsgütern war jedoch auch weiterhin eine Bestätigung Konrads erforderlich.

---

[534] Vgl. REK III 1744.
[535] Vgl. WUB VII 1449.
[536] Vgl. Deutsches Dienstrecht A, Art. 10; FRENSDORFF, Recht, S. 44.
[537] Vgl. BOSL, Dienstrecht, S. 92.
[538] Vgl. REK III 1626.

5.
Außergewöhnliche Belastungen: Die Verschuldung Konrads von Hochstaden

5.1 Der Monetarisierungsprozeß im Hochmittelalter

In diesem Kapitel ist die Belastung des erzbischöflichen Haushaltes durch die Schulden Konrads bei italienischen Bankiers zu untersuchen. Mit der Übernahme der Schulden seiner Vorgänger sah sich Konrad seit 1238 mit einer dramatischen Zuspitzung der finanziellen Situation im Erzstift konfrontiert, der er entgegentreten mußte, um seinen politischen Handlungsspielraum zu bewahren.[539]

Seit der zweiten Hälfte des 12. Jahrhunderts stieg der allgemeine Geldbedarf stetig an und führte zur Monetarisierung der Wirtschaft.[540] Dieser Prozeß wurde durch eine zunehmende gesellschaftliche Arbeitsteilung und eine Intensivierung des Fernhandels gekennzeichnet. Beide Faktoren verstärkten die Bedeutung des Geldes. Dies gilt auch besonders für die expandierenden Territorialherren in Deutschland, die für den Ausbau ihrer Landesherrschaften Geld in größeren Mengen benötigten.[541] West- und Südwestdeutschland traten hierbei deutlich in den Vordergrund, da die militärische Entscheidung im Kampf zwischen Papsttum und Kaisertum besonders in diesem Kernraum staufischer Herrschaftsausübung gesucht wurde.[542]

Mit dem Auftreten italienischer Bankenkonsortien, Geldhändlern, die in der Lage waren, kurzfristig große Summen Geld aufzubringen, eröffnete sich für die Territorialherren im Deutschen Reich und damit auch für den Kölner Erzbischof eine Möglichkeit, diese neuen Geldressourcen für eigene Belange zu aktivieren, d.h. Kredite bei diesen Kaufleuten aufzunehmen.[543]

Eine zwiespältige, aber dadurch nicht weniger entscheidende Rolle bei diesen Geldgeschäften spielte die Kurie selbst.[544] Das Anwachsen der Geldwirtschaft bewirkte neben dem erwähnten Übergreifen moderner Kreditformen aus Reichsitalien nach Deutschland auch den Aufbau einer zentralen Position der Kurie in diesen Geldgeschäften.

---

539 Vgl. WERNER, Prälatenschulden, S. 13. Prof. Werner sei an dieser Stelle herzlich für die Möglichkeit zur Einsichtnahme in sein Manuskript gedankt.
540 Vgl. BLASCHKE, Steuer, S. 31–42.
541 Vgl. GROTEN, Lehnshof, S. 3ff.
542 Vgl. KUSKE, Köln, S. 100.
543 Vgl. SCHULTE, Geschichte, S. 231ff. Vgl. zuletzt die Arbeit von FISCHER, Kreditgeschäfte.
544 Vgl. dazu zuletzt WERNER, Prälatenschulden, S. 4f.

Der Papst, der seinerseits mit erheblichen finanziellen Problemen zu kämpfen hatte,[545] fungierte als Garant für Darlehen bei römischen Bankiers. Die Kurie entwickelte zu Beginn des 13. Jahrhunderts eine straff hierarchisch organisierte Finanzbürokratie. Diesem Vorsprung konnte das zurückgebliebene Reich kaum noch folgen. Nach dem Pontifikatsantritt eines Bischofs oder Abtes führte dessen erster Weg nach Rom, weil er hier die päpstliche Approbation und das Pallium erlangen mußte. Bei diesem Aufenthalt entstanden dem Kleriker nicht unerhebliche Kosten aus den vor Ort zu zahlenden Servitien und Taxen.[546] Die Geldhändler aus den Finanzzentren Rom, Siena oder Florenz gewährten den Prälaten Kredite, weil die Kurie über einen ausgedehnten Jurisdiktionsapparat verfügte, der sie befähigte, säumige Schuldner zur Verantwortung zu ziehen. Ermahnungen und Strafen bis hin zur Exkommunikation und der Pfändung der Einnahmen der kölnischen *mensa episcopalis* gewährleisteten den Geldgebern die nötige Sicherheit, ihr Geld auch irgendwann wiederzubekommen. Adelige und weltliche Herren befriedigten ihre Geldbedürfnisse hingegen vornehmlich bei Juden und Lombarden.[547] Der Grund lag darin, daß das Geldbedürfnis weltlicher Herren nicht an der Kurie entstand und daß kirchliche Strafen weit weniger effizient gewesen wären, als bei Geistlichen.

Das Papsttum avancierte damit zum entscheidenden Partner für die geldbedürftigen Territorialherren des 13. Jahrhunderts. Es ist anzunehmen, daß die Vermittlung von Kreditgeschäften der Kurie außerdem eigene finanzielle Vorteile erbracht hat. Sie hat das Schuldenmachen der Geistlichen erleichtert, so daß die Prälaten auch erpreßbar wurden. Parallel setzte die Kurie sich punktuell für den Schuldner ein, um finanzielle Vergünstigungen für ihn zu erreichen. Die Überlegungen und Motivationen der Kurie sind in diesem Zusammenhang für den Einzelfall nur sehr schwer erklärbar. Unzweifelhaft ist jedoch die zentrale Rolle, die die Kurie bei der Abwicklung von Kreditgeschäften gespielt hat.

---

545 Die Kurie war selber hoch verschuldet, vgl. GOTTLOB, Päpstliche Darlehensschulden, S. 669ff.
546 Vgl. SCHAUBE, Handelsgeschichte, S. 429; FEINE, Rechtsgeschichte, S. 348.
547 Vgl. SCHULTE, Geschichte, S. 265. Die Rolle der Kurie bei der Vermittlung der Kredite schildert SCHNEIDER, Finanzgeschichte, S. 17ff., WERNER, Prälatenschulden, S. 4f. Daneben wurden Geldtransaktionen auch über die Champagnemessen abgewickelt. Vgl. GOTTLOB, Prälatenanleihen, S. 345ff.; vgl. HAVERKAMP, Aufbruch, S. 43. Zu den Champagnemessen siehe SCHÖNFELDER, Handelsmessen, S. 5ff., BASSERMANN, Champagnemessen, S. 55ff.

5.2
Verbindlichkeiten bei italienischen Bankenkonsortien

Konrad von Hochstaden übernahm das Kölner Erzstift 1238 in einem desolaten finanziellen Zustand. Altschulden in einer Höhe von ca. 13666 Mark[548] waren von seinem Vorgänger Heinrich von Müllenark nicht bezahlt worden und wurden nun von den Gläubigern von Konrad zurückverlangt. Der Kölner Erzbischof mußte daher zunächst bei der Kurie eine Entspannung seiner finanziellen Situation erreichen, um seine weitgesteckten Ziele in der Reichs- und Territorialpolitik[549] realisieren zu können.

5.3
Die Schuldenkrise nach dem Amtsantritt Konrads von Hochstaden

Die fehlenden finanziellen Mittel und die daraus resultierende Finanznot der Kölner Erzbischöfe wurden seit der zweiten Hälfte des 12. Jahrhunderts zu einem immer drängenderen Problem der kölnischen Politik.[550] Über die Bemühungen der Kölner Erzbischöfe im 13. Jahrhundert Geld zu beschaffen berichtet auch Caesarius von Heisterbach.[551]

Als staufischer Parteigänger[552] mußte Konrad von Hochstaden, nachdem er im Sommer 1238 im Lager vor Brescia die Regalien empfangen hatte, damit rechnen, daß der Papst ihn nicht bestätigen würde. Außerdem drohte ihm die volle Härte der päpstlichen Jurisdiktion wegen der hohen Verschuldung des Kölner Erzstifts.[553] Bereits 1238 sandte Konrad von Hochstaden deshalb eine Delegation von Finanzexperten unter Leitung des Notars Gottschalk[554] nach Reichsitalien zu

---

548 Vgl. WERNER, Prälatenschulden, S. 13; zur Verschuldung Heinrichs von Müllenark vgl. MATSCHA, Heinrich I, S. 552ff.
549 Zur Territorialpolitik vgl. Kap. A; zur Reichspolitik siehe WERNER, Prälatenschulden, S. 2; LEYING, Niederrhein, S. 187ff. Hierzu demnächst: SHAYEGAN, Untersuchungen zur Rolle des Kölner Erzbischofs bei der Entwicklung und Umbildung des deutschen Königwahlrechts im 13. Jahrhundert.
550 Vgl. WERNER, Prälatenschulden, S. 3ff.
551 Vgl. HILKA, Heisterbach, S. 269 (Dialogus, 4. Teil, Kp. 98).
552 Der Kampf zwischen Friedrich II. und Papst Gregor IX. hatte 1238 einen neuen Höhepunkt erreicht. Vgl. HAVERKAMP, Aufbruch, S. 225.
553 Konrad war wegen tätlicher Angriffe auf eine päpstliche Kommission 1238 exkommuniziert. Vgl. WERNER, Prälatenschulden, S. 1.
554 Vgl. Kap. B I 5.2 »Die Schreiber«.

ersten Sondierungsverhandlungen über die kölnischen Altschulden. In Siena nahm Gottschalk eine Anleihe von 110 Mark auf und reiste dann nach Rom weiter.[555] Gleichzeitig erlangte Konrad von Kaiser Friedrich II. wegen seiner Geldnot die Verleihung der Bierpfennige, deren Erträge 1260 auf jährlich 1862 Mark geschätzt werden können.[556] Der Kaiser versuchte den Kölner Erzbischof nach seinen Möglichkeiten zu unterstützen, doch diese Hilfe reichte nicht aus. Auch aus finanziellen Motiven[557] entschloß sich Konrad von Hochstaden dann Anfang des Jahres 1239 zum Parteiübertritt zu Gregor IX., der wohl schon bei den Vorverhandlungen 1238 bei einem Wechsel des Kölner Erzbischofs Entgegenkommen bei der Schuldenproblematik signalisiert hatte. Die risikoreiche Reise nach Rom, bei der er aus Angst vor Überfällen verkleidet und geheim reiste, trat er zu Beginn des Jahres 1239 an. Zu seiner Begleitung gehörten geistliche Finanzexperten wie Heinrich, Propst von St. Severin, der Domkanoniker Dietrich, Dieter, Scholaster von St. Georg, Magister Siboth, Kanoniker von St. Severin, und Magister Gottschalk von St. Mariengraden.[558] In seinem Reisegepäck befanden sich Bargeld und Schuldurkunden.

Am 28. März beglich er in Siena bei den Kaufleuten Arminius Bentivegni, Turchius Chiarmontesi, Alamannus Piccolomini und Bonaventura Lupelli die von 1238 stammende Schuld in Höhe von 110 Mark Sterlingen und verhandelte über Schuldforderungen, die von seinen Vorgängern stammten.[559] Für seinen Parteiwechsel erreichte Konrad die Aufhebung der Exkommunikation. Daneben wurde bei den Verhandlungen eine umfassende Umschuldung seiner von den Vorgängern übernommenen Verbindlichkeiten vorgenommen. Diese Verhandlungen müssen in Rom bei den gesamten Beratungen breiten Raum eingenommen haben. Über die einzelnen damals verhandelten Summen ist lediglich die Aufzeichnung eines Kölner Klerikers von 1245/47[560] überliefert, der in Köln eine vermutlich unvollständige Aufzeichnung der damals offenstehenden Schulden angefertigt hat.

---

555 Der Beleg für diese Schuldenaufnahme ist die Quittung für diesen Betrag, der am 28. März 1239 von Konrad von Hochstaden in Siena zurückgezahlt wurde. Vgl. REK III 935; WERNER, Prälatenschulden, S. 14.
556 Vgl. REK III 2179; WERNER, Prälatenschulden, S. 14. Zu den Bierpfennigen vgl. Kap. A V 2 »Städtepolitik — Stadt Köln«.
557 Die verwickelten territorial- und reichspolitischen Gründe für Konrads spektakulären Parteiwechsel schildert WERNER, Prälatenschulden, S. 1ff., 14f., 18ff., 27; REESE, Niederlande, S. 271; STIMMING, Kaiser, S. 210ff.; LEYING, Niederrhein, S. 193ff.; ENGELS, Stauferzeit, S. 259f. Die Bedeutung der Verschuldung bei diesem Schritt hebt LEYING, Niederrhein, S. 195, hervor.
558 Vgl. REK III 935.
559 Vgl. ebd. Auf diese Forderungen wird später eingegangen.
560 KNIPPING, REK III 937, datiert diese Vergleichsurkunde fälschlich in die Zeit des Aufenthalts Konrads an der Kurie (April/Mai 1239). Der neue Datierungsvorschlag ist jedoch überzeugend, vgl. WERNER, Prälatenschulden, S. 16.

Daraus ist zu folgern, daß mindestens sechs Jahre nach den Verhandlungen noch keine weiteren Rückzahlungen erfolgt waren. Um einen Überblick über die Forderungen der Gläubiger zu behalten, erstellte dieser Kleriker ein Schriftstück für die erzbischöfliche »Registratur«. Es handelt sich hierbei auch um erste Ansätze einer schriftlich fixierten Finanzverwaltung im Erzstift Köln. Konrad von Hochstaden wurde eine Zusammenstellung der unbeglichenen Schulden seiner Vorgänger präsentiert, deren Gesamthöhe sich auf ca. 6400 Mark belief. Von dieser Summe lehnte Konrad die Rückzahlung von 2268 Mark ab. Vermutlich konnte er einen unbefristeten Zahlungsaufschub erreichen. Bei den anderen Teilschulden erreichte er vor den päpstlichen Beamten Vergleiche mit unterschiedlichen Einzelregelungen.[561] Eine Altschuld von 220 Mark wurde mit 7% verzinst, wobei aber kein Rückzahlungstermin festgelegt wurde.[562] Die gleiche Verzinsung wurde für eine Schuld von 785 Mark vereinbart.[563] Außerdem beschloß die päpstliche Kommission, sicher gegen den Willen der anwesenden Gläubiger, einen kompletten Wegfall der Verzinsung bei Schulden in Höhe von 2524 Mark.[564]

Schuldforderungen in beträchtlicher Höhe waren schlichtweg abgelehnt, gestundet oder heruntergesetzt worden. Es hatte sich somit für Konrad von Hochstaden eine günstige Konstellation ergeben, denn offensichtlich hatte die Kurie ihr scharfes Instrumentarium im Vorfeld der Übertrittsverhandlungen nicht eingesetzt. Sie versuchte, Konrad auf der einen Seite entgegenzukommen, mußte aber auch die Position der Gläubiger vertreten, nicht zuletzt deswegen, weil auch die Kurie bei römischen Bankiers verschuldet war. Zwar hat es Konrad von Hochstaden verstanden, gerade bei den Schuldverhandlungen in Rom beträchtliche Summen herunterzuhandeln, doch wird insgesamt das schwerwiegende Ausmaß der Verschuldung deutlich. Die Schulden des Erzstifts stammten von seinen Vorgängern und hatten mit einer Mißwirtschaft, die er selbst zu verantworten hätte, nichts zu tun. Sein Verdienst für das Erzstift besteht darin, sofort nach seiner Wahl die Lösung der italienischen Schulden in Angriff genommen zu haben. Nur in Zusammenarbeit mit der Kurie konnte Konrad eine Entschuldung

---

561 Summen von 800 und 2524 Mark wurden auf 2 bzw. 6 Jahre gestundet. Eine Schuld von 799 Mark sollte ad certos annos zurückgezahlt werden. Die Regelung für einen weiteren Betrag von 735 Mark war der Urkunde nicht zu entnehmen. Vgl. REK III 937; WERNER, Prälatenschulden, S. 16.
562 Vgl. REK III 937.
563 Vgl. ebd.
564 Vgl. ebd. Bewußt wird auf die Nennung der Einzelgläubiger verzichtet, da es in diesem thematischen Zusammenhang lediglich auf die Höhe der Verschuldung des Erzstifts ankommt.

des Kölner Erzstifts erreichen, was zu Beginn seines Pontifikats eine Aufgabe von höchster Priorität darstellte.

5.4
Neuverschuldung in den Jahren
1247 bis 1261

Die veränderten politischen Rahmenbedingungen beeinflußten auch das Verhältnis zwischen Konrad von Hochstaden und der Kurie. Am 4. Oktober 1250 befahl Papst Innozenz IV. dem Kölner Erzbischof erstmals, seine Schulden bei einer Florentinischen Gesellschaft zu bezahlen, andernfalls würde er ihn oder seinen Prokurator durch den Archidiakon Marcoald von Lüttich vor den päpstlichen Stuhl laden lassen.[565]

Die in unbekannter Höhe gemachte Kreditaufnahme stammte aus den Jahren 1247/48.[566] Am 9. Juni 1258 wurde dann eine weitere Schuld bei römischen Bankiers angemahnt.[567]

Nach dem Ende der Staufer in Deutschland kam es an der päpstlichen Kurie zu einer Neubewertung der Politik gegenüber Konrad. Aus reichspolitischen Motiven wurde seit 1250 die bevorzugte Behandlung Konrads in Schuldenfragen fallengelassen. Damit befand sich Konrad seit ca. 1250 bei ausstehenden Schuldenzahlungen in dem üblichen Prozeß der päpstlichen Jurisdiktion.[568]

Die beim Aufenthalt in Siena am 28. März 1239 von den sienesischen Bankiers gegenüber Konrad von Hochstaden geltend gemachten Altschulden seiner Vorgänger[569] wurden am 14. August 1258 in Viterbo neu verhandelt. SCHULTE und SCHAUBE haben aus dem achtzehn Jahre langen Zahlungsverzug irrtümlich geschlossen,[570] daß Konrad von Hochstaden bis zu diesem Zeitpunkt überhaupt keine Mark zurückgezahlt habe. Insgesamt forderten die Gläubiger nun die durch Zinsen und andere Kosten angewachsene Summe von 10000 Mark.[571] Die Kläger Hugo Claramontesis und Ranerius Renaldi forderten die Rück-

---

565 Vgl. BERGER II, Nr. 5361, S. 249.
566 Vgl. WERNER, Prälatenschulden, S. 24.
567 Vgl. BOUREL DE LA RONCIERE II, Nr. 2633. Zur Höhe der Schuld werden keine Angaben gemacht.
568 Vgl. WERNER, Prälatenschulden, S. 27.
569 Vgl. DERS., S. 17.
570 Vgl. SCHULTE I, S. 249; SCHAUBE, Handelsgeschichte, S. 429f.
571 ... *quod in mora fuit dictus archiepiscopus in solvendo nec est eis in aliquo de predictis quantitatibus satisfactum decem et octo annis et amplius jam elapsis, decem milia marcarum sterlingorum.* Vgl. SCHULTE II 278.

Ausgaben 361

zahlung von insgesamt 4740 Mark, die sich aus drei Teilanleihen zusammensetzten.[572] Dieses Geld war Konrad aus einem Vergleich mit Bartholomaeus Hugonis Piccolomini und Bonaventura Lupelli schuldig. Daneben hatte der Kölner Erzbischof bei den gleichen Kaufleuten »... *centum alias marcas sterlingorum ... apud sanctam sedem apostolicam*« geliehen.[573] Und schließlich »... *quadraginta marcas in alia manu, quas idem archiepiscopus tunc electus ... recognovit se debere Bonaventure predicto ex causa mutui contracti cum Teoderico procuratore predecessoris ipsius archiepisicopi.*«[574] Diese Querverbindung zeigt aber nur auf, daß eine bestimmte Schuldsumme nicht bezahlt worden war.

Weiterhin wird auf das Zahlungsverbot von Papst Gregor IX. vom 28. April 1239 verwiesen, das sich gegen Siena richtete, weil es im Kampf zwischen der päpstlichen Partei und den Staufern in Oberitalien kaiserlich gesonnen war.[575] Am 24. Dezember 1243 richtete die Kurie jedoch eine Zahlungsermahnung an einen säumigen Schuldner wegen einer sienesischen Rückzahlungsforderung.[576] Eine weitere Ermahnung zur Schuldenrückzahlung an sienesische Gläubiger wurde am 11. Januar 1253 ausgesprochen.[577] Das Verbot von 1243 stellte für Konrad eine »hochwillkommene Entlastung«[578] dar, denn es entledigte ihn seiner Zahlungsverpflichtungen für diese Summe. Mit Billigung des Papstes sind bis 1250 wohl gar keine Zahlungen an die Bankiers erfolgt. Wenn Konrad von Hochstaden sich auf dieses Zahlungsverbot gegen Siena berufen hat, so kann er es nur mit päpstlichem Einverständnis genutzt haben, denn es ist ganz offensichtlich, daß dieses Verbot schon wenige Jahre später ausgesetzt wurde, da sich die päpstliche Jurisdiktion eindeutig in den genannten Fällen für die sienesischen Gläubiger einsetzte. Wieder einmal gelang es dem päpstlichen Vermittler, die Schuldforderungen der Gläubiger zu Konrads Gunsten abzuschwächen. Die Kölner Kirche, vertreten durch den Deutschordensbruder Wolfard, verpflichtete sich zur Rückzahlung von 4600 Mark, zahlbar über zehn Jahre in zwei Jahresraten zu 230 Mark auf den Champagnemessen zu Provins und Troyes. Bei Nichteinhaltung dieser Vergleichsbedingungen wurden drakonische Strafzinsen in Höhe von 30% zuzüglich der Kosten für zwei Kaufleute festgesetzt (»*procurator juravit et promisit mercatoribus, ut si non solvatur ad terminum prefixum, episcopus*

---

572 ... *dicti Hugo et Ranerius in nostra presentia constituti pro se ipsis et sociis suis petierunt in judicio coram nobis sibi reddi, solvi atque restitui quatuor milia et sexcentas marcas sterlingorum novorum.* Vgl. ebd.
573 Vgl. ebd.
574 Vgl. ebd.
575 Vgl. RI, V,2, Nr. 7231.
576 Vgl. BERGER I 347, S. 63.
577 Vgl. BERGER III 6264, S. 164.
578 Vgl. WERNER, Prälatenschulden, S. 17.

persolvet per singulos 2 menses pro singulis 10 marcis 1 marcam sterlingorum et expensas duorum mercatorum cum duobus servitoribus et quatuor equitaturis, ubicumque fuerint«).[579] Unbestritten ist also, daß diese 4740 Mark Gesamtschuld im Frühjahr 1239 von Konrad von Hochstaden als Altschulden seiner Vorgänger eingefordert worden waren. Dies ergibt sich aus der Begründung für die Höhe der geforderten 10000 Mark. Die eingeklagten Verzugszinsen, Verluste und Auslagen in Höhe von 5260 Mark wurden abgelehnt, die eigentliche Schuldsumme von 4740 Mark auf 4600 Mark reduziert. Auch bei dieser Altschuld bestimmte die Kurie eine Umschuldung der Lasten des Kölner Erzbischofs. Dieses Urteil ist unter besonderer Berücksichtigung der angespannten Lage zwischen Konrad von Hochstaden und der Kurie kaum erklärlich. Der Kölner Erzbischof war nach einem Mordanschlag auf König Wilhelm von Holland und den Legaten Peter Capucius im Jahre 1255 gebannt, doch muß Konrad von Hochstaden bis 1258 eine Aufhebung seiner Exkommunikation erreicht haben, denn sonst hätte er keine neuen Kredite aufnehmen können.[580]

Ein möglicher Hinweis findet sich in der Wahlkapitulation Konrads von Hochstaden mit den Vertretern Richards von Cornwall im Zündorfer Vertrag vom 15. Dezember 1256. Hier hatten Richards Bevollmächtigte auf Drängen Konrads versprochen, sich für eine Wiederannäherung zwischen der Kurie und dem Kölner Erzbischof einzusetzen. Dieser Versuch ist wohl zunächst gescheitert, denn Konrad von Hochstaden mußte 2000 Mark Strafe an den Nachlaßverwalter des inzwischen verstorbenen päpstlichen Legaten Peter Capucius zahlen, um von seinem Bann gelöst zu werden.[581] Diese Summe war bei einem Scheitern der Vermittlungsbemühungen dem Kölner Erzbischof in Aussicht gestellt worden.[582] KNIPPING datiert die Zahlung der 2000 Mark in die Jahre 1257 bis 1261.[583] Es ist sicher, daß die Rückzahlung auf jeden Fall vor dem Schuldurteil vom 14. August 1258 erfolgte. Die Absprachen Konrads von Hochstaden mit den Bevollmächtigten Richards von Cornwall sowie der Hinweis der *Capitula Alfonsi regis*, daß der Kölner Erzbischof mehrmals Boten nach Rom gesandt hat, um eine Lösung vom Bann zu erreichen,[584] belegen seinen Versuch, das Verhältnis zur Kurie wieder zu normalisieren. Der 1255 ausgesprochene Bann muß sich nachhaltig negativ auf die finanzielle Situation ausgewirkt haben, denn Kredite waren für den Kölner Erzbischof ohne kuriale

---

579 Vgl. SCHULTE II 278.
580 Vgl. REK III 1818; WISPLINGHOFF, Konrad von Hochstaden, S. 7.
581 Vgl. REK III 2158.
582 Vgl. MGH Const. II, S. 501.
583 Vgl. REK III 1925.
584 Vgl. MGH Const. II, S. 501.

Vermittlung zu diesem Zeitpunkt wohl kaum mehr zu erlangen. Außerdem ist es schwer vorstellbar, daß 1258 bei den Verhandlungen in Viterbo gegen den wegen eines Mordanschlages auf den Legaten des Papstes gebannten Kölner Erzbischofs ein derart mildes Urteil ausgesprochen worden wäre, wenn nicht zumindest zu diesem Zeitpunkt eine gewisse Entspannung zwischen Kölner Erzbischof und Kurie erreicht worden war. Konrads Finanzkrise scheint auch wegen dieser Liquiditätsprobleme weiterhin gravierend gewesen zu sein. Noch im Jahre 1258 lieh der Deutschordensbruder Wolfard bei Sienesen eine Summe von 1500 Mark.[585] Auch bei römischen Bankiers wurde eine Summe von 400 Mark aufgenommen.[586] Eventuell stand diese Anleihe mit den in Viterbo vereinbarten Ratenzahlungen in Verbindung. Konrad von Hochstaden war offenbar nicht in der Lage, die ersten Raten ohne eine Kreditneuaufnahme zu entrichten. Am 20. März 1262 hielt sich ein sienesischer Kaufmann im Gefolge des Kölner Erzbischofs Engelbert II. in Holte auf. Es ist anzunehmen, daß es sich bei dem in Holte genannten *Th., mercator de Se(n)is* um einen Gläubiger Konrads von Hochstaden handelte, der sich zur Eintreibung seiner Altschulden persönlich an den kölnischen Hof begeben hatte und versuchte, dieses Geld von Engelbert II. zurückzufordern.[587] Konrad hatte im Sommer 1258 zum letzten Mal Kontakt mit sienesischen Geldgebern gehabt.

Von diesen letzten Krediten muß Konrad von Hochstaden beträchtliche Summen nicht bezahlt haben, sonst hätte sich der sienesische Kaufmann nicht auf den langen beschwerlichen Weg nach Köln gemacht. REICHERT identifiziert den oben genannten Kaufmann als den 1258 als Gläubiger Konrads von Hochstaden genannten Tholomeus Rustichini aus Siena oder den fünf Jahre später in gleicher Funktion bezeugten Sienesen Tholomeus Manentis.[588]

Konrad von Hochstaden wurde auch weiterhin von Forderungen seiner Gläubiger bedrängt. Am 20. Dezember 1260 ist eine weitere Schuld bei einem Pariser Bürger namens Pinro belegt. In einem Schreiben an den Grafen der Champagne beschwerte sich Konrad von Hochstaden, daß auf Drängen dieses Pinro die *magistri nundinarum* der Champagnemessen die Kölner Kaufleute wegen der erzbischöflichen Schulden von den Handelsplätzen ausgeschlossen hätten, und verwies auf das kaiserliche Privileg der Nichthaftbarkeit der Kölner für erzbischöfliche Schulden.[589] Der Schuldfrage begegnete Konrad von Hoch-

---

585 MGH Epist. s. XIII, Bd. III, S. 521, Bulle Papst Urbans IV. vom 17. Juni 1263, REK III 2009.
586 MGH Epist. s. XIII, Bd. III, S. 520, Bulle Papst Urbans IV. vom 17. Juni 1263, ... *a quibusdam mercatoribus Romanis 400 marcas sterlingorum.*
587 Vgl. REK III,2 2201.
588 Vgl. REICHERT, Lombarden, S. 203.
589 Vgl. HOHLBAUM, Hansisches Urkundenbuch III, S. 15, Anmerkung.

staden mit dem Hinweis, daß er für die geschuldete Summe bereits Bürgen gestellt habe. Über die Höhe der Schuld wurden keine Angaben gemacht.

In einer Sühne zwischen Engelbert II. und den Bürgern Kölns wurde am 16. Dezember 1263 darauf hingewiesen, daß in Frankreich Kölner Bürger für erzbischöfliche Schulden gefangen und gepfändet worden waren.[590] Eine weitere offenstehende Schuld fällt in die Regierungszeit des Kölner Erzbischofs. Konrad von Hochstaden erklärte sich in dieser Urkunde zum Schuldner von *Johannes filius Marsilii*, von dessen Brüdern und anderen Kölner Bürgern.[591] Damit war der Kölner Erzbischof entweder bei einer Gesellschaft verschuldet oder bei mehreren Einzelgläubigern, in deren Gesamtheit er mehrere Einzeldarlehen empfangen hätte. Es ist nicht möglich, diese Schulden zu datieren oder Angaben über die Höhe der geliehenen Summen zu machen. Es ist vorstellbar, daß diese Kontrahierungen in die Phase der zweiten Bannung 1255 bis 1258 fallen, doch versagen sich die Quellen über diese Vorgänge jeglicher Anhaltspunkte.

Trotzdem ist festzuhalten, daß Konrad von Hochstaden auch in Köln verschuldet war. Konrad mußte trotz dieser massiven Finanzunterstützung bis zu seinem Tode immer wieder neue Kredite aufnehmen, um kurzfristig auftretende Liquiditätsprobleme meistern zu können. Die Quellen lassen über die Höhe der tatsächlichen Verbindlichkeiten jedoch nur die Spitze eines Eisberges erkennen, da sich die Schuldurkunden meist nur von den nicht bezahlten Beträgen erhalten haben, denn bei Bezahlung einer Schuld wurde die betreffende Urkunde dem Schuldner zurückgegeben.

5.5
Schulden im Kölner Erzbistum

Bereits 1246 betonte Friedrich von Hochstaden, daß er zusammen mit dem Kölner Erzbischof die auf der Grafschaft Hochstaden liegenden Schulden abzahlen müsse.[592] Konrad hat mit dem Erwerb der Grafschaft Hochstaden auch deren Schulden mit übernehmen müssen. Am 2. Juli 1245 schenkte Wilhelm von *Hunenbroich* (Hombroich in Mechernich-Holzheim, Kreis Euskirchen) eine Altschuld Konrads in

---

590 Vgl. REK III 2276, siehe auch Sprandel, Beziehungen, S. 289ff.; Amann, Untersuchungen, S. 35ff.
591 Vgl. REK III 2176. Diese Schulden waren 1265, vgl. REK III,2 2319 und 1271, vgl. ebd., 2438 immer noch nicht bezahlt.
592 Vgl. REK III 1239.

Höhe von 175 Mark und drei Schillingen der Johanniterkommende zu Köln.[593] Am 23. März 1255 löste Truchseß Arnold von Hochstaden die Güter zu Ingenfeld für 100 Mark aus. Konrad von Hochstaden war zu diesem Zeitpunkt offenbar zahlungsunfähig, denn er verpfändete Ingenfeld dem Truchsessen wiederum für diese 100 Mark und eine weitere Altschuld von 100 Mark, so daß Arnold Ingenfeld für 200 Mark als Pfand erhielt.[594] Nachdem der kölnische Zöllner und Beamte Peter von Grue den Hof Ingenfeld von Arnold am 28. Oktober 1256 eingelöst hatte, verpfändete Konrad von Hochstaden den Hof für 250 Mark an Peter von Grue. Die zusätzlichen 50 Mark schuldete der Kölner Erzbischof ihm für die Verdienste seiner Gefolgschaft (*pro suorum meritis obsequiorum*).[595] Auch 1½ Jahre später konnte der Kölner Metropolit den Hof immer noch nicht selber auslösen. Um seine Schulden in Höhe von 250 Mark beim Edlen Eberhard vom Stein zu begleichen, verlieh ihm Konrad von Hochstaden am 30. März 1253 eine Erbrente von zwölf Fuder Wein besseren Wachstums (*duodecim carratis vini de meliori cremento*) zu Diebach und Bacharach bis zur Begleichung der Schuld.[596] Um nur einen Gläubiger zu haben, überwies Konrad von Hochstaden am 13. Juni 1255 seine Einnahmen aus den kölnischen Gütern zu Rhens in Höhe von 530 Mark an Friedrich von Schönberg. Forderungen an Konrad von Hochstaden hatten Werner, Herr von Bolanden (120 Mark), Cunzo von Schöneck (70 Mark), Salko von Hammerstein (30 Mark), Ritter Arnold von Lützingen (70 Mark), Simon von Boppard und Heinrich vom Stein (60 Mark).[597] Auch einzelne Mühlen waren wegen der kölnischen Schulden verpfändet, so die erzbischöfliche Mühle in Siegen. »*Item habet Archiepiscopus ibidem molendinum situm in fossato opidi predicti valens annuatim XX maldra siliginis et ultra, quod Pilgrinus de Waldenburg dictus de Windegge habet, dicens sub tempore domini Conradi Archiepiscopi fuisse pro quibusdam dampnis obligatum.*«[598] Zwischen 1238 und 1261 verlehnte Konrad von Hochstaden dem Herren von Bielstein den halben Wagen- und Viehzoll zu Werl wegen gewisser Schulden (*quibusdam dampnis*).[599]

Diese Auflistung stellt nur einen geringen Teil der tatsächlichen Verpfändungen dar. Auch wenn sie teilweise minimal waren, ist davon auszugehen, daß Hunderte solcher kleiner Schulden den erzbischöflichen Etat belasteten, der sehr groß war, da Konrad von Hochstaden zu den reichsten Fürsten im Deutschen Reich gehörte. Aber jede zu

---

593 Vgl. ebd. 1199.
594 Vgl. ebd., 1837.
595 Vgl. ebd., 1922a.
596 Vgl. ebd., 1724a.
597 Vgl. ebd., 1850.
598 Vgl. SEIBERTZ, UB I 484, S. 599.
599 Vgl. ebd., S. 634, REK III 2171.

Schuldenzwecken verpfändete Einnahmequelle stand ihm für die Verpfändungsdauer nicht zur Verfügung. Der Kölner Erzbischof beraubte sich mit dieser gängigen Finanzpraxis seiner Einnahmen bereits an der Quelle.

Konrad von Hochstaden ist nach 1250 durch den Wegfall der päpstlichen Begünstigung wieder dazu veranlaßt worden, Schulden bei italienischen Bankiers zurückzuzahlen. In seinem Testament wurde festgesetzt, daß die wöchentlichen Einnahmen aus den halben Bierpfennigen in Höhe von achtzehn Mark zur Begleichung sienesischer Schulden verwandt werden sollten.[600] Der größte Teil der Geldverpflichtungen bei italienischen Bankiers stammte von Konrads Vorgängern. Der Kölner Erzbischof übernahm damit ein Erbe, mit dem er sich auseinandersetzen mußte, denn die Gläubiger wandten sich direkt an den Nachfolger auf dem Bischofssitz und forderten von ihm die Bezahlung der Kredite. Die Schulden Konrads von Hochstaden beliefen sich am Ende seiner Amtszeit auf ca. 13 150 Mark italienischer Schulden zuzüglich einer Summe von 1 205 Mark Verbindlichkeiten von erzstiftischen Gläubigern. Insgesamt waren neun Kreditaufnahmen nachweisbar, von denen allein fünf Kredite die hohe Summe von 13 150 Mark ausmachten. Es ist daher sicher, daß diese Zahl lediglich einen unvollständigen Ausschnitt der tatsächlichen Verschuldung vermittelt. Die Überlieferung der Umschuldungsverhandlungen in Rom im Frühsommer 1239 läßt es ebenfalls möglich erscheinen, daß auf diesem Schriftstück nicht alle damals verhandelten Einzelschulden aufgelistet worden sind. Trotz dieser notgedrungenen Unvollständigkeit — die übrigen Belege nennen keine konkreten Summen — wird doch die erhebliche Belastung der erzstiftischen Finanzen durch die hohe Verschuldung deutlich, die nur in Ansätzen aufzuzeigen ist.

Konrads expansive Territorialpolitik und der einsetzende Verwaltungsumbau im Doppelherzogtum bewirkte eine große Anspannung personeller, administrativer, aber auch finanzieller Ressourcen, die eine starke Erhöhung der Ausgaben verursachten. Deutlich wurde, daß Konrad von Hochstaden weniger mit einer selbst verursachten Verschuldung konfrontiert wurde, sondern das Erzstift in einem in dieser Hinsicht desolaten Zustand von seinem Vorgänger Heinrich von Müllenark übernahm. Wenn immer wieder von finanziellen Problemen des Erzbischofs zu hören war, so heißt das nicht, daß der Kölner Metropolit ein armer Mann war, sondern daß sich immer wieder Liquiditätsprobleme einstellten, die auch Konrad von Hochstaden in Bedrängnis brachten. Die Gründe dafür liegen in einer nicht ausgereiften Finanz-

---

600 Vgl. MGH Epist. s. XIII, Bd. III, Nr. 540, Bulle Papst Urbans IV. vom 17. Juni 1263, REK III 2179.

politik, die für die Bezahlung von Verbindlichkeiten und Leistungen jeder Art immer wieder auf Verpfändungen zurückgriff. Natürlich war diese Verpfändungspolitik gängige Finanzpraxis der hochmittelalterlichen Landesherren, aber durch diese Politik beraubte sich der Kölner Erzbischof auch seiner Einnahmequellen, was Mindereinnahmen für die erzbischöfliche Kammer bedeutete. Das Personal der entstehenden kölnischen »Finanzverwaltung« setzte sich aus Klerikern zusammen, die aufgrund ihrer Schreibfertigkeit, aber auch wegen der im Rahmen ihrer Studien erworbenen Kenntnisse des Römischen Rechts, als einzige Gruppe zu dieser Aufgabe befähigt waren. Augenscheinlich sind hier die personellen Querverbindungen zur erzbischöflichen Kanzlei,[601] auf die bereits hingewiesen wurde.

Die schriftliche Niederlegung der Umschuldungsverhandlungen von 1239 weist auf beginnende Ansätze einer »Buchführung« in einer erzbischöflichen »Registratur« hin. Das Kalendar der Domkustodie nennt in seiner Liste von Funktionsträgern einen im erzbischöflichen Archiv beschäftigten Ministerialen.[602] Auch das unter Siegfried von Westerburg in den Jahren 1275 bis 1297 angelegte Kopiar[603] der wichtigsten kölnischen Lehnsverträge weist eindeutig auf sich entwickelnde Strukturen einer Finanzverwaltung hin. Gegenüber dem Niveau päpstlicher Verwaltungspraxis handelte es sich jedoch um einen archaischen Stand der Verwaltungsorganisation. Es war weniger die Leistungsfähigkeit der Verwaltung, die offenbar dazu führte, daß Einnahmen und Ausgaben des Erzstifts sich nicht rechneten, sondern die augenscheinliche Überbelastung des Erzstifts durch Konrad von Hochstaden, die durch die Verschuldung noch verschärft wurde. Er stand nicht nur bei italienischen, flandrischen und französischen Gläubigern in der Schuld, sondern auch bei Edelleuten, kölnischen Bürgern und Ministerialen aus seinem Einflußgebiet. Seine Finanzprobleme scheinen sich in den 1250er-Jahren zugespitzt zu haben, da in dieser Zeit seine finanziellen Engpässe besonders deutlich werden. Neben der vollkommenen finanziellen Verausgabung durch die kölnische Territorialpolitik scheint hier das seit 1255 angespannte Verhältnis Konrads zur Kurie eine Rolle gespielt zu haben. Es ist wahrscheinlich, daß dem Kölner Erzbischof nach 1255 für eine bestimmte Zeit die Kredite gesperrt worden sind, so daß er sich zunehmend bei potenten Geldgebern seiner Umgebung verschuldete. Auswirkungen auf das Münzgewicht sind in dieser Phase jedoch nicht zu beobachten.

601 Vgl. Kap. B I 5) »Die Kanzlei«.
602 Vgl. Kap. B II 1j) »Sonstiges Dienstpersonal«.
603 Vgl. REK III 3533.

Konrad von Hochstaden hat seinen Schuldenberg bis 1261 nicht wesentlich abbauen können. Dessen ungeachtet ist festzustellen, daß die Kurie ihre finanzielle Kompetenz und Stellung bei der Vermittlung von Krediten dem Kölner Erzbischof zur Verfügung gestellt hat. Das Zusammengehen Konrads von Hochstaden mit dem Papsttum brachte dem Kölner Erzbischof wesentlich größere finanzielle Vorteile, als der Verbleib bei Kaiser Friedrich II., der dem Kölner Landesherren nicht diese Summen verschaffen konnte.

6. Fazit

Zunächst muß vorausgeschickt werden, daß die schlechte Quellenlage einer Untersuchung über die Kosten der Politik Konrads von Hochstaden enge Grenzen setzt. Die Zahlen, die zum Teil belegt, zum Teil geschätzt, genannt werden können, stellen nur einen Ausschnitt der tatsächlichen finanziellen Belastungen Konrads dar, die zu fixieren sind.

In der Territorialpolitik wurden für den Erwerb von Gütern, Rechten und Burgen hohe Summen eingesetzt, um die Machtgrundlage des Kölner Erzstifts stetig zu verbreitern. Diese Politik hatte seit 1250 einen Höhepunkt erreicht, als Konrad von Hochstaden mächtigster Reichsfürst und Territorialherr im Deutschen Reich war. Nachweisbar 12 280 Mark setzte er für seine Erwerbungen an Geldmitteln ein. Von dieser Summe mußte er allein in den Jahren 1246 bis 1250 für die beiden großen Erbschaftserwerbungen Hochstaden und Sayn-Wied Summen in Höhe von 5060 bzw. 3750 Mark aufbringen. Diese Außenstände brachten Konrad zeitweise in Liquiditätsprobleme, da er in dieser kurzen Zeitspanne nicht über solche Barmittel verfügte. Die Belastungen in der Phase von 1246 bis 1250 konnte er durch die Einnahmen aus seiner Legation eventuell teilweise kompensieren, doch es ist durchaus denkbar, daß die Lösegeldforderungen für den gefangenen dänischen Prinzen im Jahre 1250 in diesen Kontext einzuordnen sind. Konrad von Hochstaden versuchte in dieser Phase zusätzliche Gelder für seine Ausgaben zu beschaffen. Für diesen Bereich der Ausgaben ist zu konstatieren, daß es zur zeitweisen finanziellen Überforderung des Erzstifts gekommen ist. Dazu kommt, daß nicht davon auszugehen ist, daß hiermit alle tatsächlichen Erwerbungen Konrads mit ihren Kosten erfaßt sind. Weder über den Vogteierwerb, noch über die territorialen Gewinne Konrads am Ruhrlauf waren irgendwelche Zahlen verfügbar. Daher werden die tatsächlichen Kosten dieser Erwerbspolitik wesentlich höher gelegen haben.

Für die Bereitstellung von Ministerialen für seine Kriegszüge entstanden Konrad sehr hohe Kosten, die allenfalls schätzungsweise ein-

Ausgaben

zuordnen sind. Die Belastungen an Ausrüstung und Sold für die Ministerialen bei seinen zahlreichen Kriegszügen, Lösegeldforderungen, Burgenbefestigungen und erlittenen Kriegsschäden beliefen sich auf geschätzte 11530 Mark. Diese Zahl kann allenfalls eine Gewichtung innerhalb der Gesamtausgaben andeuten, denn konkrete Zahlen lagen auch in diesem Kapitel kaum vor. Militärische Stärke stellte für Konrad die wichtigste Voraussetzung für seinen Aufstieg im Reich dar. Er wird daher keine Kosten gescheut haben, kampfkräftige Ministerialenheere aufzubieten.

Für den gesamten Bereich der Hofhaltung Konrads sind gesicherte Aussagen über die Kosten kaum möglich. Sicher scheint jedoch, daß Konrad — wie seine Vorgänger auch — durch Prunk und Repräsentation seiner Hofhaltung seinen dominierenden Machtanspruch im Kölner Lehnshof und im gesamten Reich ausdrücken wollte. Diese Politik war jedoch mit sehr hohen Kosten verbunden, die allenfalls dadurch zu ermessen sind, daß er mit seinem Gefolge in Prag und London weilte und diplomatische Verhandlungen auf »höchster Ebene« führte. Daneben mußte er den gesamten, dem Hof angegliederten »Verwaltungsapparat« besolden und bei Synoden für die Beköstigung der Teilnehmer sorgen. Auch bei den Reichstagen galt es sicherlich, durch ein zahlenmäßig großes Gefolge von Adligen und Ministerialen und durch verschwenderisches Auftreten, die übrigen Fürsten zu beeindrucken. Diese Ausgaben werden einen großen Anteil an den Gesamtausgaben ausgemacht haben.

Daneben muß auf die unter Konrad von Hochstaden stetig wachsenden Kosten für die Burgmannschaften hingewiesen werden. Burgen stellten einen wesentlichen Pfeiler der Militär- und Güterverwaltung auf lokaler Ebene dar. Für den Schutz der erzstiftischen Territorien mußten sie mit einer ausreichenden Burgmannschaft besetzt gehalten werden. Die Kosten, die Konrad für die Besoldung der Burgmannen mit Burglehen aufbrachte, sind mit ca. 3316 Mark sicher nur ungenügend und zu niedrig angesetzt. Die übrigen Vasallen- und Dienstlehen belasteten ebenfalls die erzbischöfliche Kammer. Die nachweisbaren Güter im Wert von 169 Mark und 33 Schillingen werden nur einen Bruchteil der tatsächlichen Ausgaben Konrads für die Besoldung seiner Ministerialen ausgemacht haben.

Zudem lastete die hohe Verschuldung bei italienischen Bankiers enorm auf den erzstiftischen Finanzen. Während das Problem bis 1250 durch Absprachen mit dem Papst kaum negative Konsequenzen für den kölnischen »Haushalt« hatte, verschlechterte sich die Situation nach dieser Zäsur zusehends. An Schulden und Verbindlichkeiten waren insgesamt 13150 Mark bei italienischen Bankiers aufgelaufen, zuzüglich kleiner Schulden im Kölner Erzstift in Höhe von 1205 Mark.

Im Zusammenhang mit diesen enormen Belastungen, die im Kölner Erzstift aus den vorhandenen und geschätzten Lasten auf ca. 41651 Mark hochgerechnet werden können, entwickelten sich besonders im Zusammenhang mit der Verschuldung erste Ansätze einer Finanzverwaltung, um überhaupt noch den Überblick über die Außenstände wahren zu können.

7.
Gesamtresümee

Die Einnahmen und Ausgaben im einzelnen abschätzen zu können, ist bei dem derzeitigen Stand der Forschung (noch) unmöglich, was die Genauigkeit der errechneten Summen angeht. Aber mit dieser Auflistung der »Organe« der Landesverwaltung ist der Anfang für weitere Forschung gemacht, die die hier vorgelegten Ergebnisse untersuchen und exakte Resultate vorlegen kann.

Belegbaren und geschätzten Ausgaben von aufgerundet ca. 42000 Mark standen Einnahmen Konrads von ca. 46000 Mark gegenüber. Beide Summen errechneten sich über die gesamte Regierungszeit Konrads hinweg. Die Zahlen vermitteln ein verzerrtes Bild, das durch die unterschiedliche Quellenlage hervorgerufen wird. Die Einnahmen des Kölner Erzbischofs waren wesentlich exakter zu bestimmen, als seine Ausgaben. Es ist sicher, daß die Ausgaben Konrads seine Einnahmen überstiegen. Dafür spricht zum einen die Verschuldung, die bis 1250 praktisch eingefroren worden war und nach 1250 nicht abgebaut werden konnte, im Gegenteil, es kam zur Neuaufnahme von Schulden. Dazu kommt, daß weite Bereiche der erzbischöflichen Ausgaben wie die Hofhaltung, z.T. auch die Aufwendungen in der Territorialpolitik und die Besoldung der Ministerialen zahlenmäßig nicht einzugrenzen waren.

Fest steht, daß Konrad von Hochstaden zu den reichsten Fürsten seiner Zeit zählte, auch wenn die zeitgenössische Nachricht von 50000 Mark Jahreseinnahmen als völlig überzogen gelten muß. Dennoch reichten die Einnahmen der *mensa episcopalis* für die Durchsetzung der Ziele Konrads nicht aus. Die flächenmäßige Überdehnung des Erzstifts von der Maas bis zur Weser führte zu einer Überforderung, deren Folgen sich erst unter Konrads Nachfolgern zeigten, die diese Stellung Kölns im Reich nicht halten konnten. Durch die Einverleibung großer Gebiete mußte er die Anzahl seiner Burgmannen erheblich aufstocken, um die neuerworbenen Burgen zu besetzen. Ähnlich wird es beim übrigen Verwaltungspersonal gewesen sein, dessen Anzahl wohl ebenfalls vergrößert werden mußte. Die wirtschaftlichen Grundlagen des Erzstifts waren dieser Expansion und Ausdehnung nicht gewachsen.

Ausgaben

Dieser Befund ist umso bemerkenswerter, als Konrad reiche Erträge aus den ergiebigen Rheinzöllen und zahlreichen Münzstätten hatte.

Dennoch war der gesamte Wirtschaftsaufbau noch zu sehr grundherrschaftlich orientiert und mit diesen Einnahmen waren solche Aufgaben nicht zu finanzieren.

Die Planung und Durchführung des »Landeshaushalts« für das Erzstift Köln, zusammengesetzt aus den verschiedenen Positionen, ergibt zum ersten Mal einen Einblick in eine erstaunliche Leistung eines mit einfachen Mitteln ausgestatteten zentralen Verwaltungsapparats.

8.
Zusammenfassung

Das Doppelherzogtum Köln-Westfalen, in seiner West-Ost-Ausdehnung von Maas und Weser begrenzt, war zur Zeit Konrads von Hochstaden durch die intensive Territorial- und Städtepolitik Konrads von Hochstaden und seiner Vorgänger zu einer Vormachtstellung im Nordwesten des Reiches aufgestiegen. Dabei legte der Kölner Erzbischof ein besonderes Schwergewicht auf die Städtepolitik. Von insgesamt 31 belegten kölnischen Städten erhielten elf Orte während seiner Herrschaft das Stadtrecht (Uerdingen, Bonn, Zülpich, Ahrweiler, Dorsten, Vreden, Hallenberg, Schmallenberg, Winterberg, Padberg, Werl). Teilweise kann von einer Verdichtung des Städteaufkommens zu einer Städtelandschaft gesprochen werden. In den kölnischen Städten war Konrad die Rechtspflege ein Anliegen, in der er das Bürgerrecht gegenüber dem Dienstmannenrecht höherschätzte. Die Aufnahme von Bürgern in die Landesverwaltung vollzog Konrad von Hochstaden in mehreren Städten (Köln, Soest, Recklinghausen). Bei einem derartigen Ausbau des kölnischen Territoriums benötigte Konrad dringend den Ausbau einer Verwaltungsorganisation und die Vereinheitlichung der Herrschaftsstrukturen in den einzelnen weit auseinanderliegenden Landesteilen — kölnische Stammlande, Herzogtum Westfalen, Grafschaft Hochstaden, Sayn-Wiedischer Besitz, Zuerwerb aus dem Besitz der Herren von Isenburg —, die sich in ihrer historischen Entwicklung und Verwaltungsstruktur unterschieden. Einen derart großen Machtkomplex konnte Konrad zwar nur dezentralisiert in kleinen Räumen verwalten lassen, dennoch mußten seine Maßnahmen gleichzeitig überall in die Wirklichkeit umgesetzt und befolgt werden. Daß er um eine Verbesserung der Territorialverwaltung bemüht war, zeigen seine vielen Verwaltungsmaßnahmen, die er in Kraft setzte.

In der Zentralverwaltung, bestehend aus Hofämtern, Kanzlei und Rat, versuchte Konrad, die Hofämterhierarchie aufzubrechen und von ihm ausgesuchte Ministerialen in diesen Ämtern einzusetzen. Sein besonderes Vertrauensverhältnis zu diesen Funktionsträgern suchte er durch eine bevorzugte Berücksichtigung Hochstadenscher Ministerialen auf beiden Verwaltungsebenen, der Zentral- und der Lokalverwaltung, zu erreichen. Gleichzeitig verstärkte er personell die Hofämter durch Einsetzung von Stellvertretern und ließ die Funktionen durch sie ausführen, die zeitlich flexibel über die übliche sechswöchige Dienstzeit hinaus in ihrem Amt tätig waren. Insgesamt kann von dem Versuch Konrads gesprochen werden, die einzelnen Verwaltungsorgane zu erneuern, sie effizienter zu organisieren und auszubauen, um sie auf die stetig wachsenden Verwaltungsaufgaben vorzubereiten, die sich durch die ständige Expansion des Erzstifts bis 1261 ergaben.

An der Stadt Köln hielt Konrad von Hochstaden während seiner Herrschaft als Oberzentrum erzbischöflicher Machtausübung mit »Hauptstadtcharakter« fest. Als Sitz der kölnischen Verwaltungsspitze und blühender Wirtschaftsmetropole überragte Köln alle anderen Zentren des Erzstifts bei weitem.

In einer Zeit der zunehmenden Verschriftlichung in der Verwaltung vergrößerte Konrad die Kanzlei als oberstes Verwaltungsorgan durch zusätzliches Personal. Er veränderte die Führungsspitze der Kanzlei, die er gegen Endes seines Pontifikates einem *protonotarius* übertrug. Die Funktionen der Kleriker, die in der Kanzlei vor allem für das Urkundenwesen tätig waren, wurden um die Armenpflege erweitert. Mit dem Offizialat richtete Konrad eine eigene »Behörde« für die geistliche Gerichtsbarkeit ein.

Am Hof trafen bestimmte Personen mit dem Erzbischof zusammen, um als Rat die wichtigen territorial- und reichspolitischen Entscheidungen zu treffen. Dieser Personenkreis war mit den Inhabern der Hofämter nicht identisch. Der nicht genau festgelegte und oft wechselnde Personenkreis stellte das entscheidende Gremium dar (Kronrat). Dieses Gremium trat durchaus nicht periodisch zu festgesetzten Terminen zusammen, war aber bei den unregelmäßigen Zusammenkünften befugt, den Landesherrn in schwierigen Fragen zu beraten und Beschlüsse zu fassen.

Dienst- und Wirtschaftsorganisation des Hofes wurden durch Pläne zentral gelenkt, die eine ganzjährige Verwaltung und Belieferung des Hofes gewährleisten sollten. Die ständige Besetzung der Hofämter und die Versorgung des zahlenmäßig großen Hofes lassen auf einen hohen Organisationsgrad dieser Verwaltung schließen.

Für die Reisen Konrads wurde mit großer Wahrscheinlichkeit vom Kämmerer ein »Versorgungsplan« aufgestellt mit Angabe der Reiseroute, Benachrichtigung der dortigen Funktionsträger durch Boten, Bereitstellung der Quartiere und Versorgungsgüter durch Lieferungen von den erzbischöflichen Höfen. Von diesen Sonderleistungen zu unterscheiden sind die regelmäßigen Abgaben, die nach einem »Lieferplan« von den umliegenden Höfen und Gütern an das lokale Verwaltungszentrum geleistet wurden.

Die ersten Ansätze einer amtsrechtlichen Umformung des kölnischen Verwaltungsaufbaus in einen »Institutionellen Flächenstaat« gelangen Konrad auf der Ebene der Lokalverwaltung. Der Zuerwerb großer Gebiete, wie etwa der Grafschaft Hochstaden, erhöhte einerseits den kölnischen Verwaltungsaufwand, verschaffte Konrad aber andererseits die Möglichkeit, amtsrechtliche Verwaltungsstrukturen einzuführen. Die Vorteile dabei lagen auf der Hand: Konrad von Hochstaden konnte mit der Durchsetzung dieses Rechtes die unterschiedlichen Teile seiner Landesherrschaft vereinheitlichen. Die Amtmänner stammten zwar aus dem Kreis der erzbischöflichen Dienstmannschaft, wirkten aber auf der Grundlage des Amtsrechts, das Konrad vermutlich nach französischem Vorbild einführte. Offenbar war es Konrad mit Hilfe der alten Ministerialenverwaltung nicht mehr möglich, das Erzstift bei einer ständig expandierenden flächenmäßigen Ausdehnung vollständig zu verwalten und zu vereinheitlichen.

In der Regierungszeit Konrads finden sich amtsrechtliche Titel in der kölnischen Verwaltung, die auf einen beginnenden Wandel in der Bezeichnung der Amtsträger hindeuten. Die aus früherer Zeit herrührenden Titel Schultheiß und Truchseß wurden unter Konrad von Hochstaden vereinzelt durch die neue Bezeichnung *officialis* ersetzt, um eine Vereinheitlichung der Amtstitel als Ziel des Verwaltungsaufbaus einzuleiten. Es wurde eine Organisationsstruktur entwickelt, die für die späteren Institutionellen Flächenstaaten richtungsweisend werden sollte, aber auch in den kölnischen Nachbarterritorien in dieser Zeit einsetzte, nämlich die Verbindung von Amtsgedanke und Flächenprinzip. Konrad von Hochstaden begann an der Peripherie seines Erzstifts damit, Amtmänner als Vertreter erzbischöflicher Macht, zumeist auf Burgen, einzusetzen und diesen Funktionsträgern einen bestimmten Distrikt für ihre Herrschaftsausübung zuzuweisen.

Er versuchte seinen riesigen Herrschaftsraum zu dezentralisieren, indem er das kölnische Kerngebiet und das kölnische Herzogtum Westfalen als voneinander separate Gebiete verwaltete und als Ämtergrenze die Ruhr festlegte. Das Herzogtum Westfalen unterstand dem Marschall von Westfalen, der dieses Gebiet als erzbischöflicher Vertreter verwaltete. Wichtigste Träger dieser Verwaltungsreform waren vor allem in den rheinischen Kernlanden die Truchsessen, die nicht mit dem Hofamt des Truchsessen zu verwechseln sind, obwohl es hier Überschneidungen gab. Das Amt des Truchsessen wanderte unter Konrad von Hochstaden von der Hofverwaltung ab und bezeichnete einen in der Lokalverwaltung tätigen Funktionsträger. Hinsichtlich ihrer Kompetenzen waren diese nichterblichen Funktionsträger den Amtmännern gleichgestellt. Diese Truchsessen wurden ebenfalls in neu hinzugewonnen Gebieten an der Peripherie des kölnischen Herrschaftsraumes (Hochstaden, Sayn-Wied, Ruhr, Sauerland), zumeist auf Burgen, als weisungsabhängige Vertreter des Erzbischofs eingesetzt. Überall dort, wo Konrad von Hochstaden im Rahmen seiner Territorialpolitik Gebiete gewinnen konnte, nutzte er diese Neuerwerbungen für einen organisatorischen Neuaufbau. Der Beginn dieses Reformprozesses setzte mit dem Erwerb des Hochstadenschen Erbes ein, das besonders durch die Burgen Are, Hart und Hochstaden geprägt wurde, und hielt auch unter seinen Nachfolgern weiter an.

Dieser neuen Schicht landesherrlicher Funktionsträger standen die erblichen Burggrafen als Träger der alten Ministerialenverwaltung gegenüber, die dem Landesherrn durch einen Treueid verbunden waren und besonders im Rheinland die Landesverwaltung ausübten. Konrad von Hochstaden konnte hier kaum noch administrative Veränderungen vornehmen. Diese Ministerialen waren bereits zu mächtig geworden, als daß er neue amtsrechtliche Strukturen hätte einführen können. Die Burggrafen blieben Konrad von Hochstaden über das Lehnsband verbunden und stellten neben den Amtmännern und Truchsessen weitere Stützen in der Lokalverwaltung dar.

Der Burgmannendienst wurde am Hof in einer Art »Dienstplan« organisiert. Da bei einer durchschnittlichen Zahl von sieben Burgmannen und einer sechswöchigen Dienstzeit eine ganzjährige Burghut nicht gewährleistet war, müssen einzelne Ministerialen wesentlich längeren Burgdienst geleistet haben, zum Teil auch aus finanziellen Gründen.

Auf dem Gebiet der Lokalverwaltung hat Konrad von Hochstaden auf der Grundlage des Amtrechts auch die Schultheißen eingesetzt, die während seiner Herrschaft eine bedeutende Stellung in der Lokalverwaltung einnahmen. Oftmals übten diese Ministerialen noch in Personalunion andere Ämter am Hof in Köln aus. Durch die Einsetzung dieser Personen versuchte Konrad eine engere Verzahnung zwischen Zentral- und Lokalverwaltung zu erreichen. In den kölnischen Städten verdrängten die Schultheißen mehrheitlich die Vögte. Diese Entvogtungspolitik war ein Hauptziel Konrads und zeigte, daß er bereit war, alte Verwaltungsträger abzulösen, um flächendeckend eine Schicht neuer Funktionsträger in den lokalen Verwaltungszentren einzusetzen. Durch den Erwerb von Vogteien gelang ihm außerdem die Ausschaltung fremder Rechte in seinem Territorium.

Konrad konnte zur Finanzierung seiner Machtpolitik auf reiche Einnahmequellen zurückgreifen, die mit geschätzten 46000 Mark in seiner Regierungszeit kaum die tatsächliche Höhe seiner gesamten Erträge wiedergibt. Es ist durchaus denkbar, daß Konrad von Hochstaden über jährliche Beträge von 20000–30000 Mark verfügen konnte. Diese Summen konnte er jedoch nur dadurch einnehmen, daß er in der Finanzpolitik des Erzstifts entschiedene Schwerpunkte setzte. Dabei waren die Rheinzölle von besonderer Bedeutung. Ebenfalls verfügte er über Einnahmen aus den Münzstätten. Dagegen waren die Einnahmen aus den Grundherrschaften wesentlich geringer. Aus diesen Finanzquellen Zoll und Münze setzte sich der Gesamthaushalt im wesentlichen zusammen und läßt deutlich werden, daß aus den früheren Einnahmen der *mensa episcopalis* der Geldbedarf des Kölner Machtgebildes nicht mehr gedeckt werden konnte.

Eine »Finanzverwaltung«, die die einzelnen Erträge mit dem Kämmerer in Köln abrechnete, war bereits in Ansätzen vorhanden.

Die Einnahmen aus den Zöllen wurden teilweise von Zöllnern mit dem Kämmerer in Köln abgerechnet, zum Teil wurde diese Aufgabe aber auch von Schultheißen (Andernach) ausgeübt, deren Kompetenzbereich unter Konrad immer umfassender wurde. Konrad von Hochstaden steigerte die Einnahmen aus der Münze durch zahlreiche Neugründungen von Münzstätten in Verbindung mit Märkten. Dies ist eine ganz »moderne« Entwicklung — Ausweitung der Geldwirtschaft, verursacht auch durch die Neugründung von Städten und die Tätigkeit der Hanse im kölnischen Machtbereich. Die wirtschaftliche Überlegenheit des Doppelherzogtums Köln-Westfalen beruhte auf der Dominanz des Kölner Pfennigs als deutscher Leitwährung für die Gebiete am Rhein und seinen südlichen Nachbarterritorien.

Neben diesen beiden wichtigsten Einnahmequellen Zoll und Münze verfügte er noch über eine Fülle anderer Erträge (Bede, Judenschutz, Geleitzölle, usw.), die er teilweise auch zu steigern wußte. Konrad machte sich seine überragende Stellung in der Reichspolitik zunutze und strich enorme Summen an Wahlgeldern, päpstlichen Sondersteuern und Legationsprokurationen ein. Ob er der reichste Fürst seiner Zeit im Deutschen Reich war, ist letzlich nicht eindeutig zu bestimmen. Aber die Summen, die er jährlich aus seinen zahlreichen Geldquellen einnahm, zeigen deutlich, daß er zumindest zum Kreis der reichsten Fürsten zählte.

Diese enormen Einkünfte reichten offensichtlich nicht aus, um den optimalen Ausbau des Doppelherzogtums Köln-Westfalen zu finanzieren. Zwar konnte die Untersuchung »nur« Ausgaben in Höhe von rund 42000 Mark ermitteln, aber es ist zweifelsfrei, daß diese Beträge weit überschritten wurden. Finanzielle Engpässe sind immer wieder durch Liquiditätsprobleme aufgetreten, die eindeutig durch die intensive und kostspielige Territorialpolitik verursacht wurden. Hier war es dem Kölner Erzbischof oft nicht möglich, kurzfristige Zahlungsverpflichtungen einzuhalten. Daß die rigorose Verpfändungspolitik hier den Kölner Erzbischof auch immer wieder seiner Einnahmen an der Quelle beraubte, ist ganz eindeutig. Die Kosten für die Aufstockung der Ministerialität, für den Bau von Burgen, für die zahlreichen Kriegszüge waren auch durch die Ausdehnung erzstiftischen Gebiets bis zur Weser gestiegen. Spätestens seit 1250 scheint eine verstärkte Finanzknappheit eingetreten zu sein.

Konrad versuchte sich 1249/50 wegen Zahlungsunfähigkeit zusätzliche Gelder durch Erpressungen und Raub zu beschaffen. Nach 1258 ist eine gewisse Konsolidierung der Finanzen zu konstatieren.

Krisensymptome einer finanziellen Überforderung sind neben der rigiden Verpfändungspolitik in der Verschuldung des Erzstifts zu sehen. Konrad gelang es trotz reicher päpstlicher Geldsubventionen nicht, den Schuldenberg seiner Vorgänger abzubauen. Seit 1250 belasteten diese Forderungen zusätzlich den erzbischöflichen Haushalt. Zwar erscheint die Schuldsumme von ca. 13 000 Mark bei einem geschätzten Jahreseinkommen von 20 000–30 000 Mark nicht erdrückend, doch stellte sie eine Belastung dar. Es ist davon auszugehen, daß die tatsächliche Verschuldung wesentlich höher war. Zur Bedienung der Schuldendienste hätten die Einnahmen der *mensa episcopalis* herangezogen werden müssen, doch über welche Einnahmen verfügte Konrad noch und welche befanden sich im Pfandbesitz auswärtiger Herren?

Bei der Betrachtung, wie Konrad von Hochstaden in finanziellen Geschäften bewandert war, berührt man einen weiteren Aspekt dieser Themenstellung, nämlich die Frage nach einer Finanzverwaltung. Zum einen kann festgestellt werden, daß Konrad von Hochstaden über die Vielzahl kleiner und kleinster Einnahmequellen, die ihm zustanden, bestens informiert war, weil die Burggrafen und Amtmänner zu einer jährlichen Abrechnung mit der erzbischöflichen Kammer über die Einnahmen und Ausgaben in ihrem Verwaltungsdistrikt verpflichtet waren.

Konrad von Hochstaden umgab sich mit einem Kreis von Finanzexperten, die als Prokuratoren gegenüber der Kurie und italienischen Bankiers auftraten und als autorisierte Vertreter des Kölner Erzbischofs befugt waren, Kredite für den Kölner Metropoliten aufzunehmen. Es ist wahrscheinlich, daß diese Fachleute Konrad auch in Fragen seiner Zoll- und Münzpolitik berieten. Neben dem Kämmereramt waren es vor allem Hofkleriker, die z.T. auch in der Kanzlei tätig waren, die finanzpolitische Entscheidungen trafen und in der Kreditaufnahme besonders bewandert waren. Diese Strukturen erzbischöflicher »Finanzverwaltung« befähigten Konrad, einen Überblick über seine Einnahmen und Ausgaben sowie über die Verschuldung zu erhalten.

Während dem Kämmerer die Verwaltung der erzstiftischen Einkünfte und Ausgaben vorbehalten war, legten die geistlichen Finanzexperten die großen Linien der erzischöflichen Finanzpolitik fest und führten die komplizierten Verhandlungen bei den Champagnemessen und an der Kurie.

Ein Hauptproblem dieser Arbeit stellte die Einordnung von Einnahmen und Ausgaben Konrads von Hochstaden dar, da die schlechte Quellenlage nur vage Schlüsse erlaubte. Es ist aber offensichtlich, daß die wirtschaftlichen Grundlagen des Erzstifts nicht ausreichten, um Konrads Anstrengungen auf Dauer finanzieren zu können. Trotz einer funktionierenden Finanzverwaltung kam es immer wieder zu Zahlungsproblemen, die auf die Überforderung der finanziellen Mittel Konrads hindeuten.

Zusammenfassend kann gesagt werden, daß Konrad die Verwaltung und Beherrschung des Doppelherzogtums Köln-Westfalen durch eine auch zu diesem Zeitpunkt noch loyale Ministerialität gelang. Daneben begann er, wo es ihm möglich war, das Amtsrecht als Grundlage der Verwaltung einzuführen und das riesige Einflußgebiet zu dezentralisieren.

Herausragend waren dabei die Leistungen und Leistungssteigerungen des Erzstifts unter Konrad von Hochstaden. Er konnte die Kölner Ministerialität etwa um ein Drittel erhöhen und verfügte im Doppelherzogtum über mehr als 50 kölnische Dienstmannenburgen. Dagegen fiel der Landgewinn im Verhältnis zur Anzahl der Burgen geringer aus. Daraus ergibt sich, daß die Sicherheit des gesamten Territoriums zunahm, auch die Zahl der möglichen Verwaltungssitze, die Konrad eine straffere Organisation seines Machtbereiches erlaubten. Die Dichte der Verwaltungsmittelpunkte (Burgen, Städte) nahm deutlich zu, so etwa im Sauerland.

Der Aufstieg des Kölner Doppelherzogtums unter Konrad von Hochstaden ging weit über die zur damaligen Zeit bei anderen Territorien erkennbare Weiterentwicklung hinaus. Auf der Basis einer intensiven Territorialpolitik formierte sich in Köln eine Landesherrschaft, die bei gleichzeitiger Entwertung der Lehnsbindung zur Reichsgewalt den Staufern immer mehr Rechte abrang. Sein königgleiches Auftreten am Niederrhein seit 1250 und seine Rolle als »Königsmacher« in drei Fällen verdeutlichten seine überragende Stellung im Reich, die seit dem Weggang Konrads IV. nach Italien unangefochten war. Seine Vorrangstellung unter den niederrheinischen Fürsten machte Konrad von Hochstaden zum Mitglied des Kurfürstenkollegs im Jahre 1257, für dessen Beratungen die kölnische Villikation Rhens als geeignetster Versammlungsort bestimmt wurde! Neben diesen verfassungspolitischen Umwälzungen war er als Gründer und Führer der antikaiserlichen Partei im Deutschen Reich nicht unerheblich an der Niederlage der Staufer beteiligt.

ANHANG

Quellen- und Literaturverzeichnis

Abgekürzt zitierte Titel sind durch Kursivdruck hervorgehoben.

Achenbach, Heinrich von, Geschichte der Stadt *Siegen*, Bd. I, Siegen 1894.

Aders, Gebhard, Die Münzstätte Deutz der Erzbischöfe von Köln und ihre Prägungen bis zur Auflösung des Rheinischen Münzvereins um 1533, in: Rechtsrheinisches Köln. Jahrbuch für Geschichte und Landeskunde 7 (1981), S. 1–50.

Aders, Günther, *Regesten* aus dem Urkundenarchiv der Herzöge von Brabant, ca. 1190–1382, in: Düsseldorfer Jahrbuch 44 (1947), S. 18–87.

Ahrens, Jakob, Die *Ministerialität* in Köln und am Niederrhein. Leipziger Historische Abhandlungen, Heft IX, Leipzig 1908.

Albrecht, Günther, Kölner *Münzproben* des 13. Jahrhunderts, in: Hamburger Beiträge zur Numismatik, Bd. VII, Heft 21–23 (1967–1969), S. 215–218.

Aldinger, Peter, Die *Neubesetzung* der deutschen Bistümer unter Papst Innozenz IV., Leipzig 1900.

Ammann, Hektor, *Untersuchungen* zur Geschichte der Deutschen im mittelalterlichen Frankreich I: Deutschland und die Messen der Champagne. Deutsches Archiv für Landes- und Volksforschung III (1939).

Andernach, Norbert (Bearb.), *Rheinberg*. Rheinischer Städteatlas, Lfg. VII, Nr. 40, Bonn 1980.

Ders., Die landesherrliche *Verwaltung*, in: Kurköln. Land unter dem Krummstab. Veröffentlichungen der staatlichen Archive des Landes Nordrhein-Westfalen, Reihe C: Quellen und Forschungen, Bd. 22. Schriftenreihe des Kreises Viersen 35a, Kevelaer 1985, S. 241–256.

Aronius, Julius (Bearb.), *Regesten* zur Geschichte der Juden im Fränkischen und Deutschen Reiche bis zum Jahre 1273. Herausgegeben im Auftrag der Historischen Commission für Geschichte der Juden in Deutschland, Berlin 1902, Nachdruck Hildesheim/New York 1970.

Aschoff, Diethard, Kölner *Juden* in Westfalen, in: Köln — Westfalen 1180–1980, Landesgeschichte zwischen Rhein und Weser, Bd. I: Beiträge, Köln 1980, S. 276–280.

Aubin, Hermann, Die Verwaltungsorganisation des Fürstbistums *Paderborn* im Mittelalter. Abhandlungen zur Mittleren und Neueren Geschichte, Heft 26, Berlin und Leipzig 1911.

Ders., Die Entstehung der Landeshoheit nach niederrheinischen *Quellen*. Studien über Grafschaft, Immunität und Vogtei. Historische Studien, Heft 143, Berlin 1920.

Ders., Das Reich und die Territorien, in: Aubin/Frings u.a. (Hrsg.), Geschichte des Rheinlandes von der ältesten Zeit bis zur Gegenwart, Bd. II, Essen 1922, S. 1–50.

Auvray, Lucien (Hrsg.), Les Régistres de Gregoire IX., Bd. II, Paris 1896–1955.

Bader, Ute, *Geschichte* der Grafen von Are bis zur Hochstadenschen Schenkung (1246), Rheinisches Archiv 107, Bonn 1979.

Bader, Walter, *Bischofshof*, Bischofsburg, Bischofspfalz, in: Studien zur Geschichte der Stadt Xanten 1228–1978. Festschrift zum 750-jährigen Stadtjubiläum, Köln 1978, S. 57–69.

Balzer, Manfred, *Grundzüge* der Siedlungsgeschichte, in: Wilhelm Kohl (Hrsg.), Westfälische Geschichte, Bd. 1: Von den Anfängen bis zum Ende des Alten Reiches, Düsseldorf 1983, S. 231–275.

Bassermann, Elisabeth, Die *Champagnemessen*, Tübingen 1911.

Battenberg, Friedrich, Das Europäische *Zeitalter* der Juden. Zur Entwicklung einer Minderheit in der nichtjüdischen Umwelt Europas, Darmstadt 1990.

Bauer, Clemens, Die Epochen der Papstfinanz, in: Historische Zeitschrift 138 (1928), S. 457–503.

Bauer, Kurt, *Judenrecht* in Köln bis zum Jahre 1424. Veröffentlichungen des Kölnischen Geschichtsvereins e.V., Bd. 26, Köln 1964.

Bauermann, Johannes, Die Schmallenberger *Stadturkunden*, in: Beiträge zur Geschichte der Stadt Schmallenberg 1244–1969, Schmallenberg 1969, S. 1–13.

Ders., Art. *Vreden*, in: Handbuch der historischen Stätten Deutschlands, NRW, Stuttgart ²1970, S. 743f.

Bauermann, Johannes/Preising, Rudolf, Art. *Werl*, in: Handbuch der historischen Stätten Deutschlands, NRW, Stuttgart ²1970, S. 768–770.

Bayley, Charles C., The Diplomatic Preliminaries of the Double *Election* of 1257 in Germany, in: English Historical Review 62 (1947), S. 457–483.

Becker, Hans-Jürgen, Villikationsverfassung und Stadtrechtsbildung, in: Grundherrschaft und Stadtentstehung am Niederrhein, Klever Archiv 9, Kleve 1989.

Becker, Kurt (Hrsg.), Heimatchronik des Kreises *Neuwied*. Archiv für Deutsche Heimatpflege, Köln 1966.

Below, Georg von, Art. *Bede*, in: Handwörterbuch der Staatswissenschaften Bd. II, Jena ³1910, Sp. 448.

Berger, Elie (Hrsg.), Les *Régistres* d'Innocent IV. Bd. I (zit. als *Berger I*), II (zit. als *Berger II*) und III (zit. als *Berger III*), 4 Bde., Paris 1880–1911.

Berghaus, Peter, Die *Perioden* des Sterlings in Westfalen, dem Rheinland und in den Niederlanden, in: Hamburger Beiträge zur Numismatik, Heft 1 (1947), S. 34–53.

Ders., Die *Anfänge* der Münzprägung in Lemgo und Lippstadt, in: Mitteilungen aus der lippischen Geschichte und Landeskunde, Bd. 21 (1952), S. 110–128.

Ders., Der *Münzfund* von Werl (1955), vergraben um 1240, in: Centennial Publication of the American Numismatic Society, ed. by Harald Ingholt, New York 1958, S. 89–124.

Ders., Kölner und Paderborner *Münzstätten* des 13. Jahrhunderts in Westfalen, in: Festschrift Hermann Aubin zum 80. Geburtstag, Bd. 1, Wiesbaden 1965, S. 126–142.

Ders., Der Kölner *Pfennig* in Westfalen (Tafel XV–XVI), in: Dona Numismatica. Walter Hävernick zum 23. Januar 1965 dargebracht, Hamburg 1965, S. 193–204.

Ders., Die mittelalterliche Münzprägung der Erzbischöfe von Köln in *Schmallenberg* und anderen Münzstätten des Sauerlandes, in: Beiträge zur Geschichte der Stadt Schmallenberg 1244–1969, Schmallenberg 1969, S. 31–39.

Ders., *Münzgeschichte* von Attendorn, in: Attendorn. Beiträge zur Geschichte einer kurkölnischen Stadt. Im Auftrage der Stadt Attendorn herausgegeben von Werner Cordes, Attendorn 1972, S. 59–83.

Ders., Münzprägung und Münzumlauf im Vest *Recklinghausen*, in: 750 Jahre Stadt Recklinghausen 1236–1986, Recklinghausen 1986, S. 19–29.

Bers, Günther, *Jülich*. Geschichte einer rheinischen Stadt. Herausgegeben aus Anlaß des Stadtjubiläums der Stadt Jülich 1988/89 — 2000 Jahre Jülich. 750 Jahre Stadtrechte, Jülich ²1989.

Berthold, Brigitte, Sozialökonomische Differenzierung und innerstädtische *Auseinandersetzungen* in Köln im 13. Jahrhundert, in: Stadt und Stadtbürgertum in der deutschen Geschichte des 13. Jahrhunderts. Im Auftrage des Zentralinstituts für Geschichte an der Akademie der Wissenschaften der DDR, herausgegeben von Bernhard Töpfer. Forschungen zur mittelalterlichen Geschichte, Bd. 24, Berlin 1976, S. 229–288.

Beyerle, Franz, Die *Wehrverfassung* des Hochmittelalters, in: Festschrift Ernst Mayer zum 70. Geburtstag, Weimar 1932, S. 31–93.

Beyerle, Konrad, Die *Urkundenfälschungen* des Kölner Burggrafen Heinrich III. von Arberg. Deutschrechtliche Beiträge, Bd. IX, Heft 4, Heidelberg 1913.

Biesing, Winfried, Drachenfelser *Chronik*, Geschichte eines Berges, seiner Burg und seiner Burggrafen, Bonn 1980.

Binterim, Anton Joseph/Mooren, Josef Hubert, Die alte und neue Erzdiözese Köln in Dekanate eingetheilt oder das Erzbistum Köln mit den Stiften, Dekanaten, Pfarreien und Vikarien, samt deren Einkommen und Collatoren wie es war. (Bd. III und IV): Rheinisch-westfälischer diplomatischer Codex oder Urkunden-Sammlung zur Geschichte der Erzdiözese Köln und dazu gehörigen Rheinlande und Westphalen, Teile 1 und 2, Mainz 1828–1831.

Blaschke, Karl-Heinz, *Steuer*, Geldwirtschaft und Staat in vorindustrieller Zeit, in: Wirtschaftskräfte und Wirtschaftswege, Festschrift Hermann Kellenbenz, Bd. I, Köln 1978, S. 31–42.

Blum, Peter, Adenau am Nürburgring, Adenau 1952.

Bockshammer, Ulrich, Ältere *Territorialgeschichte* der Grafschaft Waldeck. Schriften des Hessischen Landesamtes für Geschichtliche Landeskunde 24, Marburg 1958.

Böcking, Werner, *Schiffstreideln* am Niederrhein, in: Beiträge zur Rheinkunde 42 (1990), S. 52–65.

Böhmer, Johann Friedrich (Hrsg.), *Fontes* Rerum Germanicarum. Geschichtsquellen Deutschlands, Bd. II, Stuttgart 1845, S. 449–457.

Ders., Regesta Imperii V. Die Regesten des Kaiserreiches unter Philipp, Otto IV., Friedrich II., Heinrich (VII.), Conrad IV., Heinrich Raspe, Wilhelm und Richard 1198–1272. Neu herausgegeben und ergänzt von J. Ficker und E. Winkelmann, 3 Bde. 1. Bd.: Kaiser und Könige, Innsbruck 1881–1882 (zit. als *RI V, 1*); 2. Bd.: Päpste und Reichssachen, Innsbruck 1892–1894 (zit. als *RI V, 2*).

Bösken, Walther, *Beiträge* zur Geschichte der ehemaligen Herrschaft Alpen. Veröffentlichungen des historischen Vereins für Geldern und Umgegend 9, Geldern 1902.

Borchers, Hertha, *Beiträge* zur rheinischen Wirtschaftsverfassung, in: Hessisches Jahrbuch für Landesgeschichte 4 (1954), S. 64–80.

Bornheim gen. Schilling, Werner, *Untersuchungen* zur Herkunft der Erbmarschälle von Alfter, in: Annalen des historischen Vereins für den Niederrhein 149/150 (1950/51), S. 30–45.

Ders., Zur Geschichte der von Bürresheim im Mittelalter, in: Annalen des historischen Vereins für den Niederrhein 158 (1956), S. 104–138.

Ders., Rheinische *Höhenburgen*, 3 Bde., Bd. 1 Text, Bde. 2/3 Abbildungen A–L; L–Z. Rheinischer Verein für Denkmalpflege und Heimatschutz, Jahrbuch 1961–1963, Neuss 1964.

Bosl, Karl, Die *Reichsministerialität* der Salier und Staufer, Teil 1, Stuttgart 1950.

Ders., *Dienstrecht* und Lehnrecht im deutschen Mittelalter, in: Studien zum mittelalterlichen Lehnswesen. Vorträge gehalten in Lindau am 10.–13. Oktober 1956. Vorträge und Forschungen, Bd. V, Konstanz 1960, S. 51–95.

Bourel de La Roncière, C. u.a. (Hrsg.), Les Régistres d'Alexandre IV., Bd. II, 4 Bde., Paris 1902–1955.

Brandis, Christoff (Bürgermeister zu Rüden und Erbsälzer zu Werl 1650), *Geschichte* der Stadt Rüden, in: Quellen der Westfälischen Geschichte, hrsg. von Johann Suibert, Bd. 1, Arnsberg 1857, S. 221–281.

Brandt, Hans-Jürgen/Hengst, Karl, Die Bischöfe und Erzbischöfe von *Paderborn*, Paderborn 1984.

Bremer, Jakob, Das Kurkölnische Amt *Liedberg*, Mönchengladbach 1930.

Breuer, Norbert, *Geschichtsbild* und politische Vorstellungswelt in der Kölner Königschronik sowie der »Chronica S. Pantaleonis«, Würzburg 1966.

Brück, Anton Philipp, Mainzer *Besitz* im Rheinengtal, in: Zwischen Rhein und Mosel. Der Kreis St. Goar, Boppard 1966, S. 77–87.

Brünneck, Wilhelm von, Geschichte der Soester Gerichtsverfassung, in: Zeitschrift für Rechtsgeschichte (Germanistische Abteilung) 32 (1912), S. 1–85.

Brungs, Josef, Die Stadt *Honnef* und ihre Geschichte, Honnef 1925.

Bumke, Joachim, *Studien* zum Ritterbegriff im 12. und 13. Jahrhundert. Beihefte zum Euphorion. Zeitschrift für Literaturgeschichte, 1. Heft, Heidelberg 1964.

Ders., *Mäzene* im Mittelalter. Die Gönner und Auftraggeber der höfischen Literatur in Deutschland 1150–1300, München 1979.

Ders., Höfische Kultur. Literatur und Gesellschaft im hohen Mittelalter, Bd. 1, München ^{5}1990.

Burgard, Friedhelm, *Beamte* und Verwaltung Balduins von Luxemburg, in: Balduin von Luxemburg. Erzbischof von Trier — Kurfürst des Reiches. Festschrift aus Anlaß des 700. Geburtsjahres, hrsg. unter Mitwirkung von Johannes Mötsch und Franz-Josef Heyen, Quellen und Abhandlungen zur Mittelrheinischen Kirchengeschichte, hrsg. von Isnard Frank Op, Bd. 53, Mainz 1985, S. 223–251.

Cardauns, Hermann, *Konrad von Hochstaden*, Köln 1880.

Ders., *Regesten* des Kölner Erzbischofs Konrad von Hochstaden, in: Annalen des historischen Vereins für den Niederrhein 35 (1880), S. 1–64.

Conrad, Otto, Die Geschichte der *Schmidtburg*, Rheinberg 1964.

Corsten, Severin, Der *Forstbezirk* Vlatten-Heimbach, in: Aus Geschichte und Landeskunde. Forschungen und Darstellungen. Franz Steinbach zum 65. Geburtstag gewidmet von seinen Freunden und Schülern, Bonn 1960, S. 184–210.

Ders., Wassenberg während der Stauferzeit. Eine Fallstudie zur Territorialpolitik der Kölner Erzbischöfe, in: Annalen des historischen Vereins für den Niederrhein 187 (1984), S. 9–29.

Crescelius, Wilhelm, *Graf Adolf VI.* von Berg und Erzbischof Konrad von Köln, zuerst in: Elberfelder Zeitung, auch in: Zeitschrift des bergischen Geschichtsvereins 27 (1891), S. 73–79.

Coesfelder UB, s. **Darpe**, Franz.

Darpe, Franz, Coesfelder Urkundenbuch. 1. Teil (bis 1400) mit einer Einleitung über die Gründung der Stadt Coesfeld und einer Karte des alten Stadtgebietes, Coesfeld 1900 (zit. als *Coesfelder UB*).

Demandt, Karl, *Besprechung* von Karl Bosl, Die Reichsministerialität der Salier und Staufer, Stuttgart 1951, in: Nassauische Annalen 63 (1952), S. 342–346.

Ders., *Regesten der Grafen von Katzenelnbogen* 1060–1486, 4 Bde., Wiesbaden 1953–1957, hier: Bd. III (1956).

Ders., Der Endkampf des staufischen Kaiserhauses im Rhein-Maingebiet, in: Hessisches Jahrbuch für Landesgeschichte 7 (1957), S. 102–165.

Denholm-Young, Noel, Richard of *Cornwall*, Oxford 1947.

Derolez, Albert (Hrsg.), Guiberti Gemblacensis *Epistolae*. Pars I. Corpus Christianiorum Continuatio Medievalis LXVI, Turnhout/Belgien 1988.

Diederich, Toni, Städtische *Siegelführung*, in: Grundherrschaft und Stadtentstehung am Niederrhein, Klever Archiv 9, Kleve 1989, S. 79–99.

Ders., Die *Münzverträge* der Kölner Erzbischöfe bis zum Beginn der Neuzeit, in: Geld aus Köln, hrsg. von Gerd Biegel. Quellen zur Stadtgeschichte, Köln 1979, S. 33–37.

Diestelkamp, Bernhard (Bearb.), *Quellensammlung* zur Frühgeschichte der deutschen Stadt (bis 1250), in: Elenchus Fontium Historiae Urbanae, S. 1–279. Acta Collegii Historiae Urbanae Societatis Historicorum Internationalis, hrsg. von C. van Kieft und J. F. Niermeijer, Bd. 1, Leiden 1967.

Ders., *Zusammenfassung* der Referats- und Diskussionsbeiträge, in: Grundherrschaft und Stadtentstehung am Niederrhein, Klever Archiv 9, Kleve 1989, S. 176–184.

Dietz, Walter, Die Wuppertaler *Garnahrung*. Bergische Forschungen. Quellen und Forschungen zur bergischen Geschichte, Kunst und Literatur, hrsg. im Auftrag des bergischen Geschichtsvereins von Edmund Strutz, Bd. IV, Neustadt/Aisch 1957.

Dirlmeier, Ulf, Mittelalterliche *Zoll- und Stapelrechte* als Handelshemmnisse?, in: Vierteljahrsschrift für Sozial- und Wirtschaftsgeschichte, Beihefte, Nr. 80: Die Auswirkungen von Zöllen und anderen Handelshemmnissen auf Wirtschaft und Gesellschaft vom Mittelalter bis zur Gegenwart. Referate der 11. Arbeitstagung der Gesellschaft für Sozial- und Wirtschaftsgeschichte vom 9. bis 13. April 1985 in Hohenheim, Stuttgart 1987.

Dobenecker, Otto, *Regesta* Diplomatica Necnon Epistolaria Historiae *Thuringiae*. Namens des Vereins für thüringische Geschichte und Altertumskunde, Bd. III, 1 (1228–1247), Jena 1904.

Dopsch, Alphons, *Naturalwirtschaft* und Geldwirtschaft in der Weltgeschichte, Wien 1930.

Dortmunder UB, s. **Rübel**, Karl.

Dotzauer, Winfried, Beiträge zum *Geleitwesen* im Nahe-Mündungsgebiet, in: Mitteilungsblatt zur rheinhessischen Landeskunde, Jg. 10, (1961), S. 287–292.

Ders., Die Pfalzgrafen am Mittelrhein, in: Zwischen Rhein und Mosel. Der Kreis St. Goar, hrsg. im Auftrag des Landkreises von Franz-Josef Heyen, Boppard 1966, S. 59–77.

Droege, Georg, *Lehnrecht* und Landrecht am Niederrhein und das Problem der Territorialbildung im 12. und 13. Jahrhundert, in: Aus Geschichte und Landeskunde. Forschungen und Darstellungen. Franz Steinbach zum 65. Geburtstag gewidmet von seinen Freunden und Schülern, Bonn 1960, S. 278–307.

Ders., Die kurkölnischen *Rheinzölle* im Mittelalter, in: Annalen des historischen Vereins für den Niederrhein, Heft 168/169 (1967), S. 21–48.

Ders., *Landrecht* und Lehnrecht im hohen Mittelalter. Veröffentlichungen des Instituts für geschichtliche Landeskunde an der Universität Bonn, Bonn, 1969.

Ders., Die Ausbildung der mittelalterlichen territorialen *Finanzverwaltung*, in: Hans Patze (Hrsg.): Der Deutsche Territorialstaat im 14. Jahrhundert, Bd. I. Vorträge und Forschungen Bd. XIII., Sigmaringen 1970, S. 325–347.

Ders., *Besprechung* der Arbeit von Wilhelm Pötter, in: Zeitschrift des Aachener Geschichtsvereins 80 (1970), S. 275–277.

Ders., Die *Herzogsgewalt* in Westfalen, in: Köln — Westfalen 1180–1980, Landesgeschichte zwischen Rhein und Weser, Bd. I: Beiträge, Köln 1980, S. 220–225.

Ders., Das kölnische *Herzogtum Westfalen*, in: Heinrich der Löwe, hrsg. von Wolf-Dieter Mohrmann. Veröffentlichungen der Niedersächsischen Archivverwaltung, Heft 39, Göttingen 1980, S. 275–307.

Ders., Die *Territorien* am Mittel- und Niederrhein, in: Deutsche Verwaltungsgeschichte, Bd. 1. Vom Spätmittelalter bis zum Ende des Reiches. Deutsche Verwaltungsgeschichte. Im Auftrag der Freiherr-vom-Stein-Gesellschaft e.V., hrsg. von Kurt G. A. Jeserich / Hans Pohl / Georg-Christoph von Unruh, Stuttgart 1983, S. 690–741.

Du Cange, Domino, *Glossarium* Mediae et Infinae Latinitatis, Bd. VI, Nachdruck der Ausgabe 1883–1887, Graz 1954.

Ebengreuth, Luschin von, Allgemeine *Münzkunde* und Geldgeschichte, München / Berlin 1904.

Ebner, Herwig, Die *Burg* als Forschungsproblem mittelalterlicher Verfassungsgeschichte, in: Hans Patze (Hrsg.): Die Burgen im deutschen Sprachraum. Ihre rechts- und verfassungsgeschichtliche Bedeutung, Bd. I. Vorträge und Forschungen Bd. XIX, Sigmaringen 1976, S. 11–85.

Ehbrecht, Wilfried, Die *Städte* in der kölnischen Herrschaftsbildung bis zum Ausgang des Mittelalters, in: Köln — Westfalen 1180–1980, Landesgeschichte zwischen Rhein und Weser, Bd. 1: Beiträge, Köln 1980, S. 244–249.

Ders., *Ziele* kölnischer Städtepolitik bis zum Tod Erzbischofs Engelbert von Berg, in: Köln — Westfalen 1180–1980, Landesgeschichte zwischen Rhein und Weser, Bd. I: Beiträge, Köln 1980, S. 226–232.

Ders., *Stadtrechte* und Geschichtslandschaft in Westfalen, in: Der Raum Westfalen, Bd. VI, 1. Teil. Fortschritte der Forschung und Schlußbilanz, Münster 1989, S. 217–250.

Eisenberg, Richard, Das Spolienrecht am Nachlaß der Geistlichen in seiner geschichtlichen Entwicklung in Deutschland bis Friedrich II., Diss. Marburg 1896.

Elben, Josef, Die Deutz-Kölner *Rheinfähre*. Ein Kurkölner Regal. Diss. Köln 1933.

Ellmers, Detlev, Mittelalterliche *Schiffe* am Rhein, in: Beiträge zur Rheinkunde 32 (1980), S. 3–15.

Eltester, Leopold / Goerz, Adam (Bearb.), Urkundenbuch zur Geschichte der jetzt die preußischen Regierungsbezirke Coblenz und Trier bildenden mittelrheinischen Territorien, Bd. II (1169–1212), Coblenz 1865 (zit. als *MRUB II*); Bd. III (1212–1260), Coblenz 1874 (zit. als *MRUB III*).

Engels, Odilo, *Grundlinien* der rheinischen Verfassungsgeschichte im 12. Jahrhundert, in: Rheinische Vierteljahrsblätter 39 (1975), S. 1–27.

Ders., Die *Stauferzeit*, in: Rheinische Geschichte. 3 Bde., hier: Bd. 1.3: Hohes Mittelalter, hrsg. von Franz Petri und Georg Droege, Düsseldorf 1983, S. 205–276.

Ders., Die *Staufer*. Stuttgart / Berlin / Köln / Mainz ⁴1989.

Ennen, Edith, Kölner *Wirtschaft* im Früh- und Hochmittelalter, in: Zwei Jahrtausende Kölner Wirtschaft, Bd. 1, hrsg. im Auftrag des Rheinisch-Westfälischen Wirtschaftsarchivs zu Köln von Hermann Kellenbenz, Köln 1975, S. 87–195.

Dies., Erzbischof und Stadtgemeinde in Köln bis zur Schlacht von Worringen (1288), in: Bischofs- und Kathedralstädte des Mittelalters und der frühen Neuzeit, hrsg. von Franz Petri, Köln 1976, S. 27–47.

Dies., Die Bonner *Märkte*, in: Gesammelte Abhandlungen zum europäischen Städtewesen und zur rheinischen Geschichte, Bd. I, hrsg. von Georg Droege u. a., Bonn 1977, S. 333–341.

Dies., Die europäische *Stadt* des Mittelalters. 3. erweiterte und überarbeitete Auflage, Göttingen 1979.

Dies., Rheinisches Städtewesen bis 1250. Geschichtlicher Atlas der Rheinlande Beiheft VI / 1. PGRhGk 12. Abteilung 1 b NF. Köln 1982.

Dies., *Stadterhebungs-* und Stadtgründungs*politik* der Kölner Erzbischöfe. Eine Skizze, in: Hans Patze (Hrsg.), Festschrift für Berent Schwineköper zu seinem 70. Geburtstag, Sigmaringen 1982, S. 337–353.

Dies., Die jüdische *Gemeinde* in Bonn. Ein Beitrag zur Geschichte des Judentums im Rheinland, in: Gesammelte Abhandlungen zum europäischen Städtewesen und zur rheinischen Geschichte, Bd. II, hrsg. von Georg Droege u. a., Bonn 1987, S. 215–227.

Dies. / Höroldt, Dietrich, Kleine Geschichte der Stadt *Bonn*, Bonn 1966.

Ennen, Leonhard / Eckertz, Gottfried (Hrsg.), *Quellen* zur Geschichte der Stadt Köln, 6 Bde., Bd. 1: Köln 1860 (Nachdruck Aalen 1970), Bd. 2: Köln 1863, Bd. 3: Köln 1867, Bd. 5: Köln 1875.

Enste, Anton, Die Burg *Schnellenberg*, Herdringen 1961.

Erkens, Franz-Reiner, Zur verfassungsgeschichtlichen Stellung der Herzöge von *Limburg* im 12. und 13. Jahrhundert, in: Rheinische Vierteljahrsblätter 43 (1979), S. 169–195.

Ders., Vier *Miszellen* zur Geschichte des Kölner Erzstifts im ausgehenden 13. Jahrhundert, in: Jahrbuch des kölnischen Geschichtsvereins 53 (1982), S. 21–41.

Ders., Das *Erzstift* Köln im geschichtlichen Überblick, in: Kurköln. Land unter dem Krummstab. Veröffentlichungen der staatlichen Archive des Landes Nordrhein-Westfalen, Reihe C: Quellen und Forschungen, Bd. 22. Schriftenreihe des Kreises Viersen 35a, Kevelaer 1985, S. 19–28.

Ders., Der *Erzbischof* von Köln und die deutsche Königswahl, Studien zur Kölner Kirchengeschichte 21, Siegburg 1987.

Erler, Adalbert, *Bürgerrecht* und Steuerpflicht im Mittelalterlichen Städtewesen. Mit besonderer Untersuchung des Steuereides. Frankfurter Wissenschaftliche Beiträge. Rechts- und Wirtschaftswissenschaftliche Reihe, Bd. 2, Frankfurt am Main 1939, ²1963.

Ewig, Eugen, Zum Lothringischen *Dukat* der Kölner Erzbischöfe, in: Aus Geschichte und Landeskunde. Forschungen und Darstellungen. Franz Steinbach zum 65. Geburtstag gewidmet von seinen Freunden und Schülern, Bonn 1960, S. 210–246.

Fahne, Anton, Die Grafschaft und freie Reichsstadt *Dortmund*, Bd. 1, Köln/Bonn 1854.

Ders., Geschichte der Kölnischen, Jülischen und Bergischen *Geschlechter* in Stammtafeln, Wappen, Siegeln und Urkunden, I. Teil: Stammesfolge und Wappenbuch, Osnabrück ²1965.

Favier, Jean, *Gold* und Gewürze. Der Aufstieg des Kaufmanns im Mittelalter, Hamburg 1992.

Feine, Hans Erich, Kirchliche *Rechtsgeschichte*. Die Katholische Kirche, Köln/Graz 1964.

Feld, Rudolf, Das *Städtewesen* des Hunsrück-Nahe-Raumes im Spätmittelalter und in der Frühneuzeit. Untersuchungen zu einer Städtelandschaft. Diss. Trier, 1972.

Ficker, Julius, Erörterungen zur *Reichsgeschichte* des 13. Jahrhunderts, in: Mitteilungen des Instituts für österreichische Geschichtsforschung, Bd. III (1882), S. 337–392.

Ders., Vom *Reichsfürstenstande*. Forschungen zur Geschichte der Reichsverfassung zunächst im XII. und XIII. Jahrhundert, 2 Bde., hrsg. und bearb. von Paul Puntschart, 1. Teil, Innsbruck 1911.

Fiesel, Ludolf, Zum früh- und hochmittelalterlichen *Geleitrecht*, in: Zeitschrift für Rechtsgeschichte (Germanistische Abteilung) 41 (1920), S. 1–40.

Ders., Zur *Entstehungsgeschichte* des Zollgeleits, in: Vierteljahrsschrift für Sozial- und Wirtschaftsgeschichte 15 (1921), S. 466–506.

Ders., Woher stammt das *Zollgeleit?*, in: Vierteljahrsschrift für Sozial- und Wirtschaftsgeschichte 19 (1926), S. 385–412.

Fischer, Jörg, Kreditgeschäfte der Kölner Kirche mit italienischen Geldhandelsgesellschaften im frühen 13. Jahrhundert. Die Verschuldung des Erzstifts durch Dietrich von Heimbach, ihr Hintergrund und ihre Auswirkungen auf die Amtsführung seiner Nachfolger, der Erzbischöfe Engelbert von Berg und Heinrich von Müllenark. Magisterarbeit, vorgelegt am Historischen Seminar Köln im SS 1990.

Flach, Dietmar, Köln und *Andernach* 1167–1367, in: Andernach und Köln 1167–1367. Begleitheft zur Sonderausstellung im Stadtmuseum Andernach 16. September 1988–31. Oktober 1988. Andernacher Beiträge 4, Andernach 1988, S. 5– 19.

Ders., *Landesherrschaft* und Städte in Kurtrier während des 13. und 14. Jahrhunderts, in: 700 Jahre Stadtrecht für sechs kurtrierische Städte 1291–1991. Bernkastel, Mayen, Montabaur, Saarburg, Welschbillig, Wittlich, bearb. von Dietmar Flach und Jost Hausmann. Katalog zur Jubiläumsausstellung des Landeshauptarchivs Koblenz aus Anlaß des Rheinland-Pfalz-Tages am 24. Mai 1991 in Montabaur, Koblenz 1991, S. 35–51.

Fleckenstein, Josef, *Rittertum* und Ministerialität der Stauferzeit, in: Schriften zur staufischen Geschichte und Kunst, Bd. 6: Zur Wirtschafts- und Sozialgeschichte in der Stauferzeit, Vorträge der Göppinger Staufertage 1980, Göppingen 1982, S. 13–24.

Ders., Über den engeren und weiteren Begriff von *Ritter* und Rittertum (miles und militia), in: Person und Gemeinschaft im Mittelalter. Karl Schmid zum 65. Geburtstag, hrsg. von Gerd Althoff u.a., Sigmaringen 1988, S. 379–392.

Ders., *Ordnungen* und formende Kräfte des Mittelalters. Ausgewählte Beiträge, Göttingen 1989.

Flink, Klaus, Geschichte der Burg, der Stadt und des Amtes *Rheinbach* von den Anfängen bis zum Ausgang des 18. Jahrhunderts. Ein Beitrag zur Untersuchung der rheinischen Kleinstadt. Rheinisches Archiv 59, Bonn 1965.

Ders., Art. *Hardtburg*, in: Handbuch der historischen Stätten Deutschlands, NRW, Stuttgart ²1970, S. 291f.

Ders., Art. *Wachendorf*, in Handbuch der historischen Stätten Deutschlands, NRW, Stuttgart ²1970, S. 744.

Ders., *Bemerkungen* zur Entstehung und Topographie der Stadt Lechenich im Mittelalter, in: Festschrift Matthias Zender. Studien zu Volkskultur, Sprache und Landesgeschichte, Bd. 2, Bonn 1972, S. 1104–1116.

Ders. (Bearb.), *Lechenich*, Rheinischer Städteatlas, Lfg. I, Nr. 1, Bonn 1972.

Ders., (Bearb.), *Bad Münstereifel*, Rheinischer Städteatlas, Lfg. II, Nr. 7, Bonn 1975.

Ders., Der Stadtwerdungsprozeß von *Ahrweiler* und die »kurkölnischen Stadtgründungen«, in: Rheinische Vierteljahrsblätter 39 (1975), S. 116–146.

Ders., Zur *Stadtentwicklung* von *Xanten* (12.–14. Jahrhundert), in: Annalen des historischen Vereins für den Niederrhein 182 (1979), S. 62–88.

Ders., *Rees* und die Kölner Erzbischöfe (11.–14. Jahrhundert), in: ders., Rees, Xanten, Geldern. Formen der städtischen und territorialen Entwicklung am Niederrhein I. Schriftenreihe des Kreises Kleve 2, Kleve 1981, S. 11–33.

Ders., Köln, das *Reich* und die Stadtentwicklung im nördlichen Rheinland (1100–1250), in: Blätter für deutsche Landesgeschichte 120 (1984), S. 155–195.

Ders., Die rheinischen *Städte* des Erzstiftes Köln und ihre Privilegien, in: Kurköln. Land unter dem Krummstab. Veröffentlichungen der staatlichen

Archive des Landes Nordrhein-Westfalen, Reihe C: Quellen und Forschungen, Bd. 22. Schriftenreihe des Kreises Viersen 35a, Kevelaer 1985, S. 145–163.

Ders., *Grundherrschaft* in der Stadt. Topographie und verfassungsrechtliche Entwicklungsaspekte rheinischer Städte der Erzbischöfe von Köln, in: Grundherrschaft und Stadtentstehung am Niederrhein. Klever Archiv 9, Kleve 1989, S. 149–176.

Ders./Müller, Martin (Bearb.), Brühl, Rheinischer Städteatlas, Lfg. I, Nr. 2, Bonn 1972.

Ders./Müller, Martin (Bearb.), *Rheinbach*, Rheinischer Städteatlas, Lfg. I, Nr. 4, Bonn 1972.

Ders./Müller, Martin (Bearb.), *Zülpich*, Rheinischer Städteatlas, Lfg. I, Nr. 5, Bonn 1972.

Föhl, Walter, *Aufsätze* aus zwei Jahrhunderten, Schriftenreihe des Kreises Viersen (vormals Kempen-Krefeld), Bd. 28, Kempen 1976.

Forwick, Friedhelm, Die staatsrechtliche Stellung der ehemaligen Grafen von Schwalenberg. Veröffentlichungen der Historischen Kommission Westfalens Bd. 22,5, Münster 1963.

Freed, John B., The Origins of the European Nobility. The Problem of the Ministerials, in: Viator 7 (1976), S. 211–241.

Frensdorff, Ferdinand, Das *Recht* der Dienstmannen des Erzbischofs von Köln, in: Mitteilungen aus dem Stadtarchiv von Köln 2 (1883), S. 1–71.

Frese, Robert/Fellenberg, Josef, Die *Rodenberger* und ihre Stammburg zu Menden. Ein Beitrag zur westfälischen Geschichte, Menden 1958.

Fressel, Richard, Das *Ministerialenrecht* der Grafen von Tecklenburg. Münsterische Beiträge zur Geschichtsforschung, Münster 1907.

Frick, Hans, *Quellen* zur Geschichte von *Bad Neuenahr* (Wadenheim/Beul/Hemmessen), der Grafschaft Neuenahr und der Geschlechter Ahr, Neuenahr und Saffenberg. Als Festschrift zum 75-jährigen Jubiläum des Bades Neuenahr, Bad Neuenahr 1933.

Ders., Quellen zur Geschichte der Herrschaft Landskron an der Ahr. I. Bd. , Regesten 1204–1499. Überarbeitet und aus dem Nachlaß herausgegeben von Theresia Zimmer, Publikationen der Gesellschaft für Rheinische Geschichtskunde, Bd. 56, Bonn 1966.

Fryde, Natalie, Hochfinanz und Landesgeschichte im Deutschen Hochmittelalter, in: Blätter für deutsche Landesgeschichte 125 (1989), S. 1–21.

Fuchs, Wilhelm, Die Besetzung der Deutschen Bistümer unter Papst Gregor IX. (1227–1241) und bis zum Regierungsantritt Papst Innozenz' IV. (1243), Berlin 1911.

Gebhard, Hans, *Numismatik* und Geldgeschichte, Heidelberg 1949.

Gechter, Marianne, *Burgen* in den Ämtern Kempen und Liedberg, in: Kurköln. Land unter dem Krummstab. Veröffentlichungen der staatlichen Archive des Landes Nordrhein-Westfalen, Reihe C: Quellen und Forschungen, Bd. 22. Schriftenreihe des Kreises Viersen 35a, Kevelaer 1985, S. 97–104.

Gehne, Fritz, *Burg* und Stadt Holten. Oberhausener Jahreshefte 3, Heimat- und Familienkunde 1, Oberhausen 1939.

Gengler, Phillip, Deutsche *Stadtrechte* des Mittelalters, Nürnberg 1866 (Neudruck Aalen 1964).

Gensicke, Helmuth, Landesgeschichte des *Westerwald*es. Veröffentlichungen der Historischen Kommission für Nassau XIII, Wiesbaden 1958 (ND 1987).

Ders., *Ministerialität* zwischen Odenwald und Westerwald, in: Ministerialitäten im Mittelrheinraum. Geschichtliche Landeskunde, Bd. 17, Wiesbaden 1978, S. 79–99.

Gerhard, Oswald, *Eckenhagen* und Denklingen im Wandel der Zeiten. Eine Heimatgeschichte des ehemaligen Reichshofgebietes Eckenhagen (der jetzigen Gemeinden Eckenhagen und Denklingen) als Beitrag zur Geschichte des Oberbergischen Landes, Eckenhagen 1953.

Gerlich, Alois, Kölner *Fernbesitz* im Mainzer Raum, in: Archiv für mittelrheinische Kirchengeschichte 6 (1954), S. 46–74.

Ders., Rheinische *Kurfürsten* und deutsches Königtum im Interregnum, in: Festschrift Johannes Bärmann, Bd. III, Teil 2. Veröffentlichungen des Instituts für Geschichtliche Landeskunde an der Universität Mainz, hrsg. von Johannes Bärmann/Alois Gerlich/Ludwig Petry, Wiesbaden 1967, S. 44–127.

Gescher, Franz, Das *Offizialat* der Erzbischöfe von Köln im 13. Jahrhundert, in: Annalen des historischen Vereins für den Niederrhein 115 (1929), S. 136–166.

Ders., Ungedruckte *Urkunden* aus der Frühzeit des erzbischöflichen Offizialats in Köln, in: Annalen des historischen Vereins für den Niederrhein 116 (1930), S. 61–66.

Ders., Die erzbischöfliche *Kurie* in Köln von ihren ersten Anfängen bis zur Gegenwart. Eine rechtsgeschichtliche Skizze, in: Annalen des historischen Vereins für den Niederrhein 118 (1931), S. 1–31.

Geuer, Franz, Der *Kampf* um die essendische Vogtei, in: Beiträge zur Geschichte von Stadt und Stift Essen 13 (1889), S. 105–144.

Gockel, Michael (Bearb.), Die Deutschen *Königspfalzen*. Repertorium der Pfalzen, Königshöfe und übrigen Aufenthaltsorte der Könige im Deutschen Reich des Mittelalters, Bd. 2: Thüringen, Göttingen 1991.

Göhn, Edmund, Der niederrheinische Flecken *Hüls*, Hüls 1953.

Goerz, Adam (Hrsg.), Mittelrheinische *Regesten*, Bd. III (1237–1273), Coblenz 1881 (zit. als *Regesten III*); Bd. IV (1273–1300), Coblenz 1886 (zit. als *Regesten IV*).

Gordes, Franz, Die direkten *Steuern* im kurkölnischen Herzogtum Westfalen, Diss. Münster 1911.

Gottlob, Adolf, Die päpstlichen *Kreuzzugssteuern* des 13. Jahrhunderts. Ihre rechtliche Grundlage, politische Geschichte und technische Verwaltung, Heiligenstadt 1892.

Ders., *Päpstliche Darlehensschulden* des 13. Jahrhunderts, in: Historisches Jahrbuch der Görres-Gesellschaft 20 (1899), S. 665–717.

Ders., Zur Gesellschaftsliste der *Buonsignori*, in: Historisches Jahrbuch der Görres-Gesellschaft 22 (1901), S. 710–732.

Ders., Kuriale *Prälatenanleihen* im 13. Jahrhundert, in: Vierteljahrsschrift für Sozial- und Wirtschaftsgeschichte I (1903), S. 345–372.

Ders., Die Servitientaxe im 13. Jahrhundert. Eine Studie zur Geschichte des päpstlichen Gebührenwesens. Kirchenrechtliche Abhandlungen, Heft 2, Stuttgart 1903.

Grauert, Hermann, Die *Herzogsgewalt* in Westfalen seit dem Sturze Heinrichs des Löwen, I. Theil: Die Herzogsgewalt in den nordwestfälischen Bisthümern Münster, Osnabück und Minden, Paderborn 1877.

Grimm, Jakob, *Weisthümer*, 2. Teil, mitherausgegeben von Ernst Dronke und Heinrich Beyer, Göttingen 1840.

Grosch, Günther, Rheinische *Münzstätten* der Kölner Erzbischöfe, in: Gerd Biegel (Hrsg.), Geld aus Köln. Quellen zur Stadtgeschichte, Köln 1979, S. 31–33.

Grote, Hermann, Die *Münzen* der Grafen von Arnsberg, in: Münzstudien VII, (1871), S. 75–89.

Grotefend, Otto, Regesten der Landgrafen von Hessen, 1. Bd. (1247–1328). Veröffentlichungen der historischen Kommission für Hessen und Waldeck, Marburg/Lahn 1929.

Groten, Manfred, *Priorenkolleg* und Domkapitel von Köln im Hohen Mittelalter. Zur Geschichte des kölnischen Erzstifts und Herzogtums, Rheinisches Archiv 109, Bonn 1980.

Ders., Zu den *Fälschungen* des Kölner Burggrafenschiedes und der Urkunde über die Erbverleihung der Stadtvogtei von angeblich 1169, in: Rheinische Vierteljahrsblätter 46 (1982), S. 48–80.

Ders., Die Kölner *Richerzeche* im 12. Jahrhundert. Mit einer Bürgermeisterliste, in: Rheinische Vierteljahrsblätter 48 (1984), S. 34–85.

Ders., Zur Entwicklung des Kölner *Lehnshof*es und der Kölner Ministerialität im 13. Jahrhundert, in: Der Tag bei Worringen 5. Juni 1288, hrsg. von Wilhelm Janssen und Hugo Stehkämper. Mitteilungen aus dem Stadtarchiv von Köln 72 (1988), S. 1–51.

Ders., Köln im 13. Jahrhundert. Gesellschaftlicher *Wandel* und Verfassungsentwicklung. Städteforschung: Reihe A, Darstellungen Bd. 36, Köln/Weimar/Wien 1995.

Grundmann, Herbert, *Wahlkönigtum*, Territorialpolitik und Ostbewegung im 13. und 14. Jahrhundert (= Gebhardt, Handbuch der Deutschen Geschichte, Taschenbuchausgabe, Bd. 5), München ^{3}1985.

Günther, Wilhelm, Codex Diplomaticus Rheno-Mosellanus. Urkundensammlung zur Geschichte der Rhein- und Mosellande, der Nahe und Ahrgegend, und des Hundrückens, des Meinfeldes und der Eifel, Bd. II: Urkunden des XIII. Jahrhunderts, Coblenz 1823 (zit. als *Günther II*); Bd. III: Urkunden des XIV. Jahrhunderts, Coblenz 1824 (zit. als *Günther III*).

Gugat, Werner, *Verfassung* und Verwaltung in Amt und Stadt Münstereifel von ihren Anfängen bis zum Ende des 18. Jahrhunderts. Rheinisches Archiv 69, Bonn 1969.

Ders., Jülich und die Kölner *Wildbannbezirke* im Osning. Ein Beitrag zur Wildbannforschung im Eifelraum, in: Rheinische Vierteljahrsblätter 26 (1961), S. 286–296.

Haag, August, *Bilder* aus der Vergangenheit von Honnef und Rhöndorf, Köln 1954.

Haase, Carl, Die Entstehung der westfälischen *Städte*. Veröffentlichungen des Provinzialinstituts für Westfälische Landes- und Volkskunde des Landschaftsverbandes Westfalen-Lippe, Reihe I, Heft 11, Münster [4]1984.

Haaß, Robert, Erzbischof Konrad von Hochstaden, in: *Uerdinger* Festschrift. Zur Siebenhundertjahrfeier der Rheinstadt, hrsg. im Auftrage des Festausschusses von Emil Feinendegen/Viktor Jakubowicz/Heinz Trebels, Uerdingen 1955, S. 11–17.

Ders., Die Verwaltung des Erzbistums Köln im 12. und 13. Jahrhundert. Ein Überblick, in: Die Kirche und Ihre Ämter und Stände. Festgabe seiner Eminenz dem Hochwürdigsten Herrn Joseph Kardinal Frings Erzbischof von Köln zum Goldenen Priesterjubiläum am 10. August 1960 dargeboten, hrsg. von Wilhelm Corsten, Köln 1960, S. 434–441.

Hävernick, Walter, Die Münzstätte *Xanten* im 13. Jahrhundert, in: Mitteilungen für Münzsammler 6 (1929), S. 265–266.

Ders., *Münzverrufungen* in Westdeutschland im 12. und 13. Jahrhundert, in: Vierteljahrsschrift für Sozial- und Wirtschaftsgeschichte 24 (1931), S. 129–141.

Ders., Die *Münzen* von Köln. Vom Beginn der Prägung bis 1304, in: Die Münzen und Medaillen von Köl, hrsg. von der Stadt Köln, Bd. I, Hildesheim/New York [2]1975.

Ders., Der Kölner *Pfennig* im 12. und 13. Jahrhundert, in: Vierteljahrsschrift für Sozial- und Wirtschaftsgeschichte, Beiheft 18, Neudruck der Ausgabe Stuttgart 1930, Hildesheim/Zürich/New York [2]1984.

Hagen, Gottfried, *Reimchronik* der Stadt Cöln aus dem 13. Jahrhundert. Mit Anmerkungen und Wörterbuch nach der einzigen alten Handschrift zum ersten Male vollständig herausgegeben von Eberhard von Groote, Cöln 1834.

Ders., Die *Chroniken* der Stadt Köln, Bd. I: Dit is dat boich van der stede Colne, S. 3–224. Beilagen, S. 224–239, in: Eduard Hegel (Hrsg.), Die Chroniken der niederrheinischen Städte. Cöln, 1. Bd. Die Chroniken der deutschen Städte vom 14. bis ins 16. Jahrhundert, Bd. 12, Stuttgart [2]1968.

Hagen, Wilhelmine, Nachtrag zum *Denarfund* von Köln-Dünnwald, in: Hamburger Beiträge zur Numismatik II, Hamburg 1948, o.S.

Haider, Siegfried, Schriftliche *Wahlversprechungen* römisch-deutscher Könige im 13. Jahrhundert, in: Mitteilungen des Instituts für österreichische Geschichtsforschung 76 (1968), S. 106–174.

Ders., Das erzbischöfliche Kapellanat, I: Von den Anfängen bis ins 13. Jahrhundert, in: Mitteilungen des Instituts für österreichische Geschichtsforschung, Erg. Bd. 25 (1977), S. 338–381.

Halbekann, Joachim, *Studien* zur Geschichte der älteren Grafen von Sayn (1139–1246/47), Diss. masch. Köln 1993 (Druck in Vorbereitung).

Hansmann, Aenne, Geschichte von Stadt und Amt *Zons*, Düsseldorf 1973.

Dies. (Bearb.), *Zons*, Rheinischer Städteatlas, Lfg. IV, Nr. 25, 2., verbesserte und ergänzte Auflage, Bonn 1990.

Hatz, Georg, *Besprechung* der Arbeit von Peter Berghaus, »Die mittelalterliche Münzprägung der Erzbischöfe von Köln in Schmallenberg und anderen Münzstätten des Sauerlandes, Beiträge zur Geschichte der Stadt Schmallenberg 1244–1969«, in: Hamburger Beiträge zur Numismatik VII, Hefte 21–23, 1967–1969, S. 860.

Haverkamp, Alfred, *Aufbruch* und Gestaltung. Deutschland 1056–1273, München 1984.

Heimen, Jakob, Beiträge zur *Diplomatik* Erzbischof Engelberts des Heiligen von Köln (1216–1225). Münsterische Beiträge zur Geschichtsforschung, hrsg. von Aloys Meister, Paderborn 1903.

Heinemeyer, Walter, Ältere *Urkunden* und ältere Geschichte der Abtei Helmarshausen, in: Archiv für Diplomatik 9/10 (1963/64), S. 299–368.

Heinrichs, Johannes, Gerhard von *Sinzig* und König Konrad IV. Untersuchungen zum geschichtlichen Hintergrund der Sinziger Abrechnung für das Amtsjahr 1242/43, in: Jahrbuch für westdeutsche Landesgeschichte 11 (1985), S. 55–71.

Helbach, Ulrich, Das Reichsgut *Sinzig*, Rheinisches Archiv 122, Köln/Wien 1989.

Hengesberg, Helga, Die Herren von Löwenburg. Ein Beitrag zur Geschichte des Hauses Sponheim-Heinsberg, in: Annalen des historischen Vereins für den Niederrhein 180 (1978), S. 7–57.

Henn, Volker, Das ligische *Lehnswesen* im Westen und Nordwesten des mittelalterlichen Deutschen Reiches, München 1970.

Henneböle, Eberhard, Die *Festung* Rüthen und die Rüdenburg, in: Westfalen, Bd. 33 (1955), S. 109–113.

Herford, Heinrich von, *Liber* de rebus memorabilioribus sive Chronicon Henrici de Hervordia, hrsg. von A. Potthast, Göttingen 1859.

Herrnbrodt, Adolf, Der *Husterknupp*. Eine niederrheinische Burganlage des frühen Mittelalters, Beihefte der Bonner Jahrbücher, Bd. 6, Köln/Graz 1958.

Hess, Johannes, (Bearb.), Die *Urkunden* des Pfarrarchivs von St. Severin in Köln, Bd. I, Köln 1901 (zit. als *Hess I*).

Heyen, Franz-Josef, Der Mittelrhein im Mittelalter, Koblenz 1988.

Hilka, Alfons (Hrsg.), Die Wundergeschichten des Caesarius von *Heisterbach*, 1.3, Publikationen der Gesellschaft für Rheinische Geschichtskunde 43, Bonn 1933–1937.

Hilliger, Bruno (Hrsg.), Die *Urbare* von S. Pantaleon in Köln. Rheinische Urbare 1, Publikationen der Gesellschaft für Rheinische Geschichtskunde 20, Bonn 1902.

Hintze, Otto, Das *Königtum* Wilhelms von Holland, Leipzig 1885.

Hoederath, Hans Theodor, Zur Geschichte der Grafen von Isenberg und ihrer Nachkommen, in: Mitteilungen der Westdeutschen Gesellschaft für Familienkunde, Heft 152 (1955/56), S. 219–228.

Höhn, Else, Auf der *Fährte* der Mechthildis von Sayn geb. von Landsberg, in: Jahrbuch des kölnischen Geschichtsvereins 31/32 (1956/57), S. 304–349.

Hömberg, Albert K., Zur Geschichte des südlichen *Sauerlande*s im Hochmittelalter, in: Jahrbuch des kölnischen Geschichtsvereins 33 (1958), S. 253–256.

Ders., Zur *Erforschung* des westfälischen Städtewesens im Hochmittelalter, in: Westfälische Forschungen 14 (1961), S. 8–41.

Ders., Westfälische *Landesgeschichte*, Münster 1967.

Ders., Zwischen Rhein und Weser. Aufsätze und Vorträge zur Geschichte Westfalens, Münster 1967. Darin: Die *Entstehung* des Herzogtums Westfalen. Mit 2 Karten. (Vortrag auf dem Tag der westfälischen Geschichte, Siegen 14.7.1962), S. 19–36; *Werls* Stellung und Bedeutung in der mittelalterlichen Geschichte Westfalens (Vortrag auf der Hauptversammlung der Abteilung Paderborn des Vereins für Geschichte und Altertumskunde Westfalen, Werl (4.6.1952), S. 36–47; Die *Stadtgründungen* des Erzbischofs Engelbert I. von Köln, S. 138–159; *Lippstadt — Geseke — Rüthen*. Ein historischer Vergleich, S. 159–174; Die *Entstehung* der Westfälischen Städte (Vortrag im Historischen Verein für Dortmund 25.1.1950), S. 114–135; Der *Hellweg*. Sein Werden und seine Bedeutung (Vortrag auf dem Heimatsgebietstag zu Werl 28.8.1960, S. 196–208.

Ders., *Wirtschaftsgeschichte* Westfalens, Münster 1968.

Hoeniger, Robert, Der *Rotulus* der Stadt Andernach (1173–1256). Separatabdruck aus den Annalen des historischen Vereins für den Niederrhein 42, Bonn 1884.

Ders., Kölner *Schreinsurkunden* des 12. Jahrhunderts, 3 Bde., Köln 1884–1895. Quellen zur Rechts- und Verfassungsgeschichte der Stadt Köln, Bd. II: Bonn 1884/85. Publikationen der Gesellschaft für Rheinische Geschichtskunde 1 (zit. als *Hoeniger II*).

Hoffmann, Brigitte, Das deutsche Königtum Konrads IV., phil. Diss. Tübingen 1960.

Hoffmann, Hartmut, *Grafschaften* in Bischofshand, in: Deutsches Archiv für Diplomatik 46 (1990), S. 375–480.

Hoffmann, Moses, Der Geldhandel der deutschen *Juden* während des Mittelalters bis zum Jahre 1350. Ein Beitrag zur deutschen Wirtschaftsgeschichte im Mittelalter. Staats- und sozialwissenschaftliche Forschungen, Heft 152, hrsg. von Gustav Schmoller/Max Sering, Leipzig 1910.

Hohlbaum, Konstantin, *Hansisches Urkundenbuch*. Bd. III, hrsg. vom Verein für Hansische Geschichte, Halle 1882–1886.

Holbach, Rudolf, Die Regierungszeit des Trierer Erzbischofs Arnold II. von Isenburg. Ein Beitrag zur Geschichte von Reich, Territorium und Kirche um die Mitte des 13. Jahrhunderts, in: Rheinische Vierteljahrsblätter 47 (1983), S. 1–66.

Holländer, Friedrich, Studien zum Aufkommen städtischer Accisen am Niederrhein (bis zur Mitte des 14. Jahrhunderts), Diss. Bonn 1911.

Horstmann, Hans, Die *Wechselwirkung* der Hoheitszeichen, in: Köln — Westfalen 1180–1980, Landesgeschichte zwischen Rhein und Weser, Bd. I: Beiträge, Köln 1980, S. 207–213.

Huck, Jürgen, *Neuss*, der Fernhandel und die Hanse. Neuss bis zum Ende der Hansezeit. 2 Bde., Bd. 1, Schriftenreihe des Stadtarchivs von Neuss, Bd. 9, Neuss 1984.

Hücker, Wilhelm, Die Entstehung der Amtsverfassung im Herzogtum Westfalen, in: Westfälische Zeitschrift 68 (1910), 2. Abteilung, S. 1–128.

Huiskes, Manfred, *Andernach* im Mittelalter. Von den Anfängen bis zum Ende des 14. Jahrhunderts, Rheinisches Archiv 111, Bonn 1980.

Hunder, Hans, Der *Rhein* bis Andernach: wichtige Verkehrsader und Handelsstraße, in: Beiträge zur Rheinkunde 43 (1991), S. 29–45.

Ide, Werner, Die *Hagener Ober- und Schultenhöfe*. Ein Beitrag zur Hagener Bauerngeschichte. Aus der Heimat für die Heimat. Hagen einst und jetzt, Bd. 3.1, Hagen 1948.

Ilgen, Theodor, Die Chroniken der westfälischen und niederrheinischen Städte, Bd. 3: *Soest* und Duisburg. Die Chroniken der deutschen Städte vom 14. bis ins 16. Jahrhundert, Bd. 24, Leipzig 1895, S. CXXI–CLLX, o.O., o.J.

Ders., Die Entstehung der *Städte* des Erzstifts Köln am Niederrhein, in: Annalen des historischen Vereins für den Niederrhein 74 (1902), S. 1–26.

Ders. (Bearb.), Quellen zur inneren Geschichte der rheinischen Territorien, *Herzogtum Kleve I*: Ämter und Gerichte II. Bd., Quellen 2. Teil. Publikationen der Gesellschaft für rheinische Geschichtskunde 38, Bonn 1925.

Ilisch, Peter, Kölnisch-Westfälische *Beziehungen* in Münzprägung und Geldumlauf, in: Köln — Westfalen 1180–1980, Landesgeschichte zwischen Rhein und Weser, Bd. I: Beiträge, Köln 1980, S. 289–296.

Ders., Kleine *Beiträge* und Funde. Beiträge zur westfälischen Münzgeschichte, in: Westfalen 65 (1987), S. 109–114.

Irsigler, Franz, *Urbanisierung* und sozialer Wandel in Nordwesteuropa im 11. bis 14. Jahrhundert, in: Jus-Didaktik. Schriften zur Didaktik und Methodik des Rechtsunterrichts und zur Juristenausbildung, Heft 6, München 1978, S. 109–123.

Ders., Die Auflösung der *Villikationsverfassung* und der Übergang zum Zeitpachtsystem im Nahbereich niederrheinischer Städte während des 13./ 14. Jahrhunderts, in: Hans Patze (Hrsg.), Die Grundherrschaft im späten Mittelalter. Vorträge und Forschungen, Bd. XXVII, Sigmaringen 1983, S. 296–311.

Ders., *Grundherrschaft*, Handel und Märkte zwischen Maas und Rhein im frühen und hohen Mittelalter, in: Grundherrschaft und Stadtentstehung am Niederrhein, Klever Archiv 9, Kleve 1989, S. 52–79.

Jahn, Robert, Essener *Geschichte*. Die geschichtliche Entwicklung im Raum der Großstadt Essen, Essen 1952.

Jakobs, Hermann, Eine Forschungsaufgabe der rheinischen Landesgeschichte: Die Kölner *Ministerialität*. Kritische Anmerkungen zu einer einschlägigen Studie, in: Annalen des historischen Vereins für den Niederrhein 172 (1970), S. 216–223.

Jansen, Max, Die *Herzogsgewalt* der Erzbischöfe von Köln in Westfalen, München 1895.

Janssen, Wilhelm, Zur Verwaltung des Kölner *Erzstifts* unter Erzbischof Walram von Jülich (1332–1349), in: Aus kölnischer und rheinischer Geschichte. Veröffentlichungen des kölnischen Geschichtsvereins e.V. 29. Festgabe Arnold Güttsches zum 65. Geburtstag gewidmet, Köln 1969, S. 1–40.

Ders., Bemerkungen zum Aufkommen der *Schiedsgerichtsbarkeit* am Niederrhein im 13. Jahrhundert, in: Jahrbuch des kölnischen Geschichtsvereins 43 (1971), S. 77–100.

Ders., Landesherrliche *Verwaltung* und landständische Vertretung in den niederrheinischen Territorien 1250–1350, in: Annalen des historischen Vereins für den Niederrhein 173 (1971), S. 85–123.

Ders., Der deutsche *Territorialstaat* im 14. Jahrhundert. Zu einer Veröffentlichung des Konstanzer Arbeitskreises für mittelalterliche Geschichte, in: Der Staat 13 (1974), S. 415–426.

Ders., Burg und Territorium am Niederrhein, in: Hans Patze (Hrsg.): Die *Burgen* im deutschen Sprachraum, Bd. I: Ihre rechts- und verfassungsgeschichtliche Bedeutung. Vorträge und Forschungen, Bd. XIX, Sigmaringen 1976, S. 283–325.

Ders., Die Erzbischöfe von Köln und ihr »Land« *Westfalen* im Spätmittelalter, in: Westfalen, Bd. 58 (1980), Hefte für Geschichte und Volkskunde, S. 82–96.

Ders., Das *Erzstift* Köln in Westfalen, in: Köln — Westfalen, 1180–1980, Landesgeschichte zwischen Rhein und Weser, Bd. I: Beiträge, Köln 1980, S. 136–143.

Ders., Die kurkölnischen *Territorialrechnungen* im Mittelalter, in: Jahrbuch für westdeutsche Landesgeschichte 6 (1980), S. 97–115.

Ders., Niederrheinische *Territorialbildung*. Voraussetzungen, Wege und Probleme, in: Edith Ennen/Klaus Flink (Hrsg.), Soziale und wirtschaftliche Bindungen im Mittelalter am Niederrhein, Klever Archiv 3, Kleve 1981, S. 95–115.

Ders., Die *mensa episcopalis* der Kölner Erzbischöfe im Spätmittelalter, in: Hans Patze (Hrsg.), Die Grundherrschaft im späten Mittelalter, Bd. I, Vorträge und Forschungen, Bd. XXVII, Sigmaringen 1983, S. 313–343.

Ders., *Rezension* von Thomas R. Kraus, Die Entstehung der Landesherrschaft der Grafen von Berg bis zum Jahre 1225, in: Rheinische Vierteljahrsblätter 47 (1983), S. 413–416.

Ders./Flink, Klaus (Hrsg.), *Königtum* und Reichsgewalt am Niederrhein, Klever Archiv 4, Kleve 1983.

Ders., Kölnische Ansprüche auf *Lippstadt*, in: Lippische Mitteilungen aus Geschichte und Landeskunde 54 (1984), S. 135–146.

Ders., Die *Kanzlei* der Erzbischöfe von Köln im Spätmittelalter, in: Landesherrliche Kanzleien im Spätmittelalter. Referate zum VI. Internationalen Kongreß für Diplomatik, München 1983, Teilband 1, Münchener Beiträge zur Mediävistik und Renaissance-Forschung, Bd. 35, hrsg. von Gabriel Silagi, München 1984, S. 47–171.

Ders., *Recklinghausen* und die Städtepolitik der Kölner Erzbischöfe im 13. Jahrhundert, in: Vestische Zeitschrift 84/85 (1985/86), S. 7–25.

Ders., Quod deinceps liberi essent ab archiepiscopo Coloniensi — Der *Tag* von Worringen und die Grafen von Berg und von der Mark, in: Der Tag bei Worringen: 5. Juni 1288, hrsg. von Wilhelm Janssen und Hugo Stehkämper, in: Blätter für deutsche Landesgeschichte 124 (1988), S. 407–453.

Ders., Vom *Bischofshof* zur bischöflichen Stadt. Zur Stadtbildung von Xanten, Rheinberg, Recklinghausen und Kempen, in: Grundherrschaft und Stadtentstehung am Niederrhein, Klever Archiv 9, Kleve 1989, S. 119–149.

Ders., A. K. Hömbergs Deutung von Ursprung und Entwicklung der *Veme* in Westfalen, in: Der Raum Westfalen, Bd. VI, 1. Teil: Fortschritte der Forschung und Schlußbilanz, Münster 1989, S. 189–214.

Ders., *Worringen* 1288. Geschichtlicher Markstein oder Wendepunkt?, in: Rheinische Vierteljahrsblätter 53 (1989), S. 1–20.

Jesse, Wilhelm, Die deutschen *Münzer-Hausgenossen*, in: Numismatische Zeitschrift, Bd. 23 (1930), S. 47–93.

Joester, Ingrid (Bearb.), Urkundenbuch der Abtei *Steinfeld*, Publikationen der Gesellschaft für rheinische Geschichtskunde 60, Köln/Bonn 1976 (zit. als *UB Steinfeld*).

Johanek, Peter, *Literatur* und Hof, in: Germanisch-romanische Zeitschrift 67 (1986), S. 209–218.

Kaeber, Ernst/Hirschfeld, Bruno, Bergische *Städte* II, Blankenberg und Deutz. Quellen zur Rechts- und Wirtschaftsgeschichte der Rheinischen Städte, Bd. XXIX. Publikationen der Gesellschaft für Rheinische Geschichtskunde 60, Bonn 1911.

Kalisch, Hans Conrad, Das *Geleitsregal* im kölnischen Herzogtum Westfalen, in: Historische Aufsätze. Festschrift für Karl Zeumer, Weimar 1910, S. 591–609.

Kallfelz, Hatto (Hrsg. und Übers.), *Lebensbeschreibungen* einiger Bischöfe des 10.–12. Jahrhunderts. Vitae Quorundam Episcoporum Saeculorum, Ausgewählte Quellen zur Deutschen Geschichte des Mittelalters. Frh. v. Stein-Gedächtnisausgabe, Bd. XXII, Darmstadt 1973.

Kamp, Norbert, *Münzprägung* und Münzpolitik der Staufer in Deutschland, in: Hamburger Beiträge zur Numismatik. Neue Folge, Bd. 17 (1963), S. 517–545.

Kastner, Dieter, Die *Territorialpolitik* der Grafen von Kleve. Veröffentlichungen des Historischen Vereins für den Niederrhein insbesondere des alten Erzbistums Köln, Düsseldorf 1972.

Ders., Stadterhebung, Stadtwerdung und das Privileg für Xanten vom 15. Juli 1228, in: Studien zur Geschichte der Stadt Xanten 1228–1978. Festschrift zum 750-jährigen Stadtjubiläum, Köln 1978, S. 9–47.

Kelleter, Heinrich, *Gottfried Hagen* und sein Buch von der Stadt Köln, in: Westdeutsche Zeitschrift für Geschichte und Kunst 13 (1894), S. 150–218.

Kempf, Josef, Geschichte des Deutschen Reiches während des grossen Interregnums 1245–1273, Würzburg 1893.

Kentenich, Josef, Die älteste deutsche *Urkunde* von der Mosel, in: Trierer Heimatblätter 3/4 (1923) o.S.

Kerber, Dieter, Stolzenfels bei Koblenz. Ein Beitrag zur Geschichte des Erzstifts Trier im Spätmittelalter, in: Burgen und Schlösser, 31. Jg., Heft 1990, Braubach/Rhein, S. 19–28.

Kettering, Marianne, Erzbischof Konrad von *Hochstaden* (1238–1261), in: Der Kölner Dom. Festschrift zur Siebenhundertjahrfeier 1248–1948, hrsg. vom Zentral-Dombau-Verein, Köln 1948, S. 13–33.

Ders., Die *Territorialpolitik* des Kölner Erzbischofs Konrad von Hochstaden (1238–1261), in: Jahrbuch des kölnischen Geschichtsvereins 26 (1951), S. 3–84.

Keussen, Hermann, Der *Hofzins* in der Kölner Rheinvorstadt während des Mittelalters, in: Westdeutsche Zeitschrift für Geschichte und Kunst 25 (1906), S. 327–365.

Ders., *Topographie* der Stadt Köln im Mittelalter, Bd. I. Preis-Schriften der Mevissen-Stiftung gekrönt und hrsg. von der Gesellschaft für Rheinische Geschichtskunde, Bonn 1910.

Ders., Der *Rotulus* von S. Maria im Kapitol vom Jahre 1300, in: Mitteilungen aus dem Stadtarchiv Köln 35 (1914), S. 95–211.

Keutgen, Friedrich, Die *Entstehung* der deutschen Ministerialität, in: Vierteljahrsschrift für Sozial- und Wirtschaftsgeschichte VIII (1910), S. 1–17, 169–195, 481–547.

Ders., Urkunden zur städtischen Verfassungsgeschichte, Ausgewählte Urkunden zur Deutschen Verfassungs- und Wirtschaftsgeschichte, Aalen ²1965.

Keyser, Erich (Hrsg.), Deutsches Städtebuch. Handbuch deutscher Geschichte, Bd. II: Westfalen, Stuttgart 1954 (zit. als *Westfälisches Städtebuch*); Bd. III: Rheinland, Stuttgart 1956.

Kirchhoff, Hans, Art. *Hülchrath*, in: Handbuch der historischen Stätten Deutschlands, NRW, Stuttgart ²1970, S. 352.

Kirchner, Gero, Staatsplanung und Reichsministerialität. Kritische Bemerkungen zu Bosls Werk über die Reichsministerialität, in: Deutsches Archiv 10 (1953/54), S. 446–575.

Kisky, Wilhelm (Bearb.), Regesten der Erzbischöfe von Köln, Bd. IV (1304–1332), Bonn 1915. Publikationen der Gesellschaft für Rheinische Geschichtskunde 21 (zit. als *REK IV*).

KKD = Das Kürzere Kölner Dienstmannenrecht, s. **Loesch**, Heinrich von.

Kisky, Hans / Flink, Klaus, Art. *Kendenich*, in: Handbuch der historischen Stätten Deutschlands, NRW, Stuttgart ²1970, S. 387f.

Klasen, Thea, Die territorialen Beziehungen zwischen *Paderborn* und Köln im Mittelalter, Münster 1937.

Klebel, Ernst, Territorialstaat und Lehen, in: Studien zum mittelalterlichen Lehnswesen. Vorträge gehalten in Lindau am 10.–13. Oktober 1956. Vorträge und Forschungen, Bd. V, Konstanz 1960, S. 195–229.

Klewitz, Hans-Walter, *Cancellaria*. Ein Beitrag zur Geschichte des geistlichen Hofdienstes, in: Deutsches Archiv 1 (1937), S. 74–79.

Klinkenberg, Hans Martin, Zur *Interpretation* des Großen Schied von 1258, in: Jahrbuch des kölnischen Geschichtsvereins 25 (1950), S. 91–127.

Klocke, Friedrich von, Studien zur Soester Geschichte, Bd. 1: Aufsätze vornehmlich zur Sozialgeschichte, Soest 1928 (zit. als *Soester Studien*).

Ders., *Untersuchungen* zur Rechts- und Sozialgeschichte der Ministerialitäten in Westfalen, in: Westfälische Forschungen 2 (1939), S. 214–232.

Ders., Art. *Rüthen*, in: Handbuch der historischen Stätten Deutschlands, NRW, Stuttgart ²1970, S. 659f.

Klüßendorf, Niklot, *Studien* zur Währung und Wirtschaft am Niederrhein vom Ausgang der Periode des regionalen Pfennigs bis zum Münzvertrag von 1357, Rheinisches Archiv 93, Bonn 1974.

Ders., Zur Geschichte der Münzstätte *Rees* im Mittelalter, in: Rheinische Vierteljahrsblätter 40 (1976), S. 102–111.

Knipping, Richard, Die Regesten der Erzbischöfe von Köln im Mittelalter, Bd. II (1100–1205), Bonn 1901. Publikationen der Gesellschaft für rheinische Geschichtskunde 21 (zit. als *REK II*); Bd. III (1205–1304), Bonn 1909 (zit. als *REK III*).

Kobbe, Bernd O., Kurkölnische Stadtgründungen im 13. und 14. Jahrhundert. Untersuchungen der Planmäßigkeit des Gründungsvorganges, Diss. Aachen 1972.

Quellen und Literatur 401

Kober, Adolf, Aus der *Geschichte* der Juden im Rheinland, in: Rheinischer Verein für Denkmalpflege und Heimatschutz 1931, Heft 1, Düsseldorf 1931, S. 7–99.

Koch, Heinrich Hubert, Geschichte der Stadt Eschweiler und der benachbarten Ortschaften. Festschrift zum Größerbau der Eschweiler Pfarrkirche, Bd. 1, Eschweiler 1882.

Köhn, Gerhard, Soest — ein westfälischer Vorort der Hanse, in: Die Hanse. Lebenswirklichkeit und Mythos. Eine Ausstellung des Museums für Hamburgische Geschichte in Verbindung mit der Vereins- und Westbank, Hamburg 1989, S. 225–231.

Kölner Archivalien, im Nachlaß von A. Fahne, in: Mitteilungen aus dem Stadtarchiv Köln, Heft 20 (1891), S. 87–99.

Kölner Geld. Prägung der Erzbischöfe. Aus der Sammlung Dr. Lückger und dem Münzkabinett des kölnischen Stadtmuseum. Ausstellung 29. März–29. Mai 1972, Kölnisches Stadtmuseum, Köln 1972.

Kötzschke, Rudolf, Die Anfänge der Stadt *Werden*, in: Beiträge zur Geschichte des Stiftes Werden 10 (1904), S. 3–48.

Korte, Ferdinand, Die staatsrechtliche Stellung von Stift und Stadt *Herford* vom 14. bis zum 17. Jahrhundert, in: 58. Jahresbericht des Historischen Vereins für die Grafschaft Ravensberg, Jg. 1955, Bielefeld 1956, S. 1–172.

Korte, Joseph, Das westfälische *Marschallamt*. Münsterische Beiträge zur Geschichtsforschung (NF XXI), Münster 1909.

Korth, Leonhard, *Liber* privilegiorum maioris ecclesie Coloniensis. Der älteste Kartular des Kölner Domstiftes, in: Westdeutsche Zeitschrift für Geschichte und Kunst, Ergänzungsheft III, Trier 1886, S. 101–272.

Ders. (Hrsg.), Die ältesten *Haushaltsrechnungen* der Burggrafen von Drachenfels, in: Annalen des historischen Vereins für den Niederrhein 54 (1892), S. 1–95.

Ders., *Urkunden* zur Verfassungsgeschichte niederrheinischer Landstädte, in: Annalen des historischen Vereins für den Niederrhein 62 (1896), S. 188–208.

Kranz, Gisbert, Zur Geschichte der Stadt *Menden*, Menden 1926.

Kranz, Horst, Ministerialität und Führungsschicht im Köln des 12. Jahrhunderts. Magisterarbeit, vorgelegt im SS 1986 am Historischen Institut, Universität Aachen, Aachen 1986.

Kraus, Thomas R., Die *Entstehung* der Landesherrschaft der Grafen von Berg bis zum Jahre 1225. Bergische Forschungen 16, Neustadt/Aisch 1981.

Ders., *Jülich*, Aachen und das Reich. Studien zur Entstehung der Landesherrschaft der Grafen von Jülich bis zum Jahre 1328. Veröffentlichungen des Stadtarchivs Aachen, Bd. 5, hrsg. von Herbert Lepper, Aachen 1987.

Kroeschell, Karl, Deutsche *Rechtsgeschichte* 1, Opladen 1972.

Krudewig, Johannes, *Geschichte* der Bürgermeisterei Cuchenheim, Euskirchen 1921.

Krumbholtz, Robert (Bearb.), *Urkundenbuch* der Familien von Volmarstein und von der Recke bis zum Jahre 1437, Münster i.W. 1917.

Krusy, Hans, *Beiträge* zur Münzgeschichte der Stadt Soest, in: Soester Zeitschrift 87 (1975), S. 5–17.

Kunstdenkmäler der Rheinprovinz. Im Auftrage des Provinzialverbandes hrsg. von Paul Clemen, Bd. 4.1: Die Kunstdenkmäler des Landkreises Köln, Düsseldorf 1897; Bd. 17.2, I. Teilband: Kreis Mayen, bearb. von H. Adenauer/J. Busley, Düsseldorf 1941.

Kuske, Bruno, *Köln*, der Rhein und das Reich, Köln/Graz 1956.

Lacomblet, Theodor Joseph, Urkundenbuch für die Geschichte des Niederrheins, Bd. II, Düsseldorf 1846 (zit. als *Lacomblet II*), Bd. III, Düsseldorf 1853 (Bde. II und III Neudruck Aalen 1966) (zit. als *Lacomblet III*), Bd. IV, Düsseldorf 1858 (zit. als *Lacomblet IV*).

Ders., *Bruchstücke* eines lateinischen Gedichts über cölnische Begebenheiten aus dem 13. Jahrhundert, in: Archiv für die Geschichte des Niederrheins, Bd. 2 (1857), S. 352–370.

Ders., Die Lehnhöfe am Niederrhein, in: *Archiv* für die Geschichte des Niederrheins, Bd. I (1831), S. 245–254; Bd. IV (1863), S. 331– 414.

Lamprecht, Karl, Deutsche *Wirtschaftsgeschichte* im Mittelalter, Bd. III, Leipzig 1885–1886, Neudruck Aalen 1960.

Lange, Joseph, *Neuss* in Mittelalter und Neuzeit, in: Neuss im Wandel der Zeiten. Beiträge zur Stadtgeschichte, Neuss ²1970, S. 51–79.

Ders., Art. Neuss, in: Handbuch der historischen Stätten Deutschlands, NRW, Stuttgart ²1970, S. 557–560.

Lau, Friedrich, Die erzbischöflichen *Beamten* in der Stadt Köln während des 12. Jahrhunderts, phil. Diss. Lübeck 1891.

Ders., Ein neues Verzeichnis der Kölner *Münzerhausgenossen*, in: Westdeutsche Zeitschrift 12 (1893), Korrespondenzblatt, Spalte 266–269, Nr. 146.

Ders, *Entwicklung* der kommunalen Verfassung und Verwaltung der Stadt Köln bis zum Jahre 1396, hrsg. von der Gesellschaft für Rheinische Geschichtskunde, Bonn 1898.

Ders., Kurkölnische Städte, Bd. I: Neuss. Quellen zur Rechts- und Wirtschaftsgeschichte der Rheinischen Städte. Publikationen der Gesellschaft für Rheinische Geschichtskunde 29, Bonn 1911.

Laufner, Richard, Die *Ämterorganisation* unter Balduin von Luxemburg, in: Balduin von Luxemburg. Erzbischof von Trier — Kurfürst des Reiches. Festschrift aus Anlaß des 700. Geburtsjahres, hrsg. unter Mitwirkung von Johannes Mötsch und Franz-Josef Heyen. Quellen und Abhandlungen zur Mittelrheinischen Kirchengeschichte, hrsg. von Isnard Frank Op, Bd. 53, Mainz 1985, S. 279–303.

Laufs, Adolf, Art. *Hofämter*, in: Handwörterbuch zur Deutschen Rechtsgeschichte, Bd. II, Berlin 1978, Sp. 197–200.

Leidinger, Paul, Soest und das Erzstift Köln. Zum Verhältnis von Landesherrschaft und Stadt im 13. Jahrhundert. Soest. Stadt — Territorium — Reich. Festschrift zum 100-jährigen Bestehen des Vereins für Geschichte und Heimatpflege Soest mit Beiträgen zur Stadt-, Landes- und Hausgeschichte, hrsg. von Gerhard Köhn, Soest 1981. Erschienen als Heft 92/93 (1980/81) der Soester Zeitschrift.

Lemcke, Georg, *Beiträge* zur Geschichte König Richards von Cornwall. Historische Studien, Heft LXV, Berlin 1909.

Lennarz, Albert, Die *Entstehungszeit* des Liber annalium iurium archiepiscopi et ecclesiae Trevirensis, in: Trierisches Archiv 28/29 (1919), S. 1–58.

Lexikon für Theologie und Kirche, hrsg. von Michael Buchberger, Freiburg/ Breisgau 1933 (zit. als *LThK*).

Leying, Bruno, *Niederrhein* und Reich in der Königspolitik Konrads von Hochstaden bis 1256, in: Vestische Zeitschrift 70/71/72 (1968–1970), S. 183–248.

Liesegang, Erich, *Recht* und Verfassung von Rees. Ein Beitrag zur Städtegeschichte des Niederrheins. Westdeutsche Zeitschrift für Geschichte und Kunst. Ergänzungsheft VI, Anhang: Urkundliche Beilagen. B: Einzelurkunden 1142–1516, Trier 1890.

Liessem, Udo, *Bemerkungen* zur frühen Baugeschichte der Burg zu Andernach, in: Andernach und Köln 1167–1367. Begleitheft zur Sonderausstellung im Stadtmuseum Andernach 16. September 1988–31. Oktober 1988. Andernacher Beiträge 4, Andernach 1988, S. 85–101.

Löhr, Wolfgang, *Odenkirchen,* Rheinischer Städteatlas, Lfg. VI, Nr. 32, Bonn 1980.

Ders. (Bearb.), *Rheydt.* Rheinischer Städteatlas, Lfg. IX, Nr. 52, Bonn 1989.

Loesch, Heinrich von, *Besprechung* von Siegfried Rietschel, Das Burggrafenamt und die hohe Gerichtsbarkeit in den deutschen Bischofsstädten während des frühen Mittelalters, in: Vierteljahrsschrift für Sozial- und Wirtschaftsgeschichte 4 (1906), S. 195–204.

Ders., Das *kürzere Kölner Dienstmannenrecht,* in: Zeitschrift der Savigny-Stiftung für Rechtsgeschichte (Germanistische Abteilung) 44 (1924), S. 298–307 (zit. als *KKD*).

Looz-Corswarem, Clemens Graf von, Art. *Bede,* in: Lexikon des Mittelalters I, München/Zürich 1980, Sp. 1779–1781.

Lorenz, Sönke, Hofrecht und Stadtrecht in Kaiserswerth, in: Grundherrschaft und Stadtentstehung am Niederrhein, Klever Archiv 9, Kleve 1989, S. 36–52.

Lothmann, Helmut, Erzbischof *Engelbert I.* von Köln (1216–1225). Graf von Berg, Erzbischof und Herzog, Reichsverweser. Veröffentlichungen des Kölnischen Geschichtsvereins 38, Köln 1993.

Loutsch, Jean Claude/Mötsch, Johannes, Die *Wappen* der trierischen Burgmannen um 1340, in: Jahrbuch für westdeutsche Landesgeschichte 18 (1992), S. 1–181.

Lücker, Hermann Joseph, Zur Frage der Kölner Münzen. Eine Erwiderung, in: Annalen des historischen Vereins für den Niederrhein 146/147 (1948), S. 239–241.

Maassen, German Hubert, Geschichte der Pfarreien des Dekanates Königswinter, Geschichte der Pfarreien der Erzdiözese Köln XXVIII, Köln 1890.

Mack, Erich, Die kirchliche *Steuerfreiheit* in Deutschland seit der Dekretalengesetzgebung, Stuttgart 1916.

Manten, Johann Jakob, Über die *Einkünfte* der ehemaligen Cisterzienserabtei Camp aus Stadt und Amt Kempen im Mittelalter, in: Heimatbuch des Kreises Viersen 37 (1986), Teil 2: von 1380–1500, S. 91–100.

Margue, Michel/Pauly, Michel, *Luxemburg* vor und nach Worringen. Die Auswirkungen der Schlacht von Worringen auf die Landesorganisation sowie die Territorial- und Reichspolitik der Grafen von Luxemburg, in: Jahrbuch für westdeutsche Landesgeschichte 16 (1990), S. 111–175.

Maser, Karl, Die *Juden* der Frei- und Reichsstadt Dortmund und die Grafschaft Mark. Diss., Münster 1912.

Matscha, Michael, *Heinrich I.* von Müllenark, Erzbischof von Köln (1225–1238). Studien zur Kölner Kirchengeschichte 25, Siegburg 1992.

May, Karl-Heinz, Die kölnischen *Lehen* des Hauses Nassau und die niederrheinische Herkunft der Ruperte von Laurenburg-Nassau, in: Nassauische Annalen 91 (1980), S. 10–64.

Medding, Wolfgang, *Korbach*. Die Geschichte einer deutschen Stadt, Korbach ³1990.

Menadier, Dorothea, Die *Münzen* und das Münzwesen der deutschen Reichsäbtissinnen im Mittelalter, in: Zeitschrift für Numismatik 32 (1920), S. 185–294.

Menke, Josef, Die *Geschichte* des Reichshofs Oer, in: Vestische Zeitschrift 43 (1936), S. 14–91.

Merten, Friedrich Wilhelm, Entstehungs- und Rechtsgeschichte der *Burgmannschaften* in Westfalen, phil. Diss. Bonn 1911.

Metz, Wolfgang, Staufische *Güterverzeichnisse*. Untersuchungen zur Verfassungs- und Wirtschaftsgeschichte des 12. und 13. Jahrhunderts, Berlin 1964.

Ders., *Quellenstudien* zum Servitium regis (900–1250), 2. Teil, in: Archiv für Diplomatik 24 (1978), S. 203–292.

Meuthen, Erich/Mummenhoff, Wilhelm, Art. *Bardenberg*, in: Handbuch der historischen Stätten Deutschlands, NRW, Stuttgart ²1970, S. 52.

Ders., *Stift* und Stadt am Niederrhein, Klever Archiv 5, Kleve 1984.

Meyer, Gisela, *Untersuchungen* zu Herrschaft und Stand in der Grafschaft Jülich im 13. Jahrhundert, in: Josef Fleckenstein (Hrsg.), Herrschaft und Stand. Untersuchungen zur Sozialgeschichte im 13. Jahrhundert. Veröffentlichungen des Max-Planck-Instituts für Geschichte, Bd. 51, Göttingen 1977, S. 137–156.

Meyer, Hermann Wilhelm, Das staufische *Burggrafentum*. Ein Beitrag zur Geschichte der deutschen Reichsverwaltung im 12. und 13. Jahrhundert, Diss., Leipzig 1900.

MGH, s. **Monumenta Germaniae Historica**.

Milz, Joseph, Der *Erzbischof* von Köln als Stadtherr von Soest im 12. und frühen 13. Jahrhundert, in: Soester Zeitschrift 79 (1966), S. 20–37.

Mitteis, Heinrich, *Deutsche Rechtsgeschichte*. Neu bearbeitet von Heinz Lieberich. München und Berlin [10]1966.

Möller, Walther, *Stammtafeln* westdeutscher Adelsgeschlechter im Mittelalter, 3 Bde, Darmstadt 1922–1936. Neue Fassung Teil 1 und 2, Darmstadt 1950/51.

Monumenta Germaniae Historica:

— Scriptores (SS):
 Bd. VII, hrsg. von Georg Heinr. Pertz u.a., Hannover 1846.
 Bd. IX, hrsg. von Georg Heinr. Pertz u.a., Hannover 1851.
 Bd. XVI, hrsg. von Georg Heinr. Pertz u.a., Hannover 1859.
 Bd. XVII, hrsg. von Georg Heinr. Pertz u.a., Hannover 1861.
 Bd. XXII, hrsg. von Georg Heinr. Pertz u.a., Hannover 1872.
 Bd. XXIII, hrsg. von Georg Heinr. Pertz u.a., Hannover 1874.
 Bd. XXVIII, hrsg. von Reinhold Pauli/Felix Liebermann, Hannover 1888.

— Scriptores rerum Germanicarum in usum scholarum:
 [Bd. XVIII]: Chronica regia Coloniensis (Annales maximi Coloniensis), hrsg. von Georg Waitz, Hannover 1880.

— Constitutiones et acta publica imperatorum et regum:
 Bd. II: Constitutiones et acta publica imperatorum et regum inde ab a. MCXCVIII usque ad a. MCCLXXII (1198–1272), hrsg. von Ludwig Weiland, Hannover 1896.

— Diplomata:
 MGH DD, Bd. XVIII: Die Urkunden Heinrich Raspes und Wilhelms von Holland, hrsg. von Dieter Hägermann/Jaap G. Kruisheer, Teil 1: 1246–1270, Hannover 1989.

— Epistolae:
 Epistolae saeculi XIII e regestis pontificum Romanorum selectae, Bd. III, hrsg. von Karl Rodenberg, Berlin 1894.

Moraw, Peter, *Beamtentum* und Rat König Ruprechts, in: Zeitschrift für die Geschichte des Oberrheins 116 (1968), S. 59–126.

MRUB II und *MRUB III*, s. **Eltester/Goerz**.

Müller, Gerd, Verfassung und Verwaltung in *Hilden* von den Anfängen bis auf Konrad von Hochstaden, in: Hildener Jahrbuch, NF, Bd. V (1985), S. 9–98.

Müller, Hans-Paul, Die Herrschaft Tomburg und ihre Herren bis zum Ausgang des Mittelalters. Diss. Bonn 1970.

Müller-Mertens, Eckhard, *Reich* und Hauptorte der Salier: Probleme und Fragen, in: Salier, Adel und Reichsverfassung. Publikationen zur Ausstellung

»Die Salier und ihr Reich« in Speyer 1991, Bd. 1, hrsg. von Stefan Weinfurter, Sigmaringen 1991, S. 139–159.

Nau, Elisabeth, *Stadt und Münze* in spätem Mittelalter und beginnender Neuzeit, in: Blätter für deutsche Landesgeschichte 100 (1964), S. 145–158.

Dies., Münzen der Stauferzeit, in: Die Zeit der Staufer. Geschichte — Kunst — Kultur. Katalog der Ausstellung, Bd. I, Stuttgart 1977, S. 108–189 (zit. als *Staufer I*).

Dies., Münzen und Geld in der Stauferzeit. Die Zeit der Staufer, Bd. 3, Stuttgart 1977, S. 87–103 (zit. als *Staufer III*).

Neu, Peter, Die Abtei *Prüm* im Kräftespiel zwischen Rhein, Mosel und Maas vom 13. Jahrhundert bis 1576, in: Rheinische Vierteljahrsblätter 26 (1961), S. 255–285.

Ders. (Bearb.), *Dollendorf*, Rheinischer Städteatlas, Lfg. III, Nr. 17, Bonn 1976.

Ders., *Altenahr*, Rheinischer Städteatlas, Lfg. VII, Nr. 37, Bonn 1982.

Ders. (Bearb.), *Adenau*, Rheinischer Städteatlas, Lfg. VIII, Nr. 42, Bonn 1985.

Ders., Die *Aremberger* und das Aremberger Land, Bd. 1: Von den Anfängen bis 1616. Veröffentlichungen der Landesarchivverwaltung Rheinlandpfalz, Bd. 52, Koblenz 1989.

Neumeister, Peter, *Ministerialen* als Zeugen in Kaiser- und Königsurkunden von Heinrich IV. bis Konrad III. (1056–1152), in: Jahrbuch für die Geschichte des Feudalismus 11 (1987), S. 51–81.

Niederau, Kurt, Art. *Elberfeld*, in: Handbuch der historischen Stätten Deutschlands, NRW, Stuttgart ²1970S. 197ff.

Nieland, Lieselotte, Der Reichshof Westhofen im Mittelalter, in: Beiträge zur Geschichte Dortmunds und der Grafschaft Mark 50 (1953), S. 171–346.

Niessen, Josef, Geschichte der Stadt *Bonn, 1. Teil*, Bonn 1956.

Nikolay-Panter, Marlene, *Grundherrschaft* und Stadtentstehung in den Rheinlanden am Beispiel der Abtei Prüm, in: Grundherrschaft und Stadtentstehung am Niederrhein, Klever Archiv 9, Kleve 1989, S. 99–119.

Oberschelp, Reinhard, Die Edelherren von Büren bis zum Ende des 14. Jahrhunderts. Geschichtliche Arbeiten zur westfälischen Landesforschung 6, Münster 1963.

Oediger, Friedrich Wilhelm (Hrsg.), Die Erzdiözese Köln um 1300. Erstes Heft: Der Liber Valoris. Publikationen der Gesellschaft für Rheinische Geschichtskunde 12, Erläuterungen zum geschichtlichen Atlas der Rheinlande, 9. Bd., Bonn 1967.

Ders., Das Bistum Köln von den Anfängen bis zum Ende des 12. Jahrhunderts. Geschichte des *Erzbistums* Köln, Bd. 1, 2. neu bearb. Auflage, Köln 1972.

Ohler, Norbert, *Reisen* im Mittelalter, Nördlingen 1991.

Onnau, Hans Elmar, Eine untergegangene *Burg* zu Blatzheim. Der ursprünglich erzbischöfliche Hof Blatzheim?, in: Kerpener Heimatblätter, Jg. 25, Heft 2, Bd. 5 (1987), S. 102–108.

Osnabrücker UB, s. **Philippi**, Friedrich.

Pape, Rainer/Sandow, Erich (Bearb.), Urkundenbuch der Stadt Herford, Bd. I: Urkunden von 1224–1450, Herford 1968 (zit. als *UB Herford*).

Ders., Sancta Herfordia, Geschichte Herfords von den Anfängen bis zur Gegenwart, Herford 1979.

Ders., Die *Abtei Herford*, in: Köln — Westfalen 1180–1980, Landesgeschichte zwischen Rhein und Weser, Bd. I: Beiträge, Köln 1980, S. 168–170.

Patze, Hans, *Burgen* in Verfassung und Recht des deutschen Sprachraumes, in: ders. (Hrsg.), Die Burgen im deutschen Sprachraum. Ihre rechts- und verfassungsgeschichtliche Bedeutung, Bd. II, S. 421–443. Vorträge und Forschungen, Bd. XIX, Sigmaringen 1976.

Pauly, Ferdinand, Die Hoch-Gemeinde Senheim an der Mosel. Veröffentlichungen der Arbeitsgemeinschaft für Landesgeschichte und Volkskunde im Regierungsbezirk Koblenz 1, Koblenz 1959.

Pennings, Heinrich, *Geschichte* der Stadt Recklinghausen und ihrer Umgebung, Bd. I, Recklinghausen 1930.

Peters, Wolfgang, Zum Alter der Kölner *Richerzeche*, in: Jahrbuch des kölnischen Geschichtsvereins 59 (1988), S. 1–18.

Philippi, Friedrich, Siegener Urkundenbuch, Bd. I, Siegen 1887 (zit. als *Siegener UB I*).

Ders., Osnabrücker Urkundenbuch, Bd. III. Die Urkunden der Jahre 1251–1280, Osnabrück 1969 (zit. als *Osnabrücker UB*).

Pick, Richard, Zur Geschichte der Stadt und des ehemaligen Amtes *Rheinberg*, in: Annalen des Historischen Vereins für den Niederrhein, Heft 39 (1883), S. 1–140.

Podlech, E., Geschichte der Erzdiözese Köln, Mainz 1879.

Pöllmann, Ansgar, *Gründungsgeschichte* der Stadt Hallenberg 1231–1931. Festschrift zum 700-jährigen Stadtjubiläum, Wiesbaden 1931.

Pötter, Wilhelm, Die *Ministerialität* der Erzbischöfe von Köln vom Ende des 11. bis zum Ausgang des 13. Jahrhunderts. Studien zur Kölner Kirchengeschichte, Bd. 9, Düsseldorf 1967.

Potthast, Augustus, Regesta Pontificum Romanorm Inde A. Post Christum Natum MCXCVIII Ad A. MCCCIV, Bd. I, Graz 1957.

Prinz, Joseph, Das hohe *Mittelalter* vom Vertrag von Verdun (843) bis zur Schlacht von Worringen (1288), in: Wilhelm Kohl (Hrsg.), Westfälische Geschichte, Bd. 1: Von den Anfängen bis zum Ende des Alten Reiches, Düsseldorf 1983, S. 337–401.

Prößler, Helmut, *Rhens* 874–1974. Geschichte und Gegenwart, Rhens 1974.

Prößler, Robert, Die *Reichs- und Territorialpolitik* des Kölner Erzbischofs Konrad von Hochstaden (1238–1261) unter besonderer Berücksichtigung ihrer finanziellen Aspekte und der Verschuldung bei italienischen Bankiers, Magisterarbeit Köln 1989.

Ders., Zur *Territorialpolitik* des Kölner Erzbischofs Konrad von Hochstaden (1238–1261) im Mittelrhein- und Moselraum, in: Landeskundliche Vierteljahrsblätter 36 (1990), Heft 4, S. 173–179.

Regesten der Erzbischöfe von Köln
Bde. *II* und *III*, s. **Knipping**, Richard.
Bd. *IV*, s. **Kisky**, Wilhelm.

Redlich, O. R., Rezension von *Heinrich Pennings*, Geschichte der Stadt Recklinghausen und ihrer Umgebung, 2 Bde., Recklinghausen 1930, in: Annalen des historischen Vereins für den Niederrhein 118 (1931), S. 158–159.

Rees, Stadtarchiv, Zusammenstellung der Urkunden über Rees, Abteilung I (1142–1751), in: Annalen des historischen Vereins für den Niederrhein 64 (1897), S. 150–153.

Regesta Imperii, s. **Böhmer**, Johann Friedrich.

Reese, Werner, Die *Niederlande* und das Deutsche Reich, Berlin 1941.

Reichert, Winfried, *Finanzpolitik* und Landesherrschaft. Zur Entwicklung der Grafschaft Katzenelnbogen vom 12. bis zum 14. Jahrhundert. Kleine Schriften zur Geschichte und Landeskunde, Bd. 1, Trier 1985.

Ders., *Lombarden* zwischen Rhein und Maas. Versuch einer Zwischenbilanz. Mit einer Karte, in: Rheinische Vierteljahrsblätter 51 (1987), S. 188–223.

REK = **Regesten der Erzbischöfe von Köln**.

Resmini, Bertram, Anfänge und Frühgeschichte des Klosters Laach in den älteren Urkunden, in: Jahrbuch für westdeutsche Landesgeschichte 11 (1985), S. 1–55.

Rey, Manfred van, *Königswinter* im Mittelalter, in: Bonner Geschichtsblätter 34 (1982), S. 9–86.

Ders., Einführung in die rheinische *Münzgeschichte* des Mittelalters, in: Beiträge zur Geschichte der Stadt Mönchengladbach, Mönchengladbach 1983.

Ders., Kurkölnische *Münz- und Geldgeschichte* im Überblick, in: Kurköln. Land unter dem Krummstab. Veröffentlichungen der staatlichen Archive des Landes Nordrhein-Westfalen, Reihe C: Quellen und Forschungen, Bd. 22. Schriftenreihe des Kreises Viersen 35a, Kevelaer 1985, S. 281–306.

Ders., Kirchen und Stadt *Bonn* im Mittelalter, Bonn 1990, S. 4–48.

Der **Rheinische Städtebund** von 1254/56. Katalog zur Landesausstellung in Worms 24. Mai bis 27. Juli 1986, Koblenz 1986.

RI = **Regesta Imperii**.

Rieckenberg, Hans-Jürgen, Arnold *Walpot*, der Initiator des Rheinischen Bundes von 1254, in: Deutsches Archiv für die Erforschung des Mittelalters 16 (1960), S. 228–237.

Riegler, Bernhard, *Fährgerechtigkeiten* unter vorzugsweiser Betrachtung der Verhältnisse des Mittelrheins, Diss. Würzburg 1933.

Quellen und Literatur 409

Rietschel, Siegfried, Das *Burggrafenamt* und die hohe Gerichtsbarkeit in den deutschen Bischofsstädten während des frühen Mittelalters, Untersuchungen zur Geschichte der Deutschen Stadtverfassung, Bd. 1, Leipzig 1905.

Ritzerfeld, Ulrich, Das Kölner *Erzstift* im 12. Jahrhundert. Verwaltungsorganisation und wirtschaftliche Grundlagen, Rheinisches Archiv 132, Köln/Weimar/Wien 1994.

Rödel, Volker, Die *Entstehung* der Herrschaft Landskron, in: Jahrbuch für westdeutsche Landesgeschichte 6 (1980), S. 43–69.

Rösener, Werner, *Hofämter* an mittelalterlichen Fürstenhöfen, in: Deutsches Archiv für die Erforschung des Mittelalters 45, Heft 2 (1989), S. 485–550.

Ders., Art. *Hofämter*, in: Lexikon des Mittelalters, Bd. V, München/Zürich 1990, Sp. 67–68.

Ders., Art. *Hof*, in: Lexikon des Mittelalters, Bd. V, München/Zürich 1990, Sp. 66–67.

Roethe, Gustav, Die Geschichte Reinmars von Zweter, Leipzig 1887.

Roth, Friedrich Wilhelm Emil (Hrsg.), Die Visionen der heiligen Elisabeth und die Schriften der Äbte Ekbert und Emecho von Schönau. Mit historischen Abrissen des Lebens der heiligen Elisabeth, der Äbte Ekbert und Emecho von Schönau. Ein Beitrag zur Mystik und Kirchengeschichte, Brünn 1884.

Rotthoff, Claudia, Die politische *Rolle* der Landfrieden zwischen Maas und Rhein von der Mitte des 13. Jahrhunderts bis zum Auslaufen des Bacharacher Landfriedens Ludwigs des Bayern, in: Rheinische Vierteljahrsblätter 45 (1981), S. 75–111.

Rotthoff, Guido, *Urkundenbuch* der Stadt und des Amtes *Uerdingen*, Krefeld 1968.

Ders. (Bearb.), *Uerdingen*, Rheinischer Städteatlas, Lfg. III, Nr. 19, Bonn 1976.

Ders. (Bearb.), *Linn*, Rheinischer Städteatlas, Lfg. IV, Nr. 23, Bonn 1978.

Ders., *Gerichtswesen* und Rechtsordnungen, in: Kurköln. Land unter dem Krummstab. Veröffentlichungen der staatlichen Archive des Landes Nordrhein-Westfalen Reihe C: Quellen und Forschungen Bd. 22. Schriftenreihe des Kreises Viersen 35a, Kevelaer 1985, S. 257–268.

Ders., Das *Lehns*- und Ständewesen, in: Kurköln. Land unter dem Krummstab. Veröffentlichungen der staatlichen Archive des Landes Nordrhein-Westfalen Reihe C: Quellen und Forschungen Bd. 22. Schriftenreihe des Kreises Viersen 35a, Kevelaer 1985, S. 269–280.

Rübel, Karl (Bearb.), Dortmunder Urkundenbuch, Bd. 1.1, (899–1340), Dortmund 1881 (zit. als *Dortmunder UB*).

Rüther, Josef, *Heimatgeschichte* des Landkreises Brilon, Bigge 1920.

Rütimeyer, Erich, *Stadtherr* und Stadtbürgerschaft in den rheinischen Bischofsstädten. Ihr Kampf um die Hoheitsrechte im Hochmittelalter, in: Beihefte zur Vierteljahrsschrift für Sozial- und Wirtschaftsgeschichte, Heft XIII, Stuttgart 1928.

Rütten, Felix/Steeger, Albert, Siedlungsgeschichte des Amtes Kempen, in: Annalen des historischen Vereins für den Niederrhein 119 (1931), S. 1–53.

Sachsenspiegel, Landrecht, 3 Bde., hrsg. von K. A. Eckhardt (Germanenrechte), Hannover 1960–61–67, hier: Neue Folge, Bd. III (zit. als *Sachsenspiegel III*).

Sander, Paul/Spangenberg, Hans, Urkunden zur Geschichte der Territorialverfassung. 4 Hefte in 1 Bd. Ausgewählte Urkunden zur deutschen Verfassungs- und Wirtschaftsgeschichte in 3 Bänden, Bd. 2: Urkunden zur Geschichte der Territorialverfassung, Neudruck der Ausgabe Stuttgart 1922–1926, Aalen 1965.

Sauer, Wilhelm (Bearb.), Codex-Diplomaticus Nassoicus, Bd. I, Abt. 2. Die Urkunden des ehemals kurmainzischen Gebiets, einschließlich der Herrschaften Eppenstein, Königstein und Falkenstein; der Niedergrafschaft Katzelnbogen und des kurpfälzischen Amtes Caub. Neudruck der Ausgabe Wiesbaden 1886, Aalen ^{2}1969 (zit. als *Sauer I*).

Schaube, Adolf, *Handelsgeschichte* der romanischen Völker des Mittelmeergebietes bis zum Ende der Kreuzzüge, München/Berlin 1906.

Scheeben, Heribert Christian, Albert der Große. Zur Chronologie seines Lebens. Quellen und Forschungen zur Geschichte des Dominikanerordens in Deutschland, Heft 27, Vechta 1931.

Scheller, Max, Zoll und Markt im 12. und 13. Jahrhundert, Diss. Jena 1903.

Scheyhing, Robert, Eide, Amtsgewalt und *Bannleihe*. Eine Untersuchung zur Bannleihe im hohen und späten Mittelalter, Köln/Graz 1960.

Schiffer, Peter, Die Grafen von *Geldern* im Hochmittelalter (1085–1229). Veröffentlichungen des Historischen Vereins für Geldern und Umgegend 89, Geldern 1988.

Schilp, Thomas (Bearb.), *Bad Breisig*, Rheinischer Städteatlas, Lfg. IX, Nr. 48, Bonn 1989.

Schlaeger, Heinrich, *Heppendorf*, in: Heppendorf-Festschrift, Heppendorf 1964, S. 20–30.

Ders., Art. *Blatzheim*, in: Handbuch der historischen Stätten Deutschlands, NRW, Stuttgart ^{2}1970, S. 85.

Schmeken, Ewald, Die sächsische Gogerichtsbarkeit im Raum zwischen Rhein und Weser, Diss. Münster 1961.

Schmidt, Aloys, Art. *Bacharach*, in Handbuch der historischen Stätten Deutschlands, Rheinland-Pfalz, Stuttgart ^{3}1988, S. 18.

Ders., Art. *Bassenheim*, in: Handbuch der historischen Stätten Deutschlands, Rheinland-Pfalz, Stuttgart ^{3}1988, S. 31.

Schmidt, Hubert, Die Geschichte des Ringes *Padberg* bis zum Jahre 1802, in: Padberg im Wandel der Zeiten. Aus Anlaß der 700 Jahr-Feier der Bestätigung der Stadtrechte, Padberg 1963, S. 15–115.

Schmitz, Alphons, Die *Bede* in Kur-Köln, Freiburg 1912.

Schmitz, Ferdinand, Urkundenbuch der Abtei Heisterbach, Bonn 1908 (zit. als *UB Heisterbach*).

Schmitz, Johannes, Die *Gogerichte* im ehemaligen Herzogtum Westfalen, Diss. Münster 1901.

Schneider, Fedor, Zur älteren päpstlichen *Finanzgeschichte*, in: Quellen und Forschungen aus italienischen Archiven und Bibliotheken, Bd. IX (1906), S. 1–37.

Schnettler, Otto, *Alt-Volmarstein*. Freigrafschaft-Freiheit und Kirchspiel. Hagener Beiträge zur Geschichte und Landeskunde, Heft 4, Hagen 1961.

Schönberger, Franz, *Geschichte* des kurkölnischen Amtes und der Dörfer Zeltingen und Rachtig an der Mosel, phil. Diss. Bonn 1939.

Schönfelder, Alexander, *Handelsmessen* und Kreditwirtschaft im Hochmittelalter — Die Champagnemessen, Schriften zur Wirtschaftsgeographie und Wirtschaftsgeschichte 1, Saarbrücken 1988.

Scholz-Babisch, Marie (Bearb.), *Quellen* zur Geschichte des klevischen Rheinzollwesens vom 11. bis 18. Jahrhundert. Erste Hälfte: Deutsche Handelsakten des Mittelalters und der Neuzeit, hrsg. durch die Historische Kommission bei der Bayerischen Akademie der Wissenschaften, Bd. XII. Zugleich Sonderveröffentlichung des Instituts für Geschichtliche Landeskunde der Rheinlande an der Universität Bonn, Wiesbaden 1971.

Schrader, Erich, *Bemerkungen* zum Spolien- und Regalienrecht der deutschen Könige im Mittelalter, in: Zeitschrift für Rechtsgeschichte (Germanistische Abteilung) 84 (1967), S. 128–202.

Schreiner, Klaus, »*Hof*« (curia) und »höfische Lebensführung« (vita curialis) als Herausforderung an die christliche Theologie und Frömmigkeit, in: Gert Kaiser/Jan Dirk Müller (Hrsg.), Höfische Literatur, Hofgesellschaft, höfische Lebensformen um 1200, Studia humaniora 6, Düsseldorf 1986, S. 67–138.

Schröder, Richard, *Lehrbuch* der Deutschen Rechtsgeschichte, Leipzig 1984.

Schulte, Aloys, *Geschichte* des mittelalterlichen Handels und Verkehrs, Leipzig 1900.

Schulz, Knut, *Ministerialität* und Bürgertum in Trier. Untersuchungen zur rechtlichen und sozialen Gliederung der Trierer Bürgerschaft vom ausgehenden 11. bis zum Ende des 14. Jahrhunderts, Rheinisches Archiv 66, Bonn 1968.

Ders., Rezension von: Pötter, Wilhelm, Die Ministerialen der Erzbischöfe von Köln vom Ende des 11. bis zum Ausgang des 13. Jahrhunderts. Studien zur Kölner Kirchengeschichte, Bd. 9, Düsseldorf 1967, in: Rheinische Vierteljahrsblätter 32 (1968), S. 593–596.

Ders., *Richerzeche*, Meliorat und Ministerialität in Köln, in: Köln, das Reich und Europa. Abhandlungen über weiträumige Verflechtungen der Stadt Köln in Politik, Recht und Wirtschaft im Mittelalter. Mitteilungen aus dem Stadtarchiv Köln 60 (1971), S. 149–172.

Ders., Die Ministerialität in rheinischen *Bischofsstädte*n, in: Veröffentlichungen der Kommission für Geschichtliche Landeskunde in Baden-Württemberg, Reihe B, Forschungen 76. Bd. Protokoll der IX. Arbeitstagung des Arbeitskreises für südwestdeutsche Stadtgeschichte, Freiburg im Br. 13.–15. November 1970, Stuttgart 1973, S. 16–43.

Ders., *Stadtrecht* und Zensualität am Niederrhein (12.–14. Jh.), in: Edith Ennen / Klaus Flink (Hrsg.), Soziale und wirtschaftliche Bindungen im Mittelalter am Niederrhein, Klever Archiv 3, Kleve 1981, S. 13–37.

Ders., Art. *Dienstrecht*, in: Lexikon des Mittelalters, Bd. III, München / Zürich 1986, Sp. 1005–1006.

Schulze, Hans K., Art. *Burggraf, -schaft*, in: Lexikon des Mittelalters, Bd. II, München / Zürich 1983, Sp. 1048–1050.

Ders., *Grundstrukturen* der Verfassung im Mittelalter, 2 Bde., Stuttgart / Berlin / Köln / Mainz 1985.

Ders., Grundherrschaft und Stadtentstehung, in: Grundherrschaft und Stadtentstehung am Niederrhein, Klever Archiv 9, Kleve 1989, S. 9–23.

Schumacher, Karl, Die *Dienstmannschaft* der rheinischen Stifte und Abteien und die Klosterreformen, in: Beiträge zur Geschichte des Niederrheins 25 (1912), S. 57–78.

Schwarz, Hilar, Zur *Geschichte* der rheinischen Pfalzgrafschaft, in: Westdeutsche Zeitschrift für Geschichte und Kunst, Jg. XXVI, Trier 1907, S. 145–194.

Schwieters, Josef, (Hrsg.), *Bau- und Kunstdenkmäler* von Westfalen, Bd. 9: Der Kreis Ahaus, Münster 1900.

Schwing, Renate, Die Herzogsgewalt Erzbischof Engelberts von Köln nördlich der Lippe, in: Jahresbericht der Historischen Kommission für die Grafschaft Ravensberg 61 (1959), S. 1–25.

Seeliger, Gerhard, Das deutsche Hofmeisteramt im späten Mittelalter, Innsbruck 1885.

Seibertz, Johann Suibert, Urkundenbuch zur Landes- und Rechtsgeschichte des Herzogthums Westfalen, Bd. I (799–1300), Arnsberg 1839 (zit. als *Seibertz UB I*), Bd. II (1300–1400), Arnsberg 1843 (zit. als *Seibertz UB II*), Bd. III (1400–1800), Arnsberg 1854 (zit. als *Seibertz UB III*).

Shayegan, Taraneh, Untersuchungen zur Rolle des Kölner Erzbischofs bei der Entwicklung und Umbildung des deutschen Königwahlrechts im 13. Jahrhundert, Köln 1993 (Druck in Vorbereitung).

Siegener UB I, s. **Philippi**, Friedrich.

Simons, Paul, Chronik der Gemeinde *Wichterich*, Euskirchen 1923.

Sloet, Baron Ludolf Jan Wilt, *Oorkondenboek* der graafschappen Gelre en Zutfen, s-Gravenhage 1872–1876.

Soester Studien, s. **Klocke**, Friedrich.

Sommerlad, Theo, Die *Rheinzölle* im Mittelalter, Halle 1894 (ND Aalen 1978).

Spahn, Karl, *Studien* zur Geschichte des Andernacher Rheinzolls, Bonn 1909.

Spangenberg, Hans, Landesherrliche *Verwaltung*, Feudalismus und Ständetum in den deutschen Territorien des 13.–15. Jahrhunderts, in: Historische Zeitschrift, 3. Folge, 7. Bd. (1909), S. 473–526.

Spiegel, Josef, Münzdatierte *Gefäße* des Mittelalters aus Westfalen, in: Westfalen 23 (1938), S. 207–212.

Spieß, Karl Heinz, *Reichsministerialität* und Lehnswesen im späten Mittelalter, in: Ministerialitäten im Mittelrheinraum. Geschichtliche Landeskunde, Bd. 17, Wiesbaden 1978, S. 56–79.

Ders., *Königshof* und Fürstenhof. Der Adel und die Mainzer Erzbischöfe im 12. Jahrhundert, in: Deus, qui mutat Tempora. Menschen und Institutionen im Wandel des Mittelalters. Festschrift für Alfons Becker zu seinem 65. Geburtstag, hrsg. von Ernst-Dieter Hehl u. a., Sigmaringen 1987, S. 203–235.

Sprandel, Rolf, Die wirtschaftlichen *Beziehungen* zwischen Paris und dem deutschsprachigen Raum im Mittelalter, in: Vierteljahrsschrift für Sozial- und Wirtschaftsgeschichte 49 (1962), S. 289–319.

Staufer I und *Staufer III*, s. **Nau**, Elisabeth.

Steffen, P. Stephan, Erzbischof *Konrad von Hochstaden* und sein Verhältnis zum Cistercienserorden. Studien und Mitteilungen zur Geschichte des Benediktinerordens und seiner Zweige. N.F., Jg. 1, der ganzen Folge Bd. 32, Salzburg 1911, S. 592–644.

Stehkämper, Hugo, *Konrad von Hochstaden*, Erzbischof von Köln (1238–1261), in: Jahrbuch des kölnischen Geschichtsvereins 36–37 (1961/62), S. 95–117.

Ders., Die rechtliche *Absicherung* der Stadt Köln vor 1288, in: Die Stadt in der europäischen Geschichte, Festschrift Edith Ennen, Bonn 1972, S. 343–378.

Ders., Die Stadt Köln und *Westfalen*. Versuch eines ersten Überblicks, in: Westfalen 51 (1973), S. 346–377.

Ders., »pro bono pacis« — *Albertus Magnus* als Friedensmittler und Schiedsrichter, in: Archiv für Diplomatik 23 (1977), S. 297–382.

Ders., *Geld* bei deutschen Königswahlen des 13. Jahrhunderts, in: Schneider, Jürgen u. a. (Hrsg.): Wirtschaftskräfte und Wirtschaftswege Bd. I: Mittelmeer und Kontinent. Festschrift Hermann Kellenbenz, Beiträge der Wirtschaftsgeschichte 4, o. O., 1978, S. 83–135.

Ders., Der *Reichsbischof* und Territorialfürst, in: Der Bischof in seiner Zeit. Bischofstypus und Bischofsideal im Spiegel der Kölner Kirche. Festgabe für Joseph Kardinal Höffner, Erzbischof von Köln, hrsg. von Peter Berglar und Odilo Engels, Köln 1986, S. 95–184.

Steilberg, Anton, Der Denarfund von Köln-Dünnwald, in: Hamburger Beiträge zur Numismatik I, Hamburg 1947.

Steinbach, Franz, *Frechen*. Zur Geschichte einer rheinischen Gemeinde, Köln 1951.

Ders., Geschichtliche *Räume* und Raumbeziehungen der deutschen Nieder- und Mittelrheinlande im Mittelalter, in: Annalen des historischen Vereins für den Niederrhein 155/156 (1954), S. 9–34.

Steuer, Heiko, Köln als *Münzstätte* vom 10. bis 18. Jahrhundert, in: Gerd Biegel, Geld aus Köln. Quellen zur Stadtgeschichte, Köln 1979, S. 26–31.

Ders., Kölner *Münzwaagen*, in: Gerd Biegel, Geld aus Köln. Quellen zur Stadtgeschichte, Köln 1979, S. 40–44.

Ders., *Stale und Stempel*, in: Gerd Biegel, Geld aus Köln. Quellen zur Stadtgeschichte, Köln 1979, S. 37–40.

Stimming, Manfred, *Kaiser* Friedrich II. und der Abfall der deutschen Fürsten, in: Historische Zeitschrift 120 (1919), S. 210–250.

Stobbe, Otto, Die *Juden* in Deutschland während des Mittelalters, Braunschweig 1966.

Stommel, Karl, *Geschichte* der kurkölnischen Stadt Lechenich. Veröffentlichungen des Vereins der Geschichts- und Heimatfreunde des Kreises Euskirchen e.V., Heft 5, Euskirchen 1960.

Ders., Das kurkölnische *Amt* Lechenich, seine Entstehung und seine Organisation. Veröffentlichungen des Vereins für Geschichts- und Heimatfreunde des Kreises Euskirchen, Heft 7, Euskirchen 1961.

Ders./Stommel, Hanna (Hrsg.), Quellen zur Geschichte der Stadt Erftstadt 1 (650–1400), Erftstadt 1990.

Stoob, Heinz, Die Stadt *Marsberg* bis zum Spätmittelalter, in: Köln — Westfalen 1180–1980, Landesgeschichte zwischen Rhein und Weser, Bd. I: Beiträge, Köln 1980, S. 233–236.

Strange, Joseph (Hrsg.), Caearius von Heisterbach, Dialogus miraculorum, 2 Bde., Köln/Bonn/Brüssel 1851.

Struck, Wolf-Heino, Aus den Anfängen der territorialen *Finanzverwaltung*. Ein Rechnungsfragment der Herren von Bolanden um 1258/62, in: Archivalische Zeitschrift 70 (1974), S. 1–21.

Ders., Ein *Urbar* des Erzstifts Mainz für das Vitztumamt Rheingau vom Jahre 1309, in: Nassauische Annalen 76 (1985), S. 29–63.

Stüwer, Wilhelm, Die Reichsabtei *Werden* an der Ruhr. Germania sacra, NF 12, Die Bistümer der Kirchenprovinz Köln, Das Erzbistum Köln, Teil 3, Berlin/New York 1980.

Sudeck, Karin, Die Westfälische *Politik* des Kölner Erzbischofs Konrad von Hochstaden, in: Jahresbericht der historischen Verfassung für die Grafschaft Ravensberg 61 (1960), S. 25–59.

Suhle, Arthur, Deutsche *Münz- und Geldgeschichte* von den Anfängen bis zum 15. Jahrhundert, Berlin 1955.

Ders., *Hohenstaufenzeit* im Münzbild, München 1963.

Sybel, Heinrich von, *Erzbischof* Konrad von Hochstaden und die Bürgerschaft von Köln, in: Niederrheinisches Jahrbuch für Geschichte, Kunst und Poesie, 1. Bd., Bonn 1843.

Taeuber, Walter, *Geld* und Kredit im Mittelalter, Berlin 1933.

Tewes, Ludger, *Selbstverständnis* und Entwicklungslogik in einer mittelalterlichen Siedelzone. Grundzüge Gladbecker Geschichte im Mittelalter, in: Vestische Zeitschrift 84/85 (1985/86), S. 37–97.

Ders., Mittelalter an Lippe und *Ruhr*, Essen 1988.

Thieme, Hans, Die *Funktion* der Regalien im Mittelalter, in: Zeitschrift für Rechtsgeschichte (Germanistische Abteilung) 62 (1942), S. 57–89.

Thomas, Heinz, Beiträge zur Geschichte der Champagnemessen im 14. Jahrhundert, in: Vierteljahrsschrift für Sozial- und Wirtschaftsgeschichte 64 (1977), S. 433–468.

Tichelbäcker, Heinrich, Nideggen — Burg und Vogtei der Kölner Erzbischöfe (1190–1283), in: Jahrbuch des Kreises Düren 1987 (S. 78–83).

Tigges, Joseph, Die *Entwicklung* der Landeshoheit der Grafen von Arnsberg. Münsterische Beiträge zur Geschichtsforschung 34 (NF 22), Münster 1909.

Tille, Armin, Zwei Steinfelder *Urkunden* der Kölner Erzbischöfe Konrad und Siegfried, in: Annalen des historischen Vereins für den Niederrhein 66 (1898), S. 190–193.

Tillmann, Claus, *Lexikon* der deutschen Burgen und Schlösser, Bd. I, Stuttgart 1958.

Toussaint, Ingo, Die Grafen von *Leiningen*. Studien zur leiningischen Genealogie und Territorialgeschichte bis zur Teilung von 1317/18, Sigmaringen 1982.

Trockels, Wilhelm, Beiträge zur Geschichte der *Ministerialität*. Die Ministerialen des Erzbischofs von Köln im 12. Jahrhundert. Wissenschaftliche Beilage zum Jahresbericht der Hohenzollernschule in Schöneberg, Schöneberg 1906.

Troe, Heinrich, *Münze*, Zoll und Markt und ihre finanzielle Bedeutung für das Reich vom Ausgang der Staufer bis zum Regierungsantritt Karls IV. Ein Beitrag zur Geschichte des Reichsfinanzwesens in der Zeit von 1250–1350, in: Vierteljahrsschrift für Sozial- und Wirtschaftsgeschichte, Beiheft 32, Göttingen 1937.

UB Heisterbach, s. **Schmitz**, Ferdinand.

UB Herford, s. **Pape**, Rainer.

UB Steinfeld, s. **Joester**, Ingrid.

UB Xanten, s. **Weiler**, Peter.

Unruh, Ernst-Dietrich, Erhaltungsarbeiten an dem Palas der Ruine *Schmidtburg*, in: Landeskundliche Vierteljahrsblätter, Jg. 20 (1974), Heft 4, S. 139–150.

Vahrenhold-Huland, Uta, *Grundlagen* und Entstehung des Territoriums der Grafschaft Mark. Monographien des historischen Vereins für Dortmund und die Grafschaft Mark, Dortmund 1968.

Vanderkindere, Léon (Hrsg.), La *Chronique* de Gislebert de Mons, Nouvelle Edition. Commission Royale d'Histoire. Recueil de Textes, Brüssel 1904.

Verkooren, Alphonse, *Inventaire* des chartes et cartulaires des Duchés de Brabant et de Limbourg et dé pays d'Outre-Meuse, 2. Teile, Brüssel 1910–1962.

Waas, Adolf, Vogtei und Bede in der deutschen Kaiserzeit. Erster Teil, Berlin 1919.

Wadle, Elmar, Mittelalterliches *Zoll- und Münzrecht* im Spiegel der Confoederatio cum principibus ecclesiasticis, in: Jahrbuch für Numismatik und Geldgeschichte 21 (1971), S. 187–225.

Wagner, Friedrich Ludwig, Die Ministerialität in den mittelrheinischen Städten zwischen Boppard und Bacharach, in: Erich Maschke/Jürgen Sydow (Hrsg.), Stadt und Ministerialität. Protokoll der IX. Arbeitstagung des Arbeitskreises für südwestdeutsche Stadtgeschichte, Freiburg i. Br. 13.–15. November 1970, Stuttgart 1973, S. 122–147.

Walberg, Hartwig, Köln, Soest, Lippstadt. Zur Verbreitung und Bedeutung westfälischer *Stadtrechte*, in: Köln — Westfalen 1180–1980, Landesgeschichte zwischen Rhein und Weser, Bd. I: Beiträge, Köln 1980.

Wampach, Camille, Urkunden- und Quellenbuch zur Geschichte der altluxemburgischen Territorien bis zur burgundischen Zeit, Bd. II, Luxemburg 1938; Bd. III, Luxemburg 1939.

Wand, Karl, Die Englandpolitik der Stadt Köln und ihrer Erzbischöfe im 12. und 13. Jahrhundert, in: Aus Mittelalter und Neuzeit, Festschrift Gerhard Kallen, hrsg. von Josef Engel/Hans Martin Klinkenberg, Bonn 1957, S. 77–95.

Wattenbach, Wilhelm, *Erfurter Urkunden*, in: Neues Archiv der Gesellschaft für ältere deutsche Geschichte zur Beförderung einer Gesamtausgabe der Quellenschriften deutscher Geschichte des Mittelalters, Bd. I, S. 193–198, Hannover 1876.

Weber, Dieter (Bearb.), Die Weistümer der kurkölnischen Ämter Kempen und Oedt, des Landes Geisseren sowie der Herrlichkeiten Hüls und Neersen-Anrath (mit ergänzenden Quellen). Rheinische Weistümer, zweite Abteilung: Die Weistümer des Kurfürstentums Köln. Dritter Band. Publikationen der Gesellschaft für Rheinische Geschichtskunde 18, Abt. 2.3, Düsseldorf 1981.

Weber, Heinz, Allerlei über die *Treidelei*, in: Beiträge zur Rheinkunde 39 (1987), S. 23–29.

Wegeler, Julius, Das Kloster *Laach*. Geschichte und Urkundenbuch. Ein Beitrag zur Spezialgeschichte der Rheinlande, Bonn 1854.

Ders., Beiträge zur Specialgeschichte der *Rheinlande*. Die Schlösser Rheineck und Olbrück, die Burgen zu Burgbrohl, Namedy und Wassenach, die Schweppenburg und Haus Kray, Koblenz ²1878.

Weibels, Franz, Die Großgrundherrschaft *Xanten* im Mittelalter. Studien und Quellen zur Verwaltung eines mittelalterlichen Stifts am unteren Niederrhein. Niederrheinische Landeskunde III. Schriften zur Natur und Geschichte des Niederrheins, Neustadt/Aisch 1959.

Weidenbach, Stephan, Namenverzeichnis der *Amtmänner*, Schultheiße, Schöffen usw. zu Andernach, in: Mitteilungen der westdeutschen Gesellschaft für Familienkunde II (1918–1921), S. 197–201.

Weiler, Hanno, »Für Köln geprägt«. Die Kölner Münzprägungen, Berlin 1977.

Weiler, Peter, Urkundenbuch des Stiftes Xanten, herausgegeben mit Unterstützung der Deutschen Forschungsgemeinschaft und der Rheinischen Provinzialverwaltung. Bd. 1 (vor 590–1359), Bonn 1935 (zit. als *UB Xanten I*).

Welters, Hans, Lechenich — Bastion im kurkölnischen Burgengürtel, in: Niederrheinisches Jahrbuch 4 (1959), Beiträge zur niederrheinischen Burgenkunde, S. 31–37.

Wendehorst, Alfred, *Albertus Magnus* und Konrad von Hochstaden, in: Rheinische Vierteljahrsblätter 18 (1953), S. 30–54.

Wenden, Ernst, *Geschichte* der Juden in Köln am Rhein von den Römerzeiten bis auf die Gegenwart. Nebst Noten und Urkunden, Köln 1867.

Wenninger, Markus J., Zum *Verhältnis* der Kölner Juden zu ihrer Umwelt im Mittelalter, in: Köln und das rheinische Judentum. Festschrift Germania Judaica 1959–1984, Köln 1984, S. 17–35.

Wensky, Margret (Bearb.), Büderich, Rheinischer Städteatlas, Lfg. VIII, Nr. 43, Bonn 1985.

Dies., *Wachtendonk*, Rheinischer Städteatlas, Lfg. VI, Nr. 35, Bonn 1980.

Dies., *Frechen*, Rheinischer Städteatlas, Lfg. IV, Nr. 22, Bonn 1978.

Werminghoff, Albert, Verpfändungen der mittel- und niederrheinischen Reichsstädte während des 13.–14. Jahrhunderts, Breslau 1893.

Werner, Matthias, *Prälatenschulden* und hohe Politik im 13. Jahrhundert. Die Verschuldung der Kölner Erzbischöfe bei italienischen Bankiers und ihre politischen Implikationen, in: Köln — Stadt und Bistum in Kirche und Reich des Mittelalters, Festschrift Odilo Engels, hrsg. von Hanna Vollrath und Stefan Weinfurter, Kölner Historische Abhandlungen 39, Köln 1993, S. 511–570.

Westfälisches Städtebuch, s. **Keyser**, Erich.

Westfälisches Urkundenbuch, hrsg. von dem Vereine für Geschichte und Alterthumskunde Westfalens, 7 Bde.

Bd. III bearb. von Roger Wilmans: Die Urkunden des Bistums Münster von 1201–1300, Münster 1871 (zit. als *WUB III*).

Bd. IV, 2 Abt., bearb. von Roger Wilmans: Die Urkunden der Jahre 1241–1250, Münster 1880 (zit. als *WUB IV*).

Bd. IV, 3. Abteilung, bearb. von Heinrich Finke: Die Urkunden der Jahre 1251–1300, Münster 1894 (zit. als *WUB IV*).

Bd. V, bearb. von Heinrich Finke: Die Papsturkunden Westfalens bis zum Jahre 1378, Münster 1888 (zit. als *WUB V*).

Bd. VII, bearb. vom Staatsarchiv Münster: Die Urkunden des kölnischen Westfalens vom Jahre 1200–1300, Münster 1908 (zit. als *WUB VII*).

Wielandt, Friedrich, Niederdeutsche *Handelsmünze* am Oberrhein, in: ders. (Hrsg.), Münzkunde und Münzkabinette am Oberrhein. Namens der Badischen Gesellschaft für Münzkunde aus Anlaß des 30-jährigen Bestehens, Karlsruhe 1951, S. 73–83.

Wieruszowski, Helene, Reichsbesitz und Reichsrechte im Rheinland (500–1300). Aus einer für die Gesellschaft für rheinische Geschichtskunde angefertigten Untersuchung über das Reichsgut im Rheinland, in: Bonner Jahrbücher 131 (1926), S. 114–154).

Wilkes, Carl, *Quellen* zur Rechts- und Verfassungsgeschichte des Archidiakonats und Stifts Xanten, Bd. I. Veröffentlichungen des Vereins zur Erhaltung des Xantener Domes e. V. III, Bonn 1937.

Ders., Die *Bischofsburg* zu Xanten, in: Niederrheinisches Jahrbuch III (1951), S. 92–106.

Ders. (Hrsg.), Die *Miniaturen* des Soester Nequambuches mit stadtgeschichtlichen Erläuterungen von G. Köhn, o. O. 1975.

Will, Cornelius (Hrsg.), Regesta Archiepiscoporum Maguntinensium. Regesten zur Geschichte der Mainzer Erzbischöfe von Bonifatius bis Uriel von Gemmingen 742?–1514, Bd. II: 1161–1288. Mit Benützung des Nachlasses von Johann Friedrich Böhmer, Innsbruck 1886 (zit. als *Will II*).

Willoweit, Dietmar, Die Entwicklung und Verwaltung der spätmittelalterlichen *Landesherrschaft*, in: Deutsche Verwaltungsgeschichte Bd. 1, Stuttgart 1983, S. 66–142.

Wilmans, Rudolf, *Studien* zur Geschichte der Abtei Vreden, in: Westdeutsche Zeitschrift 32 (1874), S. 111–159.

Winterfeld, Luise von, Handel, Kapital und Patriziat in Köln bis 1400 (Pfingstblätter des Hansischen Geschichtsvereins 16 (1925) (zit. als *Handel und Kapital*).

Dies., Der Reichshof *Körne*, in: Beiträge zur Geschichte Dortmunds und der Grafschaft Mark 32 (1925), S. 117–140.

Dies., Die *Geschichte* der freien Reichs- und Hansestadt Dortmund, Dortmund ³1956.

Wisplinghoff, Erich, Das *Priorenkollegium* Köln und die Bischofswahlen des 12. und 13. Jahrhunderts, in: Annalen des historischen Vereins für den Niederrhein 159 (1957), S. 30–47.

Ders. (Bearb.), Urkunden und Quellen zur Geschichte von Stadt und Abtei *Siegburg*, Bd. 1, Siegburg 1964.

Ders., *Konrad von Hochstaden*, Erzbischof von Köln (1238– 1261), in: Rheinische Lebensbilder, Bd. II, Düsseldorf 1966, S. 7–26.

Ders., *Kurköln* am Mittelrhein, in: Zwischen Rhein und Mosel. Der Kreis St. Goar, hrsg. im Auftrag des Landkreises von Franz-Josef Heyen, Boppard 1966, S. 49–59.

Ders., Geschichte der Stadt *Neuss*. Von den mittelalterlichen Anfängen bis zum Mittelalter I, Neuss 1975.

Ders., Niederrheinischer *Fernbesitz* an der Mosel während des Mittelalters und der frühen Neuzeit, in: Jahrbuch für westdeutsche Landesgeschichte 3 (1977), S. 61–88.

Wittrup, Aloys, Rechts- und Verfassungsgeschichte der kurkölnischen Stadt *Rheinberg*, Rheinberg 1914.

Wrede, Günther, *Herzogsgewalt* und kölnische Territorialpolitik in Westfalen, in: Westfalen 16 (1931), S. 139–151.

WUB III, WUB IV, WUB V und *WUB VII*, s. **Westfälisches Urkundenbuch**.

Wünsch, Franz Josef, Die ältere *Geschichte* Dorstens, in: Vestisches Jahrbuch, Bd. 68/69 (1966/67), S. 45–80.

Zedelius, Volker, Münzprägung in Xanten, in: Studien zur Geschichte der Stadt Xanten 1228–1978. Festschrift zum 750-jährigen Stadtjubiläum, Köln 1978, S. 47–57.

Ziegler, Heinz, Die *Kölner Mark* in neuem Licht. Mit besonderer Berücksichtigung des Normannorum Pondus, in: Hansische Geschichtsblätter 98 (1980), S. 39–60.

Zillmann, Sigurd, Die welfische *Territorialpolitik* im 13. Jahrhundert (1218–1267). Braunschweiger Werkstücke, Reihe A. Veröffentlichungen aus dem Stadtarchiv und der Stadtbibliothek 12, Braunschweig 1975.

Zotz, Thomas, Städtisches *Rittertum* und Bürgertum in Köln um 1200, in: Institutionen, Kultur und Gesellschaft im Mittelalter. Festschrift für Josef Fleckenstein zu seinem 65. Geburtstag, hrsg. von Lutz Fenske, Sigmaringen 1984, S. 609–638.

Ders., Die *Formierung* der Ministerialität, in: Die Salier und das Reich. Publikationen zur Ausstellung »Die Salier und ihr Reich«, Bd. 3: Gesellschaftlicher und ideengeschichtlicher Wandel im Reich der Salier, hrsg. von Stefan Weinfurter unter Mitarbeit von Hubertus Seibert, Sigmaringen 1991, S. 3–50.

Zwiebelberg, Werner, Die *Burgmannen* und Amtsleute der Schmidtburg, in: Jahrbuch für Geschichte und Kunst des Mittelrheins und seiner Nachbargebiete, Bd. 18/19 (1966/67), Neuwied 1968, S. 11–59.

Register

Das folgende Personen- und Ortsregister wurde in Anlehnung an das Register in den Regesten der Erzbischöfe von Köln erstellt.

a. = an	gen. = genannt	päpstl. = päpstlicher	u. = und
b. = bei	erzb. = erzbischöflich	s. = siehe	v. = von
d. = der	Min. = Ministeriale	St. = Sankt	

Aachen 13f., 117, 141, 150ff., 254, 288, 333, 345
Adam, erzb. Zöllner v. Neuss 248
Adenau 26, 31, 240
Affeln, Heinrich v., erzb. Min. 260
Ahr, Fluß
Ahrweiler, Stadt 25, 26, 30, 31, 52, 68f., 97, 122, 153, 199, 202, 204, 212, 216, 240, 285, 287, 311, 315, 318, 320, 324, 344, 350, 371
– Zoll 287
– Colvo v. u. sein Sohn Dietrich, erzb. Min. 259
Ahsen, Burg 220
– Gottfried u. Mauritius v., erzb. Min. 220
– Burgmann s. Dortmund, Graf Herbord v.
Albano, Peter v., päpstl. Legat 332
Albero gen. Cloyt, erzb. Min., Burgmann v. Hovestadt 221, 351
Albert, erzb. Min., Marschall von Westfalen 194
Albertus Magnus 340
Aleidis, Witwe des Elgerus, Burgfrau v. Are 213
Alexander, erzb. Min. 260
Alfter, Marschälle v. 121, 122
– Goswin v., erzb. Min., Marschall v. Köln 121, 122
– Gottfried v., erzb. Min., Marschall v. Köln 123
– Hermann v., erzb. Min., Marschall v. Köln 121, 123, 166, 168, 185
– Symon v., erzb. Min., Marschall v. Köln 122

Alken 36, 37, 45, 46, 107, 202, 206, 217, 311
Alpen 204, 207, 218
– Burg 218
– erzb. Min. 107, 108
– Heinrich v., erzb. Min., Herr v. Alpen 218
– Alpener Wert im Rhein 218
Alpen, Gebirge 109, 124, 128, 159, 171, 341, 343
Altena, Grafen v. 41, 202
– Graf Otto v., erzb. Lehnsmann 41, 341
Altenahr 318, 320
Altenberg, Kloster 240
Altendorf, Burg 214, 226
– Winemarus v., erzb. Min. 215, 257
– Johann v., jülicher Min. 214, 228
Altenhagen 242
Altenrüthen, Hof (s. auch Rüthen) 89,
Altenwied, Burg 28, 202, 207f., 210, 226
– Burggrafen v. 203, 207f.
Alzey, Zorno v., pfalzgräflicher Marschall 45
Ambrosius, Schreiber des Schultheißen v. Soest 234
Amel, Hof 253
Amysius, erzb. Min., Schultheiß v. Rheinberg 233
Anderburg 154, 189, 205, 209, 262, 264, 268
– Witwe des Heinrich v. d. 243
– Burggraf s. Schwansbell, Lupert v.
Andernach 30, 31, 37, 38, 46, 48, 50, 64, 65, 66, 97ff., 149f., 153, 156f., 183, 201f., 219, 230f., 249, 282ff., 289, 293, 310, 314, 317, 325, 334f.,344, 375
– Augustinerinnenkloster zu 207
– Burg 65, 66, 98, 219

Register 421

– Münze 64, 293
– Zoll 64, 281, 282, 283, 285, 334
– Schultheißen s. *Bruch*, Gottfried vom, *Straberg*, Gerhard v.
– Burgmannen s. *Engers*, Ludwig v., *Rengsdorf*, Embrich v.
– Münzmeister s. *Ludewicus*
Anrath 239
Anstel, Wald Huvel b. 328
Arberg (Aremberg), Heinrich v., Kölner Burggraf 28
Ardey, Jonathan v., erzb. Min. 260
Are-Hochstaden, Grafen v. 25, 66, 68, 177, 203, 209, 240, 251
– Schenken v. 119, 134
– Burg Are 25, 30, 49, 50, 52, 76, 134f., 148, 150, 153, 197f., 202, 207ff., 211, 213, 226, 228f., 263, 267, 374
– Heinrich v., erzb. Min., Mundschenk v. Köln 135f.,
– Hermann v., erzb. Min., Mundschenk v. Köln 32, 134, 135f., 166, 168, 180, 213, 216, 229, 267, 344
– Giselbert (Gisillo) v., erzb. Min., Truchseß v. Are 196, 198, 213
– Matthias v., erzb. Min., Mundschenk v. Köln 135f., 213
– Burgkaplan s. *Johannes*
– Burgmannen s. *Aleidis*, Witwe d. Elgerus, *Are*, Hermann u. Matthias v., *Büren*, Volcold v., *Effelsborn*, Dietrich v., *Hammerstein*, Johann v., *Heinrich*, Sohn d. Cristine, Heinrich gen. Schekere, Jakob gen. *Somer*, *Kalmunth*, Matthias v., *Mirwilre*, Philipp v., *Reinbold vom Tor d. Burg Are*, *Wadenheim*, Baldewin v.
– Präfekt s. *Heerlen*, Albert v.
Arlon, Burg 210
Arnold, Kleriker 84
Arnsberg, Grafschaft 303
– Münze 298, 307, 308, 335
– Grafen v. 42, 89, 90, 178, 302, 347
– Graf Gottfried III. v. 177, 303, 343
– Graf Gottfried IV. v. 263
Arras, Burg 210
Asbach 28
Asdonk, Heinrich v., erzb. Min. 353
Aspel, Burg s. *Rees-Aspel*
Attendorn 28, 52, 80, 82, 84, 224, 275, 299, 301, 303, 306, 308, 312, 335, 340
– Münze 299, 303, 306, 308, 335
Avesnes, Johann v. 330

Bacharach 35, 36, 37, 38, 53, 153, 157, 241, 283, 284, 285, 290, 321, 328, 334, 365
– Zoll 334
– Schultheißen s. *Bruno*, *Diebach*, Kraft v.
Bachem, Burg 215
– Niederbachem 215
– Oberbachem 215
– Ministerialen v. 128
– Antonius v., erzb. Min. 257
– Gottfried d. Ältere v., erzb. Min., erzb. Kämmerer 130f.,132, 133, 353, 354
– Gottfried d. Jüngere v., erzb. Min., erzb. Kämmerer 130f., 133
– Winrich I. v., erzb. Min., Burgherr v. Frechen, Schultheiß u. Burggraf v. Lechenich 203f., 207f., 215, 223, 229, 238, 353
– Winrich II. v., erzb. Min., Truchseß v. Hochstaden, Schultheiß v. Kempen 232, 265
Bachuve, Hufe 243
Balcheym, Hof 144
Balderich, Biograph 158
Bankiers, italienische 19
Sieneser Kaufleute s. *Bentivegni*, Arminius; *Chiarmontesi*, Turchius; *Claramontesis*, Hugo; *Lupelli*, Bonaventura; *Manentis*, Tholomeus; *Piccolomini*, Alamannus; *Piccolomini*, Bartholomeus Hugonis; *Renaldi*, Ranerius; *Rustichini*, Tholomeus
Bardenbach, Hof 124
Bardenberg, Hof 328, 339
Bassenheim, Hof 37
Baybachtal 35, 37
Bechtolsheim 151
Beckum 152f.
Bedburg 148
Belecke, Hof 312, 322f., 325
Bensberg 148
Bentivegni, Arminius, Sieneser Kaufmann 358
Berchart, Wald 248
Bereheyde, Hof 235
Berg, Grafschaft 219, 226, 295
– Herzogtum Limburg/Berg 33
– Grafen v. 23, 38, 49, 67, 177
– Graf Adolf v. Berg 177
Bergheim, Burg 42
– Heinrich v., erzb. Min., Burgmann v. Raffenberg 224, 350
Bergisches Land 49, 335
Berleburg, Münzstätte 303, 307, 335

Bernkastel 37
Bernsau, Burg
 – Gerhard v., erzb. Min.,
  Untertruchseß v. Köln 138–140, 215
Berwick (Berwich), Hof 177, 235
Beuel, Berg 215
Bielstein, Münzstätte 295, 335
 – Herren v. 365
 – Edelherr Johann v., erzb. Min.,
  Marschall v. Westfalen 171
Bigge, Fluß 28, 52
Binolen, Ant. v., erzb. Min. 260
Birsemich, Güter 353
Blatzheim, Hof 26, 27, 31, 52, 124, 204,
  217, 317, 324, 325, 353
Bodenfeld 24, 25, 149
Böckenvörde, Gerwinus v.,
 erzb. Min. 260
Böhmen, König Ottokar v., 14, 166, 348
Bönen, Burg 220
 – Lupert v., erzb. Min. 220
Bolanden, Herren v. 200, 206
 – Graf Werner v. 162, 166, 365
Bonn 28, 30, 49, 52, 63f., 97ff., 117, 122,
  126, 131, 134f., 139, 148, 150ff., 182f.,
  188, 196f., 205, 231, 233, 240, 244,
  282f., 287f., 294, 307, 310, 313f., 318,
  320, 321, 325, 334, 345, 371
 – Münze 64, 307
 – Zoll 64, 282, 283, 285, 287, 288, 334,
 – Schultheißen s. *Hase*, Adolf;
  Wadenheim, Christian v.
 – Vogt s. *Konrad*
Boppard 151
 – Simon v. 365
Borbein (Burbenne), Rudolf v.,
 erzb. Min. 260
Borgeln, Hof 235
Bornheim, Hermann v., erzb. Min.,
 Unterkämmerer v. Köln 131–133, 147
Borth 232
Bozheim (= Bourheim?), Dietrich v.,
 erzb. Min., Burgmann v.
 Hochstaden 217
Brabant 23, 24, 25, 342
 – Herzog v. 12, 23, 46, 63, 178, 339
 – Herzog Heinrich I. v. 173
 – Herzog Heinrich II. v. 174, 280
Brakel, Berthold, erzb. Min. 260
Bramberg 39
Braubach 284
Braunsberg, Grafen v. 53
 – Burg 34
 – Bruno v. 34
Braunshorn, Walter v. 38
Brechten 193

Bredelar, Kloster 29, 94, 235
Bredeney 39
Bredenole (Berenole), Erenfridus v.,
 erzb. Min., Burgmann auf
 Rodenberg 223, 350
Breisig, Ritter Conzo v. 31, 53
Bremen, Stadt 86
Brescia 34, 277, 342, 357
Brey 202
Brilon 44, 85, 221, 237, 297, 299, 306, 308,
  312, 322, 323, 335
 – Burg 85
 – Münze 85, 297, 299, 306, 308, 335
 – Gernand u. Hermann v., Ritter 85
Brockhausen, Ministerialen v. 221
 – Gottschalk v., erzb. Min.,
  Burgmann auf Hovestadt 221f., 351
Brodenbach 35
Brohl, Fluß 30
Brohltal 30
Broich, Burg 148, 328
Brothalle, Heinrich v. d.,
 erzb. Schreiber 163
Bruch, Gottfried v., erzb. Min.,
 Schultheiß v. Andernach 231
Brühl, Hof 69f., 149, 151, 153, 183, 237,
  253, 255, 256
 – Friedrich v., erzb. Min.,
  Schultheiß v. Brühl 237
 – boumeister s. *Merrig*, Reiner v.
Bruno, erzb. Min., Schultheiß v.
 Bacharach 241
Brunwardinghausen, Güter 89
Budberg, Hof 239
 – Franko v., erzb. Min.,
  Zöllner v. Rheinberg 248
 – Rembodo v., erzb. Min. 239, 260, 354
Büderich, Hof 260
 – Bernhard v. Boderike, erzb. Min. 260
 – Gottfried v., erzb. Min. 260
Büllesheim, Wüstung 324, 325
 – Gottfried v., erzb. Min.,
  Untermarschall v. Köln 122, 123,
  188
Bülleshoven, Weiler 69
Büren, Berthold v., erzb. Min.,
 Kastellan 191
 – Volcold v., Edler, erzb. Min.,
  Burgmann v. Are 213, 228, 229
Buk, Ulrich, erzb. Min.,
 Unterkämmerer v. Köln,
 Burgmann v. Lechenich 131–133, 141,
  147, 182, 214, 267
Burg, Hof 124
Burgund 159
Buschbell, Gerhard v., erzb. Min. 259

C., erzb. Min., Zöllner v. Köln 246
— Cristina, Tochter des C. 246
Caputius, Peter, päpstlicher Legat 44, 362
Champagne, Messen 159, 361, 377
— Graf v. d. 363
Chiarmontesi, Turchius,
  Sieneser Kaufmann 358
Claramontesis, Hugo,
  Sieneser Kaufmann 360
Conrad, Wildgraf 35
Conrad, erzb. Min.,
  Kämmerer in Soest 234
Conrad, Propst v. St. Guido
  zu Speyer 332
Contz 37
Cornich inferius, Wiese b. 204, 353
Corvey, Kloster 94, 122, 152, 154, 222, 223, 305
Crantz, Bruno 74
Curl, Hof 353

*D*änemark, Waldemar v.,
  Sohn des Königs Abel 333
Dahlem 253
Dalheim (b. Lüttich), Burg 24, 25, 46
Dalheim, Hof 353
Daniel gen. Jude, Kölner Schöffe 273
Dattenberg 34
Deckstein, Hof 124
de domus, Hermann, erzb. Min.,
  Schultheiß v. Deutz 238
Desenberg, Burg 220, 226
— Burgmann s. *Spiegel,* Hermann
  d. Jüngere u. Hermann d. Ältere

Deutsche Kaiser u. Könige
  Albrecht I. 216, 283
  Friedrich I. (Barbarossa) 64, 82, 281, 293
  Friedrich II. 14, 23, 34, 316, 329, 342, 358, 368
  Heinrich Raspe v. Thüringen 13, 329
  Konrad IV. 24, 25, 30, 74, 282, 329, 377
  Richard v. Cornwall 13, 14, 151, 167, 330, 348, 362
  Ruprecht v. d. Pfalz 170
  Wilhelm v. Holland 13, 14, 31, 40, 44, 77, 150, 151, 153, 158, 329, 330, 331, 336, 347, 362

Deutsches Reich 12, 14, 15, 34, 39, 130, 166, 271, 356, 365, 368, 369, 370, 371, 375, 377
Deutschland 290, 355, 360

Deutz 33, 49, 67, 80, 100, 124, 131, 134, 211, 226, 238, 287, 288, 294, 308, 311, 318, 320, 325, 326, 333
— Burg 33, 49, 67, 100, 211, 226, 238, 308, 333
— Münze 307
— Zoll 287
— Dietrich v., erzb. Min.,
  Schultheiß v. Deutz 238
— Ludwig v., erzb. Min.,
  Schultheiß v. Deutz 238
— Schultheißen s. *Deutz,* Dietrich v., *Deutz,* Ludwig v., *de domus,* Hermann, v. *Lisolfskirchen,* Constantin
Deventer 151
Diebach 36, 241, 328, 365
— Kraft v., erzb. Min.,
  Schultheiß v. Bacharach 241
Diemel, Fluß 53, 86, 94
Dierdorf 34
Diest, Arnold v. 25
Diestedde 152, 154, 183, 223
Dietrich, Edler 34
Dietrich, Bonner Scholaster 167
Dietrich, erzb. Min.,
  Schultheiß v. Lechenich 214
Dinker, Johann u. Peter,
  erzb. Min. 170, 353
Dordrecht 273
Dormagen 149, 238, 289
Dorne, Hermann u. Gobelin,
  erzb. Min. 259
Dorsten 79, 80, 100, 236, 237, 313, 316, 371,
— Burg 80
— Münze 80
Dortmund 14, 40, 56, 79, 88, 188, 193, 195, 218, 220, 242f., 260, 289, 303, 311, 318, 320
— Graf Herbord v., erzb. Min.,
  Burgmann auf Ahsen 220
Drachenfels, Burg 203, 207, 208
— Gottfried v., erzb. Min.,
  Burggraf v. Drachenfels 203, 208
Drolshagen 28, 29, 187, 312, 339f.
— Zisterzienserkloster 187
Düren, Stadt 25
Duisburg 129
— Heinrich v., erzb. Schreiber 164
Dulcis, Werner, erzb. Min. 259
Durbuy, Besitztümer 210

*E*bbewald 28, 328, 340
Eberstein, Otto v. 23
Ecka, Burg 49, 202, 344
— Herr d. Burg s. *Kalmunth,* Matthias v.

Ederen, Reinhard v., erzb. Min.,
  Truchseß v. Hochstaden, Schultheiß
  v. Rheinberg   196, 198, 233, 265
Effelsborn, Dietrich v., erzb. Min.,
  Burgmann v. Are   213
Ehrenbreitstein, Burg   158, 210
Eichenscheidt, s. Eykenscheit
Eifel   25, 29, 49, 53, 149, 197, 226
Ekbert, erzb. Min.,
  Burgmann v. Hardt   211, 350
Elberfeld, Hof   38, 124, 152, 219, 239, 244
  – Burg   219
  – Conrad v., erzb. Min.,
    Marschall v. Westfalen   219
  – Vogt s. *Heppendorf*, Arnold v.
Elbert u. Sohn, Vögte v. Rheinberg 233
Elsbruch b. Rees   57
Elslo, Alexander v., Kölner
  Kanoniker   144
Elspe, Helmwich v., erzb. Min.,
  Burgmann v. Rüthen   171, 225
Elverich, Güter zu   354
Embe, Dietrich v. gen. Vulpes, erzb.
  Min., Schultheiß v. Lechenich   238
Emmerich   57
Emscher, Fluß   32, 341
Engers, Ludwig v., erzb. Min.,
  Burgmann v. Andernach   219
Engländer   159
Ennepe, Fluß   154, 194, 243
Eppendorf s. *Heppendorf*
Eppstein, Edler Gottfried v.   30
Erehoven, Jakob v., erzb. Min.   259
Erft, Fluß   25, 26, 29, 30, 43, 49, 62, 124,
           128, 131, 138, 203, 204, 215, 226, 237,
                          253, 259, 318, 323–325
Erwitte   44, 192, 322
  – Herren v.   93
  – Söhne des Rudolf v., erzb. Min.,
    Burgmann v. Rüthen   225
Esch, Pfarrei   163
  – Hof b.   353
Essen   28, 39, 40, 41, 44, 45, 50, 51, 85, 94,
          96, 151, 166, 167, 259, 318, 320, 341,
                                         344
  – Burg   39
  – Äbtissin Berta v.   40
  – Mundschenk v., erzb. Min.,
    Burgmann v. Isenberg   351
Estas, Dietrich, erzb. Min.   258
Euskirchen   24, 26, 29, 31, 32, 42, 66, 69,
            134, 153, 163, 211–214, 216, 217, 240,
                          253, 258, 259, 318, 364
Everstein, Graf Konrad v.   41, 289
Eykenscheit, Werner v., erzb. Min. 259
Eylich   311, 314, 328

F*irmenich*, Güter zu   212
  – Dietrich v., erzb. Min.,
    Burgmann v. Hart   211, 212
Fischbach   204, 353
Flaarne, Gerhard, erzb. Min.   259
Flaesheim, Kloster   29, 40
Flamersheim   324, 325
Flandern   14, 134, 168, 185
  – Margarethe v.   165, 169
Flechtdorf, Kloster   29
Flerke   354
Flore, Heinrich v., Neusser Bürger,
  erzb. Lehnsmann   354
Florenz   356
  – Kaufleute v.   162, 360
Forst, Hermann v., erzb. Min.,
  panetarius v. Köln, Schultheiß
  v. Lechenich   141–143, 238, 267
  – Heinrich v., erzb. Min.,
    Schultheiß v. Frechen   238
Frankfurt   13, 24, 150, 151, 158, 289, 330,
                                   342, 347
Frankreich   364
Frechen, Burg   128, 151, 215, 259, 353
  Burgherr s. *Bachem*, Winrich I. v.
  Schultheiß s. *Forst*, Heinrich v.
Freilassing, Bistum   332
Freusburg   52
Friesen   330
Friesheim, Ekbert v., erzb. Min.,
  Burgmann v. Hochstaden   217f.
  – Nicolaus v., erzb. Min.   259
Frimmersdorf   138, 187, 195, 203
Friso, Conr., erzb. Min.   260
Fürstenberg, Burg   36
Füssenich   311, 314, 328
Fulda, Abtei   331, 342, 343

G*ahlen*, Rutger v., erzb. Min. 260
Garthof, Fläche in Vreden   83
Geich   253, 311, 314, 328
Geirstorp, Heinrich v., erzb. Min.,
  Kölner Bürger, Burgmann v.
  Hochstaden u. Geirstorp,
  Reinhard v., sein Bruder   218
Geldern, Grafen v.   61, 153, 175
  – Graf Otto v.   175, 188
Gelmen, Hof   155, 156
Gembloux, Abt Wibert v.   113, 256
Gerhard, Münzer v. Medebach   87
Gerhard, Münzer v. Köln   125, 258
Gerhard gen. P., erzb. Min.,
  Burgmann v. Lechenich   214
Gerlagus, erzb. Vogt v. Medebach   86
Gertrud, Sohn d.   354

Gervasius, erzb. Min. 260
Geseke 44, 93, 94, 96, 149, 301, 312, 322, 324, 325
– Äbtissin v. 191, 300, 301
Gevelsberg, Kloster 243
Gielsdorf 28
Gisenhoven, Weiler 68
Glehn, Hof 165
Glinde, Jakob v., erzb. Min. 260
Godesburg, Burg 49, 50, 76, 150, 214, 344
– Burgmann s. *Leutesdorf,* Werner v.
Gönnersdorf 202
Goswin v. Köln, Domdekan 167
Gottfried, erzb. Min. 260
Gottfried, erzb. Schreiber 163, 164, 166
Gottfried, erzb. Min.,
Marschall v. Westfalen 190, 194
Gottschalk, erzb. Schreiber,
Kanoniker v. St. Mariengraden 162f., 163, 357, 358
Grafschaft, Kloster 81, 82
– Edler Adolf v. 303
Grevenbroich 247, 324f.
Grimburg, Burg 210
Grimlimghausen, Hof 165, 289
Grin, Reiner, erzb. Min., Kölner Bürger, Burgmann v. Lechenich 214, 218, 258
Grue, Peter v., erzb. Min., Zöllner v. Köln, Kölner Bürger, Burgmann v. Hochstaden 218, 229, 246–249, 365
Grue, G. v. 247
Guntersblum 35

H., erzb. Min., Truchseß v. Are 213
Haan, Hof 239
Hagen, Hof 242, 244, 260
– Gerhard v., erzb. Min. 260
Hagen, Magister,
Burgmann v. Raffenberg 350, 351
Hagestolde, Wald 254, 255
Hake, Randolf v., erzb. Min. 242
Haldern, Hof 240
– Schultheiß s. *Lambert*
Hallenberg, Burg 50f., 80, 81, 84, 100, 192, 226, 312, 322, 324, 325, 371
– Burgmann s. *Medebach,* Wigand v.
Hammerstein, Burg 30, 37, 53, 202, 295
– Johann v., erzb. Min.,
Burgmann v. Are 213
– Salko v. 365
Hardehausen, Kloster 94
Hardung, Bürger v. Soest 300
Hart, Burg 25, 26, 49, 50, 52, 126, 134, 141, 145, 196, 197, 198, 211–213, 216, 226, 228, 263, 350, 374

– Adam v., erzb. Min.,
Drost v. Hart 197, 211, 212
– Jakob v., erzb. Min.,
erzb. Burgmann v. Hart 212
– Renerus v., erzb. Min.,
Truchseß (Drost) v. Hart 197, 198
– Walter v. d., erzb. Min.,
Küchenmeister v. Köln 144, 145
– Burgmannen s. *Ekbert; Firmenich,* Dietrich v.; *Hart,* Adam, Renerus u. Jakob v.; *Kessenich,* Walter v.; *Kuchenheim,* Erben des Walwanus v.; *Mumesheim,* Dietrich v.; *Radelsheim,* Heinrich v.; *Ringsheim,* Gottfried v.; *Ruckesheim,* Walter v.; *Wachendorf,* Dietrich u. Embrich v.
Hartenfels, Burg 34
Hartmuth, Münzmeister v.
Medebach 298
Hase, Adolf, erzb. Min.,
Schultheiß v. Bonn 231
Hattenecke, Güter v. 350
Hattrop, Hof 235, 323
Heddinghoven, Werner v., erzb. Min.,
Burgmann v. Lechenich 214
Heerlen, Albert v., erzb. Min.,
Präfekt d. Burg Are 195
Heesen, Goswin v., erzb. Min.,
Burgmann v. Hovestadt 222
Heide, Hof 70
Heimbach, villa b. St. Goar 35, 36, 43
Heimbach, Burg 214
Heinrich, Sohn d. Cristine,
erzb. Min., Burgmann v. Are 213
Heinrich gen. der Zöllner,
erzb. Min., Zöllner v. Köln,
Kölner Bürger, Schöffe 246, 248
Heinrich, Sohn d. Emma,
erzb. Min. 259
Heinrich gen. Schekere, erzb. Min.,
Burgmann v. Are 213
Heinrich gen. v. Köln, erzb. Min.,
Burgmann v. Rodenberg 223, 228, 258
Heinsberg, Herr Heinrich v. 27, 215
– Philipp v. s. *Kölner Erzbischöfe*
Heisterbach, Kloster 29, 31, 187, 240, 282, 345
– Caesarius v. 357
Hellweg, Heerstraße 38, 40, 43f., 50, 91, 93, 154, 288, 289
Helmarshausen 86, 134, 226, 286, 287, 307, 313, 322, 335
– Abt v. 304
– Münze 307
– Zoll 287
Hemborch, Burg 221

Heppendorf, erzb. Min. v. 124, 126, 219, 234, 239, 326
– Arnold v., Vogt v. Elberfeld 239
– Gerhard II. v., erzb. Min., Kölner Stadtvogt 125f., 188
– Rutger v., erzb. Min., Kölner Stadtvogt 126f.
Herderinchusen, Gerhard v., erzb. Min., Burgmann v. Recklinghausen 226
Here, Hermann, Richter v. Soest
Herenke, Lutbert v., erzb. Min. 260
Herford 44, 95, 100, 134, 135, 144, 149, 183, 192, 242, 285, 287, 305–307, 313, 335
– Münze 305–307
– Äbtissin v. 305
– Äbtissin Ide v. 305
Hermann, Schreiber des Marschalls Hunold v. Ödingen 262
Hermann, Ritter 354
Hermann gen. *Comes*, Kölner Bürger u. erzb. Min. 258
Hermülheim 251, 353
– Antonius v., erzb. Min. 107
Herschbach 34
Hiddingsen, Hof 155
Hilden, Hof 124, 188, 239
– Dietrich v., erzb. Min. 188
Himmerod, Kloster 190
Hindeking, Hof 205
Hochstaden, Burg 25, 49, 50, 134, 138, 197, 198, 203 (Neu-Hochstaden), 207, 208, 211, 217, 226, 228, 229, 263, 267, 344, 374
– Grafschaft 25f., 26, 48, 52, 66, 180, 186, 194, 213, 216, 245, 338, 339, 364, 368, 371, 373, 374
– Ministerialen v. 262
– Arnold v., erzb. Min., Marschall v. Westfalen, Truchseß v. Burg Waldenburg 50, 80, 83, 84, 191–198, 247, 365
– Berta v., Witwe des Dietrich 26
– Dietrich v. 25
– Ensfried v., erzb. Min., erzb. Truchseß, Burgmann v. Hochstaden 138–140, 196, 267, 353
– Ensfried u. Bruno v., erzb. Min., Burgmannen v. Hochstaden 217
– Friedrich v., Propst v. St. Mariengraden
– Gottfried v., erzb. Min., Burggraf v. Hochstaden 203, 208
– H. *Bollardo* v., Bruder des Winand, erzb. Min., Burgmann v. Hochstaden 218

– Winand, gen. *Bollart* v., erzb. Min., Burgmann v. Hochstaden 165, 217
– Truchseß s. *Bachem*, Winrich II. v., *Ederen*, Reinhard v., *Hochstaden*, Ensfried v.
– Burggraf s. *Hochstaden*, Gottfried v.
– Burgmannen s. *Bozheim* (Bourheim?), Dietrich v., *Friesheim*, Ekbert v., *Grue*, Peter v., *Geirstorp*, Heinrich u. Reinhard
Hörde, Burg 220
– Johannes v., erzb. Min., Drost v. d. Waldenburg, Marschall v. Westfalen 28, 189, 195, 197, 262
– Albert v., erzb. Min. 220, 257
Höxter 94, 220
Hollig 42
Holte, Burg 40, 41, 53, 149, 341, 363
– Edle v. 40
– Mechthild v. 40
– Heinrich v. 233
Holthausen, Ministerialen v., Burgmannen v. Hovestadt 221
Hombroich, Edler Wilhelm v. 364
Honhus, Konrad, erzb. Min., Burgmann v. Recklinghausen 226
Honnef, Burg 215, 226, 229
– Heinrich v., erzb. Min., Burgmann v. Honnef 215, 229
Honrode, Dietrich, erzb. Min., Burgmann v. Hovestadt 222
Hovestadt, Burg 50, 91f., 126, 151, 163, 183, 221f., 226, 228, 243, 351
– Burgmannen s. *Albero* gen. *Cloyt*, *Rodenberg*, Kinder des Ritters Heinrich v., *Brockhausen*, Gottschalk v., *Lüdinghausen*, Hermann Wolf v., *Heesen*, Goswin v., *Honrode*, Dietrich v.
Hovet, Herbord, erzb. Min., Burgmann v. Recklinghausen 225f.
Hücheln 324f.
Hülchrath 197f., 263, 311
– Truchseß v. 197f.
Hüls, Burg 219
– Heinrich v., erzb. Min. 218
– Geldolfus u. Johannes v., erzb. Min. 219
Hürth 215
– Heinrich v., erzb. Min. 259
Hunsrück 34f., 37, 217

I*mescheide*, Wilhelm v., erzb. Min., Burgmann v. Raffenberg 224, 350
Ingenfeld, Hof 247, 249, 365

Isenberg, Burg 34, 37, 39 (Neu-Isenberg), 175, 178, 197, 198, 351
– Graf v. 12, 39, 41, 53
– Graf Dietrich v. 39, 41, 42
– Truchseß s. *Vitinghofen*, Heinrich v.
Isenburg, Grafschaft 53, 158
– Heinrich v. u. seine Frau Mechthild 27, 30, 34, 339
– Dietrich v. 34
– Herren v. 371
Iserlohn 224
Italien (Reichs-Italien) 73, 109, 162, 167, 186, 275, 290, 342, 349, 355, 357, 361, 377
Itter, Burg 41, 53

Jakob gen. Somer, erzb. Min., Burgmann v. Are 213
Johannes, Münzmeister v. Soest 300
Johannes, Burgkaplan v. Are 153, 200
Johannes gen. Colve, erzb. Min., Burgmann v. Schmallenberg 82, 90, 353
Johannes, mag., cancellarius v. Köln 161
Johannes, Sohn des Marsilius, Kölner Bürger 364
Johannes, Schuster v. Soest 155
Johannes, erzb. Min., Kölner Bürger 258
Johannes, erzb. Min., Küchenmeister v. Köln 144, 145
Jude, Mechthild 325
Jülich, Grafschaft 27, 29, 31, 49, 52, 66, 148, 151, 214, 216f., 317, 342
– Burg 43
– Grafen v. 124, 128, 149, 177f., 185, 214, 280, 317, 344f.
– Graf Wilhelm IV. v. 12, 24, 25, 26, 27, 30, 31, 42, 43, 46, 47, 48, 52, 74, 141, 172, 174, 289, 343, 346
– Graf Walram v. 26, 167, 175, 338, 339

Kaiserswerth, Burg 31, 33, 53, 150, 354, 318, 320
– Gernand v., Burggraf 31
– Ehrenfried v., erzb. Min. 259
Kallenhardt, Hof 322, 324, 328
Kalmunth, Edler Matthias v., erzb. Min., Burgmann v. Are, Herr d. Burg Ecka 202, 213, 229, 344
Kamp, Kloster 187, 239
Karl d. Große 157
Karolinger 274
Kassel 80, 82

Kattenes, Hof 46
Kehn 239
Kell, Wälder v. 156
Kempen 190 (Land), 244, 261 (Land), 309, 314, 315, 311, 321
– Schultheiß s. *Bachem*, Winrich II. v.
Kendenich, Burg 215
– Edler Philipp v., erzb. Min. 215
Kerpen, Johannes v., erzb. Min. 259
Kessel, Heinrich v. 61
Kessenich, Güter v. 212, 258
– Reinard v., erzb. Min. 258
– Walter v., erzb. Min., Burgmann v. Hart 211, 350
Kirspenich, Güter v. 350
Kleve 32, 40, 56, 150, 166, 187, 219, 236, 240, 293, 334
– Grafen v. 32, 38, 40, 53, 56, 58, 79f., 82, 98, 149, 176, 218, 234, 284, 345
– Graf Dietrich VI. v. 32, 33, 58, 79
Klosterrath, Kloster 345
Knechtsteden, Kloster 149
Koblenz 28, 37, 150, 156, 158, 200, 289, 327

Köln
Erzbistum passim
Erzstift passim
Köln-Westfalen, Doppelherzogtum 15, 19, 52, 55, 139, 155, 183, 261, 366, 371, 375, 377

Kölner Erzbischöfe
Adolf v. Altena 89
Arnold I. v. Wied 86
Engelbert I. v. Berg 55, 67, 77, 78, 84–86, 92f., 95f., 116, 160, 162, 173, 190, 223f., 230, 262, 286, 297
Engelbert II. v. Falkenburg 13, 61, 81, 104, 188, 197, 204, 211, 315, 317, 363, 364
Friedrich I. v. Schwarzenburg 205
Heinrich v. Müllenark 22, 36, 55f., 59f., 65, 67, 88f., 90f., 94, 205, 223, 236, 241–243, 267, 280, 282–284, 357, 366
Heinrich II. v. Virneburg 114
Konrad v. Hochstaden passim
Philipp v. Heinsberg 65, 70, 82, 113, 256, 274, 278, 347
Rainald v. Dassel 64f.
Siegfried v. Westerburg 13, 60, 65, 70, 87, 93, 104, 159, 189, 202, 204f., 212, 220, 221f., 224, 230, 248, 257, 273, 317, 323, 340, 350, 367
Sigewin 293
Wikbold v. Holte 65, 199, 207, 216, 220f., 225, 256, 264, 283, 300

Kölner Domkapitel 31, 88, 160, 163f., 168
– Dietrich, Domkanoniker v. Köln 358
– Erzb. Min. passim
Marschälle s. *Alfter*, Goswin,
   Hermann u. Symon v., *Büllesheim*,
   Gottfried v., *Reinhardt*
Kölner Stadtvögte s. *Heppendorf*,
   Gerhard II. u. Rutger v.
Kämmerer s. *Bachem*, Gottfried
   d. Ä. v., Gottfried d. J. v., *Bornheim*,
   Hermann v., *Buk*, Ulrich
Mundschenken s. *Are*, Hermann,
   Heinrich u. Matthias v., *Rotheim*?,
   Franco v.
Truchsessen s. *Bernsau*, Gerhard v.,
   Hochstaden, Ensfried u. Arnold v.,
   Münchhausen, Dietrich v.
Küchenmeister s. *Hart*, Walter v. d.,
   Johannes, *Straberg*, Gerhard v.
panetarius s. *Forst*, Hermann v.
Zöllner s. Grue, Peter u. G. v.;
   Gerhard; C.; Heinrich gen. d. Zöllner
Türwächter s. *Lechenich*, Gobelin v.
cancellarius s. *Johannes*, *Müllenark*,
   Gerhard v.
erzb. Schreiber s. *Duisburg*, Heinrich
   v., Gottfried, Gottschalk, Pilgrim
Offizial s. *St. Severin*, Andreas v.
Stadt passim
Hacht 73, 125
Erzb. Hof 112, 113, 114, 115, 116, 117,
   118, 120, 142, 159, 174, 175, 176, 177,
   178, 179, 180, 183, 185, 203, 220, 224,
   231, 348, 363, 369, 372, 374
Erzb. Palast 73, 134, 179, 265
Pfalz 160

Kölner Stifte, Klöster, Kommenden, Abteien, Kirchen
Johanniterkommende 364f.
St. Andreas 162
– Kanoniker v., Dekan v. (s. auch
   Pilgrim) 162, 164
St. Apostelnstift 70, 299, 300
St. Georg 167
– Dieter, Scholaster v. 358
St. Gereon 125
St. Mariengraden 162
– Magister Gottschalk v. (s. auch
   Gottschalk) 358
– Propst v. s. *Hochstaden*, Dietrich v.
St. Pantaleon 116, 211, 345
– Abt Hermann v. 345
St. Severin 165
– Andreas, Magister, Scholaster v.,
   erzb. Offizial 165

– Heinrich, Propst v. 358
– Siboth, Magister, Kanoniker v. 358
St. Ursula 345

Königsfeld 202
Königswinter 188, 203, 205, 240, 311, 314
– Hapernus, Hermann, Wipertus,
   Winnemarus v., erzb. Min. 240
Kogelnberg, Burg 122, 152, 154, 177,
   222, 223
Kommern, Hufen v. 353
Konrad, Vogt v. Bonn 231
Korbach 41, 85, 86, 114, 292, 298, 304,
   307, 335
– Münze 292, 304, 307
Kothausen, Johann v., Neusser
   Bürger u. erzb. Lehnsmann 325
Kotthausen, Güter v. 243
Kovoldeshoven, Winand v.,
   erzb. Min. 259
Kreiz, Hermann, erzb. Min. 258
Kruckenburg 86, 222, 226, 286
– Burgmann s. *Spiegel*, Hermann d. J.
Kruft, Hof 156, 157
Kuchenheim, Burg 32, 33, 49f., 134f., 212,
   216, 226, 229, 344
– Erben des Walwanus v., erzb.
   Min., Burgmann v. Hart 211, 350
Kyll 253

Laach, Hof 156f.
Lahn, Fluß 152, 154, 158, 290
Lahneck, Burg 152, 154
Lambert, erzb. Min.,
   Schultheiß v. Haldern 240
Landskron, Burg. Zu den Burggrafen
   s. *Sinzig-(Landskron)* 31, 33
Lechenich, Burg u. Stadt 24, 42, 69f., 76,
   99, 122, 138, 141, 149, 153, 183, 203,
   204, 207f., 214, 237, 238, 245, 251, 253,
   255, 265f., 311, 314
– Burg 69, 76, 214
– Gobelin v., erzb. Min.
   Türwächter am Kölner Hof 256
– Schultheißen s. Embe, Dietrich v.
   gen. Vulpes, *Forst*, Hermann v.
– Schultheiß u. Burggraf
   s. *Bachem*, Winrich I. v.
– Burgmannen s. *Buk*, Ulrich,
   Grin, Reiner, *Heddinghoven*,
   Werner v.; Dietrich; Gerhard gen. P.
Leiningen, Grafen v. 341
– Friedrich v. 35
Lemgo, Münze 302
Leubsdorf 28, 34, 52

Leutesdorf, Werner v., erzb. Min.,
  Hüter d. Godesburg 214
Leuth 149
Leye, Burg 36, 131, 341
  – Herren v. 36
Lichtenfels, Burg 94, 223
Limburg, Herzogtum 24, 33,
  125 (holländische Provinz), 340
  – Herzog v. 23, 30, 32, 33, 68, 176, 178,
    211 (Graf v. Berg), 345
  – Truppen v. Limburg 66
  – Heinrich IV. v. 33, 173
  – Walram IV. v. 33, 173, 277
Limburg an der Lahn, Stadt 37, 289
Lindenbike, Gerhard v., erzb. Min. 260
Linn 311
Linz am Rhein 28, 31, 34, 139, 152, 289,
    311, 318
Lipo, Heinrich, Witwe des
  Soester Bürgers 354
Lippe, Fluß 12, 22, 38, 40, 50, 53, 58, 79,
    83, 151, 163, 221, 289
Lippe, Graf Bernhard III. v. d. 298
Lippinchof, Hof 242
Lippstadt 95, 297
  – Münze 297
Lisolfskirchen, Constantin v., erzb.
  Min., Schultheiß v. Deutz 238
Lo, Gerhard v., Vogt v. Rheinberg 233
  – Heinrich u. Berthold v.,
    erzb. Min. 259
Lösnich, Hof 241
  – Johann v., erzb. Min., Amtmann v.
    Zeltingen-Rachtig 190, 261, 262
Lövenich, Hermann v., erzb. Min. 259
Lohne, Heinrich v., erzb. Min.
  v. Soest, Burgmann v. Rüthen 222, 225
Lombarden 356
Lommersum 345
  – Peter u. Dietrich v., erzb. Min. 258
London 151, 330, 348, 369
Longerich, Hof 124
Longus, Gerhard, erzb. Min. 259, 353
Loreley-Kreis 284
Luchte, Wälder v. Rheinberg 248
Ludewicus, erzb. Münzmeister v.
  Andernach 293
Lüdinghausen, Burg 222, 322
  – Ritter v. 222
  – Hermann Wolf v., erzb. Min.,
    Burgmann v. Hovestadt 222
Lügde, Burg u. Stadt 95f., 306, 307, 322,
    335
  – Münze 96, 306, 307
Lünen, Burg 44
Lürich 328, 353

Lüttich, Bistum 23, 333
  – Stadt 149–151
  – Archidiakon Marcoald v. 360
Lüttingen, Hof 116
Lupelli, Bonaventura,
  Sieneser Kaufmann 358, 361
Luxemburg, Grafschaft 210
  – Grafen v. 210, 341
  – Heinrich, Herr v.,
    Markgraf v. Arlon 36
Lyon 150, 329

Maas, Fluß 12, 46, 302, 370, 371
Maastricht 289
Macken 35
Maifeld 37
Mainz, Erzbistum 34, 35, 150, 154, 331, 332
  – Stadt 150f., 157, 177, 347
  – Erbischöfe v. 149, 152, 332
  – Siegfried v., Erzbischof 331
Malmedy 253
Manderscheid, Burg 210
Manentis, Tholomeus,
  Sieneser Kaufmann 363
Mansfeld, Kreis 166
Manubach 241
Maria Laach (s. auch *Laach*), Abtei 37, 46,
    149, 155, 156, 202, 230
Marienforst, Kloster 231
Marienthal, Kloster 69, 285
Mark, Grafen v. d. 41f., 176–178, 190,
    220, 225
Marsberg (Obermarsberg) 94f., 114
  – Münze 95, 292, 303, 307, 335
  – Burgmann s. *Aspel*, Adam v.,
    s. *Rees-Aspel*
Mayen 37, 66
Medebach 81, 86f., 237, 287f., 298, 306,
    308, 312, 322f., 335
  – Münze 87, 298, 306, 308
  – Zoll 287, 288
  – Wigand v., erzb. Min.,
    Burgmann v. Hallenberg 87, 226
  – Vogt s. *Gerlagus*
  – Münzer s. *Gerhard*, *Hartmuth*
Meer, Kloster 246
Meinerzhagen 28, 312, 340
Meinhövel, Gottfried v., erzb. Min. 260
Menden, Hof 176, 192, 223, 243, 245
  – Schultheiß s. *Rodenberg*, Goswin v.
Menzelen, Hof 239
  – Schultheiß s. *Rossenray*, Heinrich v.
Merheim, Hof 289
Merkenich, Hof 289
Merklinghausen 80

Merrig, Hof 70, 124, 353
 – Reiner v., erzb. Min.,
   »boumeister« v. Brühl 237
Mersburden, Hof v. Zülpich 66
Merzenich 124
Meschede 225
 – Gottfried u. Gobelinus v.,
   erzb. Min. 260
Metternich 34
Mettmann 49, 50, 148, 188
Meyerich, Hof 324f.
 – Heinrich v., erzb. Min. 188, 257
Millingen, Güter 353
 – Gottschalk v., erzb. Min. 259
Minden 332
Minrico, erzb. Min., Schultheiß v.
   Schwelm 243
Mirwilre, Phil. v., erzb. Min.,
   Burgmann v. Are 213
Möhne, Fluß 89
Moers, Grafen v. 239
Monschau, Berta v. 211
Montabaur, Grundherrschaft 252f., 253
Monterberg, Burg 32
Mosel, Fluß 14, 31, 34f., 37f., 45, 53, 107,
   206, 208, 216f., 261
Mühlfort, Gottfried v., Chorbischof 166
Müllenark, Burg 161
 – Mechthild v., Nichte des
   Konrad v. Hochstaden 26
 – Gerhard v., erzb. Keppler 161, 164
 – Arnold v., erzb. Min.,
   Schultheiß v. Xanten 233
 – s. **Kölner Erzbischöfe**, Heinrich
   v. Müllenark
Müllingsen, Hof 155
Münchhausen, Burg 216, 226
 – Dietrich v., erzb. Min.,
   Untertruchseß v. Köln 138f., 140, 216
Münster 83, 86, 297, 332
 – Bischof v. 224, 320
 – Bischof Ludolf v. 297
 – Bischof Otto II. v. 44, 83, 297
Münstereifel 25f., 240, 244, 259, 314
 – Chorbischof Gottfried, Propst v. 166
Mulenmersch, Fläche v. Vreden 83
Mumesheim, Dietrich v.,
   erzb. Min., Burgmann
   v. Hart 211, 350
Myllendonk, Edelherren v. 168
 – Edelherr Dietrich v. 166f., 280, 343

Nahe, Fluß 35, 241, 283, 290
Namedy, Wälder v. 156
Nassau, Kondominat in Siegen 67
 – Stadt 158
 – Grafen v. 30, 68, 175f., 185, 320
 – Graf Heinrich I. v., erzb.
   Lehnsmann, Bannerträger des
   Erzbischofs v. Köln 67
Neheim-Hüsten 223, 260
 – Münze (Neheim) 299
 – Hermann v. Neheim, erzb. Min. 260
 – Wilhelm v. Neheim, erzb. Min.,
   Burgmann v. Rodenberg 223, 350
 – Johann(es) v. Neheim, erzb. Min.,
   Burgmann v. Rodenberg 223, 350
Neuenlimburg, Burg 224
 – Graf v. 242
Neuerburg (Kr. Neuwied), Burg, 28, 197, 198
 – Ludwig, erzb. Min.,
   Walpode v. d. 198
Neuerburg (Kr. Wittlich), Burg, 210
Neumagen, Güter v. 341
 – Edler Meffred v. 36, 241
Neuss, Stadt 12, 39, 44, 50f., 56f., 60–64,
   97, 99, 117, 122, 125f., 138, 145,
   149–151, 153, 165, 182f., 187, 189, 197,
   238, 248f., 251, 254, 260, 280f., 283,
   285, 287–289, 294, 307f., 310, 314, 318,
   320f., 323–326, 328, 334, 344f., 353
 – Münze 307
 – Zoll 57, 62, 64, 189, 280f., 283,
   285, 287f., 334, 345
 – Zollburg 50f., 62, 344
 – Stift St. Quirin 61
 – Schultheißen s. *Straberg*,
   Gerhard v., *Schwansbell*, Lupert v.
 – Lotse s. *Th*.
 – Bürger s. *Flore*, Heinrich v.,
   Kothausen, Johann v., *Schwansbell*,
   Lupert v.
 – Zöllner s. *Adam*
Neustadt/Wied 28
Nickenich, Wälder v. 156
Nideggen, Burg 24, 39, 42f., 45, 52, 149, 191, 343
 – Schenken v. 119
Niederbreitbach, Burg 28
Niedermörmter 57
Niehl, Hof 124, 289
Niers, Fluß 61
Nievenheim 144
Nippes, Hof 289
Nister, Güter 34
Nörtershausen 46
Nötten, Hof 155
Nürburg, Burg 25, 31, 49f., 52, 311, 340, 344
 – Herren v. 31

Register

Nuhne, Fluß
Nuz, Brüder 239

Oberdollendorf 187
Oberfell 46
Oberkassel 325
Oberwesel 290
Odenkirchen, Burg 64, 204, 208, 328
– Gerard u. Rabodo v. 204, 353
Odylia, Witwe des Johann v. Hörde 262
Ödingen, Hunold v., erzb. Min.,
  Marschall v. Westfalen 193, 194, 195, 262
Oer, Hof 88
– Hermann v. (Oie), erzb. Min.,
  Schultheiß v. Schwelm 243
Oestinghausen, Hof 235
Ohsen, Burg 41, 290
Olbrück, Burg 30, 37, 202
Olpe 29, 84, 171, 187, 195, 197, 224, 301, 312
Orsoy, Zoll 32, 149, 284
Osnabrück, Bistum 96, 150, 196, 223, 234, 332
– Bischof v. 152
– Bischof Engelbert v. 39
Osning, kölnischer Wildbann 117, 253–255
Ossenberg, Güter v. 353
Ostervelde, Hof 312, 315, 322, 324f., 325, 328
Overstolz, Kölner Geschlecht d. 247

Padberg, Burg u. Stadt 85, 100, 197f., 223f., 371
– Albert v., Truchseß v. Padberg 198
– Anselm v., erzb. Min.,
  Kämmerer v. Köln 224
– Gottschalk d. Ä. v., erzb. Min. 223
– Gottschalk d. J. v., erzb. Min.,
  Kämmerer v. Köln 87, 224
– Johann v., erzb. Min. 87
Paderborn, Bistum 43, 44, 85, 94, 150, 342
– Münze 18, 304 (Währungsgebiet), 305, 307
– Bischof v. 305
– Bischof Simon v. 12, 43–46, 78, 85, 92, 94, 96, 153, 177, 193, 227
Päpste 13f., 23, 34, 44, 46, 150, 166, 193, 356
– Alexander IV. 45
– Gregor IX. 358, 361
– Innocenz IV. 30, 84, 167, 329, 332, 360

Palmersdorf, Hof 70
Petrus, erzb. Min. 260
Petternich, Hof 42, 43
Pfalzgraf 12, 37, 46, 48, 53, 107, 216
– Otto v. Wittelsbach 36, 45
Piccolomini, Alamannus, Sieneser
  Kaufmann 358
Piccolomini, Bartholomaeus Hugonis,
  Sieneser Kaufmann 360
Pil., erzb. Min., Burgmann v. Wanlo 217
Pilgrim, erzb. Schreiber, Kanoniker
  u. Dekan v. St. Andreas 162–164
Pingsdorf, Hof 70, 124
Pinro, Bürger v. Paris 363
Plettenberg, Hermann v., erzb. Min. 118
– Hunold v., erzb. Min.,
  Burgmann v. Rodenberg 223, 350
– Heidenreich v., erzb. Min. 257f.
Prag 151, 163, 166, 184, 348, 369
Provins 361
Prüm, Abtei 37, 68
– Lehen v. 26, 52, 175, 216, 314, 338
Puderbach 34
Putzlar, Herr Wetzelo v. 58
Pyrmont, Burg 95, 222, 223, 226
– Herren v. 95, 222, 306

Rachtig, Hof 36, 37, 53, 190, 241, 242, 245, 261, 328
– Schultheiß s. *Virneburg*, Heinrich v.
Radelsheim, Heinrich v., erzb. Min.,
  Burgmann v. Hart 211, 350
Raffenberg, Burg 224, 226, 229, 350
– Burgmannen s. *Bergheim*,
  Heinrich v., *Hagen*, Magister,
  Imescheide, Wilhelm v., Reiere,
  Rodenberg, Witwe d. Bernhard v.,
  Rodenberg, Goswin v.,
  Scatius (Statius)
Ramershoven 314
Ravensberg, Graf Otto v. 149
Reckenberg, Burg 96, 224
Recklinghausen, Burg u. Stadt 29, 39, 53, 79, 88, 98f., 150, 192, 197f., 220, 225, 228, 229, 236, 243, 251, 262, 236, 287f., 297, 306, 312, 324, 335, 371
– Münze 88, 297, 306
– Zoll 287f.
– Ruprecht (Rubertus) v.,
  erzb. Min., Drost v. 88, 198
– Burgmannen s. *Hovet*, Herbord,
  Honhus, Konrad, *Herderinchusen*,
  Gerhard v.
Rees 48, 56–58, 98f., 121, 134, 138, 150, 183, 187, 219, 286f., 289

Rees-Aspel, Burg 48, 50, 56f., 134, 189, 190, 218, 226, 229, 261, 310, 344
– Marienstift v. 293
– Münze 293f.
– Zoll 287
– *Aspe(l)*, Adam v., erzb. Min., Burgmann v. Marsberg 94
– Rees, Bernhard v., erzb. Min. 57, 353
– erzb. Amtmann s. *Schwansbell*, Lupert v.
Regensburg, Bistum 332
Reichenstein (b. Puderbach), Burg 34
Reichenstein (b. Trechtingshausen), Burg 35, 53
Reiere, erzb. Min., balistarius v. Raffenberg 224
Reikin, Hermann v., erzb. Min. 259
Reinbold vom Tor der Burg Are, erzb. Min., Burgmann auf Are 213
Reinhardt, erzb. Min., Untermarschall v. Köln 122f., 147, 182
Remagen, Burg u. Stadt 30, 204
Renaldi, Ranerius, Sieneser Kaufmann 360
Rengsdorf, Embrich v., erzb. Min., Burgmann v. Andernach 219
Rennenberg, Burg 28
Repgow, Eike v. 104
Rhein, Fluß 15, 30f., 34f., 37f., 53, 55, 58–60, 62, 64, 98f., 120, 135, 138, 154, 157f., 163, 174, 188f., 192, 198, 203–205, 208f., 211, 214f., 217, 223, 230, 240f., 251, 283, 288–290, 292, 296, 308, 314, 318, 325, 337, 345, 377
Rheinbach, Burg u. Stadt 26, 32, 150, 226, 204, 207f., 314, 321, 351
– Dietrich v., erzb. Min. 257
– Lambert v., erzb. Min. 204, 205, 208
Rheinberg, Stadt 60f., 99, 153, 183, 190, 232f., 239, 244, 248, 253, 255, 261, 311
– Schultheiß s. *Amysius, Ederen*, Reinhard v., *Schwansbell*, Lupert v.
– Vogt s. *Elbert* u. Sohn, *Lo*, Gerhard v.
– Zöllner s. *Budberg*, Franko v.
Rheindorferburg, Hermann v., erzb. Min. 259
Rheineck, Burg 30, 199–202, 206–209, 213f., 228, 351
– Burggrafen v. 263f., 352
– Dietrich v., erzb. Min., Burggraf v. 200
– Heinrich v., erzb. Min., Burggraf v. 201, 208
– Johann II. v., erzb. Min., Burggraf v. 199
Rheinland 55, 97, 100, 121, 148f., 151f., 154, 183, 184, 194, 315, 335, 374

Rhens 35, 37, 154, 157, 188, 200, 202, 206, 217, 240f., 263, 328, 365, 377
– Burg 217
Rheydt, Burg 204, 219
Rhode, Burg 198
– Udo v., erzb. Min., Truchseß v. 196, 198
Rhöndorf 215
Richterich 328
Ringenberg, Burg 32, 40, 341
– Sueder v., erzb. Lehnsmann 32,
Ringsheim, Burg 31, 33, 150, 212
– Adolf v., erzb. Min. 258
– Gottfried v., erzb. Min., Burgmann v. Hart 211, 350
Riquin, erzb. Min., Marschall v. Westfalen 190
Rodenberg, Burg 223, 228, 350
– Witwe des Bernhard v., Burgfrau v. Raffenberg 224, 350, 351
– Goswin I. v., erzb. Min., Besitzer des Turmes v. Volmarstein, Schultheiß v. Menden 223, 243
– Goswin III. v., erzb. Min., Burgmann v. Raffenberg 224
– Kinder des Ritters Heinrich v., erzb. Min., Burgmannen v. Hovestadt 221, 351
– Ministerialen v., Burgmannen v. Hovestadt 221, 243
– Burgmannen s. Bredenole (Berenole), Ehrenfried v., *Heinrich, gen. v. Köln, Neheim*, Wilhelm u. Johannes v., *Plettenberg*, Hunold v.
Rödingen, Hof 42, 43
Rödinghausen, Hof 242
– Albert v., erzb. Min. Schultheiß v. 242
Roermond 42, 46, 172, 174, 289
Rolandseck, Burg 216
Rom 23, 39, 109f.,159, 162, 164, 167, 227, 332, 337, 356, 358f., 362, 366
Roßbach (Kr. Neuwied), Güter v. 28, 52
Rossenray, Heinrich v., erzb. Min., Schultheiß v. Menzelen 239f.
Rotheim, Franco v., erzb. Min., Untermundschenk v. Köln 135f.
Ruckesheim, Walter v., erzb. Min., Burgmann v. Hart 211f., 259, 350
Rüdenburg, Burg 89
– Edelherren v. 89
Rüdensheim, Hof 124
Rüthen, Burg u. Stadt 89f., 98, 100, 131, 135, 139, 148, 154, 183, 190–192, 194, 225, 229, 237, 262, 264, 285, 287, 302, 306, 312, 318, 320, 322, 324f., 335

– Münze	302, 306, 335
– Zoll	287
– Hermann v., erzb. Min., Bote v. Köln	251
– Burgmannen s. *Elspe*, Helmwich v., *Erwitte*, Rudolf v., *Lohne*, Heinrich v., *Sassendorf*, Florin v.	
Ruhr, Fluß	38–40, 53, 121, 154, 175, 181, 183, 194, 205, 243, 341, 368, 373f.
Ruhrort	53, 149, 289
Ruprecht, erzb. Min., Drost v. Recklinghausen	88
Rur, Fluß	42
Rustichini, Tholomeus (Th.), Sieneser Kaufmann	363
Rurich, Ingebrand v., erzb. Min.	259

Saalfeld, Hof	82
Saarburg, Burg	210
Sachsen	122, 152, 154, 222f.
Salzburg, Bistum	332
Salzkotten, Stadt	44, 96, 150, 194, 227, 306f., 313, 335
– Münze	306f., 335
St. Florin, Stift v. Koblenz	207
St. Trond, Abt Wilhelm v.	332
St. Vith	253
Sassendorf, Florin v., erzb. Min., Burgmann v. Rüthen	225
Sauerland	29, 53, 154, 223, 374, 377
Savoyen, Wilhelm v.	23
Sayn, Grafen v.	23, 153
– Neu-Sayn, Burg	28
– Gräfin v.	340
– Graf Heinrich II. v.	27, 28, 39, 175, 178
– Mechthild v., Gattin v. Heinrich	27, 28, 53, 72, 273, 340
Scatius (Statius), erzb. Min., Burgmann v. Raffenberg	224, 350
Schawenburg, Graf v.	333
Scherfgin, Gerhard II. v., erzb. Min., Kölner Bürger	258
– Hermann II. v., erzb. Min., Kölner Bürger	258
Schiereichen, Gericht	321
Schillingskapellen, Kloster	163
Schledenhorst, Kloster	187, 195, 353
Schleiden, Edelherr v.	167f.
Schmallenberg, Burg u. Stadt	81, 84, 100, 114, 139, 225, 292, 297–299, 301, 303, 308, 325
– Münze	82, 292, 297, 298, 299, 301, 303, 308

– Johann, gen. Colvo v., erzb. Min., Burgmann v.	82, 90
Schmerlecke	150, 174, 177, 194, 234
Schmidtburg (Hunsrück), Burg	35, 53, 341
Schnellenberg, Burg	224, 225
– Wichardus v., erzb. Min.	225
– Yggehardus v., erzb. Min.	225 335, 352, 371
Schönberg, Friedrich v., erzb. Lehnsmann	365
Schöneck, Cunzo v., erzb. Lehnsmann	365
Schonekind, Brunstein v., erzb. Min. v. Soest	222
Schwalenberg, Münze	302
Schwansbell, Lupert (Lupertus) v., erzb. Min., Amtmann v. Rees-Aspel, Burggraf d. Anderburg	48, 63, 154, 188f., 218, 223, 229, 231–234, 244, 353, 261, 262, 264, 268, 349, 353
– Bürger v. Neuss	63?, 353?
– Schultheiß v. Neuss	231?, 244?
– Schultheiß v. Kempen	232?
– Schultheiß v. Rheinberg	233?
– Schultheiß v. Xanten	234?
Schweinheim, Kloster	29, 134, 153
Schwelm, Hof	38, 151, 154, 243
– Schultheißen s. *Minrico*, *Oer*, Hermann v.	
Sechtem, Güter v.	28
Sibert, Kölner Bürger, erzb. Min.	258
Siebengebirge	328
Sieg, Fluß	34, 37, 52, 120, 138, 163, 188, 203–205, 214f., 223, 240, 314, 318, 325, 340, 345
Siegburg, Abtei	32
– Stadt	318, 320
– Vogtei	32
– Bürger v.	289
Siegen, Stadt u. Burg	52, 67f., 86, 262, 275, 285, 287, 295, 309, 312, 318, 320f., 324f., 335, 365
– Münze	67, 285
– Zoll	67, 285, 287
Siena	162, 167, 356, 358, 360f.
Sienesen	363
Sigeze, erzb. Min.	258
Sinsvelde, Güter v.	240, 328
Sinzig-(Landskron), Burg	30, 33, 289
– (Andernach)-Sinzig, Reichsgutbezirk	37
– Amtmänner v.	27
– Burggraf Gerhard II. v. Sinzig-Landskron	30f., 53, 69, 282

Soest 12, 50, 81, 83–85, 89–91, 93, 98–100,
    114, 118, 149, 150f., 154–156, 163, 169,
    170–172, 174, 177, 183, 188, 191–195,
    205, 222, 224, 234–237, 245, 250–252,
    263, 265f., 286f., 287, 292, 299–302,
    306, 308, 311, 318–320, 322–325, 328,
    335f., 351, 354, 371
– Münze 91, 292, 299–301, 306, 308, 335
– erzb. Pfalz 91f., 221f.
– St. Patroclus-Stift v. 224, 235
– Goswin v., erzb. Min.,
    Schultheiß v. Soest 234
– Heinrich v., erzb. Min., Marschall
    v. Westfalen, Schultheiß v. Soest,
    Burgmann v. Hovestadt 193, 194, 195,
    234, 235, 245, 353
– Werner v., erzb. Min. 353
– Bürger s. *Hardung*, Witwe des
    Lipo, Heinrich
– Ministerialen v. Soest s. *Lohne*,
    Heinrich v., *Schonekind*, Brunstein v.,
    Tiemo d. J.,
– Münzmeister s. *Johannes*
– Schultheißen v. Soest,
    Geschlecht d. 223, 243
Soonwald 35
Speyer 289
Spiegel, Hermann d. Ä., erzb. Min.,
    Burgmann v. Desenberg 220
– Hermann d. J., erzb. Min.,
    Burgmann v. Kruckenburg 220, 222
Sponheim, Graf v. 177, 341
– Heinrich u. Johann v. 27
– Edler Simon v. 35
Stahlberg, Burg 36
Staufer 13, 24f., 34f., 296, 360f., 377
Steeg, Güter v. 36, 241
Stein, Edler Eberhard vom 365
– Heinrich vom 365
Steinfeld, Kloster 29, 69, 156, 197, 285
– Abt v. 156
Sternberg, Graf v. 95
Stocklarn, Hof 235
Störmede, Albert v., erzb. Min.,
    Marschall v. Westfalen 44, 191, 193, 195
Stotzheim, Ricolf v., erzb. Min. 259
Straberg, Gerhard v., erzb. Min.,
    Schultheiß v. Andernach u. Neuss,
    Küchenmeister v. Köln 144–146, 188,
    221, 230f., 267
Stromoers, Hof 353
Strünckede, Burg 32, 40, 340
– Ritter v. 32
Süchteln 196
Sündern, Albert v., erzb. Min. 260
Suikerus, erzb. Min. 260

Tecklenburg, Grafschaft 210, 212, 228, 252
– Graf v. 210
Th., Lotse v. Neuss 157
Thetworth 354
Thüringen 82
Thurant, Burg 36, 37, 45, 46, 107, 150,
    216, 226, 229, 256
– Hüter d. Burg s. *Winningen*,
    Hertwin v.
Tiemo d. J., erzb. Min. v. Soest 222
Tomburg, Gottfried v., Ritter 29
Tondorf 253
Tork, Ministerialen v.,
    Burgmannen v. Hovestadt 221
Trechtingshausen 35
Trevenzstorp, Lothar v., erzb. Min. 259
Trier, Erzbistum 34
– Erzstift 37, 38, 65, 115, 129, 202, 226,
    229, 255f., 327
– Stadt 150, 158, 253, 319
– Erzbischof v. 36, 45, 107, 150, 158,
    159, 216, 252
– Erzbischof Arnold v. Trier 45
– Erzbischof Albero v.
    Montreuil 115, 158
Tunen, Heidenreich v., erzb. Min. 260

Uelzen 328
Uerdingen, Stadt 39, 61, 151, 239, 311, 371
Unkelbach 204, 353
Unna 148, 151, 162, 189, 260
Unterbruch, Güter v. 239
Upper Hare, Gogericht 323
Utrecht, Stadt 151, 289, 293f.
– Bischof Heinrich v. 151, 294

Veen, Dietrich v., klevischer Min.,
    Vogt v. Xanten 234
Veitshöchheim 150
Vilsen, Burg u. Grundherrschaft 43, 44,
    193, 194, 227
Virneburg, Graf(en) v. 34, 168
– Graf Heinrich v., Schultheiß v.
    Zeltingen-Rachtig 166, 167, 241, 245
– Graf Ruprecht v., erzb. Min.
    Marschall v. Westfalen 172
Viterbo 360, 363
Vitinghofen, Heinrich v., erzb. Min.,
    Truchseß v. Isenberg 196, 198
Vlotho, Graf Otto v. 29
Volkmarsen, Münze 305, 307, 308, 335
Volmarstein, Burg 121, 135, 149, 151f.,
    154, 183, 205–209, 223, 242, 349
– Trutz-Volmarstein 189, 205

– Heinrich v., erzb. Min., Marschall v.
Westfalen, Kastellan v. Volmarstein,
Vogt v. Hagen 205, 206, 208, 242
– Edler Dietrich v. 206
– Besitzer des Turmes in
Volmarstein s. *Rodenberg*, Goswin v.
Vreden, Stadt u. Stift 82f., 126, 134, 141,
286f., 313, 320, 371
– Zoll 83, 286f.

Wachendorf, Burg 212, 217, 350
– Dietrich u. Embrich v., erzb. Min.,
Burgmannen v. Hart 211f., 217, 350
Wadenheim, Baldewin v.,
erzb. Min., Burgmann v. Are 213
– Christian v., erzb. Min.,
Schultheiß v. Bonn 231
Walberberg, Kloster 345
Waldbreitbach, Burg 28, 197
Waldeck (Kr. Simmern), Burg 37, 38, 53, 341
– Ritter v. 38
Waldeck (Nordhessen), Grafschaft 53, 85, 134
– Grafen v. 41, 81
– Graf Adolf v., erzb. Lehnsmann 29
Waldenburg, Burg u. Amt 28, 52, 139, 198, 224, 262f., 309, 312
– Pilgrinus v. Waldenburg, gen.
v. *Windegge* 365
– Amtmann u. Drost v.
Waldenburg s. *Hörde*, Johann v.
– erzb. Truchseß v. Waldenburg
s. *Hochstaden*, Arnold v.
Wallerode 253
Walshoven, Hof 142
Wanlo, Burg 43, 217
– Burgmann s. *Pil*.
Warstein, Stadt 312, 315, 322
Wehr, Hof 156, 328, 344
Welver, Kloster 188
Werden, Abtei 39, 318, 320, 341
– Abt Gerard v. 39
– Gottschalk u. Lodewicus v.
erzb. Min. 259
– Philipp v., erzb. Min. 39
– Wezelo, Ritter, Vogt v., erzb.
Lehnsmann 39, 41, 53, 167
Werl, Stadt 39, 92f., 100, 149, 192, 237, 286f., 302, 306, 309, 313, 335, 365, 371
– Münze 302, 306
– Zoll 287, 465
– Anton u. Heinrich v., erzb. Min. 92
– Graf Lupold v. 92
Werminghoven, Besitz v. 242

Werner gen. *Parfuse*, Kölner
Bürger u. erzb. Min. 258
Werra, Fluß 251
Wesel 32, 57f., 60, 187, 218, 232, 239, 260, 283, 293, 318, 353
Weser, Fluß 12, 22, 40f., 44, 46, 53, 86, 174, 288, 290, 370f., 376
Weslarn, Güter v. 354
Wessem, Münze 302
Westerheim, Min. v., Burgmann
v. Burg Westerholt 225
– Brunsten v., Richter
v. Recklinghausen 225, 228
Westerholt, Burg 225, 228
– Burgmannen s. *Westerheim*, Min. v.
Westerwald 28, 34, 37f.
Westfalen (Herzogtum)18, 27f., 34, 38, 40f., 43f., 50f., 53, 55, 68, 77–79, 84, 91, 98–100, 114, 121, 126, 131, 135, 144, 148f.,150, 154, 156, 176f., 181, 183, 190, 192, 194f., 197, 205, 208, 220, 231, 234, 250, 260, 262, 274, 288f., 292, 296, 300, 307, 308, 311, 313, 314, 317, 321, 334f., 371, 373
Wetterau 24, 149, 342
Wichterich, Burg 25, 26, 217, 226
– Arnold v., erzb. Min. 26, 217
– Conrad v., Kanoniker 168
Wickrath, Grafen v. 168
– Otto v. 64, 166, 280, 345
– Lothar v. 166
Wied, Fluß 52, 202, 340
Wiedenbrück, Stadt u. Burg 12, 96, 97, 313
Wildberg, Münze 275, 295, 335, 340
Windeck, Burg 28, 52
Windhagen, Güter v. 28
Winningen, Hof v. 37
– Hertwin v., erzb. Min.,
Hüter d. Burg Thurant 217
Winterberg, Stadt 81, 83f., 312, 322, 371
Wirtzfeld 253
Wissersheim, Arnold v., erzb. Min. 259
Wittgenstein, Graf Siegfried v. 303
– Edler Werner v. 87
Wolfard, Deutschordensbruder,
erzb. Finanzexperte 361, 363
Wolkenburg, Burg 49f., 86, 205, 207f., 344
– Gottfried v., erzb. Min.,
Schultheiß v. Zülpich
– Rutger v., erzb. Min.,
Kastellan v. 205, 208
Worms, Stadt 149, 289, 342
Worringen 13, 202f., 289
Wulferichskamp 176, 193, 196, 223
Wupper, Fluß 154
Wynnendonk, Güter v. 354

Xanten 58–60, 97, 99, 116, 150, 157, 233f., 266, 283–285, 287f., 293, 310, 318, 320, 334f.
– Münze 294
– St. Viktorstift v. 58, 60, 79, 233
– Zoll 283, 287, 288, 334
– Vogt s. *Veen*, Dietrich v.
– Schultheißen s. *Müllenark*, Arnold v., *Schwansbell*, Lupert v.

Zell, Burg 210
Zeltingen, Hof 36f., 53, 190, 241, 245, 260, 328
– Amtmann s. *Lösnich*, Johann v.
– Schultheiß s. *Virneburg*, Heinrich v.
Zilheim, Hof 350
Zons, Hof 124, 238f., 289, 328
Zülpich, Stadt u. Burg 43, 52, 66f., 97, 148, 232, 253, 287f., 290, 310, 318, 320, 371
– Zoll 66, 287, 288
– Wilhelm v., erzb. Min., Burgmann v. 66
– Schultheiß s. *Wolkenburg*, Gottfried v.
Zündorf 362
Zyfflich, Propst Heinrich v. 166, 168

Bildnachweis

Umschlagabbildung:
Köln, Stadtarchiv, Siegel des Kölner Erzbischofs Konrad von Hochstaden,1238–1261,
Foto: Rheinisches Bildarchiv.

Kölner Schriften zu Geschichte und Kultur
Herausgegeben von Georg Mölich

KSGK 25 – Uta Garbisch: Das Zisterzienserinnenkloster Walberberg 1197–1447. 15 x 23 cm, ca. 320 S., gebunden, ca. DM 58,– (*erscheint im August 1997*)

KSGK 24 – Georg Mölich/Stefan Wunsch (Hrsg.): Köln nach dem Krieg. Facetten der Stadtgeschichte. 15 x 23 cm, 280 S., 14 Abbildungen, Broschur, DM 39,80 ISBN 3-922977-50-2

KSGK 22 – Brigitte Klosterberg: Zur Ehre Gottes und zum Wohl der Familie — Kölner Testamente von Laien und Klerikern im Spätmittelalter. 15 x 23 cm, 326 S., Broschur, DM 58,– ISBN 3-922977-48-0

KSGK 21 – Christiane Neuhausen: Das Ablaßwesen in der Stadt Köln vom 13. bis zum 16. Jahrhundert. 15 x 23 cm, 310 S., Broschur, DM 58,– ISBN 3-922977-47-2

KSGK 20 – Pierre Ayçoberry: Köln zwischen Napoleon und Bismarck. Das Wachstum einer rheinischen Stadt. Aus dem Französischen von Ulrich Stehkämper, 15 x 23 cm, 436 S., gebunden, DM 68,– ISBN 3-922977-46-4

KSGK 19 – Irene Gückel: Das Kloster Maria zum Weiher vor Köln 1198–1474 und sein Fortleben in St. Cäcilien bis zur Säkularisation. 15 x 23 cm, 430 S., 19 s/w-Abb., Broschur, DM 64,– ISBN 3-922977-43-X

KSGK 18 – Köln, 31. Mai 1942: Der 1000-Bomber-Angriff. Bearbeitet von Martin Rüther, herausgegeben vom NS-Dokumentationszentrum der Stadt Köln in Verbindung mit dem Verein EL-DE-Haus. 2. Aufl., 15,8 x 23 cm, 239 S., 45 Abb., Broschur mit Schutzumschlag, DM 29,80 ISBN 3-922977-40-5

KSGK 17 – Peter Kürten: Das Stift St. Kunibert in Köln vom Jahre 1453 bis zur Auflösung. 14,7 x 21 cm, XXXV, 311 S., 3 Abb., Broschur, DM 39,80 ISBN 3-922977-37-5

KSGK 16 – Martin Rüther: Arbeiterschaft in Köln 1928–1945. 14,7 x 21 cm, 492 S., Broschur, DM 49,80 ISBN 3-922977-36-7

KSGK 15 – Marcel Seyppel: Die Demokratische Gesellschaft in Köln 1848/49. Städtische Gesellschaft und Parteientstehung während der bürgerlichen Revolution. 14,7 x 21 cm, 332 S., Broschur, DM 44,– ISBN 3-922977-35-9

KSGK 14 – Reinhold Billstein: Das entscheidende Jahr. Sozialdemokratie und Kommunistische Partei in Köln 1945/46. 14,7 x 21 cm, 323 S., Broschur, DM 36,– ISBN 3-922977-34-0

KSGK 13 – Wolfgang Schaffer: Schulorden im Rheinland. Ein Beitrag zur Geschichte religiöser Genossenschaften im Erzbistum Köln zwischen 1815 und 1875. 14,7 x 21 cm, 374 S., Broschur, DM 44,– ISBN 3-922977-33-2

KSGK 11 – Bernhard Neidiger: »Von Köln aus kann der Sozialismus nicht proklamiert werden!« Der Kölner Arbeiter- und Soldatenrat im Nov./Dez. 1918. 14,7 x 21 cm, 202 S., Broschur, DM 24,– ISBN 3-922977-21-9

KSGK 10 – Peter Kürten: Das Stift St. Kunibert in Köln von der Gründung bis zum Jahre 1453. 14,7 x 21 cm, XXXIII, 419 S., Broschur, DM 45,– ISBN 3-922977-20-0

KSGK 9 – Marlis Schwengers: Werner Gilles (1894–1961). Stilistische und ikonographische Studien zu seinem Werk. Mit einem Verzeichnis der Druckgraphik. 14,7 x 21 cm, 452 S., 87 zum Teil farbige Abb., Broschur, DM 68,– ISBN 3-922977-19-7

KSGK 8 – Hans-Josef Weiers: Studien zur Geschichte des Bistums Münster im Mittelalter. 14,7 x 21 cm, 258 S., Broschur, DM 29,– ISBN 3-922977-14-6

KSGK 7 – Ursula Blanchebarbe: Michael Welter (1808–1892). Ein Kölner Dekorationsmaler im 19. Jahrhundert. 2 Bde., 14,7 x 21 cm, 690 S., 55 Abb. auf Kunstdrucktafeln, Broschur, DM 85,– ISBN 3-922977-13-8

KSGK 4 – Peter-Eckhard Knabe (Hrsg.): Frankreich im 17. Jahrhundert. Eine Kölner Ringvorlesung. 14,7 x 21 cm, X, 219 S., Abb., Broschur, DM 26,80 ISBN 3-922977-08-1

KSGK 1 – Thomas Parent: »Passiver Widerstand« im preußischen Verfassungskonflikt. Die Kölner Abgeordnetenfeste. 14,7 x 21 cm, VIII, 503 S., Abb., Broschur, DM 44,– ISBN 3-922977-03-0

Die Bände 2, 3, 5, 6 und 12 sind restlos vergriffen.

Janus Verlagsgesellschaft
Dr. Norbert Meder & Co.
Simon-Meister-Str. 42
D – 50733 Köln
Telefon: 0221/97 25 520
Telefax: 0221/97 25 519

Geschichte in Köln
Zeitschrift für Stadt- und Regionalgeschichte

Die Zeitschrift »Geschichte in Köln« wurde 1978 als studentische Zeitschrift am Historischen Seminar der Universität zu Köln begründet. Ihr Konzept, neben etablierten Autoren auch Beiträge von Studenten zu veröffentlichen, erwies sich als überaus erfolgreich, da so wichtige Forschungsergebnisse einer breiteren Öffentlichkeit zugänglich gemacht werden konnten. Neben einem Aufsatzteil, der vor allem durch seine Nähe zur aktuellen regionalhistorischen Forschung gekennzeichnet ist, enthält die zweimal im Jahr erscheinende Zeitschrift einen ausführlichen Rezensionsteil und Miszellen. Seit Heft 37 erscheint sie mit dem Untertitel »Zeitschrift für Stadt- und Regionalgeschichte«.

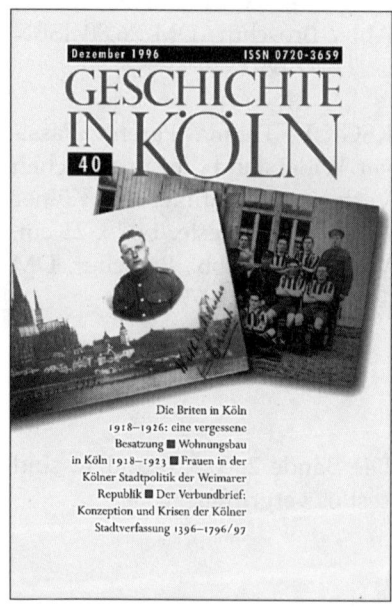

Heft 40: *Günther Schulz* Der Verbundbrief. Konzeption und Krisen der Kölner Stadtverfassung von 1396 bis zur französischen Zeit (1796/97) *Wolfgang Rosen/ Lars Wirtler* »Die Patrizier vom hohen Roß gestürzt?« Rückblick auf eine Diskussionsveranstaltung über Verfassung, Verbundbrief und politische Realität in Köln von der Antike bis zur Gegenwart *Richard van Emden* Die Briten am Rhein 1918–1926. Panorama einer vergessenen Besatzung *Jens Guder* Der Beginn des neuen Wohnungsbaus in Köln 1918–1923 *Birgit Kummer* Politikerinnen in der Kölner Stadtverordnetenversammlung während der Weimarer Republik

Die Bezugsbedingungen und ein Verzeichnis der lieferbaren Hefte der Zeitschrift senden wir gerne zu. Wenn Sie ein Probeheft erhalten wollen, senden Sie bitte 5,– DM in Briefmarken an: Janus Verlagsgesellschaft, Simon-Meister-Str. 42, D – 50733 Köln